Manfred Braunger

USA
Der Südwesten

DUMONT
REISE-HANDBUCH

Inhalt

Wissenswertes über den Südwesten der USA

Wissenswertes für die Reise

Unterwegs im Südwesten der USA

Kapitel 1 – San Francisco und Südkalifornien

Kapitel 2 – Nevada

Kapitel 3 – Das nördliche Utah

Kapitel 4 – Südutah und Nordarizona

Kapitel 5 – Zentral- und Südarizona

Kapitel 6 – New Mexico

Kapitel 7 – Colorado

Themen

Alle Karten auf einen Blick

Weltstädte, Naturwunder und Outdoorabenteuer

Außergewöhnlich‹ und ›spektakulär‹ sind Prädikate, die einem im Südwesten der USA leicht über die Lippen kommen. Neben atemberaubenden Naturwundern verzaubert die Region Besucher mit pulsierenden Weltstädten auf der Überholspur, bis in die letzten Winkel der Welt bekannten Sehenswürdigkeiten und einer Multikulti-Gesellschaft, in der sich Minderheiten immer stärker zu Mehrheiten entwickeln.

Eine Reise durch den Südwesten ist für Erstbesucher eine nachhaltige, man könnte auch sagen unamerikanische Erfahrung. Hauptgrund ist neben außergewöhnlichen, zum Teil unglaublich bizarren Landschaften die rassisch-ethnische und kulturelle Vielfalt, wie sie sich in exotischen Chinatowns und in überwiegend von Afroamerikanern bewohnten Stadtvierteln zeigt. Und vor allem in einer stetig und schnell wachsenden, ursprünglich aus Südamerika stammenden, spanisch sprechenden Bevölkerung, die in Los Angeles heute schon die Hälfte der Einwohner ausmacht – Tendenz steigend.

Selbst Amerikanern aus anderen Landesteilen fällt es in New Mexico in Anbetracht von uralten Pueblos und einer unübersehbar lateinamerikanisch eingefärbten Alltagskultur zuweilen schwer, sich zu vergegenwärtigen, dass dieser Bundesstaat Teil der amerikanischen Union ist. Damit nicht genug: Seit mindestens 3000 Jahren sind Indianer hier präsent und sorgen in der Region für eine einmalige Vielfalt der Kulturen. Am deutlichsten wird dies im nordöstlichen Arizona, wo mit den Navajo der mit ca. 220 000 Menschen zahlenmäßig größte Indianerstamm der USA ansässig ist und das Leben prägt.
Für Amerikakenner bedeutet der Südwesten ein Wiedersehen mit einem Land, das sich trotz aller Trends und Neuerungen treu geblieben ist und hauptsächlich in den nördlichen Landesteilen seine Rancher- und Cowboykultur nach wie vor hartnäckig verteidigt. Trotz Geschichtsbewusstsein und Traditionspflege ist natürlich auch der Südwesten vom dynamischen Zeitenwechsel mitgerissen worden.

Beste Beispiele dafür sind vor Vitalität strotzende Weltmetropolen wie Los Angeles und San Francisco, aber auch Großstädte wie das von einem milden Küstenklima verwöhnte südkalifornische San Diego, die neumexikanische Metropole Albuquerque, die Kakteenkapitale Tucson im südlichen Arizona und das pulsierende Denver am Rand der Rocky Mountains. Wo Lifestyle, Erfindergeist und Trendsetterqualitäten dem Rest der USA schon immer ein paar schnelle Schritte voraus waren, werden aber auch die Schattenseiten der Gesellschaft mit Warteschlangen vor Suppenküchen und mit in Pappkartons lebenden Wohnsitzlosen in nächster Nähe von Luxushotels und Designerboutiquen sichtbar.

Wer sich den Südwesten zu Gemüte führt, hat normalerweise vor allem einen geografischen Schwerpunkt im Sinn: die spektakulären Traumlandschaften auf dem Colorado-Plateau um den Schnittpunkt der Bundesstaaten Arizona, New Mexico, Utah und Colorado. Diese durch die Kontinentalverschiebung schon vor über 10 Mio. Jahren angehobene Hochebene mit einem verführerischen Mix aus landschaftlicher Schönheit und verlockenden Outdooraktivitäten hat sich als Abenteuerspielplatz für Hiker, Raftingfans, Mountain Biker und Offroad-Piloten längst einen über die Landesgrenzen hinausreichenden Ruf erobert. Die Erosionskräfte

von Flüssen, Wind und Wetter modellierten legendäre Naturwunder wie Monument Valley, Grand Canyon, Bryce und Zion Canyon, die mit bizarren Felsformationen, gewaltigen Schluchten und farbenprächtigen Gesteinsschichten ein Open-Air-Museum der Erdgeschichte bilden.
Kein Wunder, dass Hollywoods Movie-Industrie schon Mitte des 20. Jh. das filmische Potenzial des Mega-Plateaus erkannte. Hunderte von weltweit bekannten Kinostreifen und TV-Produktionen sorgten dafür, dass auf heutigen Reisen Déjà-vu-Erlebnisse an der Tagesordnung sind. Dramatische Naturszenerien jenseits von Kinoleinwänden und Reklameschildern in natura kennenzulernen beweist auch in diesem Fall einmal mehr, dass das Original um ein Vielfaches reizvoller ist als jede Kopie.

In diesem atemberaubenden Naturtheater erzählen Indianerruinen, wie Adlerhorste in Canyonwänden hängende Klippenwohnungen und jahrhundertealte, nach wie vor bewohnte Pueblos Geschichten von längst untergegangenen Hochkulturen, von Bräuchen, Traditionen und indianischen Lebensweisen. Sie werfen aber auch ein Licht auf das wohl dunkelste Kapitel der Region: die menschenverachtende Vertreibung, Unterwerfung und Entrechtung der Indianer bis ins 20. Jh. hinein, die einherging mit der territorialen Eroberung weiter Teile des Südwestens durch das weiße Amerika.

Das vorliegende Reisehandbuch bündelt Erfahrungen, Recherchen und Begegnungen auf zahllosen Reisen in bekannte und weniger bekannte Winkel der Region. Gleichzeitig will der Autor seinen Lesern aber auch praktische Informationen, umsetzbare Tipps und lohnende Vorschläge an die Hand geben, mit denen sich eine Reise erleichtern und zu dem machen lässt, was sie eigentlich sein soll: eine unvergessliche positive Erfahrung in einem Land, das sich ob seines Facettenreichtums der Einordnung in simple Kategorien entzieht.

Der Autor

Manfred Braunger
www.dumontreise.de/magazin/autoren
www.catch-the-day.de, www.manfred-braunger.de

Manfred Braunger lernte sein journalistisches Handwerk in den Redaktionen einer Tageszeitung. Zu Studentenzeiten kaufte er sich mit zwei Freunden in den USA einen Oldtimer und war drei Monate lang kreuz und quer im Land unterwegs. Zeit genug, sich den unheilbaren Amerikavirus zuzuziehen, von dem er sich bis heute nicht erholt hat. Nach einem Intermezzo als USA-Experte eines deutschen Reiseunternehmens veröffentlichte er bei DuMont einen ersten USA-Reiseführer über den Südwesten, dem weitere Bücher über den Osten der USA, Kalifornien sowie Los Angeles und Südkalifornien folgten.

Der Südwesten der USA als Reiseland

An landschaftlicher Vielfalt ist der aus Südkalifornien und den Bundesstaaten Arizona, Nevada, New Mexico, Utah und Colorado bestehende Südwesten fast nicht zu toppen. Die kalifornische Pazifikküste steht im Süden ganz unter der Devise Sonne, Sand und Surf. Allerdings überwiegen an den Traumstränden bei Wasserratten Neoprenanzüge, weil Badewassertemperaturen selten sind. Je weiter man nach Norden kommt, desto steiler, dramatischer und kühler wird der Küstensaum, was vor allem für die Gegend um Big Sur gilt. Hinter dem Küstengebirge liegt im lang gestreckten Central Valley der Obst- und Gemüsegarten des Westens mit riesigen Plantagen, auf denen alles gedeiht, was das Küchenangebot bunt und vitaminreich macht. Einen harten Kontrast zur Äcker- und Feldergeometrie bildet die alpine Bergwelt der über 4000 m hohen Sierra Nevada mit drei Nationalparks, reizvollen Wanderwegen und tollen Wintersportgebieten.

Die Gebirgskette wirkt wie eine gewaltige Klimabarriere für vom Pazifik heranziehende Feuchtigkeit. Im weiter östlich im Regenschatten liegenden Great Basin, das bis an den Stadtrand von Salt Lake City in Utah reicht, dominiert um karge Bergketten, Salzseen und Dünen die große, faszinierende Einsamkeit. Wildblumen, Kerzensträucher, Feigenkakteen, Agaven, Joshua-Tree-Bäume und vielarmige Saguaro-Kakteen verwandeln im Frühjahr die staubtrockene Mojave- und Sonorawüste in einen exotischen Garten Eden, sofern in den Wintermonaten eine Mindestmenge an Regen gefallen ist. Ganz im Osten markieren die von der kanadischen bis fast an die mexikanische Grenze reichenden Rocky Mountains die Grenze des Südwestens. Allein im Bundesstaat Colorado liegen 55 Viertausender inmitten einer berückenden Szenerie aus Bergseen, abgeschiedenen Tälern und fotogenen Kleinstädten mit dem viktorianischen Charme des Gestrigen.

Neben seinen sehr unterschiedlichen Naturräumen liegt der unübertreffliche Reiz des Südwestens hauptsächlich in seiner Weite. Das riesige Gebiet von rund 1,6 Mio. km2 entspricht etwa der gemeinsamen Fläche von Deutschland, Frankreich, Österreich, Schweiz, Spanien und Portugal. Die Entfernung vom kalifornischen San Diego bis nach Denver in Colorado ist mit der Distanz von Hamburg nach Rom vergleichbar. Noch plastischer macht die räumlichen Verhältnisse die Demografie. Von den in der Region lebenden 47 Mio. Menschen wohnen 42 Mio. in neun Ballungszentren. Das heißt, für Sport und Freizeitaktivitäten bleibt in berühmten Nationalparks mit Bergseen, Flüssen, majestätischen Wäldern und Sandsteincanyons, unverfälschten Gebirgsregionen und fast menschenleeren Wüsten viel Platz. Abenteuer und Spaß unter freiem Himmel sind angesagt.

Kulturelle Highlights

An der kontrastreichen Palette des Südwestens haben die großen Ballungsräume Los Angeles, San Francisco, San Diego, Phoenix, Las Vegas, Albuquerque und Denver großen Anteil. Lebhaftes kosmopolitisches Flair mischt sich dort mit hippem Citylife und herkömmlichem Pioniergeist und bereitet einem fast nicht zu überbietenden kulturellen Angebot von Konzerten, Theatern, Shows und Kinos bis zu Museen und Ausstellungen den Boden. Als weltgrößter Amüsierbetrieb setzt das neonbunte Las Vegas jedem Stadtabenteuer die Krone auf, gleichgültig ob es sich um fantastische Themencasinos, Gambling an Spielautomaten und Pokertischen, aufwendige Bühnen-Perfor-

Kurs nehmen auf die Golden Gate Bridge in San Francisco, eine der Top-Sehenswürdigkeiten

mances oder Spitzenhotellerie und -gastronomie handelt. Lehrstunden in Sachen Bergbaugeschichte vermitteln zahllose Geisterstädte, die vom meist kurzen, aber heftigen Gold- und Silberrausch im 19. Jh. übrig geblieben sind.

Eine Besonderheit des Südwestens sind die seit Jahrtausenden nachweisbaren Indianerpopulationen und die durch die Geschichte und Nähe Mexikos geprägte Kultur. Große Teile der Region standen bis fast um die Mitte des 19. Jh. unter mexikanischer Herrschaft und üben noch heute auf hispanische Einwanderer große Anziehungskraft aus, was auf die ethnische Zusammensetzung der Bevölkerung und deren Lebensweise nicht ohne Einfluss blieb. An zahlreichen Örtlichkeiten stoßen Besucher auf die Überbleibsel der historischen Anasazi-Kultur, die zwischen etwa 850 und 1250 ihren Höhepunkt erlebte. Heute hat mit ca. 220 000 Navajo Amerikas größter Indianerstamm in der Region seine Heimat, von kleineren Gruppierungen von Native Americans wie etwa den im Rio-Grande-Tal lebenden Pueblo-Indianern und den Apachen im südlichen New Mexico abgesehen.

Das reisetechnische Fazit? Die aus der Pionierzeit überlieferte Aufgeschlossenheit und Hilfsbereitschaft der Einheimischen schafft für Besucher ein in der Regel überaus sympathisches Klima. Immerhin hat Amerika als klassisches Einwanderungsland jahrhundertelange Erfahrung mit fremden Gesichtern.

Frei wie ein Vogel – individuell reisen

Der Südwesten ist bestens erschlossen und macht individuelle wie organisierte Touren kinderleicht. Einschränkungen gibt es bei öffentlichen Transportmitteln wie Bus und Eisenbahn, weil für Amerikaner Reisen ohne eigenes Auto eigentlich gar nicht denkbar sind.

Mit einer Harley-Davidson an der Pazifikküste über den Highway 1, sich auf der legendären Route 66 durch Wüsten, Indianergebiete und typische Ortschaften treiben lassen, mit dem Mietwagen durch die schönsten Nationalparks bummeln: Kaum irgendwo lässt sich die große Freiheit so intensiv genießen wie auf einer Individualreise durch die Fabellandschaften des Südwestens.

Wer zu erschwinglichen Preisen ein Motorbike oder ein Auto mietet, ist bei der Reisegestaltung frei von allen Zwängen, muss sich an keinen Zeit- und Routenplan halten, kann nach Lust und Laune improvisieren. Ungezwungenes Reisen drängt sich in den fast grenzenlosen Landschaften geradezu auf. Hinzu kommt, dass die USA mit gut ausgebauten Straßen und einer ausgezeichneten Hotellerie und Gastronomie zu den einfachsten Reiseländern der Welt zählen.

Mit Bus und Bahn kommt man zwar auch voran, muss aber erheblich mehr Zeit investieren und auf bestimmte Ziele und interessante Zwischenstopps verzichten. Vor allem Züge sind auf einige wenige Hauptrouten beschränkt. Kommerzielle Busunternehmen bedienen manche Nationalparks, innerhalb derer es zum Teil Shuttles in unterschiedliche Parkteile gibt.

Organisiert reisen

Bequem reisen lässt es sich mit einem Pauschalarrangement inklusive professioneller Reiseleitung. Das hat den Vorteil, dass man sich organisatorisch um nichts zu kümmern braucht, Sprachbarrieren kein Hindernis sind und man für alle eventuellen Fragen und Probleme einen Ansprechpartner hat. Der Nachteil: Man folgt einem festgelegten Reiseplan, hat ständig Mitreisende um sich und verfügt nur über sehr eingeschränkte Möglichkeiten zur individuellen Gestaltung. Einen Urlaub mit Mietwagen oder Wohnmobil kann man sich auch organisieren lassen. In Deutschland, Österreich und der Schweiz gibt es zahlreiche professionelle Reiseveranstalter für unterschiedliche Ziele und Rundfahrten im amerikanischen Südwesten.

WICHTIGE FRAGEN VOR DER REISE

Habe ich mir vor Reiseantritt die obligatorische **Einreiseerlaubnis** besorgt? **s. S. 72**

Welche **Dokumente** braucht man für die Einreise und beim Reisen? **s. S. 72**

Welches **Budget** muss ich für einen Urlaub im Südwesten der USA einplanen? **s. S. 106**

Sollte man schon zu Hause **Geld** tauschen oder erst im Land? **s. S. 98**

Welche **Kleidung** muss in den Koffer? **s. S. 100**

Welche **Rundreisen** bieten sich für unterschiedlich lange Urlaube an? **s. S. 20**

Wie reist man mit **Bahn** und **Bus** bzw. mit öffentlichen Verkehrsmitteln? Für welche Exkursionen ist ein **Mietwagen** zu empfehlen? **s. S. 73**

Wie informiert man sich über aktuelle **Wetterprognosen**? **s. S. 103**

Wie steht es um die **Sicherheit** im Land? Welche Vorkehrungen sollte man treffen? **s. S. 107**

Planungshilfe für Ihre Reise

Kulturerlebnis Naturerlebnis

Angaben zur Zeitplanung

Bei den folgenden Zeitangaben für die Reise handelt es sich um Empfehlungswerte für Reisende, die ihr Zeitbudget eher knapp kalkulieren.

Die Kapitel in diesem Buch

1. San Francisco und Südkalifornien

Die legendäre Traumstadt San Francisco bildet das nördliche Tor zu Südkalifornien. Dieser Teil des Golden State dehnt sich zwischen der Pazifikküste im Westen und der Sierra Nevada im Osten bis an die mexikanische Grenze aus – ein Land von berückender Schönheit und landschaftlicher wie kultureller Vielfalt.

- *San Francisco*
- *Hearst Castle*
- *Los Angeles*
- *San Diego*

Yosemite National Park

Gut zu wissen: Die Metropolen und größeren Städte zwischen San Francisco und San Diego sind sowohl mit dem Auto als auch mit Bus und Bahn leicht zu erreichen. Für Selbstfahrer bietet sich der größtenteils direkt an der malerischen Küste verlaufende Panorama-Highway 1/101 an (450 Meilen). Eine temporäre Sperre des Hwy 1 zwischen Big Sur und San Simeon wurde u.a. durch Erdrutsche verursacht. Landschaftlich kaum zu toppen ist die Fahrt vom Golden Gate über den Yosemite National Park und das brütend heiße Death Valley nach Las Vegas. Für Touren in die Wüste sind sowohl Los Angeles als auch San Diego günstige Ausgangspunkte.

Zeitplanung

San Francisco:	3 Tage
Los Angeles:	3 Tage
San Diego:	2 Tage
Küstenroute von San Francisco nach Los Angeles:	Fahrzeit 9–10 Std.
Direktroute:	5–6 Std.
San Francisco–Las Vegas:	12 Std.

Zusätzliche Exkursionen: Tagesausflug mit eigenem Auto oder Trolley von San Diego ins mexikanische Tijuana. Los Angeles–Palm Springs (107 Meilen, 2 Std.). Von San Diego über Alpine und Julian zum Anza Borrego Desert State Park (93 Meilen, 2 Std.).

2. Nevada

Nevada ist ein Reiseziel für ›Wüstenfüchse‹, für die Autofahren auf weltvergessenen Highways zum spirituellen Erlebnis wird. Abwechslung von der Monotonie bieten Geisterstädte, grüne Bergoasen und natürlich Entertainmentzentren mit Weltstadtflair wie Las Vegas.

Las Vegas

Gut zu wissen: Gemeinhin als Wüstenstaat apostrophiert, hat Nevada mehr zu bieten als staubtrockene Steppen, Salzseen und hitzeflimmernde Salbeibusch-Ebenen. Die einsamsten Highways in Amerika verbinden Kleinstädte und Käffer miteinander, in denen Individualisten leben, die sich aus Mainstream-Amerika zurückgezogen haben. In den fotogenen Kulissen malerischer Geisterstädte stirbt seit 100 Jahren der Traum von Gold- und Silberschätzen. Einen harten Kontrast dazu bilden die verrückten Glücksspielpaläste in Las Vegas und Reno, die an neonbunter Extrovertiertheit kaum zu überbieten sind. Vor allem Las Vegas hat sich in den letzten Jahren von einer ausschließlich auf Gambling konzentrierten Metropole in ein dynamisches Vergnügungszentrum entwickelt, in dem Bühnenshows, Top-Restaurants, Rummelattraktionen, Shoppingmalls und Museen keine Langeweile aufkommen lassen.

Zeitplanung

Las Vegas:	3 Tage
Reno:	1 Tag
Restlicher Bundesstaat:	ca. 3 Tage

Zusätzliche Exkursionen: Von Downtown Las Vegas bieten sich Tagestouren in den Red Rock Canyon (65 Meilen), zum Mount Charleston (80 Meilen) und zum Valley of Fire (110 Meilen) an. Für längere Wanderungen muss man zusätzlich Zeit einplanen.

3. Das nördliche Utah

Utahs Hauptstadt und Mormonenmetropole Salt Lake City liegt dort, wo die weite Ebene um den Großen Salzsee in die westlichen Ausläufer der Rocky Mountains anzusteigen beginnt. Neben mehreren Mormonenstätten

Filmkulisse und Synonym für den gesamten Südwesten der USA: das Monument Valley

lohnen sich Museen, Kulturstätten, das Kapitol und Einkaufsgelegenheiten. Bear Lake und Flaming Gorge sind für Freizeitaktivitäten zu Land und zu Wasser wie gemacht.

Gut zu wissen: Im Salt Lake Valley nördlich und südlich von Salt Lake City zeigt der Bundesstaat Utah in mehreren größeren Städten sein urbanes und wirtschaftlich dynamisches Gesicht. Was für ein Kontrast zu der nur dünn besiedelten Einöde um den riesigen Großen Salzsee! Nicht ganz so zivilisationsfern zeigt sich die bergige Provinzgegend um die mächtigen Uinta Mountains im Osten, die sich an der Utah-Wyoming-Grenze entlangziehen. Das Kleinstädtchen Vernal ist ein günstiger Startpunkt für Abstecher in teilweise freigelegte Saurierfriedhöfe und in das Outdoor-Paradies für Wanderer und Wassersportler um den reizvollen Stausee Flaming Gorge.

Zeitplanung

Inkl. Salt Lake City: 4–5 Tage

Zusätzliche Exkursionen: Von Salt Lake City führt eine empfehlenswerte Route in nördlicher Richtung durch die Wasatch Mountains und in einem großen Bogen durch Wyoming in das Flaming-Gorge-Gebiet und zu den berühmten Saurierausgrabungsstätten bei Vernal (360 Meilen, 7 Std.). Rundtour durch die Wasatch Mountains (130 Meilen, 2,5 Std.).

4. Südutah und Nordarizona

Im Naturwunderland Colorado Plateau zieht die Natur sämtliche Register ihrer unglaublichen Schaffenskraft, wie mehrere Nationalparks und National Monuments auf spektakuläre Weise demonstrieren. Kaum irgendwo haben die Kräfte der Erosion so fantastische Formationen und so abenteuerliche Gelegenheiten für Aktivitäten unter freiem Himmel geschaffen wie in diesem Landstrich, in dem der Colorado River Jahrmillionen alte Spuren hinterlassen hat. Außer Naturwundern und Fabellandschaften tragen die Reservationen der Navajo und Hopi zum unvergleichlichen Reiz der Region bei.

- *Bryce Canyon National Park*
- *Arches National Park*
- *Monument Valley*
- *Grand Canyon*

Gut zu wissen: Wer das berühmte Colorado Plateau mit seinen filmreifen Naturlandschaften kennenlernen will, nimmt am besten die große Nationalparkroute von Las Vegas über den Zion und Bryce National Park bis nach Moab unter die Räder und kehrt über die Movie-Kulisse Monument Valley und den Grand Canyon an den Ausgangspunkt zurück. An dieser Strecke liegen die schönsten Highlights, die den Südwesten zu einer Ausnahmeregion für Naturfreunde, Freizeitsportler und Kulturreisende machen.

Zeitplanung

Große Nationalparktour ab und bis Las Vegas (1110 Meilen): 14 Tage
Abstecher ins Indianerland: 4 Std.

Zusätzliche Exkursionen: Eine schöne Route führt von Tuba City über den Window Rock zum Canyon de Chelly (225 Meilen), allerdings herrschen auf dieser Strecke eingeschränkte Tank- und Versorgungsmöglichkeiten.

5. Zentral- und Südarizona

Der Großraum Phoenix bildet das urbane Herz einer ansonsten provinziellen Region mit kleinstädtischem Charme, versteckten Indianerrelikten und Berg- und Kakteenlandschaften im Postkartenformat. Und mit Spuren, die in die Blaue-Bohnen-Ära des Wilden Westens führen.

Sedona

Gut zu wissen: Das Valley of the Sun, das riesige Ballungszentrum um Phoenix, ist hauptsächlich für zweierlei bekannt: gnadenlose Hitze im Sommer und fabelhafte Frühlingstemperaturen im Winter. Trotz zahlreicher Museen, luxuriöser Resorts, Golfplätzen wie Sand am Meer und einer fetzigen Klub- und Kneipenszene liegt die Metropolitan Area eher am Rand der Touristenrouten. Ein Besuchermagnet ist hingegen das mitten im ›Land der roten Felsen‹ liegende New-Age-Mekka Sedona. Davon abgesehen befinden sich die Hauptreiseziele im südlichen Bundesstaat, wo in exotischen Kakteenlandschaften das benachbarte Mexiko bereits zu erahnen bzw. auch zu sehen ist. Besondere Anziehungskraft strahlt das Städtchen Tombstone aus, das sich wie keine andere Kommune eine Reputation als Hochburg des Wilden Westens erhalten hat.

Zeitplanung

Sedona–Phoenix–Tucson–Tombstone: ca. 5 Tage

Zusätzliche Exkursionen: Östlich von Phoenix führt ab Apache Junction eine lohnende Route inklusive Apachenpfad um die geheimnisvollen Superstition Mountains (135 Meilen, Tagesausflug).

6. New Mexico

Von allen Regionen des amerikanischen Südwestens ist das Land of Enchantment (Land der Verzauberung) derjenige Bundesstaat, der am wenigsten dem üblichen amerikanischen Erscheinungsbild entspricht. Stärker als sonst irgendwo prägt die historische Verbindung mit Mexiko auch heute noch sowohl das Alltagsleben als auch die Kultur des Landes.

- *Santa Fe*
- *Taos Pueblo*

Carlsbad Caverns

Gut zu wissen: Mit Indianerpueblos, außergewöhnlicher Adobe-Architektur, einem unverwechselbaren, mexikanisch angehauchten Lebensstil und Künstlerkolonien zählt das Land zu den facettenreichsten Teilen Amerikas. Weite Gebiete versinken in tiefster Ländlichkeit, während echtes Stadtleben im Prinzip auf die Metropole Albuquerque und in geringerem Maß auf die Hauptstadt Santa Fe beschränkt ist. Wer sich für das Leben der gestrigen und heutigen Pueblo-Indianer interessiert, kann verlassene Ruinenanlagen und noch bewohnte Dörfer besuchen, lohnend speziell bei großen Festen. Zu den touristischen Highlights gehören die phänomenalen Carlsbad Caverns, die Heimat von Billy the Kid um Lincoln und die seltsame Gipswüste White Sands.

Zeitplanung

Rundreise durch New Mexico: ca. 8–10 Tage

Zusätzliche Exkursionen: Westlich von Albuquerque führt eine erste Nebenstrecke ab Laguna Pueblo südlich der I-40 zum Acoma Pueblo und ein zweiter Abstecher über das El Morro National Monument bzw. Zuni Pueblo bis nach Gallup (145 Meilen, halber Tag). Von Lincoln kommt man auf einer sehenswerten Strecke über Ruidoso und Alamogordo in die Gipswüste White Sands (100 Meilen, halber Tag). Das UFO-Museum in Roswell und die Carlsbad Caverns trennen nur 80 Meilen voneinander.

7. Colorado

Von der Metropole Denver und den flachen, östlichen Landesteilen abgesehen, ist der Bundesstaat ein besonderes Reiseziel für Bergfreunde. Kein Bundesstaat auf der zusammenhängenden Staatsfläche der USA liegt höher. Als besonders gebirgig erweist sich Colorado hauptsächlich in seiner westlichen Landeshälfte. Je weiter man von der in Nord-Süd-Richtung verlaufenden Hochgebirgskette der mächtigen Rocky Mountains nach Osten kommt, desto flacher werden die Landschaften, bis sie schließlich in die Great Plains übergehen.

Mesa Verde National Park

Gut zu wissen: Die hauptsächlich durch die alpinen Rocky Mountains geprägte Region bildet sowohl in der warmen wie in der kalten Jahreszeit ein attraktives, infrastrukturell gut erschlossenes Reiseziel. Wer nicht den legendären Pulverschnee als Sportpartner im Sinn hat, ist im Sommer und Frühherbst im Bergland zwecks Outdoorspaß am besten aufgehoben. Die pulsierende Metropole Denver, vier Nationalparks voller reizvoller Naturszenerien und mit zahllosen Freizeitmöglichkeiten, Ortschaften, die häufig aus ehemaligen Bergbaucamps entstanden sind, und die auf den äußersten Südwesten des Bundesstaates konzentrierten erstaunlichen Überbleibsel der alten Anasazi-Indianerkultur bilden einen spannenden Mix aus landschaftlichen und kulturellen Attraktionen.

Zeitplanung

Gesamter Bundesstaat: ca. 6–8 Tage

Zusätzliche Exkursionen: Der San Juan Skyway zeigt die Berglandschaft im Südwesten Colorados von ihrer schönsten Seite (200 Meilen, 1 Tag). Wer die Strecke von Aspen über Vail und durch den Rocky Mountain National Park bis nach Estes Park fährt, befindet sich auf dem ›Dach‹ Amerikas (250 Meilen, 1 Tag).

Vorschläge für Rundreisen

Große Nationalparkrundreise (21 Tage)

1. bis 3. Tag: Ankunft in San Francisco. Für eine Stadtbesichtigung stehen ca. 2 Tage zur Verfügung.

4. Tag: Weiterfahrt durch das Central Valley in den Yosemite National Park.

5. Tag: Besichtigung von Yosemite mit Ausflug zum Glacier Point und zu den riesigen Sequoia-Bäumen im Mariposa Grove.

6. Tag: Auf der Tioga Pass Road über die hohe Sierra und durch das Owens Valley weiter bis ins Death Valley.

7. Tag: Besichtigungstour im Death Valley ab Furnace Creek Ranch u. a. mit Scotty's Castle und Zabriskie Point.

8. Tag: Fahrt über das südliche Death Valley, Shoshone und Pahrump nach Las Vegas.

9. bis 11. Tag: Bummel durch die Themencasinos der Entertainment-Metropole Las Vegas.

12. Tag: Fahrt über St. George in den Zion National Park.

13. bis 14. Tag: Von Zion in den Bryce National Park und Wandertouren im Park.

15. Tag: Auf den Highways 12 und 24 in den Capitol Reef National Park und weiter bis nach Hanksville.

16. Tag: Von Hanksville mit einem Abstecher ins Goblin Valley über Green River nach Moab.

17. bis 18. Tag: Besuch der beiden Nationalparks Arches und Canyonlands bei Moab.

19. Tag: Von Moab über Price bis nach Salt Lake City.

20. Tag: Besichtigung von Salt Lake City.

21. Tag: Rückflug vom International Airport in Salt Lake City oder Weiterreise.

Von Los Angeles nach Albuquerque (14 Tage)

1. bis 3. Tag: Ankunft in Los Angeles und Besichtigung von Hollywood, Downtown und Beverly Hills.

4. Tag: Von Los Angeles über Palm Springs in den Joshua Tree National Park.

5. Tag: Fahrt von Twentynine Palms über Lake Havasu City und Oatman nach Kingman an der Route 66.

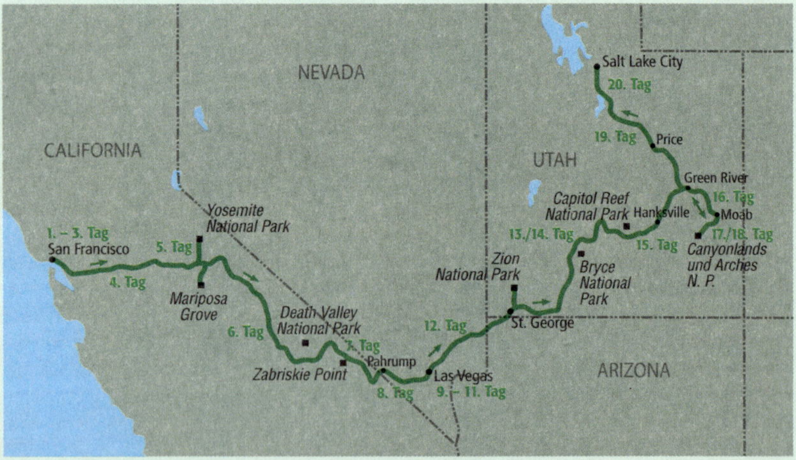

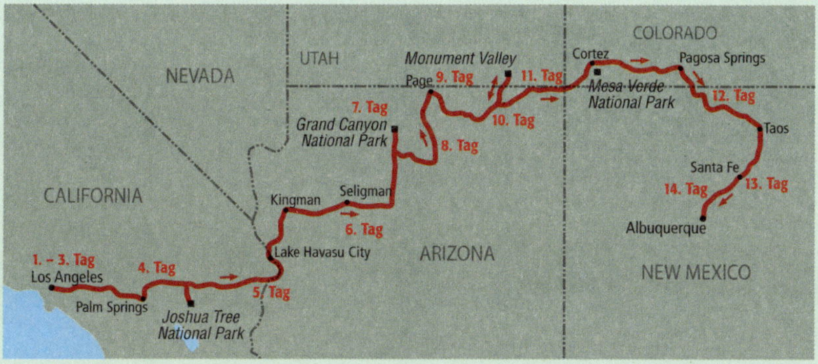

6. Tag: Von Kingman auf der Route 66 nach Seligman und weiter zum Grand Canyon.
7. Tag: Wander- und Besichtigungstour an der South Rim im Grand Canyon National Park.
8. Tag: An der South Rim des Grand Canyon entlang nach Cameron und weiter zum Tagesziel Page am Lake Powell.
9. Tag: Besichtigung des Lake Powell, Antelope Canyon und Horseshoe Bend in der Umgebung von Page.
10. Tag: Fahrt durch die Navajo Reservation zum Monument Valley.
11. Tag: Über Cortez geht es in den Mesa Verde National Park.
12. Tag: Über Durango, Pagosa Springs und Tierra Amarilla zum Taos Pueblo bei Taos.
13. Tag: Besichtigung der neumexikanischen Hauptstadt Santa Fe.
14. Tag: Über den parallel zur I-25 verlaufenden Türkispfad (State Route 14) nach Albuquerque, wo die Tour endet.

Küste von San Francisco nach San Diego (14 Tage)

1. bis 3. Tag: Ankunft in San Francisco und zweitägige Stadtbesichtigung.
4. Tag: Auf dem Highway 1 direkt an der Küste entlang nach Monterey.
5. Tag: Nach einem Abstecher zum Wandern im Point Lobos State Park geht es an der spektakulären Big-Sur-Steilküste entlang nach Santa Barbara.
6. Tag: Stadttour durch Santa Barbara, u. a. mit Besichtigung der Mission Santa Barbara.
7. Tag: Weiterfahrt auf der Küstenroute nach Los Angeles.
8. bis 9. Tag: Zweitägige Besichtigung einzelner Stadtteile von Los Angeles.
10. Tag: Besuch des Vergnügungsparks Disneyland in Anaheim.
11. Tag: Küstenhighway über Laguna Beach und Oceanside nach San Diego.
12. Tag: Besichtigung von San Diego und der Nachbarstadt La Jolla.
13. Tag: Tagesausflug in die mexikanische Grenzstadt Tijuana.
14. Tag: Ab San Diego Rückflug bzw. Weiterreise.

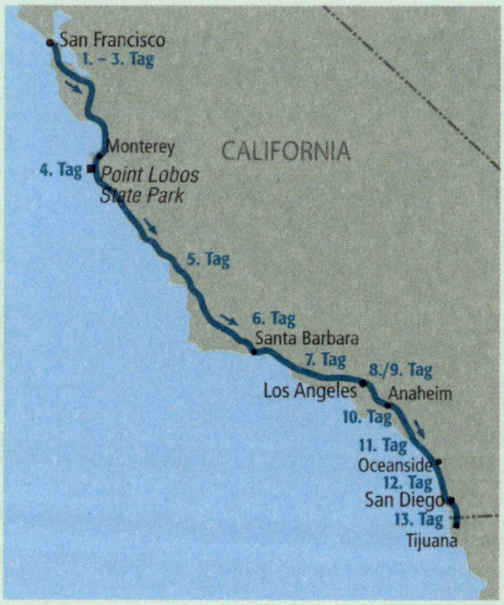

Wissenswertes über den Südwesten der USA

»Der ganze Südwesten war ein einziges Haus, gebaut aus der Morgendämmerung. Es war gemacht aus Blütenstaub und Regen. Das Land war alt und ewig. Viele Farben waren auf den Hügeln und in der Ebene, und hinter den Bergen war eine dunkle Wildnis. Das Land war bestellt und stark, und im ganzen Umkreis war es schön.«
Indianische Weisheit

Wenn die Wüste blüht: Frühling im Anza Borrego Desert State Park, Kalifornien

Steckbrief zum Südwesten der USA

Daten und Fakten

Name: USA Südwesten

Fläche: knapp 1,6 Mio. km^2 (Südkalifornien 210 000 km^2, Arizona 295 000 km^2, Colorado 270 000 km^2, Nevada 286 000 km^2, New Mexico 315 000 km^2, Utah 220 000 km^2).
Hauptstädte: Kalifornien: Sacramento; Arizona: Phoenix; Colorado: Denver; Nevada: Carson City; New Mexico: Santa Fe; Utah: Salt Lake City.
Amtssprache: Amerikanisches Englisch.

Einwohner: 49,5 Mio. (Südkalifornien 29 Mio., Arizona 7 Mio., Colorado 5,5 Mio., Nevada 2,9 Mio., New Mexico 2,1 Mio., Utah 3 Mio.).
Bevölkerungswachstum: Zunahme zwischen 2010 und 2017 in Prozent: Kalifornien 6,1 %; Arizona 9,8 %; Colorado 11,5 %; Nevada 10,1 %; Utah 12,2 %.
Lebenserwartung: Männer 76,4 Jahre, Frauen 81,2 Jahre.

Währung: US-Dollar ($). Der Dollar ist in 100 Cents unterteilt. Banknoten sind als 1-, 2-, 5-, 10-, 20-, 50- und 100-Dollar-Scheine im Umlauf. Die früher ausschließlich grünen Banknoten haben mittlerweile verschiedene Farben bekommen.

Zeitzonen: Pacific Time (Südkalifornien, Nevada MEZ –9 Std.) und Mountain Time (Arizona, New Mexico, Utah und Colorado MEZ –8 Std.).

Landesvorwahl: 001
Internetkennung: .us

Landesflagge: Sternenbanner (Stars & Stripes). Rote und weiße Streifen stehen für die 13 Gründungsstaaten. Die 50 weißen Sterne in blauem Feld symbolisieren die 50 US-Bundesstaaten. Farbensymbolik: Weiß (Reinheit, Unschuld), Rot (Tapferkeit, Ausdauer) und Blau (Wachsamkeit, Beharrlichkeit, Gerechtigkeit).

Geografie

Den Kernbereich des Südwestens bilden die Bundesstaaten Arizona, Nevada, New Mexico und Utah. Große Gebiete von Colorado können diesem Teil der USA genauso zugerechnet werden wie Südkalifornien, das sich die Sonorawüste, das Große Becken und den Colorado River mit der restlichen Region teilt. Die Weltstädte San Francisco und Los Angeles spielen als ›klassische‹ Anfangs- und Endpunkte für Reisen durch den Südwesten eine touristische Hauptrolle. Davon abgesehen sind Nationalparks wie Yosemite, Kings Canyon, Sequoia, Death Valley und Joshua Tree, die wildromantische Pazifikküste zwischen San Francisco und San Diego und die Mojave- und Sonorawüste beliebte Ziele auf Touren durch den Südwesten. Doch auch außerhalb dieser Naturoasen weisen die Landschaften der Region eine außergewöhnliche Verschiedenartigkeit auf, die von dramatischen Meeresküsten, agrarisch genutzten Tälern, natürlichen und künstlichen Seen über gewaltige Hochgebirge bis zu staubtrockenen Wüsten reicht.

Geschichte

Auf ein Alter von ca. 12 000 Jahren datieren archäologische Funde, mit denen die frühe Existenz prähistorischer Jäger und Sammler im Südwesten nachzuweisen ist. Zwischen 100 v. Chr. und etwa 1300 n. Chr. bildete sich dort die Kultur der Anasazi heraus, von der noch spektakuläre Ruinenanlagen zeugen. Nach dem Verschwinden der Anasazi drangen von Norden athabaskisch sprechende Indianergruppen wie die Navajo und Apachen in die Region vor, die seit 1540 von Neuspanien (Mexiko) aus auch Ziel spanischer Konquistadoren war. Eine systematische Kolonisierung durch Spanien begann aber erst im 17. Jh. und stieß bei den Pueblo-Indianern im Rio-Grande-Tal auf erbitterten Widerstand. Mexikos Unabhängigkeit im Jahr 1821 brachte das Gebiet unter mexikanische Kontrolle. Nach dem verlorenen Krieg gegen die USA musste Mexiko im 1848 unterzeichneten Frieden von Guadalupe Hidalgo große Gebiete im Südwesten an die USA abtreten, darunter Südkalifornien. 1850 wurde Kalifornien als 31. Staat in die USA aufgenommen. Nevada folgte 1864, Colorado 1876, Utah 1896 und Arizona bzw. New Mexico 1912.

Staat und Politik

Wie alle 50 Bundesstaaten besitzen auch die Staaten des Südwestens eigene Verfassungen und aus zwei Kammern (Senat und Repräsentantenhaus) bestehende Parlamente als oberste Organe der Legislative. Die Exekutive liegt in Händen eines jeweils auf 4 Jahre gewählten Gouverneurs, der sein Amt höchstens zwei Legislaturperioden lang in Folge ausüben darf. Höchste Instanz der Rechtsprechung ist jeweils der Oberste Gerichtshof (Supreme Court) unter Vorsitz eines Obersten Richters (Chief Justice), der vom Gouverneur ernannt wird und sein Amt höchstens 10 Jahre lang ausübt. Administrativ sind die Bundesstaaten in counties (Landkreise) aufgeteilt.

Wirtschaft und Tourismus

Die Bundesstaaten des Südwestens gründeten ihre Wirtschaften im 19. Jh. hauptsächlich auf Bergbau und Rinderzucht. Legendäre Reichtümer aus Gold- und Silberminen beschleunigten den Prozess der Staatsgründung vor allem in Kalifornien und Nevada. Im 20. Jh. stieg das Central Valley in Kalifornien zu den produktivsten Agrarregionen der USA auf, während das legendäre Silicon Valley südlich von San Francisco die High-Tech-Industrie in der ganzen Welt revolutionierte. In sämtlichen Bundesstaaten des Südwestens leisteten in der Vergangenheit Bodenschätze einen bedeutenden Beitrag zur jeweiligen Wirtschaft. Daran hat sich bis heute nichts geändert.

Überall im Südwesten spielt der Tourismus eine große Rolle. Kalifornien besuchen jährlich ca. 330 Mio. Menschen, die im Durchschnitt pro Tag und Person 120 $ ausgeben.

Bevölkerung und Religion

Von neun großen Ballungsräumen abgesehen handelt es sich beim Südwesten um eine nur dünn besiedelte Landesregion mit einem überdurchschnittlich starken hispanischen Bevölkerungsanteil. Während in den gesamten USA ca. 17,1 % lateinamerikanischer Abstammung sind, beläuft sich dieser Anteil etwa in Südkalifornien auf 39 %, in Arizona auf 30,9 und in New Mexico auf 48,5 % (https://www.census.gov/quickfacts). Damit hängt zusammen, dass der Anteil an Katholiken etwa in New Mexico mit 40, in Arizona mit 29 und in Kalifornien mit 32 % überdurchschnittlich hoch ist. In Utah bekennen sich lediglich 6 % der Einwohner zum Katholizismus, während 60 % Mitglieder der Mormonenkirche sind.

Natur und Umwelt

Zwischen der Pazifikküste und den Gipfeln der Rocky Mountains im Bundesstaat Colorado liegen große, zum Teil sehr unterschiedliche Naturräume, die den Südwesten zu einem überaus facettenreichen Landesteil machen. Über 4000 m hohe Gebirge, menschenleere Wüsten, tief eingeschnittene Flusstäler und von Erosionskräften in Jahrmillionen modellierte Hochebenen prägen die verschiedenen Gesichter der Region.

Pazifikküste

Steile und felsige Abschnitte mit Flussmündungen und zerklüfteten Halbinseln kennzeichnen die kalifornische Küste südlich von San Francisco. Je weiter man sich San Diego nähert, desto länger werden die Sandstrände und desto eher kann man sich wegen steigender Temperaturen ins Wasser wagen. An vielen Stellen wie beispielsweise im Año Nuevo State Reserve, an der Küste südlich von Big Sur oder in La Jolla nördlich von San Diego kann man hauptsächlich zwischen Dezember und März Robben und See-Elefanten beobachten, die sich in den kalten Monaten des Jahres zur Gründung neuer Familien an geschützten Sandstränden treffen. Die sich an der gesamten Meeresküste entlangziehenden Coast Ranges sorgen dafür, dass es sich beim südkalifornischen Küstenstreifen um ein schmales Gebiet handelt, in dem die klimatischen Unterschiede zwischen Winter und Sommer wegen der ausgleichenden Wirkung des Stillen Ozeans weit weniger prägnant sind als östlich des Küstengebirges.

Erdbebengefahr

Der südkalifornische Küstenstreifen ist nicht nur ein landschaftliches Glanzlicht im Golden State, sondern auch ein Katastrophengebiet. Entlang dem sogenannten San-Andreas-Graben verschieben sich Erdkrustenplatten von kontinentaler Größe. Die Pazifische Platte mit dem Stillen Ozean und einem Küstenabschnitt Kaliforniens inklusive Los Angeles driftet jedes Jahr etwa 2,5 cm nach Nordwesten. Die Amerikanische Platte mit dem restlichen Nordamerika samt San Francisco bewegt sich in etwas langsamerem Tempo nach Südosten. Dass diese Plattenkontakte alles andere als zu vernachlässigen sind, bestätigt die Wissenschaft. Erdbebenschreiber zeichnen im Jahresdurchschnitt in Kalifornien ca. 10 000 Klein- und Kleinstbeben auf, wenn sich die Platten auf ihrer Reise in unterschiedliche Richtungen im Bereich der oberen 10 km des Erdmantels verkeilen und dadurch Spannungen und Druckverhältnisse aufbauen, die eine tektonische Zeitbombe zum Ticken bringen. 1906 entluden sich urgewaltige Energien in San Francisco bei einem Beben der Stärke 7,8 auf der Richterskala, dem schätzungsweise bis zu 3000 Menschen zum Opfer fielen und in dessen Folge über 200 000 Einwohner obdachlos wurden. Zahlreiche jüngere Erdbeben bewiesen die Wirksamkeit präventiver Maßnahmen. Die von japanischen Ingenieuren übernommene Wolkenkratzerbauweise unter Verwendung von Dämpfern aus Stahl und Gummi zwischen Gebäudefundamenten bewährte sich. Neben dieser technischen Prävention zahlten sich andere, mittlerweile weitverbreitete Schutzmaßnahmen aus, die von der Befestigung von Mobiliar an den Wänden bis zum familieninternen Katastrophentraining und zu Einbauten zentraler Absperrventile für Gasleitungen reichen.

Südutah: versteinerte Dünen in den Vermilion Cliffs

Colorado-Plateau

Die einzelnen großen Naturräume auf dem Staatsgebiet der USA sind keine in sich geschlossenen Landschaften. Das gilt auch für das 330 000 km² große Colorado-Plateau, das damit fast die Fläche Deutschlands einnimmt. Zentrum der Hochebene ist das Four-Corners-Gebiet um den Schnittpunkt der Staatsgrenzen von Colorado, Utah, New Mexico und Arizona. Im Norden reicht das Plateau bis fast nach Wyoming, im Westen bis an die Grenze von Nevada und im Süden beinahe bis nach Phoenix in Arizona, während die Ostgrenze in New Mexico nicht ganz an den Rio Grande und in Colorado nicht ganz an die San Juan Mountains reicht.

Während des Paläozoikums vor etwa 375 Mio. Jahren und des folgenden Mesozoikums lagerten sich in diesem Teil des Südwestens mehrere Kilometer mächtige Sedimentschichten ab. Wegen der tektonischen Stabilität dieser Region überdauerten die Ablagerungen lange Zeiträume weitgehend ungestört, wurden aber durch Erosionsprozesse unterschiedlich weit abgetragen. Fachleute fanden heraus, dass auf etwa einem Viertel des Colorado-Plateaus die aus dem Mesozoikum stammenden Sedimentschichten und auf über 60 % der Gesamtfläche die der Kreidezeit nachfolgenden Ablagerungen bereits verschwunden sind. Wasserläufe gruben sich immer tiefer in die obersten Erdschichten hinein und legten neue Schichten und damit Zeugnisse längst vergangener Erdzeitalter offen. Am spektakulärsten treten diese Prozesse im Grand Canyon zutage, der vom Colorado River nach wie vor immer tiefer gegraben wird, u. a. weil das Colorado-Plateau stetig angehoben wird. In der Riesenschlucht sind 13 Erdschichten offengelegt, die 2 Mrd. Jahre in die Geschichte des Planeten Erde zurückführen und davon berichten, dass Arizona über lange Zeiträume hinweg abwechselnd beispielsweise ein Dünengebiet, eine Küstenlandschaft, ein Flussdelta und eine Wüste war.

Zum zerfurchten Gesicht des durchschnittlich 1500 m hoch gelegenen Plateaus trug das relativ trockene Klima bei. Das Gebiet ist nur auf den höchsten Erhebungen, etwa um den über 3500 m hohen Boulder Mountain im südlichen Utah oder auf dem Kaibab-Plateau um den Grand Canyon, von Wäldern bedeckt. In tieferen Lagen erlaubt das wüstenhafte Klima eine nur spärliche Vegetation, sodass Felsen den Einflüssen von Wind und Wetter fast ungeschützt ausgesetzt sind. Deshalb entstanden neben spektakulären Canyons an vielen Stellen einzigartige Formationen wie etwa die Naturbögen von Arches oder die steinernen Zaubergärten des Bryce Canyon.

Wasserprobleme

Der in den Rocky Mountains entspringende Colorado River schuf bis zur Mündung in den Golf von Kalifornien nicht nur spektakuläre Canyons, sondern verrichtet in den sieben Anrainerstaaten Colorado, Wyoming, Utah, Arizona, Nevada, Kalifornien und Mexiko seit über 100 Jahren auch Schwerstarbeit bei der Trinkwasserversorgung von 25 Mio. Menschen und der Bewässerung von 15 000 km² Ackerland, was etwa der Fläche von Schleswig-Holstein entspricht. Klimaforscher stellten in den fünf Jahren vor 2016 einen besorgniserregenden Trend fest: Die Niederschläge im gewaltigen Einzugsgebiet des Colorado River gingen immer mehr zurück und verursachten eine lang anhaltende Dürreperiode, während der die Pegel in wichtigen regionalen Wasserreservoirs wie etwa Lake Mead und Lake Powell dramatisch sanken und u.a. auch die Produktion von Strom durch Wasserkraft beeinträchtigten. Eine klimatische Wende läutete die Wintersaison 2016/2017 ein, als hauptsächlich in Kalifornien, aber auch in anderen Regionen des Südwestens starke Niederschläge fielen, Trinkwasserspeicher auffüllten, aber auch Bergrutsche und Überschwemmungen mit sich brachten. Fachleute bezweifeln allerdings, ob der niederschlagsreiche Winter, der vor allem die Sierra Nevada mit einem gewaltigen Schneepolster ausstattete, langfristig ein Ende der Trockenperiode im Südwesten bedeutet.

Gebirge

Zu den Naturräumen des Südwestens gehören drei große Gebirgszüge, die wegen ihrer Nord-Süd-Ausrichtung Luftmassenströmungen, Temperaturen und Niederschlagsverteilung lenken und damit das regionale Klima in hohem Maße beeinflussen.

Das Küstengebirge

Als Teil eines von Feuerland bis nach Alaska reichenden Gebirgszuges verdanken die kalifornischen Coast Ranges (auch Coast Mountains) ihre Entstehung der Plattentektonik der Pazifischen Platte und der Nordamerikanischen Platte, wodurch Gesteinsschichten gestaucht und nach oben gepresst werden. Hauptsächlich als Klimabarriere ist das Küstengebirge von Bedeutung. Vom Pazifik kommende Wolken regnen in der Regel an diesem natürlichen Hindernis ab, sodass weiter landeinwärts gelegene Landstriche wie etwa das Central Valley viel niederschlagsärmer und trockener sind.

Sierra Nevada

Östlich des Central Valley bildet die 700 km lange und 120 km breite Sierra Nevada einen riesigen Granitklotz, der vor Urzeiten unter der Erdoberfläche durch flüssiges Magma entstand, ehe er als zusammenhängender Gesteinsblock in die Höhe gedrückt wurde. Während die Gebirgskette nach Westen relativ sanft abfällt, ist die östliche, vom Owens Valley her zugängliche Flanke steil. Während der letzten Eiszeit strömten gewaltige Gletscher von den Gipfelregionen in die Täler und schürften spektakuläre Schluchten mit senkrechten Felswänden in den Granit. Bekannteste damals entstandene Landschaft ist das Yosemite Valley, in dessen Süden mit dem 4417 m hohen Mount Whitney die prominenteste Erhebung auf dem zusammenhängenden Staatsgebiet der USA liegt. Von aus dem Westen kommenden Luftmassen bekommt das Gebirge noch so viel Niederschlag ab, dass es im Winter regelmäßig im Schnee versinkt. Andererseits schirmt es das weiter östlich liegende Great Basin so stark von feuchter Pazifikluft ab, dass sich dort eine trockene Hochwüste ausbreitet.

Rocky Mountains

Aus einzelnen Gebirgsketten wie etwa Uinta Mountains, Wasatch Range, Sangre de Cristo Mountains und San Juan Mountains bestehend, erstreckt sich das größte Gebirgssystem Nordamerikas vom Südwesten über 4500 km bis in den Norden von Alaska. Ähnlich wie das Küstengebirge verdanken auch die Rockies ihre Entstehung plattentektonischer Dynamik. Die höchsten auf US-Territorium liegenden Gipfel der Kette (außerhalb von Alaska) mit dem 4401 m hohen Mount Elbert gehören zum Bundesstaat Colorado. Dort ebenso wie im benachbarten New Mexico fallen mit 1000 mm relativ geringe Niederschlagsmengen, hauptsächlich im Winter als Schnee. Die Vegetationszonen beginnen in grasbedeckten Tälern und Ebenen mit Beifußbüschen und reichen über montane und subalpine Wälder bis in eine Zone mit alpiner Tundra.

Die Wüste

Besonderes Interesse weckt bei Besuchern des Südwestens gemeinhin die Natur der heißen, wüstenhaften Landstriche. In der Sonnenhitze aufgesprungener Boden, von tosendem Wasser ausgehöhlte Canyons, windgebürstete Hochflächen und salzverkrustete Seen: Die natürlichen Voraussetzungen verlangen von Pflanzen und Tieren einen hohen Grad an Anpassung- und Widerstandsfähigkeit. Mit Dornen und geschickten Tarnmanövern wehren sich Sträucher und Bäume gegen unliebsame Feinde und drohende Austrocknung. Beispielhaft verhält sich der an den heißesten Wüstenflecken verbreitete Kreosote-Busch *(Larrea tridentata)*. Um den Wasserhaushalt zu kontrollieren sowie das Eindringen von Hitze und ultraviolettem Licht zu verhindern, sind seine Blätter von einer Wachsschicht überzogen. Die grünen Teile des Busches enthalten zudem so übel schmeckende Stoffe, dass sich kein Tier an sie heranwagt. Nach Regenfällen liegt meist ein eigenartiger Desinfektionsmittelgeruch über Wüstenstrichen, in denen der Kreosote-Busch gedeiht. In Mexiko trägt er deshalb den Namen *hediondilla* (kleiner Stinker).

Zur dekorativen Naturszenerie tragen mehrere unterschiedliche Yucca-Arten bei, die jedoch alles andere als harmlos sind. Vieh, Pronghorn-Antilopen und andere Tiere machen sich zwar im Frühjahr über die Blüten der Pflanzen her. Die Blätter werden aber tunlichst vermieden, weil sie einerseits mit nadelfeinen Spitzen ausgestattet und zum anderen mit einer wachsähnlichen Substanz überzogen sind, die selbst einem tierischen Maul nicht mundet. Wildschweine leisten an Yuccas ganze Arbeit. Mit scharfen Hufen graben sie die Pflanzen aus, um ungefährdet an die unteren Blätterstängel heranzukommen. Eine besondere Yucca-Art ist unter dem Namen Seifenbaum-Yucca *(Yucca elata)* bekannt. Dieser ›Staatsbaum‹ von New Mexico verdankt seinen Namen dem Wurzelwerk, das schon von den alten Indianern als eine Art Shampoo zur Haarwäsche verwendet wurde. Aus den zerquetschten Blättern gewannen die Anasazi Fasern zur Herstellung von Seilen.

Die Flora

Unumstrittener Star der Pflanzenwelt des Südwestens ist ein von Stacheln übersäter, meist mit mehreren Armen ausgestatteter Riese, der sich an die natürlichen Bedingungen der heißen Wüstenstriche bestens angepasst hat. Der Saguaro-Kaktus *(Carnegiea gigantea)* ist die größte Kakteenart der USA.

Er kann eine Höhe von mehr als 15 m erreichen und angesichts seiner ausgeprägten Fähigkeit zur Wasserspeicherung bis zu 6000 kg wiegen. Sein natürliches Verbreitungsgebiet beschränkt sich ausschließlich auf die nördliche Sonorawüste, die sich über die mexikanische Grenze hinaus etwa 120 Meilen weit nach Arizona erstreckt. In dieser Trockenzone schwankt der jährliche Niederschlag zwischen 25 und 300 mm.

Der Kandelaberkaktus kann bis zu 200 Jahre alt werden. Die typische Form eines Armleuchters bekommt er erst nach etwa 70 Jahren, wenn sich sein Stamm in Seitenarme zu verzweigen beginnt. Der Riesenkaktus hat ein flaches Wurzelwerk, das im dürren Boden über Hunderte von Metern ausgreift. Am schönsten sind die Saguaros etwa im Saguaro National Park bei Tucson im Mai und Juni, wenn sich die weißen, wachsartigen und fast untertassengroßen Blüten nachts öffnen und mit ihrem Duft die zur Bestäubung notwendigen Fledermäuse anziehen. Die Früchte sehen, wenn sie sich öffnen, wie rote Blüten aus. Aus dem Fruchtfleisch bereiten die Tohono-Indianer ein Getränk und ein schmackhaftes Kakteengelee.

Teddybear Chollas und Fasskakteen

Teddybear Chollas *(Opuntia bigelo-wii)* sind weit weniger beliebt als die Saguaros und werden trotz ihrer äußerlichen Attraktivität in Vorgärten von vielen als Unkraut behandelt. Aus der Ferne und vor allem bei günstigem Lichteinfall sehen sie mit ihrem dichten, gelblich-grünen Stachelfell aus wie in der Wüste sitzende Teddybären. Ihre zahlreichen kleinen Arme ähneln aber nur aus einiger Distanz einem glänzenden Pelz. Aus der Nähe betrachtet entpuppt sich das vermeintliche Fell als äußerst wirksamer Stachelpanzer. Die einzelnen ›Gliedmaßen‹ scheinen nur sehr lose miteinander verbunden zu sein. Die Teddybear Chollas umgeben sich mit abgefallenen Trieben, aus denen neue Exemplare wachsen und die Mutterpflanze mit einer fast unüberwindbaren Barriere umgeben. Bei Wanderungen in der Wüste ist stabiles Schuhwerk unabdingbar. Einzelne Teddybear-Stacheln durchdringen Sohlen von Sportschuhen so leicht wie ein Messer einen weichen Käse.

Wildblumen

Zwischen Februar und Mai entfalten die Wüsten des Südwestens während der Blütezeit vieler Wildblumenarten eine verschwenderische Pracht. Wann Kakteen, Wildgräser und vor allem Wildblumen wo blühen, ist langfristig nur ungenau vorherzusagen. Die Blütesaison zeigt sich von ihrer schönsten Seite, wenn im Winter ausreichend Niederschläge gefallen sind und sich der Frühling mit warmen Temperaturen anbahnt. Dann leuchten die glutroten Blüten der Chuparosa-Büsche *(Justicia californica)*, der Wüstenlöwenzahn *(Malacothrix glabrata)* zaubert gelbe Flecken in die Landschaft, und die Sandverbene *(Abronia villosa)* fügt ein kräftiges Lila hinzu. Zu den bekanntesten Wildblumengebieten gehören in Südkalifornien der Anza Borrego Desert State Park (s. S. 230) und das nördlich von Los Angeles gelegene Antelope Valley California Poppy Reserve, in dem zwischen März und Mai der Kalifornische Mohn *(Eschscholzia californica)* ein ca. 7 km^2 großes Areal in eine orangerote Blütenorgie verwandelt.

Die Fauna

Ähnlich wie viele Pflanzen sind auch zahlreiche Wüstentiere mit Tarnfarben, Zähnen, Klauen, Schnäbeln, Stacheln und giftigen bzw. übel riechenden Substanzen für den Überlebenskampf gerüstet. Eines der seltsamsten Tiere der Region ist das bis zu 45 cm lange Gila-Monster *(Heloderma suspectum)*, das sich mit seiner perligen, pink- und schwarzfleckigen Haut eine äußerst wirkungsvolle Tarnung zugelegt hat. Unter den Echsen spielt das Monster eine Sonderrolle: Es ist die einzige Art mit giftigem Biss. Die Substanz wird während des Bisses aus Gifttaschen im Zahnfleisch des Unterkiefers in die Wundstellen der Beute gerieben.

Die ältesten Lebewesen der Erde

Selbst gottverlassene Wüstengegenden sind Rummelplätze verglichen mit dem einsamsten Gebirgszug Kaliforniens, den White Mountains an der Grenze zu Nevada. Am Ostrand des Owens Valley trotzen dort einige Grannenkiefern seit Tausenden von Jahren Wind und Wetter – es sind die ältesten Lebewesen des Planeten.

Am Anstieg zum 2216 m hohen Westgard Pass östlich der Ortschaft Independence zweigt von der Durchgangsstraße 168 die White Mountain Road in nördlicher Richtung zum Ancient Bristlecone Pine Forest ab, hinter dem der 4341 m hohe White Mountain Peak die umgebenden Gipfel überragt. Die asphaltierte Straße steigt auf 7 Meilen um 2000 Höhenmeter und führt dabei am Sierra View Point mit grandiosem Fernblick vorbei zur Schulman Grove auf 3048 m Höhe (mit größeren Wohnmobilen sollte man die Strecke wegen ihrer engen Kurven nicht befahren). Beim Parkplatz gibt es ein Informationszentrum. Auf zwei Wanderwegen kann man dem einzigartigen Naturwunder dieser abgelegenen Bergwelt einen Besuch abstatten – einem Wald mit uralten Grannenkiefern, nachweislich die ältesten Lebewesen auf der Erde. Vom Schulman Grove lässt sich der Abstecher um weitere 12 Meilen bis zu einem zweiten Grannenkiefernwald, dem Patriarch Grove, auf 3414 m Höhe fortsetzen. Man muss aber eine steile Schotterpiste in Kauf nehmen.

Grannenkiefern (Pinus longaeva, Pinus aristata) stehen überwiegend in Höhen über 2500 m. Sie vertragen keinen Schatten und sind deshalb Einzelgänger, die selten in Gruppen anzutreffen sind. Im Normalfall wachsen sie auf steinigem Untergrund an Bergflanken, wo der Schnee im Frühjahr schnell schmilzt. Unter Waldbränden haben sie im Grunde genommen nie zu leiden, weil sie nirgendwo anzutreffen sind, wo sich ein Feuer durchs Unterholz fressen könnte.

Ein Teil des uralten Zauberwaldes in den White Mountains ist nach dem Wissenschaftler Edmund Schulman benannt. Er befasste sich seit 1932 mit Dendrochronologie, um über Baumringanalysen mehr über die Klimaverhältnisse längst vergangener Jahrhunderte zu erfahren. 1953 hörte er Gerüchte über uralte Bäume östlich des Owens Valley und begann dort mit Untersuchungen, die zu spektakulären Ergebnissen führten. Auf Höhenlagen zwischen 3048 und 3354 m fand er die bis dahin ältesten Bäume der Erde. 1957 wurde seine detektivische Kleinarbeit gekrönt: Eine von Schulman auf den Namen Methusalem getaufte Grannenkiefer erwies sich als ältestes Lebewesen überhaupt – unglaubliche 4723 Jahre alt. Sie residiert am 6,8 km langen Methusalem Walk in der Schulman Grove, 2012 wurde eine 5062 Jahre alte Kiefer in den White Mountains ausfindig gemacht. Ihr Standort wird geheim gehalten. Auch am Mount Charleston bei Las Vegas und im Great Basin National Park in Nevada (s. S. 275) stehen solche Bäume (White Mountain Ranger District, 798 N. Main St., Bishop, CA 93514, Tel. 1-760-873-2500. Kostenloses Campen das ganze Jahr am Beginn der White Mountain Road auf 2194 m und auf dem Grandview Campground auf 2621 m Höhe von Mai bis Oktober; kein Wasser).

Schlangen und Roadrunner

Am gefürchtetsten unter den Kreaturen des Südwestens ist die Klapperschlange *(Crotalus)*, von der in diesem Landesteil elf Unterarten vorkommen. Die Reptilien können ihren Fang um 180° öffnen – im Unterschied etwa zum Menschen, der den Mund nur um 40° aufsperren kann. Beim Biss werden die hohlen, zusammengeklappten Giftzähne des vorderen Oberkiefers nach vorne gebracht und in die Beute eingeschlagen. Das hochtoxische Gift (die Wirkung unterscheidet sich nach Unterarten) vermag kleinere Tiere in zwei bis fünf Minuten zu töten. Mit den losen Kieferknochen und flexiblen Rippen verschlingt eine Klapperschlange ihre Beute ganz, den Kopf voran. Den Namen gebenden Teil trägt sie ganz am Ende des Körpers: einige lose miteinander verbundene Hornteile, die hörbar klappern, wenn das Reptil den Schwanz schüttelt. Die Botschaft, die mit dem Geräusch verbunden ist, heißt »Verzieh dich schleunigst«!

Dass Reptilien und anderes Kleingetier nicht überhand nehmen, ist u. a. dem Roadrunner *(Geococcyx californianus)* zuzuschreiben. In ein geflecktes Federkleid gehüllt, attackiert der mit hübschem Kamm und langem Schwanz ausgestattete furchtlose Matador der Wüste mit spitzem, florettartigem Schnabel Spinnen, Käfer, Eidechsen, Skorpione und sogar kleine Klapperschlangen. Seinen Namen verdankt er seiner Vorliebe zu laufen statt zu fliegen. Er besitzt lange Beine, die ihm über kürzere Distanzen beachtliche Sprints erlauben.

Kojoten und Bären

Früher ausschließlich in den weiten Räumen des Westens verbreitet, tauchen auf der Jagd in Meuten erscheinende Kojoten *(Canis latrans)* immer häufiger in stadtnahen Gebieten auf, wo die Nahrungsbeschaffung leichter fällt als in freier Wildbahn. Vielen Einheimischen spukt das Bild vom feigen Kojoten durch die Köpfe. Tatsächlich zeichnen sich die zur Hundefamilie zählenden Tiere aber durch Intelligenz und Lebensschlauheit aus. Sie ernähren sich zu etwa 60 % von kleinen Nagetieren, Insekten und Feldhasen. Die restliche Nahrung besteht aus pflanzlichem Material, was Kojoten nicht eben zu Freunden amerikanischer Gemüsebauern macht. Nicht einmal Chilischoten sind vor ihnen sicher. Farmer, die es wissen müssen, behaupten, dass die vierbeinigen Plünderer lediglich das Fruchtfleisch der Schoten verzehren und die höllisch scharfen Samenkörner meiden.

Kojoten sind äußerst soziale Tiere. Sie bleiben mit dem Partner ein Leben lang zusammen, ziehen die Jungen etwa ein Jahr lang auf und sichern die Familienterritorien gegen Eindringlinge. Zur Jagd auf größere Tiere oder zum Spielen verbünden sie sich miteinander. Häufig wird die Kommunikation durch Bellen und Heulen hergestellt. In der Sprache zahlreicher Indianergruppen heißen die Tiere deswegen auch ›singende Hunde‹. In den wüstenhaften Gebieten des Südwestens gibt es mit dem Wüstenkojoten eine besondere Art, die sich an die dortigen Lebensbedingungen angepasst hat. Die Tiere wiegen mit etwa 10 kg nur halb so viel wie andere Kojoten, tragen wegen der Hitze ein kürzeres und zwecks Tarnung ein helleres Fell.

Ähnlich wie Kojoten waren bis Mitte des 20. Jh. auch Grizzlybären *(Ursus arctos)* im Südwesten verbreitet. Mit der Entwicklung größerer Städte und dem Beginn der Viehzucht in ländlichen Gebieten wurde diese Tierart immer weiter in immer kleiner werdende Gebiete abgedrängt, bis sie in den 1930er-Jahren im Südwesten als ausgestorben galt. In den San Juan Mountains im südwestlichen Colorado erlegten Jäger 1979 ein letztes Exemplar. Danach wurden in der Region keine wilden Grizzlys mehr gesichtet.

Demgegenüber sind die kleineren, bis zu 220 kg schweren Schwarzbären *(Ursus americanus)* in bewaldeten Gebieten noch weitverbreitet. Das liegt in erster Linie an der Anpassung der Allesfresser an die menschliche Zivilisation. Nicht selten tauchen die Tiere in der Nähe von Siedlungen und Dörfern auf, wo sie leicht passende Nahrung auftreiben können.

Wirtschaft, Soziales und aktuelle Politik

Kalifornien bildet im Südwesten ein Schwergewicht: Als US-Bundesstaat mit der größten Bevölkerung ist der Golden State gleichzeitig wirtschaftlich die dominante Kraft in der Region, deren beherrschende Stellung auf die Nachbarstaaten ausstrahlt. Ein Beispiel dafür ist die progressive kalifornische Umweltpolitik.

Krise in Kalifornien

Immobilienkrise, Waldbrände, Erdrutsche, Stromausfälle, hohe Kriminalität, riesige Löcher im Staatshaushalt … Man könnte meinen, das Schicksal habe sich gegen Kalifornien verschworen. Jahrzehntelang wurde die wirtschaftliche Vitalität und Dynamik des Landes dem kaum zu bremsenden Pioniergeist seiner Bevölkerung zugeschrieben. Spätestens nach dem Ende des Kalten Krieges, als das Pentagon Rüstungsprogramme zusammenstrich, stellte sich jedoch heraus, dass der Boom am Pazifik in erster Linie durch gigantische Staatssubventionen während des Zweiten Weltkriegs, des Korea- und Vietnamkriegs und während des Wettrüstens im Kalten Krieg am Leben erhalten worden war. Das Ende dieser Konfrontation mit der Sowjetunion verwandelte den Strom der Gelder aus dem Verteidigungsministerium dann allerdings in ein Rinnsal. Allein von 1990 bis 1993 gingen deshalb in der kalifornischen Rüstungsindustrie 800 000 Arbeitsplätze verloren.

Für Generationen von Amerikanern und Hunderttausende von Einwanderern aus vielen Teilen der Welt war Kalifornien lange Zeit das verheißene Land gewesen. Wo der nordamerikanische Kontinent am Pazifik endet, wähnten sie eine bessere, vielleicht sogar goldene Zukunft. Ganze Völkerscharen ließen ihre Existenz hinter sich und brachen auf in eine ungewisse Zukunft im fernen Westen, den lang gehegten Traum von Glück und Zufriedenheit vor Augen. Sie waren nicht die Ersten, die der magischen Anziehungskraft des Landes erlagen. Schon lange vor ihnen waren Seefahrer und Entdecker, Missionare und Abenteurer aufgebrochen, um das Geheimnis des unbekannten Paradieses jenseits aller Zivilisation zu entschlüsseln.

Kaliforniens Vorreiterrolle

Für sich genommen ist das Traumland am Pazifik heute die achtgrößte Volkswirtschaft der Welt. Selbst während der Weltwirtschaftskrise in den 1930er-Jahren überzogen die Glitzer- und Glamourwelt des Films, der Bauboom und die blühende südkalifornische Landwirtschaft das Land mit einer Patina der Prosperität. Hunderttausende aus den Regionen des Mittleren Westens zogen damals mit Sack und Pack an den Stillen Ozean, um der Misere in ihren Heimatstaaten zu entrinnen. Unter diesem Zustrom hatte sich etwa die Bevölkerung von Los Angeles bis Ende der 1930er-Jahre auf 1,5 Mio. gesteigert. Die Massenproduktion von Flugzeugen und Rüstungsgütern ließ die Wirtschaft in den Kriegsjahren zusätzlich boomen. Dies hielt auch nach 1945 an, als die sich entwickelnde zivile Luftfahrt die Auftragsbücher der Flugzeugfirmen füllte und Städteplaner im Umkreis von Los Angeles tagtäglich 1200 ha landwirtschaftliche Nutzfläche opferten, um darauf Häuser, Parkplätze, Supermärkte oder Fabrikanlagen zu errichten.

Viele Amerikaner sind davon überzeugt, dass sich die Geschicke der Nation vor allem in Kalifornien entscheiden, das sich auf einem Polster wirtschaftlicher Prosperität zu einem Guru in Sachen Lifestyle, Denkart, Mode und Sport aufgeschwungen hat. Der coole, scheinbar von Alltagsproblemen losgelöste südkalifornische Lebensstil eignet sich bestens als Exportschlager und stattete den Superstaat mit dem Nimbus eines unbezwingbaren Wirtschaftsgiganten aus, der neben Wohlstand auch Glück und Zufriedenheit zu garantieren schien. Bis die Krise auch den Golden State einholte.

Demografische Entwicklung

Weil Mieten und Immobilienpreise in astronomische Höhen kletterten, in der Energieversorgung Probleme auftraten, die städtische Kriminalität wuchs und einige urbane Ballungsräume drohten, an ihren Verkehrsproblemen zu ersticken, kehrten in vergangenen Jahren viele Kalifornier ihrer Heimat trotz der Verlockungen von Sonne, Sand und Meer den Rücken und zogen in andere Bundesstaaten des Südwestens, weil deren Lebens- und Arbeitsbedingungen als günstiger eingeschätzt wurden. Dass die Staatsbevölkerung trotzdem wuchs, lag in erster Linie an Einwanderern aus anderen Ländern, die in Kalifornien trotz aller Krisen und Engpässe immer noch eine bessere Zukunft erwarteten als zu Hause. Prognosen gehen davon aus, dass die Einwohnerzahl auf diese Weise bis 2030 um ca. 11 Mio. zunehmen und viele bereits existierende Probleme, z. B. mit der Wasser- und Energieversorgung, verschärfen wird.

Wirtschaft und Umwelt

In den ersten Jahren nach der Jahrtausendwende boomte die kalifornische Wirtschaft, was sich in niedrigen Arbeitslosenraten um 4,5 % niederschlug. Mit der Immobilien- und Finanzkrise 2008 fand dieses Hoch ein abruptes Ende. Danach schwebte über dem Golden State der Pleitegeier. Die Folge waren rigorose Einsparungen vor allem in den Bereichen Gesundheitswesen, Bildung und Soziales. Selbst zahlreiche State Parks mussten schließen. Gouverneur Schwarzenegger hinterließ seinem Nachfolger Jerry Brown Anfang 2011 ein 27-Milliarden-Dollar-Haushaltsdefizit, das der Neue im Amt bis 2014 durch einen strikten Sparkurs und höhere Steuern in ein Plus von 4,6 Mrd. Dollar verwandelte.

Während sich die Politik in Kalifornien schwertat, die aktuellen Probleme in den Griff zu bekommen, erwies sich das Land an der Ökofront als die stärkste und fortschrittlichste Triebkraft der USA. Von 2003 bis Anfang 2011 mauserte sich Schwarzenegger zur ökologischen Galionsfigur Amerikas, indem er mit dem Global Warming Solutions Act ein Gesetz unterzeichnete, das eine höhere Deckung des Stromverbrauchs durch erneuerbare Energien vorschreibt. Seine Maßnahmen reichen bis in die Wohnzimmer seiner Landsleute, deren Fernsehgeräte heute ein Drittel weniger Strom verbrauchen müssen. Als in Europa Autos noch die Luft verpesten durften, hatte der kalifornische Gesetzgeber bereits strenge Grenzwerte festgeschrieben.

Jerry Brown, seit 2011 Gouverneur von Kalifornien, hatte von Anfang an im Golden State eine Energiewende im Sinn. Seinem ehrgeizigen Plan zufolge soll bis zum Jahr 2050 die Hälfte des Energiebedarfs durch erneuerbare Energien gedeckt werden. Damit zählt Browns Vorhaben zu den weltweit ambitioniertesten. Durchsetzen will er diese Ziele u. a. durch gezielte Investitionen in erneuerbare Energien. Auf der Agenda steht die Absicht, die Energieeffizienz von Gebäuden zu verdoppeln, den Kraftstoffbedarf beim Gütertransport auf der Straße zu halbieren und die Wärmeversorgung auf eine nachhaltige Basis zu stellen. Zur Energiewende sollen Solarpanele, Mini-Grids-Systeme und Millionen von Autos mit alternativem Antrieb beitragen. Bei den Gouverneurswahlen im November 2018 darf er bisherige Amtsträger Jerry Brown nicht erneut antreten.

Trumps Verweigerung

In hartem Kontrast zu den kalifornischen Planungen steht die Haltung von US-Präsident Donald Trump. Nach seiner Ankündigung im Juni 2017, aus dem Klimaabkommen von Paris auszusteigen (was erst Ende 2020 möglich wird), saßen bei der 23. Weltklimakonferenz in Bonn Ende 2017 zwar auch offizielle US-Vertreter mit am Tisch, die sich jedoch neutral verhielten. Einzelne US-Bundesstaaten wie etwa Kalifornien sowie zahlreiche Städte und Kommunen kündigten aber einseitig an, die ursprünglich gesteckten Klimaziele auf eigene Faust mit ihrem Bündnis »We are still in« (Wir sind immer noch dabei) u.a. mittels Ausstieg aus der Kohle zu erreichen.

Illegale Einwanderung

Als am 11. September 2001 – in den USA nur 9/11 genannt – nach dem verheerenden Terroranschlag die beiden Türme des World Trade Center in New York City in sich zusammensackten, waren die Erschütterungen nicht nur im ganzen Land, sondern weltweit zu spüren. Auch an der amerikanisch-mexikanischen Grenze im Südwesten. In den vorausgehenden Jahren war zwischen den Regierungen in Washington D.C. und Mexico City häufig über ein bilaterales Migrationsabkommen verhandelt worden, das illegalen Einwanderern u.a. die elementaren Menschenrechte garantieren sollte. Die unter dem Motto »Humanisierung der Grenze« stehende Debatte endete nach 9/11 abrupt und wurde durch eine im Mantel der Terrorismusbekämpfung daherkommende Grenzpolitik mit schärferen Kontrollen und Abschottung ersetzt. Seither beherrscht das Thema die innen- und sicherheitspolitische Diskussion im Südwesten, polarisiert die Meinungen und vergiftet in manchen grenznahen Kommunen die Atmosphäre.

Nach Zahlen der US-Einwanderungsbehörde gelangen pro Jahr etwa 1 Mio. illegale Einwanderer in die USA. Ca. 70 % dieser Menschen stammten aus Mexiko, das durch eine von Patrouillen, Zäunen, Überwachungskameras, Nachtsichtgeräten, Bewegungsmeldern, Lasersystemen und Helikoptern gesicherte Grenze vom großen Nachbarn abgeschirmt ist. Trotzdem schaffen es viele, etwa mit befristeten Besuchervisa, in die USA zu kommen und dort illegal zu bleiben. Andere überwinden die Hightech-Barrieren an der mexikanischen Grenze durch versteckte Tunnelsysteme wie etwa bei Nogales (Arizona). Wieder andere entfliehen der Arbeitslosigkeit und sozialen Not in ihrer Heimat mit Hilfe von kriminellen Schlepperbanden, die sie – bei Zahlung hoher Summen – auf weniger gesicherten Abschnitten der 1100 km langen Grenze ins ›gelobte Land‹ schleusen.

Speziell in Arizona und New Mexico ist das Einwandererproblem seit Langem ein heißes Thema und hat zu widersprüchlichen Situationen geführt. Während einerseits Gruppen von Freiwilligen bis an die Zähne bewaffnet Jagd auf illegale Immigranten machen, durchstreifen andererseits selbst ernannte Grenzsamariter die heiße Sonorawüste, um Verdurstenden oder Verletzten zu helfen. Die Fälle mehren sich, in denen sich ›Einwandererjäger‹ vor Gericht wegen Bedrohung, Freiheitsberaubung und Gewaltanwendung verantworten müssen. Während manche Bevölkerungsteile darauf drängen, die ›Illegalen‹ hauptsächlich aus Kostengründen durch Volksabstimmungen von jedweder Art öffentlicher Unterstützung und medizinischer Vorsorgung auszuschließen, weisen andere darauf hin, dass diese Menschen etwa in der Baubranche, in der südkalifornischen Landwirtschaft oder in den Fabriken der Textilindustrie seit Jahrzehnten unverzichtbare Arbeitskräfte sind.

Grenzschutz in Hightech-Zeiten

Die Ausrüstung der Border Patrols mit Fahrzeugen und Hightech-Geräten verschlingt Unsummen an Steuergeldern. Trotzdem gelingt es Zehntausenden, sich illegal in den USA niederzulassen. Seit US-Unternehmen im Zuge der Globalisierung Arbeitsplätze nach Asien verlagern, fürchten viele Arbeitnehmer im Südwesten um ihre Jobs und machen für das sinkende Lohnniveau die ›Illegalen‹ verantwortlich, die gezwungenermaßen für Hungerlöhne arbeiten. Tatsache ist aber, dass aus Mexiko kommende Flüchtlinge häufig von Amerikanern abgelehnte Jobs annehmen, die ihnen im Exil ein besseres Leben ermöglichen als in der von Drogenkriegen und sozialem Chaos malträtierten Heimat. Tatsache ist aber auch, dass illegale Einwanderer über Schleichwege einreisen, die ebenfalls von Drogendealern für ihre kriminellen Geschäfte genutzt werden. Beim Handel mit Narkotika ist so viel Geld im Spiel, dass der Grenzkonflikt zunehmend durch Korruption verschärft wird. Bereits im Wahlkampf hatte US-Präsident Trump versprochen, die Grenze mit einer 20 Mrd. $ teuren Mauer abzuriegeln. Bislang ist das Projekt über das Planungsstadium noch nicht hinausgekommen.

Lateinamerikanisierung

Der seit Jahren festzustellende massive Zustrom legaler wie illegaler Einwanderer aus Lateinamerika hat die USA mit ca. 54 Mio. Hispanics nach Brasilien und Mexiko zum drittgrößten ›lateinamerikanischen‹ Land der Erde gemacht. Latinos sind vor Afroamerikanern zur größten Minderheit in den USA geworden, und ihre Zahl steigt weiter. Vor allem im Südwesten wurde die lange idealisierte Vorstellung vom amerikanischen Immigranten als WASP – weiße Hautfarbe, angelsächsische Abstammung, protestantische Religion – längst von der Realität überholt. In Arizona stammen mittlerweile über 30 % der Gesamtbevölkerung aus Lateinamerika, in New Mexico liegt der Prozentsatz sogar über 47 % – Tendenz schnell wachsend, nicht nur wegen der hohen Migration, sondern auch infolge der weit über dem amerikanischen Durchschnitt liegenden Geburtenraten.

Veränderte Gesellschaft

Dieser demografische Prozess verändert nicht nur Erscheinungsbild und Selbstverständnis der US-Gesellschaft, sondern bedingt auch grundlegende politische Veränderungen. Für viele in lateinamerikanischen Ländern lebende Familien sind Geldüberweisungen von in den USA arbeitenden Familienmitgliedern unverzichtbare ›Einkommen‹. In manchen Ländern sind solche Transfers noch vor Warenexporten zur wichtigsten Devisenquelle geworden. Aber auch auf nationaler und regionaler Ebene zeichnen sich Veränderungen ab. Latinos stellen etwa im Südwesten der USA mittlerweile ein umworbenes Wählerpotenzial dar. Von Exilkubanern abgesehen waren sie früher eine sichere Klientel der Demokraten. Mittlerweile gelten die Latinos, die keine homogene Gruppe bilden, sondern sich eher nach nationaler Herkunft definieren, als Wechselwähler, und sowohl Republikaner wie Demokraten buhlen um ihre Gunst.

Soziale Ausgrenzung

In Los Angeles, das seit 2013 von dem demokratischen Bürgermeister Eric Michael Garcetti regiert wird, waren 2017 57,6 % der Gesamtbevölkerung Hispanics oder Afroamerikaner. In der ›Stadt der Engel‹ gibt es Stadtteile, in denen man kein einziges englisches Wort hört. An Kiosken liegen spanischsprachige Zeitungen aus, in Restaurants und Imbissen sind Tacos und Tortillas probate Mittel gegen den Hunger, und hie und da hat ein Wohnungsbesitzer die mexikanischen Nationalfarben auf seine Fensterläden gepinselt. Ein weiteres Kennzeichen dieser Gegenden sind durchschnittliche Pro-Kopf-Jahreseinkommen von weniger als 10 000 $ – ein Drittel des nationalen Durchschnitts. Präziser ausgedrückt: Fast die Hälfte der Einwohner in diesen Vierteln lebt unter der Armutsgrenze. Das Elend grassiert nicht nur in gefährlichen No-go-areas wie Southeast oder South Central mit einer Bevölkerung überwiegend aus Schwarzen oder Hispanics, wo die Gesetze der Gangs gelten. Selbst eine kurze Wegstrecke vom Rathaus entfernt machen Behelfsunterkünfte aus Kartonage und Plastikplanen manche Straßenzüge zum Innenstadtslum.

Traditionell geschmückte Indianer der Navajo Nation Reservation (Arizona/New Mexico) beim jährlich im August stattfindenden Stammesfest Powwow

Der Stadtsoziologe Mike Davis sieht in seinem allseits beachteten Buch »Casino Zombies« die Ursache für urbane Armut und Gewalt in Los Angeles in der sozialen Ausgrenzung hauptsächlich von Schwarzen und Einwanderern u. a. durch gekürzte Wohnungsbauprogramme, Budgetstreichungen bei Schulen und Universitäten und fehlende oder misslungene Integrations- und Fördermaßnahmen, mit denen manche Gruppen bzw. ganze Stadtteile an den Rand der Gesellschaft abgedrängt werden. Sogenannte No-go-areas, von denen man sich besser fernhält, gibt es aber nicht nur in Los Angeles, sondern in vielen anderen Ballungsräumen wie etwa Phoenix und sogar in Las Vegas jenseits der bestens gesicherten glitzernden Hotel- und Casinopaläste.

Indianerreservationen

Der Südwesten ist die US-Region mit der zahlenmäßig stärksten Indianerbevölkerung. Sind in den gesamten USA ca. 1,2 % der 320 Mio. Einwohner Indianer, so liegt der Prozentsatz in allen Bundesstaaten der Region zum Teil weit über dem nationalen Durchschnitt (Kalifornien 1,7, Arizona 5,3, Nevada 1,6, Colorado 1,6, Utah 1,5, New Mexico 10,4 %). Hinzu kommt, dass im nordöstlichen Arizona (und in angrenzenden Gebieten in Utah und New Mexico) mit ca. 220 000 Navajo der größte Indianerstamm der USA lebt.

Dabei wären die Ureinwohner des Landes im Zuge der territorialen Expansion der USA fast ausgerottet worden. Die von 1790 bis 1891 gegen die Indianer geführten Kriege kosteten schätzungsweise über 400 000 Menschen das Leben. Hunderttausende fielen von den Weißen eingeschleppten Seuchen und der Zwangsarbeit zum Opfer. Die bis Ende des 19. Jh. Überlebenden wurden im Auftrag der Regierung in unfruchtbare Landstriche und Reservationen deportiert. Trotz erheblicher Zuwächse in den letzten Jahrzehnten bildet Amerikas Urbevölkerung heute die kleinste Bevölkerungsgruppe des Landes.

Hoffnungsträger Spielcasino

Während die Arbeitslosigkeit unter den Indianern ca. 50 % beträgt und ihre Lebenserwartung in den Reservaten bei 47 Jahren (im US-Durchschnitt 78 Jahre) liegt, haben es einzelne Stämme durch eine neue Einnahmequelle zu immensem Reichtum gebracht: das Glücksspiel. Der 1975 verabschiedete Indian Self-Determination Act räumt Stammesregierungen weitgehende Befugnisse in den Reservaten ein, was dazu führte, dass über ein Drittel aller von Washington D. C. anerkannten Indianerstämme mit den jeweils zuständigen Bundesstaaten Verträge über die Betreibung von Spielcasinos innerhalb ihrer Reservate abschloss.

Manche Stämme verteilen die zum Teil exorbitanten Gewinne auf Pro-Kopf-Basis, andere lassen das Kapital in Fonds und anderen Anlageformen arbeiten, finanzieren Infrastrukturmaßnahmen wie Ausbildungs- und Arbeitsstätten bzw. Altenheime oder investieren in medizinische Versorgung. Wie sich das indianische Glücksspiel in Zukunft entwickeln wird, ist unsicher. Seit fast jede Indianerreservation versucht, in dieses lukrative Geschäft einzusteigen, wächst natürlich auch die Konkurrenz unter den Casinos.

Gefährlicher Uranbergbau

Vor 50 Jahren veröffentlichte eine medizinische US-Zeitschrift einen Artikel mit der Hypothese, die Navajo seien immun gegen Krebs, weil die Krankheit unter ihnen bis dahin nur selten auftrat. Die Situation änderte sich, als 1944 auf ihrem Stammesgebiet Firmen mit dem Uranabbau für den Rüstungssektor begannen. Bis 1986 waren im Navajoland über 1000 Privatfirmen aktiv, die insgesamt 3,9 Mio. Tonnen Uranerz für nur einen einzigen Kunden produzierten: den amerikanischen Staat. Als die 500 Minen wegen der sinkenden Nachfrage nach dem Ende des Kalten Krieges nach und nach schlossen, blieb in der Heimat der Navajo eine Erbschaft aus radioaktivem Abraum und ungeschützten, strahlenden Gruben zurück, von deren Gefährlichkeit die Indianer nichts wussten. Regen und Wind verteilten kontaminierte Partikel überall. Während sich zwischen den frühen 1970er- und den späten 1990er-Jahren in den restlichen USA die Zahl krebskranker Personen verminderte, verdoppelte sie sich in der Navajo-Reservation.

Umso erstaunlicher ist, dass neuerdings wieder Bergbaugesellschaften versuchen, von den Indianern Mineralrechte zwecks Uranabbau aufzukaufen. Am Rande der Reservation schufen einige Firmen bereits vollendete Tatsachen und wollen in den nächsten Jahren mit der Produktion beginnen. Grund ist diesmal nicht die Produktion für Nuklearwaffen, sondern für Atommeiler zur Energiegewinnung. Nach wie vor hat das Land der Navajo mit seinen riesigen Lagerstätten den Ruf, das Saudi-Arabien des Urans zu sein. Auf öffentlichen Druck hin verabschiedeten schon vor Jahren mehrere Einrichtungen des Bundes, darunter die Environmental Protection Agency, Pläne, um strahlende Altlasten aus dem früheren Uranbergbau nicht nur in der Navajo Nation, sondern auch in betroffenen Gebieten in Nevada und New Mexico zu beseitigen.

Aktuelle Politik

Widerstand gegen Endlager

Ca. 100 km nordwestlich von Las Vegas liegt um den Yucca Mountain eine Landschaft mit sanften Hügeln im Great Basin. 2002 segnete Präsident George W. Bush Pläne ab, das Wüstengebiet ab 2012 zum ersten nationalen Endlager für 70 000 bis 80 000 Tonnen hochradioaktiven Atommüll zu machen. Im Juli 2002 gab der US-Senat seine Zustimmung. Dass diese Entscheidung auf der Grundlage solider Wissenschaft getroffen wurde, zweifelten viele Wissenschaftler an. Im Frühjahr 2005 begannen zwei Bundesbehörden mit Untersuchungen, nachdem der Verdacht aufgetaucht war, die geologischen Expertisen über Yucca Mountain seien absichtlich mit falschen Daten ›geschönt‹ worden. Der federführende U. S. Geological Survey war zu dem Schluss gekommen, dass tief in den Gebirgsstock eingelassene Tunnel, die bislang Milliarden von Dollars gekostet hatten, jahrtausendelang trocken bleiben würden und eine Verseuchung von Grundwasser auszuschließen sei. Forscher am Los Alamos National Laboratory in New Mexico hingegen gelangten zu anderen Ergebnissen.

Die Gegend war von 1950 bis 1992 Testgelände gewesen, auf dem mehr als 1000 nukleare Sprengsätze gezündet worden waren, bis 1962 auch oberirdisch. Damals kontaminiertes Regenwasser war bereits nach Jahrzehnten durch Felsspalten im vulkanischen Gestein gesickert. Offizielle Stellen in Nevada nahmen diese Befunde zum Anlass, auch andere Berichte anzuzweifeln, die dem Yucca Mountain eine von Vulkanismus und Erdbeben ungefährdete Lage bescheinigt hatten. Schon früher wiesen alternative Gutachten nach, dass es in der Region knapp drei Dutzend Erdbebenfalten und heiße Quellen gibt, die auf vulkanische Aktivitäten schließen lassen. Eine Lösung des Problems der Endlagerung radioaktiver Abfälle rückte in den USA in weite Ferne, nachdem Präsident Obama den Ausbau der geplanten Deponie in den Yucca Mountains 2011 per Gesetz stoppte. Sechs Jahre später nahm der neu gewählte Präsident Trump die Pläne wieder auf, die radioaktiven Abfälle von derzeit 99 auf US-Territorium in Betrieb befindlichen Reaktoren in Nevada endzulagern, das selbst keinen einzigen Atomreaktor betreibt. Die Kosten würden

NACHHALTIG REISEN

Nachhaltiger Tourismus findet auch in den USA immer mehr Anhänger. Diese Art des Reisens will negative Auswirkungen auf Reiseziele weitestgehend minimieren, ökologisches und kulturelles Bewusstsein fördern und damit positive Erfahrungen sowohl für Besucher als auch deren Gastgeber schaffen. Im Folgenden einige Tipps, um einen Urlaub im amerikanischen Südwesten nachhaltig zu gestalten:

Vorreiterrolle New Mexicos: Bereits 2009 initiierte die Regierung in Santa Fe ein staatliches Ökotourismusprogramm, in dessen Mittelpunkt eine Zusammenarbeit zahlreicher Tourismuseinrichtungen steht. Besucher können sich durch Taos Pueblo oder die historischen Puye Cliff Dwellings führen lassen, kulturelle Stätten aufsuchen und Outdooraktivitäten unternehmen, und zwar mit indianischen Guides (http://taos.org).

Öko-Tourismus an der Pazifikküste: Nützliche praktische Tipps für touristische Unternehmungen an der kalifornischen Küste wie Farmbesuche, Kajaktouren, Walbeobachtung und Wanderpfade gibt das Coastside Ecotourism Program der Handelskammer in Half Moon Bay südwestlich von San Francisco (www.halfmoonbaychamber.org > Discover > Ecotourism).

Eco Tours: Kein Anbieter wie jeder andere. Der TV-Mogul Ted Turner besitzt in der Umgebung von Truth or Consequences eine riesige Ranch, auf der sich nachhaltig Reisende mit typischen Wüstenthemen vertraut machen können. Touren organisiert Sierra Grande Lodge & Spa in Truth or Consequences, 501 McAdoo St., Tel. 575-894-6976, http://sierragrandelodge.com, http://tedturnerexpeditions.com.

Unterkünfte: Das California Green Lodging Program wurde für Hotels und Reisende entwickelt, die sich praktiziertem Umweltschutz verschrieben haben. Mittlerweile nehmen im Golden State ca. 200 Unterkünfte an dem Programm teil (www.dgs.ca.gov/travel > Programs & Services).

Weitere Websites zum Thema Nachhaltig reisen: www.responsibletravel.com/holidays/usa; www.greenseal.org; http://sustainabletravel.org.

sich nach Expertenmeinung auf ca. 100 Mrd. $ belaufen – etwa so viel wie der bisherige Bau und Betrieb der Internationalen Raumstation ISS verschlang. Bislang wurden bereits mehr als 10 Mrd. $ (rund 9,3 Mrd. €) in das Großprojekt investiert.

Konservative Hochburg Utah

Unter den 50 Bundesstaaten der USA gilt Utah als verlässlichste republikanische Festung. Nirgendwo sonst stehen konservative Werte im Verein mit religiösen Inhalten so hoch im Kurs wie im Mormonenreich, wo etwa 60 % der Bevölkerung Mitglieder der Kirche der Heiligen der letzten Tage sind, wie sich die Mormonen offiziell nennen.

Utah wurde 1847 als Gottesstaat Deseret von Mormonen gegründet, die das Land kolonisierten und die fruchtbaren Landstriche in eine blühende Oase verwandelten, die aber auch über die gesamte Geschichte des Staates hinweg einen bestimmenden Einfluss auf die gesamtgesellschaftliche Entwicklung behielten. Seit Mitte des 19. Jh. bildete sich ein eigenständiger mormonischer Kulturraum mit Zentrum in Salt Lake City heraus, der auf vielfältige Weise von geistlichen wie weltlichen Einflüssen des Mormonentums durchdrungen ist. Basis der Glaubenslehre ist neben der Bibel in erster Linie das »Buch Mormon«.

Die Kernaussagen der Lehre lassen sich so zusammenfassen: Der Mensch ist ein ewiges Wesen, erschaffen nach dem Abbild Gottes und ausgestattet mit einem heiligen Körper, dessen Gesundheit nicht durch den Genuss von Alkohol, Tabak, Kaffee oder Tee beeinträchtigt werden darf. Nach Ende des irdischen Daseins stirbt der Körper zwar, aber im Jenseits existiert der Mensch weiter. Aus diesem Grund spielen für die ›Heiligen‹ Familienbeziehungen eine ausschlaggebende Rolle. Denn Familien bleiben, sofern sie kirchlich ›versiegelt‹ wurden, auf ewig verbunden. Eheschließungen, die nur im Tempel von speziellen Bevollmächtigten vollzogen werden dürfen, gelten für immer. Der Ehebruch steht an Schwere gleich hinter dem Mord.

Die Mormonengesellschaft

In der mormonischen Gesellschaft haben Denkweisen aus dem 19. Jh., überkommene Moralvorstellungen und fragwürdige Weltanschauungen bis heute zum Teil unverändert überlebt. Das zeigt sich schon an Alkoholgesetzen, die nirgends auf US-Boden strikter sind als in Utah. Der Feldzug gegen sexuelle Freizügigkeit beginnt in Utah bei Schaufensterdekorationen, etwa durch Modewerbung mit knapp bekleideten Modellen. Was auch nur Fleischeslust erahnen lässt, unterliegt in der Mormonengesellschaft einem rigorosen Tabu. Ein Unternehmen kam sogar auf die Idee, aus bekannten Filmen sexuell oder verbal anstößige und gewalttätige Szenen herauszuschneiden und die gesäuberten Streifen auf Video oder DVD anzubieten. Acht große Hollywood-Studios klagten erfolgreich dagegen. Daraufhin begann eine andere Firma mit dem Vertrieb von DVD-Playern mit Filtern, die DVDs nur zensiert abspielen.

Polygamie

Ein nach wie vor virulentes Problem ist die offiziell schon im 19. Jh. abgeschaffte und seitdem unter Strafe stehende Polygamie. Jahr für Jahr werden in Utah Fälle von Vielehen vor allem in ländlichen Gebieten bekannt. Vor Jahren ging der Polizei bei einer Verkehrskontrolle der Führer der erzkonservativen Fundamentalistischen Kirche Jesu Christi der Heiligen Letzten Tage ins Netz, der als Heiratsvermittler zwischen älteren Männern und Minderjährigen auf der Fahndungsliste stand. Im Grenzgebiet zwischen Utah und Arizona hatte die von der mormonischen Mutterkirche abgespaltene Gruppe weitgehend abgeschirmt von der Öffentlichkeit ein diktatorisch geführtes Polygamistenzentrum aufgebaut, in dem der systematische Missbrauch Minderjähriger an der Tagesordnung gewesen sein soll. Die Behörden in Utah verfolgen grundsätzlich seit Langem die Strategie, Polygamisten in Ruhe zu lassen, solange diese sich anderweitig gesetzestreu verhalten.

Geschichte

Das eurozentrische Weltbild mag daran schuld sein, dass die ›Entdeckung‹ Amerikas durch Kolumbus 1492 unterschwellig als Beginn der Geschichte der USA angesehen wird. Doch als der in spanischen Diensten stehende Genueser auf seiner ersten Erkundungsfahrt in der Neuen Welt vor Anker ging, waren im Südwesten der USA über Jahrhunderte existierende Hochkulturen bereits wieder untergegangen.

Die auf Europa konzentrierte Sichtweise herrscht offenbar nicht nur in der Alten Welt selbst, sondern auch in den USA vor, wenn es sich um deren Landesgeschichte handelt. Das ist umso erstaunlicher, als es sich etwa bei den grandiosen Ruinenanlagen der indianischen Urbevölkerung im Chaco Canyon in New Mexico, den über 2000 Jahre alten Bewässerungskanälen der Hohokam in Zentralarizona oder den fantastischen Klippenwohnungen der Anasazi im Four-Corners-Gebiet um eindrucksvolle Beweise für kulturelle Hochleistungen präkolumbischer Indianer handelt. Aber amerikanische Schulkinder erfahren über die Geschichte von Griechen, Römern und Ägyptern in der Regel mehr als über die Urbevölkerung ihrer eigenen Heimat. Und wie die europäische Eroberungs- bzw. Kolonisationspolitik ebenso wie das nach Westen expandierende Amerika ureigene Interessen auf Kosten der Native Americans vorantrieben und die indianische Urbevölkerung dabei fast vernichteten, bleibt im Geschichtsunterricht sehr oft ausgeblendet.

Die Anasazi

Wegen erstaunlicher Architekturzeugnisse, Töpfereien, Kleidung und Schmuck gelten die alten Anasazi unter den Indianern des präkolumbischen Südwestens als die am weitesten entwickelte Gruppe. Der Begriff Anasazi stammt aus der Navajo-Sprache und bedeutet die Alten oder die früher einmal Dagewesenen. Wie sich die Menschen selbst nannten, ist unbekannt, da sie außer Felsritzzeichnungen keine schriftlichen Zeugnisse hinterließen. Ihre Kultur entwickelte sich seit dem 1. Jh. v. Chr. um das Vierländereck Utah, Colorado, New Mexico und Arizona. Über mehrere Stadien bildete sich schließlich zwischen dem 11. und 13. Jh. eine als klassisch bezeichnete Pueblo-Phase heraus. Als in Europa Baumeister der Gotik Kirchen und profane Paläste in den Himmel wachsen ließen, bauten die Anasazi in schwer zugänglichen Felsnischen spektakuläre Komplexe zum Teil mit mehreren Hundert Klippenwohnungen und Kivas genannten unterirdischen Zeremonialräumen, die heutigen Besuchern großen Respekt abverlangen.

Das planerische und handwerkliche Können der damaligen Menschen dokumentierte sich auch in der Anlage ausgeklügelter Bewässerungssysteme, in der Herstellung von Gebrauchsgegenständen von bemerkenswerter Schönheit und frappierender Zweckmäßigkeit, in ihrer sozialen Organisation und ihren religiösen Bräuchen. Ihre Leistungen ließen sie, obwohl sie weder politisch noch ethnisch eine Einheit bildeten, zur größten und bekanntesten präkolumbischen Kultur im heutigen Südwesten der USA werden.

Seit dem ausgehenden 19. Jh. beschäftigt sich die Anthropologie mit den Anasazi und hat an Tausenden Fundstellen archäologische und ethnografische Daten gesammelt,

Der Wilde Westen der Goldsucher und Pioniere heißt willkommen: Heute sind Geisterstädte wie Bodie in Nevada beliebte Touristenziele

die wie ein Puzzle zusammengesetzt ein vages Bild der damaligen Kultur ergeben. Danach erreichten die Anasazi zwischen dem 11. und 13. Jh. ihre Blütezeit. Um die Wende vom 13. zum 14. Jh. begannen sie innerhalb kurzer Zeit, ihre Klippenwohnungen, etwa in Mesa Verde, zu verlassen. Bis heute gibt dieser Exodus Wissenschaftlern Rätsel auf. Nachweise für eine eventuelle Bedrohung von außen und eine gewaltsame Vertreibung existieren offenbar nicht. Plausibler ist die Hypothese, dass sie aufgrund einer jahrzehntelangen Trockenperiode ihrer Heimat den Rücken kehrten und nach Süden ins fruchtbare Tal des Rio Grande zu den dort lebenden Pueblo-Indianern abwanderten.

Navajo und Apachen

Vermutlich um den Zeitpunkt der ›Völkerwanderung‹ der Anasazi rückten von Norden her mit den Navajo und verschiedenen Apachenstämmen neue Indianergruppen in den Südwesten vor, die in der Region in den folgenden Jahrhunderten eine wichtige Rolle spielen sollten. Ihre athabaskischen Dialekte weisen sie als Sprachverwandte der im hohen Norden lebenden Inuit aus und lassen darauf schließen, dass sie aus diesem Raum über lange Zeitabschnitte nach Süden wanderten. Beide Gruppen wehren sich heute vehement gegen die These, sie seien erst vor einigen Jahrhunderten in ihre jetzige Heimat gekommen. Sie betrachten den Südwesten vielmehr seit prähistorischer Zeit als ihr Stammland. Archäologie und Anthropologie aber weisen nach, dass die ersten Gruppen von Navajo und Apachen frühestens um 1000 n. Chr. aus dem Norden zuwanderten.

Kolonialisierung

Sicher ist, dass beide Stämme den Südwesten bevölkerten, als die Spanier im 16. Jh. als erste Europäer in die Region vorstießen. Der mit einer von Francisco Vasquez de Coronado 1540–1542 geführten Expedition beginnende Kulturkontakt zwischen Indianern und Weißen leitete im Südwesten eine neue Ära ein. Sie war in den nachfolgenden Jahrhunderten durch ein immer problematischer werdendes Verhältnis zwischen Uramerikanern und Europäern gekennzeichnet und führte am Ende zur fast völligen Vernichtung der indianischen Kultur. Über fast das gesamte 16. Jh. hinweg hatten die Spanier auf ihren Erkundungszügen im Westen der Neuen Welt nur Edelmetalle vor Augen, die ihnen in Zentral- und Südamerika in riesigen Mengen in die Hände gefallen waren. Die auf einer gehobenen Kulturstufe stehenden Pueblos des Südwestens mit ihrem ausgeklügelten Bewässerungsfeldbau ließen ähnliche Reichtümer erwarten, enttäuschten die gierigen Konquistadoren aber letzten Endes auf der ganzen Linie.

Erst nach und nach begannen die Spanier meist in der Nähe der alten Pueblos ihre eigenen Siedlungen aufzubauen, um die ›Wilden‹ mit den Segnungen des eigenen Glaubens zu beglücken. Hintergrund des missionarischen Eifers war, zwischen den reichen mittelamerikanischen Kolonien Spaniens und den weiter nördlich und östlich liegenden Interessengebieten Frankreichs und Großbritanniens eine schützende Pufferzone aufzubauen. Den wirtschaftlichen Wert der Region schätzten die Spanier eher gering ein, was den Beginn einer effektiven Kolonialisierung des Gebiets bis ins ausgehende 16. Jh. verzögerte. Aber auch danach blieb die Ansiedlung spanischer Bauern spärlich. Weitreichende Konsequenzen hatte der spanische Einfluss auf die Pueblos etwa durch die Einführung von neuen Haustieren und Feldfrüchten, aber auch durch die Übertragung bislang fremder Krankheiten auf die indianischen Gemeinden, wie etwa eine im Jahr 1640 grassierende Pockenepidemie zeigte. Die Missionierungsbestrebungen nahmen immer rigorosere Formen der Unterdrückung an, sodass sich bereits im beginnenden 17. Jh. in New Mexico indianischer Widerstand formierte, der 1680 zur Pueblo-Revolte und zur zwölfjährigen Vertreibung der Spanier aus dem Land führte.

Entwicklung in Kalifornien

In Südkalifornien begann die eigentliche Erschließung durch die Spanier erst 1769 mit einer Expedition unter Gaspar de Portola. Nachdem er den ersten Teil der Reise von Mexiko nach San Diego per Schiff unternommen hatte, ließ er dort eine Siedlergruppe und den Franziskanerpater Junipero Serra zurück, um mit der verbleibenden 64 Mann starken Truppe auf dem Landweg bis an die Bucht von San Francisco vorzustoßen. Damals lebten in ganz Kalifornien vermutlich nicht mehr als 275 000 Native Americans. Erstaunlich war daran nicht nur die in Anbetracht des riesigen Territoriums sehr kleine Zahl, sondern dass sie sich in etwa 135 Sprachgruppen und zwei Dutzend Sprachfamilien aufteilte. Über Stammesverbände hinaus existierten unter ihnen keine fest gefügten Bindungen, was es den Spaniern relativ leichtmachte, die Indianer zu kolonialisieren. 1769 errichtete der von der Insel Mallorca stammende Franziskaner Junipero Serra in San Diego die erste von am Ende 21 kalifornischen Missionsstationen. Natürlich ging es den Patres um die Bekehrung der Urbevölkerung und die ›Rettung‹ von deren Seelen. Die jeweils im Abstand einer Tagesreise voneinander entfernt gelegenen Stationen waren aber auch für die Kolonialisierung des Landes bzw. den Aufbau einer Infrastruktur und die Untermauerung des spanischen Territorialanspruches von ausschlaggebender Bedeutung.

Ein Jahr nach der Gründung der Missionsstation in San Diego entstand mit San Carlos Borromeo eine weitere Niederlassung in Monterey, die 1771 nach Carmel verlegt und von Junipero Serra bis zu dessen Tod 1784 als Muttermission geleitet wurde. Allen Anstrengungen zum Trotz ging die Christianisierung in den frühen Jahren nur schleppend voran. Im Durchschnitt ließen sich pro Jahr und Mission nur etwa 40 Indianer bekehren. Andere Schwierigkeiten wie Versorgungsprobleme, Isolation und bürokratische Differenzen mit geistlichen und weltlichen Autoritäten gesellten sich hinzu. Später nahm die Bekehrungsrate zu. Bis 1833 wurden 88 000 Indianer getauft und 24 000 katholisch verheiratet. Über 30 000 Native Americans arbeiteten damals unter der Aufsicht von Padres und Soldaten auf den Stationen bzw. auf kleinen Niederlassungen in abgelegenen Gebieten. Man brachte ihnen Spanisch und handwerkliches Geschick bei, damit sie beispielsweise Lehmziegel und Hausdächer herstellen, Felder bewirtschaften, Vieh versorgen und Arbeiten wie Schmieden, Spinnen, Weben und Gerben erledigen konnten. Das kalifornische Missionssystem endete 1834, als die mexikanische Regierung die Säkularisierung durchzusetzen begann.

Verdrängung der Indianer

Dass einflussreiche Medien wie die New York Times und Newsweek im Jahr 1992 anlässlich der Festivitäten zur 500-Jahr-Feier der USA die Frage aufwarfen, ob dem Ereignis statt großem Jubel nicht eher eine nationale Trauerfeier angemessen wäre, hat mit einer historischen Tatsache zu tun. Seit die Urbevölkerung der USA mit Europäern in Kontakt gekommen war, kennzeichneten Ausbeutung, Diskriminierung und Unterjochung das Verhältnis. Unter dem Zeichen von Kreuz und Schwert verloren immer mehr Indianer neben Freiheit und Unabhängigkeit auch ihre Würde und schließlich sogar ihr Leben. Seit der Zeit der Spanier waren die Native Americans einem ständig wachsenden und verheerenden Druck seitens der weißen Zivilisation ausgesetzt.

Gleichzeitig begannen Assimilierungsprozesse und Kulturangleichungen auf die Urbevölkerung einzuwirken. Mit der Übernahme der Schafzucht von den Spaniern vollzogen die Navajo einen grundsätzlichen Wandel ihrer Kultur. Die Apachen, die erstmals Coronados Männer im Sattel sahen, verwandelten sich als Pferdebesitzer in ein aggressives, mobiles Reitervolk, das die traditionelle Sammelwirtschaft und Kleinwildjagd im Zuge des vergrößerten Aktionsradius aufgab, fortan von ausgedehnten Kriegs- und Beutezügen lebte und auf diese Weise zu einem neuen regionalen Machtfaktor wurde. Die Pueblo-Indianer nahmen weniger sekundäre Kulturelemente von den Spaniern auf und retteten mehr von ihrer materiellen Kultur, ihren sozialen Organisationen sowie ihrer Religion in die Gegenwart herüber.

Bis Mitte des 19. Jh. wurden die Indianer Schritt für Schritt vom sich territorial ausbreitenden weißen Amerika verdrängt. Als sich die USA nach dem amerikanisch-mexikanischen Krieg 1848 den gesamten Südwesten einverleibten, waren die Möglichkeiten erschöpft, die relativ starke Indianerbevölkerung in andere Regionen abzudrängen. Als ›Lösung‹ des Problems sah die Regierung in Washington D. C. die Zusammenfassung und Umsiedlung von Indianern in bestimmte Gebiete, in denen sie getrennt von den Weißen leben konnten. Entsprechende Reservationen wurden auf der gesetzlichen Basis des Indian Appropriation Act von 1851 errichtet und treuhänderisch vom Bureau of Indian Affairs in Washington D.C. verwaltet. Leitgedanke dabei war aber keineswegs, Inseln für indianische Selbstverwirklichung zu schaffen. Grundidee war vielmehr, Amerikas Urbevölkerung in abgelegene, oft unwirtliche bzw. unfruchtbare Landstriche abzuschieben, sie dort in Isolationsverwahrung zu halten und als wirtschaftliche Konkurrenten weißer Siedler auszuschließen. Reservationen standen schon immer an der Spitze der strukturschwächsten Gebiete der Nation. Auf dem Gebiet der Navajo-Reservation etwa ist der größte Teil des Bodens so karg, dass er sich weder für Ackerbau noch für intensivere Weidewirtschaft eignet. Das für die Verwaltung zuständige Bureau of Indian Affairs erwies sich weniger als Instrument verantwortungsvoller Sachverwaltung, sondern eher als ein Organ weißer Vorherrschaft über eine rassische Minderheit. Zwar wurden den Indianern 1924 volle Bürgerrechte zugestanden. Bis in die 1930er-Jahre wurden sie aber gezwungen, in Reservaten zu leben.

Westwärtsbewegung

Neben der Geschichte der Indianer spielt in der Historie des Südwestens ein zweites Thema eine wichtige Rolle: die große, mythisch verklärte Westwärtsbewegung des 19. Jh. In Generationen von Western rollten auf Kinoleinwänden Pioniere mit Planwagentrecks durch die unendlichen Weiten dem verheißungsvollen Westen entgegen, von ›Rothäuten‹ bedroht, Versorgungsängsten geplagt und riesigen Entfernungen desillusioniert, aber am Ende des Trails dennoch siegreich, auch über sich selbst.

Um die Wende vom 18. zum 19. Jh. galt der Mississippi noch als Siedlungsgrenze zwischen dem zivilisierten Osten und den im Westen liegenden Indianerterritorien. Dass vor allem in den 1840er-Jahren eine gigantische Landnahme jenseits des Mississippi einsetzte, hatte seine Ursachen in der 1776 gewonnenen Eigenstaatlichkeit, dem fortschreitenden Aufbau eines Verkehrswesens und nicht zuletzt in der industriellen Revolution des amerikanischen Ostens, die immer mehr Schwungkraft bekam. 1803 erwarben die USA mit dem Louisiana Purchase ein riesiges Territorium im Westen und Mittleren Westen der USA. Von 1804 bis 1806 erforschte im Auftrag von US-Präsident Thomas Jefferson die sogenannte Lewis & Clark Expedition diese bis an den Pazifik grenzenden Gebiete. Ein Jahr später führte Zebulon Pike ein ähnliches Unternehmen an den oberen Rio Grande in New Mexico und Colorado durch. Das Ziel dieser Vorstöße ins Unbekannte bestand insbesondere darin, die Möglichkeiten für die Gründung einer bis an den Stillen Ozean reichenden amerikanischen Nation auszuloten.

Im Südwesten begann Washington D. C. nach der Annexion von Texas 1845 mit dem bis 1848 dauernden Amerikanisch-Mexikanischen Krieg neue Realitäten zu schaffen. Nachdem mit dem Amerikanisch-Mexikanischen Vertrag von Guadalupe Hidalgo auch diese Region Teil der USA geworden war, begannen sich die Siedlerströme dem Gebiet zuzuwenden, hauptsächlich nachdem Washington D.C. der Regierung in Mexiko im Gadsden Purchase 1853 einen 76 800 km^2 großen Korridor im südlichen Arizona und New Mexico zwecks Bau einer Eisenbahn um die Südausläufer der Rocky Mountains herum abgekauft hatte. 1847 kam ein kleiner Treck von Mormonen aus dem Osten am Rande des Großen Salzsees im heutigen Bundesstaat Utah an, um dort das Gottesreich Deseret zu gründen. Von Salt Lake City stießen Mormonenpioniere in den folgenden Jahren in nur von Indianern bevölkerte Gebiete des Westens vor und gründeten in Utah, Idaho, Wyoming, Arizona und Nevada über 300 Siedlungen, darunter Las Vegas.

Neue Bundesstaaten

Bereits in den 1850er-Jahren unternahmen die Mormonen Vorstöße, um ihren Gottesstaat an die amerikanische Union anzuschließen. Dem standen jahrzehntelang Religion, Lebensweise und vor allem die Polygamie entgegen. Erst 1894 wurde **Utah** zum 45. Bundesstaat proklamiert. Wie schnell und dynamisch ein solcher Prozess unter anderen Voraussetzungen ablaufen konnte, zeigte der Fall Kalifornien. Das seit der ersten Entdeckung von Gold 1848 scheinbar im Übermaß vorhandene Edelmetall wirkte sich auf den Prozess der Staatswerdung als beschleunigender Katalysator aus. Bereits zwei Jahre später durfte sich **Kalifornien** 31. US-Bundesstaat nennen.

Ein ähnliches Beispiel ist **Nevada**. Die eigentliche Öffnung des Landes begann erst 1844 mit den Expeditionen von John C. Fremont, der das Große Becken durchquerte, vielen Orten einen Namen gab, Karten anfertigen und Routen entwerfen ließ. Dass aus Nevada bereits 1864 ein eigenständiger US-Bundesstaat wurde, hat seinen Grund u. a. auch in den reichen Bodenschätzen. Seit 1859 waren in der sogenannten Comstock Lode um Virginia City die bedeutendsten Silberlagerstätten Amerikas im 19. Jh. entdeckt worden, deren Wert sich am Ende auf über 1 Mrd. Dollar belief. In **Arizona** war es die Kupferindustrie, die

Im Eisenbahndepot von Chama werden die betagten Loks der Scenic Railroad instand gehalten. Ihre Waggons ziehen sie bis auf eine Höhe von 3053 m

so viel produzierte wie die restlichen 49 Staaten zusammen und dem Land 1912 zur Eigenstaatlichkeit verhalf.

Als die hektische, epochale Expansion nach Westen um ca. 1890 abgeschlossen war, hatte sich das Gesicht des Südwestens innerhalb weniger Jahrzehnte grundlegend verändert. Zuvor in Hülle und Fülle vorhandenes Siedlungsland war schon um die Jahrhundertmitte knapp geworden. Manche Siedlungen hatten Bestand. Andere blühten, solange örtliche Bergwerke profitabel waren, wieder andere verschwanden schon nach wenigen Jahren von der Landkarte oder verfielen zu Geisterstädten.

Aber nicht nur äußerlich sichtbar hatte sich ein Wandel vollzogen. Die Westwärtsbewegung hatte auch die Mentalität der Menschen geprägt – eine durch und durch materialistische Grundhaltung, einen unerschütterlichen Glauben an den Fortschritt und eine tief verwurzelte Abneigung gegen jedwede staatliche Gängelung – Wesenszüge, die bis heute in der Bevölkerung erkennbar sind.

20. und 21. Jahrhundert

Schon im ausgehenden 19. Jh. waren Bohrtrupps im Großraum Los Angeles auf Erdöllager gestoßen, quasi gerade rechtzeitig, um dem beginnenden Automobilzeitalter auf die Sprünge zu helfen. Schon Mitte der 1920er-Jahre galt Los Angeles als

die ›motorisierteste‹ Stadt der Welt, in der jeder dritte Einwohner ein Auto besaß. In dem Maße wie Kraftstoff verfügbar wurde, geriet die Trinkwasserversorgung in die Krise, weil sie mit dem phänomenalen Stadtwachstum nicht Schritt halten konnte. Um die Jahrhundertwende hatte Los Angeles ca. 100 000 Einwohner. Bis 1920 war die Zahl um fast das Sechsfache angestiegen.

Wirtschaftliche Prosperität verdankte sich nicht nur den Ölquellen und den riesigen Agrarflächen im Central Valley. Goldene Zeiten bescherte dem Golden State der Rüstungsboom nach dem Eintritt der USA in den Zweiten Weltkrieg in der Folge des japanischen Überfalls auf die US-Pazifikflotte in Pearl Harbor auf Hawaii im Dezember 1941. Mit Milliardeninvestitionen initiierte die Regierung im südlichen Kalifornien verschiedene Rüstungsprogramme. US-Präsident Roosevelt hatte noch vor dem Eintritt in den Krieg eine jährliche Produktion von 50 000 Maschinen gefordert. Allein 1944 schraubten und nieteten die Arbeitskolonnen aber mehr als 100 000 Militärflugzeuge zusammen. Auch in Nachbarstaaten wie Arizona, Nevada und Utah entstanden neue militärische Einrichtungen wie Training Centers, Flugplätze und Gefangenenlager und lösten einen Wirtschaftsboom aus.

Ausblick in die Zukunft

Bereits in den 1950er-Jahren begann südlich von San Francisco eine bahnbrechende Entwicklung, die das ländliche Santa Clara Valley bei San José unter dem Namen Silicon Valley zur Wiege einer gigantischen technischen Revolution werden ließen. Wenngleich zu Beginn des 21. Jh. mit der weltweiten Krise der IT-Industrie die Branche schwere Rückschläge hinnehmen musste, eilen Computer, Internet & Co. heute wieder von einem Sieg zum nächsten.

Stellt sich die Hightech-Industrie auch gerne als sauber und ökologisch unbedenklich dar, sehen sie Experten in Zukunft in einem anderen Licht. Millionen ausgemusterter PCs, Smartphones, Laptops, Tablet-PCs, Monitore und Drucker enthalten hochgiftige Substanzen wie Blei und Quecksilber, aber auch wertvollen und deshalb begehrten Elektroschrott wie Gold, Silber, Tantal und Indium. Und immer stärkere Prozessoren wollen mit immer mehr Strom versorgt werden, was in Zukunft bereits jetzt schon bestehende Versorgungsprobleme verschärfen und die jüngst vollzogene Hinwendung etwa Kaliforniens zu einem höheren Anteil erneuerbarer Energien zu einem wirtschaftlichen Imperativ auch für andere Staaten machen wird. In San Francisco kündigen sich zudem soziale Verwerfungen an, weil Superverdiener aus dem Silicon Valley die Gentrifizierung forcieren und weniger begüterte Einwohner aus manchen Vierteln vertreiben.

Zeittafel

23 000–5 000 v. Chr.	Unterschiedliche Kulturen eiszeitlicher Jäger.
100–1300	Anasazi-Kultur bis zur klassischen Pueblo-Phase.
ab ca. 1300	Einwanderung von Süd-Athabasken (Navajo und Apachenstämme) in den Südwesten.
1540–42	Spanische Expedition unter Francisco Vasquez de Coronado von Mexiko bis zum Grand Canyon. Der Seefahrer Juan Rodriguez Cabrillo landet in der Bucht von San Diego.
1680	Revolte der Pueblo-Indianer in New Mexico gegen die spanische Herrschaft. Rückeroberung unter Diego de Vargas 1692.
1709	Gründung von Albuquerque durch spanische Kolonisten.
1769	Spanische Franziskaner gründen in San Diego die erste von insgesamt 21 Missionsstationen in Südkalifornien.
1776	Bau des Presidio in San Francisco als spanischer Vorposten
1821	Beginnender Handel über den Santa Fe Trail zwischen Independence (Missouri) und New Mexico.
1824	Der Trapper und Pelzhändler James Bridger entdeckt den Großen Salzsee in Utah. Der US-Kongress gründet das Bureau of Indian Affairs.
1843	Der Entdecker John C. Fremont begibt sich auf eine vier Jahre dauernde Forschungsreise in den amerikanischen Westen.
1847	Mormonen gründen Salt Lake City.
1846–48	Amerikanisch-Mexikanischer Krieg. Im Vertrag von Guadalupe Hidalgo tritt Mexiko große Teile des Westens an die USA ab.
1851	Der Indian Appropriation Act schafft die Grundlage für die Zuweisungen von Reservationen an die Indianer.
1859	Bei Virginia City (Nevada) werden die reichsten Gold- und Silberadern der Welt entdeckt.
1863–64	Feldzug der verbrannten Erde gegen die Navajo und »Langer Marsch« von 8000 Indianern in ein Internierungscamp im heutigen Bundesstaat New Mexico.

Gründung der Navajo-Reservation auf dem späteren Staatsgebiet von Arizona, New Mexico und Utah.	**1868**
Erdbeben mit nachfolgenden Großbränden zerstört große Teile von San Francisco.	**1906**
Indianer bekommen die vollen Bürgerrechte.	**1924**
Einweihung der Golden Gate Bridge in San Francisco.	**1937**
In San Francisco findet die Gründungsversammlung der Vereinten Nationen statt. In New Mexico wird die erste Atombombe gezündet.	**1945**
Der Indian Self-Determination and Education Assistance Act schafft die gesetzliche Grundlage für Selbstverwaltung der Indianerreservationen.	**1971**
Rassenunruhen in Los Angeles kosten viele Menschenleben und verursachen Schäden in Milliardenhöhe.	**1975**
Schweres Erdbeben im Großraum Los Angeles mit 61 Toten.	**1994**
Olympische Winterspiele in Salt Lake City (Utah).	**2002**
Neuwahlen in Kalifornien ersetzen den bisherigen Gouverneur Gray Davis durch den Ex-Schauspieler Arnold Schwarzenegger.	**2003**
Die Finanzkrise zieht in Kalifornien massive Einsparungen vor allem im Gesundheitswesen, bei der Bildung und im Sozialwesen nach sich. Im Staatshaushalt klafft ein Milliarden-Dollar-Loch.	**2009**
Jerry Brown tritt als neuer Gouverneur Kaliforniens die Nachfolge von Arnold Schwarzenegger an, der nach zwei Amtsperioden nicht mehr kandidieren darf.	**2011**
Die Golden Gate Bridge in San Francisco wird 75 Jahre alt.	**2012**
Nach fünfjähriger Dürreperiode fallen in Kalifornien Jahrhundertniederschläge, füllen fast leere Stauseen, bedecken die Sierra Nevada mit einem gewaltigen Schneepolster, führen aber auch zu Erdrutschen und Überschwemmungen.	**2016/17**
Präsident Trumps Umwelt- und Einwanderungspolitik provoziert u.a. im Bundesstaat Kalifornien massiven Widerstand innerhalb der Bevölkerung.	**2018**

Gesellschaft und Alltagskultur

Demografische Faktoren wie eine starke Latinobevölkerung und vergleichsweise große Anteile an Native Americans prägen die Alltagskultur in den südwestlichen Bundesstaaten. Hinzu kommen spezifische historische und typisch amerikanische Einflüsse, die aus der Region etwas ganz Besonderes machen.

Der American Dream

Die Vision von Karriere und Wohlstand motivierte gerade im Südwesten der USA Generationen von Einwanderern, in Amerika ein neues Leben zu beginnen und sich nach dem häufig kolportierten Muster »Vom Tellerwäscher zum Millionär« so schnell wie möglich nach oben zu arbeiten. Waren es während der großen Westwärtsbewegung und im kalifornischen Goldrausch Menschen mit Mut zum Risiko, die sich auf den Weg an den Pazifik machten, so zogen in den Jahren der Weltwirtschaftskrise verarmte Menschen aus dem Mittleren Westen in Richtung Golden State, die nichts mehr zu verlieren hatten. Und heute noch entscheiden sich Einwanderer aus vielen Ländern der Erde für Kalifornien, um eine neue Existenz zu gründen.

Für Millionen von Mexikanern sind Nachbarländer wie Arizona oder New Mexico das Ziel ihrer Wünsche. Sie alle träumten den American Dream, den süßen Traum von einem selbstbestimmten, arbeitsamen, erfolgreichen und glücklichen Leben in Würde und Freiheit. Der Erfolgsmythos des amerikanischen Traums ist schon lange im Bewusstsein der US-Gesellschaft verankert und Teil des amerikanischen Selbstverständnisses geworden. Speziell im Südwesten, wo sich viele Menschen in einer ihnen fremden Umwelt durchsetzen mussten, verankerten sich materialistisch geprägte Grundhaltungen. Am deutlichsten wird dies im südlichen Kalifornien, wo es wenige zu immensem Reichtum brachten, während viele andere am wirtschaftlichen und sozialen Aufstieg scheiterten und heute eine Existenz am Rand der Wohlstandsgesellschaft fristen.

Multiethnische Gesellschaft

Obwohl in den zurückliegenden Jahrzehnten im Rahmen unterschiedlicher Regierungsprogramme zum Abbau von Ungleichbehandlungen Fortschritte erzielt wurden, existiert nach wie vor eine evidente Kluft etwa zwischen Schwarz und Weiß. Ein Beweis dafür ist die nach wie vor bestehende Diskriminierung von Afroamerikanern, die in Bildungseinrichtungen und wichtigen Positionen des öffentlichen Lebens seit jeher unterrepräsentiert sind. Während ihr unter der Armutsgrenze lebender Anteil in den vergangenen 25 Jahren ständig gewachsen ist, hat im selben Zeitraum ihr Gewicht insbesondere in Sport und Musik kontinuierlich zugenommen.

Dass sich die hispanoamerikanische Bevölkerung in jüngster Zeit zur zahlenmäßig stärksten Minorität entwickelte, hat unterschiedliche Gründe wie die amerikanischen Gebietserweiterungen im 19. Jh., die in den betreffenden Landesteilen lebende mexikanische Bevölkerungsgruppen einbezogen, die Arbeiterzuwanderungen während der beiden Weltkriege, die Kubanische Revolution von 1959 und seit Jahrzehnten virulenten politischen und wirtschaftlichen Krisen in

Lateinamerika. Die Aussichten dieser ständig wachsenden Gruppe, den American Dream zu verwirklichen, werden vermutlich in Zukunft noch sinken, weil der US-Arbeitsmarkt nach höher qualifizierten Personen sucht, aber nicht einmal die Hälfte der Hispanics über einen Highschool-Abschluss verfügt, Voraussetzung für einen Collegebesuch.

Außer in Oklahoma liegen sämtliche Siedlungsschwerpunkte der Native Americans im Südwesten und dort in Kalifornien, Arizona und New Mexico. Obwohl sich seit den 1960er-Jahren durch die Folgen der Selbstverwaltung der Reservate und durch die zunehmende Agitation indianischer Gruppen die wirtschaftliche Situation der Indianer verbesserte, zeigen Statistiken nach wie vor ein beklemmendes Bild. Mit anderen ethnischen Minderheiten verglichen, weisen die Indianer die höchsten Armuts- und Selbstmordraten und Arbeitslosenquoten auf und sind außerdem am anfälligsten für Krankheiten.

Lebensweisen

Trendsetter Kalifornien

Nirgends in den USA sind Ruhelosigkeit und Aufbruchstimmung, Spontaneität und Einfallsreichtum so unmittelbar spürbar wie am Pazifiksaum, wo Amerika sich selbst den Rücken zuwendet und über den Stillen Ozean nach Asien blickt. Wie eine nie versiegende Quelle produziert Kalifornien Ideen und Modeerscheinungen, Trends und Träume. Nirgendwo haben etwa Freizeitaktivitäten und Körperkult solche Blüten getrieben wie zwischen San Francisco und Los Angeles, wo die Menschen Begriffe wie Langeweile und Nichtstun schon vor langer Zeit aus dem Lexikon tilgten. Die kalifornische Idealvorstellung von totaler Mobilität prägt längst auch das Freizeitverhalten der Einwohner, die sich zu Weltmeistern unterschiedlicher Bewegungsarten machten – vom Surfen über das Inline-Skating und Mountainbike- oder Snowboardfahren. Was Kalifornier unter solchen Aktivitäten nicht selbst erfanden, stilisierten sie zumindest zum ultimativen Freizeittrend hoch und wurden damit ihren sprichwörtlichen Qualitäten als Trendsetter doch noch gerecht.

Southwestern Style

Hochglanzmagazine mit Fotos etwa von Adobe-Häusern in Terrakottafarben mit himmelblauen Türen und roten Fensterrahmen haben den Southwestern Style zu einem Modetrend gemacht, der sich hauptsächlich in Arizona und New Mexico herausbildete. Er definiert eine zwar rustikale, aber dennoch elegante Wohn- und Einrichtungskultur und bezieht sich, was Farben und Materialien anbelangt, vorzugsweise auf die Sonorawüste, die von Mexiko ca. 150 km weit in den Südwesten der USA hineinreicht. Andererseits bezeichnet er aber auch eine in der Region verbreitete Lebensart, die vom historischen spanisch-mexikanischen Erbe ebenso eingefärbt wurde wie etwa von indianischen Traditionen bzw. Bräuchen und der Rancher- und Cowboykultur. In keiner Stadt ist der Stil des Südwestens so auffällig wie in Santa Fe.

Das gilt nicht nur für die im historischen Stadtkern dominante Adobe-Architektur, sondern auch für die Gastronomie mit ihren mexikanisch geprägten Angeboten, für Design und Kunst und sogar für die Mode, die von vielen Einheimischen stolz getragen wird – von hübschen Accessoires aus Sterlingsilber wie etwa mexikanischen Conchagürteln bis zu Türkisschmuck und Westernhüten aus Filz oder Leder. Zum Southwestern Style gehört interessanterweise auch eine verbreitete Zweisprachigkeit, wie sie sonst in den USA selten ist. Selbst viele ›Anglos‹ können sich zumindest notdürftig auf Spanisch verständigen. Wahlzettel etwa sind in New Mexico schon lange zweisprachig.

Gated Communities

Vom Wunsch beseelt, einen sicheren und ruhigen Wohnsitz zu finden, ziehen sich viele Amerikaner in selbst gewählte Gated Communities zurück, wo sie, durch Mauern, Zäune und Kontrollmechanismen geschützt, abge-

Navajo Code Talkers

In der kleinen Hauptstadt Window Rock der Navajo Reservation im Bundesstaat Arizona erinnert ein Denkmal an die bedeutende Rolle, die Navajo-Indianer im Zweiten Weltkrieg spielten. Die US-Militärs entwickelten im Pazifik einen auf der Navajosprache basierenden Code zur Übermittlung von Botschaften, der vom Feind nie dechiffriert wurde.

Nur noch ein Denkmal erinnert an die Navajo Code Talkers

Nachdem jeder unter der Ägide des amerikanischen Generalstabs ausgearbeitete Geheimcode im Pazifikkrieg von den Japanern schnell entschlüsselt worden war, rekrutierte die US-Marine 400 freiwillige Navajo-Indianer als Spezialeinheit. Sie übermittelten von 1942 bis 1945 Botschaften und Meldungen unverschlüsselt in ihrer eigenen Sprache und schlugen damit japanischen Dechiffrierungsexperten ein Schnippchen. Niemand kam auf die Idee, dass es sich um keine geniale Verschlüsselung, sondern um die Alltagssprache eines Indianerstammes handelte. Allerdings mussten die in Camp Pendleton an der kalifornischen Küste versammelten Navajo Code Talkers erst militärische Bezeichnungen und Wörter etwa für Dienstgrade, Flugzeug- und Schiffsbezeichnungen entwickeln, aber auch Ländernamen, weil es sie in ihrer Sprache bis dahin gar nicht gegeben hatte. Am Ende entstand das »Code Talkers Dictionary« mit 274 Bezeichnungen wie etwa Naturbezeichnungen für die Buchstaben des Alphabets von A (Ant/Ameise) bis Z (Zinc/Zink). Die Wortneuschöpfung Besh-lo bedeutet in der Übersetzung Eiserner Fisch und wurde für U-Boot verwendet. Da-he-tih-hi bedeutete in der Navajosprache Kolibri und bezeichnete ein Jagdflugzeug, während Tkah-chae (Schwitzhaus) für das Kapitol in Washington D.C. stand. Amerika tauchte unter dem Namen Ne-he-mah (Unsere Mutter) auf, während Japan als Beh-na-ali-tsoisi (schiefes Auge) und Hitler-Deutschland als Besh-be-cha-he (Eisenhütte) bezeichnet wurde.

Wenn ein Code Talker etwa die Nachricht »Feind bombardiert Berg Nummer zwei« zu übermitteln hatte, übersetzte er sie folgendermaßen: Auf Navajo heißt Berg *hill*, was der englischen Bezeichnung entspricht, aber zu gängig war. Deshalb wurde nur der alphabetische Buchstabe H des Wortes genommen, dem im Code *horse* (engl. Pferd) entsprach. Vom Wort *hill* blieb dann noch *ill* (engl. krank) übrig, sodass am Ende Berg mit dem Navajo-Codewort Klingdadsa übersetzt wurde, was krankes Pferd bedeutet.

Die Idee, Navajo als Geheimcode zu verwenden, stammte von Philip Johnston, dem Sohn eines Missionars, der lange Zeit unter Navajo gelebt hatte. Er gehörte zu den wenigen Weißen, die die Sprache komplett beherrschten. Er wusste, dass die Sprache der Choctaw-Indianer bereits im Ersten Weltkrieg als Geheimcode verwendet worden war, und überzeugte die US-Marine Anfang 1942, Navajo im Pazifikkrieg einzusetzen. Dass es dazu kam, war in Anbetracht der Geschichte umso erstaunlicher. Denn in den USA selbst waren Kultur und Sprache der Navajo schon Jahrzehnte früher massiv unterdrückt worden. In der Burger-King-Filiale in Kayenta (AZ) befindet sich eine Ausstellung mit Exponaten zum Thema Navajo Code Talkers.

schirmt von ihrer Umgebung leben können. Vor allem seit den 1980er-Jahren sind solche gesicherten Wohnviertel aus dem Boden geschossen, in denen in der Regel wohlhabende Menschen wohnen, die kein Problem damit haben, sich bestimmten, für die Gemeinschaft geltenden Regeln zu unterwerfen. Üblicherweise legen die Betreiber solcher Siedlungen hohen Wert auf einheitliche Architekturstandards und das gepflegte Äußere von Häusern und Gärten. Wer sich mit den entsprechenden Vorgaben nicht anfreunden will, muss mit Sanktionen bis zum Ausschluss aus einer Community rechnen. Kritiker werfen solchen Wohnkonzepten vor, sie förderten die zunehmende Fragmentierung der Gesellschaft. Es sei vernünftiger, entsprechende finanzielle Mittel in Maßnahmen zu investieren, um etwa Städte und Gemeinden überhaupt sicherer und was Lebensqualität anbelangt attraktiver zu machen.

Religionen und Kulte

In den gesamten USA gibt es gegenwärtig ca. 100 Mio. Protestanten, 67 Mio. Katholiken, 6 Mio. Juden und ebenfalls ca. 6 Mio. Anhänger des Islam. Speziell im Südwesten und dort vor allem in Kalifornien fanden von diesen etablierten Religionen abgesehen viele Sekten, Kulte und religiöse Bewegungen einen günstigen Nährboden. Der Grund dafür mag in der Toleranz gegenüber Andersdenkenden und nichtkonformistischen Minderheiten im Golden State liegen. Jedenfalls erlebten Sterndeuter, Meditationszirkel, pantheistische Glaubensbekenntnisse und kosmische Kulte in keinem anderen US-Bundesstaat seit den 1960er-Jahren einen solchen Boom wie in Kalifornien. Seit den 1980er-Jahren verzehnfachte sich der Umsatz mit New-Age-Literatur. Pendel-Seancen, Kräuterbehandlungen und Zukunftsvorhersagen erlebten einen wahren Höhenflug, was vermutlich prominenten Zugpferden einzelner Bewegungen zuzuschreiben war. Die Schauspielerin Shirley MacLaine etwa schrieb über Karma und Wiedergeburt mehrere Bücher. Hollywoodstar Tom Cruise ist seit Langem überzeugtes Mitglied der Scientology-Sekte und macht daraus keinen Hehl, selbst nachdem Paramount Pictures u. a. wegen aggressiver Werbung für Scientology seinen Vertrag eine Zeit lang nicht erneuerte.

Obwohl die amerikanische Verfassung eine strikte Trennung von Staat und Kirche vorsieht, wird die Politik von christlichen Werten beeinflusst. Im Staatsemblem taucht ebenso wie auf Münzen und Banknoten das Motto »In God We Trust« auf, und bei wichtigen Anlässen ist US-Präsidenten längst zur Gewohnheit geworden, ihre Reden mit den Worten »May God bless you« (Möge Gott Euch segnen) zu beenden. Bei Obamas zweiter Vereidigung 2013 sollte ein evangelikaler Pastor den Segen spenden. Als seine Anti-Schwulen-Haltung bekannt wurde, strichen ihn die Organisatoren nach öffentlichen Protesten aus dem Programm.

Mega- und Gigakirchen

Manche Kritiker vertreten die Meinung, die USA seien nur deshalb kein Kirchenstaat geworden, weil es zu viele Religionen und Sekten gibt, die ihren eigenen Religionsstaat gründen wollten. Sogenannte ›elektronische Kirchen‹ entstanden seit der zweiten Hälfte der 1960er-Jahre, als religiöse Fundamentalisten die Zeit für den Kampf um Amerika gekommen sahen und sich moderner Medien wie etwa des Fernsehens zu bedienen begannen. Die sich als moralische Mehrheit verstehenden Evangelikalen lokalisierten ihre Feindbilder vor allem in Bereichen wie Abtreibung, Gleichberechtigung von Männern und Frauen, Bürgerrechts-, Schwulen- und Lesbenbewegung, Umweltschutz und Abrüstung. Bis heute bilden diese Themen zwischen Liberalen und Konservativen gewissermaßen die Demarkationslinie, die seit Beginn der Ära Bush Jr. viel deutlicher hervorgetreten ist als zu Zeiten seines Amtsvorgängers Clinton.

Ein neuerer Stern am amerikanischen Glaubenshimmel sind Mega- und Gigakirchen, die in ihren Gottesdiensten mehr als 2000 Besucher zählen bzw. ein in die Millionen gehendes Publikum haben. Davon gibt es auf US-Boden mittlerweile mehr als 1000. Diese stark auf wirtschaftlichen Erfolg hin orientierten Kirchen sind konfessionell ungebunden und brauchen sich an keinerlei Vorschriften zu halten. Die meisten lehnen in ihren erzkonservativen Grundsätzen die Evolutionslehre ab, erachten die Bibel als unfehlbar und Homosexualität als eine Sünde. Diese Kirchen bieten ihren Mitgliedern sogar Fitnessstudios, Geschäfte und Kinos und werden in den USA zu einem immer größer werdenden Machtfaktor, was sich vor allem die republikanische Partei zunutze macht.

Mobilität

In viel höherem Maß als in Europa wird von amerikanischen Arbeitnehmern Flexibilität und Mobilität erwartet. Neun von zehn US-Haushalten verfügen über ein Auto, was in einem Land, das sich über Mobilität definiert, fast unverzichtbar ist. Der Schriftsteller Louis Kronenberger bezeichnete den Möbelwagen als Symbol der amerikanischen Gesellschaft. Mobilität wird nicht nur als objektive Notwendigkeit, sondern als subjektiver Reiz empfunden, was u. a. mit der ungeheueren Größe des Landes zu tun hat. Amerikaner ziehen häufig um, wobei die Ortsveränderung nicht selten mit dem Wechsel des Jobs zu tun hat. Dem kommt das weitverbreitete mobile Heim entgegen, das sich per Tieflader schnell an einen neuen Wohnort bringen lässt.

Der gewaltige Individualverkehr in den USA führt seit einigen Jahren zu neuen Konzepten der Stadtplanung. In manchen Großstädten wurden Autobahnen in Boulevards umgewandelt und Radwege angelegt, um der fortschreitenden Automobilisierung Einhalt zu gebieten. Restriktionen gegenüber dem Autoverkehr wurden durch das Bevölkerungswachstum zwingend. Jahrelang konnten Städte und Gemeinden Bundeszuschüsse für Maßnahmen der Verkehrsinfrastruktur nur für Autobahnen verwenden. Erst eine 1991 verabschiedete Gesetzesänderung lässt heute auch die Kanalisierung von Bundesgeldern in Bus- und Bahnprojekte zu, was in vielen Städten dem öffentlichen Nahverkehr zugute kam. So kam etwa Los Angeles, jahrzehntelang Inbegriff des Individualverkehrs, schon vor einigen Jahren zu einer gegenwärtig noch im Ausbau begriffenen Metro, die mittlerweile im Nahverkehr eine echte Alternative darstellt.

Sport

Der Profisport ist in den USA ein Megageschäft. Viele Klubs befinden sich im Besitz von Unternehmern, die nicht nur über die Verpflichtung neuer Spieler befinden, sondern auch über die Heimbasis. Dass ganze Teams in eine andere Stadt umziehen, ist keine Seltenheit. Nährboden der Profiligen sind Universitäten und Colleges, an denen sportliche Ausnahmebegabungen mit Stipendien gefördert werden, bis sie den Sprung in den Profibereich schaffen.

Seit die Gesundheits- und Fitnesswelle von Kalifornien her Amerika überrollt, hat der Breitensport immer größere Bedeutung erlangt. In Fitnessklubs quälen sich Amateursportler bei schweißtreibenden Workouts. Wie sportverrückt die Amerikaner geworden sind, beweisen ganze Heerscharen von Freizeitsportlern aller Altersklassen auf großstädtischen Jogging- und Bikingpfaden.

Dass unter den zahlreichen Zuschauersportarten American Football an der Spitze rangiert, hat mit seiner kampfbetonten Natur zu tun. 32 Profimannschaften bilden die National Football League (NFL), unter ihnen die Arizona Cardinals, die Denver Broncos, die San Francisco 49ers und die San Diego Chargers. Auf der Popularitätskurve nimmt auch Baseball einen hohen Stellenwert ein. In der obersten Spielklasse Major League sind Teams aus Arizona, Colorado, Utah und dem südlichen Kalifornien vertreten. In der National Basketball Association (NBA) sind die spielstärksten Basketballteams versammelt, darunter ein halbes Dutzend Mannschaften aus dem Südwesten.

Die Formel 1 leistet sich in der alljährlichen Rennsaison nur einen einzigen Ausflug in die

Ein Football-Spiel in Huntington Beach: Überall in den USA liebt man die raue Sportart

USA, wo das einzige Grand-Prix-Rennen im texanischen Austin stattfindet – ohne amerikanische Piloten. Das ist auch der Grund, warum der Formel-1-Zirkus an der Popularität gemessen in den USA hinter der NASCAR (National Association of Stock Car Racing) zurücksteht. In den späten 1940er-Jahren ins Leben gerufen, bestand die Grundidee der NASCAR darin, Rennen mit normalen Pkw auszurichten. Im Laufe der Zeit kamen aber immer mehr speziell konstruierte Boliden zum Einsatz, sodass heutige Spitzenwettbewerbe überhaupt nicht mehr mit Seriensportwagen gefahren werden. Rennstrecken für den Motorsport gibt es im Südwesten in Kalifornien bei Fontana, in Nevada in Las Vegas, in Arizona in Phoenix und in Colorado am Pikes Peak bei Colorado Springs.

Architektur und Kunst

Es mag abgedroschen klingen, aber es stimmt: Der Südwesten und vor allem Kalifornien ist ein Land harter Kontraste, auch und gerade in der Kunst- und Kulturszene. Ganz besonders augenfällig wird dies in der Architektur, die ein riesiges Spektrum von indianischen Klippenwohnungen bis zu dekonstruktivistischen Kulturkathedralen umfasst.

Moderne Architektur

Eine im New Yorker Museum of Modern Art veranstaltete Architekturausstellung Ende der 1980er-Jahre signalisierte das Ende der Postmoderne und präsentierte den Besuchern Arbeiten einer neuen Kunststilrichtung, des Dekonstruktivismus. Einige der damals vertretenen Baumeister wie Frank Gehry, Daniel Libeskind und Rem Koolhaas zählen heute zu den namhaftesten Gegenwartsarchitekten, deren Bauten in einigen Städten des amerikanischen Südwesten neue Akzente setzten.

Frank Gehry

Der 1927 im kanadischen Toronto geborene Frank Gehry ließ sich schon mit 20 Jahren in Santa Monica in Kalifornien nieder, wo er mit dem Einkaufszentrum Santa Monica Place erste Akzente seines Wirkens setzte. Mit der **Walt Disney Concert Hall** mitten in Downtown Los Angeles entstand in Gehrys Wahlheimat sein bisher eigenwilligster und umstrittenster Bau. Das neue Haus des Los Angeles Philharmonic Orchestra, nach einer turbulenten Baugeschichte 2003 eröffnet, verschaffte dem Geschäftszentrum der Stadt einen lange vermissten Mittelpunkt, an dem sich ein neues städtisches Bewusstsein aufrichtet. Von manchen Kritikern als typisch kalifornische Verrücktheit abgetan, sahen andere in Gehrys Bauwerk ein Symbol urbanistischer Erneuerung mit »wogenden Wänden« (Neue Zürcher Zeitung), einen »Stahlplatten-Wirbelwind« (Die Welt), eine »Eruption aus Edelstahl« (Süddeutsche Zeitung) oder »eine Rose für das kalte Herz« (Die Zeit) der Metropole.

Rem Koolhaas

Mit radikalen Planungsmethoden und als einflussreicher Theoretiker hat sich der 1944 in Rotterdam geborene Rem Koolhaas bis in die Gegenwart allen Klassifizierungsversuchen entzogen – und gleichzeitig auf sich aufmerksam gemacht. Als die Mailänder Modefirma Prada um die Jahrtausendwende auf der Suche nach einem Architekten war, der neue spektakuläre Verkaufsräume am Rodeo Drive in Beverly Hills und an der Post Street in San Francisco entwerfen sollte, fiel die Wahl auf Koolhaas, der in der modernen Gesellschaft keinen Widerspruch mehr zwischen Konsum und Kultur sieht. Ihm traute das Unternehmen am ehesten zu, ein völlig neues Einkaufserlebnis zu generieren.

Renzo Piano

Der Pritzker-Preis-Gewinner (›Nobelpreis‹ der Architektur) Renzo Piano hat seine Spuren in Los Angeles gleich mehrfach hinterlassen. Im Jahr 2008 eröffnete mit dem zum Los Angeles County Museum of Art (LACMA) gehörende **Broad Contemporary Art Museum** eine der größten säulenfreien Ausstellungshallen

Mit der Walt Disney Concert Hall setzte Frank Gehry einen architektonischen Akzent in Downtown Los Angeles

Die ›Painted Ladies‹: viktorianische Wohnhäuser am Alamo Square in San Francisco

der USA. Neuestes Werk Pianos in der Stadt ist das **Academy Museum of Motion Pictures** am Wilshire Boulevard, das 2019 eröffnet werden soll – u.a. mit einem Theater in einer Glaskugel und einer Aussichtsterrasse auf die Hollywood Hills unter einem gläsernen Kuppeldach.

Daniel Libeskind

Ca. 9000 Platten aus Titan verkleiden in der Hauptstadt von Colorado das 2006 fertiggestellte **Denver Art Museum,** das die Rocky-Mountains-Metropole mit einem futuristischen Komplex ausstattet, an dem sich Architekturkritiker und Schaulustige gleichermaßen reiben. Der Entwurf des aus Polen stammenden Stararchitekten Daniel Libeskind, dessen Name u. a. im Zusammenhang mit der Neubebauung von Ground Zero in Manhattan von den Medien immer wieder angeführt wurde, polarisiert und lässt mit seinem von Schrägen und spitzen Winkeln bestimmten Stil offenbar niemanden unberührt. Von »Scherbenhaufen« und einem unsinnigen Gebilde, »das in seinen Einzelteilen Zerstörung ästhetisiert«, ist die Rede. Von anderer Seite kommt Anerkennung, weil es nicht mehr nur Gemälde und Skulpturen sind, die Besucher in das Museum strömen lassen, sondern der Museumsbau selbst eine Attraktion darstellt.

Viktorianische Schönheiten

Als in Kalifornien um die Mitte des 19. Jh. der Goldrausch tobte, entstanden etwa in San Francisco ganze Straßenzüge im damals modernen viktorianischen Baustil. Obwohl das große Erdbeben des Jahres 1906 viele dieser Gebäude zerstörte, gibt es in der Stadt heute noch schätzungsweise 15 000 Painted Ladies, wie die Häuser wegen ihrer traditionell pastellfarbenen Anstriche auch liebevoll genannt werden. Hauptsächlich um den Alamo Square, im Mission District und im Stadtteil Marina sind die reizvollen, nicht selten Millionen teuren Wohnhäuser gut erhalten. Über ein halbes Jahrhundert lang baute, wer es sich leisten konnte, viktorianisch und setzte dabei auf eine der vier populärsten Stilrichtungen: Stick Style, Italianate Style, Gothic Revival Style oder Queen Anne Style. Putzige Türmchen und Dachgauben, überdachte Veranden mit verzierten Brüstungen, geschnitzte Stützpfeiler und wunderschöne Gärten, in denen die blauen Köpfe blühender Hortensien über weiß getünchte Lattenzäune gucken, schaffen ein sehenswertes Ambiente. Viele viktorianische Beispiele sind auch in Pacific Heights zu sehen, wo als eines der schönsten viktorianischen Anwesen das 1886 erbaute Haas-Lilienthal-House Besuchern zur Besichtigung offen steht (2007 Franklin St., www.haas-lili enthalhouse.org).

Indianisches Kunsthandwerk

Seit einigen Jahren erlebt die indianische Kultur in den USA eine Renaissance. Wenn man Medien Glauben schenkt, nimmt das Interesse der Amerikaner an Kultur, Religion und Sprache ihrer indianischen Mitbürger ständig zu. Als der kalifornische Gouverneur Arnold Schwarzenegger 2007 zu Beginn seiner zweiten Amtszeit den offiziellen Eid ablegte, trug seine Frau Maria Shriver ein Gebet der Hopi-Indianer mit dem Titel »Die Zeit des einsamen Wolfes ist vorbei« vor. Hinzu kommt, dass es viele Landeskinder als schick erachten, auf indianische Vorfahren verweisen zu können. Während viele Amerikaner früher ihre Abstammung leugneten, schmücken sie sich heute mit indianischen Blutsverwandten.

Das Geschäft mit indianischem Kunsthandwerk boomt seit Jahren. Allein in New Mexico geben Besucher Jahr für Jahr ca. 1 Mrd. Dollar für dekorative Souvenirs aus den Pueblos und aus Navajoland aus. Doch Laien sind kaum in der Lage, echte von unechten Produkten zu unterscheiden. Die Native Indians bemühen sich seit Jahren, dem Problem imitierter und aus dem Ausland importierter Waren Herr zu werden. Sogar der US-Kongress beschäftigte sich schon mit dieser Frage und schuf mit dem Indian Arts and Crafts and Sales Act gesetzliche Vorkehrungen zum Schutz des indianischen Kunsthandwerks. Die vor dem Governor's Palace in Santa Fe verkaufenden Indianer legten aus eigener Initiative das sogenannte Native American Vendors Program auf, demzufolge jedes Kunsthandwerk die Signatur des betreffenden Künstlers aufweisen muss.

Korbflechtarbeiten

Zu den ältesten Formen indianischen Kunsthandwerks im Südwesten gehört die Korbflechterei. Während dieses Handwerk bei den Pueblo-Indianern durch den Import industriell gefertigter Waren an Bedeutung verlor, entwickelten die Hopi traditionelle Formen und Dekors sogar weiter. Zu den exquisitesten Produkten zählen die Weidenkörbe *(wicker baskets)* von Moenkopi und den Dörfern Oraibi, Hotevilla und Bacabi auf der dritten Mesa. ›Korbflechtspezialisten‹ sind auch die Pima und Tohono O'Odham. Letztere haben sich mehr und mehr auf die durch den Tourismus wachsende Nachfrage eingestellt und die Herstellung von Produkten aus Yucca-Fasern kommerzialisiert. Zu den gebräuchlichsten Farben bei Flechtwerken gehören Schwarz, Weiß und Grün. Traditionelle Arbeiten werden aus Weiden gefertigt, die schwerer zu verarbeiten, aber auch haltbarer sind. Körbe oder Teller mit Tier- und Menschenmustern erzielen wegen der großen Nachfrage hohe Preise. Die Tohono O'Odham haben sich auf Minikörbe und winzige, münzgroße Teller aus Rosshaar oder Yucca spezialisiert, die etwa den fünffachen Arbeitsaufwand von großen Stücken verlangen und dementsprechend teuer sind. Zu den typischen Touristenartikeln gehören geflochtene Tierfiguren.

Schöne Flechtarbeiten stellen auch die Westlichen Apachen der San-Carlos- und White-Mountain-Gebiete in Arizona her – vor allem mit geometrischen Mustern verzierte Schalen und große Vorratskörbe in Krugform, sogenannte *ollas.* Teilweise strich man geflochtene Krüge mit Harz aus, um darin Wasser aufzubewahren. Eine Meisterin des Korbflechtens war um die Jahrhundertwende die Washoe-Indianerin Dat-So-La-Lee, deren Spiralwulst-Arbeiten im Nevada Historical Museum in Reno zu sehen sind.

Weberei

Die bekanntesten und kommerziell erfolgreichsten Webarbeiten stammen von den Navajo. Sie übernahmen schon vor Jahrhunderten von den Spaniern die Verarbeitung von Wolle. Touristen staunen häufig über die hohen Preise für Navajo-Teppiche, weil sie nicht wissen, dass ein etwa 2 m^2 großer *rug* (engl.: Teppich) in rund 400 Arbeitsstunden entsteht. Dabei gilt die Regel: je feiner die handgesponnene Wolle und die Webtechnik, desto wertvoller das Produkt. Neben pflanzlichen werden seit rund 100 Jahren auch chemische Farben verwendet. Seit Beginn des 19. Jh. entwickelte sich dieses Handwerk über unterschiedliche Stadien und Stile. Das häufig auftauchende Rautenmuster übernahmen die Navajo erst im ausgehenden 19. Jh., nachdem sie diese Dekortechnik in ihrer Verbannung in Bosque Redondo in New Mexico kennengelernt hatten. Damals entstanden auch die ersten aus synthetischem Garn gefertigten Decken mit sich teils überlagernden Zickzackmustern.

Webereien mit bildhaften Motiven wie Sandbild-Teppiche kamen erst zu Beginn des 20. Jh. in Mode, als das Interesse der Weißen an Navajo-Arbeiten zunahm und der Tourismus neue Märkte erschloss. Weberei ist auch bei den Hopi ein traditionelles Handwerk, im Gegensatz zu den Navajo aber Männerdomäne. Kennzeichen der Hopi-Webarbeiten sind Decken mit Streifenmustern, wobei die Verzierungen durch von farbigem Garn umwundene Kettfäden entstehen.

Indianischer Schmuck

Die Verarbeitung von Silber, unterschiedlichen Schmucksteinen und Muscheln zählt im Südwesten zu den beliebtesten handwerklichen Künsten. Auf diesem Sektor haben sich Navajo, Zuni und Hopi sowie die Bewohner des Pueblo Santo Domingo (Kewa Pueblo) in New Mexico besonders hervorgetan. Letztere sind für ihre Heishi-Ketten aus unterschiedlichen Steinen und Muscheln bekannt (*hee-shee* = Muschel). Die Qualität dieser Ketten richtet sich danach, ob die Schmucksteine und Muscheln gut geschliffen und poliert sind – je mehr Steine eine Kette pro Zentimeter schmücken, desto wertvoller ist sie.

Silberverarbeitung

Meister des Silberschmucks sind die Navajo, die diese Kunst von den Mexikanern lernten und um das Jahr 1875 bereits einen eigenen Stil entwickelt hatten. Damals schmolzen sie zur Gewinnung von Rohmaterial Münzen ein; später wurde gekauftes Silberblech verwendet. Zu Beginn des 20. Jh. hatte sich die Schmuckherstellung aus Silber so weit etabliert, dass von einer Kommerzialisierung dieses Kunsthandwerks gesprochen werden konnte. Zu den typischen Produkten zählten früher silbernes Zaumzeug sowie aus Silber gefertigte Armschutzplatten für Bogenschützen, *ketohs* genannt. Häufig sieht man auch Concha-Gürtel (*concha*: span. Muschel), bei denen einzelne ovale, rechteckige oder quadratische, kunstvoll ornamentierte Silberstücke auf Gürtel aufgesetzt werden. Auch die Hopi stellen derartige Arbeiten her. Zu den extravaganten Schmuckstücken der Navajo gehören die *Squash blossoms*, die so bezeichnet werden, da man früher fälschlicherweise annahm, sie seien Kürbisblüten nachempfunden. Man erkennt diese Halsketten leicht an der ›Blüte‹, dem untersten Teil, das meist aus einem hufeisenförmigen Silberguss mit zum Teil eingelassenen Steinen besteht. Zuni-Schmuck unterscheidet sich von dem Schmuck anderer Indianer durch die Vielfalt der verwendeten Steine sowie deren aufwendigere Bearbeitung. Das gilt für die Needlepoint-Türkise, zapfenförmige, an beiden Enden zugespitzte Steine, die in breite Armreifen eingelassen sind. Auch gitterförmige Einlegearbeiten mit polierten Oberflächen sind beliebt. Die Hopi begannen erst gegen Ende des 19. Jh. mit der Silberbearbeitung.

Heute sind vor allem durch sogenannte Auflagetechnik entstandene Stücke bekannt, die wie schwarze Silbergravuren aussehen.

Töpfereien

Ebenso wie die Ahnen der Anasazi fertigten auch die Hohokam- und Mogollon-Indianer Töpferwaren. Die Pueblo-Indianer hatten die Keramikkunst bis zur ersten Hälfte des 18. Jh. zur Blüte entwickelt, ehe die Erschließung des amerikanischen Südwestens gegen Ende des 19. Jh. die traditionelle Töpferei durch eine Schwemme von Industriewaren fast völlig verdrängte. Eine Renaissance zeichnete sich um 1920 ab, als der Tourismus neue Märkte schuf und die Töpferei in fast allen Rio-Grande-Pueblos einen Aufschwung erfuhr. Um diese Zeit wurde die vom Ehepaar Martinez im Pueblo San Ildefonso entwickelte schwarze Keramik zum begehrten Sammlerobjekt, die heute gut und gerne 10 000 $ pro Stück wert ist. Mittlerweile stellen auch andere Pueblos wie San Juan und Santa Clara schwarze Ware her. Bekannt sind die Arbeiten der mittlerweile im Ruhestand lebenden Elisabeth Naranjo aus Santa Clara mit Mustern wie Bärenpranken und gefiederten Schlangen sowie Tierfiguren.

Wertvolle Keramik mit sehr dünnen Wänden, schwarz-weißen geometrischen Mustern oder Tiermotiven wird traditionell auch im Pueblo Acoma gefertigt. Figürliche Arbeiten wie Geschichtenerzähler-Figuren *(storyteller)* haben Cochiti Pueblo berühmt gemacht, wo Helen Cordero (1915–94) um 1964 die hübschen Tonplastiken erfand, an denen kleinere Kinderfiguren hängen. Kunsthandwerkerinnen in den Pueblos Acoma und Jemez haben nach ihrem Tod ihre Nachfolge angetreten.

Navajo-Sandbilder

Handelte es sich ursprünglich um eine Zeremonialkunst, entwickelte sich im Laufe des 20. Jh. die Herstellung sogenannter Sandbilder *(sandpaintings)* bei den Navajo zur Souvenirware. Auf flachen Sandflächen entstehen aus zeremoniellen Motiven Bilder, indem Künstler unterschiedlich gefärbten Sand durch die Finger oder Strohhalme rieseln lassen und auf diese Weise Linien und Flächen streuen. Um etwa bei medizinischen Ritualen seine Funktion zu erfüllen, muss ein *sandpainting* nach der Fertigstellung verwischt und damit zerstört werden. Für Touristen werden derartige Gemälde längst als Massenware hergestellt, bei denen der Sand zwecks Haltbarkeit der Bilder auf Spanplatten geklebt ist.

Kachinapuppen

Im Gegensatz zur Weberei, Töpferei und Schmuckherstellung spielte bei den Indianern des Südwestens die künstlerische Bearbeitung von Holz keine große Rolle. Eine Ausnahme bilden die Kachinas, die in nennenswerten Mengen nur noch von den Hopi hergestellt werden. Weniger häufig fertigen die Zuni diese dekorierten Holzfiguren. Der Begriff Kachina (ausgesprochen wie Katsina) ist dazu angetan, Verwirrung zu stiften, da er Unterschiedliches bedeutet. Die Hopi verstehen darunter Geister, die in den San-Francisco-Bergen nördlich von Flagstaff zu Hause sind und als Boten bzw. Vermittler zwischen Menschen und Göttern fungieren. Der Hopi-Überlieferung zufolge lebten die Geister einst mit den Menschen zusammen, zogen sich aber zurück, als die Indianer ihnen nicht mehr genügend Respekt zollten. Vor ihrem Weggang brachten sie einigen jungen Männern bestimmte Zeremonien bei, sodass fortan menschliche Stellvertreter ihre Funktionen erfüllen konnten. Diese maskierten Tänzer, die heute bei entsprechenden Ritualen in Erscheinung treten, werden ebenfalls Kachinas genannt.

Die dritte Bedeutung des Begriffs bezieht sich auf die Kachina-Figuren (engl.: *kachina dolls*), welche die Hopi *tihu* nennen. Dabei handelt es sich um verkleinerte Abbilder der Kachina-Tänzer, die an Kinder verschenkt werden – nicht als Spielzeug, sondern um den Nachwuchs mit unterschiedlichen Typen und Funktionen der Kachinas vertraut zu machen. Jeder Kachina sind charakteristische Tanzschritte und Gesänge ebenso eigen

Multikulturelles Flair: Wandgemälde im Mission District von San Francisco

wie bestimmte Aufgaben, etwa als Wächter, Spaßmacher, Verkörperung von Tieren und Pflanzen oder Kinderschreck. Wie und wann der Kachina-Kult entstand, lässt sich nicht genau sagen. Präkolumbische Felszeichnungen, Maskenmuster auf Töpfereien und Darstellungen in Kivas lassen jedoch den Schluss zu, dass er schon vor Ankunft der ersten Europäer in Nordamerika praktiziert wurde.

Die Herstellung von Kachinapuppen ist ausschließlich Männersache. Als Material dient das Holz von Cottonwood-Bäumen, einer im Südwesten weitverbreiteten Pappelart. Die Gliedmaßen der Puppen werden meist bis zur letzten Feinheit ausgearbeitet, oft getrennt angefertigt und dann angesteckt oder angeklebt. Als Farbgrundierung dient weißer Kalk, auf den heute chemische Farben aufgetragen werden. Bunte Baumwollröcke, Federn, Fichtenzweige, Perlen u. Ä. schmücken die Figuren. Seit einigen Jahren stehen bei Sammlern sogenannte *Action Dolls* hoch im Kurs – Figuren, die eine Bewegungshaltung einnehmen.

Malerei

Als bekannteste weiße Malerin des Südwestens gilt die Amerikanerin **Georgia O'Keeffe** (1887–1986), die mehrere Jahrzehnte in der Ortschaft Abiquiu im nordwestlichen New Mexico lebte und arbeitete. In den 1920er-Jahren führte sie die amerikanische Gegenbewegung zur europäischen Avantgarde mit an. Ihre Landschaftsbilder und Naturmotive, häufig mit surrealistischem Einschlag, sind in vielen bedeutenden Museen der Welt ausgestellt. Nach ihrem Tod bestand ihr Gesamtwerk aus über 2000 Arbeiten. In Santa Fe ist ihr ein eigenes Museum gewidmet.

Einen hohen Bekanntheitsgrad haben auch die Arbeiten des Navajo-Künstlers **R. C. Gorman** (1932–2005), zu dessen Markenzeichen Gemälde von Navajo-Frauen gehören. Gorman wurde in Chinle in der Navajo-Reservation als Nachfahre des Indianerführers Manuelito geboren. Sein Großvater Peshlakai war der erste bedeutende Silberschmied des Stammes. Im Grunde genommen Autodidakt, erfuhr Gorman nur eine minimale Kunsterziehung, wobei hauptsächlich ein Studienjahr an der University of the Americas in Mexico City prägend war. Neben der Malerei und Lithografie widmete sich der Künstler in späteren Lebensabschnitten auch der Bildhauerei. Die New York Times nannte ihn in einer Hommage den »Picasso der Indianerkunst«. Seine Werke sind in so renommierten Ausstellungen wie dem Metropolitan Museum in New York und den Museen der Smithsonian Institution zu sehen. In Taos in New Mexico gründete er eine heute noch existierende Galerie. Bekannt ist auch der Hopi-Maler **Dan Namingha.** In seinen Werken tauchen spirituelle Traditionen und Symbole auf, vorwiegend in den Farben Senfgelb, Purpur, Türkis, Rot und Schwarz.

Murals: Kunst auf Mauern

San Francisco ist seit Langem ein Eldorado der Wandmalerei. Besondere Beachtung verdient hinsichtlich der »Murals« der Mission District. Das hat historische Gründe. Bereits zu Anfang des 20. Jh. erlangten in dem aus der Revolution hervorgegangenen Mexiko Wandgemälde als politische Kunst eine besondere Bedeutung. Über mexikanische Maler wie Diego Rivera, der in die USA übersiedelte, verbreitete sich die Monumentalmalerei auch in Nordamerika, wo Präsident Roosevelt während der Weltwirtschaftskrise ein Programm zur Förderung wirtschaftlich gefährdeter Künstler initiierte. Nach Kriegsende 1945 erlebte diese Kunstrichtung außer in San Francisco vor allem in Los Angeles eine wahre Renaissance. Und wieder waren es hauptsächlich Maler mexikanischer Herkunft, die sich darin besonders hervortaten.

Kalifornische Literaten

Jack London und John Steinbeck

Kein aus dem Golden State stammender Schriftsteller hat den Bekanntheitsgrad von **Jack London** (1876–1916) erreicht, der in San Francisco zur Welt kam und in ärmlichen Verhältnissen im benachbarten Oakland aufwuchs, wo heute noch eine einfache Blockhütte an den Verfasser weltberühmter Romane wie »Ruf der Wildnis« und »Wolfsblut« erinnert. Über lange Zeiträume seines Lebens war der politisch aktive Sozialist dem Alkohol verfallen, ein Problem, das er im 1913 erschienenen Roman »Martin Eden« thematisierte. Sein Hauptthema, das sich durch sein ganzes Lebenswerk zieht, ist der Konflikt zwischen Natur und Kultur, den er zur Goldrauschzeit im Yukon und in Alaska kennenlernte. Die letzten Jahre seines abenteuerlichen Lebens verbrachte er zusammen mit seiner Frau Charmian in der Nähe von Sonoma, wo er vermutlich an einer Harnvergiftung starb und begraben liegt.

Neben Jack London war der aus Salinas stammende **John Steinbeck** (1902–1968) Kaliforniens erfolgreichster Schriftsteller des 20. Jh. In »Die Früchte des Zorns« schilderte er die Geschichte der verarmten Landarbeiterfamilie Joad, die während der Weltwirtschaftskrise ihre Heimat in Oklahoma aufgibt, um sich in Kalifornien nach einer neuen Existenz umzusehen. Die in dem Roman enthaltene Sozialkritik stieß in den USA auf Ablehnung und führte zu Protesten, gelegentlich hat man Steinbecks Text sogar als Aufruf zum Klassenkampf missverstanden. Versöhnlicher gingen seine Landsleute mit seinem Roman »Straße der Ölsardinen« um, welcher der Küstenstadt Monterey ein literarisches Denkmal setzte und für den Steinbeck 1962 den Literaturnobelpreis bekam.

Kriminalschriftsteller

Im Jahre 1943 machte **Raymond Chandler** (1888–1959) Bekanntschaft mit Los Angeles. Als Drehbuchautor hatten ihn die Paramount Studios für sich gewonnen. Big Ray, wie ihn Freunde und Kollegen nannten, schrieb zwar hervorragende Filmstoffe. Doch änderte das nichts an der Tatsache, dass er seine Arbeit für die großen Filmriesen verabscheute und Los Angeles nicht ausstehen konnte. Hinzu kam, dass er zum Teil unter hohem Zeitdruck produzieren musste und seinen Frust darüber in Alkohol zu ertränken versuchte. 1946 kehrte Chandler der ungeliebten Traumfabrik den Rücken und zog mit seiner kranken Frau Sissy nach La Jolla. In diesem Vorort von San Diego kaufte er das Haus Nr. 6005 an der Camina de la Costa mit Blick auf den Pazifik. Mit »Der lange Abschied« begann er dort sein letztes Werk, dessen Fertigstellung ein Wettlauf mit dem Tod werden sollte. Der Titel bezog sich nicht allein auf sein eigenes bevorstehendes Ende, sondern auch auf den langen Abschied von Sissy, deren Verfall schnell voranschritt. Kein Wunder, dass sich dieses Buch im Ton deutlich von Chandlers früheren Werken unterscheidet. Erstmals pflegt in diesem Roman sein Held, der Privatdetektiv Philipp Marlow, ein Verhältnis mit einer Frau. Die Verleger warfen Chandler einen Hang zum Romantischen vor und waren über das Manuskript entsetzt. Marlow, der seine Sätze früher mit rüdem Witz hinwarf und aus seiner Abscheu vor Heuchelei und seiner Verachtung für Engstirnigkeit nie einen Hehl machte, hatte in diesem Werk seine ausgekochte Härte plötzlich verloren. Am 26. März 1959 trat er zusammen mit Philipp Marlow, dem schnoddrigen, knallharten und doch romantischen Einzelgänger von der Bühne ab. »Chandler schrieb wie ein Engel, der sich unter das gemeine Volk gemischt hat«, sagte der Schriftsteller Ross MacDonald einmal über seinen Lehrmeister Big Ray.

Ross MacDonald wird häufig in einem Atemzug mit Raymond Chandler genannt. 1915 im kalifornischen Los Gatos geboren, lebte er die letzten 20 Jahre seines Lebens zusammen mit der Schriftstellerin Margaret Millar in Santa Barbara, wo er 1983 starb. Im Mittelpunkt seiner spannenden Geschichten steht seit dem 1949 veröffentlichten Krimi »Reiche sterben auch nicht anders« mit dem ehemaligen Polizisten Lew Archer ein Privatdetektiv, der nicht nur Mörder zur Strecke bringt, sondern auch nach Motiven für ihre Taten sucht. Einige seiner Bücher wurden verfilmt, darunter 1975 »Unter Wasser stirbt man nicht« mit Paul Newman und Joanne Woodward in den Hauptrollen.

Zusammen mit Chandler wird **Dashiell Hammett** (1894–1961) zu den geistigen Vätern des »knallharten Krimis« der sogenannten *hard-boiled school* gezählt, die ihre Schauplätze in eine verrohte Gesellschaft verlagert, der moralische Grundsätze fremd sind und in der es Privatdetektive mit Habgier, Betrug und Gewalt zu tun bekommen. Hammett war der einzige dieser Krimiautoren, der aus eigener beruflicher Erfahrung schöpfen konnte, stand er doch acht Jahre lang in Diensten der berühmten Detektivagentur Pinkerton, ehe er seinen Ermittlerjob aus gesundheitlichen Gründen an den Nagel hängte und zu schreiben begann.

In seinem wohl berühmtesten Roman »Der Malteserfalke«, mit Humphrey Bogart in der Hauptrolle erfolgreich verfilmt, setzt er seinen wichtigsten Protagonisten, den abgerissenen und ständig von Geldsorgen geplagten Privatdetektiv Sam Spade, in San Francisco auf einen komplizierten Mordfall an. Bei dieser Geschichte kam Hammett zugute, dass er in der Bay-Metropole in den 1920er-Jahren im Auftrag von Pinkerton einen mysteriösen Mord- und Vergewaltigungsfall untersuchen musste. Bahnbrechende Neuerung in diesem Roman waren u. a. die Schauplätze. Denn im Unterschied zu den Detektivgeschichten des viktorianischen Zeitalters schnüffelt Sam Spade nicht auf Landsitzen von Großgrundbesitzern, sondern fischte im trüben Hinterhofmilieu der Großstadt. Hammetts lakonischer und doch präziser Schreibstil wirkte sich in den USA als stilprägend aus und wurde etwa von Ernest Hemingway aufgenommen.

Von der Beat Generation bis T. C. Boyle

Mitte der 1950er-Jahre ließ sich mit Jack Kerouac, Allen Ginsberg und William Burroughs das dominierende Trio der sogenannten **Beat Generation** im Stadtteil North Beach in San Francisco nieder. Mit ihrer unverblümten Kritik an den Wertvorstellungen der US-Nachkriegsgesellschaft verstanden sie sich als Exponenten einer literarischen Alternativbewegung, deren Schauplätze von Marihuanarauch und Bierdunst geschwängerte Musikkneipen und Studentenkommunen waren, in denen diskutiert und eine neue Weltordnung entworfen wurde.

Sie thematisierten und praktizierten Drogenexzesse, sexuelle Abenteuer und verrückte Reisen, die in Prosatexten und Gedichten ihren Niederschlag fanden, so etwa in Kerouacs 1957 erschienenem Hauptwerk »Unterwegs«. Ginsberg hatte schon 1955 mit seinem Gedicht »Howl« für Aufsehen gesorgt, während Burroughs mit »Naked Lunch« das prüde Nachkriegsamerika empörte, vor Gericht aber in mehreren Verfahren mit Freisprüchen der künstlerischen Freiheit Raum verschaffte. Die Beat Generation hatte nachhaltigen Einfluss auf gesellschaftskritische Kulturentwicklungen und alternative Lebensformen in den USA und gilt in gewisser Weise als Vorbereiter der Hippie-Subkultur.

Für Liebhaber der Underdog-Literatur gibt es seit 1994 ein Pilgerziel etwa eine Autostunde von Downtown Los Angeles entfernt. Auf dem Green Hills Memorial Park in Rancho Palos Verdes liegt der 1920 in Andernach geborene und 1994 verstorbene **Charles Bukowski** begraben, der mit seinen vulgären, zum Teil autobiografischen Geschichten über Sex, Alkoholexzesse, Spielleidenschaft und miese Jobs Furore machte. Während manche Kritiker seine Literatur als Aufputschmittel für pubertierende Teenager verstanden, sahen andere in Bukowskis Geschichten den schonungslosen, ungeschminkten Realismus eines Literaten, der beim Schreiben keine große Fantasie bemühen musste, sondern voll aus seinem chaotischen Alltagsleben schöpfen konnte. Die einfache Grabplatte, die seine letzte Ruhestätte deckt, trägt als sein letztes Vermächtnis den Ratschlag an all jene, die sich mit dem Gedanken befassen, selbst Schreibzeug in die Hand zu nehmen: »Don't try« (versuch es erst gar nicht).

Unter den kalifornischen Gegenwartsautoren gehört **T. C. Boyle** seit den 1980er-Jahren zu den international bekanntesten. Die meisten Werke des 1949 im Bundesstaat New York zur Welt gekommenen Schriftstellers erschienen auch in deutscher Sprache. Seit längerer Zeit lebt er mit seiner Familie in den Bergen bei Santa Barbara. In seinen Werken lebt er seine Fabulierkunst sowie seine Vorliebe für unkonventionelle Charaktere und irrwitzige Situationen aus. Des Weiteren spielt das Thema Umweltschutz eine zentrale Rolle. Zu seinen jüngeren Romanen zählen »Hart auf hart« über das Verhältnis von Freiheit und Staatsmacht und »Die Terranauten« über den Versuch von acht amerikanischen Wissenschaftlern in den 1990er-Jahren, zwei Jahre lang in einer geschlossenen Glaskuppel ein isoliertes Leben zu führen.

Film

Wie eh und je dominiert die Filmindustrie die urbane Kultur in Los Angeles. Seit in der damals noch eigenständigen Stadt Hollywood zu Beginn des 20. Jh. die ersten Studios aufgebaut und die ersten Stummfilme gedreht wurden, entwickelten sich die ›laufenden Bilder‹ zu einem riesigen Geschäft und zu einem weltweit verbreiteten Exportartikel. Nicht zu Unrecht gilt Los Angeles als größte und einflussreichste Fabrik für Träume aus Zelluloid. Wie andere Branchen, kannte auch die Filmproduktion ihr Auf und Ab. Erstaunlicherweise gelang es ihr aber, etwa durch die Einführung des Fernsehens verursachte Krisen zu überstehen und die Gunst des breiten Publikums zurückzugewinnen.

Nachdem 1927 mit »The Jazz Singer« der erste Tonfilm über die Leinwand geflimmert war und die 1930er-Jahre mit der wegweisenden Erfindung des Farbfilms aufwarteten, brach für Hollywood das goldene Zeitalter an. Nur noch große Gesellschaften waren in der Lage, die finanziellen Mittel für den erhöhten technischen Aufwand aufzubringen. Einer der Pioniere des Farbfilms war Walt Disney, der das Technicolorverfahren bei der Produktion seiner Zeichentrickfilme einsetzte. Nicht zuletzt das in den Südstaaten angesiedelte melodramatische Bürgerkriegsepos »Vom Winde verweht« von 1939 verhalf den farbigen Spielfilmen zum Durchbruch.

Seit Anbeginn hatten in der großen Illusionsfabrik deutschsprachige Filmschaffende

Die Hand- und Fußabdrücke berühmter Filmstars findet man auf dem Platz vor dem TCL Chinese Theatre in Los Angeles

ihre Hände im Spiel. Der 1884 in die USA eingewanderte Schwabe Carl Laemmle gehörte seit 1912 als Gründer der Universal Studios zu den einflussreichsten Filmproduzenten in Hollywood. In den 1920er-Jahren kamen berühmte Regisseure wie Friedrich Wilhelm Murnau, Josef von Sternberg und Ernst Lubitsch nach Südkalifornien. Lubitsch hatte in dem in Wien aufgewachsenen Billy Wilder einen engen Mitarbeiter, der später selbst bei zahlreichen bekannten Filmen Regie führte. 1936 gab Fritz Lang, der mit »Metropolis« und »M« zwei Klassiker geschaffen hatte, mit »Blinde Wut« sein Hollywooddebüt. Als erste deutsche Schauspielerin schaffte Marlene Dietrich in damaliger Zeit den Sprung nach Los Angeles, wo sich berühmte Exilliteraten wie Bert Brecht, Heinrich Mann und Alfred Döblin als Drehbuchschreiber verdingten.

Auch in jüngerer Vergangenheit trugen deutschsprachige Regisseure zum Renommee von Hollywood bei. Wolfgang Petersen (»Outbreak«, »Troja«), Roland Emmerich (»Stargate«, »Independence Day«), Katja von Garnier (»Engel mit Eisenkiefern«), Ulrich Edel (»Wir Kinder vom Bahnhof Zoo«) und Oliver Hirschbiegel (»The Visiting«) haben sich im südkalifornischen Filmgeschäft ebenso etabliert wie etwa die Schauspieler Armin Mueller-Stahl, Jürgen Prochnow und Udo Kier.

Die Zeit nach dem Zweiten Weltkrieg war in Hollywood vom Niedergang des klassischen Hollywoodkinos gekennzeichnet, weil große Regisseure und berühmte Schauspieler ihre Schaffensphasen beendeten. Erst als das amerikanische ähnlich wie das europäische Kino sich stärker mit politischen und gesellschaftskritischen Themen beschäftigte, besserten sich die Zeiten. In den 1990er- Jahren machte die Branche mit dem Trickfilm eine trendsetzende Wiederentdeckung. Neueste Computertechnik hatte die Möglichkeit geschaffen, computeranimierte Streifen in Spielfilmlänge wie »Shrek«, »Avatar« oder »Ice Age« zu produzieren und weltweit zu vermarkten.

Musik

Wenngleich Kalifornien mit der Pop Music eine ›leichte‹ Musikrichtung populär machte, hat die Begeisterung im Golden State für Klassik eine ins 19. Jh. zurückreichende Tradition. Einen Beweis dafür liefert San Francisco. Als sich die Bay-Metropole nach rauen Goldgräberzeiten vom Straßenmädchen in eine kultiviertere Dame verwandelte, schossen in den 1860er- und 1870er-Jahren kleine Bühnen und Theater wie Pilze aus dem Boden. Zum hoch bezahlten Star avancierte damals die Tänzerin, Schauspielerin und Sängerin Lotta Crabtree, die das Publikum zu Beifallsstürmen hinriss. Als sie 1875 ihren Glanzzeiten entgegenging, spendete sie der Stadt mit Lotta's Fountain einen Brunnen, der heute noch auf der Market Street steht.

Am Weihnachtsabend 1910 fand dort ein unvergessliches Kulturereignis statt. Die im Zenit ihrer Karriere stehende italienische Operndiva Luisa Tetrazzini hatte als eine Hommage an San Francisco und seine Bürger einen öffentlichen Auftritt versprochen. Während sie im Gebäude des San Francisco Chronicle ihr Make-up auffrischte, versammelte sich in den umliegenden Straßen eine in die Hunderttausende gehende Menschenmenge. Luisa Tetrazzini verzauberte an diesem denkwürdigen Abend ihr Publikum mit »I Would Linger In This Dream« und »The Last Rose of Summer« und gab das erste klassische Open-Air-Konzert in der Geschichte der Stadt, nach dessen Ende ihr die Bay-Metropole zu Füßen lag.

Klassik zum Genießen

Unter den großen Orchestern im amerikanischen Südwesten nimmt neben der schon 1911 gegründeten **San Francisco Symphony** das **Los Angeles Philharmonic Orchestra** einen besonderen Stellenwert ein. Von 1992 bis 2008 stand das Ensemble unter der Leitung des Musikalischen Direktors Esa-Pekka Salonen, der sein Programm als Anreiz auch für ein jüngeres Publikum auf überwiegend zeitgenössische Kompositionen konzentrierte. Zu seinem Nachfolger wurde 2009 der aus Venezuela stammende Dirigent Gustavo Dudamel bestimmt. Heimbühne des Orchesters ist die berühmte Walt Disney Concert Hall. Im Sommer treten die Musiker aber auch in der offenen Hollywood Bowl auf.

Jazzgrößen

Zwar nahm **Kid Ory** (1886–1973) zusammen mit **Mutt Carey** (1891–1948) 1919 in Kalifornien die erste Platte einer schwarzen Jazz-Band auf. Doch gilt als Wiege dieser ersten in den USA entstandenen Musikform New Orleans. Seit dem frühen 20. Jh. breitete sich der Jazz über ganz Amerika aus. Kennzeichnend war seit den 1930er-Jahren der Swing, dem Größen wie der in Colorado aufgewachsene **Glenn Miller,** der am Ende seines Lebens in Kalifornien lebende **›Count‹ Basie** und der eine Zeit lang am Großen Salzsee in Utah auftretende **Tommy Dorsay** zu großer Popularität verhalfen. 1946 traten Miles Davis, Charlie Parker und Dizzy Gillespie eine Zeit lang in Los Angeles mit Bebop-Kompositionen auf, um den amerikanischen Westen mit dieser Richtung bekanntzumachen. Bis zu seinem letzten Konzert 1991 in Hollywood gehörte **Miles Davis** zu den großen Stars des Jazz. Mit einem Stern auf dem Hollywood Walk of Fame ehrte die Filmmetropole den aus dem kalifornischen Concord stammenden Jazz-Pianisten **Dave Brubeck,** der zu den besten Interpreten des Cool Jazz gehörte.

Der Sound der Sixties

Kaum ein anderer Musiker hat die Pop- und Rockmusik seit Anfang der 1960er-Jahre so stark beeinflusst wie der in Malibu lebende **Bob Dylan.** Über Folk, Country, Gospel und

Stars der Hippie-Ära als Wandmalerei verewigt im legendären Hippie-Viertel Haight Ashbury in San Francisco

Blues kam das musikalische Genie bis zum Rock 'n' Roll. Seine Songs mit zum Teil sehr komplexen, poetischen und zugleich sozialkritischen Texten machten ihn weltberühmt und verhalfen der populären Rockmusik in den Rang einer ernst zu nehmenden Kunstform. Dylans Leben und Schaffen ist von vielen Höhen und Tiefen durchzogen. 2016 wurde er als erster Musiker und Songwriter, der primär kein Schriftsteller ist, in Anerkennung seines umfangreichen Gesamtwerks mit dem Literaturnobelpreis ausgezeichnet.

Zu den in Kalifornien tätigen einflussreichsten Rock- und Jazzgrößen gehörte seit den 1960er-Jahren auch der Komponist, Musiker und Sänger **Frank Zappa** (1940–1993). Ab Mitte der 1960er-Jahre mit den Mothers of Invention und später mit seiner eigenen Band prägte er einen ganz speziellen eigenen Sound und experimentierte dabei mit Elektronik und dem Synthesizer. Seine Vielseitigkeit bewies er nicht nur mit seinen Jazzrock-Alben, sondern auch mit der Komposition zahlreicher Stücke für Sinfonieorchester. Skandalträchtig waren seine bissigen Texte, die die bürgerliche Gesellschaft und besonders die Glamourwelt von Hollywood (›Tinsel Town‹) aufs Korn nahmen.

Die 1961 im kalifornischen Hawthorne aus fünf Teenagern gegründete Pop-Gruppe **The Beach Boys** stürmte gleich zu Beginn ihrer steilen Karriere mit »Surfin' USA« die Hitparaden und transportierte das idyllische Bild vom sonnigen Golden State, Strandleben, hübschen Mädchen und vom allgegenwärtigen Autokult in die ganze Welt.

Stars der Hippie-Ära

Vier Jahre nach den Beach Boys entstand in Los Angeles mit **The Doors** ein Quartett um den Sänger Jim Morrison. Auf dem Höhepunkt ihrer Laufbahn machten die Doors mit ihren Platten Millionenumsätze. Wegen ihrer zum Teil gewagten Shows hatte die Gruppe in manchen US-Bundesstaaten Auftrittsverbot bzw. forderte Massendemonstrationen heraus. 1971 trennte sich der meist in schwarzer Lederkleidung auftretende und als Sexidol der Hippie-Generation verehrte Morrison von seiner Band. Im gleichen Jahr starb er in Paris an einem Herzschlag.

Als Jim Morrison noch zu den Doors gehörte, begann 1966 in der Musikkneipe Matrix in der Fillmore Street in San Francisco die Gruppe **Jefferson Airplane** eine legendäre Karriere. Sie begründete den psychedelischen San Francisco Sound, der während der Flower-Power-Bewegung auch unter dem Namen Acid Rock die lokale Musikszene beherrschte. 1971 veröffentlichte das einflussreiche Magazin Rolling Stone einen Artikel, in dem die Gruppe als ein Schiff bezeichnet wurde, das seine Passagiere zu den revolutionären Fantasien ihrer eigenen Gehirne bringe. Wenig später begann sich die Gruppe aufzulösen, um sich danach personell verändert unter dem Namen Jefferson Starship neu zu formieren.

Ein wichtiger Bestandteil des gegenkulturellen Cocktails der 1960er-Jahre war die Band **The Grateful Dead,** deren Markenzeichen eine Mischung aus Jazz, Rock, Bluegrass, Folk, Reggae und Country war. 2015 gaben einige Musiker 20 Jahre nach dem Tod ihres Bandleaders Jerry Garcia im Levi-Stadion in Santa Clara vor Zehntausenden Fans ihr endgültiges Abschiedskonzert – nach einem halben Jahrhundert im Musikgeschäft.

Oldies und Aktuelleres

Obwohl sie personell wie musikalisch eine erstaunliche Gruppendisziplin praktizierten, hielten **The Eagles** bei Weitem nicht so lange zusammen wie etwa The Grateful Dead. Zum ersten gemeinsamen Auftritt der Eagles kam es 1970 anlässlich eines Konzerts der Sängerin Linda Ronstadt. Schon nach dem 1976 veröffentlichten Ohrwurm »Hotel California« wurde ihnen ein nostalgieträchtiger, kommerzialisierter Sound vorgeworfen, was der Popularität der Gruppe keinen Abbruch tat. 1981 löste sie sich auf, fand aber 13 Jahre später wieder zusammen. Das letzte Album »Long Road Out Of Eden« erschien 2007. Für Herbst 2018 planten die Adler einen Auftritt im AT&T Park in San Francisco.

Im Jahre 1964 gründeten sich in Los Angeles **The Byrds,** die auf elektrischen Instrumenten Folk Songs spielten und in Kalifornien schon nach wenigen Jahren zu Kultfiguren der Musikszene gehörten. Ihre literarisch ansprechenden Texte machten die Rockmusik auch für amerikanische Intellektuelle salonfähig. Der erste große Hit der Byrds war 1965 der von Bob Dylan stammende Song »Mr. Tambourine Man«, mit dem der Lead-Sänger und Gitarrist Jim McGuinn zu einem der populärsten Interpreten im Lande wurde. Die Gruppe löste sich in der ersten Hälfte der 1970er-Jahre endgültig auf.

Howlin' Rain aus San Francisco (www.howlinrain.com) ist Teil einer Musikszene, die sich ganz bewusst von der modernen Populärkultur abwendet. Dass sie als Neo-Hippies und Retro-Rocker bezeichnet werden, hat nicht nur mit ihrem äußeren Erscheinungsbild zu tun, das an die Hippie-Ära erinnert. Kommerziell viel erfolgreicher ist jedoch die kalifornische Alternativ-Rockband **The Red Hot Chili Peppers** (www.redhotchilipeppers.de), die 2012 in die berühmte Rock 'n' Roll Hall Of Fame legendärer Musiker aufgenommen wurden. Im Sommer 2017 trauerte die Pop- und Show-Welt um Chester Bennington, den aus Phoenix stammenden Sänger der 1996 in Los Angeles gegründeten Rockband **Linkin Park,** die Millionen von Tonträgern verkaufte und viele Auszeichnungen erwarb. Das letzte gemeinsame Album der Gruppe war unter dem Titel »One More Light« kurz vor Benningtons Tod erschienen.

Infos

Wissenswertes für die Reise

Anreise und Verkehr
Übernachten
Essen und Trinken
Outdoor
Feste und Veranstaltungen
Reiseinfos von A bis Z

Indianischer Schmuck – hier beim Powwow – ist ein schönes Souvenir

Blühender Saguaro-Kaktus

Uralte, von Wind und Wetter gemarterte Grannenkiefern wachsen im Great Basin National Park auf felsigem Untergrund

Anreise und Verkehr

Reisedokumente

Deutsche, Österreicher und Schweizer, auch Kinder, benötigen für einen Aufenthalt bis zu 90 Tagen einen eigenen maschinenlesbaren **Reisepass.** Der vorläufige maschinenlesbare deutsche Reisepass (grün) wird nicht mehr für die visumfreie Einreise anerkannt. Der maschinenlesbare deutsche Kinderpass berechtigt nur dann zur visumfreien Einreise, wenn er vor dem 26. Oktober 2006 ausgestellt oder vor diesem Datum verlängert wurde. Nach dem 25. Oktober 2005 ausgestellte Pässe müssen über ein digitales Lichtbild verfügen wie die bordeauxfarbigen maschinenlesbaren deutschen Reisepässe (Europapässe). Nach dem 25. Oktober 2006 ausgestellte Pässe müssen zusätzlich mit biometrischen Daten in Chipform (sog. E-passport) ausgestattet sein. Jeder Reisende ist bei der Einreise zu digitalen Fingerabdrücken und einem digitalen Porträtfoto verpflichtet. Spätestens 72 Stunden vor der Abreise muss eine zwei Jahre gültige **Einreiseerlaubnis** (14 $) eingeholt werden (über das Reisebüro oder online unter https://esta.cbp.dhs.gov/esta). Vor dem Abflug sollte man die exakte Adresse der ersten Übernachtung in den USA parat haben, weil man sie beim Einchecken angeben muss.

Ein- und Ausfuhr von Waren

Für Haustiere benötigt man ein amtsärztliches Zeugnis. Die Einfuhr von 200 Zigaretten, 1 l Alkohol sowie Geschenken, deren Wert 100 $ nicht übersteigt, ist für Erwachsene von mindestens 21 Jahren zollfrei. Geldsummen über 10 000 $ müssen deklariert werden. Die Einfuhr von frischem, getrocknetem, in Dosen eingemachtem Fleisch und Fleischprodukten ist nicht gestattet. Dasselbe gilt für Pflanzensamen. Bäckereiprodukte und haltbar gemachter Käse sind erlaubt. Die Einfuhr von Waffen ist verboten.

Was auf der Heimreise aus den USA in den Koffer kommt, unterliegt detaillierten Zollbestimmungen. Damit Waren und Geschenke zoll- und steuerfrei bleiben, müssen Freimengen beachtet und bestimmte Bedingungen erfüllt werden. In die EU dürfen zollfrei etwa 200 Zigaretten oder 50 Zigarren eingeführt werden, 50 ml Parfum oder 250 ml Eau de Toilette, 1 Liter Spirituosen von mehr als 22 % oder 2 Liter alkoholische Getränke von höchstens 22 % und andere Artikel (ausgenommen Gold) im Gesamtwert von 430 € (unter 15 J. 150 €). Arzneimittel, die dem persönlichen Bedarf dienen, sind frei. Zum Schutz der Tier- und Pflanzenwelt sind neben Bestimmungen zum Artenschutz auch tierseuchen- und pflanzenschutzrechtliche Besonderheiten zu beachten. Bargeld im Gesamtwert von 10 000 € oder mehr muss bei der zuständigen Zollstelle schriftlich angemeldet werden. Infos unter www.zoll.de. Vorsicht mit in den USA gekauften Notebooks mit US-Tastatur. Es macht keinen Sinn zu behaupten, man hätte ein Gerät schon bei der Einreise besessen. Auch der Barcode ist anders.

Anreise mit dem Flugzeug

Reisende aus Europa kommen im Südwesten mit dem Flugzeug meist in Los Angeles, San Francisco oder Las Vegas an, u. a. weil es in diese Zielorte von Frankfurt aus Nonstopflüge gibt. Salt Lake City, Denver, Albuquerque und Phoenix sind nur über Zwischenlandungen erreichbar. Da das Flugzeug in den USA wegen der gewaltigen Entfernungen ein gängiges Transportmittel ist, existiert innerhalb der Region ein dichtes Netz von Flugverbindungen. In der Hauptsaison des jeweiligen Zielgebiets sind Flüge teurer. Ein Schnäppchen kann man mit einem Air Pass machen. Große US-Fluggesellschaften bieten die Möglichkeit, in Verbindung mit einem Transatlantikflug mindestens drei inneramerikanische Flüge zu buchen, deren Abflugorte und Ziele vorab festgelegt werden müssen. Fluglinien wie etwa die Lufthansa und Chartergesellschaften wie Condor bieten Fly & Drive-Programme inklusive Flug und Mietwagen an. Über das Reisebüro oder das Internet (in Suchmaschine Fly & Drive eingeben) kann man solche Angebote buchen.

Bestimmungen für das Handgepäck

Seit einigen Jahren gelten auf allen in EU-Ländern und der Schweiz startenden Flügen besondere Sicherheitsvorschriften fürs Handgepäck. Flüssigkeiten müssen in Behältnissen verpackt sein, die maximal 100 Milliliter (0,1 l) fassen. Fläschchen oder Tuben (max. 10 Stück) müssen in einem durchsichtigen, wiederverschließbaren Plastikbeutel mit maximal 1 l Fassungsvermögen transportiert werden (entsprechende Beutel gibt es auf den Flughäfen). In aufgegebenen Gepäckstücken dürfen weiterhin größere Flüssigkeitsmengen mitgenommen werden. Als Flüssigkeiten gelten nach den neuen EU-Regeln nicht nur Getränke, Speisen (Wasser, Suppen etc.) oder Parfums, sondern auch Gels, Sonnenlotionen, Sprays, Shampoos, Öle, Deoroller, Cremes, Feuchttücher, Zahnpasten, Lippenstifte und Lipgloss. Babynahrung, Medikamente oder Insulin und Säfte für Diabetiker dürfen, soweit während des Fluges benötigt, weiterhin ohne Mengenbeschränkung an Bord und müssen auch nicht in den Plastikbeutel, sind aber bei der Gepäckkontrolle vorzulegen. Für Medikamente ist ein ärztliches Attest oder eine glaubhafte Bescheinigung empfehlenswert. Alles, was nach dem Sicherheitscheck gekauft wurde, darf mit an Bord genommen werden. Aufgegebene Koffer dürfen nicht mehr verschlossen werden. Sogenannte ›smarte‹ Koffer mit verbauten Lithium-Ionen-Akkus in aufgegebenen Gepäckstücken sind bei mehreren US-Fluggesellschaften verboten. Beim Sicherheitscheck kontrollierte Laptops und Tablet-Computer können an Bord genutzt werden.

HIGHWAYS, FREEWAYS & CO.

Im Südwesten bekommen es Mietwagenfahrer mit zahlreichen unterschiedlichen Straßenkategorien wie Highways, Boulevards und Avenues zu tun, die sich meist nicht groß voneinander unterscheiden. Turnpikes und Tollways sind mautpflichtige Schnellstraßen. Deutschen Autobahnen entsprechen am ehesten Freeways und quer durch den Kontinent führende Interstates, die in Nord-Süd-Richtung ungerade, in Ost-West-Richtung gerade Nummern tragen. Expressways sind Schnellstraßen mit Kreuzungen. Vorwiegend dem Freizeitverkehr dienende, meist durch Parks oder Naturlandschaften führende Straßen, von denen der Güterverkehr verbannt ist, heißen Parkways.

Verkehrsmittel im Land

Auto/Campmobil

Mietwagen reserviert man am besten im Heimatland rechtzeitig vor der Abreise. Bei Holiday Autos (Tel. 01805-179191, http://holidayautos.de) kostet ein Kleinwagen inklusive Vollkasko- und Kfz-Diebstahlversicherung ohne Selbstbeteiligung, erhöhte Haftpflichtdeckungssumme, unbegrenzte Kilometer und lokale Steuern und Gebühren z. B. ab Los Angeles Airport ab 290 €/Woche. Zur Übernahme des Fahrzeugs reicht der nationale Führerschein, am besten in Kreditkartenformat, und eine gängige Kreditkarte. Ältere Führerscheine mit Uraltfotos können zu Problemen führen. DDR-Führerscheine werden nicht anerkannt. Wer noch nicht 25 Jahre alt ist, sollte abklären, ob die jeweilige Firma ein Mindestalter verlangt. An allen Flughäfen und in größeren Städten gibt es Mietwagenfilialen von Alamo (www.alamo.com), Avis (www.avis.com), Budget (www.budget.com), Dollar (www.dollar.com), Hertz (www.hertz.com) und National (www.natio

nalcar.com). Rent-a-Wreck-Filialen (www.renta wreck.com) findet man nur in größeren Städten. Sie vermieten keine Autowracks, wie der Name vermuten lassen könnte, sondern ältere Modelle zu günstigeren Preisen. Allerdings lässt der Service hin und wieder zu wünschen übrig. Auch im Falle von Pannen fährt man mit einer etablierten Mietwagenfirma besser.

Einige **Verkehrsregeln** unterscheiden sich von europäischen. So darf an roten Ampeln grundsätzlich rechts abgebogen werden, falls nicht durch ein entsprechendes Zeichen ausdrücklich verboten. An ampelfreien Kreuzungen fährt als Erster, wer auch als Erster zum Halten kam. Gelbe Schulbusse dürfen, sobald sie anhalten und blinken, weder überholt noch aus der Gegenrichtung passiert werden. Höchstgeschwindigkeiten auf den Interstates variieren je nach Bundesstaat zwischen 65 und 80 Meilen/Std. Sicherheitsgurte sind für alle Insassen Pflicht. Kinder unter 12 Jahren müssen auf Rücksitzen Platz nehmen. Wer sich ans Steuer setzt, sollte unbedingt auf Alkoholkonsum verzichten. Wird man als Chauffeur mit einer ›Fahne‹ erwischt, ist mit drastischen Konsequenzen zu rechnen. Auf manchen Interstates ist der linke Fahrstreifen für ›Carpool‹ reserviert, d. h. nur Autos mit mindestens zwei Insassen dürfen die Spur während der Rush Hour benutzen.

Getankt wird an **Tankstellen** *(gas stations)* mit Miet-Pkw ebenso wie mit Wohnmobilen in der Regel bleifreies Benzin *(regular unleaded)*, wobei sich die angezeigten Preise immer auf eine Gallone (3,78 l) beziehen. Eine Karte für Preisvergleiche findet man unter http://gasbuddy.com (> Price List/USA). In abgelegenen Gebieten muss man mit extremen Preisaufschlägen rechnen. An den meisten Zapfsäulen kann man per Kreditkarte nur mit einem passenden Zip Code tanken. Sonst gilt: Vorauszahlung an der Kasse.

Wer sich per **Campmobil** *(RV = Recreation Vehicle)* auf den Weg durch den Südwesten machen will, belegt ein Fahrzeug besser nicht mit der maximal möglichen Personenzahl. Vor allem auf Reisen mit Kindern ist ausreichend Platz im Innenraum wichtig, weil sonst Konflikte vorprogrammiert sind. Auch bei der Planung der zu fahrenden Meilen sollte man eher großzügig vorgehen. Die Weite des Landes verführt erfahrungsgemäß zu spontanen Abstechern und Ausflügen.

Bahn

Für Fernverbindungen zwischen Großstädten ist die Bahn ideal. Im Südwesten verkehren folgende Züge der Bahngesellschaft Amtrak:

California Zephyr: San Francisco – Sacramento – Reno (NV) – Winnemucca – Salt Lake City – Grand Junction – Denver (CO) – Chicago.

Capitol Corridor: San Jose – Oakland – Berkeley – Sacramento – Auburn (CA).

Coast Starlight: Los Angeles – Santa Barbara – San Jose – Oakland – Sacramento – Seattle (WA).

Pacific Surfliner: San Diego – Los Angeles – Santa Barbara – San Luis Obispo – Paso Robles (CA).

San Joaquins: Sacramento bzw. San Francisco – Stockton – Fresno – Bakersfield (CA).

Southwest Chief: Los Angeles – Needles – Kingman (AZ) – Flagstaff – Gallup – Albuquerque – Chicago.

Sunset Limited: Los Angeles – North Palm Springs – Yuma – Tucson – Benson (AZ) – Lordsburg (NM) – El Paso (TX) – Orlando (FL).

Passagiere können beim Ticketkauf auf mehrfache Weise sparen. Jede Woche bietet Amtrak auf der Internetseite bestimmte Rou- ten an, auf denen man bis zu 70 % Preisnachlass bekommen kann, sofern man die Tickets online bestellt (http://tickets.amtrak.com/itd/amtrak/smart-fares). Für normale Bahnreisen ist das Amtrak-Reservierungssystem im Internet nützlich (https://deutsch.amtrak.com/before-you-go). Verbilligte Reisen sind mit unterschiedlichen Bahnpässen möglich. Der **California Rail Pass** gilt 3 Wochen an 7 Reisetagen innerhalb Kaliforniens (Erw. 159 $, Kin. 2–12 J. 79,50 $). Mit dem **USA Rail Pass** kann man die USA entweder 15 (Erw. 459 $, Kinder 229,50 $), 30 (689 bzw. 344,50 $)

oder 45 Tage lang (899 bzw. 449,50 $) mit dem Zug bereisen (https://bit.ly/2k225vP).

Bus

Die Busgesellschaft **Greyhound Lines** betreibt das nationale Linienbussystem in den USA, verkehrt aber hauptsächlich zwischen größeren Städten (www.greyhound.com). **Green Tortoise** bietet Touren für junge Leute ab San Francisco etwa ins Death Valley, in den Yosemite National Park und durch den Südwesten inklusive Übernachtungen an (494 Broadway, San Francisco, CA 94133, Tel. 1-415-956-7500, www.greentortoise.com). Lokale und regionale Bustouren werden in vielen Städten angeboten. Günstig kann man in Kalifornien und Nevada mit der Gesellschaft **Megabus** unterwegs sein (us.megabus.com). Das deutsche Start-up Flixbus will in Zukunft Trips von Los Angeles in mehrere Städte, darunter Las Vegas, anbieten.

Flugzeug

Ähnlich wie in Europa ist auch der Himmel über Amerika durch **Billigflieger** bunter geworden, die den herkömmlichen Fluglinien Konkurrenz machen. Der Discounter **JetBlue Airways** fliegt im inneramerikanischen Netz zahlreiche Städte im Südwesten an, darunter Phoenix, Las Vegas, Denver, Long Beach, San Jose und San Diego (www.jetblue.com). **AirTran** wurde Teil von Southwest Airlines (s.u.). Spirit Air (www.spirit.com) und Virgin America (www.virginamerica.com) verkehren u. a. zwischen San Diego bzw. Los Angeles und Las Vegas. Auch **Southwest Airlines** mit Basis in Burbank bei Los Angeles sind in der Region stark vertreten (www.southwest.com). **Frontier Airlines** fliegen von Denver aus viele Städte im Südwesten an (www.flyfrontier.com). Den einfachsten Überblick über Flugziele verschafft man sich auf den jeweiligen Internetseiten über die Route Maps.

Motorrad

Motorradreisen sind im Westen der USA populär. Das gilt in erster Linie für den Küsten-Hhighway 1 in Kalifornien, aber auch für die Loneliest Road in America durch das Great Basin und die Abschnitte der historischen Route 66. Für viele Biker ist der Ritt auf einer Harley-Davidson das ultimative Urlauberlebnis.

Bei der Organisation von solchen Touren auf eigene Faust ist das Reisebüro US Bike Travel behilflich, das auch geführte Touren anbietet (US Bike Travel, Hauptstr. 28, 91341 Röttenbach, Hotline Tel. 09195-939 26 200, www.us-bike-travel.com). Auch Edelweiss Bike Travel stehen Zweiradtouristen mit Rat und Tat zur Seite (Sportplatzweg 14, A-6414 Mieming, Tel. 043-5264-5690, www.edelweissbike.com).

Typisch San Francisco: gelbe Taxis

Taxi

In Großstädten bietet sich angesichts der knappen Parkplätze Taxitransport am ehesten an. In Los Angeles kann man Taxis nicht auf der Straße anhalten. Man steigt am Bahnhof, am Flugplatz oder vor größeren Hotels zu oder bestellt einen Wagen per Telefon. Durch die Eingabe einer Start- und Zieladresse kann man sich Fahrtpreise in Los Angeles und San Francisco von einem praktischen Taxipreisrechner ausrechnen lassen (www.taxi-rechner.de). Es ist üblich, einem Taxifahrer ein Trinkgeld von ca. 10–15 % des Fahrpreises zu geben.

Übernachten

Die bestens ausgebaute touristische Infrastruktur macht das Reisen im Südwesten leicht. Bei Unterkünften unterscheidet man zwischen Hotels (meist in der Stadt), Motels (praktisch, weil man direkt vor der Tür parkt), Inns (Häuser mit dem Charakter von Landgasthöfen), Bed & Breakfast (Privatunterkünfte meist in sehr gepflegten Häusern) und Ranches, auf denen man seine Tage geruhsam oder aktiv u. a. im Sattel verbringen kann.

Hotels und Motels

Ausstattung

In amerikanischen Unterkünften wird dem Schlafkomfort gemeinhin hohe Priorität eingeräumt. Betten mit einer Breite von 90 cm oder 1 m wie hierzulande begegnet man in den USA nirgendwo. Gäste haben in besseren Hotels und Motels die Wahl zwischen Queen-Size-Betten, was der Breite von ca. 1,40 m entspricht, und King-Size-Betten, die sich als königliche Liegewiesen mit Maßen von 2 x 2 m erweisen. Unter *twin beds* versteht man zwei Einzelbetten im Queen-Size-Format.

Praktisch sind in vielen Motels aufgestellte Waschmaschinen und Trockner, die man mit Münzen in Betrieb nehmen kann. Immer mehr Hotels bieten neben zum Teil beheizten Innen- bzw. Außenpools auch Fitness-Studios mit mehr oder weniger großem ›Maschinenpark‹ an. Sind Zimmer mit Minibars ausgestattet, informiert man sich vorab besser über die Preise des Gewünschten, die nicht selten ein Vielfaches dessen betragen, was man für ein Getränk oder einen Schokoriegel im Supermarkt bezahlt. Wertgegenstände bringt man im eigenen Safe im Zimmer unter oder kann sie an der Rezeption in Verwahrung geben.

Häufig trifft man in den USA auf Unterkünfte, die Zimmer inklusive mehr oder weniger gut ausgerüsteter Küchen vermieten. Je nach Hotelkategorie sind die zur Verfügung gestellten Utensilien sauber bzw. verwendbar. Küchenbenutzungen rentieren sich in der Regel nur bei mehrtägigen Aufenthalten, da sich der Einkauf von Putzmitteln (die oft nicht vorhanden sind) für einen einmaligen Gebrauch kaum lohnt.

Suche nach einer Unterkunft

Ist man in den USA gegen Abend auf der Suche nach einem Zimmer, stellt sich eine typisch amerikanische Praxis als sehr hilfreich heraus. Viele Hotels und Motels schalten nach 18 Uhr Leuchtreklamen mit der Aufschrift Vacancy oder No Vacancy an, sodass man schon vom Auto aus sehen kann, ob Zimmer verfügbar oder ausgebucht sind. Auf die Zimmerpreise werden überall die jeweils im Staat gültige Mehrwertsteuer und hie und da weitere lokale Steuern aufgeschlagen, sodass man als Faustregel mit einem ca. 10 % höheren Preis rechnen muss.

Saisonale Unterschiede

Die höchsten Preise für Unterkünfte bezahlt man in der Hochsaison, die vom Memorial Day (letztes Mai-Wochenende) bis zum Labor Day (erstes Wochenende im September) dauert. In manchen, meist hochpreisigen B&Bs muss man in dieser Zeit damit rechnen, dass ein Mindestaufenthalt von zwei oder drei Tagen vorgeschrieben ist. Wer seine Übernachtungen in Las Vegas auf Sonntag bis Donnerstag legt, spart. Freitag und Samstag werden zum Teil deutliche Preisaufschläge fällig. Grundsätzlich muss man in der Hochsaison in touristisch stark frequentierten Gebieten wie Nationalparks sowie bei Festen und Veranstaltungen damit rechnen, dass viele Unterkünfte ausgebucht sind.

Hotelkategorien

Discount-Motels: Am preisgünstigsten sind große Motelketten wie Motel 6 (www.motel6.com), Super 8 (www.super8.com), Red Roof Inns (www.redroof.com), Econo Lodge, Comfort Inn, Quality Inn, Sleep Inn, Rodeway Inn (alle unter www.choicehotels.com) und Days Inn (www.daysinn.com). In der Regel bieten sie ordentliche Zimmer mit normalem Komfort.

Mittelklasse: Etwas teurer sind Unterkünfte von Ketten wie Travelodge (www.travelodge.com), Howard Johnson (www.hojo.com), Best Western (www.bestwestern.de), Embassy Suites (http://embassysuites3.hilton.com), Hampton Inns (http://hamptoninn3.hilton.com), Holiday Inn Express (www.ihg.com), La Quinta (www.lq.com) und Ramada (www.ramada.com).

Luxushotels: Für anspruchsvolle Reisende eignen sich u. a. die Hotels von Hyatt (www.hyatt.com), Marriott und Courtyard by Marriott (www.marriott.com), Hilton (www3.hilton.com), Radisson (www.radisson.com), Ritz-Carlton (www.ritzcarlton.com), Westin und Sheraton (www.starwoodhotels.com) sowie Fairmont Hotels (www.fairmont.com).

VORSICHT RESORT FEE!

Die amerikanische Hotellerie kassiert bei Gästen mit einem besonderen Trick ab: der Resort Fee. Auf publizierte Übernachtungspreise werden verschleierte Extrakosten für Einrichtungen wie Pools, Fitnessräume u. Ä. aufgeschlagen, ob man diese in Anspruch nimmt oder nicht. Dafür gibt es ein deutsches Wort: Abzocke!

Bed & Breakfast

Bed-&-Breakfast-Unterkünfte sind im Südwesten stark verbreitet. Häufig handelt es sich um Privathäuser der gehobenen Kategorie mit antik oder plüschig eingerichteten Zimmern, in denen man TV oder andere Errungenschaften der modernen Technik allerdings oft vergeblich sucht. Dafür kann man im Himmelbett schlummern, für traditionsfixierte Amerikaner Sinnbild der guten alten Zeit. Nicht selten sind diese Unterkünfte luxuriös ausgestattet und kosten ein halbes Vermögen. In ländlichen Gegenden kann man aber auch preisgünstige Häuser finden. Manche B & Bs beherbergen nur Nichtraucher. Wer sich auf Englisch verständigen kann, wird seinen Spaß dabei haben, mit anderen Hausgästen beim Frühstück über Gott und die Welt zu plaudern.

Ranches

Der Aufenthalt auf einer Ranch macht jeden Amerikaurlaub zu einem besonderen Erlebnis, weil man nirgendwo sonst das wirkliche Westernflair der Region besser zu spüren bekommt. In die Rolle von Cowboys und Cowgirls zu schlüpfen ist zwar recht teuer, doch sollte man bedenken, dass neben den Mahlzeiten oft auch viele Freizeitaktivitäten im Preis enthalten sind. Unter **Working Ranches** versteht man Rinder- oder Pferdezuchtbetriebe, die meist nur wenigen Gästen Platz, aber auch Gelegenheit zum Anpacken bei der täglichen Arbeit bieten wie Ställe säubern und Vieh zusammentreiben. **Guest Ranches** richten sich stärker auf Fremde ein und bieten den Komfort von Hotels, unterhalten Gäste aber auch bei Lagerfeuern mit Musik und BBQ. **Ranch-Resorts** haben mit der Alltagsarbeit von Cowboys entweder nichts oder wenig zu tun, sondern demonstrieren die Verwandtschaft mit echten Ranches in der Regel nur durch ein rustikales Ambiente (www.azdra.com, www.coloradoranch.com).

Ferienhäuser & Ferienwohnungen

Urlaubern steht in den USA ein gewaltiges Angebot an Ferienhäusern und -wohnungen zur Verfügung – von rustikalen Cottages für romantische Zweisamkeit bis zu luxuriösen Villen für mehrere Familien. Auch an Anbietern herrscht keine Not. Am besten gibt man in Internet-Suchmaschinen seine bevorzugten Ziele (Bundesstaat, Ort, Zeit) ein und sucht sich unter den massenhaften Angeboten das adäquate heraus (www.reisetasche.de > Ferienhäuser USA).

Jugendherbergen

Wer mit kleinem Budget reist, kann durch Übernachtungen in Jugendherbergen oder Hostels viel Geld sparen. In Großstädten sind die Unterkünfte häufig rund um die Uhr geöffnet (ca. 30–40 $/Bett), während sie auf dem Land erst spätnachmittags öffnen (ca. 15 $/Bett). In der Regel werden Betten in Schlafsälen angeboten, manchmal auch teurere Privatzimmer. In Hostels kommen nicht nur junge Rucksackreisende, sondern ganze Familien unter. In den meisten Häusern ist ein eigener dünner Stoffschlafsack obligatorisch (Hostelling International USA, 8401 Colesville Rd., Suite 600, Silver Spring, MD 20910, Tel. 1-240-650-2100, www.hiusa.org/hostels).

Camping

Private, staatliche oder kommunale Camping- bzw. Stellplätze für Recreation Vehicles (Campmobile) gibt es wie Sand am Meer. Vor allem die Anlagen des National Park Service und Forest Service sind preisgünstig (ca. 5–15 $), wenn auch längst nicht so luxuriös ausgestattet wie etwa die im ganzen Südwesten verteilten privaten KOA-Kampgrounds (20–40 $/Nacht, http://koa.com), auf denen man häufig auch Cabins anmieten kann. Bei diesen Cabins handelt es sich um Holzhäuschen mit einem oder zwei Zimmern für bis zu 6 Personen. Noch komfortabler sind Camping Lodges und Camping Cottages inklusive Küche, Klimaanlage und Bad. Schlafsack und Küchenutensilien muss man selbst mitbringen. Ein Cottage für zwei Personen kommt pro Nacht inklusive Autostellplatz auf ca. 50–60 $. Wer mit dem Campmobil unterwegs ist, darf nicht an der Straße übernachten, sondern muss auf einen Campingplatz fahren. Die Chambers of Commerce sowie die Visitors Bureaus halten kostenlose Verzeichnisse über sämtliche Campinganlagen bereit.

KNAUTSCHZONE IM BETT

Über zerknautschte Bettwäsche muss man sich nicht echauffieren. In vielen Hotels werden die Laken nach dem Waschen ungebügelt aufgezogen.

Reservierungen

Reserviert man ein Zimmer telefonisch, wird es nur bis 18 Uhr freigehalten. Fest buchen kann man über eine Kreditkartennummer. Dann muss allerdings bezahlt werden, auch wenn man die Reservierung verfallen lässt. Doppelzimmer können gegen einen geringen Preisaufschlag von mehr als zwei Personen bewohnt werden. In vielen Hotels und Motels dürfen Kinder bis zum Alter von 18 Jahren kostenlos im Zimmer ihrer Eltern übernachten. Die Preise gelten immer für ein Zimmer und nicht pro Person. Auch unterwegs kann sich der Gang in ein Internetcafé oder die Benutzung eines PC im Hotel lohnen, weil Online-Preise in der Regel am günstigsten sind.

Was die Zimmerreservierung anbelangt, gilt die Faustregel: In Großstädten besser vorab buchen. Findet zum Zeitpunkt des Besuchs zufällig ein Kongress oder ein wichtiges Sportereignis statt, kann man mit spontanen Hotelsuchen Pech haben. In ländlichen Gegenden ist diese Gefahr gering, sodass man sich auf eigene Faust auf die Suche machen und dabei noch versuchen kann, über Coupons oder Sonderangebote ein paar Dollar herauszuschlagen.

Falls man nicht privat unterkommt, ist es unbedingt empfehlenswert, für die erste Nacht der Reise ein Zimmer vorab zu buchen, nicht zuletzt auch, weil nach den US-Einreisebestimmungen die erste Aufenthaltsadresse angegeben werden muss. Darauf sollte man sich schon vor dem Einchecken einrichten und eine entsprechende Adresse (inklusive Zip Code der Stadt und Postadresse) bereithalten.

Camping, wo es am schönsten ist: in der Felslandschaft bei Escalante, Utah

Übernachten entlang der legendären Route 66 ist kein Problem: in Williams, Arizona

Essen und Trinken

Von wegen Hamburger mit in Ketchup eingeweichten Fritten: Die Küche im Südwesten zeigt sich so variantenreich wie in keinem anderen Landesteil der USA. Auch eine gehörige Portion von kreativen und innovativen Ingredienzien ist ihr eigen, wie etwa die gesundheitsorientierte California Cuisine beweist, die auf dem ganzen Kontinent Schule gemacht hat.

Zugegeben: Saftige Steaks, das unvermeidliche Prime Rib, Pizzen, gebratene Hähnchen und Hamburger in Variationen sind nach wie vor die Klassiker unter den amerikanischen Gaumenfreuden, um die man kaum herumkommt. Aber an der nationalen und regionalen Küchenfront hat sich in jüngerer Vergangenheit einiges verändert.

California Cuisine

Als der italienische Gastronom César Cardini im mexikanischen Tijuana südlich von San Diego im Jahr 1924 aus Romana-Salat, in Knoblauch gerösteten Croutons, frisch geriebenem Parmesankäse und einem Dressing aus Olivenöl, Zitronensaft, Worcestersauce und Eigelb einen Salat kreierte, konnte er nicht ahnen, dass er mit dem Prototyp des Caesar Salad quasi einen Vorgänger der California Cuisine schuf – frisch und kalorienarm. Jahrzehnte später besannen sich Küchenchefs wie Alice Waters in ihrem Lokal Chez Panisse in Berkeley (www.chezpanisse.com) und der mittlerweile verstorbene Jean Bertranou im legendären Restaurant L'Ermitage in Los Angeles auf ebenjene beiden Charaktereigenschaften von Küchenzutaten und halfen der neuen kalifornischen Küche in die Steigbügel für einen Parforce-Ritt durch die amerikanische Gourmetlandschaft. Sie begannen sich von der herkömmlichen Zubereitung von Speisen etwa mit überall im Lande üblichen Dickmachersaucen zu verabschieden, um in Anbetracht der über das Land schwappenden Gesundheitswelle einen nicht schwer im Magen liegenden, sondern leicht verdaulichen Küchenzauber zu kreieren. Dabei galt das gerade im Golden State so populäre Motto »Anything goes« (alles ist erlaubt) auch für die kulinarischen Aspekte des Lebens und schlug sich in Fantasie, Abwechslung und Mut zum Außergewöhnlichen nieder.

Krabbensaison

In der California Cuisine spielen Fisch und Meeresfrüchte eine große Rolle, weil sie leicht verdaulich sind und einen hohen Eiweißanteil haben. Im neuesten Ernährungstrend heißt die Zauberformel ohnehin *low carb* – wenig Kohlenhydrate. Neben Spezialitäten aus dem Pazifik wie Mahi-Mahi (Goldmakrele), Snapper, Riesengarnelen sowie Schwert- und Thunfisch steht in der Krabbensaison zwischen Mitte November und Juni speziell in San Francisco die Dungeness Crab in der Gunst des Publikums an oberster Stelle. Der 1–4 Pfund schwere Kalifornische Taschenkrebs *(Cancer magister)* kommt in einem 800 km² großen Gebiet an der zentralkalifornischen Küste vor und löst Jahr für Jahr unter Gourmets einen Ansturm auf Fischlokale aus. Höhepunkt der Saison ist das jeweils im Februar an mehreren Stellen stattfindende Krabbenfest, das zu Monatsbeginn mit Kochdemonstrationen und Weinproben beginnt und Ende Februar auf ähnliche Weise endet. Feinschmecker genießen das süßliche, saftige Krabbenfleisch direkt aus der Schale mit frischem Baguette und gut gekühltem Chardonnay. Es lässt sich aber auch auf vielfältige Art und Weise verarbeiten.

Eine giftige Algenblüte in den kalifornischen Küstengewässern hat den Krabbenfischern in vergangenen Jahren mehrfach die Fangzeit verhagelt, sodass die begehrten Meerestiere aus den Bundesstaaten Washington und Oregon importiert werden mussten.

Mexikanische Küche

Auch im Südwesten ist der Pionierspeisezettel mit Kalorienbomben und Sattmachern einer internationalen Menü-Auswahl gewichen. Trotzdem ist die mexikanisch inspirierte Küche ein kulinarischer Renner geblieben bzw. hat über die Jahrzehnte sogar Terrain hinzugewonnen. In Arizona verköstigen mittlerweile 25 % aller Restaurants ihre Gäste mexikanisch, in New Mexico liegt der Anteil sogar noch höher. Wer die Latinoküche schon einmal genossen hat, weiß von der geradezu rituellen Bedeutung, die in ihr eine wichtige Zutat hat: die Chili-Schote.

Schönes Souvenir: zum Trocknen aufgehängte Chilis

Chilis

Als »paprikaähnliche Beerenfrucht eines in Afrika, Indien und Japan angebauten Nachtschattengewächses« definiert das Lexikon den Begriff Chili. Im Südwesten und im benachbarten Mexiko wird darunter weniger ein agrarisches Erzeugnis als vielmehr eine Weltanschauung verstanden. Mund und Nase sind keineswegs die einzigen von Chilis angesprochenen Sinnesorgane. Im Spätsommer und Herbst dekorieren die Einwohner von New Mexico ihre Haustüren und Balkongeländer gerne mit *ristras.* Rot glänzende Schoten werden auf Schnüre oder Drähte gezogen und als feurige Girlanden aufgehängt – nicht nur als typischer Schmuck, sondern auch, um die Feldfrüchte auf diese Weise in der Sonne zu trocknen und haltbar zu machen. *Ristras* tauchen in New Mexico auf vielen Bauernmärkten und selbst in den Souvenirläden von Santa Fe und Albuquerque auf. Dennoch sind sie keine Erfindung des modernen Tourismus, sondern haben eine lange Tradition. In der spanischen Kolonialzeit waren sie in der damals üblichen Tauschwirtschaft Zahlungsmittel. In jüngster Vergangenheit hat sich bei manchen *ristras*-Herstellern eingebürgert, die Girlanden der Optik wegen mit Lack zu besprühen. Das sieht zwar gut aus, macht die Schoten aber natürlich ungenießbar.

Von den speziell in New Mexico bekannten fünf kultivierten und 20 wilden Sorten eignen sich für die *ristras* vor allem die langen und spitz zulaufenden Schoten. Sie gehören zur Spezies *Capsicum annuum,* während rundere, gedrungene Schoten häufig zur Gattung der *Capsicum pubescens* zählen. Sie zeichnen sich durch eine derart extreme Schärfe aus, dass sie unter der hispanischen Bevölkerung unter dem Namen *levanta muertos* bekannt sind, weil sie Tote zum Leben erwecken können. Dennoch darf die Behauptung, dass das Fleisch eines ganzen Ochsen ungenießbar würde, falls ein Tier eine einzige Chili-Schote verschlänge, getrost als Übertreibung eingestuft werden.

Chili-Variationen

Chili heißt im Südwesten nicht nur die Pflanze, sondern auch das daraus geriebene Gewürzpulver. Für die Nationalspeise Chili con carne (Chili mit Fleisch) hat fast jede Familie ihr eigenes Rezept. Es gibt Chili-Kochwettbewerbe, eine eigene Zeitung, die nur über die Kochereignisse der Chili-Liebhaber berichtet, und die Gemüter erhitzen sich im Glaubenskrieg darüber, ob in das Chili Bohnen gehören oder nicht. Häufig sind die Spezialrezepte so scharf, dass Nichteingeweihten die Nase läuft, noch ehe das Probieren begonnen hat. Kenner wissen, dass man sich von den Tantalusqualen nicht durch eiskaltes Bier, sondern höchstens durch Milchprodukte oder *sopaipillas* (fritiertes Gebäck), die mit Butter und Honig gegessen werden, befreien kann. Auch Sauerrahm oder eine frische Avocadocreme mit Limonensaft *(guacamole)* besänftigen den brennenden Gaumen.

Schnelle Mahlzeiten

Der Food Court

Als man in den 1980er-Jahren auf amerikanischen Flughäfen und in neuen Einkaufszentren über gastronomische Verpflegungskonzepte nachdachte, erlebte der Food Court seine Geburtsstunde. Dabei handelt es sich um eine Ansammlung unterschiedlicher, in einer speziellen Zone liegender Küchen, an deren Tresen man sich fertige Gerichte und auch Getränke holen kann, um sie an gemeinsamen Tischen zu verzehren. In den meisten dieser Einrichtungen tauchen in der Regel immer dieselben Filialen auf, die Pizzen, chinesische oder griechische Gerichte, Sandwiches, Hamburger und Kaffee mit süßen Teilchen anbieten. Wer beim Einkaufen von Hunger geplagt wird oder ein Plätzchen zum Verschnaufen bei Tee oder Kaffee sucht, ist in einem Food Court gut aufgehoben. Dort findet man grundsätzlich auch öffentliche Telefone und Toiletten.

Take Away

Was man in den USA als Take Away bezeichnet, ist ähnlich wie die Einrichtung der Drive-Ins und generell das Fast Food offenkundig die kulinarische Begleiterscheinung einer durch hohe Mobilität gekennzeichneten amerikanischen Arbeitswelt. Imbisse und Restaurants sind in viel höherem Maße als hierzulande auf Gäste eingestellt, die ihr Essen nicht vor Ort genießen, sondern speziell verpackt mitnehmen. Das trifft auf viele ethnische Lokale, aber auch auf die in den USA populären Pizzabäckereien zu, deren Produkte sich von italienischen Pizzen durch ihren mächtigen Belag *(topping)* unterscheiden. Als Hotel- oder Motelgast kann man sich eine Pizza problemlos telefonisch aufs Zimmer bestellen. Am sichersten ist es, eher auf die bekannten Pizzaketten zurückzugreifen, weil hier und da unkontrollierte Hinterhofküchen ihre Produkte zwar mit Zettelaktionen sehr gut anpreisen, hygienische Bedenken aber leider nicht immer aus der Luft gegriffen sind.

Gesünderes Fast Food?

Längst ist die Gesundheitswelle in den USA über Jogging-Programme und Aerobic-Kurse hinausgeschwappt und hat den Sektor Ernährung überschwemmt. Gesunde Küche ist der neue Imperativ in einem Land, das unter 60 % Fettleibigen in seiner Bevölkerung ächzt. Ein Umdenken scheinen nicht nur nationale Statistiken bewirkt zu haben. Der US-Filmemacher Morgan Spurlock drehte den provokanten Dokumentarfilm »Super Size Me« über einen heroischen Selbstversuch: Er verzehrte 30 Tage lang nur Hamburger einer führenden Imbisskette und hatte danach 12 kg mehr auf den Rippen. Eine andere Konsequenz des Dokumentarfilms war eine breit geführte Diskussion über gesunde Ernährung. Die betreffende Hamburgerkette entschloss sich unter dem öffentlichen Druck, kalorien-, fett- und zuckerreduzierte Gerichte anzubieten. Nachdem wissenschaftliche Untersuchungen festgestellt hatten, dass sogenannte Trans-Fettsäuren gesundheitliche Risiken bergen, entschied sich eine in den USA weitverbreitete Hähnchenbraterei, ihre Geflügelteile nicht mehr im bislang üblichen Fett, sondern in einem gesünderen Sojabohnenöl zu backen. Andere Fast-Food-Ketten, die bislang etwa Pommes frites nach bewährter Art herstellten, verabschieden sich ebenfalls vom ›Killerfett‹. In zahlreichen amerikanischen Großstädten ist die Verwendung von Ölen und Fetten mit Trans-Fettsäuren in Restaurants mittlerweile untersagt.

Alkoholische Getränke

Zwar hat der Weinkonsum im Land gewaltig zugenommen (s. u.). Dennoch sind die USA traditionell ein Land der Biertrinker. Vor allem Dosenbier steht hoch im Kurs, seit

Es müssen nicht immer Steaks sein – auch die chinesische und andere Küchen bieten Lukullisches

1935 in Richmond (Virginia) der Gerstensaft erstmals in einer speziell beschichteten Metalldose auf den Markt kam. Seit damals hat der Sixpack seinen weltweiten Siegeszug angetreten. Dosen- und Flaschenbier gibt es in vielen Sorten und Größen. Neben amerikanischen Marken haben sich auch Importbiere aus aller Welt etabliert. Sehr beliebt, wenn auch etwas teurer als amerikanische Markenware, ist mexikanisches Importbier. In Bierkneipen, Bars und Restaurants wird das helle oder dunkle Kühle auch vom Fass gezapft, ohne Schaumkrone. Amerikaner bevorzugen eiskaltes Bier. Häufig wird es sogar in gefrorenen Gläsern serviert. Der Alkoholgehalt liegt in der Regel unter 4,5 %, weil höherprozentiges Bier nur noch als *malt liquor* verkauft werden darf. Bei den weitverbreiteten Leichtbieren liegt der Alkoholgehalt unter 0,5 %. In den vergangenen Jahren sind im ganzen Land Mini- und Mikrobrauereien wie Pilze aus dem Boden geschossen und machen den Riesenkonzernen mit eigenen Produkten hauptsächlich lokal und regional Konkurrenz.

Alibi-Frühstück

War es früher eher unüblich, Motel- und Hotelgästen Zimmer einschließlich Frühstück anzubieten, so änderte sich das in den letzten Jahren. Häufig wird dem Übernachtungsgast die Unterkunft inklusive Continental Breakfast offeriert. Allzu viel erwarten kann man davon nicht. In der Regel handelt es sich um ein in der Lobby aufgebautes ›Alibifrühstück‹ für Selbstbediener mit Kaffee aus dem Pappbecher und süßen Teilchen. In B & B-Unterkünften hingegen fällt die erste Mahlzeit des Tages nicht selten sehr reichhaltig aus.

Showküchen

Schon seit Jahren gibt es weltweit Restaurants, in denen eingeschworene Gästegemeinden

KULINARISCHE ABENTEUER

In Denver soll 1944 in einem Lokal am Speer Boulevard der berühmte **Cheeseburger** das Licht der Welt erblickt haben. Seitdem hat sich der Hamburger mit Käsescheibe wie eine Epidemie über den Globus verbreitet. Aber Denver ist noch für eine andere Küchenkreation bekannt, und zwar die **Rocky Mountain Oysters.** Austern aus dem Hochgebirge? Weit gefehlt, denn bei dem Gericht handelt es sich um frittierte, in Streifen geschnittene Stierhoden, die man selbst bei aller Liebe zu lokalen Gaumenfreuden nicht probiert haben muss, weil man sie riecht, bevor man sie zu sehen bekommt.
Salt Lake City ist nicht nur Weltspitze im Ketchupverbrauch. Die Burgerkette Arctic Circle verkauft ihre Angus-Burger und Pommes mit **»Fry-Sauce«,** einer Kombination aus Ketchup, Mayonnaise, Eiern und anderen geheimen Ingredienzien. Die Einheimischen schwören auf die rosafarbene Sauce, die sie mit Vorliebe über ihre Pommes träufeln. Eine andere lokale Spezialität sind **salzige Bonbons.** Die entsprechenden Verkaufsstellen erkennt man in der Regel an Knetmaschinen, die den zähen, karamellfarbigen Bonbonteig stundenlang in Bewegung halten.
Gute Steakhäuser bieten extrem fettarmes **Fleisch vom Bison** an, das wegen dieser Qualität in gesundheitsbewussten Küchen in den letzten Jahren immer beliebter geworden ist. 100 g Bisonfleisch haben nur gut 2 g Fett, während der Fettanteil bei der gleichen Menge magerem Rindfleisch 15 g beträgt.

unter geradezu konspirativen Bedingungen an Küchentischen Platz nehmen dürfen, um in intimer Nähe zu Öfen und Kochtöpfen zu speisen. Manche amerikanischen Lokale haben die Idee in jüngster Zeit weiterentwickelt und ihre Küchen mitten in die Gasträume gestellt, um ihr kulinarisches Angebot um einen reizvollen Showeffekt zu erweitern. Mittlerweile werden in immer mehr Lokalen die Küchen zur Theaterbühne, die Köche zu Schauspielern und die hungrigen Gäste zu zahlendem Publikum, das sich von bislang geheimen Tricks und Kniffs etwas abzugucken erhofft. Allzu oft vergeblich, weil die Profis der Töpfe und Pfannen wie Formel-1-Mechaniker bei einem Boxenstopp arbeiten. In der Mehrzahl findet man offene Showküchen in Restaurants der höheren Preisklasse.

Wein-Kultur

In den 1980er-Jahren gab es Restaurants mit einer ernst zu nehmenden Weinkarte höchstens in einer Handvoll Großstädte, und meistens handelte es sich dabei um französische Lokale. Eine Generation später existiert in den USA eine Weinkultur mit guten Tropfen von Weinbergen aus aller Welt, mit einer erklecklichen Auswahl an Fachliteratur und Kursangeboten für Weinkenner oder solche, die es werden wollen. Ein akzeptables Weinangebot ist mittlerweile für viele US-Restaurants nicht nur eine Imagefrage, sondern ein unabdingbares Kriterium für wirtschaftlichen Erfolg, weil Gastronomen ca. 30 % ihrer Einkünfte mit Rot-, Rosé- und Weißwein bestreiten. Inzwischen hat sich der Weinkonsum sogar schon so weit etabliert, dass viele Lokale in San Francisco, Los Angeles und Denver händeringend nach qualifizierten Sommeliers Ausschau halten, die eine immer kenntnisreichere und anspruchsvollere Weintrinkerklientel umsorgen können. Im internationalen Vergleich lösten die USA Frankreich als größten Weinmarkt der Welt ab. Pro Jahr werden ca. 4 Mrd. Flaschen Wein im Wert von über 30 Mrd. Dollar verkauft. Allerdings liegt der US-Verbrauch pro Kopf (10 l) immer noch weit unter dem französischen (53 l).

Mittlerweile bieten manche Fachgeschäfte sogar praktische Grundausrüstungen für Do-it-yourself-Winzer an, die ihren eigenen Wein herstellen.

Kaffee-Kultur

Wer mit Amerika oder zumindest amerikanischen Filmen vertraut ist, kennt die Szene. Egal ob im Western der Cowboy nach dem blechernen Kaffeetopf am Lagerfeuer greift, der überarbeitete Cop im Revier seine Kaffeetasse zwischen Aktenbergen sucht oder der Autofahrer mit einem Pappbecher aus der Tankstelle zurückkehrt: Seit den Pioniertagen begleitet der schwarzbraune Sud Amerikas Bevölkerung offenbar Tag und Nacht und ist für viele zur Obsession geworden. Anders lässt sich nicht erklären, warum etwa die Kette Starbucks in jeder amerikanischen Stadt Cappuccino und Macchiato braut und sich mit über 21 000 Kaffeehäusern in Nordamerika, Lateinamerika, Europa, im Mittleren Osten sowie im asiatisch-pazifischen Raum seit 1971 zum weltweit führenden Anbieter, Röster und Vermarkter aufgeschwungen hat. Kaffeeduft schwingt nicht nur durch Tankstellen, wo der Bohnensud meist vor sich hin köchelt, bis man am Nachmittag mit den eingedickten Überresten Dächer regensicher verfugen könnte. Cafés findet man mittlerweile auch in Buchläden, Food Courts, Supermärkten und Shopping Malls.

Übrigens: In Coffeeshops und Restaurants wird Kaffee üblicherweise nachgefüllt, bis man zu verstehen gibt, dass es reicht. Bezahlt wird in der Regel nur für eine Tasse.

Europäer sagten den Zeitgenossen in der Neuen Welt früher gerne und nicht ganz zu Unrecht nach, dass dieses legendäre Gesöff den Namen Kaffee nicht verdiene. Seit die neue Welle den amerikanischen Kontinent überschwemmt, hat sich in Sachen Kaffee allerdings Bahnbrechendes verändert. Neuentdeckungen tragen Namen wie Espresso, Mocha oder Café Latte, und die frühere ›Blümchenplörre‹ musste einem höher konzentrierten, viel schmackhafteren Aufguss den Platz räumen. Gewohnheitsbedürftig sind zumindest für Traditionalisten Kaffees mit beigemischter Vanille und Orangengeschmack oder ein Mix aus Espresso und Coca-Cola. Sogar die auf dem Gesundheitstrip befindlichen Segmente der kalifornischen Gesellschaft sind der Kaffee-Attacke erlegen. Das ist umso erstaunlicher, als den Staatsbürgern Substanzen wie Nikotin oder Alkohol bereits per Dekret abgewöhnt wurden. Für Asketen kommen Eis- und Joghurtsorten ohne Fett und Zucker auf den Tisch – geschmacklich eher fragwürdig, aber kalorienfrei. So bleibt zumindest beim schmackhaften Tässchen Espresso auch der kalifornischen Bevölkerung noch eine Droge, deren Konsum nicht unmittelbar in die Kriminalität führt.

Der Kaffeekult brachte nicht nur zum Teil abenteuerliche Varianten des Heißgetränks auf den Markt, sondern schuf eine neue Subkultur. Ohne Dichterlesungen, Kunstausstellungen, Happenings, Livemusik und Öffnungszeiten bis vier Uhr morgens kommen im Trend liegende Cafés nicht aus. Wer als Gastronom etwas auf sich hält, hat ein Kaffeemagazin mit Rezepten, Veranstaltungshinweisen und amüsanten Geschichten ausliegen. Auch Infos über Kaffeeröstereien, Kaffeesorten und neue Kaffeehäuser sind die ideale Lektüre bei einem Mocha oder einem koffeinfreien Kaffee mit Magermilch, der im Jargon *unleaded and skinny* (bleifrei und dünn) heißt.

Neue Teekultur

Bis in die 1990er-Jahre wussten Amerikaner kaum mehr über Tee, als dass ihre Landesgeschichte mit der sogenannten Boston Tea Party eine Wende genommen hatte. In dieses Bild passt auch die Tatsache, dass der bei echten Teeliebhabern verpönte Teebeutel 1904 in den USA seine Geburtsstunde erlebte. Aber ähnlich wie mit Kaffee begann sich vor wenigen Jahren auch in Sachen Tee eine neue Szene zu bilden, die bis heute hauptsächlich in Großstädten gepflegte Teestuben entstehen ließ, in denen auch Amerika die Historie der seit 5000 Jahren aufgebrühten Blätter fortzuschreiben beginnt. Ob im gemütlichen St. James Tearoom in Albuquerque (320 Osuna NE, Tel. 1-505-242-3752, http://stjamestearoom.com/wp), in der Samovar Tea Lounge in San Francisco (730 Howard St., Tel. 1-415-227-9400, www.samovartea.com), dem Teánce Tea Room in Berkeley (1780 Fourth St., Tel. 1-510-524-2832, www.teance.com) oder dem Chado Tea Room im südkalifornischen Pasadena (79 N. Raymond Ave., Tel. 1-626-431-2832, www.chadotea.com), grundsätzlich gilt: Grüner Tee, duftender Darjeeling, samtweicher Java, Jasmin und Oolong sind en vogue.

Restaurantetikette

Wie es bei einem Abendessen in einem Restaurant zugeht, lässt sich am besten an einem konstruierten Beispiel zeigen. An diesem Abend verzichten Sie auf Badesandalen und Strandkleidung und haben sich dezenter gewandet – mit Schlips und Jackett wäre ein Herr nicht *overdressed* (zu gut angezogen). Auf die Krawatte kann ›man‹ aber auch verzichten. Bei Ihrer Ankunft mit dem Leihwagen erwartet Sie ein Angestellter vor dem Restaurant neben einem Schild mit der Aufschrift »Valet Parking«. Das bedeutet, dass der Angestellte Ihren Wagen auf den Parkplatz fährt und Ihnen einen nummerierten Parkschein aushändigt. Das obligatorische Trinkgeld von einem oder zwei Dollar bezahlen Sie aber erst, wenn Sie den Angestellten nach dem Restaurantbesuch um Ihren Wagen bitten.

In der Lobby fordert Sie das Schild »Wait to be seated« auf zu warten, bis Sie an Ihren Tisch gebracht werden. Sobald Sie Platz genommen haben, wird sich der *waiter* bzw. die *waitress* (Bedienung) namentlich bei Ihnen vorstellen und Ihnen die Menükarte reichen. Bei der Bestellung des Hauptgangs haben Sie mehrere Optionen. Erste Frage ist meist *Soup or salad?* (Suppe oder Salat). Falls Sie Salat wählen, kommt die nächste Frage *What kind of dressing do you prefer?* (Was für eine Salatsauce möchten Sie gerne?). Gängige Geschmacksalternativen sind French, Italian, Thousand Islands, Ranch, Blue Cheese oder Oil & Vinegar (Essig & Öl). Essen Sie Fleisch, können Sie wählen, wie Sie Ihr Steak gebraten haben wollen: *How would you like your steak cooked? Medium, well done or rare?* (Wie möchten Sie Ihr Steak? Medium, ganz durch oder blutig?) Danach geht es um die Beilagen, wieder nach dem Multiple-Choice-System: *baked potatoe* (eine Ofenkartoffel im Alufolienmäntelchen), *rice* (Reis), *french fries* (Pommes frites), *vegetables* (Gemüse) ...

Die Nachspeise *(dessert)* besteht in den USA meist aus etwas Süßem, einem Eis oder vielleicht einem Stückchen Kuchen. Kaum hat man den letzten Bissen geschluckt, tritt die Bedienung oder der Kellner mit der letzten Frage des Abends an den Tisch: *Anything else you want tonight?* (Möchten Sie noch etwas?) Bis man die Rechnung *(check)* auf dem Tisch hat, vergehen nur noch Sekunden.

Selbstversorgung

Ein fürstliches Lunch muss nicht immer im Restaurant stattfinden. Auf Picnic Areas mit Tischen und zum Teil fließendem Wasser kann man Mitgebrachtes verzehren. Für ca. 5 $ bekommt man eine Wegwerf-Kühlbox *(cooler)* aus Styropor. Eis zum Kühlen gibt es in jedem Supermarkt, an Tankstellen oder an Eismaschinen in Motels. Amerikanische Supermärkte sind gut sortiert, lange geöffnet und übersichtlich, und der Service wird großgeschrieben. Wartezeiten an Kassen, wie in Deutschland, werden Kunden selten zugemutet. Obst und Gemüse wiegt das Personal an der Kasse ab. Man kann sich die Einkäufe auch problemlos zum Auto bringen lassen. Wer von der betreffenden Supermarktkette eine kostenlose Kundenkarte besitzt, shoppt zu Schnäppchenpreisen.

Warenangebot und Preise sind mit großen deutschen Märkten vergleichbar. Frischmilch ist teurer, gutes Brot rar. Dafür kann man aus einer Galaxie an Süßgetränken auswählen. Einheimisches Mineralwasser wird meist als Club Soda angeboten. Viele Märkte besitzen eine heiße Theke, an der man nicht nur frischen Kaffee in vielen Geschmacksvarianten, sondern auch heiße Mahlzeiten von Schälrippchen über Kartoffelbrei und Brathähnchen bis Gemüse bekommt. Suppen- und Salattheken sind seltener. An Wein und Bier herrscht kein Mangel.

Als süßer Snack zwischendurch wie geschaffen: Doughnuts

Dinieren mit Aussicht: im Hilton San Francisco

Outdoor

Baden

Der erste Eindruck täuscht. Die Pazifikküste ist landschaftlich zwar einer der imposantesten Teile Südkaliforniens, ein ideales Baderevier ist sie jedoch nicht. Aufquellendes kaltes Tiefwasser sorgt dafür, dass etwa an den Stränden in San Francisco selbst im Hochsommer die Wassertemperaturen kaum über 13 °C steigen und die Golden Gate Bridge häufig bis um die Mittagszeit in dichten Nebel gehüllt ist. Weiter südlich erwärmt sich der Pazifik zwar etwas, was zum echten Badevergnügen aber kaum ausreicht. Anders sieht es an den Binnengewässern des Südwestens aus. Der Colorado River zwischen Lake Havasu City und Parker hat sich über die Jahre in ein Bade- und Wassersportparadies verwandelt. Allerdings muss man im Hochsommer mit sengender Hitze rechnen. Ein Badewannenvergnügen beschert auch der Lake Powell, in dem man fast überall baden darf.

Hausbootferien

Der riesige Lake Powell ist nicht nur ein ideales Gewässer zum Schwimmen, sondern gehört zu den von Amerikanern bevorzugten Zielen für Hausbootferien. Der am leichtesten zu erreichende Startpunkt ist Wahweap Marina bei Page an der Grenze zwischen Arizona und Utah, wo man unterschiedliche Bootstypen mieten kann. Einen Bootsführerschein benötigt man nicht, ein gültiger Führerschein genügt. Nach einem Crashkurs in Sachen Navigation, Funk und Bedienung kann man das Abenteuer beginnen. Die normalerweise für 6 bis 10 Personen gebauten Boote sind mit mehreren Kabinen, Dusche, Küche mit Backofen, Mikrowelle und Kühlschrank ausgestattet. Für Aufenthalt und Aktivitäten an Deck gibt es viel Platz, inklusive Sonnendeck für Sonnenanbeter. Manche Boote sind darüber hinaus mit einer Wasserrutsche und einem Bordgrill ausgestattet. Vorgeschriebene Routen gibt es nicht. Man kann fahren, wohin man will. Hausbootferien sind kein preiswertes Vergnügen. Am teuersten sind sie von Juni bis August. Eine mehrere Monate im Voraus getätigte Reservierung ist unabdingbar (www.lakepowell.com und www.lakepowell.com/things-to-do/boat-tours).

Klettern

Wer vertikale Abenteuer sucht, ist im Südwesten genau richtig. Ein weltberühmter Kletterfelsen mit diversen Routen wartet im Yosemite National Park auf Extremsportler. Fast senkrecht bietet die 1000 m hohe Wand des El Capitan selbst für geübte Kletterer eine ganz besondere Herausforderung. Der US-Amerikaner Alex Honnold bestieg sie 2017 als Erster allein und ohne Sicherung – in nur vier Stunden. Wer sich auch für weniger riskante Kletterdestinationen im Nationalpark interessiert, macht sich am besten bei der professionellen Yosemite Mountaineering School (www.yosemite.com > Things to do/Rock Climbing) schlau.

Ein weiteres sehr reizvolles Kletterparadies der ganz besonderen Art ist der nördliche Teil des wunderschönen Joshua Tree National Parks im Süden Kaliforniens. Die Wüstenregion ist übersät von griffigen, abgerundeten Granitfelsen, in denen es Kletterrouten aller Schwierigkeitsgrade gibt – vor allem in der kühleren Jahreszeit ein sportlicher Tipp, wenn die Felsen nicht mehr glühend heiß durch die Sonneneinstrahlung sind.

Wer im Gebirge der Rocky Mountains auf Klettertour gehen möchte, ist mit dem praktischen Guide unter der Internetadresse https://mtnguide.net (> Alpin/Rocky Mountain National Park) gut beraten.

Wandern unter Baumveteranen: im Bristlecone Pine Forest

Mountainbiking

Die roten Sandsteinlandschaften um Moab in Utah gelten schon lange als unumstrittenes Mekka für Mountainbiker. Eingeweihte halten Slickrock Trail und Porcupine Rim für die schönsten Routen. Vor Ort gibt es mehrere Unternehmen, die Ausrüstung ausleihen (Informationen über Trails in Utah unter www.utahmountainbiking.com). In Colorado gelten die Gegend um Crested Butte nördlich von Gunnison und die Umgebung von Durango als Nonplusultra der Radbegeisterten. Mammoth Lakes in Kalifornien hat eigens einen Pendelbusservice für Mountainbiker eingerichtet, die sich im Mountain Bike Park auf den zahlreichen Trails am Mammoth Mountain in Form halten wollen. Wer plant, in den USA im Sattel aktiv zu werden, sollte eigene Schuhe samt Klickpedalen von zu Hause mitnehmen, da Clipless-Pedals kaum irgendwo vermietet werden. Einen Überblick über Mountain Bike Trails in den Bundesstaaten des Südwestens verschafft die Website www.singletracks.com (> mountainbike/trails.php).

Reiten

Man muss sich nicht auf einer Ranch einquartieren, um den Südwesten aus dem Sattel kennenzulernen. In der Region gibt es Reitställe in Hülle und Fülle, die Reitausflüge auf Stundenbasis anbieten. Lohnend sind solche Touren in erster Linie in attraktiven Landschaften wie etwa dem Yosemite National Park, wo der Big Trees Stable in Wawona zweistündige Ausritte anbietet (8308 Wawona Rd., Tel. 1-209-375-

6502, www.travelyosemite.com (> Things to do/Horseback & Mule Riding), Zion National Park (März–Okt., Tel. 1-435-679-8665, www.canyonrides.com); Bryce Canyon National Park (April–Okt., Canyon Trail Rides, Tel. 1-435-679-8665, www.canyonrides.com > Bryce Canyon), Grand Canyon (Maultierritte in den inneren Canyon, www.nps.gov > grca/planyourvisit/mule_trips.htm) und Rocky Mountain National Park (diverse Reitställe in Estes Park unter der Adresse www.visitestespark.com > Things to do/Outdoor adventures/Horseback-riding). Unter indianischer Führung kann man durch das legendäre Monument Valley reiten (Roy Black's Monument Valley Tours, Tel. 1-928-429-0637, www.royblackguidedtours.com).

Surfen

Die Pazifikküste zwischen San Francisco und San Diego hat den Surfsport zum populären Freizeitvergnügen gemacht und in alle Welt exportiert. Kein Wunder, dass es dort fabelhafte Reviere gibt. **Surfrider Beach** liegt nördlich von Santa Monica in der Nachbarschaft des Malibu Pier und zählt unter Kennern zu einem der besten Surfstrände im südlichen Kalifornien. Nicht weniger berühmt ist **Mavericks** in Pillar Point Harbor nördlich der Stadt Half Moon Bay, wo ungewöhnliche Unterwasserfelsen hauptsächlich in der kalten Jahreszeit für gewaltige Wellen sorgen. Auch in Santa Cruz, Santa Barbara und zahlreichen Stränden bei Los Angeles bzw. zwischen Los Angeles und San Diego herrschen ausgezeichnete Bedingungen für Wellenreiter. An vielen Stränden gibt es Shops, in denen man Ausrüstung ausleihen kann.

Wandern

Der Südwesten wartet mit einer Vielfalt von Wanderpfaden auf. Vor allem auf Fernwanderungen sollte man sich gut vorbereiten, da das Wetter im Südwesten (Hitze, Stürme, Höhenlagen) eine harte Herausforderung sein kann. Vom **Bay Area Ridge Trail** um die Bucht von San Francisco, der nach seiner Fertigstellung 800 km lang sein soll, können bislang ca. 550 km von Wanderern, Reitern und Mountainbikern benutzt werden (http://ridgetrail.org). Auch wer sich den insgesamt 1910 km langen **California Coastal Trail** von der mexikanischen Grenze bis nach Oregon nicht zutraut, kann die Pazifikküste auf beliebig ausgewählten Tagesetappen kennenlernen (http://coastwalk.org). Zu den berühmtesten Wanderrouten im Westen der USA gehört der 340 km lange **John Muir Trail** vom Yosemite Valley zum Mount Whitney, dem mit 4421 m höchsten Punkt auf dem zusammenhängenden Staatsgebiet der USA.

Die Route durch die hohe Sierra ist sehr anspruchsvoll und nimmt 2–3 Wochen in Anspruch. Der John Muir Trail ist Teil des **Pacific Crest Trail,** der sich von der kanadischen bis zur mexikanischen Grenze durch die Bergwelt des Westens zieht (www.pcta.org). In Süd-Nord-Richtung durchquert der 1200 km lange **Arizona Trail** den Bundesstaat Arizona. Der Pfad beginnt beim Coronado National Memorial in der Nähe von Sierra Vista und endet an der Arizona-Utah-Grenze (www.aztrail.org).

Wer für Fernwanderungen Höhenlagen bevorzugt, kann sich mit dem **Colorado Trail** anfreunden, der auf einer 766 km langen Strecke Denver mit Durango verbindet und dabei größtenteils auf Höhen über 3000 m verläuft. Höchster Punkt ist Coney Summit mit 4064 m. Am Weg liegen historische Bergbauorte, alte Indianerpfade und hin und wieder ein modernes Skigebiet (www.coloradotrail.org).

Wildwasser-Rafting

Der Südwesten der USA ist ein Paradies für Wassersportler. In allererster Linie gilt das für den Colorado River, auf dem von unterschiedlichen Startpunkten aus Wildwassertouren angeboten werden. In Moab (UT)

Nervenaufreibende Abenteuer garantieren von Profis veranstaltete Raftingtouren

bieten zahlreiche Unternehmen Flusstouren an (Moab Adventure Center, 225 S. Main St., Moab, UT 84532, Tel. 1-435-259-7019, www.moabadventurecenter.com). Populär ist auch der Abschnitt zwischen Glen-Canyon-Damm und Lees Ferry. Das ultimative Whitewater-Erlebnis ist jedoch eine Tour mit Gummiflößen durch den Grand Canyon. Die hauptsächliche Rafting-Saison im Nationalpark ist von April bis Oktober, Trips dauern zwischen 3 und 14 Tagen (Informationen über Teilstrecken und Anbieter unter www.gcroa.org).

Wintersport

Gleichgültig ob man einsame Pistenabenteuer, zünftigen Après-Ski-Spaß, Familienurlaub im Schnee, durch zauberhafte Landschaften führende Langlaufloipen oder nervenkitzelnde Abfahrten sucht: Mit den Rocky Mountains und der Sierra Nevada liegen im Südwesten die beiden bekanntesten Skiregionen auf amerikanischem Boden. Die Promi-Orte **Aspen** und **Vail** in Colorado sind für trockenen Pulverschnee ebenso bekannt wie **Park City** und **Deer Valley** in Utah, wo 2002 die Winterolympiade ausgetragen wurde. Bereits im Jahr 1960 war das kalifornische **Squaw Valley** westlich des Lake Tahoe zu olympischen Ehren gekommen. Etwas weiter südlich entwickelte sich in den letzten Jahrzehnten **Heavenly Valley** bei South Lake Tahoe zum größten Skigebiet in Kalifornien (www.skiheavenly.com). Auch in New Mexico gibt es zahlreiche reizvolle Skigebiete. Zu den schönsten zählt die Region am Enchanted Circle bei Red River und die Mescalero Indian Reservation im südlichen Landesteil um den über 3600 m hohen Sierra Blanca Peak. Auch das Taos Ski Valley östlich von Taos garantiert in der kalten Jahreszeit ein weißes Vergnügen (www.skitaos.com, www.skinewmexico.com).

Feste und Veranstaltungen

Die US-Bevölkerung feiert mit Begeisterung, gleichgültig ob im trauten Heim beim Erntedank-Truthahn oder am 4. Juli, dem Nationalfeiertag. Kein Städtchen und keine Stadt verzichtet das Jahr hindurch auf Rodeos, Jahrestage aus der Pionierzeit oder auf Country-, Jazz- oder Blues-Events. Feste ohne Paraden und begleitende kulinarische Angebote sind geradezu undenkbar.

Westernfeste

Der Südwesten weiß, was er seinem Ruf als Teil des ehemaligen Wilden Westens schuldig ist, und feiert diese Vergangenheit gern ausgiebig. Zu solchen Westernfesten gehören oft in erster Linie weitverbreitete Rodeos mit Bullenreiten und Einfangen von Rindern mit dem Lasso, aber auch Feste, die Erinnerungen an legendäre Entdecker, Pioniere, Siedlerbewegungen und berühmte Westernhelden wachhalten.

Historische Feste

Amerikaner sind glühende Patrioten und betrachten ihre Geschichte mit Stolz, in der sie in relativ kurzer Zeit zur Weltmacht heranwuchsen. Alles Historische wird deshalb sorgsam gepflegt, u. a. mit Festen, die sich auf bestimmte Ereignisse der Vergangenheit beziehen.

Sportfeste

Sportliche Aktivitäten nehmen in der amerikanischen Gesellschaft eine bedeutende Rolle ein. Das gilt nicht nur für typische Wettkampfsportarten wie Baseball, Basketball, American Football und Eishockey, die u. a. von Ligamannschaften betrieben werden. Aus der US-Gesellschaft ist auch der Freizeitsport nicht wegzudenken, der bereits durch das Schulsystem vorprogrammiert wird und Leistungsanreiz nicht durch Noten, sondern durch Stipendien schafft.

Indianerfeste

Der Südwesten ist angesichts seiner starken indianischen Bevölkerung quasi ein Paradeplatz für indianische Powwows, wie man Feste der Native Americans häufig nennt, bei denen die Teilnehmer meist in bunten Kostümen zu traditionellen Tänzen antreten. In der Regel sind solche Veranstaltungen auch offen für nichtindianische Besucher. Ausnahmen gibt es hauptsächlich in den Pueblos von New Mexico und auf den Hopi-Mesas in Arizona.

Festkalender und Feiertage

Im Südwesten der USA wird so ausgiebig gefeiert, dass im Folgenden nur eine kleine Auswahl der lohnendsten Events genannt werden kann.

Januar

Tournament of Roses: In Pasadena (CA) findet am Neujahrstag die berühmte, seit über 100 Jahren veranstaltete Rosenparade mit Musikkapellen und fantastisch dekorierten Festwagen statt (www.tournamentofroses.com).

Golden Dragon Parade: Ende Januar steht Chinatown in Los Angeles ganz im Zeichen dieser Veranstaltung, mit der die chinesische Gemeinde das Neujahrsfest mit Umzügen und Feuerwerken feiert (www.lagoldendragonparade.com).

National Western Stock Show: Außer um die Künste von Rodeoreitern geht es bei dieser Traditionsveranstaltung in Denver (CO) um Vieh- und Pferdeshows sowie um alles, was mit Rancherbedarf zu tun hat (http://nationalwestern.com).

Februar

Parada del Sol: Das Westernfest in Scottsdale (AZ) lebt von gespielten Schießereien, Lassowettbewerben und Ponyritten (www.paradadelsol.rodeo).

Tucson Gem and Mineral Show: Eine der bedeutendsten Edelstein- und Mineralienmessen der Welt findet am 2. Wochenende in Tucson (AZ) statt (www.tgms.org/show).

April

Scottsdale Culinary Festival: Mitte April steht Scottsdale (Arizona) im Zeichen dieses Gourmet-Events, auf dem man die Kreationen bekannter Chefs, Weine und Biersorten probieren kann (www.scottsdalefest.org).

Renaissance Pleasure Faire: Das historische Fest lässt in Irwindale bei Los Angeles das elisabethanische Zeitalter mit vielen Kulturveranstaltungen auferstehen (www.renfair.com/socal).

Mai

Wyatt Earp Days: Das Westernfest in Tombstone (Arizona) besuchen vor allem Zuschauer, die sich im Stil des 19. Jh. kostümieren (www.tombstone.org/wyatt-earp-days-may).

Juni

San Francisco Gay Pride: Wochenende der Schwulen- und Lesbengemeinde mit Paraden in schrillen Kostümen (http://sfpride.org).

Los Angeles Film Festival: Der internationalen Filmwelt bietet das Festival eine Bühne, um die besten Filme zu feiern (www.filmindependent.org/la-film-festival).

Juli

Independence Day: Am 4. Juli feiert das ganze Land mit Feuerwerken und Paraden den Unabhängigkeitstag (http://usa.usembassy.de/feiertage-fourth.htm).

Prescott Frontier Days: Unter den Top-Rodeos steht das seit 1888 veranstaltete Rodeo in Prescott (AZ) mit an der Spitze (www.worldsoldestrodeo.com).

Santa Fe International Folk Art Market: Die Veranstaltung in Santa Fe (NM) zählt zu den Top 10 amerikanischer Kunsthandwerkshows (www.folkartalliance.org).

August

Inter-Tribal Indian Ceremonial: Eines der größten Indianerfeste des Südwestens findet in Gallup (NM) statt (http://gallupceremonial.com).

September

US Open of Surfing: Über eine halbe Mio. Menschen kommen Jahr für Jahr zu diesem größten Surferwettbewerb der Welt nach Huntington Beach (CA) (www.usopenofsurfing.com).

Monterey Jazz Festival: In Monterey (CA) präsentieren sich seit 1958 alljährlich die bekanntesten Jazz-Interpreten der Welt (www.montereyjazzfestival.org).

Burning Man Festival: Kultiges 8-tägiges Fest in der abgelegenen Black Rock Desert im nördlichen Nevada (https://burningman.org).

World of Speed: Hochgeschwindigkeitsrennen mit aufgemotzten Boliden auf den Bonneville Salt Flats am Großen Salzsee (UT) (www.saltflats.com).

Oktober

Bisbee 1000 The Great Stair Climb: Auf einem 4,5 Meilen langen Kurs in Bisbee (AZ) müssen Teilnehmer über 1000 Treppenstufen bewältigen (www.bisbee1000.org).

Halloween: Am 31. Oktober ziehen Kinder verkleidet von Tür zu Tür und sammeln Süßigkeiten. Erwachsenen feiern Kostümpartys, besonders verrückt in Hollywood (s. S. 206, www.visitwesthollywood.com/halloween-carnaval).

Dezember

National Finals Rodeo: Die Rodeo-Veranstaltung NFR wird jedes Jahr in Las Vegas (NV) auf dem Campus der University of Nevada ausgetragen (http://nfr-rodeo.com).

Reiseinfos von A bis Z

Alkohol

Kauf und Konsum von Alkohol ist in den USA streng reglementiert. In der Öffentlichkeit Bier oder Wein zu trinken steht unter Strafe. Es ist daher gängige Praxis, entsprechende Behältnisse in einer Verpackung (braune Papiertüte) zu verbergen. Eine Ausnahme bildet der Strip in Las Vegas, wo an Drinks nippende Besucher zum Straßenbild gehören. Grundsätzlich darf man erst ab 21 Jahren Alkohol trinken. Selbst wer im fortgeschrittenen Alter ist, darf sich nicht wundern, wenn an der Ladenkasse, in der Kneipe oder im Restaurant ein Personalausweis oder Führerschein zwecks Altersnachweis verlangt wird.

Besonders rigoros sind die Vorschriften im Straßenverkehr. **Alkohol am Steuer** (DUI, Driving under Influence) wird als kriminelles Delikt behandelt und entsprechend bestraft. Da es strikt verboten ist, unter Alkoholeinfluss ein Fahrzeug zu führen, liegt die Promillegrenze streng genommen bei 0. In der Praxis gilt jedoch ein Grenzwert von 0,8 Promille, worauf man sich allerdings nicht verlassen sollte. Der Transport alkoholischer Getränke im Auto ist nur im Kofferraum gestattet.

Kaufen kann man Bier und Wein im Supermarkt, Hochprozentiges in speziellen Liquor Shops. In manchen Bundesstaaten bzw. Landkreisen werden sonntags die Regale mit Jalousien verschlossen: Kein Verkauf! In Kalifornien und Arizona gibt es zwischen 2 und 6 Uhr keinen Alkohol zu kaufen.

Im Mormonenstaat **Utah** gelten spezielle Alkoholgesetze. Bier findet man dort in den Regalen von Supermärkten nur mit einem Alkoholgehalt von maximal 4 %. Wer Stärkeres bevorzugt, ist auf einen Liquor Shop angewiesen. Alkoholische Mixgetränke bekommt man in ›non-exclusive‹ Privatklubs, die auch eine temporäre Mitgliedschaft zu einem geringen Preis anbieten. In diesen Klubs wird Alkohol während des ganzen Tages ausgeschenkt, während Restaurants solche Getränke erst nach 12 Uhr und nur mit Mahlzeiten servieren dürfen.

Auskunft

... in Deutschland

Die USA unterhalten keine nationale Fremdenverkehrsvertretung in Deutschland, Österreich oder der Schweiz. In Hamburg, Kiel, München, Heidelberg, Stuttgart, Freiburg, Nürnberg, Saarbrücken, Köln und Tübingen haben Deutsch-Amerikanische Kulturinstitute ihren Sitz.

In Berlin, Düsseldorf, Frankfurt, Hamburg, Leipzig und München gibt es Information Resource Centers (IRC) der US-Botschaft und US-Konsulate, die Anfragen per Mail, Telefon, Fax oder Brief beantworten (U.S. Embassy Berlin, Information Resource Center, Clayallee 170, 14191 Berlin, Tel. 030-83 05 22 13, Fax 030-83 05 11 83, IRCberlin@state.gov, https://usa.usembassy.de/classroom).

Arizona Office of Tourism: c/o get it across Marketing, Neumarkt 33, 50667 Köln, Tel. 0221-476 71 20, arizona@getitacross.de, www.getitacross.de. Dieses Büro ist auch für **Colorado** (Tel. 0221-47 67 12 13), **Utah, Utah/Park City** (Tel. 0221-4767 12 12), Kalifornien/Los Angeles (Tel. 0221-47 67 12 22), Arizona/Tucson und Arizona/Sedona (Tel. 0221-47 67 12 18), Arizona/Phoenix, Arizona/Flagstaff und Arizona/Scottsdale (Tel. 0221-47 67 12 21) zuständig.

California Tourism: Touristikdienst Truber, Schwarzwaldstr. 13, 63811 Stockstadt, infopaket@visitcalifornia.de (nur Prospektversand).

Las Vegas, Lake Tahoe und Nevada: c/o Aviareps Tourism GmbH, Josephspitalstraße 15, 80331 München, Tel. 089-55 25 33 73, www.aviareps.com.

Palm Springs Bureau of Tourism: c/o BZ. COMM, Gutleutstr. 16a, 60329 Frankfurt/ Main, Tel. 069-256 28 88 86, https://www.palmsprings.de.

... in den USA

Jeder größere Ort hat ein Visitor Center (Informationsbüro) oder eine Chamber of Commerce (Handelskammer), wo man Näheres über den Ort, die Sehenswürdigkeiten, Hotels und Restaurants erfährt. Diese Informationsstellen vermitteln manchmal auch günstige Hotelzimmer. In der Nähe von Staatsgrenzen gibt es an den Interstates Welcome Centers mit Gratis-Informationsmaterial.

Arizona: Arizona Office of Tourism 1110, 118 N. Seventh Ave., Ste. 400, Phoenix, AZ 85007, Tel. 1-602-364-3700, www.arizonareise.de.

Colorado: Colorado Tourism Office, 1625 Broadway, Suite 1700, Denver, CO 80202, Tel. 1-303-892-3840, www.colorado.com.

Kalifornien: California Tourism Office, 1608 I St., Sacramento, CA 95814, Tel. 1-916-226-5783 oder 1-888-461-2075, www.visitcalifornia.com oder auch www.ca.gov/Visiting.

Nevada: Nevada Commission on Tourism, 401 N. Carson St., Carson City, NV 89701, Tel. 1-775-687-4322, http://travelnevada.de.

New Mexico: New Mexico Tourism Department, 491 Old Santa Fe Trail, Santa Fe, NM 87501, Tel. 1-505-827-7336, www.newmexico.org.

Utah: Utah Office of Tourism, Council Hall-Capitol Hill, Salt Lake City, Utah 84114, Tel. 1-801-538-1900, www.utah.gov, http://travel.utah.gov.

Barrierefrei reisen

Viele Hotels und Motelketten verfügen über behindertengerechte Räume mit größeren Badezimmern und breiteren Türen. In großen Museen und Vergnügungsparks sind Rollstühle und Rampen eine Selbstverständlichkeit. Informationen finden Behinderte auf der englischsprachigen Internetseite der Society for Accessible Travel & Hospitality (SATH), einer gemeinnützigen Organisation für Behinderte auf Reisen (www.sath.org). Mietwagenfirmen stellen bei längerfristiger Reservierung speziell ausgerüstete Fahrzeuge zur Verfügung.

Botschaften und Konsulate

... in Deutschland

Botschaft der USA
Pariser Platz 2
10117 Berlin
Tel. 030-8305-0
Konsularabteilung: Clayallee 170
14191 Berlin
Tel. 030 830 50
https://de.usembassy.gov/de
Das Botschaftsgebäude liegt direkt beim Brandenburger Tor.

... in der Schweiz

Botschaft der USA
Sulgeneckstraße 19
3007 Bern
Tel. 031-3 57 70 11
https://ch.usembassy.gov

... in Österreich

Botschaft der USA
Boltzmanngasse 16
1090 Wien
Tel. +43 131 33 90
Konsularabteilung:
Parkring 12a
1010 Wien, Tel. +43 13 13 39 75 35
https://at.usembassy.gov/de

... in den USA

Botschaft der Bundesrepublik Deutschland
4645 Reservoir Road N.W.
Washington, DC 20007
Tel. 1-202-298-4000
www.germany.info

Deutsche Generalkonsulate
6222 Wilshire Blvd., Suite No. 500,
Los Angeles, CA 90048-5193
Tel. 1-323-930-2703
www.germany.info
1960 Jackson St.
San Francisco, CA 94109
Tel. 1-415-775-1061
www.germany.info

Schweizer Generalkonsulat
Pier 17, Suite 600
San Francisco, CA 94111
Tel. 1-415-788-2272
www.eda.admin.ch/sf

Österreichisches Generalkonsulat
11859 Wilshire Blvd., Suite 501
Los Angeles, CA 90025
Tel. 1-310-444-9310
www.austria-la.org

Dos and Don'ts

Einreise

Bei der Einreise: Man sollte das übliche Einreiseprozedere ruhig und höflich über sich ergehen lassen. Scherze oder Kommentare gegenüber den Beamten sind absolut fehl am Platz.

Begrüßung

Amerikaner geben sich in der Regel als unkomplizierte Zeitgenossen, was hin und wieder darüber hinwegtäuschen kann, dass sie großen Wert auf Benimmregeln legen. Die übliche Begrüßung ›How are you?‹ ist keine echte Frage nach dem Befinden, sondern eine Floskel, die man am besten mit der Gegenfrage ›Fine, how are you?‹ beantwortet. Typisch amerikanisch ist auch, dass man schnell vom formalen Mr. und Mrs. zum respektvollen Nennen von Vornamen kommt, was man allerdings nicht als kumpelhafte Annäherung missverstehen sollte.

Einladungen

»Kommen Sie doch mal bei uns vorbei, wenn Sie in der Gegend sind«, hört man in den USA häufig. Als wirkliche Einladung sollte man eine solche Aufforderung aber erst begreifen, wenn gleichzeitig ein konkreter Termin vereinbart wird. Ansonsten sollte man den Satz als höfliche Geste verstehen. Übrigens: Eine Viertelstunde Verspätung bei Verabredungen ist eher angebracht als eine Viertelstunde zu früh.

Dresscode

Unter ›casual‹ verstehen Amerikaner lässige Freizeitkleidung, die fast überall getragen werden kann. Ausnahmen bilden teure Restaurants, Geschäftstermine und Feiern, bei denen häufig elegante Kleidung *(very dressy)* und der Verzicht auf Sportschuhe angebracht ist. Auch an Badestränden und Hotelpools gilt ein Dresscode. Sich als Frau oben ohne an den Hotelpool zu legen oder ein Kind am Strand unbekleidet herumlaufen zu lassen ist tabu. Ausnahmen sind Strände, die als ›clothing optional beaches‹ gekennzeichnet sind.

Verhalten im Restaurant

Sich in einem leeren Lokal einen Tisch selbst auszusuchen entspricht nicht den Gepflogenheiten. Man wartet am Eingang, bis man einen Platz zugewiesen bekommt. Nach dem Essen bei einem Glas Wein sitzen zu bleiben entspricht nicht den Sitten. Für einen weiteren Drink zieht man an die Restaurant-Bar um oder sucht sich in der Nachbarschaft eine Kneipe. Eine nicht aufgegessene Mahlzeit in einem Doggy Bag mitzunehmen ist durchaus üblich.

Polizei und Sicherheit

Wer von der Polizei angehalten wird, bleibt im Auto sitzen und legt die Hände auf das Lenkrad, bis sich ein Officer dem Wagen nähert. Ein unbedachter Griff ins Handschuhfach könnte zu tragischen Missverständnissen führen. In Großstädten hält man während der Fahrt die Autotüren am besten verschlossen. Nachts allein durch abgelegene Straßen und zwielichtige Viertel zu flanieren, verbietet sich.

Fotografieren

Wer Urlaubserinnerungen als Fotos oder Film mit nach Hause nehmen will, muss sich in Indianergebieten (etwa Pueblos in New Mexico, Hopi Mesas und Navajo Reservation in Arizona) an eine strikte Etikette halten, die üblicherweise an den Eingängen gut sichtbar angezeigt ist. Fotos, Videos und Audioaufnahmen sind meist grundsätzlich verboten (Ausnahme Taos Pueblo), außer bei bestimmten Festen. An Badestränden Kinder zu fotografieren kann zu Problemen führen. Wer einzelne Personen oder kleine Gruppen ablichten will, sollte besser um Erlaubnis fragen.

Drogen

Im Südwesten der USA schreitet die Legalisierung von **Cannabis** voran. Bei zwei Volksentscheiden votierte die Bevölkerung in den Bundesstaaten Kalifornien und Nevada für die Legalisierung des Marihuana-Konsums für Bürger ab 21 Jahren. In Arizona, wo eine Mehrheit gegen einen solchen Schritt gestimmt hatte, kündigten Fürsprecher einen erneuten Vorstoß an. In Colorado war das pflanzliche Rauschmittel schon seit Längerem freigegeben. Die Staaten wollen durch die Erhebung von Verkaufs- und Anbausteuern von der Legalisierung der Droge zum Genussmittel finanziell profitieren. Im Golden State war Marihuana für medizinische Zwecke bereits seit über 20 Jahren erlaubt.

LSD, Kokain, Heroin und synthetische Designerdrogen sind in den USA nach wie vor illegal. Mit der Drug Enforcement Administration (DEA) existiert eine Drogenvollzugsbehörde, deren Aufgabe es ist, die illegale Herstellung von Drogen und den Drogenhandel in den USA zu unterbinden. Dieses Ziel verfolgt die DEA mit zum Teil sehr aggressiven Maßnahmen.

Einkaufen

Zweierlei macht das Einkaufen im Konsumparadies Amerika so attraktiv: das riesige Angebot und die vergleichsweise günstigen Preise. Hinzu kommt, dass es in fast jeder größeren Stadt mindestens eine Shopping Mall und mehrere Supermärkte für den täglichen Bedarf mit Öffnungszeiten zum Teil rund um die Uhr gibt. Ein weiteres Argument zum Shoppen bis zum Umfallen: Auf Sommer- oder Winterschlussverkauf braucht man in den USA nicht zu warten. Sonderverkäufe *(sales)* und spezielle Feiertagsaktionen gibt es das ganze Jahr hindurch. Wer größere Anschaffungen tätigen will, sollte sich überlegen, in welchem Bundesstaat eingekauft wird, weil sich auf angegebene Nettopreise aufgeschlagene Umsatzsteuern *(sales taxes)* im Südwesten zwischen 7,25 % in Kalifornien und 2,9 % in Colorado unterscheiden. Längst ist Einkaufen im Einzelhandel oft mit Entertainmentangeboten verbunden, wofür Werbestrategen Begriffe wie *Retailtainment* und *Shoppertainment* erfunden haben. Am deutlichsten machen dies große, mit Kinos, Bowlingbahnen, Restaurants und Imbissen ausgestattete Shopping Malls, die im Innern häufig attraktiv mit Brunnen, Palmen und Blumenbeeten ausgestattet sind.

Factory Outlets

Mancherorts bilden Fabrikverkaufsstellen einzelner Firmen bzw. Marken ganze Stadtteile mit Parkplätzen so groß wie Fußballfelder. In der amerikanischen Knoblauchhauptstadt Gilroy haben sich in den **Gilroy Premium Outlets** fast 200 einzelne Geschäfte für Mode, Sportartikel, Kindermode, Schuhe, Schmuck, Haushaltswaren, Lederartikel, Koffer und Taschen angesiedelt, die ihre Waren zum Teil mit Preisnachlässen bis zu 70 % verkaufen. Weitere Outlets der Premium-Kette gibt es in Kalifornien bei Los Angeles, in Carlsbad und in Cabazon und in Nevada in Las Vegas. Als Hersteller von Freizeitmode war in den USA ein gewisser L. L. Bean (http://global.llbean.com) Pionier in Sachen Fabrikverkauf, der 1912 an der Ostküste die erste Filiale eröffnete. Mittlerweile folgte dem Verkaufsmuster so ziemlich alles, was auf dem US-Bekleidungsmarkt und international Rang und Namen hat, von Levis bis Calvin Klein und von Anne Taylor bis Timberland. Die in den Outlets angebotene Mode ist nicht immer der ›letzte Schrei‹.

Neben Premium gibt es mit Simon Malls eine zweite Outletkette, die Niederlassungen u. a. in Tempe (AZ), Orange und Torrance (CA) und Lakewood (CO) hat (www.simon.com).

Souvenirs

Westernkleidung ist im Südwesten groß in Mode. Stiefel etwa sind längst nicht mehr nur Teil der Arbeitskleidung von Cowboys, sondern kommen zum Teil in todschickem Design daher. Speziell in New Mexico und Arizona hat man in Sachen Silber- und Türkisschmuck bzw. Keramik und Töpfereiwaren die Qual der Wahl aus einem riesigen Angebot. Beim Kauf von Reisemitbringseln aus exotischen Fellen oder Tierhäuten heißt es jedoch:»Finger weg«. Beim heimischen Zoll könnte man aus Artenschutzgründen unliebsame Überraschungen erleben.

Elektrizität

Da die Stromspannung in den USA 110 Volt beträgt, sind manche von zu Hause mitgebrachten Geräte nur zu betreiben, wenn sie von 220 Volt umgestellt werden können oder sich automatisch umstellen (wie Laptops). Ein Adapter aus dem Fachhandel ist auf jeden Fall notwendig, da deutsche Stecker nicht in US-Steckdosen passen.

Feiertage

New Year's Day: 1. Jan. (Neujahr)
Martin Luther King jr. Day: 3. Mo im Jan. (Geburtstag von M.L. King)
Presidents' Day: dritter Montag im Feb. (Geburtstag von George Washington)
Memorial Day: letzter Mo im Mai (Totengedenktag; Beginn der Urlaubssaison)
Independence Day: 4. Juli (Unabhängigkeitstag)
Labor Day: 1. Mo im Sept. (Tag der Arbeit; Ende der Urlaubssaison)
Columbus Day: 2. Mo im Okt. (Erinnerung an die Landung von Christoph Kolumbus in Amerika)
Veterans Day: 11. Nov. (Gedenktag an Kriegsveteranen)
Thanksgiving Day: 4. Do im Nov. (Erntedankfest)
Christmas Day: 25. Dez. (Weihnachten)

In Wahljahren kommt der Election Day am Dienstag nach dem ersten Montag im November hinzu. Fällt ein Feiertag auf einen Sonntag, ist der darauf folgende Montag arbeitsfrei. Einzelne Bundesstaaten begehen weitere Feiertage.

Frauen

Amerikareisen stellen allein reisende Frauen vor keine besonderen Probleme. Selbstverständlich sollten sie wie in jedem anderen Land allgemein übliche Sicherheitsmaßnahmen beherzigen. Alleine zu trampen ist ebenso wenig ratsam wie nachts ohne Begleitung unterwegs zu sein. Bei Busreisen sollte man darauf achten, nicht mitten in der Nacht am Zielort anzukommen, weil Busstationen häufig in unsicheren Gegenden liegen.

Geld

Währung

Dollarbanknoten, lange wegen der grünlichen Farbe auch *greenbacks* genannt, gibt es in neuen Designs und im Fall von 10-, 20- und 50-Dollar-Scheinen sogar in roten, gelben und blauen Schattierungen. 1-, 2-, 5-, 100-, 500- und 1000-Dollar-Noten sind bislang gleich geblieben. 2-Dollar-Noten sind selten und deshalb beliebte Sammlerobjekte. 100-Dollar-Noten werden wegen der Falschgeldgefahr in vielen Läden und Geschäften argwöhnisch betrachtet bzw. gelegentlich gar nicht akzeptiert. Bringt man von zu Hause Dollars mit, sollte man gleich beim Kaufen auf der Bank Wert auf kleinere Stückelungen legen. Als Münzen gibt es 1 Cent, 5 Cents (nickel), 10 Cents (dime), 25 Cents (quarter), 50 Cents und das 1-Dollar-Stück. Bargeld bringt man am besten in Dollars mit, die man bereits zu Hause umgetauscht hat.

SPERRUNG VON BANK- UND KREDITKARTEN

bei Verlust oder Diebstahl*:
01149 116 116
oder 01149 30 4050 4050
(* Gilt nur, wenn das ausstellende Geldinstitut angeschlossen ist, Übersicht: www.sperr-notruf.de)

Weitere Sperrnummern:
- MasterCard: 1-800-627-8372
- VISA: 1-800-627-8372
- American Express: 1-800-243-3888
- Diners Club: 01149 7531-3633-111

Bitte halten Sie Ihre Kreditkartennummer, Kontonummer und Bankleitzahl bereit!

Schecks und Kreditkarten

Mit Dollar-Reiseschecks ist heutzutage niemand mehr im Ausland unterwegs. Plastikgeld ist angesagt. Kreditkarten machen das Bezahlen in vielen Geschäften, Hotels, Restaurants und sogar beim Tanken einfach, da man fast überall direkt an der Zapfsäule die Kreditkarte einstecken kann. Ohne ›Plastikgeld‹ ist beispielsweise das Anmieten eines Fahrzeugs nahezu unmöglich, zumindest umständlich, weil man eine größere Summe als Garantie hinterlegen muss. Mit der Eingabe einer PIN-Nummer *(personal identification number)* kann man an Geldautomaten (ATM – Automatic Teller Machines) Bargeld abheben. Dabei werden allerdings recht saftige Gebühren fällig. Auch mit der Bankkarte (EC-Karte) kann man an Automaten mit dem Cirrus- und Maestro-Symbol Bargeld bekommen.

Gesundheit

Apotheken

Rezepte amerikanischer Ärzte werden in *Pharmacies* oder *Drugstores* angenommen, die sich oft in großen Supermärkten befinden. Dort bekommt man auch zahlreiche Medikamente von Grippetabletten über Schmerzstiller bis zu Reparatursets für Zähne, die es hierzulande nicht gibt oder die nicht frei verkäuflich sind. Ständig benötigte Medikamente gehören auf der Flugreise ins Handgepäck, falls der Koffer verloren geht. Muss man besondere Medikamente einnehmen, die in den USA unter Umständen als bedenklich eingestuft sind, können ein ärztliches Attest oder ein Rezept eventuell auftauchende Missverständnisse ausräumen.

Ärztliche Versorgung

Das amerikanische Gesundheitswesen befindet sich auf hohem Standard, die Kosten stehen dem in nichts nach. Bei medizinischer Versorgung ist Vorauskasse üblich, was schnell sehr teuer werden kann. Gesetzliche Krankenkassen übernehmen keine in den USA anfallenden Arztkosten, sodass der Abschluss einer Auslandskrankenversicherung sinnvoll ist. Dabei sollte man auf die Konditionen achten und dafür Sorge tragen, dass auch eventuelle Rücktransporte im Versicherungskatalog enthalten sind. In den Gelben Seiten der Telefonbücher (www.yellowpages.com) stehen die Adressen von Ärzten *(physicians)*, Zahnärzten *(dentists)* und Krankenhäusern *(hospitals)*. Auch große Hotels oder die Telefonvermittlung (Tel. 0) helfen bei der Adressensuche.

Gesundheitsrisiken

Mückenschutz ist in den USA wichtig, seit bekannt ist, dass das West-Nil-Virus von Stechmücken auf Menschen übertragen werden kann. Infektionen verlaufen in den meisten Fällen harmlos. Bei Kindern, alten und geschwächten Menschen kann es zu Komplikationen kommen. Einzige Prophylaxe ist bislang ein wirkungsvoller Schutz vor Stichen.

Internetzugang

Viele Hotels und Motels haben sich auf die modernen Kommunikationsbedürfnisse ihrer

Gäste eingestellt und bieten ihnen zum Teil kostenlosen Internetzugang im Zimmer oder der Hotellobby an.

In den meisten Städten gibt es Cybercafés und Internetcafés, in denen man gratis online gehen kann. Kostenlos ist der Internetzugang in vielen öffentlichen Bibliotheken, wo man keine Attachments herunterladen kann. Auch große Computerzentren und Hamburgerketten bieten Kunden die Möglichkeit, gratis Emails abzurufen oder zu schicken. Viele Hotels, Motels und Flughäfen verfügen über einen WLAN-Hotspot. Die Website www.wififreespot.com listet kostenlose WLAN-Spots von Flughäfen, Hotels und Campingplätzen auf.

Auf der Internetseite www.globalcomputing.com/CafesContent.htm sind Internetcafés in allen US-Bundesstaaten genannt. Kostenlosen WLAN-Zugang zum Internet gibt es u. a. in den Zweigstellen der Buchhandelskette Barnes & Noble, in allen McDonalds-Filialen, in den Niederlassungen der Kaffeehauskette Starbucks und in allen Apple-Verkaufsgeschäften.

Karten

Zur Routenvorbereitung zu Hause besorgt man sich am besten im Buchhandel entsprechende Landkarten über das Reisegebiet. In den USA bekommt man bei allen Touristeninformationen, Chambers of Commerce oder Welcome Centers (wo Interstates Staatsgrenzen überqueren) Gratiskarten über die jeweiligen Bundesstaaten.

Mit Kindern unterwegs

Sind Kinder alt genug, um längere Autofahrten nicht als quälend zu empfinden, ist Amerika mit seiner ausgezeichneten Infrastruktur ein ideales Reiseland für Familien. Kinder bis zu 18 Jahren können in der Regel kostenlos im Zimmer der Eltern untergebracht werden. Selbst kleinere Motels haben Swimmingpools. Viele Museen haben für Kinder ein spezielles Ausstellungsangebot. Speziell der Südwesten bietet sich mit attraktiven Landschaften und hervorragenden Freizeitmöglichkeiten für Eltern mit Kindern an.

Im Hochsommer brennt die Sonne häufig gnadenlos vom Himmel. Kleine Wasserratten sollte man unbedingt mit entsprechender Badekleidung und entsprechenden Cremes gegen Sonnenbrand schützen. Kleine Kinder nackt baden zu lassen verstößt in den USA gegen die Sitten. Kinder jeglichen Alters, auch Babys, benötigen zur visumfreien Einreise einen eigenen maschinenlesbaren Pass (S. 72).

Kleidung und Ausrüstung

Wer seine Urlaubsreise in San Francisco beginnt, tut gut daran, warme Kleidungsstücke mitzunehmen. Die kann man auch auf den Hochlagen der Sierra Nevada und der Rockies bzw. in vielen Lokalen und Einkaufsmärkten gebrauchen, wo Klimaanlagen zuweilen für arktische Temperaturen sorgen.

Grundsätzlich ist in den USA legere Freizeitkleidung üblich. Konzerte oder ähnliche Kulturveranstaltungen sollte man aber auch im unkonventionellen Amerika nicht ohne adäquate Kleidung besuchen.

Wichtige Reiseausrüstungen besorgt man zu Hause, um im Urlaub keine wertvolle Zeit zu vertrödeln, obwohl man in amerikanischen Geschäften notfalls alles an Ausrüstung nachkaufen kann.

Klima und Reisezeit

In Amerika liegt die Hauptreisezeit zwischen Memorial Day (letztes Maiwochenende) und Labor Day (erstes Septemberwochenende). In diesen Zeitraum fallen die Sommerferien der meisten Schulen, und viele Familien nutzen diese Monate zum Ausspannen. Sehenswürdigkeiten und landschaftlich interessante Gegenden wie Nationalparks und State Parks sind in diesem Zeitraum ebenso wie Badeorte dem Ansturm einheimischer Touristen ausgesetzt, was bei vielen Unterkünften zum Teil zu erheb-

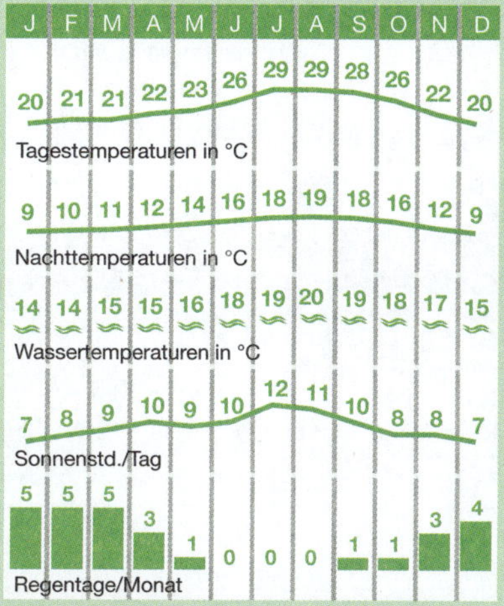

Klimadaten Los Angeles

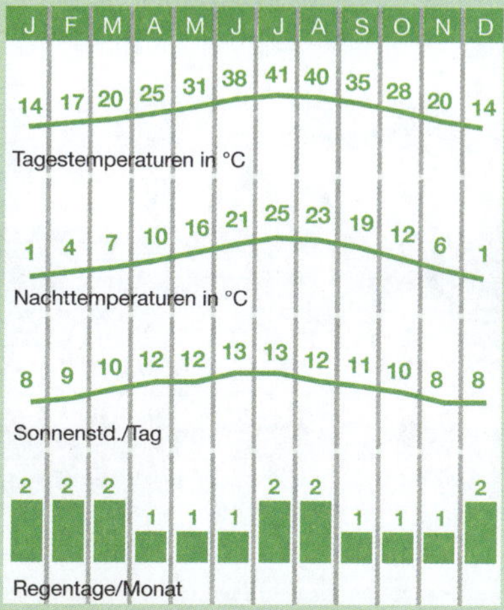

Klimadaten Las Vegas

lich höheren Preisen und generell zu knapperen Zimmerangeboten führt.

An der kalifornischen Küste ist der Sommer die beste Reisezeit, während der Aufenthalt in den großen Trockengebieten des Südwestens im späteren Frühjahr und im Herbst wegen der geringeren Temperaturen angenehmer ist. Wer nicht zum Wintersport in die Sierra Nevada oder die Rocky Mountains fährt, ist dort im Hochsommer und im Frühherbst am besten aufgehoben. Das Great Basin in Nevada bzw. im westlichen Utah wird von mehreren Gebirgsketten durchzogen, deren Überquerung in der kalten Jahreszeit wegen Eis und Schnee Probleme bereiten kann. Auch die Sierra Nevada erweist sich im Winter als gewaltiges Verkehrshindernis, weil mit der I-80 nur eine einzige Ost-West-Verbindung über den Gebirgszug offen gehalten wird. Die Nationalparks auf dem Colorado Plateau liegen so hoch, dass man dort von November bis März mit winterlichen Verhältnissen rechnen muss.

Klima

Der Südwesten weist angesichts seiner sehr unterschiedlichen geografischen Gegebenheiten und in Anbetracht der stark variierenden Lagen zwischen Meereshöhe und über 4000 m ein sehr uneinheitliches Klima auf. Das zeigt sich bereits in Kalifornien. Während San Francisco selbst im Hochsommer morgens in Nebel gehüllt ist und höchstens frühlingshafte Temperaturen aufweist, wird es nach Überquerung des Küstengebirges im Central Valley schlagartig wärmer. Auch Richtung Süden werden die Temperaturen höher, hauptsächlich ab Los Angeles. Und in San Diego steigt das Thermometer selbst im Januar und Februar tagsüber auf 15 °C.

Die großen Wüstengebiete schmoren im Sommer zum Teil in gnadenloser Hitze. In erster Linie gilt das für das Death Valley, wo 45 °C im Schatten eher die Regel als die Ausnahme sind. Auch das Colorado-Tal südlich vom Lake Mead und der Großraum Phoenix glühen unter intensiver Sonneneinstrahlung. Am schönsten sind diese Gegenden im kühleren Frühjahr, wenn Wildblumen und Sträucher blühen. Die Bergregionen des Südwestens liegen dann häufig noch in Schnee und Eis und werden erst ab Mai zugänglich. Will man etwa vom Yosemite National Park über die Tioga-Pass-Straße Richtung Osten über die hohe Sierra fahren, kann die Verbindung gelegentlich sogar noch Mitte Juni wegen Schnee gesperrt sein.

Vor langen Wanderungen sollte man unbedingt die Wettervorhersage einholen

Solange Welle und Wind stimmen, schrecken die niedrigen Wassertemperaturen im Pazifik Surfer nicht ab

Wettervorhersagen

Rund um die Uhr sendet der Weather Channel im Fernsehen Wetternachrichten über alle Landesteile, was auf einer nicht festgelegten Reiseroute die Möglichkeit bietet, Schlechtwetterfronten, Stürmen oder Dauerregen auszuweichen bzw. sich darauf vorzubereiten. Wetterwarnungen sollte man unbedingt ernst nehmen. Bereits zu Hause kann man sich über das Wetter am Zielort informieren (www.wetteronline.de/wetter/nordamerika). Die überregionale Tageszeitung USA Today veröffentlicht Mo–Fr eine übersichtliche Wetterkarte (im Internet: www.usatoday.com/weather).

www.weather.com ist die Internetseite des amerikanischen Wetterkanals, der rund um die Uhr über das Wetter in den USA informiert.

Links

www.americansouthwest.net: Die bedeutendsten Naturwunder des Südwestens tauchen auf dieser Seite in Wort und Bild auf.

https://bit.ly/2IppHt0: Wer keine Landkarte zur Hand hat, kann über diese Seite alle Informationen über das National Highway System abfragen und Karten über sämtliche US-Bundesstaaten herunterladen.

www.bing.com/maps: Hervorragende Online-Landkarten und -Stadtpläne, auf denen man etwa nach Restaurants oder Sehenswürdigkeiten suchen kann.

https://de.usembassy.gov/de: Umfangreiche, deutschsprachige Informationen über die USA von Geschichte über Regierung und Politik, Sport, Wissenschaft und Wirtschaft bis zu Reisen.

https://www.visittheusa.de: Die offizielle Reise- und Tourismusseite der USA mit Infos auf Englisch.

www.firstpeople.us: Informationen aller Art über die Indianer Nordamerikas, ihre Kunst, historische Verträge usw. sowie Links auf indianische Webseiten.

www.magazine-agent.com > Native-Peoples > Magazine: Internetauftritt des Native People Magazine, des einzigen Magazins in den Vereinigten Staaten, das sich indianischen Angelegenheiten widmet.

www.legendsofamerica.com: Umfangreiche Materialsammlung über historisch interessante Reiseziele, Ereignisse und Persönlichkeiten, von Geisterstädten über berühmte Westernhelden und Indianerhäuptlinge bis zur Route 66.

www.westen-usa.de: Informationen über Reiseziele an der gesamten Westküste.

www.usatourist.com/deutsch: Informationen über Bundesstaaten, Nationalparks, Städte, praktische Reisetipps.

www.losangeles.com: Umfangreiche englischsprachige Seite mit Informationen über Restaurants, Hotels, Nachtleben, Kulturangebot, Sehenswürdigkeiten und Touren in und um Los Angeles.

www.americansouthwest.net/map.html: Landkarten der Bundesstaaten des Südwestens, auf denen man detaillierte Kartenausschnitte laden und Sehenswürdigkeiten wie Nationalparks anklicken kann.

www.visitcalifornia.com: Kalifornischer Webauftritt mit Informationen über die Landesgeschichte, einzelne Landesregionen, Daten, Fakten, Städte, Freizeitaktivitäten, Feste und Veranstaltungen, Unterkünfte.

www.tripsavvy.com/united-states-4138649: Präsentation der US-Bundesstaaten im Südwesten mit einer Fülle von Informationen und Themen zu vielen Bereichen, die nützliche Ideen für Reisen in der Region vermitteln.

www.ghosttowns.com: Übersichtliche Seite in einem riesigen Format über alle Geisterstädte in den USA, nach Bundesstaaten geordnet und mit einer anklickbaren Karte.

www.codot.gov/travel/scenic-byways: Zwei Dutzend landschaftlich außergewöhnliche bzw. historisch bedeutende Straßen im Bundesstaat Colorado.

www.nps.gov: Die umfangreiche offizielle Seite des US-National Park Service bietet Informationen zu allen Nationalparks der USA, leicht auffindbar über die Suchfunktion. Neben einem Kurzporträt des Parks findet man Praktisches für den Besuch (Öffnungszeiten, Eintritt) und Tipps für Aktivitäten und Übernachtung.

Literatur und Filme

Bücher

Barr, Nevada: Die aus Nevada stammende Kriminalautorin hat die Handlung mehrere rihrer Bücher in Nationalparks des Südwestens angesiedelt, wie »Zeugen aus Stein« (1995) in Mesa Verde, »High Country« (2004) in Yosemite, »Hard Truth« (2006) im Rocky Mountain National Park und »The Rope« (2012) im Glen Canyon.

Boyle, T.C.: »Wenn das Schlachten vorbei ist«, München 2012. Der Roman spielt auf der Insel Anacapa, die zu den vor der kalifornischen Küste liegenden Channel Islands gehört. Im Mittelpunkt steht der ›Krieg‹ zweier rivalisierender Naturschutzgruppen.

Ders.: »Drop City«, München 2005. Der Roman handelt von einer Hippiegruppe aus der Flower-Power-Ära, die aus ihrem kalifornischen Refugium nach Alaska vertrieben wird.

Braunger, Manfred: »Wölfe kümmert nicht, was Schafe denken«, Create Space, 2016. Ein Freizeitdetektiv macht sich im Westen der USA auf den Weg, einem kriminellen Firmengeflecht und dessen rücksichtslosem Chef das Handwerk zu legen – Identitätsklau, Cybermobbing, raffinierter Drogenschmuggel und satanistische Umtriebe inklusive.

Frey, James: »Strahlend schöner Morgen«, Berlin 2009. Hochgelobter amerikanischer Gegenwartsroman über die sich ständig wandelnde Megacity Los Angeles, die seit 100 Jahren Verheißung und Moloch zugleich ist.

Hillerman, Tony: »Der Skelett-Mann«, Reinbek 2006, »Das Labyrinth der Geister«, Reinbek 2005, »Wer die Vergangenheit stiehlt«, Reinbek 2001, und »Der Kojote wartet«, Reinbek 2001. Der 2008 verstorbene Autor kannte das Land der Navajo wie kein anderer. Seine Krimis mit den Navajo-Polizisten Jim Chee und Joe Leaphorn als Hauptfiguren stimmen auf Land und Leute ein und machen mit vielen Bräuchen der Navajo bekannt.

Johansen, Hanna: »Zurück nach Oraibi«, Freiburg 1997. Roman der Schweizer Schriftstellerin nach der authentischen Lebensgeschichte einer Hopi-Indianerin.

McCarthy, Cormac: »Grenzgänger«, Reinbek 1997. Die Geschichte zweier Söhne auf der Suche nach den Mördern ihrer Eltern spielt im Grenzgebiet von Texas, New Mexico und Mexiko und beschreibt einen Landstrich und dessen Menschen weit abseits des amerikanischen Traums.

Steinbeck, John: »Früchte des Zorns«, Wien 2002. Dieser Klassiker der modernen US-amerikanischen Literatur beschäftigt sich mit der existenziellen Not vieler Farmer und deren Familien, die sich während der Depression in den 1930er-Jahren auf der Route 66 auf den Weg nach Kalifornien machten. 1940 bekam Steinbeck für den Roman den Pulitzer-Preis.

Filme

Hollywood als Zentrum der US-Filmindustrie hat dafür gesorgt, dass der mit traumhaften Landschaften reich gesegnete Südwesten zu einer weltweit bekannten Region der USA wurde. Seit Regisseur John Ford in den 1940er-Jahren das Monument Valley als klassische Drehkulisse entdeckte, entstanden Hunderte Western, die schließlich ein eigenes Genre bildeten und Schauspielern wie Gary Cooper, John Wayne, Henry Fonda, Lee Marvin, Robert Mitchum, Kevin Costner, Clint Eastwood und vielen anderen zu Weltkarrieren verhalfen. Die bis heute fünf kommerziell erfolgreichsten Western-Filme waren: »Butch Cassidy und Sundance Kid« (1969), »Das war der Wilde Westen« (1962), »Der mit dem Wolf tanzt« (1990), »Maverick« (1994) und »Erbarmungslos« (1992).

Maße, Gewichte und Temperaturen

In den USA hat das metrische System noch nicht richtig Fuß gefasst. Schon vor Jahren hat man begonnen, auf metrische Maße umzustellen. Allerdings scheint die Bereitschaft dazu eher gering. Eine der wenigen Straßen in den USA mit Entfernungsangaben in Kilometern ist die Interstate 19 von Tucson nach Nogales an der mexikanischen Grenze.

Längenmaße
1 inch (in.) – 2,54 cm
1 foot (ft.) – 30,48 cm
1 yard (yd.) – 0,9144 m
1 mile (mi.) – 1,609 km

Flächenmaße
1 sq mile – 2,5899 km^2
1 acre – 0, 4047 ha
1 sq foot – 0, 092903 m^2
1 sq inch – 6,452 cm^2

Raummaße
1 cubic yard – 0,765 m^3
1 cubic foot – 28,32 dm^3
1 cubic inch – 16,387 cm^3

Hohlmaße
1 pint (pt.) – 0,473 l
1 quart (qt.) – 0,946 l
1 gallon (gal.) – 3,785 l
1 fluid ounce – 29,5735 ml

Gewichte
1 ounce (oz.) – 28,35 gr
1 pound (lb.) – 453,592 gr (16 ounces)
1 short ton – 1,102 to

Temperaturen
Temperaturen werden in Grad Fahrenheit gemessen (°F).
Für die Umrechnung gilt die Formel: Fahrenheit minus 32 dividiert durch 1,8 = °C. Umgekehrt: Grad Celsius multipliziert mit 1,8 plus 32 = Grad Fahrenheit.

°Fahrenheit	°Celsius
0	–18
10	–12
20	–7
30	–1
40	4
50	10
60	16
70	21
80	27
90	32
100	38

Medien

Am weitesten verbreitet ist **USA Today,** die man entweder an Zeitungskiosks oder an Münzautomaten kaufen kann. Neben anderen überregionalen Zeitungen wie etwa der **New York Times** oder der **Washington Post** gibt es viele lokale und regionale Blätter, in denen man allerdings sehr oft vergeblich nach Weltnachrichten sucht. In großen Städten und auf internationalen Flugplätzen werden ausländische Tageszeitungen und Magazine in meist nur bescheidener Auswahl angeboten.

Nachtleben

Hauptsächlich die kalifornischen Küstenmetropolen, aber auch andere Großstädte der Region halten ein kaum zu überbietendes Angebot an abendlichen Unterhaltungsmöglichkeiten bereit, das von Theatern, Schauspielhäusern, Musicalbühnen, Musikklubs und Kinos bis zu Museen und Kunstgalerien reicht, die an manchen Tagen bis 20 oder 21 Uhr geöffnet bleiben. Hinzu kommt selbst in kleineren Städten ein gemeinhin breites gastronomisches Angebot vom Schnellimbiss bis zum etablierten Restaurant oder zum Nobellokal. Nicht nur in ländlichen Gegenden nehmen die Chancen auf ausgedehnte Nachtschwärmerei ab. Utah gilt mit seinen strikten Alkoholgesetzen genauso wenig als Nightlife-Mekka wie etwa Santa Fe, wo sogar in der Hauptstadt des Bundesstaats New Mexico bereits gegen 22 Uhr die Gehsteige hochgeklappt werden. Eine Ausnahme bilden Spielcasinos, die außerhalb von Nevada in jüngerer Vergangenheit wie Pilze aus dem Boden vieler Indianerreservate schossen. Sie sorgen zum Teil rund um die Uhr für Unterhaltung (manche schließen zwischen 2 und 6 Uhr), wobei es nicht nur um Einsätze an Spieltischen und Automaten geht. Viele Glücksspieltempel bieten Shows, Auftritte von bekannten Bands bzw. Interpreten und ein beachtliches gastronomisches Angebot an Long-Drink-Bars und All-you-can-eat-Buffets, an denen man für günstige Preise opulent speisen kann. Die abwechslungsreichste Unterhaltung bietet natürlich Las Vegas mit vielen großen Casinos, die noch nie geschlossen waren, seit der letzte Maurer die Kelle aus der Hand legte. Doch auch außerhalb der Spielcasinos ist das Amüsementangebot in jüngerer Vergangenheit stark angewachsen und spricht in steigendem Maße ganze Familien an.

Notfälle

Landesweite Notrufnummer: Tel. 911
Bei Pannen zeigt die hochgeklappte Kühlerhaube, dass Hilfe benötigt wird. Notrufsäulen sind in den USA dünn gesät. Dafür sind aber auf den Straßen mehr Streifenwagen unterwegs.

Öffnungszeiten

Die Öffnungszeiten von Geschäften variieren stark, da es in den USA kein Ladenschlussgesetz gibt. Kleinere Läden sind Mo–Sa von 9.30–17, Supermärkte oft bis 21 Uhr geöffnet. Vor allem in Großstädten gibt es zahlreiche, rund um die Uhr geöffnete Geschäfte. Malls öffnen in der Regel um 10 Uhr und schließen um 20 oder 21 Uhr, So 12–18 Uhr. Ein Sonderfall ist Utah, wo sonntags die meisten Geschäfte geschlossen bleiben.

Post

Der United States Postal Service (USPS) ist in den USA der Hauptanbieter neben zahlreichen privaten Firmen wie UPS, Fedex, Airborne und DHL. Eine Ansichtskarte nach Europa kostet 1,15 $, ein Airmailbrief 1,15 $ (Gewicht unter 1 ounce = 28,3 g) bzw. 2,13 $ (über 28,3 g). Briefmarken bekommt man in Postämtern, an Hotelrezeptionen und in Souvenirshops. Die meisten Niederlassungen von USPS sind von 8.30 bis 17.30 Uhr geöffnet, in großen Städten manchmal rund um die Uhr.

Rauchen

Rauchen ist in den USA ein ganz heikles Thema. In allen öffentlichen Gebäuden darf grundsätzlich nicht geraucht werden. In Kalifornien (u. a. San Francisco) besteht zusätzlich ein Rauchverbot in Restaurants und Bars. Auf allen Inlands- und internationalen Flügen ist Rauchen ebenfalls verboten. Erklärtes Ziel ist es, Raucher ins soziale Abseits zu drängen. Viele Amerikaner pflegen ihr Laster mittlerweile heimlich, weil sie sich nicht der öffentlichen Missbilligung aussetzen wollen. Die Preise für Zigaretten sind mancherorts deftig.

In vielen Hotels herrscht Rauchverbot, manche Unterkünfte bieten aber auch Raucherzimmer an wie etwa die Motel-6-Kette.

Reisekasse

Das ungünstigere Euro-Dollar-Verhältnis hat die Kosten für einen US-Urlaub in die Höhe getrieben. Niedrigere Preise bezahlt man z.B. für Benzin, Textilien (Jeans!), Schuhe und Obst. Besuche guter Restaurants, Eintrittsgebühren für manche Museen und Vergnügungsparks, Alkoholika und manche Lebensmittel wie etwa Frischmilch sind vergleichsweise kostspielig. Im Supermarkt

NATIONALPARKS ZUM SCHNÄPPCHENPREIS

Nirgends in den USA liegen Nationalparks so dicht gedrängt wie im Südwesten. Die Eintrittsgebühren zwischen 5 und 30 $ pro Pkw schlagen schnell zu Buche. Wer mehrere Parks besucht, kauft am besten am ersten Parkeingang den ein Jahr gültigen America-the-Beautiful-Pass für 80 $ (https://store.usgs.gov/pass). Er gilt auch für andere vom National Park Service verwaltete Stätten wie etwa National Monuments (nicht für Höhlen).

kommt ein Pack mit 12 Dosen Bier auf 8 bis 10 $. Für ein Frühstück in einem Coffee Shop muss man zwischen 5 und 8 $ veranschlagen. Fällt die Wahl auf ein Café in einem großen Hotel, kann sich die Rechnung auf das Dreifache belaufen. Ein Mittag- oder Abendessen in einem Food Court ist inklusive einem nicht-alkoholischen Getränk für ca. 5 bis 7 $ zu haben. Eine Flasche Bier kostet in einer normalen Bar etwa 3 bis 4 $. Ein Abendessen in einem ordentlichen amerikanischen Restaurant schlägt inklusive einem Getränk mit ca. 20–30 $ zu Buche. Bedeutend günstiger sind chinesische Restaurants oder Buffets, wo man für die Hälfte speisen kann.

Wer seinen Urlaub auf die Zeit außerhalb der Hauptsaison (Ende Mai bis Anfang September) verlegt, spart bei Übernachtungen. Eine lohnende Investition sind die 80 $ für den Nationalpark-Jahrespass ›America the Beautiful‹ (s. Kasten S. 106).

Schwule und Lesben

In den USA trugen Schwule und Lesben im Juli 2015 einen historischen Sieg davon: Der Oberste Gerichtshof legalisierte die sogenannte Homo-Ehe – und zwar landesweit. Besonders streitbar im Kampf um Gleichberechtigung zeigte sich in der Vergangenheit das weltoffene und liberale San Francisco, das die größte Konzentration Homosexueller aufweist. Das gilt hauptsächlich für die Stadtteile The Castro und South of Market (SoMa). Andere Schwulen- und Lesbenhochburgen sind West Hollywood und Silver Lake in Los Angeles, Hillcrest in San Diego und Palm Springs (Kalifornien). Zahlreiche Gay-Resorts bieten in der Wüstenoase Eheschließungen direkt im Hotel an. Große Gay- und Lesbian-Festivals wie das Dinah Shore Weekend (März/April) oder das Palm Springs Pride (November) haben sich einen Namen gemacht. Die berühmteste Gay-Veranstaltung im Südwesten ist die San Francisco Pride Parade im Juni.

Die schwul-lesbische Gleichberechtigung ist in den USA zwar nicht mehr aufzuhalten. Dennoch gibt es nach wie vor Erzkonservative, die sich der gesellschaftlichen Diversität entgegenstellen. Doch selbst im nicht gerade als liberal geltenden Mormonenstaat Utah unterschrieb der republikanische Gouverneur 2015 ein Gesetz, nach dem die Rechte Homosexueller gestärkt werden und sexuelle Minderheiten auf dem Arbeits- und Wohnungsmarkt nicht mehr benachteiligt werden dürfen.

Sicherheit

Kriminalität

Wie in den meisten Großstädten der Welt gibt es auch in US-Metropolen Viertel, die man besser meidet (No-go-Areas). Während der Fahrt sollte das Auto hauptsächlich in Städten, in denen man an Ampeln und Fußgängerüberwegen häufig anhalten muss, von innen verschlossen sein. Genügend Abstand zum Vordermann an Ampeln erhöht die Möglichkeit, im Notfall das Weite suchen zu können. Bei Unfällen, die suspekt erscheinen, nicht aussteigen, sondern zur nächsten Polizeistation oder zu einem großen Hotel weiterfahren. Der gesunde Menschenverstand sagt einem, dass man bei Dunkelheit Parks und einsame Gegenden besser meidet.

Die meisten Hotels besitzen in Zimmern oder an der Rezeption *safety deposits* (Schließfächer), in denen wichtige Dokumente, Flugscheine, Bargeld und Schmuck am besten aufgehoben sind. In das Handschuhfach oder den Kofferraum gehören keine Wertsachen.

Drogenkrieg

Das direkt an der mexikanischen Grenze liegende **Organ Pipe Cactus National Monument** in Arizona ist nicht nur ein Naturschutzgebiet für Kakteen, sondern auch ein Schauplatz des Drogenkrieges, der seit Jahrzehnten an der Südgrenze von Kalifornien, Arizona, New Mexico und Texas tobt. Häufige illegale Grenzübertritte, Drogenschmuggel und Waffendeals machen darauf aufmerksam, dass das Kaktusreservat wegen seiner Lage in einem fast menschenleeren Gebiet sowohl von illegalen Einwanderern als auch von Drogenkurieren als Zugangskorridor von Mexiko nach Arizona benutzt wird. Der dort verantwortliche National Park Service (NPS) registriert nach eigenen Angaben täglich bis zu 1000 ›Illegale‹, die das Parkgebiet unsicher und durch weggeworfenes Gepäck und liegen gebliebene Fahrzeuge zum Müllplatz machen. Innerhalb eines einzigen Jahres beschlagnahmte der NPS fast 7000 kg Marihuana. Östlich von Organ Pipe teilt die Tohono O'odham Indian Reservation eine 71 Meilen lange Grenze mit Mexico. Seit Jahren beklagt die Stammespolizei den illegalen, das Alltagsleben der Indianer risikoreich machenden Grenzverkehr nicht selten von Gruppen von über 100 Menschen, darunter nicht nur Mexikaner und andere Latinos, sondern auch Chinesen, Pakistani und Jemeniten.

Telefonieren

Festnetz

Das Telekommunikationsgeschäft liegt wie hierzulande in Händen von Firmen. Um vom Hotelzimmer oder vom öffentlichen Telefon zu telefonieren, gibt es mehrere Möglichkeiten. Am preiswertesten sind *Prepaid phone cards.* Diese Plastikkarten im Kreditkartenformat werden von Supermärkten, Souvenirshops, Tankstellen und Läden verkauft, wobei sich der Preis nach gekauften Einheiten richtet.

Wie viele Einheiten telefoniert werden können, steht auf der Rückseite, allerdings jeweils auf nationale Einheiten bezogen. Man wählt den aufgedruckten Code und wird dann aufgefordert, die ebenfalls auf der Karte frei gerubbelte Geheimzahl einzugeben. Danach folgt wie bei einem normalen Telefongespräch die Nummer des gewünschten Teilnehmers.

Vor dem Kauf einer Telefonkarte sollte man das Kleingedruckte des Kartenherstellers genau lesen. Der günstigste Anbieter für Anrufe innerhalb der USA muss nicht unbedingt auch die billigsten internationalen Verbindungen zur Verfügung stellen. Denn bei Anrufen von einem normalen öffentlichen Telefon werden unterschiedlich hohe Anschlussgebühren und zusätzlich Verwaltungsgebühren verrechnet. Will man sich vom Telefondienst *(operator)* vermitteln lassen, wählt man die 0. Für Auslandsgespräche gilt folgende Nummernfolge: 011 + Ländercode + Vorwahl (ohne 0) + Rufnummer (Ländercodes: Deutschland 49, Schweiz 41, Österreich 43). 800- bzw. 888-Nummern sind kostenlose Nummern etwa von Hotels und Restaurants. Man kann sie nur innerhalb der USA anwählen und muss grundsätzlich zuerst eine »1« wählen. Manche Hotels verlangen mittlerweile auch für das Anwählen dieser Nummern Gebühren.

Mobil telefonieren

Prepaid phone cards lassen sich in den USA auch mit dem Handy nutzen. Grundsätzlich benötigt man ein Triband- oder Quadband-Handy, für das im Ausland eine erhöhte Minutengebühr fällig wird. Wichtig ist, ob in den USA 1-800er-Nummern kostenlos angewählt werden können. Falls das zutrifft, ist dies eine bequeme und preisgünstige Möglichkeit zum Telefonieren (s. o.). Die Bezeichnung ›Handy‹ ist übrigens eine deutsche Erfindung. In den USA spricht man von *cell phone* oder *mobile phone.*

Eine zweite ›Handy‹-Variante ist der Kauf eines Prepaid-Telephone ohne Vertrag, ohne Aktivierungsgebühr, inklusive Gesprächsguthaben ab 30 Minuten. Über eine Codenummer kann man die Geräte nachladen. Das funktioniert auch, indem man in Fachgeschäften eine neue Karte mit einer Codenummer nachkauft, wenn das integrierte Guthaben aufgebraucht ist. Solche Karten und passende Handys bekommt man in Filialen großer Computergeschäfte bzw. Radio- und TV-Fachgeschäfte wie Target, Best Buy, Office Depot, Office Max, Walmart und AT&T Wireless Stores.

Toiletten

Öffentliche stille Örtchen findet man in der Regel an Tankstellen, auf Rest Areas an Schnellstraßen und Interstates sowie Picnic Areas bzw. Roadside Tables. In Welcome

Centers, die häufig an Interstates in der Nähe von Staatsgrenzen liegen, gibt es saubere kostenlose Toiletten. Auch dort, wo man essen und trinken kann, finden sich entsprechende Einrichtungen, auch in großen Supermärkten. Die weitverbreitete Prüderie treibt in den USA erstaunliche Blüten. Im Restaurant oder Café nach der ›toilet‹ zu fragen, gilt als äußerst unschicklich. Angemessen erkundigt man sich nach den ›Restrooms‹ beziehungsweise dem ›Men's room‹ oder ›Ladies' room‹.

Trinkgeld

Unter *tip* bzw. *gratuity* versteht man in den USA Trinkgeld. Gepäckträger erhalten pro Gepäckstück 1 $. Taxifahrer erwarten ca. 15 % des Fahrpreises. In Restaurants ist ebenfalls ein *tip* von 15 % obligatorisch, falls das Bedienungsgeld im Preis nicht enthalten ist. Ein Blick auf die Rechnung genügt. Auch der Zimmerservice erwartet einen Obolus von ca. 1 $ pro Nacht. Die ausgeprägte Trinkgeld-Mentalität in besseren Hotels vom Valet Boy über den Bell Boy (Kofferträger) und den Zimmerservice bis zum Zimmermädchen kann das Budget ziemlich strapazieren. Allerdings handelt es sich dabei nicht nur um eine Anerkennung für hilfreichen Service, sondern um einen festen Bestandteil des Lohns.

Wellness und Fitness

Viele größere Hotels bieten Fitnessstudios zum Teil in Verbindung mit Wellnessbereichen an, um der steigenden Nachfrage nach gesundem Leben entgegenzukommen. Spaß gibt es in Hülle und Fülle. Die jeweiligen Angebote umfassen unterschiedliche therapeutische Massagen und Behandlungen von Maniküre bzw. Pediküre bis Aromatherapien, Ayurveda und Haarentfernung. Einen festen Platz unter den 10 besten Spas der USA haben zwei im Großraum Phoenix. Royal Palms Resort & Spa ist im spanischen Stil eingerichtet und wirkt sehr romantisch (5200 E. Camelback Rd., Tel. 1-602-283-1234, www.royalpalmshotel.com). Asiatisch inspirierte Methoden setzt Sanctuary Camelback Mountain in Paradise Valley mit 14 Massage- und Wellnesseinrichtungen ein (5700 East McDonald Dr., Tel. 1-855-421-3522, www.sanctuaryoncamelback.com). Empfehlenswert sind des Weiteren: Spa Montage im Montage Resort (30801 S. Coast Hwy, Laguna Beach, CA 92651, Tel. 1-866-551-8244, www.spamontage.com); Ojai Valley Inn & Spa (905 Country Club Rd., Ojai, CA 93023, Tel. 1-855-697-8780, www.ojairesort.com); Ten Thousand Waves (3451 Hyde Park Rd., Santa Fe, NM 87501, Tel. 1-505-982-9304, www.tenthousandwaves.com); Ojo Caliente Spa, 50 Los Baños Drive, P. O. Box 68, Ojo Caliente, NM 87549, Tel. 1-505-583-2233, www.ojospa.com).

Zeit

Der Südwesten liegt in zwei Zeitzonen. Das südliche Kalifornien und Nevada gehören zur Pacific Standard Time Zone (MEZ –9 Std.), Arizona, Utah, New Mexico und Colorado zur Mountain Standard Time Zone (MEZ –8 Std.). Ähnlich wie in Deutschland gilt in der warmen Jahreszeit auch in den USA die Sommerzeit (Daylight Saving Time, DST), d. h. am 2. So im März werden die Uhren um 2 Uhr um eine Stunde zurückgestellt. Die Sommerzeit endet am 1. So im November um 2 Uhr morgens. Eine Ausnahme macht Arizona, das keine Sommerzeit kennt. Lediglich die Navajo Indian Reservation macht die Umstellung mit.

Im Unterschied zu Europa ist der Tag in den USA nicht in 24 Stunden, sondern in zweimal 12 Stunden eingeteilt. Zwischen Mitternacht und 12 Uhr mittags wird der Uhrzeit ein *am* (vor Mittag) hinzugefügt, in der übrigen Zeit ein *pm* (nach Mittag). Unter *3 pm* versteht man also 15 Uhr, unter *6 am* 6 Uhr morgens. 12 Uhr mittags heißt *noon*.

In den USA wird zuerst der Monat, dann der Tag und dann das Jahr genannt. Für den 15. August 2015 würde das also bedeuten: 08/15/2015.

Unterwegs im Südwesten der USA

»Der Yosemite Nationalpark ist eines der großen Versprechen Amerikas. Und wie viel man auch erwartet, es ist unmöglich, enttäuscht zu werden.«
Dennis Freischlad, »Hymnus – die Suche nach Amerika«

Atemberaubende Ausblicke bieten Wanderungen durch den Yosemite National Park

Yosemite National Park
San Francisco
Death Valley National Park
Los Angeles
San Diego

Kapitel 1

San Francisco und Südkalifornien

Millionen Besucher aus aller Welt strömen Jahr für Jahr nach Südkalifornien. Pulsierende Weltstädte, Traumrouten wie der legendäre Highway No. 1 an der Pazifikküste, Gebirgsszenerien in der alpinen Sierra Nevada und in der Hitze flimmernde Wüstengebiete tragen zum Reiz des Landes ebenso bei wie viktorianische Häuserzeilen in historischen Stadtvierteln, windschiefe Ghost Towns in abgelegenen Bergregionen und vor Aktivitäten strotzende Badeorte an kilometerlangen Sandstränden.

Neben einer unglaublichen landschaftlichen Vielfalt machen schiere Größe, dynamische Wirtschaftskraft und eine Reputation als irdischer Garten Eden das südliche Kalifornien zu einem Superlativ. Tourismusstrategen, Werbefachleute, Rock- und Popmusiker, Trendsetter, Fitnesspäpste und Industriekapitäne – sie alle greifen seit Jahrzehnten die Vision vom Paradies am Pazifik auf und münzen sie in ein glänzendes Image um, das Südkalifornien zum Inbegriff von Glück, Erfolg und unbeschwerter Lebensweise hochstilisiert. Natürlich tragen zur Reputation dieses Landesteiles auch Wetter und Klima bei. Das relativ kühle San Francisco protzt hauptsächlich im Sommer mit seinen Reizen. San Diego und die Wüstenregionen sind sogar im tiefsten Winter, wenn in der Sierra Nevada das weiße Vergnügen dominiert, ein Garant für frühlingshafte Temperaturen. Für Generationen von Amerikanern und Hunderttausende von Einwanderern aus aller Welt war Kalifornien seit der ersten Hälfte des 19. Jh. das verheißene Land. Sie waren nicht die Ersten, die dem Mythos erlagen. Lange vor ihnen waren Seefahrer und Entdecker, Missionare und Abenteurer aufgebrochen, um das Geheimnis des vermeintlichen Paradieses jenseits der Zivilisationsgrenze zu entschlüsseln. Heute sind im Südwesten Aufbruchstimmung, Veränderung und Spontaneität nirgends so unmittelbar spürbar wie in Südkalifornien.

Die berühmte Lone Cypress an der Panoramastraße 17-Mile-Drive zwischen Monterey und Carmel

Auf einen Blick: San Francisco und Südkalifornien

Sehenswert

San Francisco: Die grandios gelegene Traumstadt ist eine der attraktivsten Metropolen Amerikas (s. S. 116).

Yosemite National Park: Die von Gletschern geformte Landschaft in der Sierra Nevada gehört zu den populärsten Freizeitzielen im Land (s. S. 142).

Hearst Castle: Der ehemalige Zeitungskönig William Randolph Hearst ließ sich hoch über der Pazifikküste ein prunkvolles Schloss bauen (s. S. 171).

Los Angeles: Die zweitgrößte Stadt der USA ist eine weltberühmte Filmmetropole und ein Besichtigungs-, Shopping- und Unterhaltungsmekka (s. S. 179).

San Diego: Die Stadt zählt mit vielen Attraktionen und mit ihrer Lage zu den schönsten Städten Kaliforniens (s. S. 216).

Schöne Routen

Über die Sierra Nevada ins Todestal: Wunderschöne Route durch den Yosemite N. P. bis zum tiefsten Punkt der westlichen Hemisphäre (s. S. 142).

Traumstraße Amerikas: Von Santa Cruz führt der legendäre Küstenhighway No. 1 über Monterey, Carmel und Big Sur bis nach San Luis Obispo (s. S. 162).

Durch die südkalifornische Wüste: Eine exotische Route führt zwischen San Diego, Palm Springs und dem Nachbarstaat Arizona zu attraktiven Zielen (s. S. 228).

Meine Tipps

Gratistag in Museen: Zahlreiche Museen in San Francisco können an bestimmten Wochentagen kostenlos besichtigt werden (s. S. 127).

Über die Golden Gate Bridge: Zu Fuß oder mit dem Rad die Brücke zu überqueren ist ein überwältigendes Erlebnis (s. S. 132).

Santa Barbara – Abstecher in die Vergangenheit: Diese historische Mission ist ein absolutes Muss. Besonders schön ist ein Besuch am Spätnachmittag, wenn die Sonne die Anlage in ein warmes Licht taucht (s. S. 174).

Aktiv

Durch San Franciscos Reich der Mitte: Mit Chinatown besitzt San Francisco eine der größten und buntesten chinesischen Gemeinden außerhalb Asiens (s. S. 118).

Hiking auf dem Coastal Trail: Eine Empfehlung für ein stadtnahes Naturerlebnis in Wanderstiefeln (s. S. 134).

Bergab auf dem Four Mile Trail: Vom Glacier Point führt ein toller Bergpfad in das idyllische Yosemite Valley (s. S. 146).

Heißes Abenteuer Gold Canyon: Wer Hitze verträgt, erlebt das Todestal von einer reizvollen Seite (s. S. 153).

Rad- und Fototour auf dem 17-Mile-Drive: Die Nebenstrecke zwischen Carmel und Monterey verläuft direkt an der wildromantischen Küste (s. S. 168).

Museumstour im Balboa Park: Für passionierte Museumsgänger hält der Balboa Park etliche Überraschungen bereit (s. S. 220).

San Francisco und Umgebung

▶ A 9

Keine Großstadt im amerikanischen Westen kann sich der ungeteilten Gunst ihrer Besucher so sicher sein wie San Francisco. Ein Hauptgrund dafür ist die fantastische Lage am Golden Gate, das die Bucht von San Francisco wie ein natürliches Tor zum Pazifik öffnet und von der weltberühmten Golden Gate Bridge überspannt wird. Zu den Reizen der Metropole gehört aber auch ihr eher unamerikanischer Charakter mit fast europäisch wirkenden Stadtteilen und nostalgischen Cable Cars.

Vom Dorf zur Weltstadt

Wo die Golden Gate Bridge im Norden endet, windet sich eine Serpentinenstraße eine fast baumlose Bergflanke hinauf. Der Blick vom obersten Aussichtspunkt auf das Goldene Tor ist atemberaubend. Vom Pazifik drücken graugrüne Wellenberge unter dem zerbrechlich wirkenden Brückengeflecht in die San Francisco Bay. Im Südosten säumt die Skyline der Stadt die Bucht, die hinter den beiden Inseln Angel Island und Alcatraz im Dunst verschwindet. Vom Wind zerzauste Nebelbänke treiben plötzlich vom Meer herein und lassen innerhalb von Minuten von der Golden Gate Bridge nur noch die Spitzen der lachsroten Pontons erkennen. Augenblicke später reißt der Himmel wieder auf und präsentiert die Stadt als in klares Sonnenlicht getauchtes Postkartenpanorama.

San Francisco ist kein homogenes urbanes Konglomerat, sondern setzt sich aus sehr unterschiedlichen Stadtteilen zusammen. Chinatown präsentiert sich mit fernöstlichen Attributen als Schaufenster ins Reich der Mitte; im benachbarten Financial District brach sich mit Wolkenkratzern aus Stahl, Glas und Beton die ›Manhattanisierung‹ Bahn, während die Straßen in North Beach oder in Marina mit erkergeschmückten Fassaden an großstadtferne Villenvororte erinnern. Aus den Unterschieden ihrer Neighborhoods bezieht die Stadt viel von ihrer Attraktivität – ganz zu schweigen von liberalem Flair, womit die Traumstadt ihre Besucher empfängt. Einen ausgezeichneten Überblick über die einzelnen Stadtteile bekommt man auf dem 49-Mile-Drive. An diesem durch blauweiße Schilder mit einer Seemöwe gut ausgeschilderten Drive liegen viele Sehenswürdigkeiten. Die Route beginnt beim Civic Center. Wer mit dem Auto fährt, muss mit einer Fahrzeit von ca. 4 Stunden rechnen.

»The City«, wie die Stadt von ihren Einwohnern genannt wird, wurde 1776 mit dem Aufbau der Missionsstation San Francisco de Asis durch spanische Franziskaner und mit der Errichtung einer kleinen Garnison durch den spanischen Leutnant Jose Joaquin Moraga gegründet. Dem Flecken wäre wahrscheinlich ein normales Wachstum beschieden gewesen, hätte nicht die Entdeckung von Gold am American River 1848 die Weichen in eine hektische Zukunft gestellt. Der Goldrausch spülte 1849 Zehntausende von Glücksrittern an die Gestade der Bucht von San Francisco. Auch die hohe Politik zeigte sich beeindruckt. Ohne längere Wartezeit nahm der US-Kongress den Golden State als Bundesstaat 1850 in die Amerikanische Union auf. Die

Auswirkungen auf die Demografie der Stadt waren phänomenal. Von ca. 800 Einwohnern im Jahr 1848 stieg die Bevölkerung bis Anfang des 20. Jh. auf 400 000.

Am 18. April 1906 ließ frühmorgens um 5.12 Uhr ein Erdbeben der Stärke 8,2 auf der Richterskala die Halbinsel von San Francisco erzittern. Zwei Minuten lang schwankte die Erde und ließ ganze Häuserzeilen einstürzen. Aus zerfetzten Leitungen entweichendes Gas entzündete sich und fraß sich durch die größtenteils aus Holz erbauten Viertel. Über die Hälfte aller Einwohner waren über Nacht ohne Dach über dem Kopf. Die Asche war noch warm, als sich die Menschen an den Wiederaufbau machten.

Nach dem Ersten Weltkrieg veränderte ein Bauboom die Skyline der Stadt, ehe man in den Jahren der Weltwirtschaftskrise mit der Oakland Bay Bridge und der Golden Gate Bridge zwei Projekte verwirklichte, mit denen das auf einer Halbinsel liegende San Francisco seine bis dahin geografische Abgeschlossenheit aufbrach. Sowohl nach Norden wie auch nach Osten war damit eine durchgängige Straßenverbindung hergestellt.

In den 1960er- und 1970er-Jahren verwandelte die Hippie-Bewegung die Stadt, ehe eine in der Stadt grassierende AIDS-Epidemie in den 1980er-Jahren das Thema Homosexualität in den Mittelpunkt der öffentlichen Diskussion rückte. AIDS, Erdbebengefahr, wirtschaftliche Probleme und wachsende Kriminalität verursachten im ausgehenden 20. Jh. den stärksten Bevölkerungsschwund, den die Stadt je erlebte. Trotzdem entstanden etwa mit South of Market Street und dem umgebauten Embarcadero attraktive Stadtteile mit neuem Gesicht.

Downtown

Cityplan: S. 121

Das Stadtzentrum von San Francisco erstreckt sich östlich der Van Ness Avenue bis zum Embarcadero und in der Nord-Süd-Ausdehnung von Fisherman's Wharf bis in den Stadtteil South of Market Street.

Tipp

VERBILLIGTER EINTRITT

Der neun aufeinander folgende Tage gültige **San Francisco CityPASS** beinhaltet nicht nur den Eintritt in zahlreiche Museen, sondern schließt auch an sieben Tagen unbegrenzte Fahrten mit dem Cable Car und einen Schiffsausflug in der Bucht ein (de.citypass.com/san-francisco, Erw. 76 $, Kin. 5–11 J. 59 $).

Im TIX Bay Area Kiosk erhält man außerdem Stadt- und Busfahrpläne (Union Square, Tel. 1-415-433-7827, www.tixbayarea.org). Theater- und Konzertinteressierte sollten wissen, dass es hier Tickets für Veranstaltungen am jeweiligen Tag zum halben Preis gibt.

Union Square 1

Kern dieses Stadtzentrums ist die Gegend um den **Union Square** mit mehreren Theatern, großen Einkaufszentren, renommierten Hotels und lebhaften Straßenzeilen.

Während des Bürgerkrieges 1861 bis 1865 versammelten sich auf dem Platz häufig für die Nordstaaten eintretende Demonstranten, wovon der Union Square seinen Namen ableitete. Mit dem Dewey Monument erinnert eine 30 m hohe Säule an den Sieg der amerikanischen Pazifikflotte unter Admiral Dewey 1898 in der Schlacht bei Manila während des Spanisch-Amerikanischen Krieges. Der von Palmen bestandene, terrassenförmig angelegte Platz mit zwei Cafés bildet inmitten des Geschäftszentrums eine kleine Oase zum Verschnaufen nach einer kräftezehrenden Besichtigungs- und Shopping-Tour durch die Filialen von Macy's, Neiman Marcus, Saks Fifth Avenue, Tiffanys, Armani, Cartier und Gucci.

Aktiv

DURCH SAN FRANCISCOS REICH DER MITTE

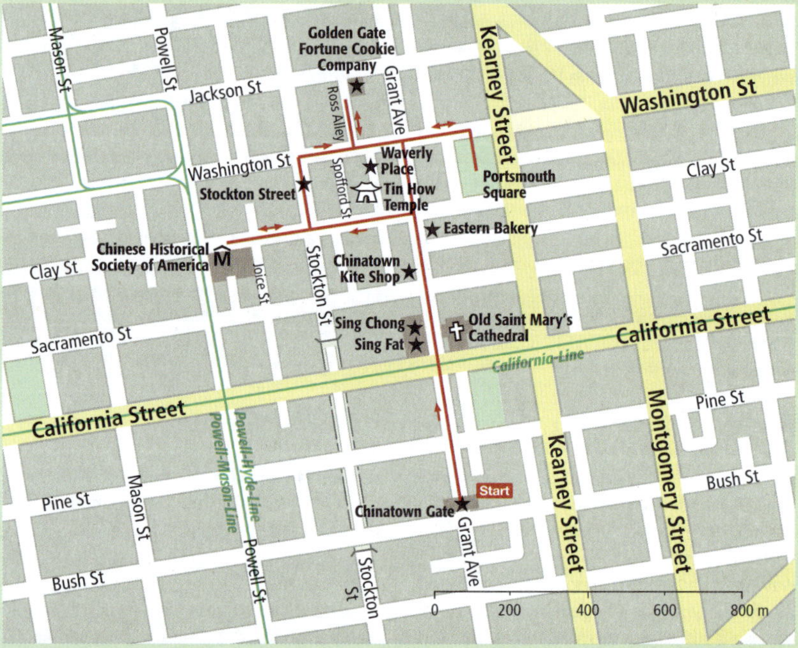

Tour-Infos

Start: Chinatown Gate (Ecke Bush St. und Grant Ave.)

Länge: ca. 1,5 km

Dauer: zu Fuß 1–2 Std.

Mit **Chinatown** 4 besitzt San Francisco eine der größten und buntesten chinesischen Gemeinden außerhalb Asiens. Zentrale Geschäftsstraße durch diesen Stadtteil ist die am Chinatown Gate beginnende **Grant Avenue** (s. S. 120). Geht man durch das mit türkisfarbenen Ziegeln gedeckte und von traditionellen Fo-Hunden bewachte, 1970 erbaute Tor, taucht man unmittelbar dahinter in das geschäftige Gewusel ein. Es ist eine eigene Welt, weit von der amerikanischen Kultur entfernt, in der es nach fremden Kräutern, Räucherstäbchen, Sandelholz und exotischen Tafelfreuden riecht.

Geschäfte und Restaurants säumen die Grant Avenue auf dem Weg zur **Old Saint Mary's Cathedral,** die Mitte des 19. Jh. als erste katholische Kathedrale der Stadt errichtet wurde. Granitblöcke für den Bau wurden von der amerikanischen Ostküste auf dem langen und gefährlichen Seeweg um Kap Hoorn herangeschafft (www.oldsaintmarys.org).

In der Nachbarschaft der Kirche zeugen die mit Türmen ausgestatteten **Sing-Chong-** und **Sing-Fat-Gebäude** vom dekorativen Pagodenstil, der nach dem großen Erdbeben von 1906 in der Chinesengemeinde vom schottischen Architekten Thomas Patterson Ross verwirklicht wurde. Ein hauptsächlich bei Kindern beliebtes Geschäft ist der **Chinatown Kite Shop,** der flugfähige Papier- und Stoffdrachen in allen Formen und Farben verkauft (717 Grant Ave., www.chinatownkite.com, tgl. 10–20 Uhr).

Wem der Sinn eher nach etwas Nahrhaftem steht, findet in der seit 1924 bestehenden **Eastern Bakery** süße Spezialitäten aus dem Reich der Mitte wie köstliche Lotus-Mondkuchen.

Die kleine Seitenstraße **Waverly Place** ist für ihre reizenden, mit Balkonen geschmückten Hausfassaden bekannt. Früher trug sie auch den Namen 15 Cent Street, denn ein Haarschnitt war damals für diesen Preis zu haben. Neben Friseurläden hat dort auch der **Tin How Temple** seinen Platz, der älteste, 1852 erbaute chinesische Tempel auf dem Boden der USA, geweiht der Schutzheiligen der Seefahrer. Mit historischen Fotografien und Artefakten gibt die **Chinese Historical Society of America** Auskunft über das Leben chinesischer Einwanderer in den USA (s. S. 120).

Auf der Clay Street kommt man zur **Stockton Street,** die im Unterschied etwa zur Grant Street nicht durch touristischen Nippes geprägt wird, sondern mit Fleischereien, Obst-, Gemüse- und Fischläden sowie Bäckereien als »Bauch von Chinatown« gilt.

In dieses Ambiente passt die **Golden Gate Fortune Cookie Company,** in der man überwiegend Frauen bei der Herstellung der berühmten Kekse mit auf Papierstreifen gedruckten Sinnsprüchen zusehen kann (56 Ross Alley, www.sanfranciscochinatown.com/attractions/ggfortunecookie.html, 9–18 Uhr).

Der Rundgang durch Chinatown endet auf dem **Portsmouth Square,** auf dem Kapitän John B. Montgomery von der U.S.S. Portsmouth 1846 als Erster die US-Flagge hisste.

Hallidie Plaza 2

Wo die Powell Street auf die Market Street trifft, liegt mit der **Hallidie Plaza** ein lebhafter Platz, unter dem sich mehrere Etagen unter anderem mit einer U-Bahn-Haltestelle und dem Visitor Information Center befinden. Auf Straßenebene ist die Wendeplattform der Cable Cars hauptsächlich dann eine Besucherattraktion, wenn die Wagen von Schaffner und Bremser mit vereinten Kräften umgedreht und erneut für eine Fahrt zum Nob Hill bzw. nach Fisherman's Wharf bereit gemacht werden.

Nob Hill 3

Am leichtesten ist der Aufstieg zum **Nob Hill** mit dem Cable Car ab Hallidie Plaza. Der Platz ist nach dem englischen Ingenieur Andrew Hallidie benannt, der 1873 das erste von Stahltrossen gezogene Cable Car vorstellte, das die Voraussetzung für die Umwandlung des 103 m hohen Nob Hill in einen Millionärshügel bildete. In diesem Stadtteil ließen sich Ende des 19. Jh. u. a. die vier Eisenbahnmagnaten Leland Stanford, Mark Hopkins, Collis P. Huntington und Charles Crocker noble Residenzen erbauen, die leider dem Erdbeben von 1906 zum Opfer fielen. Das 1907 eröffnete Fairmont Hotel war 1945 Schauplatz der Gründung der Vereinten Nationen. Am Rand des Huntington Square reckt die neogotische, der Notre-Dame-Kathedrale in Paris nachempfundene Grace Cathedral ihre Doppeltürme in den Himmel.

Chinatown 4

Am Fuße des Nob Hill dehnt sich gewissermaßen das Gegenstück zum vornehmen

Hügelviertel aus. **Chinatown,** das sich hinter dem Löwentor an der Grant Avenue auf Höhe der Bush Street öffnet, bildet eine Stadt in der Stadt – ein zum Teil sympathisch unaufgeräumt wirkendes, exotisches Viertel, in dem wahrscheinlich weit über 100 000 Menschen aus dem Reich der Mitte und anderen Ländern des Fernen Ostens leben. Straßenschilder geben in Englisch und chinesischen Schriftzeichen Auskunft. Straßenlaternen und Telefonzellen verzichten auf den China-Look ebenso wenig wie viele Hausfassaden unter geschwungenen Pagodendächern. Windspiele bimmeln vor Läden voller bemalter Fächer, bronzefarbener Buddhas und Taschen mit gestickten Drachenmustern monotone Melodien. In von Küchendunst beschlagenen Schaufenstern von Restaurants und Imbissen warten in Reih und Glied aufgehängte lackierte Enten auf hungrige Gäste.

Kein anderer Teil von San Francisco ist so dicht bevölkert wie die Straßenzüge um die von Transparenten und flatternden Fähnchen überspannte Grant Street. Früher einmal rein chinesisch, ist das Viertel durch die Zuwanderung von Vietnamesen, Thais, Filipinos, Koreanern und Laoten in den vergangenen Jahrzehnten so stark angewachsen, dass sich sozialer Zündstoff anzuhäufen begann. Entlang der zentralen **Grant Avenue** locken dicht aneinandergedrängte Andenkenläden und Restaurants mit farbenfrohen Fassaden. Der Blick in Innenhöfe und versteckte Seitengassen zeigt aber, wie eingepfercht die Einwohner von Chinatown zum Teil in heruntergekommenen Blocks leben. Aus Kräuterläden dringt der fremde Atem Asiens, vermischt mit dem Duft von Räucherstäbchen und den Geruchswolken benachbarter Fischgeschäfte.

Erste Einwanderer aus China erreichten die amerikanische Westküste in den späten 1840er-Jahren. Viele flohen vor Hungersnöten und Opiumkriegen im eigenen Land und hofften auf eine bessere Zukunft in den Goldfeldern von Kalifornien. Eine zweite Einwanderungswelle schwappte in den 1870er-Jahren nach Amerika, als Eisenbahngesellschaften Arbeiter für den Bau der Gleise durch den Kontinent benötigten. Als die Schienenwege fertiggestellt waren, ließen sich viele von ihnen in San Francisco nieder, zum Leidwesen der Einheimischen, die ihre Jobs durch die ›billigeren‹ Asiaten gefährdet sahen. Rassistische Ausschreitungen und ein gesetzlich verhängter Einwandererstopp waren die Folge. Die Chinesen ihrerseits, traditionell in unterschiedliche und nicht selten verfeindete Tongs (Geheimgesellschaften) aufgeteilt, begannen ihren Widerstand gegen Diskriminierung und Übergriffe zu organisieren. Aus diesen Bündnissen entwickelten sich auch von Erpressung und Schutzgeldern lebende Gangs.

Anschaulich dokumentiert ist die Geschichte von Chinatown bzw. der chinesischen Einwanderung in die USA in der **Chinese Historical Society of America** mit historischen Fotos, Werkzeug vom Eisenbahnbau und etwa einer von einem chinesischen Restaurantpionier erfundenen Maschine zur Reinigung von Shrimps (965 Clay St., Tel. 1-415-391-1188, www.chsa.org, Mi–So 11–16 Uhr, Erw. 5 $, 6–17 J. 1 $).

Weniger um Geschichte als vielmehr um Kunst und Kultur geht es in den Ausstellungen im **Chinese Cultural Center.** Vor dem Gebäude auf dem Portsmouth Square treffen sich alte und junge Menschen am frühen Morgen zur traditionellen Tai-Chi-Frühgymnastik und später am Tag vor allem ältere Männer, die im Schatten der Bäume über Schachbrettern brüten (750 Kearny St., 3. Stock, Tel. 1-415-986-1822, www.c-c-c.org, Mi–So 11–16 Uhr, Erw. 15 $).

North Beach 5

Am östlichen Broadway, wo neonbunte Sex-Boutiquen und Stripteasebars das Straßenbild bestimmen, beginnt mit **North Beach** einer der ältesten Stadtteile von San Francisco. Ursprünglich eine der besten Wohngegenden, verlor sie ihre Attraktivität schon in den 1870er-Jahren, als die Cable-Car-Linien andere Viertel zu erschließen begannen. Neben mittel- und südamerikanischen Einwanderern zogen in den folgenden Jahrzehnten viele Südeuropäer in das Viertel um den Telegraph Hill und ließen allein die italienische Bevölkerung bis 1939 auf

60 000 Menschen anwachsen. Als nach dem Zweiten Weltkrieg viele aus dem eng gewordenen Viertel weggezogen waren, verwandelte sich North Beach neben Greenwich Village in New York und Venice Beach in Los Angeles zum dritten Standort einer Bohemekolonie um die sogenannte Beat Generation.

Exponenten dieser literarischen Richtung waren Jack Kerouac und Allen Ginsberg, unter deren Ägide sich North Beach zur Bühne der literarischen Avantgarde entwickelte, deren Hauptphilosophie aus einem Amalgam aus Anti-Bürgerlichkeit und Hoffnungslosigkeit bestand. Den Literaten ist das **Beat Museum** mit Memorabilien und Zeitdokumenten gewidmet (540 Broadway, Tel. 1-800-537-6822, www.kerouac.com, tgl. 10–19 Uhr, 8 $). Verleger der Beat-Literatur war Lawrence Ferlinghetti, dessen Buchladen **City Lights** (261 Columbus Ave., Tel. 1-415-362-8193, www.citylights.com, tgl. 10–24 Uhr) heute noch als Literatentreff dient. Im **Vesuvio Café** (255 Columbus Ave., Tel. 1-415-362-3370, www.vesuvio.com) saßen Dichter und Denker über Manuskripten und diskutierten neue literarische Entwürfe. Wer heute den Besuch dort stilecht gestalten will, bestellt entweder einen mit Brandy, Amaretto und Limonensaft verfeinerten Bohemian

San Francisco Downtown

(Karte S. 122)

Sehenswert

1 Union Square
2 Hallidie Plaza
3 Nob Hill
4 Chinatown
5 North Beach
6 Telegraph Hill/Coit Tower
7 Lombard Street
8 Ghirardelli Square
9 Fisherman's Wharf
10 The Cannery
11 Madame Tussaud's
12 San Francisco Maritime National Historical Park
13 Pier 39
14 Transamerica Building
15 Ferry Building
16 James R. Herman Cruise Terminal
17 Exploratorium
18 Transbay Transit Center
19 Yerba Buena Gardens
20 San Francisco Museum of Modern Art
21 Cartoon Art Museum
22 Museum of the African Diaspora
23 International Art Museum of America
24 Contemporary Jewish Museum
25 Civic Center
26 – 35 s. Cityplan S. 133

Übernachten

1 Fairmont San Francisco
2 Orchard Hotel
3 Parc 55 Hotel
4 Hotel Zoe
5 s. Cityplan S. 133
6 Phoenix Hotel
7 s. Cityplan S. 133
8 Golden Gate Hotel
9 Buena Vista Motor Inn
10 Hotel Mayflower
11 Green Tortoise Guest House

Essen & Trinken

1 s. Cityplan S. 133
2 Piperade
3 – 6 s. Cityplan S. 133
7 Mourad
8 Souvla
9 Farallon
10 Jardinière
11 Marlowe
12 Zuni Café
13 s. Cityplan S. 133
14 Suppenküche
15 House of Nan King
16 s. Cityplan S. 133

Einkaufen

1 Crocker Galleria
2 Levis Flagship Store
3 Westfield Centre
4 s. Cityplan S. 133
5 Amour Vert

Abends & Nachts

1 War Memorial Opera House
2 Herbst Theater
3 Grant & Green Blues Club
4 Gino & Carlo
5 The Saloon
6 Carbon
7 Bix Restaurant
8 Mezzanine

Aktiv

1 San Francisco Sightseeing
2 Bay City Bike
3 Blazing Saddles
4 City Kayak
5 s. Cityplan S. 133

San Francisco Bay
0 250 500 750 1000 m
N
Municipal Pier
Historic Ships
Pier 45
Hyde St Pier
Alma
Hercules
Balclutha
Eureka
Eppleton Hall
C.A.Thayer
Aquatic Park
U.S.S. Pampanito World War II Submarine
Fishermen's & Seamen's Chapel
Sea Lions
North Point
Aquarium of the Bay
The Embarcadero
The Anchorage
Jefferson
Beach St
National Maritime Museum
Hyde St & Beach St
Fort Mason
North Point St
Northpoint Center
Bay St
Columbus Avenue
Taylor St & Bay St
Russian Hill Park
Reservoir
RUSSIAN HILL
San Francisco Art Institute
Tattoo Museum
North Beach Playground
TELEGRAPH HILL
Coit Tower
Telegraph Hill Blvd
St. Peter and Paul Church
Washington Square
NORTH BEACH
Michelangelo Plgd
Macondray Ln
Powell-Hyde -Line
Powell-Mason -Line
Details s. S. 118 Aktiv-Tour Chinatown
Levy Tunnel
City Lights
Beat Museum
Columbus Ave
Broadway
Sidney Walton Park
Golden Gateway Center
World Trade Center
Foreign Trade Zone
Washington St
Justin Herman Plaza
Embarcadero Center
Ferry Plaza East
Chinese Hospital
Tin-How Temple
Chinese Cultural Center
San Francisco Cable Car Museum
Chinatown
NOB HILL
Chinese Historical Society of America
CHINATOWN
FINANCIAL DISTRICT
California St & Drumm St
Embarcadero
Huntington Park
Grace Episcopal Cathedral
Masonic Memorial Temple
Chinatown Gateway
California-Line
California St & Ness Ave
Haas-Lilienthal House
Van Ness Avenue
101
Franklin St
Gough St
Octavia St
Polk St
Larkin St
Hyde St
Leavenworth St
Jones St
Taylor St
Mason St
Powell St
Stockton St
Grant Ave
Kearny St
Montgomery St
Sansome St
Battery St
Front St
Davis St
Drumm St
Francisco St
Chestnut St
Lombard St
Greenwich St
Filbert St
Union St
Green St
Vallejo St
Pacific Ave
Jackson St
Clay St
Sacramento St
California St
Pine St
Bush St
Merchant St
Commercial St
Market St
Mission St
Spear St
Steuart St
Promenade
Folsom

26
28
30
32
34
36
38
40
46B
48
52
Oakland Bay Bridge
The Embarcadero
Spear St
Main St
Beale St
Fremont St
1st St
Harrison St
Bryant St
Brannan St
Townsend
King St
2nd St
3rd St
4th St
5th St
6th St
7th St
8th St
9th St
10th St
11th St
12th St
2nd & King
Pac Bell Park
China Basin
China Basin Park
Basin St
Bridgeview Way
China Basin St.
Mission Bay Blvd North
Mission Bay Blvd South
Nelson Rising St
USCF/Mission Bay
MISSION BAY
Mission Rock
4th & King
Mission Creek Marina
Mission Creek Park
Channel St
Old Channel St
Owens St
Berry St
Caltrain
San Francisco Caltrain
San Francisco Tennis Club
South Park
Taber Pl
Ritch St
Zoe St
Freelon St
Townsend St
James Lick Skyway
Folsom St
Howard St
Clementina St
Tehama St
Natoma St
Minna St
Hawthorne St
New Montgomery St
Montgomery St
G.G. University
Moscone Center
Zeum
Yerba Buena Gardens
SOUTH OF MARKET
St. Patrick School
Lincoln School
Shipley St
Clara St
Hall of Justice
Boardm. Pl
Gilbert St
Langton St
De Haro
Divison St
B. Carmichael
Harriet St
Russ St
Moss St
Rausch St
New Langston Arts
Ringold St
Dore St
Sherid. St
Kissling St
Lafayette St
Erie St
Central Skyway
South Van Ness Ave
Mission St
Otis St
Gough St
McCoppin St
Duboce Ave
Valencia St
Elgin Park
Levi Strauss
Market St
University of California
Haight
Rose
Octavia St
Page St
Lily St
Hickory St
Oak St
Fell St
Laguna St
Linden St
Hayes St
Ivy St
Birch St
Fulton St
Grove St
Golden Gate Avenue
Hayward Playground
Jefferson Square
CIVIC CENTER
Davies Symphony Hall
City Hall
Polk
Brooks Hall
Auditorium
Asian Art Museum
Civic Center
Van Ness
Van Ness Avenue
Franklin St
Starr King Way
Elm St
Ellis St
Turk St
Eddie St
Willow St
Olivie St
Myrtle St
O'Farrell St
Geary St
Great American Music Hall
Larkin St
Hyde St
Leavenworth St
Jones St
Taylor St
Mason St
Powell St
Stockton St
Sutter St
Post St
Bush St
Pine St
Austin St
Fern St
Cedar St
D. Burn. Hemlock St
Trinity Episcopal Church
Cathedral of Saint Mary's of the Assumption
St. Francis Memorial Hospital
TENDERLOIN
Glide Mem. Church
Boeddeker Park
Golden Gate Theater
McAllister St
Greyhound Bus Terminal
Main Post Office
Powell St & Market St
Old Mint
Stevenson St
Jessie St
Union Square
Xanadu
Hallidie Building
Mason Line
Powell Line
Grace St
Brady St
J,K,L,M,N,T

Nicht die steilste, aber eine der schönsten Straßen in San Francisco ist die Lombard Street

Coffee oder einen aus Rum, Tequila, Orangen- und Limonensaft gemixten Jack Kerouac. Nach dem namengebenden Verfasser des Kultromans »Unterwegs« wurde auch eine Gasse zwischen dem Café und dem benachbarten City Lights benannt.

Hauptverbindung quer durch North Beach ist die im Schachbrettmuster der Straßen schräg verlaufende Columbus Avenue. Sie beginnt im Stadtzentrum vor der Transamerica Pyramide. In der Nachbarschaft erhebt sich die patinagrüne Fassade des zu Anfang des 20. Jh. errichteten Columbus Tower, der auch Flatiron Building genannt wird. Die Columbus Avenue ist nicht nur eine pulsierende Verkehrsader, sondern auch eine Gourmetmeile mit Restaurants und Spezialitätengeschäften wie etwa der **Liguria Bakery** (Ecke Stockton und Filbert St., Tel. 1-415-421-3786, Di–Fr 8–14, Sa 7–14 Uhr), in der Nachfahren genuesischer Einwanderer immer noch das italienische Fladenbrot *focaccia* in einem originalen Ziegelofen aus dem Jahr 1911 backen.

Um die Mittagszeit bilden sich lange Warteschlangen vor dem über 100 Jahre alten **Molinari Deli** (373 Columbus Ave., Tel. 1-415-421-2337, www.shop.molinarideli.net, Mo–Fr 9–18, Sa 9–17.30 Uhr), wo flinke Hände zwischen von der Decke baumelnden Schinken und Vitrinen voller Köstlichkeiten himmlische Sandwiches zubereiten.

Mit einer delikaten Knoblauchwolke macht das Traditionsrestaurant **The Stinking Rose** (325 Columbus Ave., Tel. 1-415-781-7673, http://thestinkingrose.com, tgl. 11.30–22 Uhr) auf sich aufmerksam, was u. a. auf die Hausspezialität Forty Clove Garlic Chicken (25,99 $) zurückgeht, die ihren unnachahmlichen Geschmack 40 Knoblauchzehen verdankt.

Auf dem Washington Square im Mittelpunkt von North Beach finden vor der neogotischen Fassade der **Church of St. Peter and St. Paul** häufig Feste und Kulturveranstaltungen statt. Ein Massenaufgebot an Presseleuten stürmte die Kirche, als der legendäre Baseballstar Joe DiMaggio in den 1950er-Jahren Marilyn Monroe heiratete. Unter der auf dem Rasen errichteten Statue von Benjamin Franklin wurde 1979 eine Kapsel mit einem Gedicht von Lawrence Ferlinghetti, einem Paar Jeans und einer Flasche Wein als Symbole der damaligen Zeit in den Sockel gemauert. Erst nach Ablauf von 100 Jahren soll der ›Schatz‹ gehoben werden dürfen.

Coit Tower 6

1 Telegraph Hill Blvd., Tel. 1-415-249-0995, tgl. 10–18 Uhr, 8 $

Als Kind war Lillie Hitchcock Coit von Feuerwehrmännern aus einem brennenden Haus gerettet und als 15-jähriges Mädchen zum Maskottchen einer Feuerwehrbrigade erwählt geworden. Im Jahre 1929 stellte sie einen Teil ihres Vermögens für den Bau des runden, 64 m hohen **Coit Tower** auf dem **Telegraph Hill** zur Verfügung. Im Erdgeschoss des Turms schmücken die Wände Malereien aus den 1930er-Jahren, die durch öffentliche Beschäftigungsprogramme entstanden waren und seinerzeit wegen ihrer linksliberalen Thematik auf massive Kritik stießen. Von der Aussichtsplattform blickt man auf den Financial District, Russian Hill und Fisherman's Wharf. Vom ›Gipfel‹ des Telegraph Hill führen die Filbert Steps mit über 400 Stufen durch eine reizvolle Hügelflanke mit Gärten und Refugien grüner Papageien bergab Richtung Bucht von San Francisco.

Lombard Street 7

Vom Coit Tower stellt in westlicher Richtung die **Lombard Street** die Straßenverbindung zum Russian Hill her. Sie ist die berühmteste, aber mit 21,3 % bei Weitem nicht steilste Straße im Stadtgebiet von San Francisco. Den Rekord hält die Filbert Street zwischen Leavenworth und Hyde Street mit 31,5 % Steigung. Die Lombard Street ist nur bergab befahrbar und schlängelt sich in sehr engen, mit Ziegeln gepflasterten Kurven durch Vorgärten mit Hecken und Hortensienbüschen. Seitliche Treppen machen sie auch für Fußgänger zugänglich. Vom oberen Ende an der Hyde Street bietet sich ein wunderschöner Blick hinunter nach Fisherman's Wharf und auf die Insel Alcatraz im Hintergrund. Wegen des hohen Verkehrsaufkommens wird die Straße im Sommer an mehreren Wochenenden für Pkw geschlossen.

Ghirardelli Square 8

Am unteren Ende der Hyde Street liegt eine Cable-Car-Wendeplattform nur wenige Meter vom **Ghirardelli Square** entfernt. Zwischen 1962 und 1967 verwandelten die Stadtplaner die ehemalige Schokoladenfabrik in ein von Innenhöfen und Passagen durchzogenes Einkaufs-, Restaurant- und Unterhaltungszentrum.

Fisherman's Wharf 9

Embarcadero & Powell St., www.visitfishermanswharf.com

Fisherman's Wharf ist eine der bekanntesten Touristenattraktionen der Stadt – typisch ist diese in Souvenirnippes beinahe versinkende Schaumeile nicht. Millionen Besucher flanieren Jahr für Jahr an den Hafenanlagen vorbei, die größtenteils erst in den 1960er-Jahren entstanden. Bevor das große Touristengeschäft begann, befand sich vor Ort ein reger Fischereihafen, von dem heute nur Teile übrig sind. Statt Fischkutter zerpflügen Ausflugsboote nach Alcatraz die Bucht von San Francisco, und statt zünftiger Seemannskneipen haben sich auf Massentourismus eingestellte Restaurants zwischen Kirmesattraktionen etabliert.

The Cannery 10

Ähnlich wie der Ghirardelli Square besitzt auch **The Cannery** eine industrielle Vergangenheit, und zwar als Pfirsichkonservenfabrik. Auf mehreren Etagen verteilen sich Kunstgalerien, Restaurants, ein Kino und viele kleine Geschäfte.

Madame Tussaud's 11

145 Jefferson St., Tel. 1-866-223-4240, www.madametussauds.com/san-francisco/en, So–Do 10–19, Fr, Sa 10–20 Uhr, ab 13 J. 27 $, online 20 $

Nur wenige Schritte entfernt verlocken die aus Wachs gefertigten Promis von **Madame Tussaud's** zu einem Besuch.

San Francisco Maritime National Historical Park 12

Am Ende der Hyde St., Tel. 1-415-561-7000, www.nps.gov/safr, tgl. 9.30–17 Uhr, 10 $

In der Nachbarschaft liegen im **San Francisco Maritime National Historical Park** mehrere schwimmende Oldtimer vor Anker. Die Balclutha lief 1883 in Schottland vom Stapel und umsegelte das Kap Hoorn mehr als ein-

Anfang des 20. Jh. war der grüne Columbus Tower modernste Architektur, heute schielt er verstohlen auf die Transamerica-Pyramide: the times they are a-changin' …

mal, ehe sie in Alaska zur Konservenfabrik umfunktioniert wurde. Aus dem aktiven Verkehr gezogen, spielte sie im Abenteuerfilm »Meuterei auf der Bounty« mit. Die etwas jüngere C. A. Thayer von 1895 war das letzte kommerzielle Segelschiff an der Pazifikküste. Als der Schaufelraddampfer Eureka 1890 vom Stapel lief, war er das größte Fährschiff der Welt.

Pier 39 13

Ausgeprägter als sonstwo stellt sich die Kombination von Kitsch und Kommerz auf **Pier 39** zur Schau. Um ein Kinderkarussell und eine Bühne für Straßenkünstler haben sich in aus groben Balken gezimmerten Geschäften Schnellimbisse und Souvenirshops, Pizzerien und Eisdielen sowie überteuerte Gourmettempel angesiedelt. Seit Jahren ist eine Seelöwenkolonie die große Attraktion des Piers. Warum sich die schwergewichtigen Tiere so spektakulär stadtnah niedergelassen haben und warum ihre Zahl gelegentlich sehr stark schwankt, weiß niemand.

Zwei über 100 m lange Acryltunnel führen im **Aquarium of the Bay** in einem 2,7 Mio. Liter fassenden Becken durch die Unterwasserwelt der San Francisco Bay und machen Besucher mit den dort heimischen Lebewesen vertraut. An mehreren *touch tanks* kann man kleine Rochen und Haifische streicheln (Pier 39, Tel. 1-415-623-53 00, www.aquariumofthebay.org, im Sommer tgl. 9–20 Uhr, sonst kürzer, Erw. 25 $, Kin. 4–12 J. 15 $).

Alcatraz

www.nps.gov/alca; Ausflugsschiffe: Alcatraz Cruises, Pier 33, Tel. 1-415-981-7625, www.alcatrazcruises.com, Erw. 29 $, 5–11 J. 20 $, es werden auch Nachttouren angeboten

Im Sommer bilden sich neben Pier 39 an den Anlegestellen der Ausflugsschiffe lange Warteschlangen, weil sich viele Stadtbesucher eine Fahrt auf die Insel **Alcatraz** nicht entgehen lassen wollen. »The Rock«, wie der prägnante Felsen in der Bucht auch genannt wird, wurde von den Spaniern nach dort lebenden Pelikanen auf den heutigen Namen getauft. 1934 entstand dort die erste offizielle zivile Haftanstalt – vom ersten Tag an kein Knast wie jeder andere. Einzelhaft war die Regel, was manche Kritiker als barbarisch anprangerten. Der offiziellen Version zufolge gelang es keinem einzigen Ausbrecher, von der Insel auf das zwei Kilometer entfernte Festland zu fliehen. Das verhinderten nicht nur ausgeklügelte Sicherheitssysteme, sondern auch das eiskalte, von gefährlichen Strömungen durchzogene Wasser in der Bucht.

Auf Alcatraz saßen Amerikas berüchtigtste Kriminelle hinter Schloss und Riegel. Zur Unterweltprominenz gehörte Gangsterboss Al Capone, der während der Prohibition in Chicago sein Unwesen getrieben hatte. Neben ihm zählte Robert Stroud zu den bekanntesten Insassen. Wegen zweifachen Mordes zu lebenslänglicher Einzelhaft verurteilt, züchtete er zum Zeitvertreib Vögel, schrieb ornithologische Fachbücher und widmete sich der Geschichte des Strafvollzugs. Bis heute hält das US-Justizministerium Strouds Manuskript unter Verschluss. Im Alter von 76 Jahren starb der Häftling 1963 hinter Gittern. Ein Happy-End findet die Geschichte nur im Kinofilm mit Burt Lancaster in der Hauptrolle.

Die Geschichte von Alcatraz als berühmtestem Gefängnis Amerikas endete 1963 mit der Schließung u. a. wegen der zu hohen Unterhaltskosten. Seit 1972 verwaltet der National Park Service The Rock und leitet bis zu 4000 Besucher täglich durch Gefangenenzellen und Hochsicherheitstrakte.

Financial District

Als Wall Street des Westens apostrophiert, dehnt sich der **Financial District** zu Füßen der höchsten Gebäude der Stadt aus. In der Montgomery Street entstanden schon Mitte des 19. Jh. erste Banken, als der Goldrausch die Stadt mit Edelmetall versorgte. Den Durchbruch als Finanzzentrum schaffte San Francisco aber erst mit der Entdeckung riesiger Silberlagerstätten in Virginia City (Nevada) einige Jahre später. Das erste größere Bürogebäude stand lange Zeit dort, wo sich seit 1972 mit dem pyramidenförmigen **Transamerica Building** 14 eines der modernen Wahrzeichen der Stadt erhebt. Die hitzigen Diskussionen über das 260 m hohe, mit 3678 Fenstern ausgestattete, futuristisch anmutende Bauwerk sind längst verebbt. Heute ist die Pyramide aus der Skyline von San Francisco nicht mehr wegzudenken.

Der Grund und Boden des Finanzdistrikts wurde im 19. Jh. größtenteils durch Aufschüttung der Bucht gewonnen. Das gilt auch für den Untergrund des **Embarcadero Center** weiter östlich, ein Betonkomplex aus Geschäfts- und Büroräumen, zu dem Hotels, Restaurants und die **Justin Herman Plaza** mit einer brunnenähnlichen Skulptur des frankokanadischen Bildhauers Armand Vaillancourt gehören.

Ferry Building 15

Ferry Building, Mo–Fr 10–18, Sa 9–18, So 11–17 Uhr, Bauernmarkt jeden Di, Do und Sa 7–13 Uhr, www.ferrybuildingmarketplace.com

Tipp

GRATISTAG IN MUSEEN

Zahlreiche Museen können Sie zu bestimmten Zeiten kostenlos besichtigen: 1. Di im Monat – Conservatory of Flowers, Contemporary Jewish Museum, de Young Museum, Legion of Honor, Museum of Craft and Design, Yerba Buena Center for the Arts; 1. So im Monat – Asian Art Museum, Oakland Museum of California; 1. Mi im Monat – Bay Area Discovery Museum; Mo, Mi, Fr vor 10 Uhr – Japanese Tea Garden.

Der früher stark frequentierte Fährterminal **Ferry Building** dient heute als exquisiter Gourmettempel. Schon vor Jahren sind in das Gebäude mit einem der Kathedrale im spanischen Sevilla nachempfundenen Campanile Restaurants mit internationalen Spezialitäten und Delikatessenläden eingezogen. Außerhalb findet regelmäßig ein bunter **Bauernmarkt** und an Wochenenden ein beliebter **Food Market** statt. Weiter südlich zieht sich an der Bucht bis zum **Rincon Park** eine reizvolle Flaniermeile entlang.

James R. Herman Cruise Terminal 16

Am Pier 27 liegt der Terminal für Kreuzfahrtschiffe. Die Stadt will sich damit einen Platz im boomenden Geschäft mit Hochseereisen sichern. Liegen keine Schiffe vor Anker, dient das Gebäude unterschiedlichen Events.

Exploratorium 17

Pier 15, Embarcadero, Tel. 1-415-528-4360, www.exploratorium.edu, Di–So 10–17, Do bis 22 Uhr, Erw. 30 $, Kin. 4–12 J. 20 $

An der Wasserkante hat das **Exploratorium** einen Standort gefunden und präsentiert interaktive Einrichtungen etwa aus Biologie, Physik und Akustik.

Transbay Transit Center 18

200 Folsom St.

Stadteinwärts vom Rincon Park eröffnete 2018 diese neue Drehscheibe für den Verkehr. Sie dient als Bahnhof mehrerer Busgesellschaften und zweierlei Bahnsysteme: einmal von der CalTrain-Eisenbahn, die via Silicon Valley nach San Jose fährt, andererseits der noch im Bau befindlichen Hochgeschwindigkeitsbahn, die nach ihrer Fertigstellung San Francisco mit Los Angeles verbinden soll. Auf dem Dach des gigantischen Bahnhofs soll der in luftiger Höhe liegende spektakuläre **City Park** zum neuen Highlight der Stadt werden – mit einem Dutzend unterschiedlicher Gärten, Bäumen, Rasenflächen, Amphitheater, einem 800 m langen Spazierpfad und einer Gondelbahn, die vom Mission Square in den ›Himmelspark‹ führt. In der Nachbarschaft entstand mit dem Salesforce Tower (326 m) das höchste Gebäude der Stadt.

Kunstrefugium im Hochhausmeer: Mario Bottas Bau für das Museum of Modern Art

SoMa und Yerba Botanic Gardens 19

Eine ähnlich erfolgreiche kosmetische Operation wie Embarcadero machte den sich weiter westlich anschließenden Stadtteil **South of Market Street,** von den Einheimischen **SoMa** genannt, zum Trend- und Avantgardeviertel mit Kunst- und Kulturangeboten sowie Cafés, schicken Weinbars und exquisiten Restaurants der gepflegten Lebensart.

Wo früher noch der Putz von altersschwachen Lagerhäusern bröckelte, eröffnete in den 1990er-Jahren mit den **Yerba Buena Gardens** ein 87 Mio. Dollar teurer Komplex, welcher der ethnischen und kulturellen Vielfalt der Bay-Metropole gerecht werden sollte. Grünanlagen mit einem künstlichen Wasserfall, Rasenflächen, einem Martin Luther King Memorial und Pflanzen aus allen Partnerstädten von Abidjan (Côte d'Ivoire) bis Schanghai (China) sind nur ein Teil der Naturoase. Dazu gehören auch das vom japanischen Architekten Fumihiko Maki entworfene Kunst- und Kulturzentrum **Yerba Buena Center for the Arts** für Ausstellungen und Aufführungen mit einem 750 Plätze großen Theater (701 Mission St., Tel. 1-415-978-2700, www.ybca.org) und das größtenteils unter der Straßenebene liegende **Moscone Convention Center** (www.moscone.com).

San Francisco Museum of Modern Art 20

151 Third St., Tel. 1-415-357-4000, www.sfmoma.org, Fr–Di 10–17, Do 10–21 Uhr, Erw. 25 $, Senioren ab 65 J. 22 $, Jugendliche 19–24 J. 19 $, unter 18 J. frei

Herzstück der Kunstszene in SoMa ist das von dem Schweizer Architekten Mario Botta entworfene **San Francisco Museum of Modern Art**, ein gewaltiger Ziegelbau mit einem abgeschrägten zylindrischen Dachaufsatz im rötlich-weißen Streifenmuster. Die Qualität des Hauses mit seinen abstrakten, expressionistischen sowie postmodernen Sammlungen auf 16 000 m^2 Ausstellungsfläche hat sich längst herumgesprochen und sorgte bereits unmittelbar nach der Eröffnung im Jahr 1995 für einen Besucheransturm.

Seit der Eröffnung eines futuristischen Erweiterungsbaus im Jahr 2016 kann sich das Museum als umfangreichste Ausstellung moderner Kunst in den USA rühmen. Der Reigen der Künstler reicht von Henri Matisse über Paul Klee, Frank Gehry und Anselm Adams bis zu dem amerikanischen Maler Clyfford Still und dem deutschen Maler und Bildhauer Gerhard Richter.

Cartoon Art Museum 21

781 Beach St, Tel. 1-415-227-8666, www.cartoonart.org, tgl. außer Mi 11–17 Uhr, Erw. 10 $, Senioren 6 $, Kinder 6–12 J. 4 $

Unter den über 7000 Ausstellungsstücken des Museums befinden sich Disney-Animationen, historische Comics des Peanuts-Erfinders Charles Schultz, politische Comics von Bill Mauldin und Lou Grant ebenso wie Comic-Bücher mit Illustrationen berühmter Künstler wie Bob Kane, Jack Kirby und Steve Ditko. Außerdem sind Wechselausstellungen zu sehen.

Museum of the African Diaspora 22

685 Mission St., Tel. 1-415-358-7200, www.moadsf.org, Mi–Sa 11–18, So 12–17 Uhr, 10 $

Mit dem Beitrag der Nachfahren schwarzer Sklaven zur Kultur in Nord- und Südamerika setzt sich das **Museum of the African Diaspora** auseinander. Dabei gehen die verschiedenen Ausstellungen auf die afrikanischen Wurzeln des Jazz ebenso ein wie etwa auf die Einflüsse des Sklavenhandels auf die brasilianische Küche. Der Museum Store verkauft hübsches Kunsthandwerk, beispielsweise Skulpturen, Masken, Schmuck und Textilien.

International Art Museum of America 23

1025 Market St., zwischen Taylor St. und Golden Gate Ave., Tel. 1-415-376-6344, www.IAMAsf.org, Di–So 10–17 Uhr, Eintritt frei

Kernstück des **International Art Museum of America** ist eine permanente Asienabteilung mit Kunstwerken aus China, Skulpturen, Porträts und Landschaftsmalereien von europäischen Künstlern des 18. und 19. Jh. wie Maurice de Vlaminck und Evariste Carpentier. Von der französischen Malerin Rosa Bonheur sind einige Tierbilder zu sehen, für die sie weltweite Anerkennung fand.

Contemporary Jewish Museum 24

736 Mission St., Tel. 1-415-655-7800, www.thecjm.org, tgl. außer Mi 11–17, Do bis 20 Uhr, Erw. 14 $, ab 65 J. 12 $

Das **Contemporary Jewish Museum** ist in einem von dem Stararchitekten Daniel Libeskind entworfenen Gebäude untergebracht. Es beschäftigt sich weniger mit Geschichte als vielmehr mit der Kultur jüdischer Menschen, von denen 200 000 in der Stadt leben.

Civic Center 25

Der im Zentrum des **Civic Center** stehende Kuppelbau der 1915 erbauten City Hall ist dem Petersdom in Rom nachempfunden. Lobby und Korridore spiegeln sich in Marmor, während die barock gestalteten Treppen genauso gut in die Geschosse eines französischen Prunk-baus führen könnten. Im Unterschied zum Rat-haus strahlt die davor befindliche, von symmetrischen Baumreihen bestandene Plaza eher nüchternes Flair aus. Häufig flattern dort Plastikzelte von Wohnsitzlosen im Wind, was für eine tolerante Stadtverwaltung spricht.

Jenseits der Van Ness Avenue reihen sich einige Kultureinrichtungen von Rang aneinander. Mit einer modernen, gebogenen Fassade macht die **Louise M. Davies Symphony Hall** auf sich aufmerksam, in deren 2400 Plätze großem Auditorium von September bis Mai die Konzerte der San Francisco Symphony stattfinden (201 Van Ness Ave., Tickets Tel. 1-415-864-6000, www.sfsymphony.org).

Das **War Memorial Opera House** 1 in der Nachbarschaft machte 1945 Weltgeschichte, als dort die Vereinten Nationen gegründet wurden. Sechs Jahre später war das

Gebäude Schauplatz der Unterzeichnung des Amerikanisch-Japanischen Friedensvertrags. Heute finden dort die Aufführungen der San Francisco Opera (1923) und des San Francisco Ballet statt (301 Van Ness Ave., Tickets Tel. 1-415-864-3330, www.sfopera.com).

Das aus dem Jahr 1932 stammende und im Veteran's Building untergebrachte **Herbst Theater** 2 für kleinere Veranstaltungen vervollständigt das kulturelle Triumvirat in der Nachbarschaft des Civic Center. Die acht überdimensionalen Wandgemälde im etwas weniger als 1000 Zuschauer fassenden Theater stammen vom belgischen Künstler Frank Brangwyn, der sie für die Panama-Pacific International Exposition 1915 anfertigte (401 Van Ness Ave., Tel. 415-621-6600, http://sfwmpac.org/herbst-theatre). Seit der Renovierung erstrahlt das Theater in neuem Glanz.

Außerhalb des Zentrums

Cityplan: S. 133

Stadtteil Marina

Die vom Russian Hill westwärts führende Lombard Street ist in San Francisco wegen der zahlreichen preiswerteren Unterkünfte auch unter dem Namen »Motel Row« bekannt. Sie zieht sich mitten durch den vornehmen Stadtteil **Marina** mit hübschen viktorianischen, von Erkern und Türmchen geschmückten Häusern und gepflegten Villen im mediterranen Stil. Neben der **Lombard Street** ist die parallel verlaufende **Chestnut Street** die Hauptader des Viertels mit einer großen Auswahl von Restaurants, Bars, Klubs und Spezialitätenläden, in denen etwa mexikanische und italienische Gerichte auch zum Mitnehmen verkauft werden.

Fort Mason 26

https://fortmason.org

Im Nordosten des Stadtteils entwickelte sich das ehemalige Militärgelände **Fort Mason** zu einem Kulturzentrum u. a. mit interaktiven Installationen und Ausstellungen des Exploratoriums (s. S. 129) unter freiem Himmel.

Palace of Fine Arts 27

Am westlichen Rand von Marina steht in einer kleinen Parkanlage der neoklassische **Palace of Fine Arts,** ein mit Säulen, Kolonnaden, Halbreliefs und Statuen geschmücktes Überbleibsel der Panama-Pacific-Ausstellung von 1915. Schon viele Hochzeitsgesellschaften haben den künstlich angelegten Teich vor dem Gebäude für Fotos ausgewählt.

Golden Gate National Recreation Area

Vom Jachthafen führt der 3,5 Meilen lange **Coastal Trail** als asphaltierter Fußgänger-, Radfahrer- und Joggerpfad direkt am Ufer der Bucht entlang durch die **Golden Gate National Recreation Area** bis zum zwischen 1853 und 1861 erbauten **Fort Point** direkt unter der Golden Gate Bridge, wo James Stewart im Hitchcock-Thriller »Vertigo« 1958 seine Filmpartnerin Kim Novak aus dem Wasser rettete.

Tipp

ÜBER DIE GOLDEN GATE BRIDGE

Wer mit dem Mietwagen die Brücke überquert, kann die fällige Gebühr über das elektronische Mautprogramm des Autoverleihs entrichten: http://goldengate.org/tolls/german.php.
Zu Fuß oder per Fahrrad ist die Brücke kostenlos passierbar. Skateboards und Roller Blades sind nicht erlaubt. E-Bikes dürfen nur ausgeschaltet benutzt werden.

Fort Point 28

Fort Point, Tel. 1-415-556-1693, www.nps.gov/fopo, im Sommer 10–17 Uhr, Eintritt frei

Die ursprünglich mit über 120 Kanonen ausgestattete Militäranlage diente früher einmal dem Schutz der Einfahrt in die Bucht, doch wurde von ihr nie ein Schuss abgefeuert. Heute bietet die meist windige und von hohen Wellen umspülte Stelle einen Blick aus dramatischer Perspektive auf die Golden Gate-Brücke und das Goldene Tor.

Golden Gate Bridge 29

Macht die lachsrote **Golden Gate Bridge** mit ihren gewaltigen Stahlverstrebungen von Fort Point aus einen fast unheimlichen Eindruck, zeigt sich das Wahrzeichen von San Francisco vom Parkplatz kurz vor der südlichen Brückenauffahrt von ihrer Bilderbuchseite. In einer kleinen Grünanlage steht die Büste von Chefingenieur Joseph Strauss, nach dessen Plänen das Bauwerk nach viereinhalbjähriger Bauzeit am 28. Mai 1937 eingeweiht wurde. Am Tag zuvor waren über 200 000 Menschen über die Brücke marschiert.

Nicht nur der optische Eindruck, sondern auch die technischen Maße sind beeindruckend. Vom einen zum anderen Ende misst die Brücke 2,7 km, wobei sie auf 1280 m zwischen den beiden 227 m hohen Pfeilern ohne Stützen

Großraum San Francisco

- 35 California Academy of Science
- 36 San Francisco Botanical Garden
- 37 Japanese Tea Garden
- 38 Twin Peaks
- 39 Mission Dolores

Übernachten

- 5 Monte Cristo Inn
- 7 Inn On Castro
- 1 – 4, 6, 8 – 11 s. Cityplan S. 121

Essen & Trinken

- 1 Cuisine of Nepal
- 3 Han Il Kwan
- 4 s. Cityplan S. 121
- 5 New Eritrea
- 6 Red Tavern
- 13 Foreign Cinema
- 16 Cafe Flore
- 2, 7 – 12, 14 – 15 s. Cityplan S. 121

Einkaufen

- 4 Buffalo Whole Food
- 1 – 3, 5 s. Cityplan S. 121

Sehenswert

- 1 – 25 s. Cityplan S. 121
- 26 Fort Mason
- 27 Palace of Fine Arts
- 28 Fort Point
- 29 Golden Gate Bridge
- 30 Presidio
- 31 Baker Beach
- 32 California Palace of the Legion of Honor
- 33 Cliff House
- 34 M. H. de Young Memorial Museum

Abends & Nachts

- 1 – 8 s. Cityplan S. 121

Aktiv

- 1 – 4 s. Cityplan S. 121
- 5 Diamond Massage & Wellness Center

---

auskommt. Die samt Gehwegen 27,5 m breite und 67 m über dem Wasser hängende Fahrbahn wird von zwei 2,3 km langen Stahltrossen mit einem Durchmesser von 92,5 cm gehalten.

Nachdem sich zwischen 1936 und 2007 über 1200 Menschen von der Brücke in den Tod gestürzt hatten, wurde beschlossen, das Bauwerk 2009 mit einem ca. 50 Mio. $ teuren Fangnetz auszustatten, um derartige Vorfälle künftig zu verhindern.

Über 100 000 Fahrzeuge überqueren Tag für Tag das Goldene Tor, wobei die Fahrbahnen je

Aktiv

HIKING AUF DEM COASTAL TRAIL

Tour-Infos

Start: Golden Gate Bridge
Länge: einfach 3,9 km
Dauer: ca. 1–1,5 Std.
Wichtige Hinweise: Der kostenlose Presidi-Go-Shuttlebus hält auf seiner Crissy Field Route an der Golden Gate Bridge. Nach der Wanderung fährt man von der Haltestelle 25th Avenue zum Presidio Transit Center und von dort in die Stadt zurück (www.presidio.gov/transportation-internal).

Das ehemalige Militärgelände **Presidio** 30 wurde in den letzten Jahrzehnten in einen Nationalpark umgewandelt, der von der Innenstadt in wenigen Minuten zu erreichen ist. Der reizvolle, einfach zu gehende **California Coastal Trail** windet sich von der Golden Gate Bridge im Norden bis nach Süden an den Rand des Stadtteils Sea Cliffs an der spektakulären Steilküste entlang. Von vielen Stellen hat man wunderbare Ausblicke auf das lachsrote, das Golden Gate überspannende Wahrzeichen der Stadt, den Pazifik und die Berglandschaft in den Marin Headlands. Bevor man vom Transit Center in die Stadt zurückkehrt, kann man dem benachbarten **Walt Disney Family Museum** einen Besuch abstatten, das sich mit den unterschiedlichen Lebensabschnitten des Zeichentrickkünstlers von seiner Frühphase bis zur Gründung der Vergnügungsparks beschäftigt (104 Montgomery St., Tel. 1-415-345-6800, www.waltdisney.com, tgl. außer Di 10–18 Uhr, Erw. 30 $, Sen. 25 $, Kin. 6–17 J. 20 $).

nach Verkehrsaufkommen durch mobile Markierungen verändert werden. Bezahlen muss man nur auf dem Weg in die Stadt. Fußgängern steht der Gehweg auf der Ostseite der Brücke jeden Tag von 5 bis 21 Uhr gratis zur Verfügung. Radler dürfen diesen Weg nur montags bis freitags benutzen und müssen an Wochenenden auf die westliche Brückenseite ausweichen.

Presidio 30

Presidio Visitor Center, 36 Lincoln Blvd., Tel. 1-415-561-4323, www.presidio.gov, Do–So 10–16 Uhr

Die reizvolle Hügellandschaft mit Wäldchen und Wiesen des **Presidio** südlich der Brücke markiert jene Stelle, wo San Francisco mit dem Bau einer militärischen Befestigung 1776 kurz nach der Gründung der Mission San Francisco de Asis seine Geburtsstunde erlebte. Später war die Anlage von Mexikanern, dann von Amerikanern besetzt. 1994 zog sich das US-Militär von dem 600 Hektar großen Gelände mit Kavalleriebaracken, einem Militärfriedhof und einem Golfplatz zurück und überließ es dem National Park Service. Viele der über 800 Gebäude sind von gewerblichen Unternehmen angemietet. Filmemacher und Multimilliardär George Lucas (»Star Wars«, »Indiana Jones«) betreibt hier das aus unterschiedlichen Firmenfilialen und Filmstudios bestehende Letterman Digital Arts Center. Das ursprünglich im Presidio geplante Lucas Cultural Arts Museum soll in Chicago verwirklicht werden.

Baker Beach 31

An der Pazifikküste südlich der Golden Gate Bridge setzt sich die Golden Gate National Recreation Area mit dem Coastal Trail fort. Über den Lincoln Boulevard ist der reizvolle **Baker Beach** mit Top-Aussicht auf die Golden Gate Bridge zu erreichen, ein sehenswerter Sandstrand mit Platz zum Baden und Sonnen.

California Palace of the Legion of Honor 32

34th Ave. & Clement St., Tel. 1-415-750-3600, http://legionofhonor.famsf.org, Di–So 9.30–17 Uhr, Erw. 15 $, Kin. bis 17 J. frei, jeden 1. Di im Monat gratis

Der im Beaux-Arts-Stil errichtete und mit einer Säulenfassade ausgestattete California Palace of the Legion of Honor beherbergt eine der größten Sammlungen überwiegend europäischer Kunst außerhalb Europas. Das Ticket ist am selben Tag auch für das M. H. de Young-Museum im Golden Gate Park (s. S. 135) gültig.

Cliff House 33

1090 Point Lobos, Tel. 1-415-386-3330, www.cliffhouse.com, tgl. ab 9 Uhr

Weiter südlich liegen dicht vor der Küste die Seal Rocks, jahrelang Heimat einer Seelöwenkolonie, ehe die Tiere nach Pier 39 umzogen. Vor allem abends lohnt sich der Blick auf die schwarzen Felsen vom **Cliff House,** einem hoch über den Klippen stehenden Restaurantkomplex mit mehreren Lokalen, der seit 1863 mehrfach umgebaut wurde und wegen seiner fabelhaften Aussicht zu den attraktivsten Küstenflecken rund um San Francisco zählt. Sonntags kann man einen Besuch mit einem Gang ans Champagne Buffet im Terrace Room verbinden.

Golden Gate Park

Der über 400 Hektar große **Golden Gate Park** mit Wiesen, Seen, Rosengärten, Baumschule, Rhododendron-Tal, Kinderspielplätzen, dänischer Windmühle und Büffel-Koppel ist eine städtische Institution und die beliebteste grüne Oase in San Francisco. Neben Entspannung in freier Natur bietet der lang gezogene Park aber auch reichlich Kultur.

M. H. de Young Memorial Museum 34

50 Hagiwara Tea Garden Dr., Tel. 1-415-750-3600, http://deyoung.famsf.org, Di–So 9.30–17, Fr bis 20.30 Uhr, Erw. 15 $, Kin. bis 17 J. frei

Nachdem das **M. H. de Young Memorial Museum** bei dem Erdbeben im Jahr 1989 schwer beschädigt worden war, entschloss man sich für einen dreistöckigen Neubau mit einem 44 m hohen Aussichtsturm (Zugang kostenlos) und einem Skulpturengarten, um die unschätzbaren Kunstsammlungen von Masken aus Neuguinea über tibetischen Schmuck bis zu erlesenen Jadesammlungen unterzubringen.

California Academy of Science 35

55 Music Concourse Dr., Tel. 1-415-379-8000, www.calacademy.org, Mo–Sa 9.30–17, So 11–17 Uhr, Erw. 35,95 $, 12–17 J. 30,95 $

Neben dem M. H. de Young Memorial Museum entstand für die **California Academy of Science** ein Gebäude mit Aquarium, Planetarium und Museum für Naturgeschichte unter einem von 1,7 Mio. Pflanzen bewachsenen Flachdach.

San Francisco Botanical Garden 36

9th Ave. & Lincoln Way, Tel. 1-415-661-1316, www.sfbotanicalgarden.org, Mo–Fr 7.30–16.30, Sa–So 7.30–17 Uhr, Erw 8 $, Kin. 5–11 J. 2 $, 2. Di im Monat Eintritt frei

Im **San Francisco Botanical Garden** können Besucher 8000 Pflanzenarten aus aller Welt bewundern, welche die Anlage zu einer urbanen Oase von seltener Strahlkraft machen.

Japanese Tea Garden 37

7 Hagiwara Tea Garden Dr., Tel. 1-415-752-1171, http://japaneseteagardensf.com, tgl. 9–18 Uhr, Erw. 9 $, ab 65 J. und Kin. 12–17 J. 6 $

Beschaulichkeit garantiert der 1894 angelegte **Japanese Tea Garden** mit einem Teehaus. Ursprünglich wurde der Garten 1894 als japanisches Dorf für eine internationale Ausstellung errichtet und später mit einer Brücke, Pagoden, typischen Laternen, Treppen, japanischen Pflanzen, einem Zen-Garten und Koi-Teichen zu einem viel besuchten Kleinod erweitert.

Twin Peaks 38

Die früher auf der Halbinsel von San Francisco lebenden Küstenindianer hielten die **Twin Peaks** für ein streitendes Paar, das vom Großen Manitou durch einen Blitzschlag der besseren Harmonie wegen voneinander getrennt wurde. Die im 18. Jh. anrückenden Spanier tauften die Anhöhen auf den Namen »Los Pechos de la Chola« (Brüste einer Indianerin), weil sie, vermutlich unter den Einwirkungen ihrer unfreiwilligen Abstinenz, einen Mädchenbusen zu entdecken glaubten. Mit 278 und 275 m sind die beiden Hügelkuppen fast gleich hoch. Der höhere Gipfel mit Parkplatz und fantastischer Aussicht ist für die meisten Touristen ein Pflichtstopp im Besuchsprogramm. Gegen Abend herrscht auf dem Gipfel meist großes Gedränge, sodass hin und wieder keine Autos mehr zugelassen werden.

Mission District

Im Osten der Twin Peaks breitet sich der **Mission District** aus, den die Spanier 1776 wegen seines sonnigen, meist nebelfreien Klimas als Standort für die Mission Dolores auswählten.

Der Mission District ist nicht nur wegen der Missionsstation ein lohnendes Besichtigungsziel. In den Straßen um die zentrale Mission Street herrscht wegen des hohen Latinoanteils eine Atmosphäre wie in einer südamerikanischen Stadt. Supermärkte kündigen ihre Angebote ebenso auf Spanisch an wie Restaurants und Imbisse. Kulturell gehört der Stadtteil seit Jahren zu den kreativsten Teilen von San Francisco, hat aber auch unter steigenden Kriminalitätsraten zu leiden. Zum Teil riesige Wandgemälde zeigen, dass viele Maler in der Tradition des bekannten mexikanischen Künstlers Diego Rivera (1886–1957) stehen, der in der ersten Hälfte der 1930er-Jahre auch in den USA arbeitete. Besonders reich und farbenfroh ausgestattet mit Wandmalereien aus der Zeit seit den 1980er-Jahren sind neben der **Valencia Street** hauptsächlich die kleinen Nebenstraßen **Balmy Alley** (www.balmyalley.com) und **Clarion Alley.**

Mission Dolores 39

3321 16th St., Tel. 1-415-621-8203, www.missiondolores.org/64, tgl. 9–16 Uhr, Eintritt als Spende nach eigenem Ermessen

Das originale Missionsgebäude mit Säulenfassade und Holzbalkon besteht aus 1,30 m dicken Adobe-Mauern, die als Schutz gegen Niederschläge mit einer Kalk-Zement-Mischung überzogen wurden. Wahrscheinlich aufgrund des elastischen Baumaterials hat das Gebäude sämtliche Erdbeben seit 1776 überstanden. Auffällig ist die Decke mit dekorativen Mustern, wie sie von den alten Costanoan-Indianern bei Korbflechtereien verwendet wurden. Ein kleines Museum zeigt historische Artefakte und Manuskripte. Nebenan wurde 1918 eine Basilika mit üppigem Stuckdekor um Portal und Türme erbaut. Auf dem Friedhof neben der Kirche liegen 5000 Indianer, spanische Soldaten, mexikanische Geistliche und US-Pioniere begraben.

Infos

San Francisco Visitor Information Center: untere Ebene der Hallidie Plaza, 900 Market St., Ecke Powell St., Tel. 1-415-391-2000, Informationen über Bandansage Tel. 415-391-2001, www.sftravel.com.

Übernachten

Das Convention & Visitors Bureau betreibt ein Hotelreservierungs-System mit über 200 Hotels. Buchungen über Tel. 1-415-391-2000 oder www.sanfrancisco.travel/explore/hotels.

Luxus und Komfort – **Fairmont San Francisco 1 :** 950 Mason St., Tel. 1-415-772-5000, www.fairmont.com/sanfrancisco. Knapp 600 Zimmer großes First-Class-Hotel auf dem Nob Hill. Die exquisite Ausstattung wird schon in der Lobby mit ihrem klassischen Ambiente deutlich; zwei fürstlich dekorierte Restaurants und zwei Lounges, große Zimmer mit allem Komfort. DZ ab 300 $.

»Grünes« Hotel – **Orchard Hotel 2 :** 665 Bush St., Tel. 1-415-362-8878, www.theorchardhotel.com. Umweltbewusstes Stadthotel unter deutscher Führung mit modern eingerichteten Nichtraucherzimmern mit großen Bädern, WLAN-Anschluss und Mobiliar aus balinesischem Holz. DZ ab 280 $.

Stylish eingerichtet – **Parc 55 Hotel 3 :** 55 Cyril Magnin St., Tel. 1-415-392-8000, www.parc55hotel.com. Zwei Blocks vom Union Square entfernt gelegenes Hotel mit über 1000 Zimmern und Suiten, 4 Restaurants, Fitnesscenter, Spa mit Massageabteilung, teurer Parkplatz (man parkt besser in einer öffentlichen Garage). DZ ab ca. 270 $.

Prima Lage – **Hotel Zoe 4 :** 425 N. Point St., Tel. 1-415-561-1100, www.hotelzoesf.com.

Boutiquehotel nur Schritte von Fisherman's Wharf entfernt. Italienisches Restaurant im Haus, Gratis-WLAN, Fahrradausleihe, sehr teurer Valet-Parkplatz. DZ ab ca. 240 $.

Für Romantiker – **Monte Cristo Inn** 5 **:** 600 Presidio Ave., Tel. 1-415-931-1875, www.bedandbreakfastsf.com. Viktorianisches Anwesen von 1875 mit 18 Zimmern. Holz- und Messingbetten im Stil des 19. Jh., Frühstücksbuffet. DZ ab ca. 200 $.

Der Preis stimmt – **Phoenix Hotel** 6 **:** 601 Eddy St., Tel. 1-415-776-1380, www.phoenixsf.com. Kleines Hotel mit beheiztem Außenpool, gratis Internetzugang, Frühstück und Parkplatz inklusive. Zum Haus gehört ein Restaurant. Vorsicht vor allem nachts im Stadtteil Tenderloin! DZ ab 190 $.

Hübsche Zimmer – **Inn On Castro** 7 **:** 321 Castro St., Tel. 1-415-861-0321, www.innoncastro.com. Individuell und geschmackvoll mit Kunstwerken, Blumen und exotischen Pflanzen dekoriertes viktorianisches Haus im Schwulenzentrum der Stadt mit 10 Zimmern. DZ ab 170 $, Frühstück inkl.

Viktorianischer Stil – **Golden Gate Hotel** 8 **:** 775 Bush St., Tel. 1-415-392-3702, www.goldengatehotel.com. Hotel im Edwardian-Stil in bester Zentrumslage mit 23 charmanten Zimmern, 14 mit eigenem Bad, antikes Mobiliar, Internetanschluss, TV, Telefon und Satelliten-TV. Die Besitzerin spricht deutsch. DZ 150–225 $.

Günstige Lage – **Buena Vista Motor Inn** 9 **:** 1599 Lombard St., Tel. 1-415-923-9600, www.buenavistamotorinn.com. Älteres, aber ordentliches Motel mit gutem Preis-Leistungs-Verhältnis. Geräumige, klimatisierte Zimmer auf 3 Stockwerken mit Fahrstuhl, Morgenkaffee und Parkplatz gratis. DZ ab 150 $.

Ohne großen Komfort – **Hotel Mayflower** 10 **:** 975 Bush St., Tel. 1-415-673-7010, www.sfmayflowerhotel.com. Nicht sonderlich ruhiges, aber preiswertes Hotel mit geräumigen Zimmern, kleines Frühstück inklusive. Manche Zimmer mit Küchenzeile, Mindestaufenthalt 2 Nächte. DZ ca. 130 $.

Für Rucksackreisende – **Green Tortoise Guest House** 11 **:** 494 Broadway, Tel. 1-415-834-1000, www.greentortoise.com. Herberge vor allem für junge Leute mit Frühstück, kostenlosem Internetzugang, Sauna, Münzwaschmaschinen und 3 x wöchentlich Abendessen. Pro Schlafplatz ab 40 $.

Essen & Trinken

In sind **Food Trucks,** die aus ihren Bordküchen Leckerbissen bieten. Standorte findet man unter http://roaminghunger.com/sf und http://friskyfoodtrucks.com.

Lust auf internationale Küche? – Spanisch – **Alegrias:** 2018 Lombard St., www.alegriassf.com; Nepalesisch – **Cuisine of Nepal** 1 **:** 3486b Mission St., http://cuisineofnepal.com; Baskisch – **Piperade** 2 **:** 1015 Battery St., www.piperade.com; Koreanisch – 3 **Han Il Kwan:** 1802 Balboa St., hanilkwan.org; Thailändisch – 4 **Thai Spice:** 1730 Polk St., thaispiceonpolkstreet.com; Eritreisch – 5 **New Eritrea:** 907 Irving St., neweritrearestaurant.com; Russisch – 6 **Red Tavern:** 2229 Clement St., redtavernsf.com; Marokkanisch – 7 **Mourad:** 140 New Montgomery St., mouradsf.com; Griechisch – 8 **Souvla:** 517 Hayes St., www.souvlasf.com.

Leckeres aus dem Meer – **Farallon** 9 **:** 450 Post St., Tel. 1-415-956-6969, www.farallonrestaurant.com, tgl. 17.30–22 Uhr. Gäste speisen in einem außergewöhnlichen Tiefseeambiente mit Glaslampen in Form von Quallen, das zuweilen an ein Aquarium erinnert. Die hervorragende Küche ist auf Fisch und Meeresfrüchte spezialisiert. Hauptgerichte ab 32 $.

Königlich speisen – **Jardinière** 10 **:** 300 Grove St., Tel. 1-415-861-5555, www.jardiniere.com, Do–Sa 17–23.30, So–Mi 17–22.30 Uhr. Kalifornisch-französische Küche der preisgekrönten Köchin Traci Des Jardins, z. B. Entenconfit mit Salat aus grünen Bohnen und Schokoladen-Brotpudding mit Bananen zum Nachtisch. Hauptgerichte 22–60 $.

Kleine Karte – **Marlowe** 11 **:** 500 Brannan St., Tel. 1-415-777-1413, www.marlowesf.com, Lunch Mo–Fr 11.30–14.30, Dinner So–Sa 17.30–23 Uhr. Schickes Lokal mit kühlem Interieur. Zu den Spezialitäten zählt der Marlowe Burger mit karamellisierten Zwiebeln, Speck, Käse und Meerrettich-Aioli (17 $). Fleisch-, Geflügel- und Fischgerichte 21–29 $.

Die Seelöwenkolonie bei Pier 39 lockt Touristen ebenso wie Einheimische. Vor allem in der kalten Jahreszeit sind viele Tiere zu sehen

Speisen mit Stil – **Zuni Café 12 :** 1658 Market St., Tel. 1-415-552-2522, www.zunicafe.com, Di–Sa 11.30–23, So 11–23 Uhr. Legendäres Lokal mit Top-Austernbar und Menüs (italienische Küche). Hauptgang 20–32 $.

Kino-Restaurant – **Foreign Cinema 13 :** 2534 Mission St., Tel. 1-415-648-7600, www.foreigncinema.com, tgl. 17.30–22, Sa–So Brunch 11–14.30 Uhr. Zu Austern aus Neuschottland, Maine, British Columbia oder Kalifornien (40–50 $/Dutzend) bzw. wechselnden Menüs werden im Innenhof des loftähnlichen Restaurants Filme gezeigt. 15–30 $.

Deutsche Klassiker – **Suppenküche 14 :** 601 Hayes St., Tel. 1-415-252-9289, www.suppenkuche.com, tgl. 17–22, So-Brunch 10–14.30 Uhr. Nicht nur für heimwehkranke Deutsche werden an groben Holztischen Bratwurst mit Rotkohl, Schnitzel, Frikadellen, Apfelstrudel und Kartoffelpuffer mit Apfelmus serviert. Die Auswahl an Bieren ist imponierend. 13–22 $.

Asiatisches zum Verlieben – **House of Nan King 15 :** 919 Kearny St., Tel. 1-415-421-1429, http://houseofnanking.net, Mo–Fr 11–21, Sa–So 12–21 Uhr. Seit Jahren ein Geheimtipp für Liebhaber der fernöstlichen Küche. Man sollte sich nicht durch das Imbissambiente täuschen lassen. Die Gerichte sind einfallsreich und ganz hervorragend. Was der Ober empfiehlt, sollte ruhig bestellt werden. 7–16 $.

Entspannte Atmosphäre – **Cafe Flore 16 :** 2298 Market St., Tel. 1-415-621-8579, http://flore415.com, Mo–Fr 10–22, Sa–So 9–22 Uhr. Für Kaffeehausliebhaber ist das begrünte Lokal mit seiner Atmosphäre ein zweites Wohnzimmer. Neben den guten Backwaren sind auch die kleinen Gerichte und vegetarische Teller empfehlenswert. 6–15 $.

Einkaufen

Um den Union Square liegen zahlreiche Kaufhäuser und Fachgeschäfte (www.unionsquareshop.com).

Alles unter einem Dach – **Crocker Galleria 1:** 1 Montgomery St., http://unionsquareshop.com/pages/crockerGalleria.html, Mo–Fr 10–18, Sa 10–17 Uhr. Architektonisch ansprechende Shopping Mall unter gewölbtem Glasdach, mit allem, was das Herz begehrt.

Hightech-Jeans – **Levis Flagship Store 2:** 815 Market St., Tel. 1-415-501-0100, Mo–Sa 9–21, So 10–20 Uhr. Der Jeansträgerhimmel schlechthin mit viel Hightech-Schnickschnack. An ca. 60 Internetterminals kann man E-Mails abrufen oder schreiben. In einer speziellen Kabine können sich Kunden mit Spezialkameras vermessen lassen, auf der Grundlage der Daten wird ein individuelles Schnittmuster erstellt.

Konsumentenparadies – **Westfield San Francisco Centre 3:** 865 Market St., http://westfield.com/sanfrancisco, Mo–Sa 10–20.30, So 11–19 Uhr. Größtes Shopping Center westlich des Mississippi in SoMa mit Supermärkten, Kinos, Restaurants, Läden und einem Spa, 8 bzw. 9 Stockwerke.

Organische Lebensmittel – **Buffalo Whole Food 4:** 598 Castro St., Tel. 1-415-626-7038, www.buffalowholefoods.com, Mo–Sa 9–22, So 9–21 Uhr. Das auf Bio-Produkte spezialisierte Geschäft verkauft Obst und Gemüse, aber auch Delikatessen, Brot und Gebäck.

Körperfreundlich – **Amour Vert 5:** 437 Hayes St., Tel. 1-415-800-8576, https://amourvert.com, Mo–Mi und Sa 11–19, Do, Fr 11–20, So 11–18 Uhr. Damenmode ausschließlich aus organischen Materialien ohne künstliche Farbstoffe.

Abends & Nachts

Die Theater- und Musikszene gilt als besonders kreativ und avantgardistisch. Über bevorstehende Veranstaltungen informiert die Seite www.sfstation.com.

Oper – Ballett – Theater – **War Memorial Opera House 1:** 301 Van Ness Ave., Tickets Tel. 1-415-864-3330, http://sfopera.com, Saison Sept.–Jan. und Juni–Juli; **San Francisco Ballet:** gleiche Adresse, Tel. 1-415-865-2000, www.sfballet.org, Saison Feb.–Mai und Dez.

Bekannteste Schauspielbühne – **Herbst Theater 2:** sfwmpac.org/herbst-theatre.

Blues für Hartgesottene – **Grant & Green Blues Club 3:** 1371 Grant Ave., Tel. 1-415-693-9565, www.grantandgreensaloon.com, tgl. 16–2 Uhr. Kein Lokal für Zartbesaitete.

Biertrinkermekka – **Gino & Carlo Cocktail Lounge 4:** 548 Green St, Tel. 1-415-421-0896, www.ginoandcarlo.com. Die populäre Bar geht auf das Jahr 1942 zurück, womit sie zu den ältesten im Stadtteil zählt. Biertrinker wählen unter 15 verschiedenen Sorten.

Blues-Mekka – **The Saloon 5:** 1232 Grant Ave., Tel. 1-415-989-7666, www.sfblues.net/Saloon.html, tgl. 12–1.30 Uhr. Das Blues-Lokal entstand in der Ära des Goldrauschs und besitzt Stammgäste, die aus der damaligen Zeit zu stammen scheinen.

Coole Bar – **Carbon 6:** 383 Bay St., Tel. 1-415-217-8882, http://carbonloungesf.com, tgl. ab 18 Uhr. Gute Cocktails.

Live-Entertainment – **Bix Restaurant 7:** 56 Gold St., Tel. 1-415-433-6300, www.bixrestaurant.com, tgl. ab 17 Uhr. Live-Jazz, amerikanische Küche und gute Cocktails.

Häufig Konzerte – **Mezzanine 8:** 444 Jessie St., SoMa, Tel. 1-415-625-8880, www.mezzaninesf.com, So–Do unterschiedlich, Fr 10–4, Sa 10–7 Uhr. Klub mit mehreren Theken und mit Musik, die sich eher selten am Mainstream orientiert, von Hip-Hop, Soul und World Beat bis zum Jazz. Eintritt je nach Programm 15–25 $.

Aktiv

Stadtrundfahrten – **San Francisco Sightseeing 1:** Fisherman's Wharf, Pier 41, Tel. 1-415-434 86 87, Reservierungen Tel. 888-428-6937, www.sanfranciscosightseeing.com. Tages-, Halbtages- und Abendtouren.

Radausflüge – **Bay City Bike 2:** 2661 Taylor St., Fisherman's Wharf, Tel. 1-415-346-2453, www.baycitybike.com.

Für Pedaltreter – **Blazing Saddles 3:** 2715 Hyde St., Tel. 1-415-202-8888, www.blazingsaddles.com. Mietstationen für Fahrräder auf Stunden- oder Tagesbasis. Ab ca. 5 $/Std. bzw. 32 $/Tag.

Entdeckungstouren zu Wasser – **City Kayak 4:** Pier 40, Tel. 1-415-294-1050, www.

citykayak.com. Kajakverleih für Touren in der Bucht von San Francisco.

Wohlfühlparadies – **Diamond Massage & Wellness Center** 5 **:** 1841 Lombard St., Tel. 1-415-921-1290, http://diamondwellness.com, Mo–Fr 10.30–20, Sa–So 10.30–18 Uhr. Professionelles Massage- und Wellnesszentrum.

Termine

Chinese New Year (Feb.): Chinesisches Neujahrsfest mit riesiger Parade in Chinatown (www.chineseparade.com).

San Francisco Carnaval (Ende Mai): Größtes multikulturelles Fest der Stadt mit großer Parade im Mission District (www.carnavalsf.com).

North Beach Festival (Mitte Juni): Kunterbuntes Kunst- und Kulturfest im Washington Square Park im Stadtteil North Beach mit Musikgruppen, Kunstgewerbeausstellungen und großem kulinarischem Angebot (www.sftourismtips.com/north-beach-festival.html).

San Francisco Pride (Ende Juni): Schwulen- und Lesbenfest mit Musikprogramm und Parade auf der Market Street (www.sfpride.org).

Verkehr

Flugzeug: San Francisco International Airport (SFO), Tel. 1-650-821-8211, www.flysfo.com, 14 Meilen südlich von Downtown an der U. S. 101, von Frankfurt 12 Flugstunden entfernt, wird von vielen US- und internationalen Gesellschaften angeflogen. Jeder Terminal ist über die automatisierte Bahn AirTrain mit der Flughafenstation der BART (s. u.) verbunden. Die Fahrt in die Stadt kostet 8,95 $. Taxis kosten ca. 55 $. Für den SuperShuttle (Tel. 1-800-258-3826) sind je nach Fahrtziel zwischen 12 und 20 $ zu zahlen. Am billigsten kommt man mit dem SamTrans Bus 292 (Fahrzeit 55 Min., 4 $) und dem KX (35 Min., 4 $, nur Kleingepäck erlaubt) in die Stadt.

Bahn: Amtrak, Tel. 1-800-872-7245. Fernzüge halten in Emeryville am östlichen Ende der Bay Bridge. Von dort verkehren kostenlose Busse zum Transbay Temporary Terminal (200 Folsom St.). Dort befindet sich auch ein Fahrkartenschalter für Bahntickets.

Fahrzeiten: nach L.A. je nach Zug 8,5 bis 12 Std., San Diego 12 Std., Las Vegas 12 Std.

Bus: Temporary Terminal, im Block zwischen Folsom, Howard, Beale und Main St., Tel. 1-415-495-1569 oder 1-800/231-2222, www.greyhound.com. Fahrzeiten: nach Los Angeles 10 Std.

Fortbewegung in der Stadt:
Für Busse, Straßenbahnen, U-Bahn und Cable Cars ist Muni zuständig (Municipal Railway System, Tel. 1-415-701-2311, www.sfmta.com). Außer Einzelfahrscheinen für Busse, Metro und Straßenbahnen (2,75 $) gibt es verbilligte Fahrscheine für mehrere Tage. Cable Car 7 $, Ganztagespass für unbegrenzte Fahrten 21 $. Das **Metro-Bahnnetz BART** besteht aus mehreren Linien und verbindet San Francisco u. a. mit Oakland, Fremont und Berkeley. Züge Mo–Fr von 4 bis 23.45, Sa ab 6 und So ab 8 Uhr. Fahrscheine an Automaten an jeder Haltestelle, je nach Entfernung ab 2,45 $ (Bay Area Rapid Transit, Tel. 1-415 989-2278, www.bart.gov). Die **Muni-Busse** fahren in der ganzen Stadt und haben ihren Namen, den Zielort und die Liniennummer vorne angegeben. Haltestellen sind durch Schilder, Bordstein- und Straßenmarkierungen gekennzeichnet. Die **Muni Metro Streetcars** (Schnellbahnen Linien J, K, L, M und N) fahren in der Innenstadt unterirdisch, in den weiter außerhalb liegenden Gegenden aber auf der Straße. Mit historischen Waggons ist die Muni-Linie F ausgestattet, sie fährt von der Market Street am Embarcadero entlang zur Fisherman's Wharf (2,75 $).

Mit Muni-Passports kann man unbegrenzt öffentliche Verkehrsmittel benutzen. Gültigkeit 1 Tag (21 $), 3 Tage (32 $) oder 7 Tage (42 $), erhältlich an den Verkaufsstellen der Cable-Car-Wendepunkte (www.sfmta.com).

Fähren der San Francisco Bay Area Water Transit Authority sowie einiger privater Anbieter verbinden die Stadt mit zahlreichen Zielen an der San Francisco Bay. Abfahrt Pier 1 neben dem Ferry Building (www.watertransit.org).

Oldtimer-Verkehrsmittel und moderne Touristenattraktion zugleich: San Franciscos Cable Cars

CHINESE
HOSPITAL
NO
TURNS
18
20

Von San Francisco nach Las Vegas

Selbst im landschaftlich so vielfältigen Kalifornien gibt es keine zweite Route mit ähnlichen Extremen wie die von San Francisco nach Las Vegas. Zwischen beiden Metropolen bildet die Sierra Nevada mit dem idyllischen Yosemite National Park eine grandiose hochalpine Landschaft, deren höchste Gipfel über 4000 m in den Himmel ragen, während sich im brütend heißen Tal des Todes die unter Meeresniveau liegende, tiefste Stelle der westlichen Hemisphäre befindet.

Von San Francisco führt die Oakland Bay Bridge an die östliche Bucht und weiter über den Altamont-Pass im Küstengebirge. Auf den fast baumlosen Höhenzügen stehen zahllose Windkrafträder, die die ständige Brise für umweltfreundliche Energiegewinnung nutzen und deren wirbelnde Rotoren gigantischen Freiluftkunstwerken ähneln.

Sobald das **Central Valley** erreicht ist, wird der Klimaunterschied zur kühlen Küste deutlich spürbar. Mag sich die Golden-Gate-Brücke morgens bei der Abfahrt noch in kalte Nebelschwaden gehüllt haben: Um Stockton und Modesto liegen die Sommertemperaturen häufig bis zu 20 °C über den Werten am Pazifik.

✿ Yosemite National Park ▶D/E 8/9

Karte: S. 144

Yosemite Valley 1

Von Merced verläuft der Highway 140 durch eine von goldgelbem Gras bestimmte Bilderbuchlandschaft auf die sich im Osten abzeichnenden Höhenzüge der Sierra Nevada zu. Über **Mariposa** und **El Portal** erreicht man die zentrale Arch Rock Entrance Station in den 3082 km² großen Yosemite National Park, dessen touristisches Zentrum im **Yosemite Valley** liegt.

Auf beiden Seiten von senkrechten Granitwänden eingerahmt, kommt das idyllische Tal mit satten Wiesen, Nadelwäldern und dem mäandernden **Merced River** der Vorstellung des Paradieses auf Erden recht nahe – sofern sich auf den Einbahnstraßen der Autoverkehr nicht im Stop-and-go-Rhythmus bewegt. Drei wunderschöne, im Herbst häufig ausgetrocknete Fälle lassen ihr Wasser von der Taloberkante in die Tiefe donnern: die 491 m hohen **Ribbon Falls,** der 189 m hohe **Bridal Veil Fall** und die dreistufigen **Yosemite Falls** mit einem Höhenunterschied von insgesamt 739 m.

Auf der Nordseite ragt der 2307 m hohe **El Capitan** in den Himmel, ein Granitmonolith mit einer 1000 m hohen, fast senkrechten Wand – der Traum vieler Felskletterer, der Albtraum mancher Zuschauer, welche die Felsakrobaten bei ihren Abenteuern beobachten.

Die touristischen Zentren **Yosemite Village** und **Half Dome Village** mit Rangerbüros, Unterkünften, Campingplätzen und Geschäften liegen im mittleren bzw. hinteren Teil des gut acht Meilen langen Tals. Seine Form entstand durch langsam fließendes Eis während der Eiszeiten. Mit ungeheurem Gewicht wälzten sich damals gigantische Eismassen über die Sierra, hobelten Felszacken rund, arbeiteten sich in Senken hinein und vertieften sie zu U-förmigen Tälern, als in der

Tipp

ABSTECHER ZUM SEQUOIA & KINGS CANYON NATIONAL PARK

Wer von Yosemite einen Abstecher zum **Sequoia National Park** (▶ E/F 10–F 11) machen will, fährt nach Fresno und biegt dort in östlicher Richtung auf den Highway 180 ab. Im **Grant Grove** bekommt man die ersten Riesenbäume *(Sequoia gigantea)* zu sehen, für die das Naturreservat bekannt ist. Nur eine kurze Wegstrecke vom Parkplatz entfernt steht mit dem **General Grant Tree** ein Exemplar, das in der Rangliste der fünf größten Bäume der Erde einen festen Platz einnimmt. Der 2000–2500 Jahre alte Gigant bringt es mit 1343 Festmetern Holz auf ein Gewicht von 1135 t.

Nördlich von Grant Grove führt der **Kings Canyon Scenic Byway** (Hwy 180) in die abgeschiedene Bergwelt des **Kings Canyon National Park.** Über der Naturlandschaft liegt himmlische Ruhe, die nur selten von einem auf der einzigen Parkstraße fahrenden Auto gestört wird. Das südliche Herzstück des Parks wurde auf den treffenden Namen Giant Forest (Wald der Giganten) getauft. Im **Giant Forest Museum** sind aufschlussreiche Exponate wie Holzproben und Samen zu sehen. Als lebendes Anschauungsmaterial dient direkt vor dem Museum der gewaltige **Sentinel Tree.**

Eine kurvige Nebenstraße biegt nach **Crescent Meadow** ab. Auf dem Weg dorthin ist der Abstecher zum **Moro Rock** ein Muss. Zum Scheitel des glattpolierten Granitblocks führen 400 in den Fels geschlagene, zum Teil von Metallgeländern gesicherte Stufen. Der Aufstieg wird insbesondere bei Sonnenuntergang durch einen wunderbaren Rundblick über das westliche Parkgelände belohnt. Weiter Richtung Crescent Meadow folgt mit dem **Tunnel Tree** ein beliebter Fotopunkt, an dem Autos unter einem umgestürzten, quer über der Straße liegenden Riesenbaum hindurch fahren können. Genauere Infos findet man unter www.nps. gov/seki.

Folge von Klimaveränderungen das Eis zurückwich.

Wohl das schönste Beispiel für die ungeheure Kraft der Gletscher ist der **Half Dome,** das unverkennbare Wahrzeichen von Yosemite. Wie eine in der Mitte auseinandergebrochene Riesenkuppel erhebt sich der 2693 m hohe Berg im Osten des Yosemite Valley, ein grandioser, grauer Buckel, dem die Eiszeiten ihren Stempel aufdrückten. Die dem Tal zugewandte senkrechte Wand ist nicht etwa durch eine Spaltung des Berges entstanden, sondern durch Gletscherabrieb.

Glacier Point und Sentinel Dome

Imposant zeigt sich der Half Dome vor der Kulisse der grauen Sierra-Höhen bzw. der Vernon und Nevada Falls, wenn man den Blick vom **Glacier Point** 2 hoch über dem Tal über die Landschaft schweifen lässt. Bereits die Anfahrt auf der im Winter gesperrten Glacier Point Road kann durch eine relativ kurze Wanderung etwa zum 2476 m hohen **Sentinel Dome** zu einem Abenteuer werden. Über glatte Granitfelsen erreicht der Trail die von Gletschern abgerundete Kuppe des Berges, auf der sich bis 2003 eine vom Wind gebeug-

Yosemite National Park

te, schon in den 1970er-Jahren abgestorbene Jeffrey-Kiefer mit ihren Wurzeln in den Felsen krallte.

Es gibt 1400 Pflanzenarten im Yosemite und zahlreiche Säugetiere, wie z. B. Streifenhörnchen, Murmeltiere, Maultierhirsche, Pumas, aber auch Pfeifhasen, Schwarzbären, Koyoten und Dickhornschafe. Außerdem sind ca. 230 Vogelarten eine Attraktion, die nicht nur Ornithologen in den Park lockt.

Der südliche Parkteil

Im Süden führt der Highway 41 durch **Wawona** **3**, wo in den 1860er-Jahren eines der ersten Hotels im Park entstand, neben dem heute das Freilichtmuseum **Pioneer History Center** mehrere historische Blockhütten zeigt. Das bereits 1864 zum State Park proklamierte Yosemite-Tal erhielt 1890 zusammen mit umliegenden Gebieten höhere Weihen als zweiter US-Nationalpark nach Yellowstone. Vor allem der in Schottland geborene Naturkundler John Muir (1838–1914) erwarb sich unschätzbare Verdienste um den Landschaftsschutz in Yosemite, indem er die US-Präsidenten Grover Cleveland und Theodore Roosevelt für diese Aufgabe gewann. Nach John Muir ist einer der bekanntesten Fernwanderwege benannt, der als 340 km langer Teil des Pacific Crest Trail (www.pcta.org) Yosemite mit dem 4418 m hohen Mount Whitney in der südlichen Sierra verbindet.

Ungefähr 36 Meilen südlich des Yosemite Valley haben im **Mariposa Grove** **4** einige Haine aus ca. 200 Mammutbäumen den Kahlschlag des 19. Jh. überlebt. Im Unterschied zu den Baumriesen an der Pazifikküste handelt es sich bei ihnen um die Art *Sequoia gigantea,* die mit einer rötlichbraunen, faserigen und fast feuerfesten Borke ausgestattet ist. Diese Giganten werden nicht ganz so hoch wie ihre Verwandten an der Küste, stellen sie aber gemessen am Stammumfang in den Schatten. Ein beeindruckendes Beispiel ist der 2700 Jahre alte Grizzly Giant. Nachdem er seinen Wipfel durch einen Sturm verloren hat, ist er ›nur‹ noch 64 m hoch, besitzt aber einen Umfang von fast 30 m. In der Nachbarschaft steht mit dem California Tunnel Tree ein his-

Aktiv

BERGAB AUF DEM FOUR MILE TRAIL

Tour-Infos

Start: Trailhead am Glacier Point
Länge: 4,8 Meilen (7,7 km)
Dauer: 3–4 Std.
Höhendifferenz: ca. 1000 m abwärts
Schwierigkeit: moderat
Wichtige Hinweise: Es empfiehlt sich, den Wanderweg talwärts zu gehen. Wenn man die An- bzw. Rückfahrt nicht privat organisieren kann, kommt man ab Yosemite Valley Lodge bequem mit dem kostenpflichtigen Glacier-Point-Tourbus zum Glacier Point (tgl. 9–19 Uhr, Mai/Juni–Okt., Reservierung unter Tel. 1-888-413-8869 oder am Tour Desk in der Lodge, Erw. 25 $, Senioren 23 $, Kinder 5–12 J. 15 $).

Der in der Regel gut instandgehaltene, zum Teil befestigte Four Mile Trail verbindet die zwei bekanntesten Örtlichkeiten des Nationalparks miteinander – den ca. 1000 m über der Talsohle liegenden Glacier Point, einen der spektakulärsten Aussichtspunkte, und das idyllische Yosemite Valley. In der Hochsaison herrscht am Glacier Point viel Rummel, dem man auf dem talwärts führenden Wanderweg schnell entkommt. Der beschilderte Einstieg liegt nördlich des Souvenirshops mit seiner Cafeteria, in der man sich vor dem Abstieg stärken kann. In vielen Windungen geht es bergab, wobei man sich Zeit lassen sollte für die tollen Ausblicke auf die attraktive Bergszenerie mit Naturwundern wie Sentinel Rock, den Cathedral Rocks, der rekordverdächtigen Kletterwand El Capitan, den rauschenden Yosemite Falls (falls die Jahreszeit stimmt), den Royal

Arches und dem sich durch das Tal windenden Merced River. Die beste Sicht hat man auf dem ersten Teilstück des Trails, weil dort die Bäume noch nicht so dicht stehen. Auf einem Waldpfad, der an bemoosten Felsblöcken vorbeiführt, nähert man sich auf dem letzten Drittel des Wegs dem Tal. Dort angekommen, überquert man die Hauptstraße und dann auf einer kleinen Brücke den Merced River. Über eine Wiese erreicht man schließlich die Yosemite Valley Lodge.

torisches Zeugnis sinnloser Naturzerstörung. Der Stamm des Baumes wurde 1895 als Touristenattraktion ausgehöhlt – eine heutzutage ebenso verbotene wie verpönte Praxis.

Der nördliche Parkteil

Im Norden des Yosemite Valley klettert die vor über einem Jahrhundert als Zufahrt zu einem Bergwerk gebaute, nur zwischen Mitte Juni und November befahrbare Tioga Pass Road (Highway 120) auf ca. 60 Meilen durch Bergwiesen und Wälder langsam bergan. In Anbetracht der Höhenlage auf bis über 3000 m muss man auf dieser Strecke das ganze Jahr hindurch mit Wetterkapriolen rechnen. In **Tuolomne Grove** 5 stehen ähnlich wie in Mariposa Grove weitere Mammutbäume mit gewaltigen Stammumfängen.

Vorbei an Aussichtspunkten mit atemberaubenden Ausblicken gewinnt die Straße nach und nach an Höhe. **Siesta Lake** 6 ist einen Halt wert, weil es sich bei dem kleinen, malerischen See um einen *dying pond* handelt, der sich langsam in ein Moor verwandelt. Vom **Olmsted Point** 7 öffnet sich ein grandioses Panorama über die hohe Sierra mit ihren grauen Granitgipfeln, zwischen denen kristallklare Bergseen wie Tenaya Lake und Ellery Lake liegen. Eine ganz und gar veränderte Szenerie herrscht um die 2600 m hoch gelegenen **Tuolomne Meadows** 8 mit dem größten subalpinen Almengebiet der gesamten Sierra Nevada, in dem es zahlreiche Wanderwege gibt. Danach erreicht die gut ausgebaute Panoramastraße den östlichen Parkausgang auf dem 3030 m hohen **Tioga Pass** 9. Hinter der Passhöhe ändert sich die Landschaft schlagartig. Karge Vegetation bedeckt die Bergflanken, an denen entlang die Serpentinenstraße die Ostflanke der Sierra Nevada talwärts in das wüstenhafte Great Basin führt.

Infos

Yosemite National Park: Visitor information & Headquarters, P. O. Box 577, Yosemite National Park, CA 95389, Tel. 1-209-372-0200, www.nps.gov/yose; in Tuolumne Meadows an der Tioga Pass-Straße gibt es eine Rangerstation. Yosemite Sierra Visitors Bureau: 40343 Hwy 41, Oakhurst, CA 93644, Tel. 1-559-683-4636, www.yosemitethisyear.com. 30 $ pro Privatfahrzeug.

Übernachten

Top-Hotel – **Majestic Yosemite Hotel:** Yosemite Village, alle Hotelreservierungen unter Tel. 1-888-413-8869 oder online unter www.yosemitepark.com/Reservations.aspx. 1927 aus Naturstein erbautes rustikales Nobelhotel mit 123 Zimmern und 24 Cottages. DZ und Cottages ab ca. 400 $, Suiten 865 $.

Betten mitten im Park – **Yosemite Valley Lodge:** Yosemite Village, Unterkunft mit knapp 230 geräumigen Standardzimmern, beheiztem Pool (Ende Mai–Anfang Sept.), Restaurant, Food Court und WLAN-Anschluss. DZ im Sommer ab 150 $, in der Nebensaison unter der Woche ab 120 $.

Zimmer, Zelt oder Cabin – **Stoneman House:** Half Dome Village, einfache Motelzimmer mit rustikaler Einrichtung ohne größeren Komfort. Unterschiedliche Unterkünfte, je nach Saison 125–225 $.

Camps – In der Wildnis der hohen Sierra gibt es fünf nur zu Fuß oder im Sattel erreichbare Camps, die entlang einer Rundtour liegen. Start- bzw. Endpunkt sind **Tuolumne Meadows** und **White Wolf Lodge.** Aufgrund der großen Nachfrage werden keine Reservierungen angenommen, stattdessen erfolgt die Vergabe von Übernachtungsplätzen über ein Losverfahren. Man kann sein Glück auch mit einer Last-Minute-Bewerbung versuchen (www.yosemitepark.com/high-sierra-camps.aspx).

Tipp

VORSICHT VOR BÄREN

Wer im Yosemite National Park sein Auto für längere Zeit abstellt, sollte Lebensmittel entweder geruchsdicht verpacken oder nicht im Wagen liegen lassen. Immer häufiger brechen Bären Autos auf bzw. beschädigen sie schwer, weil sie Fressbares schnuppern.

Camping – Innerhalb der Parkgrenzen kann man außerdem auf insgesamt 13 Campingplätzen unterkommen, auf denen man maximal 30, in der Hochsaison im Valley lediglich 7 Tage bleiben darf. Reservierung online unter www.recreation.gov oder per Tel. 1-877-444-6777. Manche Plätze werden nach dem »First-come-first-served«-Prinzip (Wer zuerst kommt …) belegt.

Essen & Trinken

Alle größeren Hotels im Park sind mit Restaurants ausgestattet. Im Half Dome und Yosemite Village gibt es außerdem Imbissstände für Fast Food.

Viktorianisches Ambiente – **Big Tree Lodge:** Lodge in Wawona, Tel. 1-888-413-8869, je nach Jahreszeit unterschiedliche Zeiten. Frühstück, Lunch und Abendessen, sonntags gibt es Brunch im viktorianischen Speisesaal. Dinner ab ca. 20 $.

Gute Verpflegung – **Mountain Room:** Yosemite Valley Lodge im Yosemite Village, Tel. 1-209-372-1403, saisonal unterschiedliche Öffnungszeiten. Steaks, Seafood, Geflügel und Pastagerichte. 20–37 $.

Praktisch und preiswert – **Half Dome Village Pavilion:** im Half Dome Village, Frühstück 7–10, Dinner 17.30–21 Uhr. Frühstück ab 7 $, Dinner ab 16 $.

Aktiv

Für Zweiradfans – **Radverleih in der Yosemite Valley Lodge:** s. S. 147, April–Okt., sonst nur bei günstigem Wetter, und im Half Dome Village. Rad- und Mountainbikefahren ist nur auf befestigten Straßen und speziellen Radwegen erlaubt.

Vertikale Abenteuer – **Yosemite Mountaineering School:** Half Dome Village, www.yosemite.com (> What to do/Rock Climbing).

Entdeckungen per pedes – **Wandertouren:** Ein Wanderwegnetz von 1200 km Länge durchzieht den Park. Wer in der Wildnis übernachten will, braucht eine Genehmigung (kostenlos, im Besucherzentrum). An Sommerwochenenden wird in populären Gebieten manchmal nur eine bestimmte Zahl von Wanderern zugelassen. Die Tour auf dem John Muir Trail, für den man 2–3 Wochen veranschlagen sollte, setzt Fitness und wegen der wenigen Verpflegungspunkte gute Vorbereitung voraus. Der Panorama Trail (13,6 km, ca. 6 Std., Ende Mai–Okt.) beginnt am Glacier Point, wo man sich vom kostenpflichtigen Hikerbus absetzen lassen kann, und endet in Happy Isles. Wer den Trail im Tal beginnt, hat zunächst einen 7 km langen Aufstieg über 900 Höhenmeter zum Glacier Point vor sich.

Senkrechte Abenteuer – **Yosemite Mountaineering School:** Das Unternehmen bietet 7-stündige Kletterkurse in kleinen Gruppen für Anfänger ebenso an wie für Fortgeschrittene und alte Hasen. Die Kurse beginnen im Half Dome Village oder in den Tuolumne Meadows. Reservierungen empfohlen. Tel. 1-209-372-8344, www.travelyosemite.com (> What to do/Rock Climbing).

Floßtouren – **Half Dome Village Raft Rentals:** Im Village kann man Schlauchboote für familientauglichen Freizeitspaß auf dem Merced River ausleihen. Die Saison endet meist Mitte Juli, wenn der Fluss zu wenig Wasser führt (www.travelyosemite.com > What to do/Rafting).

Pistenspaß – **Yosemite Ski & Snowboard Area:** www.travelyosemite.com (> Winter/Yosemite Ski & Snowboard Area), Mitte Dez.–Ende März. Abfahrten, Lifts, Langlaufloipen, Skikurse und Resorthotel. Die notwendige Ausrüstung kann man vor Ort ausleihen. Schlittschuhfreaks steht im Half Dome Village eine Eislauffläche zur Verfügung.

Organisierte Besichtigungen – **Discover Yosemite:** Tel. 559-642-4400, https://discoveryosemite.com.

Geführte Touren – **Crossroads Tours:** Oakhurst, Tel. 1-559-658-8687, www.yosemite1.com. Hikingtouren und Rundfahrten.

Mono Lake ▸E 8

Die in Nord-Süd-Richtung verlaufende Sierra Nevada hält feuchte Pazifikluft wirksam davon ab, landeinwärts vorzudringen. Deshalb dehnt sich östlich des Gebirgszuges mit dem Great Basin Nordamerikas größte zusammenhängende Wüste aus – ein riesiger, staubtrockener, abflussloser Trog mit felsigen Bergrücken, ausgetrockneten Seen, Salzsümpfen und Straßen, die nirgends zu beginnen und nirgendwo zu enden scheinen.

Der **Mono Lake** am östlichen Fuß der Sierra Nevada bei der Ortschaft **Lee Vining** dehnt sich im gleißenden Licht der Wüstenlandschaft pastellblau mit weißen Salzrändern in einem Ozean aus blassen Beifußbüschen aus. Schon vor 700 000 Jahren existierte dieses Gewässer. Vor 13 000 Jahren war es noch fünfmal so groß wie heute. Nach dem Ende der Eiszeiten einsetzende Klimaveränderungen gingen auch am Mono Lake nicht spurlos vorbei. Eine äußerst dramatische, unnatürliche Veränderung erlebte der See seit den 1940er-Jahren, als der Großraum Los Angeles begann, die vier Zuläufe in das Tote Meer des Westens anzuzapfen, um Wasser nach Südkalifornien abzuleiten. Innerhalb von vier Jahrzehnten sank der Wasserspiegel um 14 m. Dadurch entstand vor allem am südlichen Ufer beim Navy Beach eine geradezu surrealistische Szenerie. Zum Teil mehrere Meter hohe, bizarre und bis zu 900 Jahre alte Kalkgebilde ragen wie bleiche Termitenhügel in den Himmel. Sie entstanden über lange Zeiträume infolge von chemischen Reaktionen durch das aus dem Boden in den früher noch höher stehenden alkalischen See eindringende Süßwasser. Während diese ›Tufas‹ am Südrand des Mono Lake überwiegend aus hohen, grazilen Türmen bestehen, haben sie am Nordufer aus ungeklärten Gründen gedrungene Formen angenommen.

Seit 1994 Umweltschutzorganisationen vor Gericht einen wichtigen Teilsieg gegen die Stadt Los Angeles erstritten, hat sich die Situation am See leicht entspannt. Die seit damals reduzierte Wasserentnahme ließ den Wasserspiegel um gut 2 m steigen – für die Ökologie der Region ein großer Fortschritt. Denn Jahr für Jahr machen aus dem Norden kommende Zugvögel im Winter am 280 Mio. Tonnen Salz enthaltenden See Zwischenstation, weil die dort vorkommenden Salzwassershrimps eine hervorragende Nahrungsquelle bilden. Auch der Tourismus hat das seltsame Gewässer entdeckt und dazu beigetragen, dass das ›Problem Mono Lake‹ einer breiten Öffentlichkeit bewusst wurde.

Infos

Mono Basin Scenic Area Visitor Center: nördlich von Lee Vining, Tel. 1-760-647-3044, https://bit.ly/1IeS9Cv. Besucherzentrum mit Ausstellungen über die Geologie und Ökologie des Sees. Der Einstimmung dient der Film »Of Ice and Fire: A Portrait of the Mono Basin«.

Mammoth Lakes ▸E 9

Die Hauptsaison in **Mammoth Lakes** beginnt im Herbst, wenn sich das Laub der Bäume zu verfärben beginnt. Sobald der erste Schnee die Bergrücken pudert, reisen aus Südkaliforniens Großstädten begeisterte Wintersportler an, denen der 7000 Einwohner große Ferienort eine ausgeprägte touristische Infrastruktur nach dem Vorbild der europäischen Alpen verdankt – Namen wie Kitzbühl Place, Garmisch Place oder Innsbruck Lodge sind ein Hinweis darauf. Doch auch außerhalb der von November bis Mai dauernden Skisaison hat die Gegend ihre Reize: Dutzende zum Teil traumhaft schöne Gebirgsseen, abwechslungsreiche Wander- und Mountainbiking-Routen, die höchsten Golfplätze Kaliforniens und die 30 m hohen Rainbow Falls am Fluss San Joaquin.

Devil's Postpile National Monument

www.nps.gov/depo, Shuttlebus Juni–Sept. Erw. 7 $, Kin. 3–15 J. 4 $

Als hätten vorzeitliche Riesen gewaltige Pfeiler in die Erde gerammt, bilden durch vulkanische Aktivitäten entstandene symmetrische Basaltsäulen im **Devil's Postpile National Monument** eine knapp 20 m hohe Wand. Das Naturwunder liegt am Ende der State Road 203 und ist auf dem letzten Teilstück mit dem Shuttlebus zu erreichen.

Ausflug zum June Lake

Knapp 20 Meilen nördlich von Mammoth Lakes liegt mit dem June Lake einer von mehreren schönen Seen, denen man auf der 16 Meilen langen Nebenstrecke SR 158 westlich vom Highway 395 einen Besuch abstatten kann.

Infos

California Welcome Center Mammoth Lakes: 2520 Main St., Tel. 1-760-924-5500, www.visitmammoth.com. Hier erhält man alle Informationen und Karten.

Übernachten

Die zentrale Hotelreservierung ist vor Ort zu erreichen unter Tel. 1-800-321-3261.

Romantische Cabins – **Edelweiss Lodge:** 1872 Old Mammoth Rd., Tel. 1-760-934-2445, http://edelweiss-lodge.com. Die Lodge besteht aus 9 Cabins und liegt in einem bewaldeten Gebiet. Zur Ausstattung gehören Küche, mit Holz befeuerter Ofen und Kabel-TV. Im Sommer ab 160 $.

Rustikale Bleibe – **Cinnamon Bear Inn:** 113 Center St., Tel. 1-760-934-2873, www.cinnamonbearinn.com. Im Zentrum gelegenes B & B, Nichtraucherzimmer mit Himmelbetten und eigenem Bad, manche mit offenem Kamin. Wochenmitte DZ 120–175 $, Sa–So 150–200 $.

Camp mit Cabins – **Camp High Sierra:** 869 Lake Mary Rd., Tel. 1-760-934-2368, nur im Sommer geöffneter Platz für Zelte und Wohnmobile. Man kann im Camp High Sierra auch Cabins mieten.

Aktiv

Weißes Spaßparadies – **Mammoth Mountain Ski Area:** Tel. 1-760-934-0745, www.mammothmountain.com, Nov.–Juni. Wintersportparadies für alle Disziplinen mit 28 Lifts, kostenloser Pendelbus.

Bergwandern – **Mammoth Lakes Welcome Center:** 2510 Main St., Tel. 1-760-924-5500, www.visitmammoth.com. Für größere Hikingtouren benötigt man eine Genehmigung und sollte sich vorher kundig machen, denn auf

Die bizarren Felssäulen am Mono Lake wirken wie Science-Fiction-Kulissen

manchen Wegen herrscht aus Naturschutzgründen eine Zugangsbeschränkung.

Das Owens Valley

▶ F 9–11

Von einer über 2000 m hohen Ebene stürzt sich der Highway 395 beim Sherwin Summit in weiten Serpentinen in das im Sommer heiße, über 800 m tiefer liegende **Owens Valley** hinunter. In der ersten Hälfte des 20. Jh. tobte in diesem abgelegenen Provinztal ein regelrechter Krieg zwischen lokalen Bauern und Agenten der Stadt Los Angeles, die zum Teil durch illegale Machenschaften Wasserrechte an sich brachten.

Laws

Seit 1883 führte mit der Carson & Colorado Railway eine Schmalspurbahn vom Lake Owens bis nach Carson City in Nevada und sorgte für den Abtransport von Gold, Silber, Zink und Kupfer aus Minencamps in der Umgebung. In der Ortschaft Laws erinnert das **Laws Railroad Museum** mit einem restaurierten Bahnhof von 1883, zwei Dampf-

Das Packpferd ist für die Ranger an der Ostflanke der Sierra Nevada ein alltägliches Transportmittel

lokomotiven, historischen Waggons und einem historischen Dorf an die alten Zeiten (Hwy 6, Tel. 1-760-873-5950, www.lawsmuseum.org, tgl. 9.30–16 Uhr).

Bishop

Der 5000 Einwohner große Hauptort im Owens Valley bezieht seinen Reiz nicht nur aus seinem typisch amerikanischen Kleinstadtflair, sondern hauptsächlich aus seiner traumhaften Lage zwischen den über 4000 m hohen Felszinnen der Sierra Nevada im Westen und den fast vegetationslos wirkenden, nur wenig besuchten Wüstenbergen der White Mountains im Osten.

Außer attraktiv gelegenen Golfanlagen gibt es ca. zwei Meilen nördlich von Bishop am Highway 395 das rund um die Uhr geöffnete **Paiute Palace Casino** (www.paiutepalace.com) des nur wenige Stammesmitglieder zählenden Bishop Paiute Tribe. Aber nicht nur wegen seiner mehr als 300 Spielautomaten ist der Gambling-Tempel ein populäres Ziel, sondern auch wegen seiner weit und breit preisgünstigsten Tankstelle.

Von der Ortsmitte sind über den Highway 168 der sehenswerte **Rock Creek Canyon** und am Ende der 20 Meilen langen Stichstraße die beiden von majestätischen Berggipfeln der Sierra eingerahmten Seen South Lake und Lake Sabrina erreichbar, wo mehrere Hiking Trails in die hochalpinen Regionen beginnen. Östlich von Bishop befindet sich in den White Mountains mit dem **Ancient Bristlecone Pine Forest** ein weit abseits jeglicher Zivilisation gelegener, geradezu gottverlassener Wald mit den ältesten Bäumen der Erde (s. S. 31).

Death Valley National Park ▶ G/H 10/11

Karte: S. 155
Westlich von Lone Pine gilt der Mount Whitney mit seinen 4418 m als höchster Gipfel auf dem zusammenhängenden Staatsgebiet der USA. Luftlinie nur 100 Meilen weiter östlich liegt bei Badwater im **Death Valley National Park** die tiefste Stelle der westlichen Hemisphäre mit 86 m unter Meeresniveau. Über das Tal des Todes kursieren Horrorgeschichten, wahre und erfundene. Zutreffend ist, dass diese extreme Landschaft ihren Namen von Pionieren bekam, die im Dezember 1849 auf dem Weg in die kalifornischen Goldfelder dem gnadenlosen Klima beinahe erlegen wären. Es stimmt auch, dass kein Flecken auf der westlichen Halbkugel von Sonnenwärme so überaus reichlich bedacht wird wie dieser. Die Schattentemperaturen klettern im Sommer nicht selten auf über 45 °C. Am 10. Juli 1913 stellte das Tal mit 56 °C einen neuen Hitzeweltrekord auf, der 2013 von der World Meteorological Organization der Vereinten Nationen bestätigt wurde.

Irreführend ist die Bezeichnung Tal, weil es sich genau genommen nicht um eine durch fließendes Wasser entstandene Senke, sondern um ein Becken handelt, das im Zuge der Hebung der benachbarten Panamint und Armagosa Ranges gebildet wurde. Noch vor 25 000 Jahren bedeckte ein 187 km langer und 200 m tiefer See den Talboden. Überreste davon sind bis zu 1,80 m dicke Salzkrusten, die weite Teile der tiefsten Stellen des Death Valley bedecken. Archäologische Funde wie Speerspitzen und Handwerkszeug lassen darauf schließen, dass unterschiedliche Indianerkulturen in den vergangenen 10 000 Jahren in dieser Region gelebt haben. Selbst als die ersten weißen Goldsucher ins Death Valley vorstießen, gehörte der Landstrich noch zu den Jagdgründen der Shoshonen.

Stove Pipe Wells Dunes 1

Bei **Stove Pipe Wells** am Highway 190 bilden sanft gewellte Sanddünen, die **Stove Pipe Wells Dunes,** mit messerscharfen Graten eine kleine Sahara. In der Frühe zeugen Spuren auf den vom Nachtwind geglätteten Sandflächen von kleinen Nagern und Reptilien, die sich in der Hitze des Tages selten sehen lassen. Kurz

Aktiv

HEISSES ABENTEUER AM GOLD CANYON

Tour-Infos

Start: 2 Meilen südlich der CA-190 an der Badwater Road (Parkplatz und Toiletten)
Länge: 3 Meilen hin und zurück (4,8 km)
Dauer: ca. 2 Std. hin und zurück
Wichtige Hinweise: Man sollte unbedingt genügend Trinkwasser mitnehmen. Sonnenschutz ist unabdingbar. Im Canyon gibt es keinen Handyempfang.

Am schönsten ist die Wanderung durch den Gold Canyon zur Red Cathedral am Spätnachmittag, wenn die Temperaturen nicht mehr ganz so extrem sind und die Sonne die Schlucht in goldenem Licht erstrahlen lässt. Man geht auf dem Hinweg zwischen Felsabbrüchen stetig bergauf bis zu einer Wegkreuzung, an der man nach 1,6 km nach links zur Red Cathedral abbiegt. Auf dem folgenden Teilstück muss man hin und wieder über größere Felsblöcke klettern und die Seitenwände des Canyons rücken immer enger zusammen. Nach weiteren ca. 800 m ab der Kreuzung erreicht man am Ende des Pfades eine Art natürliches Amphitheater mit einer hohen, zerklüfteten Felswand, der **Red Cathedral.** Den Rückweg zum Parkplatz schlägt man auf derselben Route ein. Wer Kondition genug hat, kann den Hike ab der Wegkreuzung Richtung Gowe Gulch bzw. Zabriskie Point fortsetzen.

nach dem Tod des Schauspielers Marlon Brando im Jahr 2004 ging die Nachricht durch die Medien, seine Familie habe seine Asche in den Dünen des Death Valley als Hommage an die bizarre Landschaft an nicht bekannt gegebener Stelle bestattet.

Scotty's Castle 2

Tel. 1-877-444-6777, wg. Überschwemmungsschäden bis voraussichtlich 2020 geschl.

Am Fuße des Grapevine Canyon versteckt sich im äußersten Norden des Todestals mit **Scotty's Castle** ein legendenumranktes, einem andalusischen Landsitz ähnelndes Schlösschen.

Fabrikruinen

Spuren der Industriegeschichte des Tales existieren in der Nähe der **Ranch at Death Valley 3**. In den 1880er-Jahren produzierten die **Harmony-Borax-Werke 4** aus kristallinen Ablagerungen das Mineral Borax. Von den Fabrikanlagen sind nur noch Ruinen übrig. Das auf der Erde sehr selten vorkommende Borax (Natriumborat) spielte schon in der Antike bei der Herstellung von Keramik eine Rolle. Mit den von Mulis gezogenen Karren wurden jeweils 33 Tonnen des Minerals in zehn Tagen zur nächstgelegenen Bahnverladestelle in das 180 Meilen entfernte Mojave transportiert, bis das Unternehmen die Produktion im Tal des Todes 1890 einstellte.

Zabriskie Point 5

Niemand, der einmal den Tagesanfang oder den spektakulären Sonnenuntergang am **Zabriskie Point** erlebt hat, wird jemals auf die Idee kommen, das Tal des Todes für eine leblose Grusellandschaft zu halten. Wenn sich das farbige Licht über die vegetationslosen, erodierten Schlammberge eines alten Flussbettes tastet, beginnt die Szenerie zu leben und sich Minute um Minute zu verwandeln. Kein Wunder, dass Besucher mit Sinn für Naturschönheiten dieses Highlight zum Wallfahrtsort erkoren haben und sowohl morgens wie abends an diese Stelle pilgern, um das dramatische, hinreißend schöne Schauspiel zu erleben.

Death Valley National Park

Tipp

TANKEN NICHT VERGESSEN

Im gesamten Death Valley gibt es nur zwei Tankstellen, eine in Stove Pipe Wells, die andere bei der Furnace Creek Ranch. Der Sprit ist dort manchmal extrem teuer. Viel billiger tankt man sein Fahrzeug auf, bevor man in den Nationalpark fährt.

Dante's View 6

Ebenfalls faszinierend, wenn auch nicht ganz so spektakulär, ist der Blick vom 1669 m hoch über dem Tal gelegenen Aussichtspunkt **Dante's View.** Im Morgengrauen, wenn sich der Wind noch fast kalt anfühlt, zaubert der heller werdende Himmel zarte Farbpaletten auf die grandiose Tallandschaft. Sobald die Sonne höher steigt, ist der farbige Zauber dahin und das Death Valley versinkt bis zum späteren Nachmittag in brütend heißem Dunst.

Das südliche Tal des Todes

Auf einer Einbahnschleife ist abseits der Durchgangsstraße **Artist's Palette** 7 zu erreichen. An einer zerklüfteten Bergflanke treten unterschiedlich farbige Gesteinsschichten fotogen zutage. An der Straße, die in den südlichen Teil des Parks führt, liegt mit **Devil's Golf Course** 8 eine seltsame Landschaft. Um den Parkplatz dehnen sich aufgeworfene, wie zerpflügt aussehende Salzflächen aus, die bei der Verdunstung früherer Seen zurückblieben. Ein manchmal in die Salzschicht geschlagenes Loch zeigt, dass die weiße Kruste einen See aus konzentriertem Salzwasser bedeckt.

Bei **Badwater** 9, der tiefsten Stelle der westlichen Hemisphäre, spiegelt sich der 3368 m hohe Kamm der im Westen liegenden Panamint Range in je nach Niederschlag kleinen oder größeren Wasserpfützen. Über einen Holzsteg erreicht man die umgebenden Salzflächen, die stabil genug für einen Spaziergang sind.

Kurz nach dem 390 m hohen Jubilee Pass verlässt die Straße 178 das Death Valley. Über die Ortschaft Shoshone, wo man in der Crow Bar einen Erfrischungsstopp einlegen kann, erreicht man das bereits in Nevada liegende Städtchen Pahrump und von dort aus die Neonmetropole Las Vegas.

Infos

Death Valley National Park: Visitors Center, Hwy 190, P. O. Box 579, Death Valley, CA 92328, Tel. 1-760-786-3200, www.nps.gov/deva, 20-minütiger Film zur Einführung, Eintritt pro Pkw 25 $, Fahrräder 12 $, Motorräder 20 $ (7 Tage Gültigkeit).

Übernachten

Im Umkreis des Death Valley gibt es Zimmer in Beatty (mehrere Hotels, Casino, Geschäfte, Tankstelle), Indian Springs, Amargosa Valley, Death Valley Junction und Shoshone.

Komfortabel logieren – **Oasis at Death Valley:** Hwy 190, Tel. 1-760-786-2345, www.oasisatdeathvalley.com, nur Mitte Okt.–Mitte Mai. Bestes Hotel im Nationalpark mit 66 klimatisierten Zimmern und dem am tiefsten gelegenen Golfplatz der Welt. DZ ab 400 $.

Oase im Todestal – **Ranch at Death Valley:** Hwy 190, Tel. 1-760-786-2345, www.oasisatdeathvalley.com/Stay, das ganze Jahr geöffnet. Klimatisierte Motelzimmer unterschiedlicher Kategorien sowie Cafeteria, Restaurant und Swimmingpool im Freien neben einer lauschigen Oase aus Dattelpalmen. DZ ab 240 $.

Dorf in der Wüste – **Stovepipe Wells Village:** Hwy 190, Tel. 1-760-786-2387, www.deathvalleyhotels.com, ganzjährig. Motelzimmer, Restaurant, Saloon, Pool, kleiner Supermarkt und Campingplatz für Wohnmobile. DZ ab 170 $, Deluxe-Zimmer 200 $.

Grandioser Faltenwurf: Zabriskie Point im Death Valley

Küstenhighway No. 1 nach Los Angeles

Zwischen San Francisco und Los Angeles säumt eine Küste den Pazifik, die zu den bekanntesten Landschaften im amerikanischen Westen gehört. Meer und Festland treffen sich z. B. bei Big Sur oder am 17-Mile-Drive bei Monterey sprichwörtlich im Bilderbuchformat. Aus gutem Grund trägt der Highway No. 1 bzw. 101 auf den ca. 500 Meilen zwischen den beiden Küstenmetropolen den Beinamen Traumstraße Amerikas – mit jeder Meile wird er diesem Nimbus gerecht.

Silicon Valley ▸A/B 9

Wer sich auf der Fahrt von San Francisco nach Los Angeles am ersten Reisetag für eine Inlandsroute entscheidet, bekommt es an der südlichen San Francisco Bay zwischen San Jose und Palo Alto mit bekannten Namen wie Sun Microsystems, Hewlett-Packard, Apple, Intel, Xerox, Adobe, Facebook, Amazon, Dell, eBay, Nvidia und Google zu tun. Schon seit Ende der 1970er-Jahre herrschen sie im **Silicon Valley** über ein Soft- und Hardware-Imperium, dessen Macht und Einfluss längst in die entferntesten Winkel der Erde vorgedrungen ist.

Zwar sind anderswo Konkurrenten entstanden, aber der Name Silicon Valley, wo in den 1970er-Jahren die Erfindung und Produktion von Mikroprozessoren die Welt revolutionierte, lässt Kommunikationsfachleute und Datenverarbeitungsamateure immer noch aufhorchen. Ehemals bekannt als Standort winziger Klitschen, die in umgebauten Garagen am neuen Technologiezeitalter bastelten, mauserte sich das Silicon Valley zu einem industriellen Kraftpaket mit inzwischen mehr als 7000 Computer- und Multimediafirmen. Allerdings kehren auch schon Firmen und Investoren dem High-Tech-Tal den Rücken.

Palo Alto und Stanford University

Stanford Visitor Center, 295 Galvez St., Tel. 1-650-723-2560, www.stanford.edu, Mo–Fr 8–17, Sa 12–16 Uhr, Campusführungen tgl. 11 und 15.15 Uhr

›Hauptstadt‹ des Silicon Valley ist **Palo Alto** (67 000 Einwohner). 1891 nahm dort die vom schwerreichen Eisenbahnkönig Leland Stanford gegründete **Stanford University** ihren Betrieb auf, neben Harvard, MIT, Princeton und Yale eine der fünf Eliteuniversitäten der USA, die vor allem in den Bereichen Informatik, Biotechnologie und Meeresforschung führend ist. Der von Grünflächen und Palmenalleen geschmückte Campus erinnert an das Gelände einer vornehmen Klosterschule. Gebäude wie der 87 m hohe **Hoover Tower** mit einer Aussichtsplattform (tgl. 10–16 Uhr, 4 $) oder die mit Mosaiken verzierte **Memorial Church** von 1903 strahlen ebenso würdevolle Distanz aus wie die neoromanischen Arkadengänge um den **Memorial Court.** Zahlreiche Skulpturen, darunter die »Bürger von Calais« von Auguste Rodin, verwandeln das Campuszentrum in eine Open-Air-Galerie. Teile dieser Skulpturengruppe sind auch im **Rodin Sculpture Garden** zu sehen, der rund um die Uhr für Besucher geöffnet ist.

San Jose ▶ B 9

Mit über 1 Mio. Einwohnern bildet der Großraum **San Jose** das Zentrum der südlichen Bay Area und rangiert unter den Metropolen Kaliforniens hinter Los Angeles und San Diego auf Platz 3. Der Boom im benachbarten Silicon Valley hat auch die ehemalige Agrargemeinde zu einem prosperierenden Gemeinwesen mit guten Restaurants, gemütlichen Straßencafés und einer beachtlichen Kulturszene mit Museen, Oper, Symphonieorchester und Ballett werden lassen. Außerdem empfiehlt sich dem Besucher San Jose als eine der sichersten Großstädte des Landes.

Winchester Mystery House

525 S. Winchester Blvd., Tel. 1-408-247-2101, www.winchestermysteryhouse.com, Führungen im Hochsommer tgl. 9–17 Uhr, sonst kürzer, Preise für Tourtickets sind zeitabhängig und bewegen sich zwischen 20 und 47 $

Im Jahre 1884 begann Sarah Winchester, die Witwe des schwerreichen Erfinders des legendären Mehrladegewehrs, mit dem Bau des **Winchester Mystery House.** Dem Glauben verhaftet, ihr Leben würde so lange dauern, wie sie an diesem Anwesen baute, soll die dem Okkulten zugewandte Millionenerbin 38 Jahre lang Architekten, Maurer und Zimmerleute beschäftigt haben. Zug um Zug verwandelten sie das ehemals einfache Farmerhaus mit Scheune in ein architektonisches Labyrinth im viktorianischen Stil mit 160 Zimmern, 40 Treppen, 10 000 Fenstern, 2000 Türen, geheimen Durchgängen und 40 Kaminen. Das Hämmern und Sägen der Handwerker hörte erst auf, als die Hausherrin 1922 im Alter von 82 Jahren einer Herzattacke erlag.

Rosicrucian Egyptian Museum & Planetarium

1660 Park Ave., Tel. 1-408-947-3635, www.egyptianmuseum.org, Mi–Fr 9–17, Sa–So 10–18 Uhr, Erw. 9 $, Kin. 5–10 J. 5 $

Die weltweit aktive Bruderschaft der Rosenkreuzer hat ihren Hauptsitz im Rosicrucian Park, wo das von der Gesellschaft unterhaltene **Rosicrucian Egyptian Museum & Planetarium** seinen Platz hat. Mumien, Grabsteine, Schmuck, dekorative Wandreliefs und der Nachbau eines Pharaonengrabs bilden eine der größten altägyptischen Sammlungen in den USA.

Tech Museum of Innovation

201 S. Market St., Tel. 1-408-294-8324, www.thetech.org, tgl. 10–17 Uhr, inkl. IMAX 29 $, zusätzliche IMAX-Filme 11 $

Wie Computer- und Kommunikationstechnik funktionieren, demonstriert das **Tech Museum of Innovation.** Zugleich wird hier deutlich, wie Hightech-Erfindungen das moderne Alltagsleben beeinflussen und verändern. Bei vielen interaktiven Einrichtungen werden Besucher zu mehr oder weniger risikofreudigen Akteuren, wenn sie etwa ein Raumschiff über die Oberfläche des Mars steuern oder eine virtuelle Fahrt mit dem Bobschlitten unternehmen. Im IMAX Dome Theater zeigt man auf der Großleinwand spannende Filme, z. B. über Wetterextreme, Amazonasabenteuer oder technische Wunder.

San Jose Museum of Art

110 S. Market St., Tel. 1-408-271-6840, http://sjmusart.org, Di–So 11–17 Uhr, Erw. 10 $, unter 6 J. Eintritt frei

Zu den Beständen des **San Jose Museum of Art** zählen Gemälde, Skulpturen, Fotografien, Zeichnungen, Drucke und neue Medien, die der zeitgenössischen Kunst zugeordnet werden können. Wechselausstellungen beschäftigen sich etwa mit den Werken des mexikanischen Malers Gustavo Ramos Rivera, mit Keramikskulpturen oder mit digitaler Kunst.

Infos

Team San Jose: 408 Almaden Blvd., San Jose, CA 95110, Tel. 1-408-295-9600, 1-800-726-5673, www.sanjose.org.

Übernachten

Luxus und Komfort – **Fairmont Hotel:** 170 S. Market St., Tel. 1-408-998-1900, www.fair

mont.com/SanJose. Nobles Großhotel mit 540 Zimmern, 3 Restaurants, Bar, beheiztem Außenpool, Fitnessklub, Spa mit Sauna und Businesscenter. DZ ab ca. 320 $.

Gut ausgestattete Zimmer – **Best Western Lanai Garden Inn:** 1575 Tully Rd., South San Jose, Tel. 1-408-929-8100, http://book.bestwestern.com (> San Jose). Freundliche Zimmer mit Kaffeemaschine, Mikrowelle, Highspeed-Internetzugang; beheizter Außenpool, Waschmaschinenbenutzung gratis. DZ ab 170 $ inkl. Frühstück.

Gutes Preis-Leistungs-Verhältnis – **Arena Hotel:** 817 The Alameda, Tel. 1-408-294-6500, arenahotelsj.com. Auf vier Etagen verteilen sich 89 renovierte Gästezimmer unterschiedlicher Kategorien, alle mit Kühlschrank, Mikrowelle, Kaffeemaschine und Farb-TV. Ins nahe gelegene Stadtzentrum kommt man gut zu Fuß. DZ ab ca. 150 $.

Essen & Trinken

Nobel speisen – **Le Papillon:** 410 Saratoga Ave., Tel. 1-408-296-3730, www.lepapillon.com, Lunch Fr 11.30–14.30 Uhr, Dinner tgl., Dress Code. Das Lokal gehört zu den Spitzenrestaurants in der Region; preisgekrönte französische Küche; 7-gängiges Probiermenü 110 $, dazu passende Weine 60 $/Pers.

Mexiko lässt grüßen – **Mezcal:** 25 W. San Fernando St., Tel. 1-408-283-9595, http://mezcalrestaurantsj.com, Mo–Do 11.30–22, Fr bis 22.30, Sa 16–22.30, So 16–21 Uhr. Das Lokal ist ein Garant für authentisch mexikanische Küche auf hohem Niveau. Man speist in angenehmer Atmosphäre. Hauptgerichte 10–17 $.

Einkaufen

Konsumentenmekka – **Great Mall:** 447 Great Mall Dr., Milpitas, www.simon.com/mall/greatmall, Mo–Sa 10–21, So 11–20 Uhr. Eine der größten Malls in Kalifornien mit über 200 Geschäften.

Mode für jedermann – **Gilroy Premium Outlets:** 681 Leavesley Rd., www.premiumoutlets.com, Mo–Sa 10–21, So 10–19 Uhr. Südöstlich von San Jose in Gilroy liegendes Fabrikverkaufszentrum mit 145 hauptsächlich auf Mode spezialisierten Läden.

Abends & Nachts

Alte Pracht – **California Theatre:** 345 S. First St., Tel. 1-408-295-9600, http://sanjosetheaters.org/theaters. 1100 Zuschauer fassendes Auditorium von 1927 mit Kristallleuchtern, Buntglasfenstern und gedrehten Säulen. In diesem Theater finden auch die Veranstaltungen der Opera San Jose (Tel. 1-408-437-4450, www.operasj.org) und der Symphony Silicon Valley (Tel. 1-408-286-2600, www.symphonysiliconvalley.org) statt.

Aktiv

Vergnügungspark – **California's Great America:** Great America Pkwy, Santa Clara, Tel. 1-408-988-1776, www.cagreatamerica.com, April–Okt., im Hochsommer 10–22 Uhr, sonst kürzer. Freizeitpark mit 3-D-

Wenn man doch all die Eindrücke und Erlebnisse festhalten könnte, wie hier am Highway No. 1

Bewegungssimulatoren, nervenaufreibenden Achterbahnen und Attraktionen für Kinder. Tickets ab 40 $, Online-Preise verbilligt.

Termine

Cinequest Film Festival (Feb.–März): Filmfestival mit internationaler Beteiligung, bei dem u. a. auch technologische Innovationen vorgestellt werden (www.cinequest.org).

Juneteenth Festival (Mitte Juni): Afroamerikanisches Kulturfest zur Erinnerung an das Ende der Sklaverei.

San Jose Jazz Summer Fest (Aug.): 3-tägiges Jazzfestival (summerfest.sanjosejazz.org).

Rock 'n' Roll Half Marathon (Ende Sept.): Traditionelles Langstreckenrennen (http://runrocknroll.competitor.com/san-jose).

Verkehr

Flugzeug: Mineta San Jose International Airport, Tel. 1-408-392-3600, www.sjc.org. Viele inneramerikanische Verbindungen auch mit dem Billiganbieter JetBlue Frontier Airlines. Der VTA Airport Flyer pendelt zwischen Flughafen, Metro Light Rail Station und Santa Clara Caltrain Station. Taxis nach Downtown kosten 15–18 $.

Bahn: Amtrak-Bahnhof, 65 Cahill St., Tel. 1-800-872-7245, www.amtrak.com. San Jose liegt an der Schienenstrecke des Amtrak-Zuges Coast Starlight zwischen Los Angeles und Seattle (von San Jose nach Los Angeles kostet die Fahrt je nach Zug ab 61 $).

Bus: Greyhound Terminal, 65 Cahill St., Tel. 1-408-295-4153, www.greyhound.com. Busse in alle größeren Städte.

Nahverkehr: VTA (Valley Transportation Authority, Tel. 1-408-321-2300, www.vta.org), Einzelfahrt Erw. 2 $, Kin. 5–18 J. 1,75 $; **Greyhoundbusse** fahren von San Jose nach San Francisco und kosten je nach Reisetag 8,50–11,50 $; **Caltrain,** Railroad Ave., Santa Clara, Tel. 1-800-660-4287, www.caltrain.com. Regionalzug zwischen San Jose und San Francisco, zahlreiche Verbindungen.

Half Moon Bay ▶ A 9

Geruhsamer als über die viel befahrenen Interstates legt man die erste Reiseetappe entlang der Küste über die hauptsächlich beim herbstlichen Pumpkin Festival reizvolle Kürbishauptstadt **Half Moon Bay** und die sich anschließenden Pazifikstrände am Highway No. 1 zurück.

Pigeon Point Lighthouse

210 Pigeon Point Rd., Hwy 1, Pescadero, Tel. 1-650-879-0633, www.norcalhostels.org/pigeon

Beim **Pigeon Point Lighthouse** mit einem 35 m hohen Leuchtturm aus dem Jahr 1872, vor dem bis zu seiner Inbetriebnahme Dutzende Schiffe auf Grund gelaufen waren, ist die vibrierende Großstadtatmosphäre von San Francisco längst dem von salziger Meeresluft gewürzten Küstenflair gewichen. Im ehemaligen Quartier des Leuchtturmwächters wurde eine einfache Jugendherberge eingerichtet.

Ano Nuevo State Reserve ▶ A 9/10

Zwischen Half Moon Bay und Santa Cruz, Rangerführungen 15. Dez.–31. März 9–16 Uhr, Tel. 1-650-879-2025, Informationen unter www.parks.ca.gov/?page_id=523

Das Schutzgebiet beheimatet die größte festländische Kolonie von See-Elefanten, die sich dort paaren und ihre Jungen zur Welt bringen. Die Männchen liefern sich zum Teil heftige Kämpfe um Partnerinnen, die an den Sandstränden und in den Dünen bis Februar Junge gebären. Bei Rangerführungen in kleineren Gruppen (hin und zurück ca. 5 km) erfährt man alles Interessante und Wissenswerte über diese massigen Meeresbewohner mit schwarzen Kulleraugen. Ab April kann man Besuche auf eigene Faust unternehmen. Die See-Elefanten lebten früher zu Hunderttausenden im Pazifik. Nachdem sie im 18. und 19. Jh. wegen ihres ölreichen Specks fast ausgerottet worden waren, gab es 1892 an der kalifornischen Küste nur noch 50 bis 100 Tiere. Durch Schutzmaßnahmen sind die Bestände bis heute wieder auf ca. 160 000 Exemplare angewachsen.

Santa Cruz ▶ A 10

Hauptsächlich Familien mit Kindern fühlen sich im Urlaub vom 65 000 Einwohner großen Santa Cruz an der nördlichen Monterey-Bucht angezogen. Der Grund: schöne Sandstrände und viele Freizeitmöglichkeiten. Weil das Wasser im Pazifik selbst im Hochsommer kaum wärmer als 18 °C wird, sind statt Schwimmen eher Strandvolleyball, das Bauen von Sandburgen und Kajakfahren angesagt. Und natürlich das Adrenalinabenteuer Beachboardwalk. Weiter westlich bietet der einsame, 3 Meilen entfernte **Natural Bridges State Beach** Gelegenheit, sich vom Boardwalk-Stress zu erholen.

Beachboardwalk

400 Beach St., Tel. 1-831-423-5590, http://beachboardwalk.com, ganzjährig geöffnet, variable Zeiten, Tickets: All-Day Unlimited Rides, 1 Tag unbegrenzte Fahrten 43 $, Einzelfahrten 4–7 $

Früher gab es in vielen kalifornischen Küstenstädten Boardwalks mit Volksfestcharakter, Fahrbetrieben, Imbissbuden, Restaurants und Zuckerwatteständen. Die einzig übrig gebliebene Attraktion dieser Art befindet sich in Santa Cruz mit der 1924 aus Holz erbauten Achterbahn Giant Dipper. Sie nimmt sich, ebenso wie ein Karussell von 1911 mit handgeschnitzten Pferden, wie ein nostalgisches Museumsstück aus zwischen Hightech-Anlagen mit Namen wie Cyclone, Tsunami und Hurricane.

Santa Cruz Wharf

Mit Geschäften und Restaurants bildet die weit ins Meer hinausreichende **Santa Cruz Wharf** zahlreiche Möglichkeiten für einen Einkaufsbummel mit kulinarischen Akzenten. Zugleich ist sie ein fabelhafter Aussichtspunkt, um aus der Entfernung den Jahrmarktrummel am Boardwalk zu verfolgen. Um die Pfeiler des Piers tummeln sich häufig Seelöwen im Wasser. Dort legen auch Schiffe für Rundfahrten in der Bucht und für ganzjährige Walbeobachtungstouren ab.

Santa Cruz Museum of Natural History

1305 E. Cliff Dr., Tel. 1-831-420-6115, www.santacruzmuseum.org, Di–Fr 11–16, Sa–So 10–17 Uhr, Erw. 4 $

Am östlichen Ende des Boardwalk teilt sich der San Lorenzo River an der versandeten Mündung in glitzernde Rinnsale. Das dort liegende **Santa Cruz Museum of Natural History** zeigt neben Ausstellungen über die Flora und Fauna der Region u. a. Exponate, die das Kulturschaffen der Ohlone-Indianer dokumentieren.

Santa Cruz Surfing Museum

Mark Abbott Memorial Lighthouse, Tel. 1-831-420-6289, https://bit.ly/2wOCwrp, im Winter Do–Mo 12–16, sonst Do–Di 10–17 Uhr

Westlich des Piers führt der Cliff Drive zum **Santa Cruz Surfing Museum,** das sich dem beliebtesten Freizeitvergnügen der südkalifornischen Küstenbewohner widmet.

Monterey ► A/B 10

Das von John Steinbeck, der zeitweilig in Monterey lebte, in seinem 1945 erschienenen Roman »Die Straße der Ölsardinen« (engl. »Cannery Row«) beschriebene **Monterey** der 1930er-Jahre existiert nicht mehr. Nacht für Nacht kamen die Fischer damals

Exotisches Unterwasserleben im berühmten Monterey Bay Aquarium

mit Tonnen von Sardinen vom Meer zurück, die in über zwei Dutzend Betrieben verarbeitet wurden. Jahrzehntelange Überfischung dezimierte die Sardinenschwärme schließlich derart, dass Ende der 1940er-Jahre sämtliche Konservenfabriken schließen mussten. Alte Lagerhallen und Fischverarbeitungsbetriebe entlang der berühmten Cannery Row haben längst Restaurants, Galerien und unüberschaubar vielen Souvenirshops Platz gemacht. Auf der schon vor Jahren modernisierten Meile üben sich Touristen unter den Augen der bronzenen Büste von John Steinbeck heute im Rikschafahren und Shoppen. Sardinen bekommt man nur noch im Restaurant zu Gesicht.

Monterey Bay Aquarium

886 Cannery Row, Tel. 1-831-648-4800, www.montereybayaquarium.org, in der Hochsaison 9.30–18, sonst 10–18 Uhr, Erw. 50 $, Kin. 3–12 J. 30 $, verbilligte Tickets bei Online-Buchung

Zentraler Anziehungspunkt im stark kommerzialisierten Viertel ist das viel gepriesene **Monterey Bay Aquarium,** vor dem sich im Sommer lange Schlangen bilden. Ein mehrere Stockwerke hohes Riesenbecken aus Acrylglas vermittelt den Eindruck, als stünde man auf dem Boden des Ozeans, über sich ein in sanftem Rhythmus fächelnder Kelpwald und Schwärme von Thunfischen, Barrakudas, Haien und Meeresschildkröten.

In einem anderen Teil des Aquariums gebärden sich putzige Seeotter als Alleinunterhalter, indem sie sich ihre Shrimpsmahlzeiten auf den Bauch häufen und zur Gaudi der Zuschauer genüsslich kauend in Rückenlage ihre Runden drehen.

Monterey State Historic Park

20 Custom House Plaza, Tel. 1-831-649-7118, www.parks.ca.gov/?page_id=575, tgl. 10–17 Uhr, Eintritt frei

In den 1770er-Jahren eine der ersten europäischen Ansiedlungen an der US-Westküste, war Monterey zur Zeit der spanischen und mexikanischen Herrschaft Kaliforniens Hauptstadt. Nachdem 1849 vor Ort die kalifornische Verfassung verabschiedet worden war, trat der Golden State ein Jahr später der Amerikanischen Union bei. Im Stadtzentrum haben zahlreiche Bauten aus der Kolonialzeit überlebt und bilden heute den **Monterey State Historic Park.** In einzelnen historischen Gebäuden werden Führungen angeboten.

Custom House

5 Custom House Plaza, Tel. 1-831-372-2608, http://museumofmonterey.org, Mi–Sa 11–17, So 12–17 Uhr, Eintritt frei

Das **Custom House** gilt als ältestes öffentliches Gebäude westlich der Rocky Mountains. Teile des ehemaligen Zollbüros stammen von 1827. Vor diesem Haus ließ Commodore John Drake Sloat 1846 erstmals in Kalifornien die US-Flagge aufziehen und beanspruchte damit ein Territorium von 1,5 Mio. km² für die Vereinigten Staaten. Navigationsinstrumente, Schiffsmodelle, Ausrüstungen der Küstenwache und ein 20-minütiger Film zum Thema »Monterey und der Pazifik« lohnen den Besuch im **Museum of Monterey.** Eine spezielle Ausstellung geht auf die ehemalige Sardinenfischerei ein.

Stevenson House

www.parks.ca.gov/?page_id=963

Ursprünglich als Hotel erbaut, hatte das heutige **Stevenson House** 1878 einige Monate lang mit dem schottischen Schriftsteller Robert Louis Stevenson einen äußerst prominenten Gast. Auf einer Reise durch Frankreich hatte der Autor der »Schatzinsel« zwei Jahre zuvor Fanny Osbourne kennengelernt, in die er sich Hals über Kopf verliebte, obwohl sie verheiratet war.

Er folgte der Angebeteten in ihre Heimat nach Kalifornien und heiratete sie nach ihrer Scheidung 1880. Das Anwesen beherbergt ein kleines Stevenson-Museum, das sich weniger mit den kalifornischen Zeiten des Schriftstellers als vielmehr mit seinen letzten Lebensjahren auf der Insel Samoa in Polynesien befasst.

Infos

Lake El Estero Visitors Center: 787 Munras Ave., Suite 110, Monterey, CA 93940, Tel. 1-888-221-1010, www.seemonterey.com.

Übernachten

Traumhaft schön – **Old Monterey Inn:** 500 Martin St., Tel. 1-831-652-8999, www.oldmontereyinn.com. Romantisches B&B in einem 1929 im Tudorstil erbauten, von einem englischen Garten umgebenen Herrenhaus, stilvoll eingerichtete Zimmer mit eigenem Bad und offenem Kamin. DZ ab 250 $., inkl. Frühstück.

Stilvolle Bleibe – **The Jabberwock:** 598 Laine St., Tel. 1-831-372-4777, www.jabberwockinn.com. B&B mit 7 individuell und komfortabel eingerichteten Zimmern, 5 davon mit eigenem Bad, nur 4 Blocks von der Cannery Row entfernt und trotzdem ruhig, Highspeed-Internetanschluss, gutes Frühstück. DZ ab 250 $.

Putzige Cottages – **Bide-A-Wee Inn & Cottages:** 221 Asilormar Ave., im Nachbarort Pacific Grove, Tel. 1-831-372-2330, www.bideaweemotel.com. Weiß getünchte Cottages auf einem bewaldeten Gelände mit einem oder zwei Schlafräumen, zum Teil mit Küche. Cottage ab 200 $.

Ordentliches Motel – **Red Roof Inn:** 2227 N. Fremont St., Tel. 1-831-372-7586, www.redroofinnmonterey.com. Kettenmotel mit einfachen, aber ordentlichen Zimmern, DZ ca. 105 $.

Essen & Trinken

Elegantes Lokal – **La Mia Cucina:** 208 17th St., Pacific Grove, Tel. 1-831-373-2416, www.lamiacucinaristorante.com, Mi–So ab 17 Uhr, Mo, Di Ruhetage. Mit historischen Weinpostern dekoriertes Lokal, das hervorragende italienische Spezialitäten bietet, z. B. Hummer-Ravioli 26 $, Auberginen mit Mozarella, Parmesan und Basilikum-Tomaten-Sauce 24 $; gut sortierte Weinkarte.

Gute Küche, hübsches Interieur – **Tarpy's Roadhouse:** 2999 Salinas Hwy, Tel. 1-831-647-1444, www.tarpys.com, tgl. 11.30–22 Uhr. Familienrestaurant mit rustikalem Interieur. Black Angus Ribeye Steak mit Kartoffeln und grünen Bohnen 38 $, Pasta mit Riesengarnelen 39 $, Hauptgerichte ab 15 $.

Tipp

SPAREN IN MONTEREY

Über die offizielle Webseite www.seemonterey.com (> resources/offers) kann man zahlreiche Coupons für Hotelübernachtungen, Restaurants und Aktivitäten herunterladen und ausdrucken, mit denen sich bares Geld sparen lässt. Unter der Adresse www.montereywharf.com kann man eine Vip Card downloaden, mit der man über zwei Dutzend verbilligte Angebote im Umkreis von Fisherman's Wharf wahrnehmen kann.

Einkaufen

Bunter Straßenmarkt – **Old Monterey Market Place:** Alvarado St., jeden Di 16–19 Uhr. Bauernmarkt mit frischen Produkten sowie Ständen mit Kunsthandwerk.

Alles, was der Mensch braucht – **Del Monte Shopping Center:** 1410 Del Monte Center, Tel. 1-831-373-2705, www.delmontecenter.com, Mo–Fr 10–21, Sa 10–19, So 11–17 Uhr. 85 Einzelhandelsgeschäfte und Boutiquen, Restaurants und Kinos.

Abends & Nachts

Wo Bier in Strömen fließt – **Bull & Bear:** 479 Alvarado St., Tel. 1-831-655-3031, tgl. 11.30–2 Uhr. Restaurant mit populärer Single Bar und riesiger Bierauswahl, Do–Sa Tanz zur DJ-Musik, Mo–Fr Happy Hour.

Aktiv

Walbeobachtung – **Monterey Bay Whale Watch:** 84 Fisherman's Wharf, Tel. 1-831-375-4658, www.montereybaywhalewatch.com.

Idyllische Mission San Carlos Borromeo de Carmelo im Küstenstädtchen Carmel

Von Meeresbiologen kommentierte, ganzjährig unternommene 4- bis 5-stündige Touren mit Chancen, Delfine, Grauwale, Zwergwale, Schwertwale, Buckelwale und Blauwale zu sehen. Vormittagstouren im Sommer, Erw. 49 $, Kin. bis 12 J. 39 $.

Termine

Jazz Bash by the Bay (Anfang März): Jazz, Swing, Ragtime, Dixieland und Blues – populäres Musikfestival (http://jazzbashmonterey.com).

Monterey Jazz Festival (Sept.): Seit Jahrzehnten veranstaltetes Jazzfestival (www.montereyjazzfestival.org).

Verkehr

Waterfront Area Visitor Express (WAVE), ein kostenloser Pendelbus zwischen Downtown Monterey und Pacific Grove mit Stopps an Hotels/Sehenswürdigkeiten (er verkehrt von Ende Mai–Anfang Sept. tgl. 10–19 Uhr, alle 10–12 Min., Tel. 1-831-899-2555, https://bit.ly/2wRnAJ2).

Carmel ▸ A/B 10

Das nicht einmal 5000 Einwohner große Städtchen lässt sich gerne als Künstler- und Bohemekolonie bezeichnen und hat in der Vergangenheit außergewöhnliche Schritte unternommen, um diesen Ruf aufzupolieren. So gelten in der Gemeinde Vorschriften, die etwa Neonreklamen vor Geschäften, die Straßenbeleuchtung in den Wohngebieten, sichtbare Hausnummern und die in Amerika sonst üblichen Briefkästen vor Häusern verbieten, um das Ortsbild nicht zu verschandeln. Das Flair des Besonderen umwehte die Stadt auch, als Westernstar Clint Eastwood der Stadt von 1986 bis 1988 als Bürgermeister vorstand.

Mission San Carlos Borromeo

3080 Rio Rd., Tel. 1-831-624-1271, www.carmelmission.org, tgl. 9.30–19 Uhr, Erw. 9,50 $, Sen. 7 $, Kin. unter 17 J. 5 $

Historischer Kern der Gemeinde ist die wunderschöne **Mission San Carlos Borromeo de Carmelo,** die 1771 von Monterey an diese Stelle verlegt wurde. Mitten in einem Wohngebiet gelegen, sieht das historische Anwesen aus wie ein im ausgehenden 18. Jh. vergessenes Stückchen Land. Im Garten ranken sich u. a. blühende Rosenbüsche und Bougainvillea-Sträucher in kräftigen Farben die Mauern hinauf. Der Haupteingang der Basilika mit seinem neobarocken Dekor wird durch ein sternförmiges Fenster geschmückt, und der angebaute Turm besitzt einen fast orientalisch anmutenden Aufsatz. Im Innern der Mora Chapel, wo selbst im heißesten Hochsommer angenehme Kühle herrscht, erinnert ein Sarkophag mit den sterblichen Überresten des Franziskanerpaters Junipero Serra an den Gründer der ersten spanischen Missionen im Lande. Der vom Papst im Rahmen seiner USA-Reise 2015 heiliggesprochene Serra ist wegen der Zwangsmissionierung der Indianer umstritten.

Point Lobos ▸ A 11

Hwy 1, Tel. 1-831-624-4909, www.parks.ca.gov/pointlobos, ab 8 Uhr, pro Pkw 10 $

Punta de los Lobos (Platz der Seewölfe) nannten die Spanier die Halbinsel südlich der Bucht von Carmel. Davon leitet sich der heutige Name **Point Lobos** für ein Juwel unter den kalifornischen Naturschutzgebieten ab. Nirgends gibt es noch so viele Monterey-Zypressen wie an dieser wilden Küste mit kleinen Buchten, in denen der Blick durch das grünblaue Wasser bis auf den Meeresboden reicht. An senkrechten Klippen vorbei führen Wanderwege zu atemberaubenden Aussichtspunkten, von denen aus man Seelöwen und Robben beobachten kann. 1960 entstand

Aktiv

RAD- UND FOTOTOUR AUF DEM 17-MILE-DRIVE

Tour-Infos

Start: Carmel Gate (Südeingang); Pkw-Maut 10,25 $ (für Radsportler gratis)
Länge: ca. 12 Meilen
Dauer: 1–3 Stunden
Radverleih: Bay Bikes, Barnyard Shopping Village, 3600 The Barnyard, Carmel, Tel. 1-831-655-BIKE, www.baybikes.com

Als in grauer Vorzeit der Urkontinent Pazifika im Stillen Ozean versank, brachen die Götter einer Legende zufolge ein kleines Stück ab, um daraus die **Monterey Peninsula** zu formen. Heute steht der Küstensaum der Halbinsel wegen seiner Reize u. a. bei Fotografen hoch im Kurs. Auf dem gebührenpflichtigen **17-Mile-Drive** zwischen **Monterey** und **Carmel** kann man durch eine größtenteils in Privatbesitz befindliche Milliardärsenklave fahren und an markierten Stellen anhalten, um wildromantische Küstenabschnitte und sehenswerte Naturwunder im Bild festzuhalten.

Am Weg gibt es zahlreiche Stellen mit Picknicktischen, an denen man eine mitgebrachte Stärkung verzehren kann. Einkaufen muss man bereits in Carmel. Am 17-Mile-Drive gibt es keine Läden. Badesachen kann man getrost vergessen. Es gibt am Drive zwar einige einladend aussehende Strände. Das Wasser ist aber das ganze Jahr über eher für Eisbären und Pinguine geeignet.
Vom **Carmel Gate** führt die Panoramastraße zur luxuriösen, 1919 erbauten **Lodge at Pebble Beach** mit einem der schönsten Golfplätze Amerikas. Wer ein Teleobjektiv bei sich hat, kann mit dem auf einer Felsnase direkt über dem Ozean liegenden Hole 7 das wohl berühmteste Golfloch der Welt heranzoomen. Auch wenn man nicht im teuren Hotel wohnt, kann man sich in einem der zahlreichen Lokale der Lodge eine Pause gönnen.
An der Stillwater Cove entlang geht es zum **Ghost Tree,** einer abgestorbenen Zypresse mit ausbleichtem Stamm. Wie ein Dekostück aus einem Horrorfilm präsentiert sie sich mit ihren nackten, verkrüppelten Ästen. Besonders eindrucksvoll übrigens, wenn dichter Nebel über dem Küstenabschnitt hängt, der bei Winterstürmen für seine Monsterwellen bekannt ist. Risikobereite Surfer

haben die bis zu 12 m hohen Wellen längst als ultimative sportliche Herausforderung erkannt und gehen dann hier ihrem Lieblingssport nach.
Im Unterschied zum Ghost Tree ist der berühmteste Baum an der kalifornischen Küste trotz eines Alters von über 250 Jahren noch am Leben. Die **Lone Cypress** krallt sich mit ihren Wurzeln auf einem von Wellen umtosten, zerklüfteten Felsen so spektakulär fest, dass der einsame Star längst zu den meist fotografierten Naturwundern des Landes zählt. Krimi-Altmeister Alfred Hitchcock ließ an dieser exponierten Stelle im Jahr 1958 eine Szene für seinen berühmten Thriller »Vertigo« mit Kim Novak und James Stewart drehen. Durch einen Wald aus mächtigen, fotogenen Monterey-Zypressen mäandert die Straße zum **Cypress Point Lookout,** wo die schaumige Wellen Seetangfelder schaukeln lassen. Der weiße Sandstrand am **Fanshell Overlook** wird von Anfang April bis Anfang Juni jedes Jahr gesperrt, weil dort Seehunde ihre Jungen zur Welt bringen.
Auf Höhe des **Spyglass Hill Golf Course** liegt direkt am Küstensaum die **Seal Rock Picnic Area,** ein hübscher Platz für ein Picknick an fest installierten Tischen und Bänken. Gleichzeitig kann man von dort das Leben auf dem vor der Küste liegenden Granitfelsen **Bird Rock** verfolgen, der einer Robbenkolonie, Seemöwen, Pelikanen und Schwarzen Kormoranen als kollektives Refugium dient. Mit dort aufgestellten Fernrohren lassen sich in den ersten drei Monaten des Jahres auch Grauwale beobachten, die um diese Zeit aus den warmen Küstengewässern Mexikos mit ihren Jungen in den hohen Norden ziehen.
In allen Blautönen changiert das meist aufgewühlte Meer um **Point Joe,** eine exponierte, von dunklen Felsen umgebene Landzunge. Man kann sich angesichts der gefährlichen Strömungen und Untiefen nur zu gut vorstellen, dass die Gewässer vor dem Aussichtspunkt in der Vergangenheit schon vielen Schiffen zum Verhängnis wurden. Wenn lange Brandungsreihen auf die Küste zurollen und von Schaumkronen geschmückte Wellen über den schroffen Granit herfallen, lacht das Fotografenherz.
Das letzte Stück des 17-Mile-Drive windet sich um die Spanish Bay und strebt durch luxuriöse Wohnsiedlungen dem Ende am **Pacific Grove Gate** entgegen.

vor der Halbinsel in einem 300 Hektar großen Areal das erste Unterwasserschutzgebiet der USA, das sich auch der Wiederansiedlung von Seeottern widmete. Im vergangenen Jahrhundert noch vom Aussterben bedroht, gibt es heute an der kalifornischen Küste wieder etwa 2500 dieser niedlichen Pelzknäuel.

Big Sur ▸B 11

Point Lobos gibt einen Vorgeschmack auf den im Süden folgenden 90 Meilen langen Küstenabschnitt Big Sur, der in San Simeon endet. Esselen-Indianer lebten vermutlich schon seit Jahrtausenden an diesem Pazifiksaum, bevor die ersten Europäer die vom Meer zerklüfteten Klippen und die sandigen Buchten zu sehen bekamen. Erst um die Mitte des 19. Jh. ließen sich dort die ersten Einwanderer nieder, gefolgt von Holzfällertrupps und Viehzüchtern, die sich weiter landeinwärts ihre Camps und Ranches aufbauten. Danach dauerte es fast nochmals ein Jahrhundert, ehe 1937 der legendäre Highway No. 1 fertiggestellt war.

Trotzdem blieb Big Sur ein isolierter Landstrich. Selbst heute zählt der gesamte Küstenstreifen zwischen Point Lobos und San Simeon kaum mehr als 2000 Einwohner, und nur vereinzelt tauchen am Highway No. 1, der wie eine zweispurige Achterbahn aus Asphalt zwischen den Santa Lucia Mountains und dem Pazifik nach Süden mäandert, Zeichen menschlicher Zivilisation auf wie die fotogene, 86 m hohe **Bixby Creek Bridge,** der **Leuchtturm von Point Sur** (3-stündige Führungen auch durch die reizvolle Umgebung des Küstenfleckens Mi, Do, Sa–So, Tel. 1-831-625-4419, www.parks.ca.gov/?page_id=565, Anmeldung empfehlenswert)

McWay Falls im Julia Pfeiffer Burns State Park am Highway 1 in Big Sur

oder das in den Wäldern versteckte Dorf **Big Sur,** wo drakonische Vorschriften Hand in Hand mit gesalzenen Hotelpreisen den Bau- und Touristenboom bremsen. So blieb Big Sur im Großen und Ganzen eine unverfälschte Naturlandschaft. Weiler wie **Nepenthe,** wo der Schriftsteller Henry Miller 18 Jahre lang lebte, fallen als Zivilisationsinseln kaum ins Gewicht.

Dafür demonstriert die Natur majestätische Schönheit, etwa im bis ans Meer reichenden **Julia Pfeiffer Burns State Park** oder im **Pfeiffer Big Sur State Park,** wo der Big Sur River mit von Zedern, Eichen und Weiden bestandenen Ufern, die 20 m hohen Pfeiffer Falls, lauschige Wanderwege und die Big Sur Lodge zu einer ausgedehnten Fahrpause einladen.

Infos

Big Sur Chamber of Commerce: P. O. Box 87, Big Sur, CA 93920, Tel. 1-831-667-2100, www.bigsurcalifornia.org.

Übernachten

Hotel der Extraklasse – **Ventana Inn & Spa:** Highway 1, Tel. 1-831-667-2331, www.ventanainn.com. Das Resort-Hotel mit 62 in luxuriös ausgestatteten Holzhäusern untergebrachten Zimmern und Suiten rangiert unter den 500 besten Hotels der Welt. Der Blick ins Gästebuch mit Einträgen vieler Stars ist beeindruckend. Der Wellnessbereich mit beheizten Pools, heißen Bädern und Sauna lässt keine Wünsche offen. Das Hotel wurde nach einem Brand komplett renoviert. DZ Nebensaison ab ca. 530 $, sonst ab 565 $.

Übernachten in Jurten – **Treebones Resort:** 71895 Hwy 1, Tel. 805-927-2390, www.treebonesresort.com. Das schön über der Küste liegende Hotel bietet ganz besondere Unterkünfte: Gäste kommen in 16 geräumigen und komfortabel ausgestatteten Jurten mit festem Pinienholzboden unter. Toiletten und Duschen befinden sich außerhalb. 2 Pers. ab 250 $.

Essen & Trinken

Spitzenküche – **Sierra Mar Restaurant:** Post Ranch Inn, Hwy 1, Tel. 1-831-667-2200, www.postranchinn.com, tgl. 8–22.30 Uhr. Die kalifornisch, französisch und mediterran inspirierte Küche zählt zu den besten im Golden State. Tgl. wechselndes Probiermenü 125 $.

Küchenkunst auf hohem Niveau – **The Sur House:** im Ventana Inn, Tel. 1-831-667-2331, www.ventanainn.com, tgl. Lunch und Dinner. Spezialität des Hauses sind auf Eichenholz gegrillte Fleischspeisen. Obst und Gemüse stammen aus organischem Anbau. Das vegetarische Probiermenü mit vier Gängen kostet 80 $, Hauptgerichte ab 35 $.

✪ Hearst Castle ▶ B 12

750 Hearst Castle Rd., San Simeon, Tel. 1-518-218-5078, www.hearstcastle.com, tgl. ab 9 Uhr, vier unterschiedliche Thementouren, Erw. 25–36 $, Kin. 5–12 J. 12–18 $

Mit dem zu Stein erstarrten Traum eines Millionärs endet die Steilküste von Big Sur in **San Simeon.** Hoch in der westlichen Flanke der Santa Lucia Range thront das 165 Räume große **Hearst Castle** in einer gut 50 Hektar großen Parkanlage. Der kalifornische Zeitungs-

Prächtiger Neptune Pool des Hearst Castle am Küstenhighway No. 1 bei San Simeon

könig William Randolph Hearst, von seinem Vater mit einem riesigen Vermögen ausgestattet, beauftragte 1919 die Architektin Julia Morgan, auf einer Anhöhe einen bescheidenen Landsitz zu bauen. Über die Jahre uferten die Baupläne unter dem Einfluss des Bauherrn immer weiter aus, sodass schließlich ein im Westen der USA einmaliger fürstlicher Palast entstand. Nach dem Tod von Hearst vermachte die Familie den Besitz dem Staat, behielt aber im Umkreis etwa 32 000 ha Land. Am Highway 1 ließ der National Park Service, der die Residenz verwaltet, eine Empfangsanlage für Hunderttausende Besucher bauen, die dem steinernen Vermächtnis von William Hearst alljährlich ihre Aufwartung machen.

Hearst kam 1863 in San Francisco als Sohn des schwerreichen Senators George Hearst zur Welt. Während ihn die Mutter im Geiste von Kunst und Kultur erzog, vererbte ihm der Vater ein rücksichtsloses Streben nach Macht und Geld. Von der Harvard-Universität abgewiesen, bekam er im Alter von 24 Jahren von seinem Vater die Zeitung San Francisco »Examiner« geschenkt, mit der er eine legendäre Pressekarriere startete. Die Medienmacht seiner Zeitung resultierte nicht zuletzt aus der Veröffentlichung von Sensationsnachrichten, die ihn zu einem Begründer der Boulevardpresse machten. Zumindest in der Anfangszeit schrieb er Sex-&-Crime-Geschichten selbst und machte sich zum Anwalt von Amerikas schweigender Mehrheit. Auf dem Höhepunkt seiner Karriere herrschte er über fast 40 000 Beschäftigte in 26 Zeitungen, 16 Zeitschriften, einem Dutzend Radiostationen, fünf Nachrichtenagenturen und einer Filmgesellschaft. 1902 wurde er für zwei Amtsperioden ins US-Repräsentantenhaus gewählt, scheiterte aber danach zweimal als unabhängiger Kandidat im Kampf um das Amt des US-Präsidenten. 1912 zog er sich aus der aktiven Politik zurück.

Hearst ließ von Julia Morgan eine Palastanlage entwerfen, die aus einer kathedralenähnlichen Casa Grande und umliegenden kleineren Villen für Gäste besteht. An Bau- und Kunststilen ist so ziemlich alles vertreten, was jemals als Architektur oder Dekor bezeichnet wurde – von byzantinischen Elementen über Nachbildungen griechischer und römischer Götter bis zu neogotischen Gebäudeteilen. Ein fantastisches Bild gibt der von antiken Tempelfassaden und Skulpturen eingefasste Swimmingpool in der sonnenverbrannten Berglandschaft ab. Die Ehefrau von Hearst wohnte nie im Schloss, da es der Hausherr vorzog, sein Leben mit der Schauspielerin Marion Davies zu teilen. 1951 starb er in Beverly Hills.

San Luis Obispo ►C 12

Mission San Luis Obispo de Tolosa

751 Palm St., Tel. 1-805-781-8220, www.missionsanluisobispo.org, tgl. 9–17 Uhr

Den Grundstein der Stadt San Luis Obispo legten spanische Franziskaner 1772 mit der Gründung der **Mission San Luis Obispo de Tolosa.** Danach vergingen Jahrzehnte, ehe der Anschluss an die Southern Pacific Railroad 1894 den Beginn der modernen Entwicklung markierte. Die heute als Pfarrkirche genutzte Mission aus Adobe-Ziegeln sieht nach ihrer Restaurierung mit Holzdecke und Empore so aus wie zu Beginn des 19. Jh. Die Ölgemälde stammen aus der peruanischen Hauptstadt Lima. Vor der Kirche dehnt sich die schattige Mission Plaza aus, wo zwei Bronzeskulpturen, ein kleines Mädchen und ein Grizzlybär, einen Brunnen schmücken, ein Hinweis darauf, dass die Region früher Bärengebiet war. Im Garten ist ein rekonstruierter Lehmofen zu sehen, wie ihn die Chumash-Indianer benutzten.

Madonna Inn

100 Madonna Rd., Tel. 1-805-543-3000, www.madonnainn.com, DZ 209–329 $, unbedingt rechtzeitig reservieren

Vom Highway 101 kann man am südlichen Stadtrand einen Blick auf eines der bekanntesten Hotels im Staat erhaschen. Äußerlich ähnelt das **Madonna Inn** einer Mischung aus viktorianischem Stil und Fred-Feuerstein-Architektur. Durch die Hotellobby gelangt man in den Gold Rush Dining Room, eine wahre Orgie in Pink und Samt. Goldene Halter mit elektrischen Kerzen recken sich wie Äste künstlicher Bäume an die rosa Decke. Einmaligkeit beansprucht das Motel aber wegen seiner Gästezimmer. Keines ähnelt dem anderen. Man hat die Qual der Wahl etwa zwischen einem Höhlendesign mit Wänden aus braunen, grob behauenen Felsplatten und dem Zuckerbäckerstil der Österreichischen Suite. Andere Quartiere präsentieren sich im Safari- bzw. Westernlook oder verwöhnen die Gäste mit hawaiianischen Themen. Wieder andere verschaffen mit Wasserfällen Abkühlung oder gaukeln europäisches Barock vor.

Salinas Valley ►B 10–C 12

Parallel zur Küste von Big Sur verläuft weiter landeinwärts zwischen Salinas im Norden und San Luis Obispo im Süden mit dem **Salinas Valley** die Heimat von John Steinbeck, der dem Provinztal in seinem Gesamtwerk ein literarisches Denkmal setzte.

Salinas

Der Schriftsteller kam 1902 im 80 000 Einwohner großen Agrarzentrum **Salinas** zur Welt, das sich mit seinem berühmten Sohn wegen dessen Kritik an den gesellschaftlichen Zuständen in den USA, wie etwa in seinem 1939 veröffentlichten Roman »Die Früchte des Zorns«, schwer tat. Erst 30 Jahre nach seinem Tod widmeten die Stadtväter dem Pulitzerpreisträger 1998 mit dem **National Steinbeck Center** eine Stätte, die Leben und Werk würdigt (1 Main St., Tel. 831-775-4721, www.steinbeck.org, tgl. 10–17 Uhr, Erw. 13 $, Kin. u. Jugendl. 6–17 J. 7 $). Sein viktorianisches **Geburtshaus** wird seit Jahren von einer gemeinnützigen Organisation als Restaurant betrieben (132 Central Ave., Tel. 831-424-2735, www.steinbeckhouse.com, Di–Sa 11.30–14 Uhr, wöchentlich wechselndes Menü ab 15 $).

Missionsstationen

Salinas bildet das nördliche Tor zum Salinas Valley, ein hauptsächlich agrarisch geprägtes Tal. Ein anderes prägnantes Kennzeichen sind vier historische Missionsstationen, die an die spanisch-mexikanische Kolonialzeit erinnern (www.missionscalifornia.com). 1797 entstand beim gleichnamigen Ort die **Mission San Juan Bautista,** auf der Alfred Hitchcock 1958 einige Schlüsselszenen des Thrillers »Vertigo« mit James Stewart und Kim Novak drehte. Durch technische Tricks wurde der Missionskomplex damals aber so verändert, dass sich kein Déjà-vu-Erlebnis einstellt. Schon sechs Jahre zuvor war die **Mission Nuestra Señora de la Soledad** bei der Ortschaft Soledad entstanden, die 1831 einstürzte und zum Teil wieder aufgebaut wurde.

Älteste Mission im Salinas Valley ist **San Antonio de Padua** aus dem Jahr 1771 südwestlich von King City, die ihr historisches Flair und ihre Abgelegenheit am stärksten zur Geltung bringt. In den Weinanbaugebieten um das 16 000 Einwohner große Städtchen Paso Robles versteckt sich die **Mission San Miguel Arcangel** mit einer gut erhaltenen Kirche. Deren alte Fresken aus pflanzlichen und mineralischen Farben stammen von Indianern, die der spanische Künstler Esteban Munras anleitete. Neben der Kirche dehnt sich ein idyllischer Garten mit Palmen, Kakteen und Bougainvillea-Sträuchern um einen achteckigen Brunnen aus. In San Luis Obispo, wo der Highway 101 auf die Küstenstraße 1 trifft, endet das Salinas Valley.

Solvang ▶D 13

Ein gutes Jahrhundert, nachdem die Spanier die Mission Santa Ynez aufgebaut hatten, gründeten in der Nähe dänischstämmige Lehrer aus Minnesota ein Dorf mit Schule. Daraus entwickelte sich mit **Solvang** eine Gemeinde, die ihren Skandinavien-Look touristisch erfolgreich vermarktet. Häuschen im Pseudo-Fachwerkstil, schindelgedeckte Giebel, Windmühlenattrappen und andere nordeuropäische Accessoires prägen das Straßenbild so konsequent, dass man sich wundern muss, warum an den Ortseingängen noch kein Eintritt zur Touristenerbauung erhoben wird.

Flag Is Up Farms

901 E. Hwy 246, Tel. 1-805-688-4382, www.montyroberts.com, tgl. 9–17 Uhr, Besichtigung gratis

Seit Robert Redfords im Jahr 1998 in die Kinos gekommenem Film »Der Pferdeflüsterer« wurde Solvang zum Wallfahrtsort für Pferdeliebhaber und Pferdezüchter. Auf den **Flag Is Up Farms** baute der richtige Pferdeflüsterer Monty Roberts schon vor Jahren ein Trainings- und Zuchtzentrum für Rennpferde auf. Der ehemalige Rodeoreiter wurde durch seinen besonderen Umgang mit traumatisierten Pferden und seine Methode des gewaltfreien Pferdetrainings weltbekannt.

Santa Barbara ▶D 14

Weiße Stuckfassaden, rote Ziegeldächer, von schmiedeeisernen Balustraden umgebene Balkone und Bananenstauden, die ihre Riesenblätter über Adobe-Mauern hängen, verleihen der 90 000 Einwohner großen Küstenstadt mediterranes Flair. Im Zentrum sind die Straßenzüge zwar im Schachbrettmuster angelegt. Aber hie und da öffnen sich Passagen und schmale Gassen.

Das Stadtzentrum lernt man am besten auf eigene Faust auf der **Red Tile Walking Tour** (www.santabarbaracarfree.org > How to get around) kennen. An diesem Weg durch den zwölf Straßenblocks umfassenden Kern von Santa Barbara liegen zahlreiche Sehenswürdigkeiten.

Mission Santa Barbara

2201 Laguna St., Tel. 1-805-682-4713, www.sbmission.org, tgl. 9–16.30 Uhr

Der spanische Baustil war in der Stadt durch die zwischen 1786 und 1820 fertiggestellte **Mission Santa Barbara** vorgegeben. Zu Beginn des 19. Jh. erhielt sie den Status einer kalifornischen Muttermission und wird ihrem Beinamen »Königin der Missionen«

durch wohlproportionierte, harmonische Architektur gerecht, die sie zusammen mit der prachtvollen Lage auf einer Anhöhe über der Stadt zu einer der schönsten Missionsanlagen im Lande macht.

Santa Barbara County Courthouse

1100 Anacapa St., Tel. 1-805-705-5268, http://sbcourthouse.org, Mo–Fr 8–17, Sa–So 10–16.30 Uhr, kostenlose Führungen Mo–Fr 10.30, tgl. 14 Uhr

Am **Santa Barbara County Courthouse** beginnt die Fußtour und man bekommt einen Stadtplan mit der Route. Wären seine Ausmaße nicht monumental, könnte man den Prachtbau für eine noble mexikanische Hazienda halten, die mit U-förmigen Gebäudetrakten einen Innenhof mit Grünanlagen umschließt. Der lokale Künstler Dan Sayre Groesbeck hielt auf dem ersten Obergeschoss in dramatischen Wandbildern Szenen aus der wechselvollen Geschichte Kaliforniens fest. Der Blick vom 30 m hohen El-Mirado-Glockenturm zeigt das Verwaltungsgebäude selbst und die Stadt von ihrer schönsten Seite.

El Presidio de Santa Barbara

123 E. Canon Perdido St., Tel. 1-805-965-0093, www.sbthp.org, tgl. 10.30–16.30 Uhr, 5 $

Vier Jahre vor der Mission gründeten die Spanier mit **El Presidio de Santa Barbara** die letzte von insgesamt vier Befestigungsanlagen, von denen Missionare und Siedler vor Indianern und fremden Invasoren geschützt werden sollten. Das quadratische Presidio bestand aus mit Adobe-Ziegeln gemauerten Gebäuden, die einen Exerzierplatz umschlossen. Davon sind nur noch mit El Cuartel ein ehemaliges Wohnquartier und mit Presidio Chapel Santa Barbaras älteste Kirche erhalten.

Moxi

125 State St., Tel. 1-805-770-5000, www.moxi.org, tgl. 10–17 Uhr, Kin. 3–12 J. 10 $, ab 13 J. 14 $

Lehrreiches und zugleich unterhaltsames Wissenschaftsmuseum für große und kleine Kinder, das auch unter dem Namen Wolf Museum of Exploration & Innovation firmiert. Besucher können hier tolle interaktive Versuche zu Themen wie Wasser, Windkraft, Schwerkraft, Magnetismus und Sound-Effekte unternehmen.

El Paseo

Auf der Fußtour durch Santa Barbara passiert man auch **El Paseo** von 1924 mit Geschäften und Boutiquen im Pueblostil, die durch kleine Plätze und blumengeschmückte Passagen miteinander verbunden sind.

Santa Barbara Historical Museum

136 East de la Guerra St., Tel. 1-805-966-1601, www.sbhistorical.org, Di–Sa 10–17, So 12–17 Uhr, Eintritt frei

Nur Schritte von El Paseo entfernt dokumentiert das **Santa Barbara Historical Museum** das reiche künstlerische und kulturelle Erbe der Stadt mit indianischem Kunstgewerbe,

Tipp

BEOBACHTUNG VON WALEN

An Santa Barbara schwimmen auf ihren jahreszeitlichen Wanderungen von Dezember bis März bis zu 28 000 Grauwale vorbei. Bootstouren, auf denen man Gelegenheit bekommt, die Wale auf ihrer Passage zu beobachten, werden von zahlreichen Unternehmen angeboten: Condor Express, Sea Landing, Santa Barbara Harbor, Tel. 1-805-882-0088, http://condorexpress.com, Mai–Sept. tgl. 10–14.30 Uhr, Erw. 99 $, Kin. 5–12 J. 50 $; Santa Barbara Sailing Center, am Hafen, Tel. 1-805-962-2826, www.sbsail.com, 2,5 Std., Erw. 40 $, Kin. 20 $.

mit Fotografien, Mobiliar und Textilien zum Teil aus dem 15. Jh. Zum Museum gehört das 14 Zimmer große viktorianische Fernald Mansion aus den 1860er-Jahren.

Santa Barbara Museum of Art

1130 State St., Tel. 1-805-963-4364, www.sbma.net, Di–So 11–17 Uhr, Erw. 10 $, Kin. 6–17 J. 6 $
Im **Santa Barbara Museum of Art** sind neben Werken von Georgia O'Keefe, Thomas Eakins, John Singer Sargent und Edward Hopper auch Arbeiten europäischer Künstler zu sehen.

Stearns Wharf und Ty Warner Sea Center

Ein Brunnen mit drei Delfinskulpturen markiert am Fuß der State Street den Zugang zur auf Holzpfählen stehenden **Stearns Wharf,** die gut 800 m ins Meer hinausragt. Im Jahre 1872 erbaut, gingen an ihr früher Frachter und Passagierschiffe vor Anker. In den 1930er-Jah-

Santa Barbaras hölzerner Stearns Wharf ist eine beliebte Promenade

ren stellten Wassertaxis und kleine Fähren die Verbindung zu schwimmenden Casinopalästen vor der Küste her. Heute machen Geschäfte, Imbisse, Restaurants, Anglerstege und das **Ty Warner Sea Center** mit Ausstellungen zum kalifornischen Meeresleben den Pier zur Flaniermeile für jährlich fünf Millionen Besucher. Der Blick vom äußersten Ende auf die Stadt und die hinter ihr wie die Ränge eines Amphitheaters ansteigenden Berge ist eine Augenweide.

Infos

Santa Barbara Visitor Information Center: 1 Garden St., Santa Barbara, CA 93101, Tel. 1-805-965-3021, www.santabarbaraca.com/visitor-info/visitors-center.

Übernachten

Romantisches Flair – **Cheshire Cat Inn:** 36 W. Valerio St., Tel. 1-805-569-1610, www.cheshirecat.com. In einem Garten gelegenes gepflegtes Anwesen im viktorianischen Queen-Anne-Stil mit sonnigen Zimmern und drei Cottages mit Dielenfußböden und orientalischen Teppichen, manche mit Balkon, offenem Kamin und Jacuzzi. Alle Unterkünfte besitzen ein eigenes Bad und Telefon. DZ ab 265 $.

Viktorianisches Ambiente – **Bath Street Inn:** 1720 Bath St., Tel. 1-805-682-9680, www.bathstreetinn.com. B&B mit einem Haus vom Ende des 19. Jh. und einem neueren Gebäude. Gäste logieren zwischen Blümchentapeten, antikem Mobiliar und hübschen Dekorationen. Den Tag beginnt man mit einem üppigen Frühstück. DZ ab 170 $.

Komfortabel logieren – **Quality Inn:** 3055 De La Vina St., Tel. 1-805-687-6636, http://www.qualityinnsantabarbara.com. Nichtraucherhotel mit Innenpool, Parkplatz und Zimmern mit kostenlosem Highspeed-Internet und Kaffeemaschine. DZ ab 160 $.

Ganz o.k. – **Oasis Inn & Suites:** 3344 State St., Tel. 1-805-687-6611, http://santabarbara-motel.com. In diesem in die Jahre gekommenen Motel muss man auf moderneres Interieur verzichten, aber die Zimmer sind klimatisiert. Der Abkühlung dient ein Außenpool. DZ ab 129 $.

Refugium für Camper – **Santa Barbara Sunrise R. V. Park:** 516 S. Salinas St., Tel. 1-805-966-9954, http://santabarbararv.com. Nur etwa 1 km vom Strand entfernter Platz, ausgestattet u. a. mit Duschen und Picknicktischen.

Essen & Trinken

Edellokal – **Bouchon:** 9 W. Victoria St., Tel. 1-805-730-1160, www.bouchonsantabarbara.com, tgl. ab 17 Uhr. Hoch gelobtes französisches Restaurant mit exzellenter Küche und perfektem Service. Lammrücken mit ka-

ramellisierten Zwiebeln und Broccoli (38 $); Kalbsmedaillions mit Speck (30 $).
Ohne Tadel – **Holdren's Steaks & Seafood:** 512 State St., Tel. 1-805-965-3363, www.holdrens.com/sb, Mo–Fr 11.30–14.30, Mo–Sa 16–22, So 15–22 Uhr. Salate, Seafood, Hähnchen, Rippchen und Steaks – alles ist schmackhaft zubereitet. Zur Happy Hour (16–18 Uhr) werden an der Bar auch kleine Gerichte serviert. Man kann auch auf der kleinen Terrasse vor dem Lokal speisen. Hauptgerichte 12–16 $.
Deftige Cajun-Küche – **Palace Grill:** 8 E. Cota St., Tel. 1-805-963-5000, www.palacegrill.com, tgl. 11.30–15 und 17.30–22, Sa–So bis 23 Uhr. Typische Louisiana-Küche mit kreolischen Spezialitäten und Cajun-Gerichten wie sehr scharf gebratener und gewürzter Fisch *(blackened fish)*. Hauptgerichte 10–15 $.

Einkaufen

Fisch und Meeresfrüchte – **Fish Market at the Harbor:** 117 Harbor Way, www.sbfish.com, Sa 7–11, So–Fr 9–19.30 Uhr. Fischmarkt mit dem jeweils frischen Fang des Tages.
Reizvoller Konsumtempel – **Paseo Nuevo Shopping Center:** 812 State St., www.paseonuevoshopping.com. Erstes Einkaufszentrum Kaliforniens aus den 1920er-Jahren im mexikanischen Stil mit hübschen, kleinen Geschäften, verwinkelten Gassen und prächtigen Höfen.

Abends & Nachts

Veranstaltungen – Die kostenlose Wochenzeitung »Independent« (bei der Besucherinfo) ist eine verlässliche Quelle für alle Events in der Stadt (www.independent.com).
Treffpunkt für Nachtschwärmer – **Eos Lounge:** 500 Anacapa St., Tel. 1-805-564-2410, www.eoslounge.com, Mi–Sa 21–2 Uhr. Coole Lounge, Klub & Disco mit einem Interieur in kräftigen Farben, passend für fetzige Unterhaltung nach Sonnenuntergang. Die Musik macht der DJ, Tanzmöglichkeit und Bereich im Freien zum Luftholen.

Aktiv

Fahrräder für jeden Geschmack – **Open Air Bicycles:** 1303 State St., Tel. 1-805-962-7000, http://openairbicycles.com. Räder in allen Größen und Ausstattungen. Ausleihe ist nur mit gültiger Kreditkarte möglich
Spaß auf Rollen – **Skaters Point:** Unter Palmen angelegter Skateboarding-Park gleich neben Stearns Wharf (Helmpflicht!).
Urlaub im Sattel – **Rancho Oso Guest Ranch & Stables:** 3750 Paradise Rd., Tel. 1-805-683-5110, www.rancho-oso.com. Reitausflüge und Übernachtung in Cabins, Planwagen oder Zelten, 89–159 $.

Verkehr

Bahn: Santa Barbara Rail Station, 209 State St., Tel. 1-800-872-7245, www.amtrak.com. Tgl. Verbindungen nach Los Angeles (einfache Fahrt ab 31 $) und in die Bay Area.
Nahverkehr: Der State Street Shuttle verkehrt auf der State Street zwischen Sola St. und Waterfront und hält an jedem Straßenblock (10.15–18 Uhr, 0,50 $). Der Waterfront Shuttle pendelt im 30-Min.-Takt zwischen Hafen und Zoo (10–17.45 Uhr, 0,50 $).

Ventura ▶E 14

Historischer Kern der 110 000 Einwohner großen Stadt **Ventura** ist die 1782 gegründete San Buenaventura Mission, die letzte von Junipero Serra persönlich aufgebaute Station am Camino Real.

San Buenaventura Mission

211 E. Main St., Tel. 1-805-648-4496, www.sanbuenaventuramission.org, Museum Mo–Fr 10–17, Sa 9–17, So 10–17 Uhr, 4 $
Die heutige massive Steinkirche entstand 1809, nachdem der Vorgängerbau ein Raub der Flammen geworden war. Wie einige andere Kirchen wurde auch diese im Innern von indianischen Malern mit Fresken ausgestattet. Ein übereifriger Pastor ließ das Interieur um die Wende zum 20. Jh. weiß übertünchen. 1956 entschied man sich, den alten Innenschmuck wiederherzustellen. In einem kleinen Museum sind religiöse Gegenstände wie etwa eine hölzerne Missionsglocke und Gewänder ausgestellt.

Los Angeles

▶ F 14

Manche geißeln den urbanen Moloch wegen des alltäglichen Verkehrsinfarktes, der Kriminalität und einer ständigen schwefelgelben Dunstglocke über dem Häuserteppich. Andere rühmen L. A. ob seiner kreativen, dynamischen und unkonventionellen Eigenschaften. Die Stadt entfacht keine Liebe auf den ersten Blick. Sympathien stellen sich erst ein, wenn sich klangvolle Namen wie Hollywood, Beverly Hills, Santa Monica und Venice mit facettenreichen Sehenswürdigkeiten füllen.

Downtown

Cityplan: S. 183

Touristisch betrachtet ist Los Angeles ein riesiger Happen, der sich nur in kleineren Portionen konsumieren lässt. Das hat weniger mit der Zahl der Sehenswürdigkeiten als vielmehr mit ihrer Verteilung zu tun. Wer L. A. zu Fuß erkunden will, steht von vornherein auf verlorenem Posten. Von Downtown nach Hollywood sind es 10, nach Santa Monica 24, nach Venice Beach 26 und nach Disneyland in Anaheim 42 km. Touren zu Fuß bieten sich nur in einzelnen Stadtgebieten wie etwa im Pueblo um die Olvera Street, in Beverly Hills oder auf dem Hollywood Boulevard an.

El Pueblo de Los Angeles 1

Für die lebenslustige Einstellung der Angelenos spricht, dass sie aus ihrem historischen Kern kein verstaubtes Open-Air-Museum, sondern ein lebhaftes Restaurant- und Kneipenviertel gemacht haben. Wo 1781 die ersten Siedler ihre Hütten bauten, haben im Pueblo de Los Angeles auf 18 ha gut zwei Dutzend Gebäude aus der Gründerzeit der Stadt überlebt.

Die **Old Plaza Church** geht auf das Jahr 1822 zurück und soll, wenn man der Legende glaubt, mit sieben Fässern Brandy bezahlt worden sein. Dreh- und Angelpunkt des historischen Zentrums ist die in den 1930er-Jahren durch Privatinitiative entstandene **Olvera Street,** eine von mexikanischen Läden, Restaurants und Verkaufsständen gesäumte Fußgängerzone, auf der es das ganze Jahr über hoch hergeht. Allabendlich lassen Mariachi-Gruppen, Bauchladenverkäufer und Folkloretänzerinnen zusammen mit von der Atmosphäre des Viertels begeisterten Touristen ein mexikanisches Straßenfest entstehen.

Die Stadtgeschichte kommt dabei nicht zu kurz. An der Fußgängerzone Olvera Street steht mit dem 1818 errichteten, 7 Zimmer großen **Avila Adobe** das vermutlich älteste Anwesen von Los Angeles, das als Besucherzentrum des Pueblos mit verschiedenen Ausstellungen dient (10 E. Olvera St., im Sommer tgl. 9–16 Uhr, Eintritt frei).

Gegenüber befinden sich zwei weitere historische Häuser: Das Mitte des 19. Jh. aus gebrannten Ziegeln errichtete **Pelanconi House** beherbergt mit der Casa la Golondrina ein mexikanisches Restaurant (17 Olvera St., Tel. 1-213-628-4349). Das viktorianische **Sepulveda House** von 1887 dient heute als historisches Museum (99 Olvera St., Tel. 1-213-628-1274, elpueblo.lacity.org > Discover El Pueblo/Sepulveda House, Videofilm über die Geschichte der Stadt, Di–So 10–15 Uhr).

Chinatown 2

www.chinatownla.com

Vom mexikanischen Ambiente bis ins Reich der ›unlesbaren‹ Schriftzeichen sind es nur wenige Schritte. Die nüchtern wirkende

Chinatown ist mit dem exotischen Pendant in San Francisco nicht zu vergleichen. Um den zentralen Sun-Yat-Sen-Platz liegen Dutzende asiatische Läden, Suppenküchen, Imbissbuden, Cafés und Restaurants, in denen schmackhafte Kost nach Originalrezepten nicht nur aus China, sondern auch aus anderen fernöstlichen Ländern angeboten wird.

Union Station 3

Im Umkreis von Spring und Hill Street entstand bis 1938 das heutige Viertel, nachdem der größte Teil der älteren Straßenzeilen abgerissen worden war, um dem Bau der **Union Station** Platz zu machen. In der Architektur des heutigen Amtrak-Bahnhofs mit seinem großen Wartesaal und den Marmor- bzw. Terrakottaböden spiegeln sich der spanische Kolonial- sowie der in Kalifornien weitverbreitete Missionsstil wieder. Neues Leben hauchte der Bahnhofsgegend in den vergangenen Jahren der neue U-Bahnhof der unterschiedlichen Metrolinien ein.

City Hall 4

200 Spring Str., Tel. 1-213-485-2121, www.lacityhall.org, Mo–Fr 10–16 Uhr

Südlich des Hollywood Freeway dient die 1928 im Art-déco-Stil erbaute 138 m hohe **City Hall** als unübersehbarer Wegweiser ins Civic Center, den größten Verwaltungsbezirks Amerikas außerhalb von Washington D. C. Erst eine Volksabstimmung machte den 28 Stockwerke hohen Rathausturm mit Pyramidenspitze möglich, weil zur damaligen Zeit wegen der Erdbebengefahr nur maximal 13 Etagen hoch gebaut werden durfte. Vom Observation Deck reicht der Blick über den riesigen Stadtteppich bis ins Bergland.

Grand Park 5

http://grandparkla.org

Zwischen City Hall und Music Center dehnt sich der **Grand Park** aus, dessen Zentrum die begehbare Arthur J. Will Memorial Fountain bildet. Im Park mit seinen Rasenflächen, Picknickstellen und Bänken zum Ausruhen und *people watching* finden Konzerte und andere Veranstaltungen statt.

The Broad 6

221 S. Grand Ave., Tel. 1-213-232-6200, www.thebroad.org, Di, Mi 11–17, Do, Fr 11–20, Sa 10–20, So 10–18 Uhr, Dauerausstellung frei

Mit **The Broad** festigt Los Angeles seinen Anspruch, sich zu einer Kulturmetropole entwickelt zu haben. Allein durch seine Architektur setzt der Bau mit seiner Wabenfassade in Downtown einen neuen futuristischen Akzent. Die permanenten Ausstellungen konzentrieren sich auf zeitgenössische Kunst.

Our Lady of the Angels 7

Grand & Temple St., Tel. 1-213-680-5200, www.olacathedral.org, tgl. 6.30–18 Uhr, Mi 12.45–13.15 Uhr kostenloses Orgelkonzert

Nachdem beim Erdbeben von 1994 die Kirche der größten katholischen Diözese in den USA beschädigt wurde, entstand bis 2002 die neue **Cathedral of Our Lady of the Angels,** die

2000 Kunstwerke umfasst die Sammlung The Broad, untergebracht in einem spektakulären Bau

ebenso wie einige andere Bauwerke zur Wiederbelebung und kulturellen Aufwertung von Downtown beitragen. Dass das Konzept der Gesamtanlage sich von üblichen Kirchenbauprojekten verabschieden wollte, zeigt auch der umgebende Garten mit einem Café.

Music Center 8

135 N. Grand Ave., Tel. 1-213-972-7211, www.musiccenter.org

In der Umgebung der City Hall werden nicht nur Aktenberge, sondern auch Partituren gewälzt. Die aus drei Auditorien bestehende Opern- und Theaterzitadelle **Music Center** auf dem Bunker Hill entstand Mitte der 1960er-Jahre um eine weitläufige Plaza mit dem Peace-on-Earth-Brunnen des Bildhauers Jacques Lipchitz. Den **Dorothy Chandler Pavilion** teilt sich das Los Angeles Philharmonic Orchestra mit der Oper. Im 740 Plätze großen Mark Taper Forum kommen nicht nur konventionelle, sondern auch experimentelle Theaterproduktionen und Broadway-Stücke auf die Bühne, während das über 2000 Zuschauer fassende **Ahmanson Theater** auf Musicals und Konzerte spezialisiert ist.

Walt Disney Concert Hall 9

111 S. Grand Ave., Tel. 1-323-850-2000, www.laphil.com, Audiotouren an den meisten Tagen 10–14 Uhr, Eintritt frei

Die Finanzierungsprobleme verzögerten den Bau der Walt Disney Concert Hall jahrelang. Am Ende waren aus Privatspenden 270 Mio. Dollar zusammengekommen, 50 Mio. davon aus dem Vermögen der Witwe von Walt Disney. Stararchitekt Frank Gehry beschrieb das Design des futuristischen Bauwerks als eine sich öffnende Rose und als ein Schiff mit Spinnaker und Großsegeln. In Anbetracht der Kühnheit

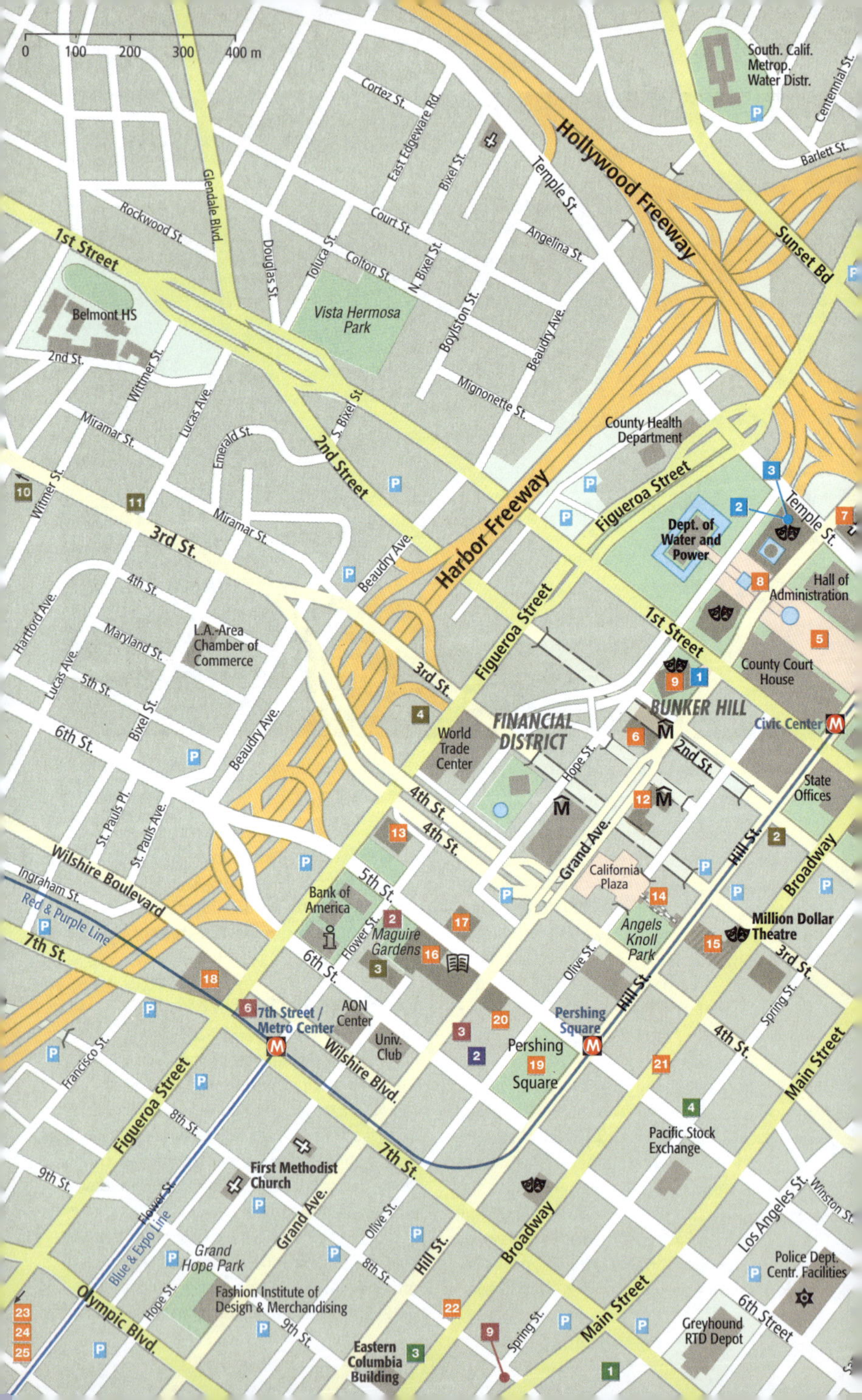

0 100 200 300 400 m
South. Calif. Metrop. Water Distr.
Centennial St.
Bartlett St.
Cortez St.
East Edgeware Rd.
Bixel St.
Hollywood Freeway
Temple St.
Sunset Bd
Court St.
Angelina St.
Rockwood St.
Glendale Blvd.
Douglas St.
Toluca St.
Colton St.
N. Bixel St.
1st Street
Belmont HS
Vista Hermosa Park
Boylston St.
Beaudry Ave.
2nd St.
Wittmer St.
Mignonette St.
S. Bixel St.
Miramar St.
Lucas Ave.
Emerald St.
2nd Street
County Health Department
Witmer St.
Figueroa Street
10
11
Harbor Freeway
Dept. of Water and Power
3rd St.
Miramar St.
Beaudry Ave.
Temple St.
Hall of Administration
4th St.
Maryland St.
L.A.-Area Chamber of Commerce
Hartford Ave.
Figueroa Street
1st Street
Lucas Ave.
5th St.
3rd St.
County Court House
6th St.
Bixel St.
World Trade Center
FINANCIAL DISTRICT
BUNKER HILL
Civic Center
Beaudry Ave.
Hope St.
2nd St.
4th St.
State Offices
St. Pauls Pl.
St. Pauls Ave.
4th St.
Grand Ave.
Hill St.
Wilshire Boulevard
Ingraham St.
5th St.
California Plaza
Broadway
Red & Purple Line
Bank of America
Flower St.
Maguire Gardens
Angels Knoll Park
Million Dollar Theatre
7th St.
6th St.
Olive St.
3rd St.
Spring St.
7th Street / Metro Center
AON Center
Pershing Square
Hill St.
Univ. Club
Pershing Square
4th St.
Francisco St.
Wilshire Blvd.
Main Street
Figueroa Street
8th St.
Pacific Stock Exchange
7th St.
First Methodist Church
9th St.
Flower St.
Winston St.
Los Angeles St.
Olive St.
Grand Ave.
Broadway
Blue & Expo Line
Grand Hope Park
Hill St.
Police Dept. Centr. Facilities
Hope St.
8th St.
Fashion Institute of Design & Merchandising
Olympic Blvd.
9th St.
Spring St.
Main Street
6th Street
Greyhound RTD Depot
Eastern Columbia Building

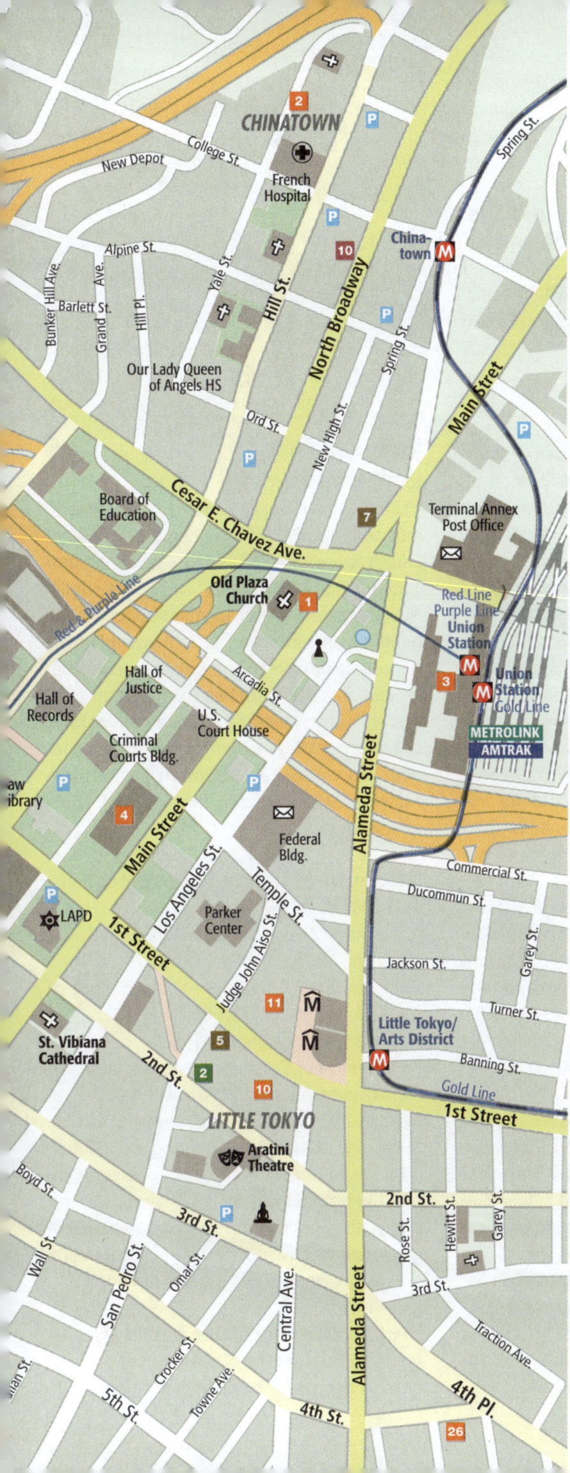

Los Angeles Downtown

Sehenswert

1 El Pueblo de Los Angeles
2 Chinatown
3 Union Station
4 City Hall
5 Grand Park
6 The Broad
7 Cathedral of Our Lady of the Angels
8 Music Center
9 Walt Disney Concert Hall
10 Little Tokyo
11 MOCA at Geffen Contemporary
12 Museum of Contemporary Art (MOCA)
13 Westin Bonaventure Hotel
14 Angel's Flight
15 Grand Central Market
16 Central Library
17 US Bank Tower
18 Wilshire Grand Center
19 Pershing Square
20 Millennium Biltmore Hotel
21 Broadway
22 Orpheum Theater
23 L.A. Live
24 Staples Center
25 Exposition Park
26 Architecture and Design Museum
27 – 42 s. S. 191

Übernachten

1 s. Cityplan S. 191
2 Kawada Hotel
3 Standard Downtown
4 L.A. Hotel
5 Miyako Hotel
6 s. Cityplan S. 191
7 Metro Plaza Hotel

Fortsetzung s. nächste Seite

8 – 9 s. Cityplan S. 191
10 Center Lake Hotel
11 Jerry's Motel

Essen & Trinken
1 s. Cityplan S. 191
2 Café Pinot
3 Water Grill
4 – 5 s. Cityplan S. 191
6 Engine Co. No. 28
7 – 8 s. Cityplan S. 191
9 Peking Tavern
10 Yang Chow
11 s. Cityplan S. 191

Einkaufen
1 Fashion District
2 Anime Jungle
3 reVamp
4 The Last Bookstore

Abends & Nachts
1 Los Angeles Philharmonic
2 Los Angeles Opera
3 Ahmanson Theatre/ Mark Taper Forum
4 – 6 s. S. 191

Aktiv
1 s. Cityplan S. 191
2 Los Angeles Conservancy
3 – 4 s. Cityplan S. 191

---

des Entwurfs kam es zu zahlreichen Auffahrunfällen vor dem Gebäude. Das Auditorium wirkt wie eine in Terrassen angelegte Arena mit einer 6000 Pfeifen umfassenden riesigen Orgel, für welche die Einheimischen schnell einen volksnahen Namen parat hatten: Frittentüte.

Little Tokyo 10

Das gesellschaftliche, wirtschaftliche, kulturelle und religiöse Zentrum der größten japanischen Gemeinde in den USA trägt den Namen **Little Tokyo.** Über 250 000 Menschen leben in den Straßenzügen südlich der First Street, wo sich die ersten Einwanderer aus dem Land der aufgehenden Sonne vor über einem Jahrhundert niederließen.

Neben japanischen Restaurants, Geschäften und einem Theater gibt es in diesem Stadtteil ein **Japanese American Cultural and Community Center,** in dem hauptsächlich japanische und japanisch-amerikanische Kunst zu sehen ist (244 S. San Pedro St., Tel. 1-213-628-2725, www.jaccc.org, Galerie Mi–So 12–16 Uhr).

In einem 1999 eröffneten Gebäude des japanischen Architekten Gyo Obata befindet sich hinter gebogenen Glas- und Mauerfassaden das **Japanese American National Museum.** Sein Schwerpunkt liegt auf der Geschichte der aus Japan stammenden Amerikaner. Es thematisiert auch die Internierung von über 100 000 Menschen während des Zweiten Weltkriegs (100 N. Central Ave., Tel. 1-213-625-0414, www.janm.org, Di–So 11–17 Uhr, Erw. 10 $, Kin. 6–17 J. 6 $, jeden Do 12–20 Uhr und jeden 3. Di im Monat Gratiseintritt).

MOCA at Geffen Contemporary 11

152 N. Central Ave., Tel. 1-213-625-4390, www.moca.org, Mo, Fr 11–17, Do 11–20, ab 17 Uhr Eintritt frei, Sa–So 11–18 Uhr, Di–Mi Ruhetage, 12 $, Kin. bis 12 J. Eintritt frei

Als das neue Museum of Contemporary Art gebaut wurde, lagerte das Haus einen Teil seiner Ausstellungen in eine umgebaute Polizeigarage aus. Auf viel Platz in Anspruch nehmende Kunstwerke spezialisiert, entwickelte sich aus dem Provisorium mittlerweile unter dem Namen **MOCA at Geffen Contemporary** eine ständige Einrichtung (152 N. Central Ave.).

Museum of Contemporary Art (MOCA) 12

250 S. Grand Ave., Tel. 1-213-626-6222, www.moca.org, Mo, Mi, Fr 11–17, Do 11–20, ab 17 Uhr Eintritt frei, Sa–So 11–17 Uhr, Di Ruhetag, 15 $, Kin. bis 12 J. Eintritt frei

Das aus zwei getrennten Trakten bestehende **Museum of Contemporary Art (MOCA),** nach Plänen des japanischen Architekten Arata Isozaki aus roten Sandsteinquadern erbaut, zeigt eine ständige Ausstellung mit Gemälden, Zeichnungen, Fotografien, Plastiken sowie Multimediawerken amerikanischer und internationaler Künstler seit den 1940er-Jahren sowie wechselnde Sonderausstellungen, die oft einzelnen Künstlern gewidmet sind.

Westin Bonaventure Hotel 13

An Zahl und Höhe der Wolkenkratzer bzw. der dort konzentrierten Finanzkraft gemessen, bildet der **Financial District** das eigentliche Stadtzentrum von Los Angeles. Die Stein-, Glas- und Aluminiumriesen des Wells Fargo Center, des Hope Building, die Giganten um die California Plaza und weiter südlich um das 310 m hohe First Interstate World Center lassen auf der Straßenebene alles zur Miniaturlandschaft schrumpfen.

Von ihrer extravaganten Seite zeigt sich die himmelstürmende Architektur am **Westin Bonaventure Hotel.** Bestehend aus fünf spiegelnden Glaszylindern gilt es in Downtown seit 1976 als bauliches Wahrzeichen, aber auch als attraktive Filmkulisse (404 S. Figueroa St., Tel. 1-213-624-1000, www.thebonaventure.com).

Angel's Flight 14

Wegen Unfällen und technischer Probleme jahrelang stillgelegt, nahm die auf Schienen fahrende Oldtimer-Standseilbahn mit ihren beiden Waggons Olivet und Sinai wieder ihren musealen Betrieb zwischen Hill Street und California Plaza auf (356 S. Olive St., https://angelsflight.org).

Grand Central Market 15

317 S. Broadway, Tel. 1-213-624-2378, www. grandcentralmarket.com, tgl. 8–22 Uhr

Die Talstation der Bahn liegt nur Schritte vom **Grand Central Market** entfernt. Das nostalgische Flair des Gestrigen prägt die von 1917 stammende Halle, in der Tag für Tag Berge von Obst, Gemüse, Fleisch und Fisch den Besitzer wechseln. Seit den 1960er-Jahren verkaufen an den rund 50 fest installierten Ständen fast nur noch hispanische Händler ihre Waren. An Imbissbuden gibt es für wenig Geld frisch zubereitete Köstlichkeiten von einer Meeresfrüchtesuppe bis zu gebratenem Hähnchen und Fisch. Berliner Currywurst ist übrigens auch dabei.

Central Library 16

630 W. 5th St., Tel. 1-213-228-7000, www.lapl.org, Mo–Do 10–20, Fr–Sa 9.30–17.30, So 13–17 Uhr

1986 durch einen Brand schwer beschädigt, wurde die **Central Library** bis 1993 umfassend renoviert. Die auch hier kaum zur Verfügung stehenden öffentlichen Gelder resultierten z. T. aus dem Verkauf von ›Lichtrechten‹ an Investoren benachbarter Wolkenkratzer, die nun über ursprünglich limitierte Höhen hinaus bauen durften. Heute ist die Bibliothek mit ihren vielfältigen Architekturelementen von byzantinisch über Beaux-Arts bis Art-déco eine exotische Perle mitten im Hochhausdschungel. Die von Dean Cornwell stammenden Wandmalereien in der Rotunde zeigen Szenen aus der Geschichte Kaliforniens.

Vor der Hauptfassade mühen sich die mediterran anmutenden **Bunker Hill Steps** an Wasserkaskaden und einer von Palmen bestandenen Parkanlage vorbei in kühnem Schwung bergan.

US Bank Tower 17

https://oue-skyspace.com, inklusive Eintritt zum Observation Deck Erw. 33 $, Senioren 30 $, Kin. 5–12 J. 27 $

Der Wolkenkratzer besitzt auf der 69. und 70. Etage mit dem OUE Skyspace LA eine grandiose Aussichtsplattform mit Panoramablick. Adrenalinjunkies gleiten auf einer verglasten Rutsche an der Außenfassade in schwindelerregender Höhe von der 70. in die 69. Etage.

Wilshire Grand Center 18

900 Wilshire Blvd., Tel. 1-213-550-1878, www. wilshiregrandcenter.com

Der Riese aus Glas und Stahl gilt als höchstes Gebäude westlich des Mississippi. Einschließlich eines 60 m in den Himmel ragenden nadelförmigen Aufsatzes kommt er auf 335 m. Im Skyscraper sind neben dem InterContinental Hotel Büros, Restaurants und eine Shopping Mall untergebracht. Von einem Observation Deck reicht der Blick bis nach Santa Catalina Island vor der kalifornischen Küste.

Pershing Square 19

532 S. Olive St.

Noch vor einigen Jahren war der von Wolkenkratzern eingerahmte **Pershing Square** ein nur wenig einladender Platz. Dann entschloss sich die Stadtverwaltung, das Areal in einen Park für sommerliche Jazz- und Popkonzerte zu verwandeln – mit Campanile, Beethovendenkmal, Brunnen, Amphitheater und öffentlicher Kunst, darunter Werke der aus Kalifornien stammenden Barbara Mc Carren.

Millennium Biltmore Hotel 20

506 S. Grand Ave., Tel. 1-213-624-1011, www.millenniumhotels.com/usa/millen niumbiltmorelosangeles, DZ ab 240 $

Seit Umbau und Erweiterung erstrahlt das 1923 im italienisch-spanischen Neorenaissancestil erbaute **Millennium Biltmore Hotel** wieder im alten Glanz. Früher einmal eine der luxuriösesten und größten Nobelherbergen des Westens, zählt das grandios ausgestattete Biltmore mit 683 Gästezimmern bis heute zu den elegantesten Hotelpalästen der Stadt. Wer dort nicht absteigt, sollte zumindest einen Blick in den Rendezvous Court werfen, der mit Deckenmalereien und Terrakottaornamenten geschmückt ist. Im Gästebuch tauchen alle US-Präsidenten seit Harry Truman auf, aber auch Berühmtheiten wie Barbra Streisand und Nelson Mandela.

Broadway

Der **Broadway** 21 war in den 1930er-Jahren eine Bühne für die berühmtesten Filmpremieren Amerikas. Bereits 1918 hatte Sid Grauman mit dem »Million Dollar Theater« den ersten Kinopalast eröffnet (310 S. Broadway). Über ein Dutzend Lichtspieltheater und kleinere Bühnen machten den Straßenzug mit glanzvollen Uraufführungen zur bekanntesten Entertainmentmeile der Westküste. Das prunkvolle Los Angeles eröffnete 1931 mit einer Gala zu Ehren von Charlie Chaplins »Lichter der Großstadt« (615 S. Broadway), während im Loew's State Theater von 1921 normalerweise die von MGM gedrehten Filme vorgestellt wurden (703 S. Broadway). Viele historische Theaterpaläste sind heute geschlossen oder werden anderweitig genutzt. Längst ist die ehemalige Theater- und Lichtspielstraße fest in der Hand der spanisch sprechenden Bevölkerung, die den Broadway in einen riesigen Discountbasar verwandelte. Zu den historischen Kinopalästen gehört auch das **Orpheum Theater** 22 (842 S. Broadway, http://laorpheum.com), in dem Stars wie Bing Crosby und Duke Ellington auftraten und in dem heute Events stattfinden.

Im Süden von Downtown

Cityplan: S. 183

L.A. Live 23

Mit **L.A. Live** entstand ein Stadtteil, der seinem Namen als Entertainmentviertel alle Ehre macht und die Rolle der Stadt als Kongresszentrum stärkt. Das **Grammy Museum** widmet sich der internationalen Musikkultur (Tel.1-213-765-6800, www.grammymuseum.org, Mo–Fr 11.30–19.30, Sa–So 10–19.30 Uhr, Erw. 12,95 $, Kinder 6–17 J. 10.95 $).

Für Konzerte und Shows ist das **Microsoft Theatre** der richtige Ort (Tel. 1-213-763-6030, www.microsofttheater.com).

Staples Center 24

8655 Figueroa St., www.staplescenter.com

Im **Staples Center** sind die beiden NBA-Basketballklubs Los Angeles Lakers und Los Angeles Clippers sowie der NHL-Eishockeyklub Los Angeles Kings zu Hause. Die Los Angeles Lakers gehören zu den erfolgreichsten Teams der Liga und gewannen 16 Meistertitel. In der 20 000 Zuschauer fassenden Arena finden auch große Konzerte, etwa von Bruce Springsteen, Shakira oder den Rascal Flatts, statt.

Exposition Park 25

In den 1870er-Jahren als Gelände für landwirtschaftliche Messen eingerichtet, verwandelte sich der **Exposition Park** im 20. Jh. mit dem Los Angeles Memorial Coliseum in die populärste Sportstätte von Los Angeles, wo 1932 und 1984 die Olympischen Sommerspiele ausgetragen wurden. Im Laufe der Jahrzehnte kamen mehrere Museen und ein riesiger Rosengarten hinzu, die den Park zu einer viel besuchten Attraktion machten.

Präparierte Tiere, die in ihrer nachgebildeten natürlichen Umgebung gezeigt werden, sind im **Natural History Museum of Los Angeles** neben wertvollen Artefakten aus den Kulturen der Maya, Azteken und Inkas zu sehen. Historisch interessierte Besucher können dort auch in die wechselvolle Vergangenheit Kaliforniens eintauchen (900 Exposition Blvd., Tel. 1-213-763-DINO, www.nhm.org, tgl. 9.30–17 Uhr, Erw. 12 $, Kin. 3–17 J. 9 $), Sondershows kosten extra).

In der Woche haben bis um die Mittagszeit häufig Schulklassen das **California Science Center** im Griff. Neuestes Highlight ist das Space Shuttle Endeavour, das seit 1992 insgesamt 25 Reisen in den Orbit unternahm und nach dem Ende des NASA-Shuttle-Programms als 77 000 kg schweres Erinnerungsstück dient. Im IMAX Theatre werden packende Filme z. B. über Kampfpiloten und die fast unerforschte Tiefsee auf eine sieben Stockwerke hohe Leinwand projiziert (700 State Dr., Tel. 1-323-724-3623, www.californiasciencecenter.org, tgl. 10–17 Uhr, Eintritt zu den ständigen Ausstellungen frei, IMAX Theatre Erw. 8,50 $, Kin. 4–12 J. 5 $).

Mit Dokumenten, Kunstwerken, Kunsthandwerk, Fotografien und Kleidung beleuchtet das **California African American Museum** Kunst und Kultur der afro-amerikanischen Bevölkerung in den USA. Ein Schwerpunkt liegt auf der schwarzen Bürgerrechtsbewegung der 1950er- und 1960er-Jahre (600 State Dr., Tel. 1-213-744-7432, www.caamuseum.org, Di–Sa 10–17, So 11–17 Uhr, Eintritt frei).

Architecture and Design Museum 26

900 E. 4th, Tel. 1-213-346-9734, http://aplusd.org, Mi 14–18, Do–Fr 14–20, Sa–So 12–19 Uhr, 7 $

Die Bedeutung von Architektur und Gestaltung in einer Stadt vermittelt der Öffentlichkeit das **Architecture and Design Museum.** Die Besucher sollen zu innovativem Denken und etwa Schulkinder und Lehrer zu einem kritischen Bewusstsein über die Bedeutung der vorgestellten Positionen ermutigt werden. In den Ausstellungen geht es um Design und Landschaftsgestaltung, um Modeentwürfe und moderne Produktgestaltung.

Tipp

SPAREN MIT SPARPÄSSEN

Die **Go Los Angeles Card** gewährt für viele Sehenswürdigkeiten bis zu 40 % Ermäßigung (je nach Geltungsdauer Erw. ab 85 $, Kin. 3–9 J. ab 69 $, www.smartdestinations.com > Los Angeles). Mit dem **Southern California City PASS** spart man über 30 % der regulären Kosten für Disneyland, Legoland, SeaWorld und den San Diego Zoo (http://de.citypass.com/southern-california).

Hollywood und Umgebung

Cityplan: S. 191

Kein Ortsname weckt seit Jahrzehnten so sehr Assoziationen mit Glamour, Ruhm, Geld und Macht wie **Hollywood.** Seit Beginn des 20. Jh. entwickelte sich der Stadtteil zum Dreh- und Angelpunkt der amerikanischen Filmindustrie und zum Mekka eines bis dahin unbekannten Starkults. Kein anderer Platz auf US-Boden verkörpert so sehr den American Dream, die Vision von Geld und Ruhm. Und wahrscheinlich klaffen nirgends Realität und Illusion so weit auseinander wie unterhalb des riesigen Schriftzuges in den Hollywood Hills, der schon vor Jahrzehnten zum Markenzeichen der Filmhochburg wurde. Waren früher Namen wie Charlie Chaplin, Douglas Fairbanks und Marilyn Monroe die Inbegriffe für Hollywood, so sind im beginnenden 21. Jh. George Clooney, John-

Zurück am Hollywoodboulevard: Superman Christopher Dennis

ny Depp und Nicole Kidman Sympathieträger eines Mediums, das die Geschichte des Stadtteils prägte wie nichts anderes.

Walk of Fame 27

www.seeing-stars.com

Natürlich wissen Marketing-Füchse, was sie weltbekannten Stars schuldig sind. 1958 kamen sie auf die geniale Idee eines **Walk of Fame**, um Kinofans möglichst unkompliziert mit den Idolen von Film und Showbusiness zu verbinden. Seit damals werden auf dem Hollywood Boulevard zwischen Gower Street und La Brea Avenue sowie auf der Vine Street zwischen Yucca Street und Sunset Boulevard auf einem insgesamt fast sechs Kilometer langen Abschnitt sternförmige Steinplatten in die Gehsteige eingelegt, die jeweils einem Leinwandliebling oder einem Kunstschaffenden gewidmet sind und ihren bzw. seinen Namen tragen. Mit Lassie und Rin Tin Tin sind sogar zwei Vierbeiner verewigt. Die Star-Parade ist mittlerweile auf über 2500 Sterne angewachsen. Eine eigens gegründete Bürgerinitiative hat es sich zur Aufgabe gemacht, die VIP-Sterne z. B. von Matt Damon, Michelle Pfeiffer und Quentin Tarantino einmal monatlich auf Hochglanz zu bringen. Den westlichen Beginn des Walk of Fame markiert der **Hollywood Gazebo,** ein

offener Pavillon auf vier Säulen. Für die vier Säulen standen die Schauspielerinnen Dorothy Dandridge, Dolores del Rio, Mae West und Anna May Wong Modell. Auf der Spitze des Gazebo posiert Marilyn Monroe als Statue.

TCL Chinese Theatre 28

6925 Hollywood Blvd., Tel. 1-323-461-3331, www.tclchinesetheatres.com

Das am **Hollywood Boulevard** gelegene Touristenmekka ist das **TCL Chinese Theatre,** das Sid Graumann 1927 im China-Look als Filmpalast für Kinopremieren errichten ließ. Noch berühmter als das Theater selbst mit seiner Fantasiearchitektur wurde der Platz davor, wo sich mehr als 200 weltbekannte Stars wie Anthony Hopkins und Tom Cruise mit Fuß-, Hand- und sogar Nasenabdrücken im feuchten Zement verewigten.

Madame Tussauds Hollywood 29

6933 Hollywood Blvd., Tel. 1-323-798-1670, www.madametussauds.com/Hollywood, tgl. 10–18 Uhr, im Sommer länger, Erw. 30,95 $, Kin. 3–12 J. 23,95 $, online günstiger

In den Ausstellungen zeigen sich zahlreiche Promis in **Madame Tussauds Hollywood** als lebensgroße Wachsfiguren.

Hollywood Roosevelt Hotel 30

7000 Hollywood Blvd., Tel. 1-323-856-1970, www.thehollywoodroosevelt.com, DZ ab ca. 300 $

Schräg gegenüber profitierte das **Hollywood Roosevelt Hotel** jahrzehntelang von der Nähe zu den Stars – und umgekehrt. In diesem Nobelhotel wurden in den 1920er- und 1930er-Jahren die begehrten Academy Awards (Oscars) verliehen. Damit erschöpft sich die Filmgeschichte des Hotels aber keineswegs. Alles, was früher Rang und Namen hatte, verkehrte im Roosevelt Hotel und trug zu Hunderten von wahren und erfundenen Geschichten bei, die sich um die mit vielen Memorabilien ausgestattete Herberge und ihre Gäste ranken. Manche schwören, der Geist von Marilyn Monroe gehe in der Suite Nr. 1200 um, während Montgomery Clift manchen Gästen in Zimmer Nr. 928 erschienen sein soll, das er 1952 drei Monate lang bewohnte. Die Tropicana Bar besuchten ›passionierte‹ Kneipengänger wie Humphrey Bogart und Ernest Hemingway.

Hollywood and Highland Center 31

6801 Hollywood Blvd., Tel. 1-323-467-6412, www.hollywoodandhighland.com, Mo–Sa 10–22, So 10–19 Uhr

Die größte Veränderung der letzten Jahre hat der Hollywood Boulevard mit dem **Hollywood and Highland Center** erfahren. Der 5-stöckige Entertainment- und Shopping-Komplex umfasst elegante Geschäfte,

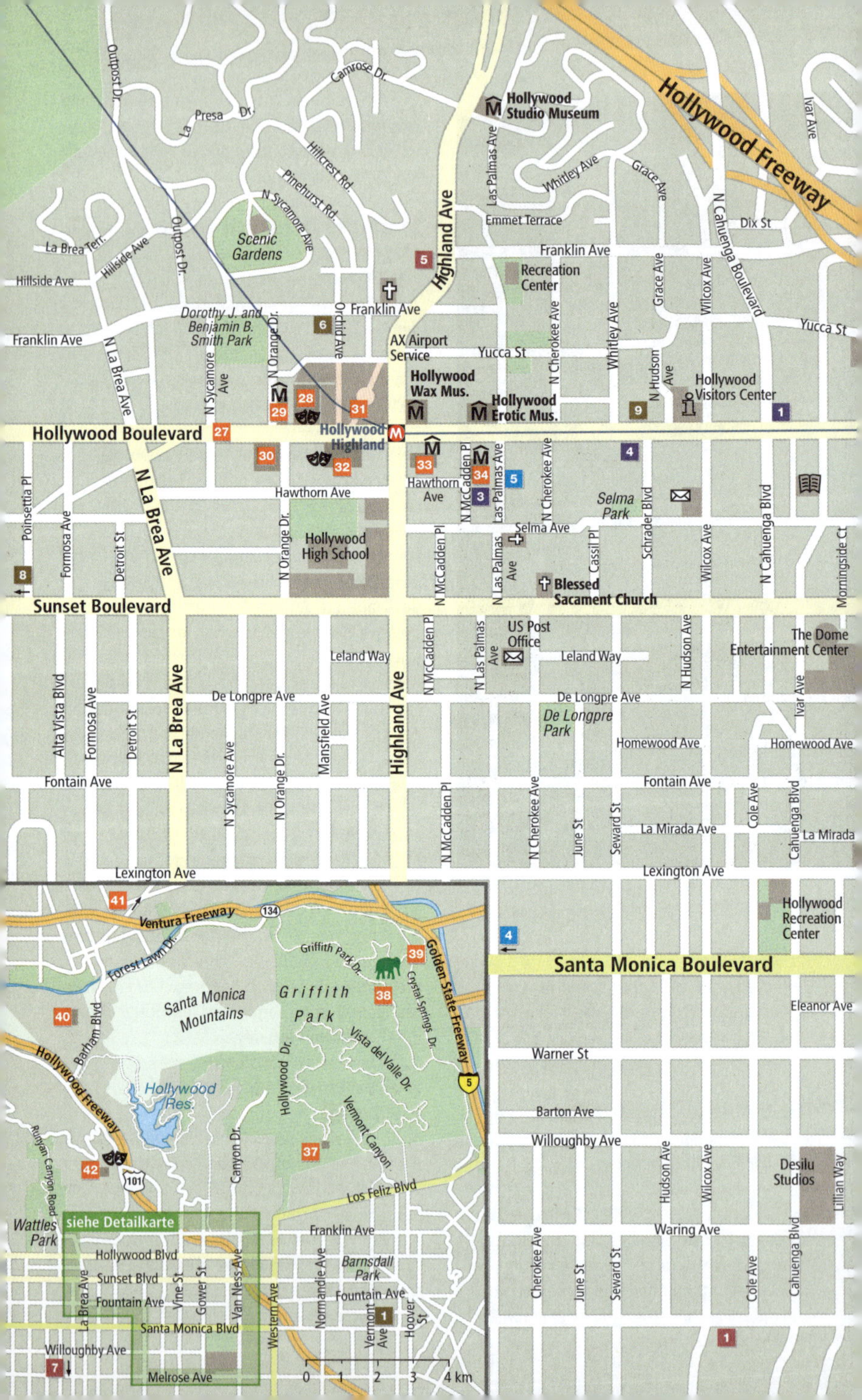

Hollywood Freeway
Hollywood Studio Museum
Camrose Dr.
La Presa Dr.
Outpost Dr.
Hillcrest Rd.
Pinehurst Rd.
N Sycamore Ave
Scenic Gardens
La Brea Terr.
Hillside Ave
Las Palmas Ave
Whitley Ave
Grace Ave
Ivar Ave
Emmet Terrace
Dix St
Franklin Ave
Recreation Center
N Cahuenga Boulevard
Yucca St
Dorothy J. and Benjamin B. Smith Park
Orchid Ave
N Orange Dr.
AX Airport Service
Hollywood Wax Mus.
Hollywood Erotic Mus.
Hollywood Visitors Center
N Hudson Ave
Wilcox Ave
N Cherokee Ave
N La Brea Ave
Hollywood Boulevard
Hollywood Highland
Hawthorn Ave
N McCadden Pl
Selma Park
Selma Ave
Schrader Blvd
Cassil Pl
Poinsettia Pl
Formosa Ave
Detroit St
Hollywood High School
Blessed Sacament Church
Morningside Ct
Sunset Boulevard
US Post Office
Leland Way
The Dome Entertainment Center
De Longpre Ave
De Longpre Park
Alta Vista Blvd
Mansfield Ave
Highland Ave
Homewood Ave
Fontain Ave
La Mirada Ave
La Mirada
Cole Ave
Cahuenga Blvd
June St
Seward St
Lexington Ave
Hollywood Recreation Center
Santa Monica Boulevard
Eleanor Ave
Warner St
Barton Ave
Willoughby Ave
Desilu Studios
Lillian Way
Waring Ave
Ventura Freeway
Forest Lawn Dr.
Griffith Park Dr.
Golden State Freeway
Crystal Springs Dr.
Santa Monica Mountains
Griffith Park
Barham Blvd
Vista del Valle Dr.
Hollywood Dr.
Hollywood Res.
Vermont Canyon
Canyon Dr.
Runyan Canyon Road
Los Feliz Blvd
Wattles Park
siehe Detailkarte
Hollywood Blvd
Sunset Blvd
Fountain Ave
La Brea Ave
Vine St
Gower St
Van Ness Ave
Santa Monica Blvd
Western Ave
Normandie Ave
Barnsdall Park
Vermont Ave
Hoover St
Melrose Ave
0 1 2 3 4 km

Hollywood

Sehenswert

1 – 26 s. Cityplan S. 183
27 Walk of Fame
28 TCL Chinese Theatre
29 Madame Tussauds Hollywood
30 Hollywood Roosevelt Hotel
31 Hollywood and Highland Center
32 El Capitan Theatre
33 Hollywood Museum
34 Egyptian Theatre
35 Paramount Pictures
36 Hollywood Forever Cemetery
37 Griffith Observatory
38 Los Angeles Zoo
39 The Autry
40 Universal Studios
41 Warner Bros. Studios
42 Hollywood Bowl

Übernachten

1 Hollywood Hotel
2 – 5 s. Cityplan S. 183
6 Hollywood Celebrity Hotel
7 s. Cityplan S. 183
8 Elaine's Hollywood B & B
9 Motel 6 Hollywood
10 – 11 s. Cityplan S. 183

Essen & Trinken

1 Providence
2 – 3 s. Cityplan S. 183
4 El Floridita
5 Shintaro
6 s. Cityplan S. 183
7 Wirtshaus
8 Roscoe's House of Chicken
9 – 10 s. Cityplan S. 183
11 Carousel Restaurant

Fortsetzung s. nächste Seite

Einkaufen

1 – 4 s. Cityplan S. 183

Abends & Nachts

1 – 3 s. Cityplan S. 183
4 The Viper Room
5 Sound Nightclub
6 Academy

Aktiv

1 Bike Tours Hollywood
2 s. Cityplan S. 183
3 Redline Tours
4 Starline Tours

Modeboutiquen, Restaurants, Nachtklubs, Kinos, das Renaissance Hollywood Hotel und das **Dolby Theatre,** in dem die Oscarverleihungen an die Stars des Filmgeschäfts stattfinden (www.dolbytheatre.com, Führungen Tel. 1-323-308-6300, Führungen tgl. 10.30–16 Uhr, Erw. 23 $, Kinder bis 17 J. 18 $).

Gebäudetrakte und Säulen mit Elefantenskulpturen umschließen einen Platz mit Palmen, von dem aus man durch den Bogen in einer frei stehenden Fassade auf das berühmte Hollywood-Zeichen blickt. Vor dem Zentrum flanieren auf dem Walk of Fame Charaktere aus bekannten Filmen von Frankenstein bis Shrek, um Besuchern in Erinnerung zu rufen, dass Hollywood einstmals die größte und berühmteste Filmfabrik der Welt war.

El Capitan Theatre 32

6838 Hollywood Blvd., Tel. 1-818-845-3110, https://elcapitantheatre.com

Gegenüber dem Dolby Theatre macht das historische **El Capitan Theatre** mit einer steinernen Fassade und einem dekorativen Eingang auf sich aufmerksam. Auf der Bühne standen seit der Eröffnung 1926 Stars wie Clark Gable, Buster Keaton, Will Rogers, Henry Fonda und Jason Robards. Mit der Weltpremiere von Orson Welles' »Citizen Kane« feierte das im Innern pompös ausgestattete Haus samt gewaltiger Wurlitzer-Orgel einen seiner Höhepunkte. Seit Ende der 1980er-Jahre gehört es zum Disney-Konzern und dient neben Shows für Filmpremieren.

Hollywood Museum 33

1660 N. Highland Ave., Tel. 1-323-464-7776, http:// thehollywoodmuseum.com, Mi–So 10–17 Uhr, Erw. 15 $, Sen. und Kin. unter 12 J. 12 $

Requisiten aus berühmten Hollywoodfilmen, darunter die Zelle des Serienkillers Hannibal Lecter aus dem Thriller »Das Schweigen der Lämmer«, machen das **Hollywood Museum** zu einem Mekka der laufenden Bilder. In Filmen benutzte Autos und Kostüme sowie Fotos, Poster, Drehbücher, Filmtrophäen und sogar ein kompletter Schminkraum lassen Jahrzehnte der Filmkunst seit der Zeit der Stummfilme Revue passieren. Natürlich macht Hollywoods goldenes Zeitalter zwischen den 1930er- und 1950er-Jahren einen Hauptteil der ca. 5000 auf vier Etagen verteilten Exponate aus, die hinter den Art-déco-Fassaden des ehemaligen Max Factor Building zu sehen sind. Factor war ein russischer Einwanderer, der es als Maskenbildner etwa für Bette Davis und Jean Harlow zu hohem Ansehen brachte – ihm wird u. a. die Erfindung falscher Augenwimpern zugeschrieben.

Egyptian Theatre 34

6712 Hollywood Blvd., Tel. 1-323-461-2020, www.egyptiantheatre.com, Führungen 5 $

Die Suche des Archäologen Howard Carter Anfang der 1920er-Jahre nach dem Grab von Pharao Tutenchamun in Ägypten inspirierte das Architektenduo Meyer & Holler, sich beim Entwurf für das **Egyptian Theatre** orientalischer Stilmittel zu bedienen. Gewaltige, von Hieroglyphen verzierte Säulen und zwei Sphinxe umrahmten den Eingang. Wände waren mit ägyptischen Bildmalereien dekoriert, und das Theaterpersonal kleidete sich nach ägyptischen Vorbildern. 1922 erlebte das exotische Lichtspielhaus mit dem Streifen »Robin Hood« mit Douglas Fairbanks in der Hauptrolle seine erste Premiere. Jahrzehntelang stand das Schicksal des Theaters auf der Kippe, ehe es in alter Pracht wiederhergestellt wurde. Jedes Wochenende wird der Film »Forever Hollywood« über die 100-jährige Filmgeschichte von Hollywood gezeigt.

Paramount Pictures 35

5555 Melrose Ave., Eingang Gower St., Tel. 1-323-956-1777, www.paramountstudiotour.com, tgl. 9.20–14 Uhr, 58 $, Mindestalter 10 J., Anmeldung empfehlenswert

Von den zahlreichen früher in Hollywood ansässigen großen Filmstudios haben im Stadtteil selbst nur die **Paramount Pictures** überlebt. Alle anderen zogen mit ihren Produktionsstätten in andere Gebiete um. Bei Paramount waren früher Weltstars wie Maurice Chevalier, Marlene Dietrich, Gary Cooper, Dean Martin und Jerry Lewis unter Vertrag. In jüngerer Vergangenheit hießen die Zugpferde vor der Kamera Nicolas Cage, George Clooney und Harrison Ford, hinter der Kamera sind es beispielsweise die Regisseure Steven Spielberg, Robert Zemeckis sowie James Cameron. Auf dem Studiogelände werden zweistündige Touren zu Fuß angeboten, in deren Verlauf die Gäste Einblicke in verschiedene Filmproduktionen erhalten.

Hollywood Forever Cemetery 36

6000 Santa Monica Blvd., Tel. 1-323-469-1181, http://hollywoodforever.com und http://cinespia.org/how-to/cemetery, Eintritt 12–16 $, Parken 10 $

Wer auf dem Studiogelände von Paramount keine Stars zu sehen bekommen hat, kann ihnen auf dem 1899 eingerichteten **Hollywood Forever Cemetery** nahekommen. Als 1926 Rudolpho Valentino zu Grabe getragen wurde, folgten mehr als 10 000 trauernde Fans seinem Sarg. Außer ihm sind dort Tyrone Power, Edward G. Robinson, John Huston, Douglas Fairbanks und Peter Lorre bestattet. Der Friedhof ähnelt einem gepflegten Park. Mausoleen, Grabsteine, Wasserflächen, Monumente und Obelisken machen aus dem Gottesacker eine Kulissenlandschaft, die in zahlreichen Filmen auf Zelluloid gebannt wurde.

Zu einem Sommerevent haben sich Filmvorführungen jeden Samstagabend unter freiem Himmel entwickelt. Insider rücken zu den von DJ-Musik begleiteten Veranstaltungen mit Picknickverpflegung an. Ein Event, wie er amerikanischer kaum sein könnte.

Rund um den Griffith Park

Cityplan: S. 191

Auf dem 1700 ha großen Naherholungsgebiet wechseln sich bewaldete Flächen mit Grünzonen, Sport- und Kultureinrichtungen sowie Wanderpfaden ab.

Griffith Observatory 37

2800 Observatory Rd., Tel. 1-213-473-0800, www.griffithobservatory.org, Di–Fr 12–22, Sa–So 10–22 Uhr, Observatorium gratis, Planetariumshows Erw. 7 $, Sen. ab 60 J. 5 $, Kin. 5–12 J. 3 $

In 347 m über Meereshöhe bildet auf einer Felsnase des Mount Hollywood das 2006 umgebaute und erweiterte **Griffith Observatory** einen der schönsten Aussichtspunkte auf die Stadt. Der im Art-déco-Stil errichtete Gebäudekomplex aus den 1930er-Jahren gehört mit einer 26 m hohen kupfergedeckten Observatoriumskuppel zu den architektonischen Erkennungszeichen der Stadt. In der Rotunde macht ein Foucault-Pendel die Erdrotation sichtbar, während zwei Erdbebenschreiber jedes der etwa 30 täglichen Erdbeben im südlichen Kalifornien akkurat registrieren. Mit modernsten technischen Mitteln werden im Planetarium Phänomene wie Sonnenfinsternis, Planetenbewegungen und Nordlichter demonstriert. Ein ganz besonderes Erlebnis sind die Lasershows. Kinogänger kennen den Bau aus »Denn sie wissen nicht, was sie tun« mit James Dean.

Los Angeles Zoo 38

5333 Zoo Dr., Tel. 1-323-644-4200, www.lazoo.org, im Sommer tgl. 10–17 Uhr, sonst kürzer, Erw. 20 $, Kin. 2–12 J. 15 $, Safari Shuttle Erw. 5 $, Kin. 2–12 J. 2,50 $

Im Nordosten des Griffith Park liegt unweit des Golden State Freeway der **Los Angeles Zoo.** Sein Vorgänger entstand an anderer Stelle, als in den Studios Tiere für Filme benötigt wurden und der Stummfilmpionier William Selig eigens dafür einen zoologischen Garten anlegen ließ. Bis 1915 war der

Tierpark auf so viele ›Leinwandstars‹ angewachsen, dass Selig ihn aus Kostengründen an die Stadt verkaufen musste. Heute findet man hier ca. 350 Arten, von Säugetieren und Vögeln bis hin zu Amphibien und Reptilien, aber auch bedrohte Tierarten wie etwa der Kalifornische Kondor sind hier zu entdecken. Jeden Tag gibt es spezielle Tiershows, und wer den Safari Shuttle benutzt, braucht nicht zu laufen.

The Autry 39

4700 Western Heritage Way, Tel. 1-323-667-2000, http://theautry.org, Di–Fr 10–16, Sa–So 10–17 Uhr, Erw. 14 $, Kinder 3–12 J. 6 $, 2. Di im Monat gratis

Eine der größten Sammlungen auf amerikanischem Boden über die Geschichte, Kultur und Natur des Westens sowie über die Cowboy- und Indianerkultur des Landes ist in **The Autry** im Griffith Park zu sehen. Spezielle Ausstellungen des Museums beschäftigen sich mit Sonderthemen wie der Pueblotöpferei, Waffen im Wilden Westen und der Rolle von Kachinapuppen im Leben der Hopi-Indianer.

Universal Studios 40

100 Universal City Plaza, Tel. 1-800-UNIVERSAL, www.universalstudioshollywood.com, im Hochsommer tgl. 9–20 oder 21 Uhr, sonst kürzer, Parkplatz 10 $, Zweitagespass 129–159 $, Online-Reservierung mit Ermäßigung. Mit dem Front Line Pass für 179–254 $ besucht man alle Attraktionen ohne Wartezeiten

Eine der größten Studiolandschaften in den USA entstand 1912 mit den **Universal Studios** auf Betreiben des deutschen Stummfilmpioniers Carl Laemmle durch den Umbau einer Hühnerfarm. Heute erstreckt sich das Gelände über eine 170 ha große Fläche mit drei Dutzend einzelnen Studios und über 10 000 Beschäftigten. Zwischen Parkplatz und Parkhaupteingang empfängt der kostenlos zugängliche **Universal City Walk** Gäste mit einer Vergnügungsmeile, die neben Livemusikklubs, Souvenirläden und Kinos auch populäre Lokale wie Hard Rock Café, Howl at the Moon, Samba Brazilian Steakhouse,

Buca di Beppo und Saddle Ranch Chop House bietet (Tel. 1-818-622-9841, www.citywalkhollywood.com, So–Do 11–23, Fr–Sa 11–24 Uhr, Eintritt frei).

Die Welt des Films ist dominierendes Thema in den eigentlichen **Universal Studios,** wobei sich Attraktionen bekannte Filmkulissen zunutze machen, um Besucher in spektakuläre Achterbahnen oder virtuelle Shows

Sightseeing mit Nervenkitzel: am Set eines Flugzeugabsturzes in den legendären Universal Studios

zu locken wie »The Wizarding World of Harry Potter«, »Terminator 2« und »Fast & Furious«. Nervenkitzel bescheren auch die Fahrbetriebe »The Simpsons Ride« und die Begegnungen mit Gruselcharakteren wie Frankenstein im »House of Horrors«. Bei einer kommentierten Studio Tour werden die Gäste mit einer Bahn durch die Studiolandschaft chauffiert und bekommen die Filmkulissen etwa von »Jurassic Park«, »Revenge oft the Mummie«, »Shrek 4-D«, »The Walking Dead« und den Minion-Hit »Ich – Unverbesslich« zu sehen. Beklemmend ist der wirklichkeitsgetreue Anblick einer aus dem Steven-Spielberg-Film »Krieg der Welten« stammenden, von rauchenden Wrackteilen übersäten Wohnsiedlung nach dem verheerenden Absturz eines Jumbos.

Warner Brothers Studios 41

3400 W. Riverside Dr., Burbank, 4 Meilen von Hollywood Blvd. entfernt, Tel. 1-877-492-8687, www.wbstudiotour.com/studio-tour, Mo–Fr 10 Uhr, Tourtickets ab 13 J. 68 $, Kin. 8–12 J. 58 $, online 3 $ verbilligt, Parken 12 $ (keine Wohnmobile!)

Vier Brüder gründeten 1923 mit den **Warner Bros. Studios** eine der bekanntesten Filmgesellschaften von Hollywood, die fünf Jahre später an die heutige Stätte nach Burbank umzog. Mit Kassenschlagern und Kult-Movies wie »Casablanca«, »Endstation Sehnsucht«, »Dirty Harry« und »Superman« behauptete sich das Unternehmen im umkämpften Markt. Auf zweistündigen Studio-Touren fährt man mit Elektrowagen über das ausgedehnte Gelände und bekommt unterschiedliche Produktionsstätten etwa von »The Big Bang Theory«, »Pretty Little Liars«, »La La Land«, »Argo« und »Gilmore Girls« zu sehen und natürlich auch einen Riesenfundus an Filmkostümen, Drehbüchern, Preistrophäen und Requisiten bekannter Kinohits, von einem Batman Museum einmal ganz abgesehen. Burbank-Gäste können zwischen vier unterschiedlich gewichteten Touren wählen: Studio Tour, Classic Tour, Deluxe Tour und einer Tour mit dem Namen ›Horror Made here‹.

Hollywood Bowl 42

2301 N. Highland Ave., Tel. 1-323-850-2000, Tickets online und Veranstaltungskalender unter www.hollywoodbowl.com

Kein Naturtheater für moderne und klassische Konzerte ist den Angelenos so ans Herz gewachsen wie die **Hollywood Bowl** mit Sitzplätzen für ein 18 000-köpfiges Publikum. Je nach Programm verwandelt sich das natürliche Amphitheater in einen riesigen Picknickplatz, weil sich die Einheimischen vor längeren Veranstaltungen gerne mit Proviant eindecken. Zwar betrachten das Philharmonische Orchester von Los Angeles und das Hollywood Bowl Orchestra die Anlage als Heimbühne. Doch ließen sich dort auch schon Weltstars wie Frank Sinatra, die Beatles, Tom Jones, Luciano Pavarotti und Elton John von ihren Fans feiern.

Wilshire Boulevard

Der rund 25 Meilen lange Wilshire Boulevard beginnt in Downtown und zieht sich in Ost-West-Richtung quer durch Midtown. Den Anfang markiert der **MacArthur Park,** eine Grünanlage mit einem von einer natürlichen Quelle gespeisten kleinen See und vielen unterschiedlichen Baum- und Straucharten.

Wilshire Galleria und Wiltern Theatre

Einige der bemerkenswertesten Art-déco-Gebäude der Stadt lassen erahnen, dass der Boulevard besonders in den 1920er- und 1930er-Jahren eine Nobeladresse war. Zu den Komplexen im Art-déco-Stil gehört auch die 1928 errichtete **Wilshire Galleria** mit vielen Geschäften und Restaurants (3240 Wilshire Blvd.) sowie das **Wiltern Theatre** von 1931, in dem Bühnenkünstler, Showgrößen, bekannte Bands und Interpreten auf der Bühne stehen (3790 Wilshire Blvd., Tickets Tel. 1-213-388-1400, www.wiltern.com).

Farmers Market

6333 W. Third St., Ecke Fairfax Ave., Tel. 1-323-933-9211, www.farmersmarketla.com, Mo–Fr 9–21, Sa 9–20, So 10–19 Uhr

Nördlich des Hancock Park treffen sich Vergangenheit und Gegenwart auf stimmungsvolle Weise. Seit 1934 die Bauern des Umlandes mit Fuhrwerken und Traktoren in die Stadt kamen, um ihre Produkte zu verkaufen, etablierte sich der **Farmers Market** zu einer Institution mit dem Flair einer ländlichen Gartenwirtschaft, und längst liegt das Schwergewicht nicht mehr nur auf Obst, Gemüse, Fleisch, Fisch und Blumen, sondern auch auf frisch zubereiteten Gerichten, die man an Tischen unter freiem Himmel oder an überdachten Stellen zu sich nehmen kann.

The Grove

189 The Grove Dr., Tel. 1-323-900-8080, www.thegrovela.com, So–Do 10–21, Fr–Sa 10–22 Uhr

Gleich nebenan liegt mit dem Einkaufszentrum **The Grove** ein anderer Konsumtempel.

Mit einem zentralen Platz samt Brunnen, Gärten und Café, hübschen Fassaden und mehreren Restaurants sieht der Komplex wie ein kleiner Stadtteil aus, in dem selbst eine historische Straßenbahn als Schienenverbindung zum Farmers Market nicht fehlt. Unter den Geschäften sind bekannte Namen wie Banana Republic, Gap, Abercrombie & Fitch, Nike, Nordstrom und Victoria's Secret. Parken kann man in The Grove kostenlos, wenn man sein Ticket in einem der Geschäfte abstempeln lässt.

Miracle Mile und Museums Row

Zwischen La Brea Avenue und Fairfax Avenue trägt der Wilshire Boulevard den Beinamen **Miracle Mile** (Wundermeile), nachdem der Investor A. W. Ross in den 1920er-Jahren aus einem Stück Farmland einen profitablen Geschäfts- und Einkaufsbezirk gemacht hatte. Heute bezieht dieser Straßenabschnitt seine Attraktivität in erster Linie aus zahlreichen Museen, die an der sogenannten **Museums Row** entstanden.

La Brea Tarr Pits und George C. Page Museum

5801 Wilshire Blvd., Tel. 1-213-763-3499, www.tarpits.org, tgl. 9.30–17 Uhr, 12 $, Kin. 13–17 J. 9 $, jeden 1. Di im Monat Eintritt frei außer Juli/Aug.

Wo der Wilshire Boulevard verläuft, gab es lange vor Ankunft der ersten Europäer einen indianischen Trampelpfad zu einer Stelle, an der nach wie vor Teer aus der Erde tritt. Die Ureinwohner benutzten die klebrige Masse, um Boote und Hausdächer abzudichten.

Ein Zaun umgibt im **Hancock Park** die offenen **La Brea Tar Pits,** in denen Methangas durch eine dickflüssige Masse blubbert und lebensgroß aus Zement nachgebildete Mastodons am Ufer eine Szene wie in grauer Vorzeit nachstellen. Bei der Untersuchung des Sumpfes fanden Wissenschaftler über eine Million durch den Teer konservierte Überreste von 650 verschiedenen Tierarten wie Riesenfaultieren, Säbelzahntigern und Urwölfen, denen der seit 40 000 Jahren existierende Teerpool zum Verhängnis geworden war.

Im benachbarten **George C. Page Museum** sind die besten Funde ausgestellt, die von den Beschäftigten angeschlossener Labors wissenschaftlich untersucht werden. Ein Film dokumentiert die Geschichte der Sammlungen.

Los Angeles County Museum of Art (LACMA)

5905 Wilshire Blvd., Tel. 1-323-857-6000, www.lacma.org, Mo, Di, Do 11–17, Fr 11–20, Sa–So 10–19 Uhr. Erw. 15 $, Kin. unter 17 J. Eintritt frei

Neben Paläontologie sind im Hancock Park Kunst und Kultur zu Hause. Das **Los Angeles County Museum of Art (LACMA)** bildet mit Gemälden, Skulpturen, Grafiken, Fotografien, Trachten, Kostümen und dekorativem Kunsthandwerk aus allen Erdteilen und Epochen eines der größten Kunstmuseen des Westens. Präkolumbische Indianerschätze aus Mexiko, erlesene Glaswaren aus dem alten Rom, Kunstwerke aus islamischen Ländern, Keramiken und Kimonos aus Japan, italienische Mosaiken aus der späten Renaissance, Werke von Albrecht Dürer, Emil Nolde und Käthe Kollwitz, ägyptische Kunst, Fotografien und Pop Art aus Kalifornien machen den aus mehreren Gebäuden bestehenden Komplex zu einer sehenswerten Welt der Kunst im Kleinen.

Neuester Teil ist das von Renzo Piano entworfene **Broad Contemporary Art Museum** für Wechselausstellungen.

Craft and Folk Art Museum

5814 Wilshire Blvd., Tel. 1-323-937-4230, www.cafam.org, Di–Fr 11–17, Sa–So 12–18 Uhr, Erw. 7 $, Kin. unter 10 J. frei, So Eintritt nach eigenem Ermessen

In wechselnden Ausstellungen geht es im unterhaltsamen **Craft and Folk Art Museum** um Volkskunst und Kunsthandwerk aus zahlreichen Ländern der Erde, wie etwa das japanische Bambushandwerk, das sich zu einer Kunstform entwickelt hat.

Shopping de luxe: Auf dem Rodeo Drive in Beverly Hills kleidet sich die High Society ein

Petersen Automotive Museum

6060 Wilshire Blvd., Ecke Faifax Ave., Tel. 323-930-CARS, www.petersen.org, tgl. 10–18 Uhr, Erw. 15 $, Senioren 12 $, Kin. 7 $

Schönheiten aus Lack und Blech stehen im **Petersen Automotive Museum** auf drei Etagen im Mittelpunkt. Spannend sind Themenausstellungen wie etwa über Autos und Gitarren in der Zeit des Rock 'n' Roll, den kalifornischen Autodesigner Chip Foose, Automobile in Hollywood-Filmproduktionen oder Staatskarossen, die in Diensten von Präsidenten, Päpsten und Potentaten standen. Neben Oldtimern aus dem vergangenen Jahrhundert ist auch eine Sammlung von Motorrädern zu sehen. Nicht nur die Exponate sind *eyecatcher*. Das Museum schmückt sich mit einer sehenswerten Fassade aus Edelstahlbändern.

Academy Museum of Motion Pictures

Ecke Wilshire/Fairfax, www.academymuseum.org

Im Jahr 2019 eröffnet mit diesem Museum ein moderner Komplex, der sich nicht weit von Hollywood entfernt mit Kunst und Wissenschaft des Films beschäftigt. Der Bau des Architekten Reno soll neben unterschiedlichen Ausstellungen mit einem Theater, Restaurant, Souvenirgeschäft und Café ausgestattet sein.

Museum of Tolerance

9786 W. Pico Blvd., Tel. 1-310-772-2505, www.museumoftolerance.com, Mo–Fr, So 10–17 Uhr, Erw. 15,50 $, Kin. 5–18 J. 11,50 $, Reservierung empfehlenswert

Mit einer technisch auf modernstem Stand befindlichen interaktiven Ausstattung dokumentiert das **Museum of Tolerance** kultursoziologische und gesellschaftliche Phänomene wie Intoleranz, religiösen Eifer und Rassismus. Dabei spielen auch konkrete politische Ereignisse eine Rolle, etwa die blutigen Unruhen im Jahr 1992 in Stadtteilen von Los Angeles. Der Schwerpunkt liegt jedoch auf einer Dokumentation der Folgen der Naziherrschaft während des Zweiten Weltkriegs. Besucher können sich u. a. über die Geschichte des Holocaust informieren, über die jüdischen Ghettos und die Konzentrationslager.

Beverly Hills

Westlich des La Cienega Boulevard beginnt sich die Stadtlandschaft zu beiden Seiten des Wilshire Boulevard an der Stadtgrenze von Beverly Hills zu verändern. Saubere Straßen, exklusive Boutiquen, akkurat gepflegte Rasenflächen, importierte Luxuslimousinen und noble Gastronomie: Die High-Society im Renommiersalon von Los Angeles geizt nicht mit dem, was gut und teuer ist, und stellt ihren Wohlstand manchmal protzig, manchmal aber auch eher subtil zur Schau.

Zum Einkaufen am berühmten **Rodeo Drive,** der exklusivsten Shopping-Straße westlich des Mississippi, braucht man in den meisten Boutiquen einen telefonisch vereinbarten Termin, sonst öffnen sich die elektronisch gesicherten Türen nicht. Namen wie Cartier, Dior, Van Cleef, Elizabeth Arden, Gianni Versace, Tiffany & Co. und Gucci bilden die Fixsterne an diesem exklusiven Konsumentenfirmament, an dem berühmte Stars zum Shopping wie Kometen auftauchen und genauso schnell wieder verschwinden. Wer nicht bereit ist, für eine Hose oder einen kleinen Flacon Parfüm einen Monatslohn zu bezahlen, sollte sich auf Schaufenster-Shopping beschränken.

Witch's House

516 N. Walden Dr., Ecke Carmelita Ave.

In den 1920er-Jahren logierte in dem malerischen Hänsel-und-Gretel-Häuschen die Verwaltung einer Filmgesellschaft. 1930 wurde das in einem richtigen Hexengarten mit Miniaturmühle, Holzbrücke und krummen Bäumen liegende Anwesen mit extrem steilen Satteldächern und schiefen Wänden von seinem ursprünglichen Platz in Culver City an den heutigen Standort in Beverly Hills versetzt. Da es sich heute in Privatbesitz befindet, kann man es nur von der Straße aus besichtigen.

Paley Center for Media

465 N. Beverly Dr., Tel. 1-310-786-1000, www.paleycenter.org, Mi–So 12–17 Uhr, Erw. 10 $, Kin. bis 14 J. 5 $

Auf welch vielfältige Weise Radio und Fernsehen die Kultur der westlichen Welt beeinflusst haben, zeigt das **Paley Center for Media** mit einem Bestand von über 120 000 TV-Programmen von Komödien über Dramen bis hin zu Sportsendungen, Rundfunkprogrammen und Werbung. Besucher können aus dem Archiv Bild- und Tonträger auswählen und an speziellen Plätzen ansehen bzw. hören. Im hauseigenen Kino werden Filme etwa über Leben und Werk des Sängers Johnny Cash oder die Muppets von Jim Hanson gezeigt.

J. Paul Getty Center

1200 N. Sepulveda Blvd., Westwood, Tel. 1-310-440-7300, www.getty.edu, Di–Do und So 10–17.30, Fr, Sa 10–21 Uhr, Parkplatz 15 $, nach 15 Uhr 10 $, Eintritt frei

Das auf einer Anhöhe mit wunderbarem Blick auf Los Angeles liegende **J. Paul Getty Centre** besteht aus fünf Pavillons aus hellem Travertinstein und einer Parkanlage mit wunderschön angelegten Gärten. Für den Entwurf der Anlage zeichnete der renommierte Architekt Richard Meier verantwortlich.

Die Sammlungen des Getty-Trusts mit ca. 50 000 Einzelstücken wie Gemälden, Skulpturen, französischen Wandteppichen, Zeichnungen, Schmuck, Töpfereien, Manuskripten und Fotografien zählen in den USA zu den wertvollsten Kunstsammlungen überhaupt, darunter unschätzbar wertvolle Werke von Van Gogh, Renoir, Correggio, Veronese, Rubens und Cézanne. Das gewaltige Vermögen der Getty-Stiftung stammt aus dem Nachlass des Ölmagnaten Jean Paul Getty, der von Hunden und Löwen bewacht vor den Toren Londons in einem riesigen Schloss ein exzentrisches Leben in unermesslichem Reichtum führte. Zu seinem Vermächtnis gehörten nicht nur gewaltige Summen für den Erwerb von Kunstwerken in aller Welt, sondern auch die altruistische Weisung, diese Schätze der Öffentlichkeit kostenlos zur Schau zu stellen. Im Getty Center bekommt man die Ausstellungen nach einer kurzen Fahrt mit einer computergesteuerten Elektrobahn vom Parkplatz bis zum Kunstolymp auf dem Hügel zu sehen.

Getty Villa

17985 Pacific Coast Hwy, Pacific Palisades, Tel. 1-310-440-7300, www.getty.edu, Mi–Mo 10–17 Uhr, Parkplatz 15 $, ab 15 Uhr 10 $, Eintritt frei. Besucher müssen vorab einen Besichtigungstermin telefonisch o. online vereinbaren

Das zweite Getty-Museum im Großraum Los Angeles liegt weiter westlich im Küstenort **Pacific Palisades** und ist in der umgebauten **Getty Villa** einquartiert, einem der antiken italienischen Villa dei Papiri nachempfundenen Palast. Die Villa in Herculaneum an der Bucht von Neapel wurde 79 n. Chr. beim Ausbruch des Vesuv von Vulkanschutt und Asche vollständig bedeckt. Im 18. Jh. gruben Wissenschaftler das Anwesen aus und nannten es wegen der Vielzahl der dort gefundenen Papyrusrollen Villa dei Papiri. Der Paul Getty Trust ließ den antiken Bau in Pacific Palisades rekonstruieren, um eines der führenden Museen für antike Kunst in den USA einzurichten.

Santa Monica

Frische Meeresluft, Sonne und breite Sandstrände sind für viele Angelenos Grund genug, bei jeder Gelegenheit an den Pazifiksaum bei **Santa Monica** zu fahren. Vom palmengesäumten Ocean Boulevard reicht der Blick in nordwestlicher Richtung bis nach Malibu, das sich an den schmalen Küstensaum zu Füßen der Santa Monica Mountains drängt. Wer das quirlige Leben in der Küstenstadt genießen will, sollte sich in die populäre **Third Street Promenade** begeben, eine lebhafte Fußgängerzone mit vielen Geschäften.

Santa Monica Pier

Ocean & Colorado Ave., Tel. 1-310-458-8901, http://santamonicapier.org

Bekannteste und beliebteste Attraktion von Santa Monica ist der fast 300 m ins Meer ragende hölzerne **Santa Monica Pier.** Mit Souvenirläden, Cafés, Restaurants, Geschäften für Anglerbedarf, einem historischen Karussell aus dem Film »Der Clou« und einer Portion ›Übernatürlichem‹ in Form von Wahrsagern bildet der Steg eine wunderbare Meile zum Bummeln und *people watching.*

Pacific Park

Tel. 1-310-260-8744, www.pacpark.com, im Hochsommer 11 Uhr bis Mitternacht, sonst kürzer, 1 Tag unbegrenzte Fahrten Erw. 29,95 $

Für Abwechslung sorgt der **Pacific Park,** ein Rummelplatz mit 12 Fahrbetrieben, u. a. eine 17 m hohe Achterbahn und ein Riesenrad.

Santa Monica Pier Aquarium

Tel. 1-310-393-6149, www.healthebay.org, Di–Fr 14–18, Sa–So 12.30–18 Uhr, Erw. 5 $, Kin. unter 12 J. Eintritt frei

Ruhiger geht es im **Santa Monica Pier Aquarium** zu, das in vielen Becken das Meeresleben in der Santa Monica Bay zeigt.

Museum of Flying

3100 Airport Ave., Tel. 1-310-398-2500, www.museumofflying.com, Fr–So 10–17 Uhr, Erw. 10 $, Kinder 3–12 J. 6 $

Die Geschichte der zivilen und militärischen Fliegerei und die bedeutende Rolle, die der Flugzeughersteller Douglas Aircraft Company dabei spielte, ist Thema des **Museum of Flying** auf der Nordseite des lokalen Flughafens. Neben vielen Flugzeugmodellen und zahlreichen Maschinen der kommerziellen Luftfahrt stellt das Museum ca. zwei Dutzend zivile und militärische Flugzeuge aus, welche

Die Strandpromenade in Venice Beach: Platz für Sport und Action

die gesamte Geschichte der Luftfahrt seit Anbeginn dokumentieren.

Beach Communities

Parallel zur Küstenstraße führt vom Pier in Santa Monica der gut ausgebaute **South Bay Bicycle Trail** immer am Strand entlang bis zum ca. 35 km entfernten Torrance County Beach. Durchtrainierte Sportler legen die Distanz auf Rollerskatern zurück. Wer es bequemer mag, nimmt das Auto, um die einzelnen Stationen auf der Küstenstraße abzufahren.

Venice Beach

Ein erster Stopp bietet sich an der Strandpromenade in **Venice Beach** an. Auf der Stadtseite von Geschäften, Verkaufsständen, Cafés und Restaurants, auf der Pazifikseite von Palmen und Grünflachen gesäumt, hat sich diese Flaniermeile über die Jahre zu einer einzigartigen Showpromenade entwickelt. Nach Venice Beach kommen normalerweise nur zweierlei Menschen: solche, die gesehen werden wollen und mit entsprechenden Signalen nicht gerade sparsam umgehen, und solche, die ihren Spaß an den Auftritten anderer haben. Auf der 3 km langen Straße zeigen Straßenkünstler ihr artistisches oder musikalisches Können, Amateurbildhauer modellieren liegende Grazien aus feuchtem Sand, Händler wachen mit Argusaugen über ihre Sonnenbrillenauslagen, während Rentnerduos im Südsee-Look konzertieren, knackige Schönheiten mit wallenden Mähnen teebeutelgroße Bikinis spazieren tragen und kostümierte

Batmen auf Rollerskates durch die Menschenmenge kurven.

Der berühmte **Muscle Beach** bekam bereits vor Jahren das Äußere eines echten Sportzentrums. Unter freiem Himmel stöhnen Muskelmänner und Bizepskönige im Schweiße ihres Angesichts unter Gewichten, während die Gemeinde der Schmalbrüstigen und Fliegengewichte außerhalb auf den Zuschauertribünen hockt und die Kraftdemonstrationen staunend, amüsiert oder kopfschüttelnd verfolgt (www.venicebeach.com). Im Süden des riesigen Jachthafens **Marina del Rey** landen dröhnende Jets aus aller Welt im Minutentakt auf dem Los Angeles International Airport. Auf dem weiteren Weg reihen sich die bekannten Strände von Los Angeles nahtlos aneinander. Entlang **Manhattan Beach** führt eine höher gelegte Promenade, von der man den Ball- und Frisbeespielern am Strand oder den Anglern auf dem Pier wie von einer Tribüne zusehen kann. **Hermosa Beach** wird zwar von eleganten Villen gesäumt, gilt aber bei Insidern als unprätentiöser Strand für jedermann, an dem lokale Mannschaften Volleyballwettbewerbe austragen. Bei **Redondo Beach** endet die Badelandschaft der sogenannten South Bay an einem Familienstrand.

San Pedro

Battleship USS Iowa

250 S. Harbor Blvd., Berth 87, Tel. 1-877-446-9261, http://pacificbattleship.com, tgl. 9–17 Uhr, Erw. 20 $, Kinder 6–11 J. 12 $, online billiger

Ein halbes Jahrhundert lang diente die schwer bewaffnete USS Iowa in der US-Navy, bevor sie ausgemustert und im Hafen von **San Pedro** in ein Museumsschiff verwandelt wurde. Als einziges amerikanisches Schlachtschiff wurde die Iowa mit einer Badewanne für Präsidentenbesuche ausgestattet.

Los Angeles Maritime Museum

Berth 84, E. 6th St. und Sampson Way, San Pedro, Tel. 1-310-548-7618, www.lamaritimemuseum.org, Di–So 10–17 Uhr, Erw. 5 $, Kinder unter 12 J. Eintritt frei

Im alten Fährterminal von San Pedro sind Ausstellungen mit maßstabsgetreuen Schiffsmodellen, nautischer Kunst und Exponaten über professionelles Tiefseetauchen eingerichtet.

Long Beach

Queen Mary

1126 Queen's Hwy, Tel. 1-877-342-0738, www.queenmary.com, tgl. 10–18 Uhr, Erw. 24,95 $, Kin. 5–11 J. 15 $, Kabine für 2 Pers. ab 70 $

Hauptanziehungspunkt von **Long Beach** ist die seit 1967 in der Queensway Bay liegende **Queen Mary.** Über 30 Jahre lang war der 81 000 BRT große und 310 m lange Luxusliner im Einsatz, ehe er in Long Beach endgültig als Hotelschiff vor Anker ging.

Aquarium of the Pacific

100 Aquarium Way, Tel. 1-562-590-3100, www.aquariumofpacific.org, tgl. 9–18 Uhr, Erw. 28,95 $, Kin. 3–11 J. 14,95 $, Sonderausstellungen 15 $ extra

Einen faszinierenden Einblick in das pazifische Meeresleben bekommen Besucher im **Aquarium of the Pacific,** in dem 19 unterschiedliche Lebensräume präsentiert werden. Größte Einzelausstellung ist dabei ein tropisches Korallenriff in einem 1,4 Mio. Liter Salzwasser fassenden Becken mit farbenprächtigen Korallenfischen, Meeresschildkröten, Drachenfischen und Clownfischen, die für den Hauptdarsteller des Zeichentrickfilms »Findet Nemo« Pate standen.

Vergnügungsparks

▶F 15

Disneyland

1313 Harbor Blvd., Anaheim, Tel. 1-714-781-4636, http://disneyland.disney.go.com, tgl. 9–21, Sa bis 24 Uhr, in der Hauptsaison länger, pro Park und Tag ab 10 J. 99 $, Kin. 3–9 J. 93 $

Mit **Disneyland** in Anaheim kreierte der legendäre Walt Disney den Prototyp einer Idee, die seit der Eröffnung des Parks 1955 in vielen

Teilen der Welt kopiert wurde. So spontan es in Disneyland auch zuzugehen scheint: Nichts ist dem Zufall überlassen.

Disneyland besteht aus zwei getrennten Teilen: Disneyland Park und California Adventure Park. Der ältere **Disneyland Park** bildet eine Welt aus unterschiedlichen ›Ländern‹ und thematischen Regionen. Hinter dem Haupteingang führt die von Souvenir- und Imbissständen gesäumte viktorianische Main Street USA nach Fantasyland mit dem Dornröschenschloss. Um diesen zentralen Teil mit für kleinere Kinder geeigneten Märchenthemen wie Peter Pan, Dumbo der Elefant, Pinocchio und Alice im Wunderland gruppieren sich im Uhrzeigersinn weitere Länder. Adventureland lockt mit Dschungelfahrten, Piratenhöhlen, Tarzans Baumhaus und einer spektakulären Indiana-Jones-Achterbahn. In Frontierland ist mit einem Floß die Tom-Sawyer-Insel erreichbar oder man rast mit der außer Kontrolle geratenen Big Thunder Mountain Railroad durch ein Bergwerk. Critter County ist mit Splash Mountain, der ein feuchtes Vergnügen garantiert, hauptsächlich in der warmen Jahreszeit ein Publikumshit. Am Ende der Runde durch den Park steht das futuristische Tomorrowland, wo Besucher einen simulierten Flug durch die Galaxis oder eine aufregende U-Boot-Fahrt absolvieren.

California Adventure Park

Der **California Adventure Park** gliedert sich in sieben auf Kalifornien bezogene Themenbereiche. In Hollywood Land geht es um das Thema Film, aber auch dort fehlen Fahrbetriebe nicht. Buena Vista Street ist von historischen Gebäuden, Cafés, Restaurants und Geschäften gesäumt. Harmlosere Kirmesattraktionen in A Bug's Land sind eher für Kinder geeignet. Achterbahnfreaks kommen in Paradise Pier auf ihre Kosten. Um einen See liegen außer einem Riesenrad etwa der Hochgeschwindigkeits-Rollercoaster California Scream mit einem Spitzentempo von 90 km/h und das Katapult Maliboomer, auf dem man auf einen Sitz geschnallt in nur zwei Sekunden 60 m hoch in den Himmel geschossen wird. In Cars Land können zukünftige Rennfahrer auf einem Rennkurs ordentlich auf die Tube drücken.

Knott's Berry Farm

8039 Beach Blvd., Buena Park, Tel. 1-714-220-5200, www.knotts.com, Mo–Fr 10–18, Sa 10–22, So 10–19 Uhr, in der Hauptsaison länger, Tickets s. www.knotts.com/tickets-passes/knotts-daily-tickets

Einige Jahre, bevor Mickey Maus im Orange County heimisch wurde, legte eine Farmerfamilie während der Weltwirtschaftskrise den Grundstein zum Vergnügungspark **Knott's Berry Farm.** Um Leuten die Zeit zu verkürzen, die am Verkaufsstand der Bäuerin geduldig auf ein preisgünstiges Essen warteten, zimmerte Mr. Knott eine kleine Westernstadt zusammen, die sich im Lauf der Jahre zum Rummelplatz entwickelte. Der heutige Park setzt sich aus sechs Teilen zusammen, in denen es Fahrbetriebe vom Oldtimer-Karussell für kleine Kinder bis zur Highspeed-Achterbahn für Adrenalinsüchtige gibt.

Infos

Hollywood Visitor Information Center: 6801 Hollywood Blvd., Tel. 1-323-467-6412.

Beverly Hills Visitors Bureau: 9400 S. Santa Monica Blvd, 102 Beverly Hills, CA 90210, Tel. 1-310-248-1015, www.lovebeverlyhills.com.

Weitere Informationsstellen: Union Station (800 N. Alameda St.) und im Los Angeles Convention Center (201 S. Figueroa St.), http://discoverlosangeles.com.

Übernachten

Rundum empfehlenswert – **Hollywood Hotel 1:** 1160 N. Vermont Ave., Tel. 1-323-746-0381, http://hollywoodhotel.net. Sauberes, angenehmes Haus mit freundlichem und hilfsbereitem Service, günstige Lage zwischen zwei Metrostationen. Gäste können ein Fitnessstudio und ein Business Center nutzen. Ein opulentes warmes Frühstücksbuffet, Pool im Garten, jedes Zimmer mit Kühlschrank, Mikrowelle und WLAN sind im Preis inbegriffen. Einen Parkplatz zu finden, kann problematisch sein. DZ im Sommer ab 280 $.

Tadellose Unterkunft – **Kawada Hotel 2:** 200 S. Hill St., Tel. 1-213-621-4455, www.kawadahotel.com. 116 klimatisierte Zimmer, ausgestattet mit Kabel-TV, Minibar, Highspeed-Internet und Teeküche. Zum Hotel gehören das legere Cherry Pick Café im Stil eines Delis. DZ ca. 250 $.

Cooles Ambiente – **Standard Downtown 3:** 550 S. Flower St., Tel. 1-213-892-8080, www.standardhotels.com/downtown-la. ›In‹-Hotel mit moderner, betont kühler, aber eleganter Ausstattung. Schaustück des Hauses ist die offene Bar auf dem Dach neben dem Pool mit Panoramablick auf die Wolkenkratzer von Downtown. DZ ab 235 $.

Stilvoller Komfort – **L.A. Hotel 4:** 333 S. Figueroa St., Tel. 1-213-322-0111, http://thelahotel.com. Businesshotel mit 469 klimatisierten Zimmern und Suiten, Fenster vom Boden bis zur Decke, zwei Restaurants, Health Club, beheizter Pool. DZ ab ca. 220 $.

Japanische Eleganz – **Miyako Hotel 5:** 328 E. First St., Tel. 1-213-617-2000, www.miyakoinn.com. Von außen unattraktiver Beton, prägt das Innere asiatische Behaglichkeit. Zum Hotel-Spa gehören u. a. Saunen, Fitnessräume und Shiatsu-Massage. Wenige Parkplätze. DZ ab 220 $.

Stars dekorieren die Zimmer – **Hollywood Celebrity Hotel 6:** 1775 Orchid Ave., Tel. 1-323-850-6464, www.hotelcelebrity.com. Berühmtheiten des Films wie Dick & Doof, Marilyn Monroe und Charlie Chaplin hängen als Karikaturen in den zum Teil mit Küchen ausgestatteten Zimmern, Fitnessstudio, Internetzugang in der Lobby. Im Sommer DZ ab 190 $, im Winter ab 130 $, inkl. Frühstück.

Wenige Gehminuten vom Bahnhof – **Metro Plaza Hotel 7:** 711 N. Main St., Tel. 1-213-680-0200, http://metro-plaza-hotel.los-angeles-hotels-ca.com/de. Das Kettenmotel mit 80 Zimmern liegt zwischen Union Station und El Pueblo. Kein großer Komfort, aber das Preis-Leistungs-Verhältnis stimmt. Highspeed-Internetzugang in der Lobby. DZ ab 140 $.

Charmantes B & B – **Elaine's Hollywood B & B 8:** 1616 N. Sierra Bonita Ave., Tel. 1-323- 850-0766, www.elaineshollywoodbedandbreakfast.com. In einer ruhigen Nebenstraße gelegenes Holzgebäude mit einem größeren und einem kleineren Zimmer jeweils mit Queen-Size-Bett, TV und Bad. Hilfsbereite und unterhaltsame Gastgeber. DZ ab 120 $.

Einfach, aber ordentlich – **Motel 6 Hollywood 9:** 1738 Whitley Ave., Tel. 1-323-464-6006, www.motel6hollywood.com. Nationale Motelkette mit einfachen Zimmern mit Bad, TV und Data Port, günstige Lage nur Schritte vom Hollywood Boulevard entfernt. DZ 120 $.

Günstiges Preis-Leistungs-Verhältnis – **Center Lake Hotel 10:** 1906 West 3rd St., Tel. 1-213-674-2290, centerlakehotel.com. Ordentliche Unterkunft mit klimatisierten Zimmern und kostenlosem WLAN. DZ ab ca. 110 $.

Preis und Leistung stimmen – **Jerry's Motel 11:** 285 Lucas Ave., Tel. 1-213-481-8181, www.jerrysmotel.com. Alle 10 klimatisierten Zimmer sind mit Kühlschrank, Klimaanlage, Dusche, Highspeed-WLAN und Flach-TV ausgestattet. DZ ab ca 100 $.

Essen & Trinken

Zwei Michelin-Sterne – **Providence 1:** 5955 Melrose Ave., Tel. 1-323-460-4170, http://providencela.com, Lunch Fr 12–14, Dinner tgl. 18–22 Uhr. Das seit 2009 mit zwei Michelin-Sternen ausgezeichnete Restaurant ist auf französisch inspirierte Seafood- und Fischgerichte spezialisiert, wie hawaiianischer Thunfisch in Trüffelkruste mit französischen grünen Linsen und Speck oder wilder Zackenbarsch mit Zucchinipüree und Artischocken. Menüs ab ca. 100 $ ohne Wein.

Frische Küche – **Café Pinot 2:** 700 W. 5th St., Tel. 1-213-239-6500, www.patinagroup.com/cafePinot, Mo–Do 11.30–21, Fr 11.30–22, Sa 17–22 Uhr. An Wochentagen herrscht um die Mittagszeit Hochbetrieb, weil Banker, Börsenmakler und Büroangestellte auf die leichte, schmackhafte Küche etwa mit Rinderfilet, Rôtisserie-Hähnchen oder Thunfischtartar schwören. Hauptgerichte 31–50 $.

Kulinarische Highlights – **Water Grill 3:** 544 S. Grand Ave., Tel. 1-213-891-0900, www.watergrill.com, Mo–Do 11.30–22, Fr–Sa bis 23, So 11–22 Uhr. Meeresfrüchte in hervorragender Qualität mit französischer, asiatischer oder kalifornischer Note werden in einem mit warmen Farben gestalteten Ambiente serviert. Pazifischer Thunfisch mit Morcheln, Blumenkohl und Sauce aus geräuchertem Paprika und Foie Gras 38 $, Muschelsuppe mit geräuchertem Speck 14 $. Hauptgerichte 29–60 $.

Kubanischer Gaumenschmaus – **El Floridita** 4: 1253 N. Vine St., Tel. 1-323-871-8612, www.elfloridita.com, Mo–Fr 11–16, tgl. 16–22 Uhr. Kubanisches Lokal mit typischen Gerichten von der Zuckerinsel. An manchen Abenden Livemusik und Tanz. Zu den kulinarischen Klassikern zählen Paëlla Valenciana für 28,95 $ und Shrimps in Tomatensauce mit Zwiebeln und Knoblauch für 16,95 $.

Authentisch japanisch – **Shintaro** 5: 1900 N. Highland Ave., Tel. 1-323-882-6524, www.shintarosushi.com, Mo–Fr 11.30–14.30, 17.30–23, Sa 17–23 Uhr. Die Sushi-Bar liegt in einer Einkaufszeile und hat neben ausgezeichneten Speisen neun unterschiedliche Sake-Arten im Angebot. Sushi pro Teller ca. 6 $, Hauptgerichte wie Lachs Teriyaki 16 $, Chicken Curry Tempura 13,95 $, gegrillte Makrele 10,95 $.

Deftige Gerichte – **Engine Co. No. 28** 6: 644 S. Figueroa St., Tel. 1-213-624-6996, www.engineco.com, Mo–Fr 8–23, Sa–So 11–23 Uhr. Man speist in einer umgebauten Feuerwehrstation von 1912. Was an typischen US-Gerichten auf den Tisch kommt, schmeckt nach Großmutters Rezepten. Salate, Suppen, Fleischgerichte aus dem Ofen oder vom Grill, Pasta und Sandwiches. Hauptgerichte ab 15 $.

Deftige deutsche Kost – **Wirtshaus** 7: 345 N. La Brea Ave., Tel. 1-323-931-9291, www.wirtshausla.com, tgl. 10–23 Uhr. Ableger deutscher Gemütlichkeit und Verpflegungsstation für heimwehkranke Deutsche. Auf den Tisch kommt typisch Deutsches wie Jägerschnitzel, Rindergulasch mit hausgemachten Spätzle, Currywurst, Sauerkraut und Reibekuchen. Hauptgericht 13–17 $.

Super Hähnchen – **Roscoe's House of Chicken** 8: 1514 N. Gower St., Tel. 1-323-466-7453, www.roscoeschickenandwaffles.com, So–Do 8.30–24, Fr–Sa bis 4 Uhr. *Der* Treff für Liebhaber von Geflügelgerichten aller Art. Hier lassen sich gelegentlich auch Prominente sehen. Hauptgerichte ab ca. 12 $.

Authentisches China – **Peking Tavern** 9: 806 S. Spring St., Tel. 1-213-988-8308, www.pekingtavern.com, Lunch Mi–Fr 12–15, Dinner Mo–Di, Mi–Sa 17–24, So 18–23 Uhr. Die Speisekarte ist zwar relativ kurz, dafür aber voller fernöstlicher Leckerbissen von Gerichten gegen den kleinen Hunger über Dumplings bis zu köstlichen Nudelgerichten und Suppen. Hauptgerichte 11–30 $.

Mandarin- und Szechuanküche – **Yang Chow** 10: 819 N. Broadway, Tel. 1-213-625-0811, www.yangchow.com, tgl. 11.30–21.30 Uhr. Eines der besten asiatischen Restaurants in Chinatown, das neben den Standards der chinesischen Küche viele Spezialitäten bietet. Hauptgerichte 10–30 $.

Türkisch-libanesisch – **Carousel Restaurant** 11: 5112 Hollywood Blvd., Tel. 1-323-660-8060, www.carouselrestaurant.com, tgl. ab 11.30 Uhr. Das in einer Mall liegende Restaurant ist kein Hingucker, aber die Speisen haben eine große Fangemeinde. Bier oder Wein muss man selbst mitbringen. Ab ca. 10 $.

Einkaufen

Paradies für Schnäppchenjäger – **Fashion District** 1: Der südlichste Teil von Downtown, das Gebiet zwischen der 7th St. und der I-10, ist das Terrain der Groß- und Einzelhändler mit vielen Einkaufsmöglichkeiten. Im Cooper Building befinden sich ca. 25 Outletgeschäfte, hauptsächlich für Mode (9th & Los Angeles St., http://fashiondistrict.org).

Versponnener Spielzeugladen – **Anime Jungle** 2: 319 E. 2nd St., Tel. 1-213-621-1661, www.animejungle.net, Mo, Mi–Fr 12–20, Sa–So 11–18 Uhr. Musik- und Spielfilm-DVDs, Comics, Pins und Buttons.

Schick von anno dazumal – **reVamp** 3: 818 S. Broadway, Tel. 1-213-488-3387, www.revampvintage.com, Mo–Fr 10.30–17.30, Sa–So geschlossen. Von der Zeit zwischen 1910 und den 1960er-Jahren inspirierte Mode.

Für Bücherwürmer – **The Last Bookstore** 4: 453 S. Spring St., Tel. 1-213-488-0599, http://lastbookstorela.com, Mo–Do 10–22, Fr–Sa 10–23, So 10–21 Uhr. In der Säulenhalle einer ehemaligen Bank eingerichtetes Buchgeschäft für neue und gebrauchte Bücher.

Abends & Nachts

Klassik mit Stil – **Los Angeles Philharmonic** 1 : Disney Concert Hall, 111 S. Grand Ave., Tickets Tel. 1-323-850-2000, www.laphil.com. Auch Konzerte in der Hollywood Bowl.

Große Opernabende – **Los Angeles Opera** 2 : 135 N. Grand Ave., Tel. 1-213-972-8001, Tickets online www.laopera.org. Aufführungen im Dorothy Chandler Pavilion.

Darstellende Kunst – **Ahmanson Theatre und Mark Taper Forum** 3 : 135 N. Grand Ave., Tel. 1-213-628-2772, www.centertheatregroup.org. Die beiden Theater sind die Fixsterne der Theater- und Musicalszene.

Bühne für die Promiszene – **The Viper Room** 4 : 8852 W. Sunset Blvd., West Hollywood, Tel. 1-310-358-1881, www.viperroom.com, tgl. 20–2 Uhr. Einer der bekanntesten Rockklubs der Stadt, der schon mehr als einmal durch Skandale Schlagzeilen machte.

Für Stimmungskanonen – **Sound Nightclub** 5 : 1642 N. Las Palmas Ave., Tel. 1-323-962-9000, http://soundnightclub.com, Fr–Sa, Mo 22–4 Uhr. Neuerer Klub für Partygänger, die auf House- und Techno-Sound stehen.

Bis in den frühen Morgen – **Academy** 6 : 6021 Hollywood Blvd., Tel. 1-323-785-2680, www.academy.la, Fr–Sa 22–4 Uhr. In diesem Etablissement sorgen die bekanntesten DJs der Stadt für hippen Sound. Das Zentrum der extravaganten Innenausstattung bildet eine riesige Tanzfläche.

Tipp

DIE NACHT DER ZOMBIES

In der Nacht zum 1. November feiert Amerika mit Halloween ein diabolisches Spektakel. Was auf den ersten Blick wie ein Karneval vermischt mit Stephen-King-Horrorelementen aussieht, ist in Wahrheit ein Fest, dessen Ursprung bis in die Keltenzeit zurückreicht und hauptsächlich in Schottland und Irland populär war. Mit ausgehöhlten, beleuchteten Kürbisgeistern beschwichtigten Kinder auf die Erde zurückkehrende Toten. In christlicher Zeit wurde in katholischen Teilen Europas daraus ein Fest für alle Heiligen. Aus dem Vorabend von Allerheiligen machten nach Amerika ausgewanderte Katholiken All Hallows' Even, also Halloween.

Nicht nur sprachlich, sondern auch inhaltlich veränderte sich das Fest in den USA. Ziehen auf dem Land Kinder mit dem Spruch »Trick or treat!« (gib uns etwas oder wir spielen dir einen Streich) von Tür zu Tür und sammeln Süßigkeiten, haben Großstädter Halloween zum ausgelassenen Straßenfest gemacht, wie etwa die Halloweenparade auf dem Hollywood Boulevard in Los Angeles zeigt. Am späteren Abend tauchen immer mehr Kostümierte in abstrusen Verkleidungen auf. Besonders beliebt ist neben Horror-Outfits mit aufgeklebten Wunden knappste Bekleidung, mit der man oder frau sich der polizeilich gerade noch tolerierten Schamgrenze nähert. Gruppen muskelbepackter Bodybuilder tänzeln in blonder Lockenpracht und eng anliegenden Cocktailkleidern daher. Es wimmelt von entstellenden Gummimasken und gruselig geschminkten Gesichtern. Die Nacht endet erst in den frühen Morgenstunden, wenn Untote und wandelnde Leichen vom Santa Monica Boulevard verschwinden, als wollten sie der Dämmerung entgehen wie lichtscheue Vampire.

Aktiv

Infos für Radfahrer – Die Webseite http://labikepaths.com listet alle asphaltierten Radwege in der Stadt auf und informiert über Details (Karte inklusive).

Städtische Strampeltouren – **Bike Tours Hollywood 1:** 6363 Hollywood Blvd., Tel. 1-800-261-0450, www.biketourshollywood.com. Verleih von verschiedenen Fahrradtypen und von Profis geführte Radtouren durch Hollywood und andere Stadtteile.

Zu Fuß durch Downtown – **Los Angeles Conservancy 2:** 523 W. 6th St., Suite 826, Tel. 1-213-623-2489, www.laconservancy.org, 10 $, eine Reservierung ist obligatorisch. Downtowntouren zu Fuß zu unterschiedlichen Themen.

Führungen mit Profis – **Redline Tours 3:** 6806 Hollywood Blvd., Tel. 1-323-402-1074, http://redlinetours.com/la, ca. 25 $. Rundgänge in Downtown und Hollywood mit Besichtigung historischer Gebäude.

Sightseeing per Bus – **Starline Tours 4:** 6925 Hollywood Blvd., Tel. 1-323-463-3333, www.starlinetours.com. Besichtigungstouren zu unterschiedlichen Themen.

Termine

Aktuelle Infos: www.culturela.org/events.

Japanese New Year Celebration (1. Jan.): Japanisches Neujahrsfest in Little Tokyo, https://bit.ly/2rOx2XO.

Chinesisches Neujahrsfest (Anfang Feb.): Paraden und Veranstaltungen in Chinatown, www.lagoldendragonparade.com.

City Marathon (Mitte März): Größter Marathon in Kalifornien, www.lamarathon.com.

Fiesta Broadway (Ende April/Anf. Mai): Mexikanisches Nationalfest auf dem Broadway in Downtown, http://fiestabroadway.la.

Los Angeles Film Festival (Juni): Alles dreht sich um ›laufende Bilder‹, www.lafilmfest.com.

Griffith Park Free Shakespeare Festival (August): Theaterfestival im Griffith Park, www.iscla.org/griffith-park-festival.

Redondo Beach Lobster Festival (Sept.): Großes Hummerfest in Redondo Beach, www.lobsterfestival.com.

West Hollywood Halloween Carnival (31. Okt.): Sehenswerte nächtliche Halloween-Parade auf dem West Hollywood Blvd. (s. auch Tipp S. 206), www.visitwesthollywood.com/halloween-carnaval.

Verkehr

Flugzeug: Der Los Angeles International Airport liegt an der Küste zwischen Marina del Rey und Manhattan Beach. Er wird von US- und internationalen Fluglinien etwa von Frankfurt nonstop oder über Zwischenstopps angeflogen (Tel. 1-855-463-5252, www.lawa.org/lax, Flugzeit ca. 12 Std.). Pendelbusse verbinden die Terminals. In die Stadt gelangt man mit SuperShuttle (Tel. 1-310-782-6600, www.supershuttle.com, 15–35 $). Taxis nach Hollywood oder Downtown kosten ca. 60 $. Zwischen Flughafen und Amtrak-Bahnhof Union Station gibt es die direkte FlyAway-Busverbindung (www.lawa.org/FlyAway, Busse alle 30 Min., von 1–5 Uhr stdl., Fahrtdauer ca. 45 Min., Erw. einfache Fahrt 9,75 $).

Bahn: Zentraler Bahnhof für Fernverbindungen ist die Union Station (800 N. Alameda Ave., Tel. 1-800-872-7245, www.amtrak.com). Preisbeispiele: Los Angeles–Tucson ab 47 $. Die Regionalzüge von Metrolink bedienen den gesamten Großraum Los Angeles (www.metrolinktrains.com).

Bus: Greyhound Terminal, 1716 E. 7th St., Tel. 1-213-629-8401, www.greyhound.com. Verbindungen in alle Richtungen.

Fortbewegung in der Stadt:

Das Metrosystem umfasst sechs Linien: Blaue Linie: Downtown Los Angeles – Long Beach; Grüne Linie: Norwalk – Redondo Beach; Rote Linie: Downtown – Santa Monica – Hollywood – San Fernando Valley; Expo-Line: Downtown–Culver City; Lila Linie: Wilshire Blvd.; Goldene Linie: East L.A.-Arcadia. Der 1-Day Pass ist 24 Std. auf allen Bus- und U-Bahn-Linien gültig, 7 $; Einzelfahrt 1,75 $ (www.metro.net). DASH-Busse verkehren in Downtown, Hollywood und der West Side (Tel. 1-213-808-2273, www.ladottransit.com, pro Fahrt 0,50 $).

Zwischen Los Angeles und San Diego

Auf 120 Meilen säumt zwischen Los Angeles und San Diego die kalifornische Riviera den Pazifik. Schöne Sandstrände und Buchten und einige der besten Surfreviere des Golden State wechseln sich ab mit typisch kalifornischen Küstenstädten, in denen es weniger um historische Spuren oder kulturelle Attraktionen, sondern vielmehr um Lifestyle im Zeichen von Surfen, Sonne, Sand und Meer geht.

Huntington Beach

► F 15

Hartnäckig wird in der 190 000 Einwohner großen Küstenstadt die Geschichte kolportiert, in den 1920er-Jahren habe ein Hawaiianer namens Duke Kahanamoku den Surfsport nach **Huntington Beach** gebracht – für Einwohner und Stadtväter Grund genug, den Beinamen »Surf City« wie ein Markenzeichen zu kultivieren und zu vermarkten. Unumstritten ist, dass die örtliche Küste wegen der imposanten Brandung zu den besten Surfrevieren an der Westküste zählt, weil der Meeresgrund vor dem 14 km langen Strand flach und sandig ist und kein Riff die ankommenden Brecher stört. Die Stars der internationalen Surfergemeinde finden sich seit 1959 jedes Jahr im August vor Ort zu den US Open of Surfing ein. Die Meisterschaft, die weltweit zu den größten Surfwettbewerben zählt, verwandelt die Main Street tagelang in die größte Open-Air-Party der Westküste (www.vansusopenofsurfing.com).

International Surfing Museum

411 Olive Ave., Tel. 1-714-465-4350, www.surfingmuseum.org, im Sommer tgl. außer Mo 12–17 Uhr, 2 $

Die Surferhochburg weiß, was sie ihren Helden schuldig ist. Das **International Surfing Museum** dokumentiert mit Filmen, Musik und Fotos die Geschichte des ganz besonders im südlichen Kalifornien äußerst populären Sports. Unter den Exponaten befinden sich Surfbretter, Posters und Memorabilien aus den unterschiedlichsten Bereichen.

Surfers' Hall of Fame

Wo die Main Street auf den Pacific Coast Highway trifft, steht ein weiteres Surfer-Walhalla. Die **Surfers' Hall of Fame** ist keine Ruhmeshalle, sondern eine Außenanlage um ein aus schwarzem Stein geschlagenes Denkmal des Pioniers Duke Kahanamoku, der dem Küstenort zu seinem profitablen Image verhalf. Zu seinen Füßen haben sich die berühmtesten seiner Nachfolger mit Hand- und Fußabdrücken bzw. mit Autogrammen in Steinplatten verewigt. In die Gehsteige wurden nach dem Vorbild des Walk of Fame in Hollywood Gedenkplatten für die Champions des Surfsports eingelassen.

Municipal Pier

tgl. 5–24 Uhr

Folgt man dem Surfing Walk of Fame Richtung Meer, kommt man zum **Municipal Pier,** dem mit 560 m längsten Betonpier der Vereinigten Staaten.

Infos

Huntington Beach Visitor Information Kiosk: 325 Pacific Coast Hwy, Huntington Beach, CA 92648-5171, Tel. 1-714-969-3492, http://www.surfcityusa.com.

Übernachten

Motel in Strandnähe – **Huntington Surf Inn:** 720 Pacific Coast Hwy, Tel. 1-657-301-3562, www.huntingtonsurfinn.com. Kleines Motel mit nur 9 Zimmern, nur einen Steinwurf vom Surfstrand entfernt. DZ 160 $.

Kultivierte Unterkunft – **Best Western Surf City:** 19360 Beach Blvd., Tel. 714-962-4244, http://bestwesterncalifornia.com/hotels/best-western-surf-city. Haus im Tudor-Stil mit 64 Zimmern inklusive Continental Breakfast und Außenpool. Große Betten, Minibar, TFT-TV und geräumige Bäder. DZ ab ca. 119 $.

Campingplatz am Strand – **Bolsa Chica State Beach:** 17851 Pacific Coast Hwy nördlich der Stadt, Tel. 1-714-846-3460, www.parks.ca.go

Der Pier in Huntington Beach ist ein beliebter Surfertreff

v/?page_id=642. Attraktiv gelegener Platz nur für Campmobile. Keine Zelte. Stellplatz im Hochsommer ab 50 $.

Essen & Trinken

Hawaii lässt grüßen – **Duke's:** 317 Pacific Coast Hwy, Tel. 1-714-374-6446, www.dukes huntington.com, Lunch Di–Sa, Dinner tgl., So Brunch. Beim Pier gelegenes Lokal mit Blick auf Strand und Meer und hawaiianischem Ambiente. Neben frischem Fisch und Seafood werden auch unterschiedliche Fleisch- und Geflügelspeisen serviert. 12–30 $.

Typisch USA – **Hurricanes Bar & Grill:** 200 Main St., Tel. 1-714-374-0500, www.hurricanes bargrill.com, tgl. 11–2 Uhr. Für Gäste, die sich beim Abendessen gerne von Bands, Interpreten und Shows unterhalten lassen. Die Küche bietet typisch amerikanische Gerichte, aber auch Klassiker wie Filet Mignon und New York Steaks. 10–30 $.

Newport Beach

▶ F/G 15

Einer der ersten Investoren im 87 000 Einwohner großen **Newport Beach** war in der Nachkriegszeit John Wayne. 1966 zog die Westernlegende in die per Helikopter nur Flugminuten von Hollywood entfernte Küstengemeinde und trug mit Finanzspritzen zum Ausbau der örtlichen Infrastruktur bei. Bis dahin hatten die Einwohner hauptsächlich von der Vermarktung der landwirtschaftlichen Schätze des Orange County gelebt. Heute verbindet der Ort gepflegte Kleinstadtatmosphäre mit quirligem Geschäftsleben und einer unauffälligen Millionärsszene. Einer der größten Jachthäfen Amerikas mit sündhaft teuren schwimmenden Eigenheimen, exklusiven Klubs und Nobelrestaurants lässt erkennen, dass diese Küste seit den 1980er-Jahren zu beträchtlichem Wohlstand gekommen ist. Am Pro-Kopf-Einkommen von über 60 000 $ gemessen, zählt Newport Beach zu den reichsten Gemeinden der USA.

Wie ein vom Festland abgerissener Splitter zieht sich die **Balboa Peninsula** die Küste entlang. Sowohl auf der dem offenen Meer zugewandten Seite als auch auf der Landseite säumen wunderbare Badestrände den sandigen Landzipfel, von dem der Newport Pier und der Balboa Pier ins Meer hinausragen. Zwischen den beiden Piers stellt der Boardwalk eine Verbindung her, der sich über die Jahre zum Rummelplatz für Groß und Klein entwickelt hat.

Infos

Newport Beach Visitor Concierge Desk: 401 Newport Center Dr., Newport Beach, CA 92660, Tel. 855-5-NEWPORT, www.visitnew portbeach.com.

Einkaufen

Bauernmärkte – **Corona del Mar Farmers Market:** Pacific Coast Hwy, Ecke Marguerite, Sa 9–13 Uhr; **Lido Village Artisan Market:** abseits der Via Lido an der Via Oporto, So 9–14 Uhr. Obst, Gemüse, Blumen etc. aus dem Umland.

Shopping-Oase – **Fashion Island:** 401 Newport Center Dr., www.shopfashionisland.com, Mo–Fr 10–21, Sa 10–19, So 11–18 Uhr. Großes, attraktiv angelegtes Shopping-Zentrum mit vielen bekannten Designerboutiquen, Restaurants und Unterhaltungsmöglichkeiten.

Laguna Beach

▶ G 15

Kaum irgendwo drängt sich der Vergleich mit der französischen Riviera so sehr auf wie im 24 000 Einwohner großen Laguna Beach, wenn man etwa vom Heisler Park den Blick über die Küste schweifen lässt. Buchten, von Klippen gesäumte Landvorsprünge, sanfte Strände und zerklüftete Felsen im Wasser machen diesen Pazifikabschnitt zu einem paradiesischen Flecken.

Laguna Art Museum

307 Cliff Dr., Tel. 1-949-494-8971, http://lagu naartmuseum.org, Mo–Di, Fr–Sa 11–17, Do 11–21 Uhr, Erw. 7 $, 1. Do im Monat 17–21 Uhr gratis

Blaue Stunde an der Diver's Cove nahe Laguna Beach

Das Städtchen pflegt seit Langem seinen Ruf als Boheme-, Schwulen- und Künstlerkolonie und unterstreicht dies mit Dutzenden Galerien und dem renommierten **Laguna Art Museum,** das sich vor allem mit Arbeiten kalifornischer Künstler zwischen dem frühen 19. Jh. und der Gegenwart beschäftigt.

Infos

Laguna Beach Visitors Center: 381 Forest Ave., P. O. Box 221, CA 92651, Tel. 1-949-497-9229, 1-800-877-1115, www.visitlaguna beach.com.

Aktiv

Entspannung pur – **Spa Gaucin:** St. Regis Monarch Beach Resort & Spa, 1 Monarch Beach Resort, Dana Point, Tel. 1-949-234-3367, www.spagaucin.com. Wunderschöne Wellnessoase im Stil der Toskana mit umfangreichem Behandlungsangebot von Reflexzonenmassagen (175 $) über Schwedische Massage (155 $) bis hin zu Wohlfühlmassagen mit heißen Steinen (180 $).

Termine

Sawdust Art Festival (Juni–Aug.): Dem Ruf eines Hortes der Kunst wird die Gemeinde Laguna Beach mit dem seit den 1960er-Jahren veranstalteten Festival gerecht (www.saw dustartfestival.org). Es schließt das außergewöhnliche **Festival of Arts & Pageant of the Masters** ein, bei dem kostümierte Einwohner einzeln oder in Gruppen berühmte Gemälde wie z. B. »Das letzte Abendmahl« von Leonardo da Vinci darstellen (www.foapom.com).

San Juan Capistrano

▶ G 15

Das wenige Meilen im Küstenhinterland liegende **San Juan Capistrano** am historischen

Tipp

ABSTECHER NACH KLEIN-AFRIKA: SAN DIEGO ZOO SAFARI PARK

In der hügeligen Weinbauregion beim Städtchen **Escondido** (▶ H 16) liegt der **San Diego Zoo Safari Park.** Er hat mit einem herkömmlichen, durch Käfige und Gitter gekennzeichneten Tierpark keine Ähnlichkeit. Giraffen, Nashörner, Okapi, Antilopen, Thomson-Gazellen, Büffel, Elefanten und Gnus streifen durch ein offenes Gelände, das an ostafrikanische und asiatische Landschaften erinnert und Vergleiche geradezu heraufbeschwört, wenn man etwa über den Kilimanjaro Safari Walk stromert, im Lion Camp die Könige der afrikanischen Savanne durch eine schützende Glasscheibe bewundert oder im Nairobi Village die exotische Pflanzenwelt genießt, die fast vollständig aus ostafrikanischen Setzlingen und Samen gezogen wurde.

An Bord der Africa Tram erfahren Besucher in offenen Waggons bei einer von Rangern kommentierten Tour durch den Park interessante Details über die Lebensweise der Tiere, die sie dabei aus nächster Nähe beobachten (Abfahrt an der Simba Station im Nairobi Village, Preis im Eintrittsticket eingeschlossen). Andere Attraktionen müssen extra bezahlt werden wie etwa die Gleitfahrt an einem ca. 1 km langen Stahlseil über die in der Landschaft streunenden Tiere (online 75 $) oder eine Fotosafari mit Spezialfahrzeugen (ab 111 $).

Auf der Behind-the-Scenes-Safari werden Teilnehmer mit Themen vertraut gemacht wie der Tierpflege, mit Planung und Entwurf von Gehegen und mit Tierforschung (online 80 $). Gästen wird u. a. vorgeführt, mit welch atemberaubender Geschwindigkeit Geparden als die schnellsten Landtiere der Erde ihrem Jagdtrieb folgen und einer mechanischen Beute nachjagen (online 50 $).

Im **Tropical Rain Forest** führen Holzstege an tasmanischen Riesenfarnen und gewaltigen Eukalyptusbäumen vorbei, in deren Kronen Wasserzerstäuber und Beregnungsanlagen installiert wurden, um die auf viel Feuchtigkeit angewiesenen Pflanzen mit dem nötigen Nass zu versorgen. Neben afrikanischen, asiatischen und australischen Spezies sind im Park im Teil Condor Ridge auch einheimische Arten vertreten.

Erfolgreich wurde von den Zooexperten der fast ausgerottete Kalifornische Kondor aufgezogen, der nun neben Weißkopfadlern, dem amerikanischen Wappentier, Dickhornschafen sowie einer früher im ganzen Südwesten verbreiteten Papageienart und sogar Wüstenschildkröten zu sehen ist.

Ein ganz besonders spannendes Abenteuer ist eine Übernachtung in einem Zeltcamp mitten unter den wilden Tieren (ab 12 J. online ab 140 $). Hierfür gibt es mehrere Angebote, die sich auf verschiedene Standorte im Gelände, mehr oder weniger gut ausgestattete Zeltunterkünfte und -größen bzw. die Verwendung persönlicher Ausrüstungen wie etwa eigene Schlafsäcke beziehen.

Infos: 15500 San Pasqual Valley Rd., Escondido, CA 92027-7017, Tel. 1-760-747-8702, www.sdzsafaripark.org, im Hochsommer tgl. 9–20 Uhr, sonst kürzer, Tagespass Erw. 52 $, Kin. 3–11 J. 42 $.

Mission Trail bietet Gelegenheit, vom Badeleben zu verschnaufen und sich der Landesgeschichte zu widmen.

Mission San Juan Capistrano

Ortega Hwy, Tel. 1-949-234-1300, www.missionsjc.com, tgl. 9–17 Uhr, Erw. 9 $, Kin. 4–11 J. 6 $
Im historischen Missionsbezirk gründete der Franziskanerpater Junipero Serra 1776 die **Mission San Juan Capistrano,** deren Kirche erst 30 Jahre später fertiggestellt war. Zwei Erdbeben beschädigten sie so schwer, dass vom ursprünglichen Gotteshaus nur noch Ruinen übrig sind. Andere Trakte wurden wiederaufgebaut bzw. renoviert. In der Nachbarschaft der Mission hat jenseits der Bahnlinie mit dem Los Rios Historic District das älteste ununterbrochen bewohnte Viertel in Kalifornien überlebt. Über drei Dutzend historische Gebäude versinken geradezu in üppigen Gärten und schaffen ein romantisches Bilderbuchflair.

Oceanside ▶ G 16

Zwei Sehenswürdigkeiten lohnen einen Aufenthalt in der 175 000 Einwohner zählenden Küstenstadt: die historische Mission und der Pier.

San Luis Rey de Francia

4050 Mission Ave., Tel. 1-760-757-3651, www.sanluisrey.org, tgl. 9.30–17 Uhr, Erw. 7 $, Kin. unter 18 J. 3 $
Mit **San Luis Rey de Francia** besitzt Oceanside eine der schönsten historischen Missionen Kaliforniens. Sie wurde 1798 als 18. Station am Camino Real von Pater Fermin Lasuen errichtet und nach Ludwig IX. (1226–1270), dem König von Frankreich und Schutzherrn des Franziskanerordens, benannt.

Auf keinem anderen Missionsgelände des Landes lebten so viele Ureinwohner wie in San Luis, das zu Blütezeiten eine Indianerbevölkerung von über 3000 Menschen aufwies. In einem Garten an der Westseite der heute noch von Padres bewohnten Mission steht der erste in Kalifornien gepflanzte Pfefferbaum, er stammt aus dem Jahr 1830.

Pier

Hauptsächlich bei Sonnenuntergang wird der längste aus Holz gebaute **Pier** an der amerikanischen Westküste seinem Ruf als attraktive Flaniermeile gerecht. Auf einem kurzen Spaziergang über die Planken mit den Namen von spendierfreudigen Bürgern erreicht man auf dem knapp 600 m langen Steg **Ruby's Diner** (1 Oceanside Pier, Tel. 1-760-433-7829, tgl. 7–21 Uhr, Hauptgericht ab 14 $).

Harbor Village

Nördlich vom Pier versammeln sich in diesem ›Fischerdorf‹ mehrere Restaurants, Souvenirshops, Eisdielen und Modegeschäfte – ein hübscher Platz für einen Bummel (260-280 S. Harbor Dr., http://oceansideharborvillage.com, So–Do 8–23, Fr–Sa 7–24 Uhr).

Carlsbad ▶ G 16

Apartments und Resorthotels reichen in **Carlsbad** bis an die Steilküste. An einzelnen Stellen führen Treppen an den Sandstrand hinunter. Früher besaß der Ort eine Quelle, deren Wasser offenbar dieselbe mineralische Zusammensetzung hatte wie das Wasser in der böhmischen Kurstadt Karlsbad.

Legoland California

1 Legoland Dr., Tel. 1-877-376-5346, www.legoland.com/california, März–Dez. 10–17 Uhr, im Sommer länger, Zweitagesticket inkl. Sealife Aquarium Erw. 103 $, Kin. 3–12 J. 95 $
Wer heute nach Carlsbad kommt, hat keine Kuren mehr im Sinn, sondern wählt meist **Legoland California** als Ziel. Der hauptsächlich für Kinder geeignete Vergnügungspark besteht aus sechs Themenwelten mit verschiedenen Achterbahnen sowie Nachbauten der Skyline von Manhattan, des Eiffelturms, eines Hafens mit Hebebrücke und Fähre. Es gibt auch ein Hotel ganz aus Legosteinen.

Infos

Carlsbad Convention & Visitors Bureau: 400 Carlsbad Village Dr., Carlsbad, CA 92008,

Tel. 1-760-434-6093 oder 1-800-227-5722, http://visitcarlsbad.com.

Übernachten

Für verwöhnte Gäste – **Beach Terrace Inn:** 2775 Ocean St., Tel. 1-760-729-5951, http://beachterraceinn.com. Schöne Lage direkt am Sandstrand. DZ ab ca. 300 $.

Gediegener Komfort – **Best Western Beach View Lodge:** 3180 Carlsbad Blvd., Tel. 1-760-729-1151, www.beachviewlodge.com. Moderner Bau mit Meerblick. Zimmer z. T. mit Balkon, Deluxe-Zimmer mit Kamin und Küche. DZ ab ca. 155 $.

Rundum bequem – **Pelican Cove Inn:** 320 Walnut Ave., Tel. 1-760-434-5995, http://pelican-cove.com. Neuenglischer Baustil, 10 Nichtraucherzimmer mit Bad. DZ ab 110 $.

Essen & Trinken

Selbst Burgers sind vegetarisch – **Veggie Grill:** 965 Palomar Airport Rd., Tel. 1-760-438-0034, www.veggiegrill.com, tgl. 11–21 Uhr. Filiale der größten US-Kette vegetarischer Restaurants. Was auf den Tisch kommt, nennt sich nicht nur fleischfrei, sondern ist es auch. Ca. 8–10 $.

Gefiederte Gaumenfreuden – **Pollos Maria:** 3055 Harding St., Tel. 1-760-729-4858, http://pollosmaria.com, So–Do 9–21, Fr–Sa bis 21.30 Uhr. *Der* Treffpunkt für Hähnchenliebhaber. Außer Geflügel werden in dem zwanglosen Lokal, in dem man um gemauerte Feuerstellen im Freien essen kann, mexikanische Spezialitäten serviert – auch zum Frühstück. 7–15 $.

Encinitas ▶G 16

Die auch »Flower Capital of the World« genannte Ortschaft produziert in örtlichen Treibhäusern Blumensetzlinge, die in vielen Teilen des Landes Gärten und Fensterbänke schmücken.

San Diego Botanic Garden

230 Quail Gardens Dr., Tel. 1-760-436-3036, www.sdbgarden.org, tgl. 9–17 Uhr, Erw. 14 $, Sen. 10 $, Kin. 3–12 J. 8 $

Der San Diego Botanic Garden bildet eine Welt im Kleinen mit typisch kalifornischer Vegetation, Wüstenkakteen, australischen Pflanzen, mediterranen Gärten und Regenwäldern.

La Jolla ▶G 16

Ungefähr 12 Meilen nördlich von San Diego verteidigt das an den Pazifikklippen gelegene elegante Städtchen **La Jolla** (spanisch: Das Juwel) seinen Ruf als Nobelgemeinde schon lange mit gepflegten Wohnvierteln im spanisch-mexikanischen Stil. Dr. Jonas Salk, der Erfinder der Polioschutzimpfung, baute dort 1967 sein Forschungsinstitut auf.

Das als ›Village‹ bekannte Zentrum der 40 000-Seelen-Gemeinde liegt zwischen der Küste im Westen, Pearl Street im Süden, Torrey Pines Road im Osten und der von vornehmen Restaurants und edlen Modeboutiquen gesäumten Prospect Street im Norden.

Coast Walk

Der für Fußgänger angelegte **Coast Walk** beginnt in der Nähe der La Jolla Caves und endet an der Torrey Pines Road mit traumhaften Ausblicken auf die zerklüftete Küste. Eine besondere Attraktion ist der Children's Pool, eine geschützte Badebucht, in der Robben ihren Nachwuchs aufziehen.

Museum of Contemporary Art

700 Prospect St., Tel. 1-858 454 3541, www.mcasd.org

Diese Filiale des Museum of Contemporary Art in Downtown San Diego (s. S. 216) wird zurzeit grundlegend renoviert und umgestaltet und um das Vierfache ihres ursprünglichen Ausstellungsraums erweitert. Der Neubau soll Ende 2019 neu eröffnet werden. Das Museumscafé bleibt geöffnet (tgl. 8.30–15 Uhr).

Torrey Pines State Reserve

12600 N. Torrey Pines Rd., Tel. 858-755-2063, www.torreypine.org, tgl. 8 Uhr bis Sonnenuntergang, Parkgebühr tgl. 10 $; Sa–So und feiertags kostenlose Rangerführungen, Schwerpunkt: Naturthemen

Das **Torrey Pines State Reserve** ist für seine Ausblicke und schönen Wanderwege, vor allem aber für seine knorrigen Torrey-Kiefern bekannt. Diese seltene Baumart kommt sonst nur noch auf der Kanalinsel Santa Rosa vor. Im Visitor Center ist ein Museum über die Kultur- und Naturgeschichte des Schutzgebietes eingerichtet.

Birch Aquarium at Scripps

2300 Expedition Way, Tel. 1-858-534-FISH, http://aquarium.ucsd.edu, tgl. 9–18,50 Uhr, Erw. 17 $, Kin. 13–17 J. 14 $

Ebenfalls an der Küste gelegen, verschafft das **Birch Aquarium at Scripps** Besuchern Einblicke in die Geheimnisse der Meere. Neben einer Sonderschau mit Seepferdchen, Gezeitenpools im Freien und zahlreichen Haiarten hat sich ein offenbar zahmer Tintenfisch zum Publikumsliebling entwickelt. Jeweils Di und Do finden um 12.30 (So 10.30) Uhr Dive Shows statt, bei denen Taucher in einem 250 000 l fassenden Becken in die Kelpwälder und große Becken absteigen, um Haifische von Hand zu füttern und prächtige Hummer mit Leckerbissen aus versteckten Höhlen zu locken.

Infos

La Jolla Visitor Center: 7430.5 Girard Ave., Tel. 1-619-512-3491, La Jolla, CA 92037, www.welovetourists.com.

Übernachten

Exzellenter Service – **La Jolla Cove Suites:** 1155 Coast Blvd., Tel. 1-858-459-2621, www.lajollacove.com. Nobelhotel direkt an der Küste mit Pool, Business- und Fitnesscenter, Jacuzzi. DZ für Frühbucher ab 210 $.

Reizvoller Komfort – **Bed & Breakfast Inn at La Jolla:** 7753 Draper Ave., Tel. 1-858-456-2066, www.innlajolla.com. Nur ein Straßenblock von der Steilküste entferntes Schmuckstück mit geschmackvoll eingerichteten Zimmern und reichhaltigem Frühstück. DZ ab 199 $.

Rundum empfehlenswert – **Empress Hotel:** 7766 Fay Ave., Tel. 1-858-454-3001, www.empress-hotel.com. Sehr geschmackvoll eingerichtete Zimmer, Fitnesscenter, Spa und Sauna. DZ ab 190 $.

Unterkunft ohne Schnickschnack – **La Jolla Beach Travelodge:** 6750 La Jolla Blvd., Tel. 1-858-454-0716, www.lajollatravelodge.com. 2-Sterne-Hotel mit Frühstück und Highspeed-WLAN. Ab ca. 150 $.

Essen & Trinken

Fisch und Meeresfrüchte – **The Crab Catcher:** 1298 Prospect St., Tel. 1-858-454-9587, www.crabcatcher.com, Mo–Sa 11–15, tgl. 17.30–22, So Brunch 10–15 Uhr. Das Restaurant mit Blick auf die Küste ist auf frisches Seafood wie Jakobsmuscheln, Heilbutt, Königslachs und Gelbflossen-Thunfisch spezialisiert. Hauptgerichte 31–50 $.

Hohes Niveau – **Nine-Ten:** 910 Prospect St., Tel. 1-858-964-5400, www.nine-ten.com, tgl. 7–22 Uhr. Kritiker bescheinigen dem Chef hohe Kochkunst. Ab 20 $.

Rustikal – **Karl Strauss Brewing Company:** 1044 Wall St., Tel. 1-858-551-2739, www.karlstrauss.com/visit/la-jolla, tgl. 11–22 Uhr. Populäres Brauereilokal für Bierliebhaber, gute Küche. Ab 15 $.

Einkaufen

Unter freiem Himmel – **La Jolla Open Aire Market:** Ecke Girard & Genter St., www.lajollamarket.com, So ab 9 Uhr. Farmer- und Künstlermarkt mit Obst, Gemüse, Blumen, Mode, Kunsthandwerk, Livemusik, Imbissständen.

Aktiv

Entspannung total – **The Spa at Torrey Pines:** 11480 N. Torrey Pines Rd., Tel. 1-858-777-6690, www.spatorreypines.com. Wellnessoase mit Massagen, Haut- und Haarpflege, Wassertherapien und Peeling.

Bequem Radeln – **Fly Rides:** 7444 Girard Ave., Tel. 1-619-888-3878, http://sandiegoflyrides.com, Do–Mo 10–17 Uhr. Mietstelle für E-Bikes, es gibt auch geführte Touren.

Wie auf Adlerschwingen – **Torrey Pines Gliderport:** 2800 Torrey Pines Scenic Dr., La Jolla, Tel. 1-858-452-9858, www.flytorrey.com. Schon Charles Lindbergh absolvierte hier seinen ersten Flug. Besucher können über den Klippen der Steilküste Tandemflüge mit Gleitschirmpiloten unternehmen (175 $).

San Diego und die südkalifornische Wüste

San Diego hat in jüngerer Vergangenheit eine steile Karriere gemacht. Der früher heruntergekommene Altstadtkern präsentiert sich mittlerweile als attraktives Zentrum mit Fassaden aus dem 19. Jh. Neben der gelungenen Sanierung profitiert die Küstenmetropole von ihrer grandiosen Lage an einer geschützten Bucht und von sogar im Winter frühlingshaften Temperaturen. Zudem ist sie ein idealer Ausgangspunkt für eine Autotour durch die südkalifornische Wüste.

San Diego ▶ G/H 16

Cityplan: S. 219

Downtown

Westfield Horton Plaza 1

324 Horton Plaza, www.westfield.com/horton plaza, Mo–Fr 10–21, Sa 10–20. So 11–18 Uhr, 1 Std. kostenloses Parken mit abgestempeltem Parkschein, WLAN frei

Zum Flaggschiff der innerstädtischen Sanierung seit den 1980er-Jahren wurde mit der **Westfield Horton Plaza** ein Shopping Center, in dem 130 Kaufhäuser, Hotels, Boutiquen, Restaurants und Imbissstände auf sechs offenen Etagen um einen lichten Innenhof angeordnet sind, sodass beinahe das Flair eines überdimensionalen Straßencafés aufkommt. Wie von den Planern erhofft, brachte dieser Neubau Geld und Leute in die Stadt und trug zur Wiederbelebung des Stadtzentrums bei.

Gaslamp Quarter 2

Der Erfolg der Horton Plaza blieb nicht ohne Einfluss auf das angrenzende **Gaslamp Quarter.** Im einstmals heruntergekommenen Rotlichtviertel strahlen restaurierte Ziegelgebäude mit attraktiven Fassaden und viktorianische Schönheiten aus dem 19. und beginnenden 20. Jh. Wo früher zwielichtige Kaschemmen mit unmissverständlichen Namen wie »Zum Einäugigen McInery« und »Sieben Eimer Blut« die Kneipenszene prägten, dehnt sich heute auf einem Gebiet von 16 Straßenblocks ein kultiviertes Restaurant- und Einkaufsviertel aus. Entlang der Fifth Avenue pulsiert nach Sonnenuntergang das Leben, wenn Leuchtstrahler Fassaden illuminieren und in exklusiven Lokalen Kellner die Damasttischdecken glätten. Neben Musikklubs und Bars sorgen mehrere Theater und die Oper für abwechslungsreiche Kulturprogramme.

Museum of Contemporary Art 3

1001 Kettner Blvd., Tel. 1-858-454-3541, www.mcasd.org, tgl. außer Mi 11–17 Uhr, 3. Do im Monat 17–19 Uhr gratis, Erw. 10 $; eine Filiale des Museums befindet sich in La Jolla, 700 Prospect St., s. S. 214

Der Kern der Sammlung des **Museum of Contemporary Art** umfasst ca. 3000 Gemälde, Skulpturen, Zeichnungen, Fotografien und Multimediainstallationen aus der Zeit seit 1950. Das Museum bietet noch wenig bekannten Künstlern aus Kalifornien und dem benachbarten mexikanischen Grenzgebiet eine Ausstellungsmöglichkeit.

San Diego: Skyline im Morgenlicht

Balboa
Park
Old Globe Theater
El Prado
Plaza de Balboa
Hall of Nations
Balboa Park Visitors Center
UN Building
Balboa Naval Hospital
Veterans Memorial Center
Municipal Gym
Details siehe Plan S. 220 Balboa Park
Balboa Park Administration
Balboa Stadium
Park Blvd
Balboa Dr.
6th Ave
8th Ave Dr.
Grand Ave
LA JOLLA
PACIFIC BEACH
Mission Bay
Mission Bay Park
MISSION BEACH
Bay Park
LINDA VISTA
Mission Valley Fwy.
HILLCREST
Madison Ave
Meade Ave
DOG BEACH
OCEAN BEACH
MIDWAY
Washington St
PESCADERO BEACH
Sunset Cliffs Blvd
Nimitz Blvd
San Diego Int. Airport
Pacific Highway
Harbor Dr.
Rosecrans Blvd
Sunset Cliffs
Catalina Blvd
San Diego Bay
North Island
U.S. Naval Air Station
DOWNTOWN
siehe Detailkarte
Market St
30th St
12th Ave
1st Ave
Orange Ave
CORONADO
NATIONAL CITY
Silver Strand Blvd
Harbor Dr.
Cabrillo Memorial Dr.
Pacific Ocean
Point Loma
0 2 4 6 8 km
LITTLE ITALY
Date St
County Center Little Italy
Cedar St
Beech St
Ash St
A St
B St
C St
Broadway
E St
F St
G St
Market St
Island Ave
J St
K St
L St
Imperial St
Commercial St
N. Harbor Dr.
Kettner Blvd
India St
Columbia St
1st Ave
2nd Ave
3rd. Ave
4th Ave
5th Ave
6th Ave
7th Ave
8th Ave
9th Ave
10th Ave
11th Ave
12th Ave
13th St
14th St
15th St
16th St
17th St
Green Line
San Diego Concourse
Opera
Civic Theater
City Administration
Copley Symphony Hall
Russ Blvd
Port of San Diego B St Pier
San Diego Amtrak Station
Santa Fe Amtrak Depot
American Plaza Transfer Station
Civic Center
Fifth Avenue
Blue Line & Orange Line
City College
Broadway Pier
Navy Pier
Belt
Pacific Highway
Pantoja Park
State St
Union St
DOWNTOWN
Seaport Village
12th & Market
Fishing Fleet
Harbor Dr.
GASLAMP QUARTER
Convention Center
SEAPORT VILLAGE
Embarcadero Marina Park
Marina
Convention Center
Gaslamp Quarter
Convention Way
Marina Park Way
Park Blvd
12th & Imperial Transfer Station
MTS Autopark
Orange Line
National Ave
Logan Ave
Newton Ave
Sigsbee St
Beardsley St
San Diego Bay
Port of San Diego
Blue Line
NORTH ISLAND
3rd. St
4th. St
0 200 400 600 800 m

San Diego

Sehenswert
1 Westfield Horton Plaza
2 Gaslamp Quarter
3 Museum of Contemporary Art
4 Santa Fe Railroad Depot
5 Embarcadero
6 Seaport Village
7 San Diego Zoo
8 Coronado
9 Cabrillo National Monument
10 Old Town
11 Mission Bay
12 SeaWorld
13 Mission San Diego de Alcala

Übernachten
1 Pacific Terrace Hotel
2 San Diego Marriott Gaslamp Quarter
3 Hotel Marisol Coronado
4 Beach Hut B & B
5 Inn at Sunset Cliffs
6 Bristol Hotel
7 Mission Bay Motel
8 Best Western Plus Bayside Inn
9 Carole's B & B Inn
10 Ramada Gaslamp
11 Red Roof Inn Downtown
12 Hotel Circle Drive

Essen & Trinken
1 Donovan's
2 Primavera Ristorante
3 Buca di Beppo
4 Blue Point
5 Lotus Thai Cuisine
6 Hash House A-Go-Go
7 Miguel's Cocina
8 The Mission
9 Café Coyote

Einkaufen
1 Hillcrest Farmers' Market
2 Fashion Valley Center
3 Bazaar del Mundo

Abends & Nachts
1 Hard Rock Café
2 The Tipsy Crow
3 Karl Strauss Brewery & Grill

Aktiv
1 H & M Landing
2 Hornblower Cruises
3 Mission Hills Bike Shop
4 Bike Revolution
5 Petco Park

Santa Fe Railroad Depot 4

1050 Kettner Blvd., Tel. 1-800-872-7245

Seit 1915 steht zwischen Gaslamp Quarter und Hafen das historische **Santa Fe Railroad Depot,** ein sehenswerter, anlässlich der Panama-Pazifik-Ausstellung im spanischen Missionsstil erbauter Bahnhof, der als Haltestelle für die Amtrak-Züge dient. In der Nachbarschaft wuchsen Wolkenkratzer aus Glas und Stahl wie riesige Meilensteine auf dem Weg in eine verheißungsvolle Zukunft in den Himmel. Neben den in alle Teile der USA fahrenden Amtrak-Zügen dient der Bahnhof auch dem Pendlerzug San Diego Coaster, dem San Diego Trolley und den Bussen des San Diego Metropolitan Transit System als Terminal.

Embarcadero 5

An der Embarcadero genannten Wasserkante feiert die Stadt ihre enge Verbundenheit mit dem Meer. Vom Broadway Pier an der Straßenkreuzung West Broadway und Harbor Drive spaziert man an Quais entlang nach Norden, wo Ausflugsschiffe und Fähren nach Coronado ablegen und sich neugierige Seehunde im Wasser tummeln.

Widmet sich das **USS Midway Museum** mit dem ausgemusterten Flugzeugträger Midway der Kriegsmarine (910 N. Harbor Dr., Tel. 1-619-544-9600, www.midway.org, tgl. 10–17 Uhr, Erw. 20 $, Kin. 13–17 J. 15 $), so dümpeln im **Maritime Museum** mehrere Oldtimerschiffe im Hafen. Der 1863 in England gebaute Dreimaster Star of India umsegelte die Erde als Frachtschiff mehrmals. Über 60 Jahre lang pendelte die über 100-jährige Fähre Berkley in der Bucht von San Francisco und brachte nach dem Erdbeben 1906 Tausende Menschen in Sicherheit. 1904 lief die luxuriöse Motorjacht »Medea« vom Stapel, die einem schwerreichen schottischen Landbesitzer für Ausflüge diente (1492 N. Harbor Dr., Tel. 1-619-234-9153,

Aktiv

MUSEUMSTOUR IM BALBOA PARK

Tour-Infos

Start: Cabrillo Bridge, am westlichen El Prado
Länge: ca. 2–3 km
Dauer: ca. 1 Tag, je nach Anzahl und Dauer der Museumsbesuche

Eintritt: Der Park ist gratis, die Museen verlangen 4–18 $. Im wechselnden Turnus ist der Eintritt für ausgewählte Museen jeden Di frei. Der Explorer-Pass gewährt Zutritt zu 5 Museen der eigenen Wahl für 27–46 $ (https://explorer.balboapark.org).

Am einfachsten beginnt man die Tour an der **Cabrillo-Brücke** über den Highway 163. Schon von Weitem ist der 60 m hohe **California Tower** zu erkennen, den man besteigen kann. Das zu seinen

Füßen eingerichtete **Museum of Man** widmet sich der Kulturgeschichte der Pueblo-Indianer (Tel. 1-619-239-2001, www.museumofman.org, tgl. 10–17 Uhr, Sa und So Vormittag halber Preis).
Hinter einer neogotischen Fassade verbirgt sich das **Museum of Art** mit Werken internationaler Künstler wie Gemälden aus der italienischen Renaissance und dem spanischen Barock. Eine Abteilung beschäftigt sich mit asiatischer Kunst. Im Skulpturengarten bietet sich ein Café für eine Pause an (Tel. 1-619-232-7931, www.sdmart.org, tgl. außer Mi 10–17, So 12–17 Uhr).
Europäische Meister wie etwa Rembrandt, Rubens und Cézanne, aber auch private Sammlungen russischer Ikonen werden im **Timken Museum of Ar**t vorgestellt (Tel. 1-619-239-5548, www.timkenmuseum.org, Di–Sa 10–16.30, So 12–16.30 Uhr).
Im Informationszentrum **House of Hospitality** bekommt man sämtliche Informationen über den Balboa Park und alle Tickets. Schräg gegenüber sind in der mit üppigem Architekturschmuck ausgestatteten **Casa del Prado** mehrere kulturelle Einrichtungen und die Botanical Foundation untergebracht. Um eine Plaza gruppiert sich das aus einer Ansammlung blumengeschmückter Häuschen bestehende **Spanish Village.** Ca. 300 Maler, Töpfer und Bildhauer unterhalten in diesem hübschen Dorf Studios und lassen sich von Besuchern gerne über die Schulter schauen.
Außer mit interaktiven naturwissenschaftlichen Einrichtungen unterhält das **Reuben H. Fleet Science Center** Besucher mit spannenden IMAX-Filmen und mit Planetarium-Shows (Tel. 1-619-238-1233, www.rhfleet.org, tgl. ab 10 Uhr, wechselnde Schließzeiten).
Die meistbesuchten Ausstellungen im Park besitzt das **Air & Space Museum.** Es schlägt einen Bogen über die Geschichte der Fliegerei von den Pionierflügen der Gebrüder Wright bis zur modernen Raumfahrt. Unter den fliegenden Kostbarkeiten befindet sich eine Nachbildung der »Spirit of St. Louis«, mit der Charles Lindbergh 1927 den Nordatlantik überquert hatte (Tel. 1-619-234-8291, www.sandiegoairandspace.org, tgl. 10–16.30 Uhr).
Hauptsächlich in den Sommermonaten finden im Park regelmäßig Konzerte, Theateraufführungen und andere kulturelle Veranstaltungen statt. Dabei sind die abendlichen und sonntäglichen Konzerte auf der Spreckels-Freiluftorgel meist kostenlos.

www.sdmaritime.org, tgl. 9–20 Uhr, Erw. 18 $, Kin. 13–17 J. 13 $).

Seaport Village 6

Am südlichen Abschnitt des Embarcadero lädt das **Seaport Village** mit Boutiquen, Souvenirläden und Galerien sowie Restaurants, Cafés und Imbissbuden zum Flanieren und Einkaufen ein. An Wochenenden platzt das im Stil eines neuenglischen Fischerdorfes erbaute Village aus allen Nähten, wenn Rock- und Pop-Gruppen Konzerte geben, Steinkünstler mit ruhiger Hand Felssplitter und Kiesel aufeinandertürmen und Familien in den Zuckerwatterausch verfallen. Am **B Street Pier** legen Ausflugsschiffe zu Hafenrundfahrten (ca. 23 $) und Walbeobachtungstouren ab (990 N. Harbor Dr., Tel. 1-619-234-4111, www.flagshipsd.com/whale-watching, tgl. 9.15 und 13 Uhr).

San Diego Zoo 7

2920 Zoo Dr., Tel. 1-619-231-1515, www.sandiegozoo.org, tgl. 9–18, im Hochsommer 9–21 Uhr, Erw. 52 $, Kin. 3–11 J. 42 $

Zu den Hauptattraktionen der Stadt zählt der weltberühmte **San Diego Zoo** mit über 800 Tierarten, der einen festen Platz unter den besten Tierparks der Welt besitzt. Im Tiger Valley mit einer asiatischen Dschungelwelt sind majestätische Sumatratiger nicht durch Gitterstäbe, sondern künstlich angelegte Schluchten von Zuschauern getrennt. Auch Gorillas leben nicht in Gehegen, sondern in Regenwäldern wie im östlichen Zentralafrika.

Sowohl Eisbären wie auch Flusspferde kann man durch große Unterwasserfenster auf ungewohnte Weise beobachten. Wer auf ermüdende Fußmärsche lieber verzichtet, kann mit der Skyfari Aerial Tram in luftiger Höhe über das Gelände fahren.

OCEAN FRONT
WK 4250
REED
AV 700
MORE THAN A BERRY
Açai Roots
A LIFESTYLE!
REGULATIONS
Pizza
NO DOGS
PICK UP HERE
TO ORDER PIZZA CALL:
Ocean's Ice Cream
Cookie Sandwich
Acai Bowl
Hot Dog
Banana split
WE'RE OPEN
got acai?
Hot Dogs
Pizza
Ice Cream
Milkshake
Hot Dog

Weltweite Aufmerksamkeit hat der Zoo durch zum Teil schwierige Aufzuchtprogramme für bedrohte Tierarten wie etwa Große Pandas auf sich gezogen.

Außerhalb des Zentrums

▶ G 16

Coronado 8

In kühnem Schwung führt von Downtown die 3,5 km lange Coronado Bridge nach **Coronado** hinüber, eine mitten im Hafen liegende Sandbank. Den nördlichsten Teil nimmt eine Marinefliegerbasis ein, an die sich Wohnviertel mit noblen Villen und Residenzen in schmucken Gartenanlagen anschließen. Am bekanntesten wurde dieser Stadtteil durch das 1888 im viktorianischen Stil erbaute **Hotel del Coronado** am Pazifikstrand. Die knapp 400 Zimmer große Luxusherberge mit unverkennbaren Türmchen, roten Ziegeldächern und schneeweißen Fassaden diente zahlreichen Filmen als Kulisse, darunter Billy Wilders 1959 gedrehter Filmkomödie »Manche mögen's heiß« mit Marilyn Monroe, Jack Lemmon und Tony Curtis (1500 Orange Ave., Tel. 1-619-435-6611, http://hoteldel.com, DZ ab 300 $).

Cabrillo National Monument 9

1800 Cabrillo Memorial Dr., Tel. 1-619-557-5450, www.nps.gov/cabr, Pkw 10 $

Die **Point Loma Peninsula** ist eine der besten Aussichtsstellen, um zwischen Dezember und April Grauwale auf ihrer alljährlichen Wanderung zwischen Eismeer und Baja California zu beobachten. Von diesem vom Wind gezeichneten, 16 km langen Höhenzug mit steil abfallenden Klippen genießt man einen fantastischen Blick auf den Pazifik im Westen und die Stadt im Osten.

Das **Cabrillo National Monument** neben dem Besucherzentrum ist dem portugiesischen Seefahrer Juan Cabrillo gewidmet, der im September 1542 als erster Europäer kalifornischen Boden betrat und das gesamte Küstengebiet sowohl für seinen Geld- wie für seinen Auftraggeber, die spanische Krone, in Besitz nahm. An der höchsten Stelle der Halbinsel steht das kleine Point Loma Lighthouse, das bis 1891 Schiffen mit seinem bis in 100 km Entfernung erkennbaren Signallicht den Weg wies. Direkt an der Wasserlinie kann man bei Ebbe in vielen Gezeitenpools Meerestiere aus nächster Nähe beobachten.

Kurze Verschnaufpause bei Hot Dogs und Eiscreme – so viel Zeit muss sein

Old Town 10

4002 Wallace St., Tel. 1-619-220-5422, www.parks.ca.gov/?page_id=663, tgl. 10–17 Uhr, Eintritt frei

Wo der historische Kern von San Diego 1860 als erste Siedlung im spanischen Adobe-Stil entstand, existiert heute unter dem Namen **Old Town** ein Staatspark mit mehreren aus der Pionierära stammenden Gebäuden. Die Geschichte der Stadt reicht jedoch viel weiter zurück. 1542 segelte der portugiesische Seefahrer Juan Rodriguez Cabrillo als erster Europäer in die Bucht von San Diego. Danach verging ein weiteres halbes Jahrhundert, ehe der Spanier Sebastian Vizcaino an gleicher Stelle vor Anker ging und den Hafen nach seinem Schiff Saint Didacus benannte, wovon sich San Diego ableitet. Eine erste Landexpedition stieß von Neuspanien 1769 nach Südkalifornien vor, wo der Franziskanermönch Junipero Serra mit San Diego de Alcala die erste von 21 kalifornischen Missionen gründete.

Seit 1968 steht die Touristenattraktion **Old Town San Diego State Historic Park** um die Plaza de las Armas unter Denkmalschutz. Unter den Gebäuden, welche ein Großfeuer im Jahr 1872 überstanden, ist etwa das **Robinson-Rose House** mit der Parkverwaltung. Einblicke in den Lebenswandel einer begüterten Familie im Jahr 1872 gibt **La Casa de Estudillo.** Aus etwa derselben Zeit stammen die **Seeley Stables,** deren Besitzer eine Postkutschenlinie betrieb. Zum Park gehören außerdem eine Schule, eine Schmiede und eine Zeitungsredaktion. Um Old Town herum hat längst der Kommerz die Regie übernommen, während die Geschichte von Souvenirshops und mexikanischen Restaurants immer mehr in den Hintergrund gedrängt wurde.

Mission Bay 11

Für die Einheimischen gehört die **Mission Bay** zu den bevorzugten Outdoorrevieren. Es handelt sich um einen von vielen Wasserarmen durchzogenen, von Menschenhand angelegten Küstenpark zum Schwimmen, Bootfahren, Wasserskifahren, Segeln, Angeln und Picknicken. An mehreren Marinas liegen über 2000 Boote und Jachten vor Anker. Mit Wassersportlern teilen sich Jogger, Radfahrer und Golfer das Terrain. Zahlreiche luxuriöse Resorts bieten Gästen komfortable Orte zum Entspannen und Wohlfühlen (Besucherzentrum Tel. 1-619-276-8200, www.sandiego.org > Visitor Information & Services).

SeaWorld 12

500 SeaWorld Dr., Tel. 1-800-857-4268, www.seaworld.com, meist 10–17 Uhr, Tagesticket Mo–Fr online ab 60 $

Bekannteste Besucherattraktion in der Mission Bay ist der Meereszoo **SeaWorld.** Das nach eigenem Bekunden größte Ozeanarium der Welt hat eine seiner populärsten Attraktionen, die Zirkusshows mit Killerwalen, nach Protesten von Tierschützern eingestellt. Stattdessen wird Besuchern mit ›Orca Encounter‹ ein Programm ohne spektakuläre Einlagen und Kunststücke geboten. Seelöwen- und Otter-Shows gibt es noch, doch sind diese Auftritte in erster Linie auf das amerikanische Publikum zugeschnittene Veranstaltungen, bei denen das Entertainment im Vordergrund steht.

In einem Unterwassertunnel aus Acryl kommen sich Besucher vor wie auf dem Meeresboden in einem Hairevier. In Manatee Rescue geht es um vom Aussterben bedrohte Seekühe, während im kalifornischen Gezeitenpool Seeigel, Seegurken, Langusten, Muränen und andere Fische beobachtet werden können. Zu einer beliebten Attraktion hat sich das Dolphin Interaction Program entwickelt, bei dem man zu Delfinen ins Wasser steigen und die Meeressäuger unter professioneller Anleitung mit Trainingssignalen dirigieren darf. Achterbahnfreaks kommen bei der Journey to Atlantis auf ihre Kosten, bei der man im Höllentempo durch Fabellandschaften jagt und bei einem ›Absturz‹ über eine Höhe von acht Stockwerken den Adrenalinspiegel explodieren fühlt.

Mission San Diego de Alcala 13

10818 San Diego Mission Rd., Tel. 1-619-281-8449, www.missionsandiego.com, tgl. 8–16 Uhr, Erw. 3 $, Kin. 1 $

Ursprünglicher Standort der ersten, 1769 aufgebauten kalifornischen **Mission San Diego de Alcala** war der Presidio Hill bei Old Town. Zwistigkeiten mit den Soldaten des nahegelegenen Fort Stockton veranlassten den Gründer, Pater Junipero Serra, die mit einem 15 m hohen Glockenturm ausgestattete Station 1774 sechs Meilen weiter nach Osten ins Mission Valley zu verlegen. Die von 1931 stammende Missionskirche hatte vier Vorgänger, die allesamt den Zeitenwechsel nicht überstanden. An der jetzigen, ca. 50 m langen Kirche fällt ihre geringe Breite von nur 10 m auf.

Dieses Konzept wurde den Baumeistern aufgezwungen, weil keine längeren Deckenbalken verfügbar waren. Im Chor ist Father Luis Jayme zur letzten Ruhe gebettet, der erste christliche Märtyrer Kaliforniens, der 1775 von Kumeyaay-Indianern umgebracht worden war. In einem kleinen Museum dokumentiert eine Ausstellung die Eroberung Kaliforniens und die Ausrottung der Indianer.

Infos

San Diego Visitor Information Center: 996-B N. Harbor Drive, Downtown San Diego, CA 92101, Tel. 1-619-737-2999, www.sandiegovisit.org.

Übernachten

Tolles Hotel in Traumlage – **Pacific Terrace Hotel 1:** 610 Diamond St., Mission Bay, Tel. 1-858-581-3500, www.pacificterrace.com. Direkt am Strand gelegenes luxuriöses Resorthotel mit 73 Zimmern zum Teil mit Balkon und Blick aufs Meer, attraktive Poollandschaft, Spa mit Massageangeboten. DZ ab ca. 380 $.

Für hohe Ansprüche – **San Diego Marriott Gaslamp Quarter 2:** 660 K St., Tel. 1-619-696-0234, www.sandiegogaslamphotel.com. 22 Stockwerke hohes Stadthotel mit eigenem

Restaurant und Bar auf dem Dach für Gäste mit hohen Ansprüchen. Die komfortablen Zimmer sind mit modernsten Unterhaltungs- und Kommunikationsmitteln und Kaffeemaschine ausgestattet. Toller Blick von der Sky Lounge. DZ ab 220 $.

Charmant und komfortabel – **Hotel Marisol Coronado 3:** 1017 Park Pl., Tel. 1-619-365-4677, www.marisolcoronado.com. Neueres Boutiquehotel in einer ruhigen Nebenstraße einen Block vom Strand entfernt. Alle 15 Gästezimmer mit Kühlschrank und Highspeed-WLAN. Gutes Frühstück und Fahrradverleih. DZ ab 199 $.

Hübsche Bleibe – **Beach Hut B & B 4:** 3761 Riviera Dr., Tel. 1-858-272-6131, http://beachhutbb.com. Kleines Cottage für 2 Pers. mit eigenem Pool, Küche, TV, Telefon u. Internetanschluss. DZ ab 189 $.

Zimmer mit Aussicht – **Inn at Sunset Cliffs 5:** 1370 Sunset Cliffs Blvd., Point Loma, Tel. 1-619-222-7901, www.innatsunsetcliffs.com. 25 geräumige Zimmer direkt an der Küste mit Terrasse zum Meer hin, beheizter Pool, Küchen, TV, WLAN und Parkplatz. DZ im Sommer ab 175 $.

Saubere, modern eingerichtete Zimmer – **Bristol Hotel 6:** 1055 First Ave., Tel. 1-619-232-6141, www.thebristolsandiego.com. Boutiquehotel mitten im Gaslamp Quarter; modern und farbenfroh eingerichtete Zimmer samt Highspeed-Internetzugang. DZ ab 155 $.

Nur Schritte vom Pazifik entfernt – **Mission Bay Motel 7:** 4221 Mission Blvd., Tel. 1-858-483-6440, www.missionbaymotel.com. Einfache Zimmer, in denen man nicht für die Ausstattung, sondern für die Lage nur einen Straßenblock vom Strand entfernt bezahlt. Keine Klimaanlage, aber TV, Pool und Parkplatz vor dem Haus. DZ im Sommer ab 149 $.

Gut in Schuss – **Best Western Plus Bayside Inn 8:** 555 W. Ash St., Tel. 1-619-233-7500, www.baysideinn.com. Alle Zimmer sind mit Balkon, Mikrowelle, Kühlschrank, WLAN und Safe ausgestattet. Man kann sich zwischen Blick auf die Bucht, die Stadt und den Pool entscheiden. DZ ab 140 $.

Wie eine große Gartenlaube – **Carole's B&B Inn 9:** 3227 Grim Ave., Tel. 619-280-5258, www.carolesbnb.com. Die 8 geräumigen Zimmer sind zum Teil etwas kitschig, aber nicht unbequem eingerichtet. DZ ab 129 $.

Günstig gelegen – **Ramada Gaslamp 10:** 830 6th Ave., Tel. 1-619-531-8877, www.stjameshotel.com. Die Nichtraucherzimmer sind zwar klein, aber die Lage ist günstig, um die Altstadt zu Fuß zu erkunden. Parkplatz nebenan (20 $). DZ ab 120 $.

Einfach, aber praktisch – **Red Roof Inn Downtown 11:** 719 Ash St., Tel. 1-619-232-2525, www.redroof.com. Kettenmotel mit ordentlichen Zimmern und typisch amerikanischem Discount-Frühstück, Parkplatz. DZ ab 109 $.

Motel-»Insel« – **Hotel Circle Drive 12:** Parallel zur I-8 verläuft im Mission Valley der Hotel Circle Drive North und South mit preisgünstigen Motels (Holiday Inn, Days Inn, Travelodge, Comfort Inn, Super 8, Vagabond Inn etc.). DZ ab ca. 85 $.

Essen & Trinken

Exzellenter Gaumenschmaus – **Donovan's 1:** 570 K St., Tel. 1-619-376-1184, http://donovanssteakhouse.com, tgl. ab 16 Uhr. Perfekt zubereitetes Seafood, tolle Fischgerichte und tadellose Steaks machen dieses elegante Lokal trotz gesalzener Preise zu einem Highlight. Auszeichnungen verdiente sich das Restaurant mit einer hervorragenden Auswahl von amerikanischen und internationalen Weinen. Hauptgerichte ab ca. 60 $.

Für Steak- und Seafoodliebhaber – **Primavera Ristorante 2:** 932 Orange Ave., Coronado, Tel. 1-619-435-0454, www.primavera1st.com, tgl. 17–22 Uhr. Mehrfach als bestes italienisches Lokal in San Diego ausgezeichnet. Im kleinen, gemütlichen Gastraum kommen Gerichte wie Rosmarin-Hähnchen, gebratener Schwertfisch und leckere Desserts auf den Tisch. Hauptgerichte 17–40 $.

Urgemütlich – **Buca di Beppo 3:** 705 6th Ave., Tel. 1-619-233-7272, https://locations.bucadibeppo.com, Mo–Do 11–22, Fr–Sa 11.30–23, So 11.30–22 Uhr. Kenner kommen nicht nur wegen Fettuccine Supremo mit

Kalifornien ist so nah, und doch ist das Überwinden der streng gesicherten Grenze bei Tijuana für viele Mexikaner unmöglich

Hähnchen und guter Pizzen, sondern vor allem wegen der urgemütlichen Atmosphäre. Nachteil: Der Service ist bisweilen etwas schleppend. Hauptgang 15–25 $.

Respektable Küche – **Blue Point 4 :** 565 5th Ave., Tel. 1-619-233-6623, www.bluepointsd.com, tgl. ab 17 Uhr. Frisches Seafood, Fisch, Fleisch, Suppen und knackige Salate sind professionell zubereitet. Auch die Cocktails sind nicht zu verachten. Happy Hour Mo–Fr 17–18.30 Uhr. Hauptgerichte 11–45 $.

Leckeres Thai-Essen – **Lotus Thai Cuisine 5 :** 906 Market St., Tel. 1-619-595-0115, www.lotusthaisd.com/Downtown/index.html, Mo–Fr ab 11, Sa–So ab 12 Uhr. Ein wahres Dorado für Liebhaber fernöstlicher Küche. Man speist in einem angenehmen Ambiente. 10–30 $.

Küchenklassiker der USA – **Hash House A-Go-Go 6 :** 3628 5th Ave., Tel. 1-619-298-4646, www.hashhouseagogo.com, tgl. 7.30–14 und 17–21, Fr–Sa 17–22 Uhr. Deftige, schmackhafte Portionen zum fairen Preis wie Krabbenkuchen mit Kürbisgemüse, Schweinerippchen auf Käsekartoffeln und gegrillter Lachs mit Ziegenkäse und Kartoffelbrei. Hauptgerichte 10–20 $.

Original mexikanisch – **Miguel's Cocina 7 :** 1351 Orange Ave., Tel. 1-619-437-4237, www.miguels-cocina.com, Mo–Sa 11–21, So 10–21 Uhr. Neben dem Hotel Del Coronado gelegenes mexikanisches Lokal mit einschlägigen Gerichten wie Carne Asada, Jalapeño Shrimp oder Chimichanga. 10–18 $.

Einfach und gesund – **The Mission 8 :** 1250 J St., Tel. 1-619-232-7662, www.themissi

onsd.com, tgl. 7–15 Uhr. Als mexikanisches Frühstückslokal ist das Café im Stil einer alten Plantage eine Institution. Besonders schmackhaft sind die Quesadilla (9,25 $) und das Zen Breakfast, das mit Rührei, Tofu, braunem Reis, Zucchini sowie Tomaten serviert wird (10,95 $).

Stimmungsvoll – **Café Coyote** 9 : 2461 San Diego Ave., Tel. 1-619-291-4695, www.cafecoyoteoldtown.com, tgl. 7–22.30 Uhr. Original mexikanische Gerichte kommen in diesem Lokal in großen Portionen daher. Hauptgerichte ab 10 $.

Einkaufen

Bunter Bauernmarkt – **Hillcrest Farmers' Market** 1 : auf dem DMV-Parkplatz, Lincoln Ave. & Normal St., www.hillquest.com/hba/farmersmarket.htm, So 9–14 Uhr. Bauernmarkt mit frischem Obst, Gemüse und Blumen.

Shopping-Mekka – **Fashion Valley Center** 2 : 7007 Friars Rd., Mission Valley, http://gothere.com (> San Diego/FashionValley), Mo–Sa 10–21, So 11–19 Uhr. Riesiges Einkaufszentrum mit Kaufhäusern wie Nordstrom, JC Penney und Macy's sowie vielen Fachgeschäften und Restaurants.

Kitsch und Tand – **Bazaar del Mundo** 3 : 4133 Taylor St., Tel. 1-619-296-3161, www.bazaardelmundo.com, So–Mo 10–17.30, Di–Sa 10–21 Uhr. Bunter Ladenkomplex mit mexikanischem Kunsthandwerk und anderen Souvenirs.

Abends & Nachts

Klassiker – **Hard Rock Café** 1 : 801 4th Ave., Tel. 1-619-615-7625, www.hardrock.com (> Cafes/San Diego), tgl. ab 11 Uhr, Happy Hour Mo–Fr 16–20 Uhr. Das Lokal ist ein ›Museum‹ voller Memorabilien: eine Elvis-Jacke von 1968, eine Gibson-Gitarre von Joe Perry von Aerosmith, Hut und Schal von Stevie Nicks etc.

Für Nachtschwärmer – **The Tipsy Crow** 2 : 770 5th Ave., Tel. 1-619-338-9300, thetipsycrow.com, Mo–Sa 15–2, So 9–2 Uhr. Bar sowie Nachtklub auf drei Stockwerke verteilt, mit modernster Hightech-Ausstattung.

Für Biertrinker – **Karl Strauss Brewery & Grill** 3 : 1157 Columbia St., Tel. 1-619-234-BREW, www.karlstrauss.com, Mo–Do 11–22, Fr–Sa 11–23, So bis 22 Uhr. Von der Bar blickt man auf die Tanks aus Edelstahl, in denen süffige Biersorten auf durstige Kundschaft warten.

Aktiv

Walbeobachtungstouren – **H & M Landing** 1 : 2803 Emerson St., Point Loma, Tel. 1-619-222-1144, www.hmlanding.com. Tgl. zwei 3- oder 5-stündige Touren mit hochseetüchtigen Schiffen, je nach Jahreszeit unterschiedliche Tourpreise.

Bootstouren – **Hornblower Cruises** 2 : beim Broadway Pier am Embarcadero, Tel. 619-686-8700 oder 1-888-467-6256, www.hornblower.com/home/sd. Unterschiedliche Rundfahrten per Schiff.

Radverleih – **Mission Hills Bike Shop** 3 : 141 W. Washington St., Tel. 1-619-296-0618.

Für Radausflüge – **Bike Revolution** 4 : 522 6th Ave., Tel. 1-619-564-4843, www.thebikerevolution.com, tgl. 9–17 Uhr.

Zuschauersport – **Petco Park** 5 : 100 Park Blvd., Tel. 1-619-795-5555, www.mlb.com/padres/ballpark. Stadion der Baseballmannschaft San Diego Padres, die in der Major League spielen. Die Baseball-Saison dauert von April bis September.

Verkehr

Flugzeug: San Diego International Airport (Lindbergh Field), Tel. 1-619-400-2404, www.san.org. In die Stadt gelangt man in 15 Min. mit dem Bus 992 (2,25 $). Das Taxi kostet ca. 10 $; Cloud 9 Shuttle-Bus Tel. 1-800-9-SHUTTLE, www.cloud9shuttle.com, 10 $.

Bahn: Santa Fe Station, Broadway & Kettner Blvd., Tel. 1-800-USA-RAIL, www.amtrak.com. Bahnhof für Amtrak-Fernverbindungen.

Bus: Greyhound Terminal, 1313 National Ave., Tel. 1-619-515-1100, www.greyhound.com.

Fortbewegung in der Stadt:

Voraussetzung für den Kauf von Tagespässen ist der Besitz einer Compass Card (2 $), auf die die Pässe geladen werden. Pässe für unbegrenzte Bus- und Trolleyfahrten gibt es für 1, 2, 3 und 4 aufeinanderfolgende Tage (5, 9, 12 und 15 $). Sie sind erhältlich an allen Verkaufsautomaten oder beim MTS Transit Store, 102 Broadway at First Ave., www.transit.511sd.com. Tagespässe kann man auch beim Busfahrer kaufen.

Tijuana ►H 17

Mit 1,8 Mio. Einwohnern ist das eine halbe Autostunde südlich von San Diego gelegene **Tijuana** eine der größten Metropolen Mexikos mit der vermutlich am stärksten frequentierten internationalen Grenzstation der Welt, die jährlich 40 Mio. Menschen und 14 Mio. Fahrzeuge passieren. Bis in die Avenida de la Revolución braucht man zu Fuß etwa 10 Minuten und überquert dabei auf einer bemalten Brücke den in einem Betonbett verlaufenden Tijuana River.

Typisch mexikanisch ist das Flair der Stadt nicht. Die Atmosphäre hat sich eher den Imperativen des Massentourismus angepasst. Das Angebot an Kneipen, in denen Bier und Margaritas in Strömen fließen, ist gewaltig. Aus gutem Grund. Vor allem auf junge Amerikaner übt die Stadt magische Anziehungskraft aus, weil man in Tijuana schon im Alter von 18 Jahren Alkohol konsumieren darf. So wird nach Sonnenuntergang die **Avenida de la Revolución** mit ihren Diskotheken und Neonschildern zum Ziel der Nachtschwärmer. Auf Geländemotorrädern patrouillieren die Fuerzas Especiales durch die Straßen. Die Sondereinheiten der Polizei erinnern daran, dass man auf den nächtlichen Straßen Tijuanas auf der Hut sein sollte.

Mercado de Artesanías

621 Ave. Melchor Ocampo, Zona Centro

Tagsüber sind Kneipen und Restaurants zwar auch gut besucht, sehen sich aber der Konkurrenz von Einkaufsmöglichkeiten jedweder Art ausgesetzt. Ein populärer Basar für Kunsthandwerk ist der **Mercado de Artesanías,** ein ganzer Cityblock mit Töpfereien, Lederwaren, Silberschmuck, Kleidung, unvermeidlichen Sombreros, Lackarbeiten wie Schatullen und Tablettendöschen, bunten Decken und Schmuck.

Centro Cultural Tijuana

Paseo de los Héroes & Calle Javier Mina, Zona Río, Tel. 664-687-9600, www.cecut.gob.mx, Di–So 10–19 Uhr, Erw. 27 $, Kin. 17 $, So Eintritt frei

Mit futuristischer Architektur wie einem Omnimax-Kino macht das **Centro Cultural Tijuana** auf sich aufmerksam. Der Komplex, im mexikanischen Bundesstaat Baja California das bedeutendste Kulturzentrum, beherbergt außerdem ein Theater, eine Bibliothek, eine Ausstellungshalle, Restaurants und das **Museum of the Californias,** in dem es um alte Indianerkulturen, nautische Ausstellungen und Exponate aus der Kolonialzeit geht.

Verkehr

Öffentliche Verkehrsmittel: Wer Tijuana einen Besuch abstatten will, nimmt am besten den Tijuana Trolley, eine Straßenbahn, die zwischen San Diego und dem US-Grenzkontrollpunkt San Ysidro verkehrt (45 Min., Haltestelle direkt an der Grenze, Tagespass 5 $).
Auto: Für Mietwagen gibt es in unmittelbarer Nähe mehrere bewachte Parkplätze, wo man das Auto für ca. 7 $ einen Tag lang abstellen kann.
Ein- und Ausreise: Bei der Einreise kontrollieren die mexikanischen Grenzbeamten Fußgänger nicht. Bei der Rückkehr in die USA muss man sich dann ausweisen und das Gepäck wird stichprobenartig kontrolliert.

Die südkalifornische Wüste

Karte: S. 229

Eine 500 Meilen lange Autotour von San Diego bis nach Los Angeles führt durch die faszinierenden Gebiete der Mojave und Sonora Desert im dünn besiedelten Südkalifornien. Reizvolle Etappenziele sind das Coachella Valley und Palm Springs. Fasskakteen, putzige,

Südkalifornische Wüste

wenngleich teuflisch stachelige Teddybear Chollas, Palmenhaine, Dattelplantagen, Dünen, Kleinstädte mit großstädtischen Shopping Malls und zwischen Gemüsefeldern versteckte Provinzdörfer machen den exotischen Wüstentrip zu einer ungewöhnlichen Reise.

Alpine ▶ H 16

In keinem anderen Landkreis der USA liegen so viele Indianerreservationen wie im San Diego County. Eine davon ist die nicht einmal 400 Mitglieder zählende Viejas-Reservation in **Alpine 1**, eine halbe Autostunde östlich von San Diego (www.viejasbandofkumeyaay.org). Das dort liegende **Viejas Casino** war der erste indianische Gambling-Tempel in Kalifornien, der mit Münzen gefütterte Spielautomaten im Stil von Las Vegas betreiben durfte. Heute ist das Casino mit 2240 Automaten und 66 Spieltischen für Poker, Black Jack und Baccarat ausgestattet. In sechs Restaurants und an diversen Imbisstheken können sich Spieler von ihren Verlusten erholen oder ihre Gewinne feiern (5000 Willows Rd., Tel. 1-619-445-5400, www.viejas.com, 24 Std. geöffnet).

Nebenan befindet sich ein **Outlet Center** mit 60 Boutiquen, Fachgeschäften, Gourmetlokalen und Schnellrestaurants. Auf einer Showbühne im Stil eines Indianertipi finden regelmäßig Konzerte mit Rock-, Pop- und Countrygrößen statt (http://viejas.com/sandiegos-premier-outlet-mall, Mo–Sa 10–20, So 10–19 Uhr).

Anza Borrego Desert State Park ▶H/J 16

Über die hoch in den Bergen liegende Apfelhochburg **Julian,** in der es zur herbstlichen Erntezeit nach frisch gepresstem Apfelmost duftet, erreicht man das im Frühjahr einer Blütenorgie vieler Wildblumenarten geschmückte Naturparadies **Anza Borrego Desert State Park 2.** Alle Register seiner Attraktivität zieht der mit 2500 km² größte Wüstenpark Amerikas zwischen Ende Februar und April, vor allem wenn in den Monaten zuvor genügend Regen gefallen ist. Es gibt unter anderem rot blühende Kerzensträucher, Feigenkakteen mit Blüten in Rot und Gelb und stacheligen Mickey-Maus-Ohren, Agaven, Wildgräser … Über eine Wildblumen-Hotline kann man sich über den jeweiligen Stand der Blüte und die schönsten Stellen informieren (Tel. 1-760-767-4684).

Die Ortschaft **Borrego Springs 3,** wo sich das Besucherzentrum und die Parkverwaltung befinden, hat sich zu einem respektablen Urlaubszentrum mit Resorthotels, Motels, Restaurants, Einkaufsmöglichkeiten, zwei Tankstellen, Golfplätzen und Tenniscourts entwickelt (Infos unter www.borregosprings.org).

Infos

Anza Borrego Desert State Park: Visitor Center, 200 Palm Canyon Dr., Borrego Springs, CA 92004, Tel. 1-760-767-4205, www.parks.ca.gov/?page_id=638, Pkw 10 $.

Übernachten

Entspannende Atmosphäre – **Borrego Springs Resort:** 1112 Tilting T Dr., Tel. 1-760-767-5700, www.borregospringsresort.com. Gut ausgestattetes Urlauberhotel mit Zimmern und Suiten, von denen man auf die Santa Rosa Mountains oder den Pool blickt. Zum Hotel gehört der Spa Serenity. DZ ab 365 $, Frühstück inkl.

Oase in der Wüste – **La Casa del Zorro:** 3845 Yaqui Pass Rd., Tel. 1-760-767-0100, www.lacasadelzorro.com. Größeres, reizvoll angelegtes Resort mit komfortabler Ausstattung und zahlreichen Möglichkeiten zu Aktivitäten unter freiem Himmel. DZ ab 199 $.

Campingplätze – Anza Borrego gehört zu den wenigen US-Parks, in denen man mit einer entsprechenden Genehmigung in freier Wildbahn campen darf. Permits gibt es im Visitor Center des State Parks (s.o.).

Algodones ▶L 16

Im Dreiländereck von Kalifornien, Arizona und Mexiko liegt mit **Algodones 4** ein 4000 Einwohner großes mexikanisches Städtchen, das einem auf den ersten Blick wie eine reichlich überdimensionierte Zahnarztpraxis vorkommt. Ein unübersehbarer Schilderwald preist Doktoren an, die Dentalarbeiten preisgünstiger als in den USA erledigen. Vor allem im Winter, wenn eine Million sogenannter Snowbirds aus kalten US-Bundesstaaten bei Quartzsite in Arizona ihre Campmobilferien verbringen, haben die Praxen in Algodones Hochkonjunktur. In den übrigen Jahreszeiten machen Touristen Stippvisiten in Mexiko, wo gleich hinter der Grenze Sprühdosenkünstler Bilder, Souvenirhändler Reiseandenken und Straßenhändler Billigzigaretten anbieten.

Museum of History in Granite ▶L 16

Center of the World Dr., Tel. 1-760-572-0100, www.historyingranite.org, Dez.–März tgl. 10–17 Uhr, 3 $

Im Winzlingsort **Felicity** westlich von Algodones baute der ehemalige Besitzer einer Fallschirmspringerschule mit dem **Museum of History in Granite 5** mitten in einem öden Landstrich eine sonderbare Attraktion auf. Das ›Zentrum der Welt‹ besteht aus einer 7 m hohen Pyramide, einer auf einem künstlich aufgeschütteten Hügel stehenden Kapelle sowie langen Reihen von schräg angeordneten polierten Granitplatten, in die historische Themen und Ereignisse wie die Geschichte der USA, das antike Ägypten und die Entwicklung der Luftfahrt mit Texten und Zeichnungen eingraviert sind.

Die Imperial Sand Dunes: populäres Outdoor-Eldorado für Sandbuggyfahrer

Imperial Valley und El Centro ▶ K 16

Zwischen dem Südufer des Salton Sea und der mexikanischen Grenze dehnt sich das **Salton Basin** aus, besser bekannt unter dem Namen **Imperial Valley** 6. Flach und heiß wie ein Backblech, wäre dieser unbarmherzige Teil der Sonorawüste ohne Wasserspenden des Colorado River wirtschaftlich nutzlos. Aber seit Beginn des 20. Jh. pumpen Farmer über Bewässerungskanäle wie den American Canal und den Coachella Canal gigantische Mengen Wasser in die Region um das 43 000 Einwohner große **El Centro** 7, die größte Stadt der westlichen Hemisphäre unter Meereshöhe. Wenn sich die Menschen an der Pazifikküste Wintermäntel überstreifen, reifen um die von ständigem Kuhstallgeruch eingehüllte Stadt Orangen, Erdbeeren und Grapefruits. Von landwirtschaftlicher Nutzung ausgenommen ist ein schmaler, etwa 40 Meilen langer Wüstenstreifen östlich von El Centro, wo Filme wie »Star Wars« und »Mad Max« gedreht wurden.

An Wochenenden herrscht in den **Imperial Sand Dunes** 8 an der I-8 Hochbetrieb, wenn Freizeitpiloten mit ihren Sandbuggies durch die Dünen rasen.

Salvation Mountain ▶ K 15

Nördlich von **Calipatria** schuf der mittlerweile verstorbene Gottesanbeter Leonard Knight mitten im Niemandsland mit dem **Salvation Mountain** 9 eine außergewöhnliche religiöse Kultstätte und eine bizarre Kunstinstallation zugleich. Seit 1984 schichtete er über Jahrzehnte hinweg aus Erdreich, Steinen und Stroh einen Hügel auf, dessen Oberfläche er schrillbunt bemalte und mit Schriftzügen versah. 2002 wurde die Anhöhe zum Nationalen Kulturgut erklärt (außerhalb der Ortschaft Niland, www.salvationmountain.us).

Coachella Valley ▶ H/J 15

Von **Indio** bis nach Palm Springs reihen sich im **Coachella Valley** 10 nahtlos neun Städte aneinander. Am Fuß der Santa Rosa Mountains sind **Desert Hot Springs, Cathedral City, Rancho Mirage, Palm Desert, Indian Wells** und **Indio** längst zu einem Ballungsraum zusammengewachsen und zu einer Freizeit- und Wohnoase u. a. für Künstler, Prominente aus Film, TV und Showbusiness und gut betuchte Industriebosse geworden. Wo vor 1000 Jahren der mittlerweile ausgetrocknete Coachella Lake den Talboden bedeckte, gedeihen heute Dattelpalmen, Melonen, Grapefruits und Wein.

Living Desert

47900 Portola Ave., Tel. 760-346-5694, www.livingdesert.org, 1. Okt.–31. Mai tgl. 9–17, sonst 8–13.30 Uhr, Erw. 19,95 $, Senioren ab 62 J. 17,95 $, Kinder 3–12 J. 9,95 $

In **Living Desert** in **Palm Desert** schlängeln sich Fußwege durch zehn wüstenhafte Ökosysteme, wie sie in Ostafrika, auf Madagaskar und im amerikanischen Südwesten vorkommen, und machen mit der dort vorkommenden Pflanzen- und Tierwelt vertraut.

El Paseo Shopping District

El Paseo, http://palmsprings.com/elpaseo, manche Kaufhäuser 24 Std./7 Tage

Wem nach dem Wüstenabenteuer der Sinn nach einem Konsumabenteuer steht, der stattet am besten dem **El Paseo Shopping District** mit über 300 Modeboutiquen, Schönheitssalons, Antiquitätenläden, Kunstgalerien, Schmuckgeschäften, Designerstudios, Pubs und Restaurants einen Besuch ab.

Palm Springs ▶ H 15

Selbst im tiefsten Winter renommiert **Palm Springs** 11 mit Temperaturen wie im Früh-

In der Umgebung von Palm Springs macht die Natur ihrem Namen alle Ehre. ›Indianercanyons‹ wie der Palm Canyon sind ein exotisches Wanderparadies

ling und lockt das Jahr über mit 330 Sonnentagen. Kein Wunder, dass das Wüstenmekka schon lange den Ruf eines Tummelplatzes für sonnenhungrige Millionäre und urlaubsreife Stars besitzt. Mit Swimmingpools, Tennisplätzen und geschniegelten Golfanlagen hat es sich zu einem Outdoorparadies entwickelt, in dem man nicht nur bergsteigen, reiten, schwimmen und wandern, sondern auch beim Polo zusehen kann. Galerien, Theater, erstklassige Einkaufsmöglichkeiten und Restaurants wie Sand am Meer sorgen für viel Abwechslung.

Palm Springs Aerial Tramway

1 Tramway Rd., Tel. 1-888-515-8726, www.pstramway.com, Mo–Fr 10–20, Sa–So 8–20 Uhr, Erw. 25,95 $, Kin. 3–10 J. 16,95 $

Wenn Palm Springs im Hochsommer in der Hitze schmort, bringt eine Seilbahnfahrt mit der **Palm Springs Aerial Tramway** zur 2600 m hoch gelegenen Bergstation auf dem Mount Jacinto angenehme Abkühlung. Der 3300 m hohe Gipfel trägt noch im Frühsommer Schnee, wenn im Tal längst die Badesaison eröffnet ist. Je nach Saison bietet die Bergwelt Hiking Trails oder Langlaufloipen.

Palm Canyon

South Palm Canyon Dr. am Südende von Palm Springs, www.indian-canyons.com, tgl. 8–17 Uhr, Erw. 9 $, Kin. 5 $

Wanderer haben die Qual der Wahl und müssen sich zwischen dem Palm, dem Andreas und dem Murray Canyon auf dem Territorium der Agua Caliente Indian Reservation entscheiden. Die schönste unter den Indianerschluchten ist unstrittig der 15 Meilen lange **Palm Canyon** mit über 3000 mächtigen Fächerpalmen, die den Lauf eines zwischen schroffen Felswänden mäandernden Baches säumen.

Infos

Palm Springs Visitors Information Center: 2901 N. Palm Canyon Dr., Palm Springs, CA 92262, Tel. 1-760-778-8418 und 1-800-347-7746, www.visitpalmsprings.com.

Übernachten

Resort zum Verlieben – **Korakia Pensione:** 257 S. Patencio Rd., Tel. 760-864-6411, www.korakia.com. Zwei von blühenden Bougainvilleas umrankte Villen mit Zimmern, die Romantiker verzaubern. DZ ab 169 $.

Makelloses Refugium – **Coyote Inn:** 234 S. Patencio Rd., Tel. 1-760-327-0304, www.coyoteinn.net. Die im spanischen Missionsstil erbaute Nichtraucherbleibe ist mit einem traumhaften Pool und geschmackvollen Studios ausgestattet. DZ im Sommer ab 119 $, im Winter ab 169 $.

Hübsche Oase – **Alcazar Palm Springs:** 622 N. Palm Canyon Dr., Tel. 1-760-318-9850, www.alcazarpalmsprings.com. Zentrumsnahe, saubere Anlage mit stilvollen Zimmern, Pool und kostenlosem Fahrradverleih. DZ ab 119 $.

Gemütlich und romantisch – **Casa Cody:** 175 S. Cahuilla St., Tel. 1-760-320-9346, www.casacody.com. Das coole Flair der von 1910 stammenden Unterkunft soll schon Charlie Chaplin verzaubert haben. Manche der teureren 23 Gästezimmer sind mit Kamin und Küche ausgestattet. DZ ab 79 $, im Winter ab 89 $.

Essen & Trinken

Einfallsreiche Küche – **Johannes:** 196 S. Indian Canyon Dr., Tel. 1-760-778-0017, www.johannesrestaurants.com, tgl. außer Mo ab 17 Uhr. Der aus Österreich stammende Küchenchef bietet feine internationale Küche auf hohem Niveau, auch mit Schmankerln aus seiner Heimat. 30–50 $.

Schnelle Küche – **The Sandwich Spot:** 240 N. Palm Canyon Dr., Tel. 1-760-778-7900, http://sandwichspotpalmsprings.com, tgl. 11–18 Uhr. Die frisch zubereiteten Sandwiches tragen ungewöhnliche Namen wie Dirty Weekend und Dreamkiller oder sind nach Tennislegenden benannt. Ca. 8 $.

Einkaufen

Die Shopping-Meile mit der größten Auswahl an Geschäften und Boutiquen ist der South Palm Canyon Drive.

Populärer Nachtmarkt – **Palm Springs Villagefest:** Jeden Donnerstag Abend findet auf dem Palm Canyon Drive ein von Musik begleiteter Markt statt. Es gibt Gourmetstände der lokalen Gastronomen. Angeboten werden auch Kunstgewerbe und frische Produkte der Farmer aus dem Coachella Valley (zwischen Amado Rd. und Baristo Ave., http://villagefest.org).

Abends & Nachts

Amüsement rund um die Uhr – **Spa Resort Casino:** 401 E. Amado Rd., Tel. 1-760-325-1461, www.sparesortcasino.com. Von lokalen Cahuilla-Indianern betriebenes Casino mit Poker, Black Jack, Münzautomaten und Videospielen, Restaurants und Bars, tgl. 24 Std.

Hipper Klub – **Zelda's Nightclub:** 611 S Palm Canyon Dr., Tel. 760-325-2375, www.zeldasnightclub.com, Do–Sa 21–2 Uhr. Klub mit einer State-of-the-Art-Licht- und Soundanlage.

Aktiv

Reitausflüge im Palm Canyon – **Smoke Tree Stables:** 2500 S. Toledo Ave., Tel. 760-327-1372, www.smoketreestables.com. Von Cowboys geführte Reitausflüge können im Palm Canyon Kiosk am Beginn der Schlucht vereinbart werden.

Termine

Film Noir Festival (Mai/Juni): Programm und weitere Infos unter http://arthurlyonsfilmnoir.ning.com.

International Film Festival (Juni): Filmfestival, bei dem sich Jahr für Jahr viele Hollywoodstars ihren Fans präsentieren, www.psfilmfest.org.

Golf Cart Parade (Okt./Nov.): Die Parade mit aufwendig dekorierten und umgebauten Golfwagen findet auf dem El Paseo in Palm Desert statt, http://golfcartparade.com.

Verkehr

Flugzeug: Palm Springs International Airport, 3400 E. Tahquitz Canyon Way, Tel. 1-760-318-3800, www.palmspringsca.gov (> Government > Departments).

Bahn: Amtrak-Bahnhof, N. Indian Ave. & Palm Springs Station Rd., Tel. 1-800-872-7245, www.amtrak.com. Der Sunset Limited fährt einmal pro Tag von Los Angeles über Palm Springs nach Osten. Los Angeles – Palm Springs ca. 41 $.

Bus: Greyhound Busbahnhof, 311 N. Indian Canyon Dr., Tel. 1-800-454-2487, www.greyhound.com. Regelmäßige Verbindungen. Kostenlose Palm-Springs-BUZZ-Busse verkehren Do–So 11–1 Uhr auf einer 14 Meilen langen Schleife und machen an 32 Haltestellen Station.

Joshua Tree National Park

▶ H–K 14/15

Der 2250 km² große **Joshua Tree National Park** **12** bekam seinen Namen von fotogenen Joshua-Bäumen *(Yucca brevifolia)*, einem bis über 10 m hohen Agavengewächs, das überwiegend in den über 900 m hoch gelegenen Parkgebieten im Norden vorkommt. Zwischen den Orten **Joshua Tree** und **Twentynine Palms** verlässt man den Highway 62 und fährt auf dem asphaltierten Parkboulevard durch den schönsten Teil des Nationalparks, der zur etwas kühleren Mojavewüste gehört. Joshua Trees mit Büscheln spitzer Blätter werden bis zu 900 Jahre alt, wobei ihre Altersbestimmung schwierig ist, weil sie nicht wie andere Bäume Jahresringe bilden. Von März bis Mai tragen sie weiße Blüten.

Ein zweites Kennzeichen des nördlichen Parks sind abgerundete, übereinandergeschichtete Granitblöcke, deren Aussehen an von Giganten zusammengeklaubte Riesenkiesel denken lässt. Sie bilden verstreute, seltsam wirkende Inselberge, die sich unmittelbar aus den Ebenen aus trockenem Gras erheben. Hin und wieder fallen bunte Flecken in den Vertikalen der Felsen auf: Kletterer aus aller Welt, die in schwierigen Passagen und ungewöhnlichen Formationen ihr Können beweisen. Im Hochsommer meiden Sportler die Felsen, denn sie sind so heiß, dass man sich an ihnen die Finger verbrennen würde.

Infos

Joshua Tree National Park: Oasis Visitor Center, 74485 National Park Dr., Twentynine Palms, CA 92277, Tel. 1-760-367-5500, www.nps.gov/jotr, Pkw 25 $/7 Tage.

Übernachten

Cabins und Bungalows – **29 Palms Inn:** 73950 Inn Ave., Twentynine Palms, Tel. 760-367-3505, www.29palmsinn.com. Aus Lehmziegeln oder Holz erbaute Cottages mit Restaurant und Pool. DZ ab 165 $.

Hübsch und farbenfroh – **Spin and Margie's Desert Hide-a-Way:** Sunkist Rd., Joshua Tree, Tel. 1-760-459-4959, www.deserthideaway.com. Die Unterkunft im Stil einer Hazienda besteht aus vier farbenfroh eingerichteten Suiten mit Doppelbett, Küche und Geschirrspüler sowie einem Cottage. DZ 145–175 $.

Für Campingfreunde – **Black Rock bzw. Cottonwood Campground:** Oasis Visitor Center (s. o., jeweils 15 $). Einzige Anlage mit fließendem Wasser. Im Park gibt es außerdem mehrere einfach ausgestattete Plätze.

Great Basin
Reno
Las Vegas

Kapitel 2

Nevada

Zwischen der Sierra Nevada und den Rocky Mountains liegt im staubtrockenen Great Basin der Bundesstaat Nevada, der mit einer halben Mio. Quadratkilometer größer ist als Deutschland, Österreich und die Schweiz zusammen. Schroffe, über 3000 m hohe Bergketten, glitzernde Salzseen und fast menschenleere Landschaften prägen diese größte Wüste Nordamerikas. Verbindungen wie der Highway 50, Amerikas einsamste Überlandstraße, führen durch Provinznester und alte Bergwerkssiedlungen.

Malerische Geisterstädte halten die Erinnerung an längst vergangene Zeiten wach, in denen der Goldrausch gottverlassenen Gegenden wirtschaftliche Properität bescherte. Ghost Towns wie Rhyolite, Berlin, Bodie und Goldfield sowie alte Westernsiedlungen wie Virginia City gehören auf den Touristenrouten im Südwesten längst zu den fotogensten Reminiszenzen an den längst untergegangenen Wilden Westen.

Aber Nevada hat auch eine andere Seite. Neben Neonreklamen ist der Baukran zum Wahrzeichen von Las Vegas geworden. In atemberaubendem Tempo hat die Wüstenmetropole nicht nur ihr Gesicht, sondern auch ihr Geschäftsprinzip verändert. Roulette und Black Jack, Poker und Spielautomaten locken zwar Jahr für Jahr ca. 40 Mio. Besucher in die Glücksspielpaläste. Aber seit mit Caesar's Palace im Design des antiken Rom die Ära der Themencasinos begann, hat die Stadt neben dem Gambling einen profitablen und immer konsequenter durchgesetzten Geschäftszweig entdeckt: das Amüsement. Die neue Philosophie wird von luxuriösen Hotelcasinos umgesetzt, die Gäste nach Paris, Venedig oder ins antike Ägypten versetzen. Eine Garde berühmter Küchenchefs sorgt für kulinarische Streicheleinheiten, während wie Opernpaläste gestylte Konsumtempel und Shopping-Meilen unter künstlichem Himmel Einkaufsbummel zum Event machen.

Einsame Landstraße im nördlichen Nevada – im Hintergrund die Ruby Mountains südlich von Elko

Auf einen Blick: Nevada

Sehenswert

Las Vegas: Die rund um die Uhr geöffnete Hochburg des Glücksspiels präsentiert sich am eindrucksvollsten nach Einbruch der Dunkelheit, wenn die Straßenzüge im Licht erstrahlen – eine wahre Königin der Wüste (s. S. 240).

Goldfield: Wer sich für die Geschichte des amerikanischen Westens interessiert, findet in der Geisterstadt garantiert in die Vergangenheit führende Spuren (s. S. 258).

Schöne Routen

Von Las Vegas in die Geisterstadt Bodie: Zwischen Las Vegas im Süden und Bodie im Norden liegen mehrere sehenswerte Geisterstädte, z. B. Rhyolite und Gold Point, deren Besuch eine Reise in die Bergbauvergangenheit von Nevada ist (s. S. 258).

Die Interstate 80 von Reno nach Wendover: Schnellste Straßenverbindung durch das Great Basin ist die I-80, die durch typische Wüstenorte wie Winnemucca, Elko und Wendover Richtung Salt Lake City in Utah führt (s. S. 264).

›The Loneliest Road in America‹: Highway 50, Amerikas einsamste Landstraße, führt von Nevadas Hauptstadt Carson City quer durch die größte zusammenhängende Wüste des Landes in den Great Basin National Park und weiter nach Utah (s. S. 269).

Meine Tipps

Musical- und Theaterkarten in Las Vegas: Karten für Musicals und Shows am gleichen Tag erhält man oft mit großem Preisnachlass (s. S. 257).

Gourmettour in Las Vegas: Starköche, exquisite Restaurants, traumhafte Casinobuffets – Spitzengastronomie prägt das kulinarische Image der Stadt (s. S. 248).

Berlin-Ichthyosaur State Park: Saurierfunde machen die Fahrt in die abgelegene Bergbausiedlung Berlin lohnend (s. S. 260).

Blaues Juwel Lake Tahoe: Einer der schönsten Bergseen der USA liegt auf der Grenze zwischen Kalifornien und Nevada in einer malerischen Gebirgslandschaft (s. S. 270).

Great Basin National Park: Mitten in der Wüste des Great Basin thront mit dem Mount Wheeler einer der höchsten Berge auf dem zusammenhängenden Staatsgebiet der USA. Im Nationalpark warten eine hochalpine Szenerie und ein Höhlensystem auf Besucher (s. S. 275).

Aktiv

Valley of Fire – Rendezvous mit der Feuerwalze: Eine Autostunde von Las Vegas entfernt lohnt sich der Wüstentrail zur reizenden Fire Wall (s. S. 254).

Alle an Bord: Eisenbahnliebhaber fahren auf zwei historischen Schienenrouten zwischen Virginia City und Carson City durch Nevadas ehemaliges Eldorado (s. S. 263).

Wildwassertouren im Zentrum von Reno: Mitten in der Gambling-Metropole kommen Wassersportler auf ihre Kosten (s. S. 265).

Bergtour zu den hölzernen Methusalems im Great Basin National Park: Auf dieser Wanderung bekommt man die ältesten Bäume der Erde und Nevadas einzigen Gletscher zu Gesicht (s. S. 276).

Las Vegas und Umgebung

Hotelzimmer zum Schnäppchenpreis, Gratisfrühstück, ermäßigte Showtickets … Wer kann den vielfältigen Lockangeboten von Las Vegas widerstehen? Grundsätzlich bietet der größte und facettenreichste Amüsementbetrieb des Planeten exquisite VIP-Lounges, Edelrestaurants, noble Einkaufszentren und immer aufwendigere Themencasinos. Paris, Rom, Rio, Venedig, New York und das alte Ägypten an einem einzigen Tag? Las Vegas macht es möglich.

Las Vegas ▶ K 11

Cityplan: S. 243

Las Vegas ist rettungslos dem Größenwahn verfallen. Maßlosigkeit ist die Norm, Superlative das Maß aller Dinge. In der Wüstenmetropole gibt es mit knapp 150 000 fast sechsmal so viele Hotelzimmer wie in München und mit 40 Mio. jährlich viermal so viele Besucher wie in Rom. Unter den 20 größten Hotels der Welt mit den meisten Gästezimmern befinden sich 14 in Las Vegas. Die Rangliste führt das MGM Grand Hotelcasino mit knapp 5700 Zimmern an (Stand: 2018). Zahlenjongleure haben ausgerechnet, dass ein Besucher über 300 Jahre benötigen würde, um in jedem Hotelzimmer der Stadt einmal zu übernachten.

Dabei verdankt die Neonmetropole ihre Existenz keinem ausgeklügelten Entertainment-Masterplan, sondern dem Eisenbahnbau. Als zu Beginn des 20. Jh. ein Schienenweg durch die Wüste von Nevada gelegt werden sollte, trat eine Ranchbesitzerin einen Großteil ihres Grund und Bodens an die Eisenbahngesellschaft ab. Die wiederum brachte das in Parzellen aufgeteilte Gelände entlang der Bahntrasse als Baugrund 1905 bei einer großen Auktion unter den Hammer und legte damit den Grundstein der Stadt. Schon wenig später verkümmerte die Bahnlinie durch die aufkommende Autoindustrie, und das Schicksal von Las Vegas wäre vermutlich besiegelt gewesen, wäre 1931 nicht im Zuge des Baus des Hoover-Damms dort ein Arbeitercamp entstanden und gleichzeitig das Glücksspiel legalisiert worden. Nach dem Zweiten Weltkrieg erlebte die Stadt unter der Ägide von Mafiabossen ihren ersten richtigen Entwicklungsschub, als millionenteure Glücksspielpaläste entstanden und der »Rat Pack« um Frank Sinatra, Sammy Davis Jr. und Dean Martin die Showbühnen eroberte. 1966 stieß Caesar's Palace mit dem Bau des ersten Themencasinos im Stil des antiken Rom das Tor zu einer neuen Ära auf. Danach dauerte es Jahre, ehe andere Casinos wie Excalibur, Paris, Venedig oder Luxor die Themenidee aufgriffen und die Stadt in eine Welt im Miniaturformat verwandelten.

Auf dem ›Strip‹, wie der Las Vegas Boulevard im Volksmund heißt, ist die Kopie verglichen mit dem Original absolut von gleichem Wert. Landwirte aus Iowa und Buchhalterinnen aus Arkansas lassen sich vor dem Paris Las Vegas Casino per Fahrstuhl auf den 140 m hohen Eiffelturm hieven und sind der festen Überzeugung, dass das Erlebnis in der Metropole Frankreichs auch nicht anders wäre. Italienische Gondolieri schippern im Venetian zwischen Edelboutiquen und Gourmetrestaurants frisch verliebte Turteltauben aus Oklahoma über den künstlichen Canale Grande und versetzen ihre Passagiere in den Glauben, sich dadurch eine Reise ins ferne Venedig ersparen zu können.

Parallel zur Interstate 15 zieht sich der Strip wie ein von Neontransparenten beleuchteter Königsweg von Downtown im Norden bis in die südlichen Vororte durch Las Vegas. Als Epizentrum der Unterhaltung hat sich in jüngerer Vergangenheit der mittlere und südliche Abschnitt des Strip etwa zwischen Sahara Avenue und Russell Road auf Höhe des Flughafens herausgebildet. Ähnlich wie der Walk of Fame in Hollywood (s. S. 188) ist der dort im Entstehen begriffene **Walk of Stars** eine Hommage an Berühmtheiten aus Entertainment, Sport, Literatur und Geschichte, die allesamt irgendwann in Las Vegas zu Ruhm gekommen waren. Wer nach der Beurteilung durch ein Komitee die Ehrung verdient hat, bekommt als Zeichen der Wertschätzung einen 80 kg schweren Stern aus poliertem Granit ins Gehsteigpflaster eingelassen. Unter den ausgewählten Top 100 rangieren Frank Sinatra, Dean Martin, Sammy Davis Jr., Paul Anka, Celine Dion, Andre Agassi, The Beatles, Burt Bacharach, Elvis Presley und Fats Domino.

Der nördliche Strip

Stratosphere Tower 1

2000 Las Vegas Blvd. S., Tel. 1-702-380-7777, www.stratospherehotel.com, Turmticket 20 $ + 1 Ride 25$, 2 Rides 30 $

Das nördliche Ende des ca. 4,5 Meilen langen Casinozentrums markiert unübersehbar der 356 m hohe **Stratosphere Tower.** Auf der 108. Etage hält der Hochgeschwindigkeitsaufzug beim Drehrestaurant Top of the World und bei der Aussichtsplattform, auf der man sich vom stolzen Eintrittspreis erholen und den Blick auf die Stadt genießen kann – vor allem abends ein Erlebnis. Um das Observation Deck kreist mit X Scream das höchste Karussell der Welt in 270 m Höhe um den Turm. Wem der damit verbundene Adrenalinschock noch nicht die Knie weich gemacht hat, kann sich mit Big Shot 48 m bis fast an die Spitze des Turms katapultieren lassen und nachempfinden, wie sich Astronauten beim Shuttle-Start fühlen. Bei Insanity werden Fahrgäste an einer spinnenähnlichen Metallkonstruktion fast 300 m über dem Erdboden im Freien ›verquirlt‹.

Tipp

PARKEN

Auf dem Weg zur Gewinnmaximierung sind Hotelcasinos erfinderisch. Zahlreiche Gambling-Tempel sind dazu übergegangen, für die Nutzung ihrer Parkhäuser Parkgebühren zu verlangen – in Las Vegas eine in früheren Jahren nicht gekannte Praxis. Wo man noch kostenlos parken kann, erklärt die Internetseite www.vegas.com (> Transportation/Free Parking).

Circus Circus 2

2880 Las Vegas Blvd. S., Tel. 1-702-734-0410, www.circuscircus.com/de

»Manege frei« heißt die Devise im **Circus Circus,** dem kinder- und familienfreundlichsten Hotelcasino der Stadt, in dem große und kleine Gäste von 11 bis 24 Uhr von Clowns, fliegenden Menschen an Trapezen, Jongleuren und Zauberern kostenlos unterhalten werden. Zum überdachten Rummelplatz gehört mit **Adventuredome** einer der größten geschlossenen Vergnügungsparks der USA mit nervenkitzelnden Attraktionen wie der Achterbahn Canyon Blaster mit Doppelloop und Doppelschraube (tgl. 10–24 Uhr, www.adventuredome.com, Tagespass für alle Attraktionen Erw. 33 $, Kin. 19 $). Wer in Circus Circus übernachten will, kann unter knapp 3800 Zimmern aussuchen oder sich mit dem Wohnmobil auf einen dafür reservierten Platz stellen.

Las Vegas

Sehenswert

1 Stratosphere Tower
2 Circus Circus
3 Treasure Island
4 Wynn Las Vegas
5 Encore
6 The Venetian
7 Mirage
8 The LINQ
9 Caesar's Palace
10 Bellagio
11 Paris Las Vegas
12 Planet Hollywood
13 CityCenter
14 The Park
15 New York New York
16 MGM Grand
17 Excalibur
18 Luxor
19 Mandalay Bay/Delano
20 Downtown/ Fremont Street
21 Neon Museum
22 Natural History Museum

Übernachten

1 Hooters
2 Main Street Station

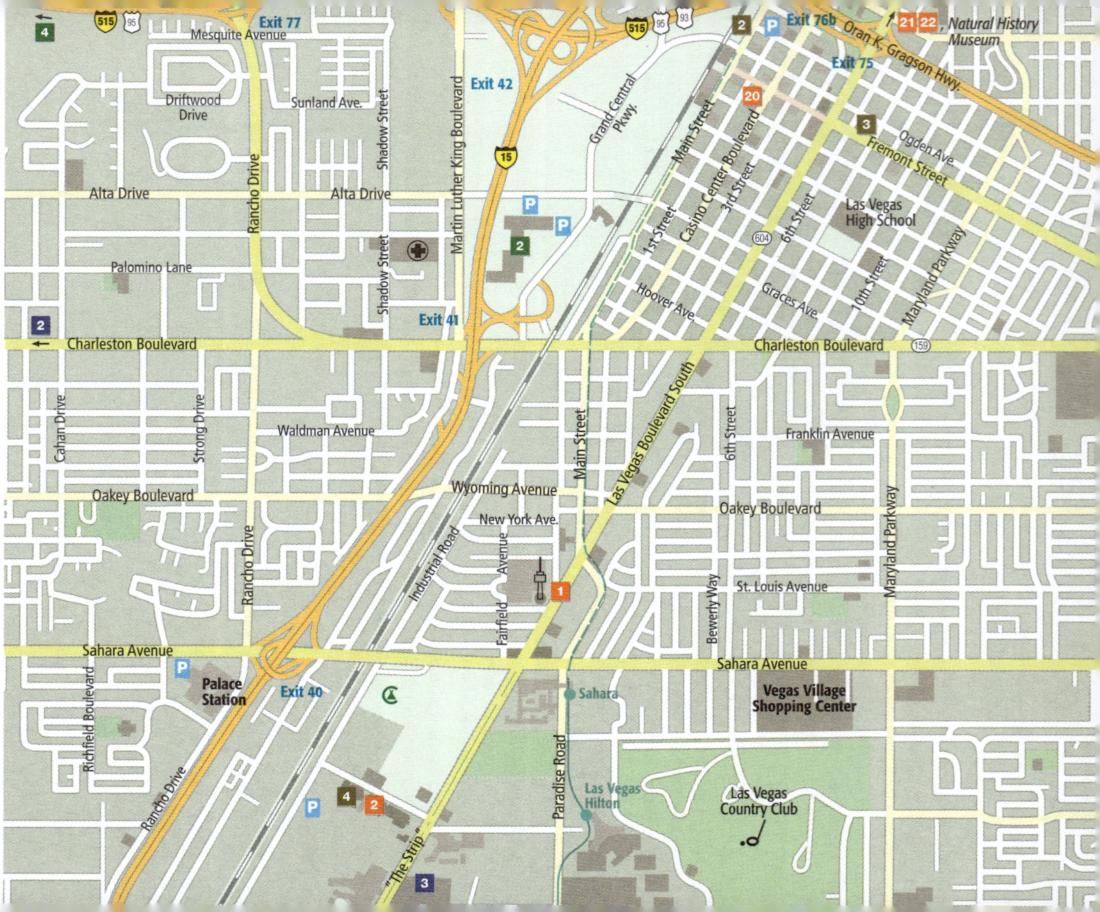

- 3 El Cortez Hotel & Casino
- 4 RV Park at Circus Circus

Essen & Trinken
- 1 Picasso
- 2 Hofbräuhaus
- 3 Ellis Island Casino

Einkaufen
- 1 Fashion Show Mall
- 2 Las Vegas Premium Outlets
- 3 Boulevard Mall
- 4 Meadows Mall

Abends & Nachts
- 1 J. Buffett's Margaritaville
- 2 Intrigue Nightclub

Aktiv
- 1 Grand Canyon Tour Company
- 2 Red Rock Spa & Fitness Center
- 3 Vegas Indoor Skydiving

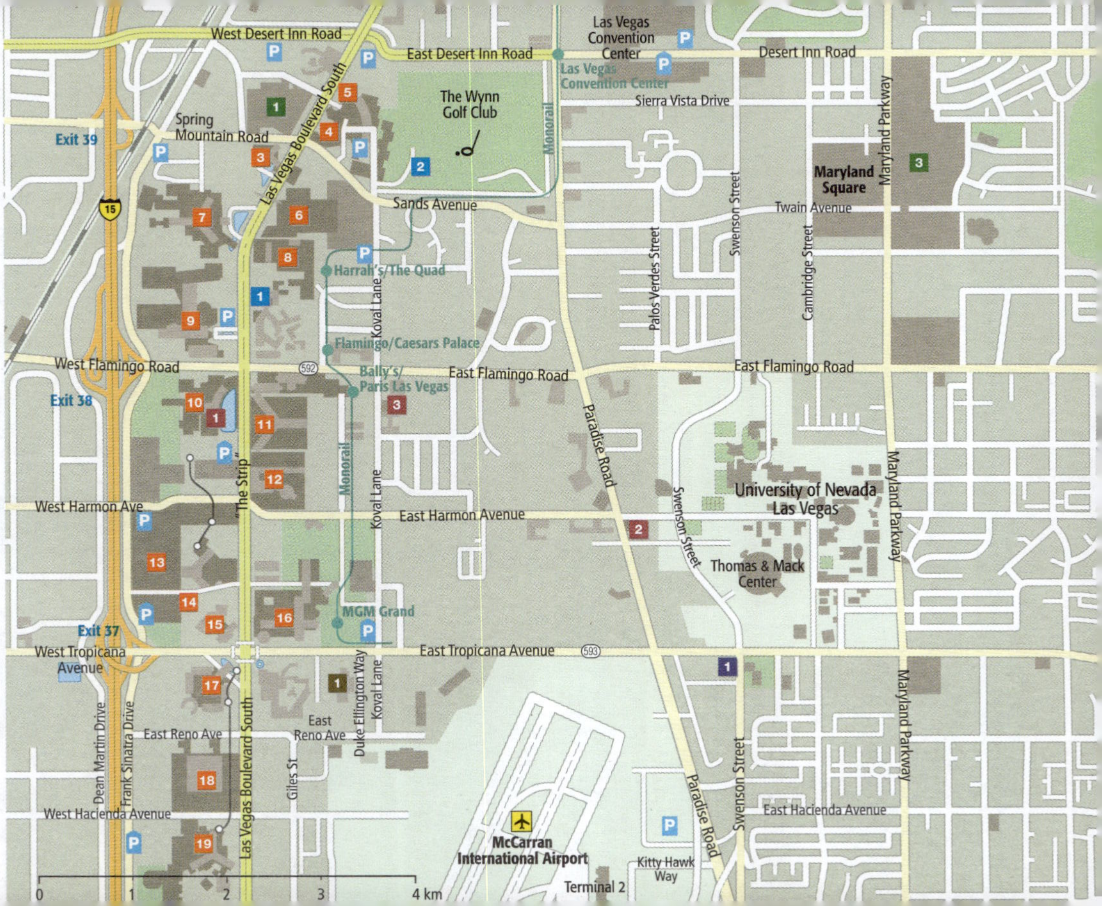

NEW YORK
NEW YORK

Treasure Island 3

3300 Las Vegas Blvd. S., Tel. 1-702-894-7111, www.treasureisland.com

Las Vegas hat sich immer stärker zu einer Shopping-Destination entwickelt. Kaum ein Hotelcasino verzichtete in den zurückliegenden Jahren darauf, neue Ladenzeilen und Boutiquen zu bauen, um Konsumentenwünsche zu erfüllen – auch **Treasure Island** nicht. Um Platz für zusätzliche Einkaufsmöglichkeiten zu schaffen, musste am Strip sogar die attraktive Piratenbucht weichen, in der allabendlich auf zwei alten Segelschiffen eine sexy Sirenen-Show mit Feuerwerksunterstützung über die Bühne ging. Stattdessen wandeln Besucher heute durch eine dreistöckige Mischung aus Drogerie- und Supermarkt.

Wynn Las Vegas 4

3131 Las Vegas Blvd. S., Tel. 1-702-770-7000, www.wynnlasvegas.com

Wenn der Sonnenuntergang die gebogene 50-stöckige Fassade von **Wynn Las Vegas** zum Glühen bringt, strahlt der Riesenbau in Kupferrot mit seinem Wasserfall neben dem Haupteingang wie ein Denkmal der Jahrtausendwende. Kein Zimmer ist kleiner als 58 m² und preisgünstiger als 159 $. Wer es sich leisten kann, darf sich auf 650 m² ausbreiten. In 20 Restaurants sorgen international renommierte Starköche als Teil der 9000-köpfigen Belegschaft für kulinarische Extravaganzen, und geradezu selbstverständlich ist das Wynn das einzige Hotel der Stadt mit einem 18-Loch-Golfplatz (Green Fee ab 300 $). Nicht nur durch seine Ausstattung hat sich das Megaresort von einer in Las Vegas eingeübten Tradition verabschiedet. Im Gegensatz zur Konkurrenz bildet nicht das Spielcasino, sondern eine mit Blumenbeeten und illuminierten Bäumen gestaltete Lobby das Zentrum des Hotels. Den Boden ließ Kunstkenner Wynn mit bunten Blumenmosaiken nach Matisse-Motiven auslegen. In der Shopping-Meile Esplanade gibt es Filialen von Louis Vuitton, Chanel, Dior, Cartier sowie Brioni. Dass die Befindlichkeiten der Gäste im Wynn oberstes Gebot sind, beweist das Hotel in seinen Aufzügen. Weil in Japan die Zahl 4 als Unglückszahl betrachtet wird, wurden die Nummern der Stockwerke 40 bis 49 rücksichtsvoll ausgelassen.

Der Blick aus der Mix Lounge im Mandalay Bay zeigt das nächtliche Las Vegas von einer unnachahmlichen Seite

Encore 5

3121 Las Vegas Blvd. S., Tel. 1-702-770-7171, www.encorelasvegas.com

Neben Wynn Las Vegas steht mit **Encore** ein Partnercasino, das dem älteren Gambling-Palast in Sachen Luxus, Komfort und Pracht in nichts nachsteht. Selbst die schwungvolle Architektur und die rotbraune Fassadenfarbe beweisen, dass es sich um Zwillingsbetriebe handelt. Die Poollandschaft zählt zu den luxuriösesten in der Stadt.

The Venetian 6

Markusplatz, Dogenpalast, Rialtobrücke, Canale Grande – als amerikanische Dependance der italienischen Lagunenstadt kommt auch **The Venetian** nicht ohne die weltberühmten Wahrzeichen aus. Im Innern spannt sich ein künstlicher Himmel über azurblaue Kanäle, auf denen Arien von Verdi schmetternde Gondolieri mit blau-weiß gestreiften Hemden und Strohhüten Besucher aus aller Welt an vornehmen Geschäften, Galerien, Boutiquen und Restaurants entlanggleiten lassen. Im Wachsfigurenkabinett **Madame Tussaud's** warten in einer langen Reihe erlauchte Stars aus Film, Musik, Showbusiness und Sport wie etwa John Wayne, Britney Spears und Prinzessin Diana auf neugierige Besucher (Tel. 1-702-862-7800, www.madametussauds.com/lasvegas, tgl. ab 10 Uhr, Erw. 32 $, Kin. 22 $, online billiger). Natürlich kommt auch das Venetian nicht ohne exklusive Shopping-Adressen aus. Die Grand Canal Shoppes ziehen sich mit vielen Edelboutiquen am Canale Grande entlang, der außerdem von reizenden Restaurants und Cafés gesäumt wird, in denen man sich fast vorkommt wie in der originalen Lagunenstadt in Italien (s. S. 254).

Tropisches Feeling in der Wüste: In der Poollandschaft des Mirage Casinos kann man auftanken

Mirage 7

3400 Las Vegas Blvd. S., Tel. 1-702-791-7111, www.mirage.com, Habitat tgl. 10–17 Uhr, Erw. 22 $, Kinder 4–12 J. 17 $

Einen Erlebnispark für Erwachsene mit tropischer Vegetation, feuerspeiendem Vulkan, Regenwald und einem Haifischbecken hinter der Rezeption hatten die Planer und Bauherren mit dem 1989 fertiggestellten **Mirage** im Sinn. Dass der Komplex in die Jahre gekommen ist, sieht man ihm nicht an. Nach wie vor gehört das ›Wunder‹ am Strip zu den stilvollsten Gambling-Tempeln der Stadt, in dessen kuppelförmiger Lobby ein echter Dschungel mit tropischen Bäumen, blühenden Orchideen und über 1000 unterschiedlichen Bromelien die Gäste empfängt. Hinter dem Hotel kann man das **Siegfried & Roy's Secret Garden and Dolphin Habitat** besichtigen, wo weiße Tiger und Löwen, Panther, Leoparden und Große Tümmler in einer exotischen Oase zu Hause sind.

The LINQ 8

3535 Las Vegas Blvd. S., Tel. 1-866-328-1888, www.caesars.com/linq, Riesenrad Juni–Sept. Tag-Ticket 22 $, Nacht-Ticket 32 $, sonst Tag-Ticket 24,95 $

Die Rekordjagd beschränkt sich in Las Vegas nicht nur auf abgehobene Hotelcasinos, coole Bühnenshows und hippe Restaurants. Mit **The LINQ** besitzt die Stadt sogar das mit 167 m höchste Riesenrad der Welt, das den bisherigen Rekordhalter in Singapur um knapp 3 m überragt. In den 28 klimatisierten Kabinen können Partys gefeiert werden, weil jeweils 40 Passagiere Platz haben. Wer während der Tour Wert auf einen kühlen Drink legt, mietet sich eine Kabine inklusive Bar. Auf den halbstündigen ›Rundfahrten‹ genießt man einen prächtigen Blick über das Herz der Amüsiermetropole. Insbesondere nach Sonnenuntergang bietet der Fahrbetrieb ein attraktives Bild, weil er von mehr als 2000 LEDs beleuchtet wird.

Caesar's Palace 9

3570 Las Vegas Blvd. S., Tel. 1-866-227-5938, www.caesars.com/caesars-palace

Neben dem Mirage gehört **Caesar's Palace** zu den Klassikern der Hotel- und Casinoszene in Las Vegas. Im altrömischen Stil 1966 eröffnet, war es das erste Spielerparadies, das einem bestimmten Thema verpflichtet war. Noch heute blickt Julius Cäsar von einer Säule auf den Stop-and-go-Verkehr, der zu seinen Füßen auf dem Strip Tag und Nacht vorbeirauscht. In kleinen Pavillons stehen antike Skulpturen und gelegentlich römische Legionäre aus Fleisch und Blut, gerüstet mit Brust- und Kettenpanzern, Montefortino-Helmen samt Federschmuck und spanischen Kurzschwertern. Hin und wieder schreitet im Casino Kleopatra am Arm von Marc Anton durch die Reihen der Videoautomaten, um die Spieler bei Laune zu halten.

Unter den Einkaufspassagen der Stadt gehören die Forum Shops mit prunkvollen römischen Brunnen, Piazzas und klassischen Skulpturen zu den außergewöhnlichsten. Über 160 Geschäfte, Galerien, Restaurants, Bars und noble Boutiquen säumen die Shopping-Meile unter einem künstlichen Himmel, der den Tagesablauf von der Morgendämmerung bis zum Abend simuliert. Die Festival Fountain erwacht jede volle Stunde zum Leben. Bei einer Lasershow beginnt sich der nur vermeintlich aus Stein geschlagene Bacchus zusammen mit Venus, Apollo und anderen plötzlich zu bewegen und ein fröhliches Fest zu feiern.

Spektakulär ist ein mehrstöckiger Palast mit einer spiralförmigen Rolltreppe im eleganten Atrium, dessen Etagen von riesigen römischen Statuen getragen werden. Vor dem Gebäude wird nachts eine Kopie des Trevi-Brunnens in Rom illuminiert.

Der südliche Strip

Hotel Bellagio 10

3600 Las Vegas Blvd. S., Tel. 1-702-693-7111, www.bellagio.com

Beim Bau des mondänen **Bellagio** stand die Landschaft um den Comer See Pate. Vor dem Riesengebäude dehnt sich ein 12 ha großer, von Menschenhand angelegter See aus, auf dem jeden Tag grandiose, computergesteuerte Wassershows die Zuschauer fesseln. Eine 300 m lange Wasserorgel mit 1200 Düsen schießt zu klassischen Arien in Scheinwerferlicht getauchte Fontänen bis zu 150 m hoch in den Himmel. Die grüne Oase **Conservatory & Botanical Gardens** wechselt ihr Gesicht je nach Jahreszeit und ist mit zum Teil exotischen Bäumen und Pflanzen, hin und wieder aber auch mit eher kitschig wirkendem Dekor oder nationalen Emblemen ausgestattet. Die Poollandschaft im Stil eines klassischen italienischen Gartens mit Becken, weißen Marmortreppen, klassischen Statuen, Pinien, Zitrusbäumen und Poolcafés macht sogar heiße Hochsommertage erträglich.

Paris Las Vegas 11

3655 Las Vegas Blvd. S., Tel. 702-946-7000, www.parislasvegas.com, Eiffelturm 9–17 Uhr Erw. 16 $, Senioren und Kin. 4–12 J. 10 $; 17–24 Uhr Erw. 22 $; Senioren und Kin. 4–12 J. 20 $, Hotelgäste bekommen zwei Tickets zum Preis von einem

Unübersehbar weist eine zwar verkleinerte, aber fast exakte Kopie des Eiffelturms den Weg nach **Paris Las Vegas.** Ob man auf der 11. Etage im Restaurant kulinarische Köstlichkeiten oder auf der Spitze den Panoramablick genießt: Französische Impressionen sind nicht weit. Mit der Louvre-Fassade, dem Pariser Rathaus, der Oper, dem Arc de Triomphe bietet das Hotel Kennern der französischen Hauptstadt ein Déjà-vu-Erlebnis, das im Casino durch Pflastergassen mit Baguettebäckereien sowie Käse- und Weinhandlungen noch verstärkt wird. Auf Authentizität wird allenthalben Wert gelegt, selbst wenn man radelnde Croissantlieferanten mit Baskenmützen auf dem Kopf in Frankreich vermut-

Tipp

GOURMETTOUR IN LAS VEGAS

Zahlreiche Buffets und Restaurants eroberten sich unter der Kochlöffelregie preisgekrönter Küchenchefs Stammplätze im Gourmethimmel über Las Vegas. Die besten Buffets werden aus hochwertigen Zutaten komponiert und von Food Designern kunstvoll gestaltet.

Nach Meinung vieler Gourmets führt das teure **Bacchanal Buffet** 9 (Caesar's Palace, 3570 Las Vegas Blvd. S., Tel. 1-702-731-7928) die Rangliste der Casinobuffets in der Stadt an. Im edlen Ambiente können die Gäste unter allem auswählen, was Leckermäuler verzaubert. Hoch gelobt wird außerdem das extravagante **Bellagio Buffet** 10 (Bellagio Hotelcasino, 3600 Las Vegas Blvd. S., Tel. 1-866-259-7111), das keine Wünsche offen lässt.

Auch **Le Village Buffet** 11 (Paris Las Vegas Casino, 3655 Las Vegas Blvd. S., Tel. 1-702-946-7000) steht bei vielen Kennern der Stadt hoch im Kurs – nicht nur wegen der ausgezeichneten Riesenauswahl an Speisen und der französischen Backwaren, sondern auch wegen der gemütlichen Atmosphäre im ›Dorf‹, das einem traditionellen französischen Stadtplatz mit malerischen Fassaden nachempfunden ist.

Im Unterschied dazu präsentiert sich das **Carnival World Buffet** (Rio Casino, 3700 W. Flamingo Rd., Tel. 1-702-777-7757) in modernem Design. Der kulinarische Tag besteht

In Las Vegas sorgen prominente Spitzenköche für Genuss

aus dem Dinner (Mo–Fr) und dem Brunch (Sa–So), bei dem man sich von chinesischen Dim-Sum-Spezialitäten über italienische Pizzen bis zu mexikanischen Gerichten alles gönnen kann, was man will. Kommt man abends zum Essen, warten ca. 300 unterschiedliche Gerichte und 70 Nachtischvariationen darauf, verzehrt zu werden.

Mit bloßer Nahrungsaufnahme haben die Self-Service-Tafelfreuden in den großen Casinos nichts zu tun. Eher handelt es sich um lukullische Schwelgereien auf höchstem Niveau. Ganz besonders trifft das auf einige Sonntagsbrunches zu. Im Planet Hollywood Casino gibt es bei dieser Gelegenheit Champagner, soviel man will. Ein populäres Gourmetziel ist sonntags auch der sündhaft teure **Sterling Brunch** mit Räucherlachs, Kaviar, Lammkoteletts und Roast Beef (Bally's Hotelcasino, 3645 Las Vegas Boulevard S., Tel. 1-702-967-7258, So 9.30–14.40 Uhr, 90 $), nach dessen Genuss schon mancher Gast seine danach geplante Stadttour ersatzlos gestrichen hat.

Auch in Restaurants achtet man auf höchste Qualität. Gewährsleute dafür sind Küchenzauberer wie Wolfgang Puck, der in den USA in vielen Städten seine Anhänger bekocht und in Las Vegas u. a. mit den Restaurants **Spago** (Bellagio Casino, Tel. 1-888-987-6667), **Cut** (Palazzo Resort, 3325 Las Vegas Blvd. S., Tel. 1-702-607-6300) und **Trattoria del Lupo** 19 (Mandalay Bay Casino, 3950 Las Vegas Blvd. S., Tel. 1-702-740-5522) vertreten ist. Ähnlich prominent ist Thomas Keller, der sein Handwerk im **Bistro Bouchon** 6 (The Venetian, 3355 Las Vegas Blvd. S., Tel. 1-702-414-6200) zelebriert.

Buffet-Zeiten: Frühstück (7–11), Lunch (11–16), Dinner (16–22 Uhr)

Kosten: Am Buffet kostet ein Frühstück ca. 8–20 $, Lunch 15–25 $, Dinner ab ca. 20 $ (Preise ohne Tax). Die Buffets Paradise Garden (Flamingo), Flavors (Harrah's), Le Village (Paris), Spice Market (Planet Hollywood), Carnival World (Rio) und Bacchanal (Caesar's, Aufpreis!) bieten den **Buffet-of-Buffets-Pass** an, mit dem man 24 Stunden lang alle Buffets genießen kann (So–Do 60 $, Fr–Sa 75 $ + Tax).

Besonderheiten: Nichtalkoholische Getränke sind gratis, Bier oder Wein müssen meist eigens bezahlt werden.

Trinkgeld: Servierpersonal stehen ca. 15 % des Rechnungsbetrags zu. Man lässt das Geld einfach auf dem Tisch liegen.

lich weniger häufig antrifft als am Strip in Las Vegas.

Planet Hollywood Resort & Casino 12

3667 Las Vegas Blvd. S., Tel. 1-866-919-7472, www.caesars.com/planet-hollywood

Wo früher das Aladdin Casino inmitten von orientalischem Ambiente residierte, zog mit dem **Planet Hollywood Resort & Casino** ein neuer Besitzer ein – und ein neues Design, das sich nicht mehr an Tausendundeiner Nacht, sondern an der Filmmetropole Hollywood orientiert. So wurde nicht nur das ehemalige Aladdincasino nach dem neuen Konzept umgestaltet und ein zeitgemäßes Konzept für Gastronomie und Entertainment umgesetzt. In Kooperation mit Westgate Resorts nahmen die neuen Besitzer mit den Planet Hollywood Towers auch den Bau von zusätzlichen 1200 Zimmern bzw. luxuriösen, 4 Mio. teuren Eigentumswohnungen auf den vier obersten der 50 Stockwerke hohen Türme in Angriff. Das frühere morgenländische Design der in Miracle Mile umbenannten Einkaufsstraße Desert Passage mit 140 Geschäften wurde ebenfalls dem südkalifornischen Hollywoodthema angepasst.

CityCenter 13

www.vegas4you.de/citycenter.htm

Diese Stadt in der Stadt macht in erster Linie mit einer spektakulären Architektur auf sich aufmerksam, die nach Plänen u. a. der Stararchitekten Daniel Libeskind und Helmut Jahn entstand. **CityCenter** besteht nicht nur aus

Tipp

HEIRATEN IN LAS VEGAS

Wer heiraten will, muss mindestens 18 Jahre alt sein und im Marriage Bureau persönlich eine Heiratserlaubnis (*marriage licence*, 60 $) beantragen. Ausländer benötigen einen Reisepass. Terminvereinbarungen sind nicht notwendig. Die eigentliche Hochzeit schließen die meisten Aspiranten in einer Hochzeitskapelle in einem Casinohotel (500 S. Grand Central Pkwy, Tel. 1-702-455-0000, www.clarkcountynv.gov/clerk > Services/Marriage License, tgl. 8–24 Uhr, auch an Feiertagen geöffnet).

knapp 6000 Hotelzimmern und mehreren Hundert Eigentumswohnungen. Auch vier Hotelresorts mit Casinos, ein Einkaufs- und Vergnügungszentrum, eine frei zugängliche Kunstausstellung mit Skulpturen und Installationen und ein Theater gehören dazu. Mit dem CityCenter Tram führt eine zwischen Bellagio und Monte Carlo-Resort verlaufende Bahn mitten durch den futuristischen Komplex.

The Park 14

Zwischen Park Theater, T-Mobile Arena und dem New York New York Casino kann man unter Bäumen an fest installierten Tischen und Stühlen eine Pause einlegen oder sich im Beerhaus bzw. einem anderen Lokal eine Stärkung genehmigen. Hauptattraktion im Park ist die riesige, nachts beleuchtete Frauenskulptur Bliss Dance aus Drahtgeflecht.

New York New York 15

3790 Las Vegas Blvd. S., Tel. 1-702-740-6969 und 1-866-815-4365, www.nynyhotelcasino.com

In Las Vegas ist die Freiheitsstatue näher an die Skyline aus Wolkenkratzern und an die Brooklyn Bridge gerückt als im originalen Big Apple, und an die verwegene Achterbahn Big Apple Coaster (14 $) um das Chrysler bzw. Empire State Building können sich Besucher im richtigen Big Apple an der Ostküste nicht so recht erinnern. Von derartigen Kleinigkeiten abgesehen, trifft das Hotelcasino **New York New York** die Atmosphäre einiger Stadtteile in Manhattan nicht schlecht. In engen Straßenzeilen mit Hydranten, Graffiti auf Mauern und Fassaden, Mülltonnen, Verkehrs- und Reklameschildern sowie kleinen Cafés kommt Greenwich-Village-Stimmung auf, wenn man sich seinen Weg durch die bummelnden Menschenmengen bahnt. Selbst aus Kanaldeckeln aufsteigenden Dampf haben die Casinoplaner nicht vergessen.

MGM Grand 16

3799 Las Vegas Blvd. S., Tel. 1-702-891-1111, www.mgmgrand.com

Ein gewaltiger, vor dem grünen Riesenkomplex sitzender Bronzelöwe erinnert daran, dass das **MGM Grand** nach dem berühmten Hollywoodstudio Metro-Goldwyn-Mayer benannt wurde, dessen Markenzeichen ein brüllender König der Savanne ist. Außer Zimmern, Suiten, Spieltischen und -automaten komplettieren zwei heiße Nachtklubs, neun französische, italienische, amerikanische und asiatische Weltklasserestaurants, fünf Außenpools mit Wasserfällen und einige der angesagtesten Shows der Stadt das Angebot.

Excalibur 17

3850 Las Vegas Boulevard S., Tel. 1-702-597-7777, www.excalibur.com/de, Dinner-Show Mo, Fr 18, Mi–Do, Sa–So 18 u. 20.30 Uhr, 42 $

Wer eine Vorliebe für märchenhafte Szenerien hat, wird die bunte, nachts attraktiv angestrahlte Türmchenkulisse des **Excalibur** mit Burggraben und Zugbrücke für einen Bilderbuchanblick halten. Fotografen schätzen das reizvolle Motiv ohnehin. Geheimnisvolle Zauberer, Burgfräulein mit spitzen Hüten, Gaukler und Minnesänger lassen die Illusion eines mittelalterlichen Schlosses entstehen, in dem sich nicht die Ritter der Tafelrunde versammeln, sondern Touristen aus aller Herren Länder.

Jeden Abend sind Gäste zum Tournament of Kings in einen großen Speisesaal eingeladen, in dem zu Dragon's Blood (Tomatensuppe) sowie Brathähnchen und Beilagen eine vom Mittelalter inspirierte Dinner-Show mit Schwert- und Gladiatorenkämpfen, pyrotechnischen Vorführungen, Drachen und Hexen serviert wird, an der sich die Zuschauer beteiligen können.

Luxor 18

3900 Las Vegas Blvd. S., Tel. 1-877-386-4658, www.luxor.com

Schwarz und riesig fällt die Stahl- und Glaspyramide des Luxor schon von Weitem im Stadtbild auf. Zwischen akkurat gewachsenen Palmen bewacht eine riesige Sphinx mit kosmetisch korrigierter Nase den Hotel- und Casinoeingang, hinter dem sich eine gewaltige Lobby mit Gipskopien altägyptischer Statuen und Obelisken aus Theben und Karnak öffnet. Neben 4400 Gästezimmern, einem halben Dutzend Restaurants, einer Poollandschaft und einem IMAX-Kino gibt es eine Einkaufsgalerie. Nachts befingert ein auf der Pyramidenspitze installierter 315 000 Watt starker blau-weißer Lichtstrahl den Himmel über der Wüste, als müsse er unentschlossenen Gamblern den Weg ins Casino weisen. Die Stromrechnung allein für das Lichtbündel, das Astronauten aus dem All erkennen können, beläuft sich auf 51 $ pro Stunde.

Mandalay Bay 19

3950 Las Vegas Blvd. S., unterschiedliche Zeiten, Tickets unter Tel. 702-632-7777, www.mandalaybay.com, Ticketpreise je nach Veranstaltung

Mit Fassaden wie aus schierem Gold setzt **Mandalay Bay** den letzten Meilenstein am südlichen Ende des Strip. Vor dem dreiflügeligen Riesenkomplex lassen in einer burmesischen Dschungellandschaft liegende Pseudoruinen das asiatisch-orientalische Thema der Anlage erahnen. Zu den Attraktionen gehört eine attraktive Badelandschaft mit zwei Pools, Wellenbad, künstlichem Schnorchelriff, Wasserfällen, Palmen und Sandstrand. Auf einem Schlauchbootkanal kann man sich gemütlich treiben lassen. Im orientalisch und sehr farbenfroh eingerichteten House of Blues treten regelmäßig bekannte Interpreten und Gruppen auf, unter denen in der Vergangenheit Stars wie Macy Gray und James Brown waren.

Die Restaurants und Lounges des Casinos zählen zu den extravagantesten Gastronomieerlebnissen der Stadt. Neben dem Casino entstand mit dem **Delano** eine exklusive Luxusunterkunft – vom Restaurant und dem Lounge Mix auf der obersten Etage zeigt sich Las Vegas nach Sonnenuntergang als umwerfender glitzernder Lichterteppich.

Downtown Fremont Street 20

Jahrelang führten die Hotelcasinos in Downtown Las Vegas ein Aschenputteldasein, weil weiter südlich am Strip attraktivere Themenhotels die Masse der Stadtbesucher anzogen. Diese Durststrecke ist seit einigen Jahren vorbei. Als die zentrale Fremont Street 1995 mit ihren zehn Casinos und 60 Restaurants in eine Fußgängerzone verwandelt und mit der **Fremont Street Experience** eine bis dahin nie dagewesene Show installiert wurde, machte dies den alten Stadtkern fast über Nacht zu einer viel besuchten Sehenswürdigkeit. Wo früher nur Casinoreklamen und die aus Neonröhren gefertigten Cowboy- bzw. Cowgirlfiguren Vegas Vic und Sassy Sal die sogenannte Glitter Gulch (Glitzerschlucht) beleuchteten, überspannt heute eine auf Pfeilern stehende gewölbte Metallkonstruktion mit 12,5 Mio. synchronisierten Leuchtdioden die Fremont Street. Bis zu fünfmal pro Abend findet in regelmäßigen Abständen ein kostenloses computergesteuertes Licht- und Klangspektakel statt (www.vegasexperience.com). Adrenalinsüchtige können an zwei 24 bzw. 35 m hohen Seilrutschen namens SlotZilla unter dem beleuchteten Kuppeldach über die Fremont Street ›fliegen‹ (http://slotzilla.showare.com, So–Do 13–1, Fr–Sa 13–2 Uhr, 20 bzw. 40 $).

Nördlich der Fremont Street stellt das **Neon Museum** 21 im Freien ausgediente Neontransparente aus, die in vergangenen Jahrzehnten Hotels und Casinos der Stadt schmückten (770 Las Vegas Blvd. N., Tel. 1-702-387-6366, www.neonmuseum.org, tgl. Führungen, Tagestouren ab 10 bzw. 11 Uhr, 15–19 $, Nachttouren 22–28 Uhr 25 $).

Natural History Museum 22

900 Las Vegas Blvd. N., Tel. 702-384-3466, www.lvnhm.org, tgl. 9–16 Uhr, Erw. 12 $, Senioren 10 $, Kinder 3–11 J. 6 $

Das King Tut's Tomb mit einer exakten Nachbildung der Grabkammer des Pharaos Tutenchamun zählt zu den bedeutendsten Ausstellungsstücken im Natural History Museum in Nord-Las Vegas. Außer der altägyptischen Abteilung gibt es eine Saurierausstellung, Exponate aus Afrika, präparierte Wildtiere der Mojave Desert und ein Bassin mit lebenden Meeresbewohnern.

Shows

Das Angebot an Musik-, Tanz- und Magiershows, Theateraufführungen, Musicals, Kabaretts, erotischen Darbietungen und burlesken Veranstaltungen ist kaum zu überblicken. Jedes Casino, das etwas auf sich hält, bietet mindestens ein solches Bühnenereignis an. Tickets bekommt man in jedem Hotel. Da viele Shows aber schon Wochen im Voraus ausverkauft sind, sollte man zuvor über die Internetseite www.vegas4you.de reservieren. Die kanadische Truppe **Cirque du Soleil** präsentiert sich in der Stadt gleich mehrfach mit unterschiedlichen fantastischen Zirkusnummern von Akrobaten, Tänzern und Clowns: Im Treasure Island mit **Mystère** (Sa–Mi 19 und 21.30 Uhr), im Bellagio mit dem Wasserspektakel **O** in einem 6 Mio. Liter fassenden Becken (Mi–So 19.30 und 22 Uhr) und im MGM Grand mit **KA**, einem Mix aus Multimedia-Performances, Akrobatik und Feuerwerken (Sa–Mi 19 und 21.30 Uhr).

Als provokativ wird **Zumanity** im New York New York Casino eingeordnet. Tragende Elemente der 90-minütigen Show, bei der ein halbes Hundert Musiker und Tänzer auf der Bühne stehen, sind erotische Akrobatik und Bewegungsspiele zu exotischen Rhythmen (Showzeiten unter www.cirquedusoleil.com/zumanity). Das Mirage Hotel präsentiert die Zirkusshow **Love**, die eine gelungene Kombination von Akrobatik, Tanz und visuellen Effekten inklusive Beatles-Soundtrack darstellt (www.mirage.com > Entertainment/ The Beatles Love, Do–Mo 19 und 21.30 Uhr).

Die 1987 gegründete **Blue Man Group** wurde u. a. durch ihre Mitwirkung in Werbespots berühmt. Las Vegas ist weltweit eine von nur wenigen Städten, in denen das optisch überwältigende und musikalisch außergewöhnliche Spektakel mit den drei stumm agierenden, kahlköpfigen und blau gefärbten Hauptdarstellern und ihrer Begleitband aufgeführt wird (Monte Carlo Resort und Luxor Hotelcasino, www.blueman.com).

Zwei Magier haben es in Las Vegas zu Ruhm und Ansehen gebracht. Der berühmte **David Copperfield** begeistert im Hotel MGM Grand große und kleine Zuschauer mit Zauberkunststücken und fantastischen Illusionen (Showdaten unter www.mgmgrand.com). Glamouröse Las-Vegas-Revuen mit hübschen Tänzerinnen in knappen, farbenprächtigen Kostümen im Stil der Pariser Folies-Bergère-Shows waren früher an der Tagesordnung, wurden mittlerweile aber durch ein verändertes Unterhaltungsbedürfnis des Publikums verdrängt.

En vogue sind heute freizügige und nur für Erwachsene geeignete Auftritte wie die berühmte Männertruppe **Chippendales** im Rio Casino, **Thunder From Down Under** im Excalibur, **Absinthe** im Caesars Palace, **Magic Mike Live** im Hard Rock Hotel, **Aussie Heat** in Planet Hollywood und **Fantasy** im Luxor Hotel.

Kaum ein Pflaster Amerikas kann mit Las Vegas konkurrieren, wenn es um Performances von Weltstars geht. Sie geben sich in den unterschiedlichen Hotelcasinos die Klinke in die Hand, gleichgültig um was für eine Kunst- bzw. Unterhaltungsrichtung es sich handelt. Wer etwas gelten will, muss sich in Las Vegas sehen lassen.

Das Valley of Fire: dramatische Felsformation Elephant Rock in flammendem Rot

Ausflüge von Las Vegas

Red Rock Canyon National Conservation Area ► J 11

Rte. 159, www.redrockcanyonlv.org, tgl. 6 Uhr bis Sonnenuntergang, Pkw 7 $

30 Minuten westlich von Las Vegas liegt mit der **Red Rock Canyon National Conservation Area** eine spektakuläre, 330 km² große, von zerklüfteten Felsen und Canyons geprägte Westernlandschaft. Eine 13 Meilen lange Panoramastraße (Achtung Einbahnstraße) führt durch das reizvolle Gebiet.

Mount Charleston ► J 11

www.summitpost.org/charleston-peak/150959

Unter den vier Bergketten, die im Umkreis von Las Vegas liegen, ist **Mount Charleston** 35 Meilen nordwestlich der Stadt eine Ausnahmeerscheinung. Mit 3632 m bildet er nicht nur die mit Abstand höchste Erhebung. Mit Nadelwäldern an seinen Flanken hebt er sich auch deutlich von den anderen grauen Wüstenbergen ab. Kein Wunder, dass die Bergwildnis hauptsächlich in den heißen Sommermonaten für viele Stadteinwohner zum kühlen Fluchtpunkt wird.

Aktiv

VALLEY OF FIRE – RENDEZVOUS MIT DER FEUERWALZE

Tour-Infos

Start: Parkbucht in der Nähe des White Domes Trailhead am vom Besucherzentrum nach Norden führenden Scenic Drive
Länge: 1,25 Meilen (2 km) hin und zurück
Dauer: hin und zurück ca. 2 Std.
Eintritt: Für die Fire Wave selbst braucht man kein Permit, aber der Parkeintritt kostet 10 $.
Wichtige Hinweise: Der Weg ist einfach zu gehen, aber auf der gesamten Strecke ohne Schatten – im Hochsommer keine leichte Übung. Die besten Fotos schießt man vormittags oder am späteren Nachmittag, wenn die Farbenpracht am besten zur Geltung kommt.

Eine Autostunde nordöstlich von Las Vegas haben über Millionen von Jahren Wind und Wetter im grandiosen Valley of Fire (▶ L 10) aus feuerrotem Sandstein eine atemberaubende Märchenlandschaft hinterlassen. Das trifft ganz besonders auf eine Fire Wave (Feuerwelle) genannte Felsformation zu, die am Scenic Drive nördlich des Besucherzentrums liegt. Vom Parkplatz überquert man die Straße und geht eine sandige Hügelflanke zuerst bergab und dann um eine zerklüftete Felswand herum. Ein kurzer, nicht sehr steiler Anstieg führt auf ein kleines Plateau mit geriffelten Felsen hinauf, über das man schon nach wenigen Metern die Fire Wave erreicht – eine wellenförmige Felsstruktur mit fantastischen ›Zebrastreifen‹ in hellen und dunkleren Ockertönen – je nach Sonneneinstrahlung. Der Rückweg führt über denselben Trail.

Infos

Las Vegas Visitor Information Center: 3150 Paradise Rd., Las Vegas, NV 89109, Tel. 1-702-892-7575, www.lvcva.com (> Who we are/Our Facilities/Visitor Informationc Centers).
Faustregel: Von So bis Do sind die Zimmerpreise häufig um die Hälfte günstiger als Fr und Sa. Sonderangebote findet man im Internet (www.vegas-online.de).

Übernachten

Venedig auf Amerikanisch – **The Venetian** 6 **:** 3355 Las Vegas Blvd. S., Tel. 1-702-414-1000, www.venetian.com. Das Casinohotel hat mit seinem italienischen Vorbild eines gemein: Man muss tief in die Tasche greifen. Die Suiten bestehen aus Schlaf- und Wohnraum mit viel Platz und komfortabler Ausstattung. DZ im Durchschnitt ca. 239 $.

Luxuriöses Ambiente – **Delano Las Vegas** 19 **:** 3950 Las Vegas Blvd. S., Tel. 1-702-632-7888, www.delanolasvegas.com. 5-Sterne-Top-Hotel mit mehr als 1000 Suiten mit Designer-Interieur. Die edle Ausstattung reicht von der in den Farben Schwarz und Elfenbein gehaltenen Lobby bis zu den mit Plasma-TVs ausgestatteten Marmorbädern der Gästeunterkünfte. Im Spa können Gäste zwischen Sauna, beheizten Whirlpools, Eukalyptusdampfbad, Entspannungslounge und Fitnessraum auswählen. Suiten ab 236 $.

Hotel der Spitzenklasse – **Wynn Las Vegas/ Encore** 4 **,** 5 **:** 3131 Las Vegas Blvd. S., Tel. 1-702-770-7000, www.wynnlasvegas.com. Wenngleich sich das Hotel gerne als Luxusherberge apostrophieren lässt, ist der Komfort in den Zimmern kaum größer als in anderen guten Hotelcasinos. Mit einer Ausnahme: Die Bäder sind geräumig, mit flachen TVs und tiefen Badewannen ausgestattet. Aber die Extras haben ihren Preis. DZ ab ca. 105 $.

Im Schatten des Eiffelturms – **Paris Las Vegas** 11 **:** 3655 Las Vegas Blvd. S., Tel. 1-702-946-7000, www.parislasvegas.com. Große, mit allen Annehmlichkeiten ausgestattete Gästezimmer. Poollandschaft auf dem Casinodach im Stil eines französischen Gartens mit Schwimmbad und Whirlpools. Neben zahlreichen Bars und Lounges mit Live-Unterhaltung können sich Gäste im Wellness-Fitnesscenter sowie auf 8 Tennisplätzen in Form halten. DZ ab ca. 100 $.

Kleopatras Palast – **Caesar's Palace** 9 **:** 3570 Las Vegas Blvd. S., Tel. 1-866-227-5938, www.caesarspalace.com. Opulente Ausstattung, Luxus und Komfort sollen an die Dekadenz des alten Rom zur Zeit von Nero und Caligula erinnern. DZ ab ca. 86 $.

Sexy Herberge – **Hooters** 1 **:** 115 E. Tropicana Ave., Tel. 1-702-739-9000, www.hooterscasinohotel.com. Ca. 200 der bekannten Hooter Girls in Hot Pants sind die Attraktionen des Hauses. Am Pool trägt das weibliche Personal knappe Bikinis. Moderne helle Räume im Floridastil für junge und jung gebliebene Gäste. DZ ab ca. 50 $.

Ohne großen Komfort – **Main Street Station** 2 **:** 200 N. Main St., Tel. 1-702-387-1896, www.mainstreetcasino.com. Älteres Casinohotel nahe der Fremont Street. Ordentliche Zimmer zu kleinen Preisen. Wer eine einfache Unterkunft sucht, ist hier gut aufgehoben. DZ ab 42 $.

Preisgünstiges Riesenhotel – **Circus Circus** 2 **:** 2880 Las Vegas Blvd. S., Tel. 1-702-734-0410, www.circuscircus.com. Riesenhotel direkt am Strip mit kitschigem Zirkusthema, aber günstigen Preisen auch am Buffet. DZ ab ca. 35 $.

Preisgünstig logieren – **El Cortez Hotel** 3 **:** 600 Fremont St., Tel. 1-702-385-5200, www.elcortezhotelcasino.com. Über 400 einfache Gästezimmer mit dem Flair des Gestrigen in Downtown, mehrere Restaurants und Schnellküchen im Haus und das Licht- und Tonspektakel der Fremont Street direkt vor der Haustür. DZ ab 22 $.

Zentral campen – **RV Park at Circus Circus** 4 **:** 500 Circus Circus Dr., beim Circus Circus Casino 2 (s. S. 241), Tel. 1-800-444-2472. Der gut ausgestattete Platz für Campmobile bietet Versorgungsanschlüsse und einen Supermarkt.

Essen & Trinken

Exklusiv und sündhaft teuer – **Picasso** 1 **:** 3600 Las Vegas Blvd. S., Bellagio Hotel, Tel. 1-702-693-8865, www.bellagio.com/en/restaurants/picasso.html, Mi–Mo 17.30–21.30 Uhr. Eines der stilvollsten Restaurants der Stadt, in dem der preisgekrönte Küchenchef Julian Serrano für kunstvolle südfranzösische Kreationen und internationale Gaumenfreuden wie australische Schwertfischmedaillons oder kanadisches Heilbuttfilet mit peruanischem Kartoffelcarpaccio und Pilzen sorgt. 4-Gänge-Menü 115 $, Probiermenü 118 $.

Gourmettafel vom Feinsten – **Joe's Seafood** 9 **:** 3500 Las Vegas Blvd., in den Forum Shops von Caesars Palace, Tel. 1-702-792-9222, http://joes.net/las-vegas, So–Do 11.30–22, Fr–Sa 11.30–23 Uhr. Die Top-Qualität der Seafood- und Fleischgerichte lässt keine Wünsche offen. Der berühmte Gaumenschmaus des Lokals sind perfekt zubereitete Stone Crabs. Ab ca. 25 $.

Bayerische Exklave – **Hofbräuhaus** 2 **:** 4510 Paradise Rd., Tel. 1-702-853-2337, www.hofbrauhauslasvegas.com, tgl. ab 11 Uhr. Originalgetreue Kopie des Münchner Vorbildes drei Blocks vom Strip entfernt. Zu zünftiger bayerischer Humpah-Musik gibt es Schmankerln wie nahrhafte Brotzeitteller, Nürnberger Rostbratwürstl oder Bierkutschersteak. Dass die unterschiedlichen Sorten von ›flüssigem Brot‹ von Münchner Kindl Weißbier bis zum Oktoberfestbier aus der bayerischen Metropole importiert werden, versteht sich von selbst. Ab 10 $.

Schlemmen rund um die Uhr – **Ellis Island Casino** 3 **:** 4178 Koval Lane, Tel. 1-702-733-8901, www.ellisislandcasino.com, 24 Std. Im Restaurant können Gäste unter vielen preisgünstigen Gerichten auswählen. Auch die Getränke sind preiswert.

Einkaufen

Nonplusultra für Shopper – **Las Vegas Fashion Show Mall** 1 **:** 3200 Las Vegas Blvd. S., www.thefashionshow.com, Mo–Sa 10–21, So 11–19 Uhr. Größtes Einkaufszentrum in Nevada mit futuristischer Architektur und 250 Geschäften, Kaufhäusern, Restaurants und einem Food Court. Fast täglich gibt es Modenschauen und andere Veranstaltungen.

Preisreduzierte Ware – **Las Vegas Premium Outlets** 2 **:** 875 S. Grand Central Pkwy, www.premiumoutlets.com/outlets/outlet.

asp?id=58, Mo–Sa 10– 21, So 10–20 Uhr. Geschäfte vieler Branchen und ein Food Court.

Einkaufsmekka – **Boulevard Mall** 3 **:** 3528 S. Maryland Pkwy, www.boulevardmall.com, Mo–Sa 10–21, So 11–18 Uhr. Die Kaufhäuser Sears, JC Penny, Dillards und Macy's bilden zusammen mit vielen Einzelhandelsgeschäften und Boutiquen eine große Mall.

Alles unter einem Dach – **Meadows Mall** 4 **:** 4300 Meadows Ln #10, Tel. 1-702-878-3331, www.meadowsmall.com, Mo–Sa 10–21, So 10–18 Uhr. Shops, mehrere Kaufhäuser.

Abends & Nachts

Eine Zusammenstellung zahlreicher Nachtklubs findet man im Internet: www.vegas.com/nightlife.

Ein Stückchen Karibik – **Jimmy Buffett's Margaritaville** 1 **:** 3555 Las Vegas Blvd. S., Tel. 1-702-733-3302, www.margaritavillelasvegas.com, tgl. ab 11 Uhr. Vor allem bei jüngeren Leuten beliebtes Lokal im karibischen Stil mit schnellen Rhythmen im Flamingo Las Vegas Hotel.

Amüsement für Erwachsene – **XS Nightclub** 4 **:** im Wynn Las Vegas (s. Übernachten S. 254), www.xslasvegas.com, Fr–Mo 22–4 Uhr. Sündhaft teuerer Edelklub mit grandioser Ausstattung. Cover Charge Damen 20 $, Herren 30 $.

Edelklub – **Intrigue Nightclub** 2 **:** 3121 S Las Vegas Blvd., im Wynn Hotelcasino, Tel. 1-702-770-7300, http://intriguevegas.com, Do–Sa 22.30–4 Uhr. House und E-Musik.

Aktiv

Bustouren zum Grand Canyon – **Grand Canyon Tour Company** 1 **:** 795 E. Tropicana Ave., Tel. 1-702-655-6060 oder 1-800-222-6966, www.grandcanyontourcompany.com/bus.html. 6,5-stündige Bustouren mit Fotostopp am Hoover-Damm an die Südkante

Eines von rund 80 Casinos in Las Vegas: das Hooters

des Grand Canyon inkl. Morgensnack, Lunchbuffet und WLAN. 80 $.

Fit und entspannt – **Red Rock Spa & Fitness Center 2 :** 11011 Charleston Blvd., Tel. 1-702-797-7878, https://redrock.sclv.com/Spa.aspx, tgl. 7–19 Uhr, ab 16 Jahre. Massagen, Haut- und Gesichtstherapien sowie ein Wellness- und Fitnessbereich im harmonischen, luxuriösen Ambiente eines ruhigen, modern eingerichteten Casinohotels am Stadtrand. Massagen und Gesichtsbehandlungen ab 85 $.

Windiger Spaß – **Vegas Indoor Skydiving 3 :** 200 Convention Center Dr., Tel. 1-702-731-4768, www.vegasindoorskydiving.com, tgl. 9.45–20 Uhr. Simulierter Fallschirmsprung.

Termine

Feste/Veranstaltungen: America's Party (31. Dez.): Riesige Silvesterparty mit Feuerwerk auf dem Strip.

City of Lights Jazz Festival (April): Jazzfestival im Government Amphitheater (www.yourjazz.com).

Helldorado Days (April/Mai): Stadtfest mit vielen Veranstaltungen und großer Parade (www.elkshelldorado.com).

Verkehr

Flugzeug: McCarran International Airport liegt nur 1 Meile vom südlichen Strip entfernt und wird von 40 nationalen und internationalen Fluglinien angeflogen, darunter mehrmals wöchentlich nonstop von Condor ab Frankfurt (5757 Wayne Newton Blvd., Tel. 1-702-261-5211, http://mccarran.com). Taxis zum Strip kosten zwischen 12 und 20 $. **Bell-Trans-Shuttlebusse** fahren vom Flughafen zum Strip (Tel. 1-800-274-7433, www.airportshuttlelasvegas.com, ca. 10 $).

Bahn: Las Vegas wurde zwar durch eine Eisenbahngesellschaft gegründet, besitzt aber keinen Bahnanschluss mehr.

Bus: Greyhound Lines, 200 S. Main St., Tel. 1-702-384-9561, www.greyhound.com. Zentraler Busbahnhof.

Fortbewegung in der Stadt:

Parken ist in Las Vegas einfach, aber manche Hotelcasinos verlangen von Besuchern mittlerweile unterschiedlich hohe Parkgebühren (s. S. 241).

Auf dem Strip zwischen dem Südende und Downtown verkehren **Deuce-Doppeldeckerbusse** (24 Std. tgl., Stopps vor jedem Hotel, 2-Std.-Pass 6 $, 24-Std.-Ticket 8 $).

Der auf Oldtimer getrimmte **Las Vegas Strip Trolley** pendelt auf dem südlichen Strip bis zum Stratosphere Tower und hält vor allen Hotelcasinos (alle 20 Min. von 9.30–2 Uhr, Erw. 2,50 $, Kin. unter 5 J. gratis, Fahrgeld passend bereithalten).

Die automatisierte Hochbahn **Monorail** verkehrt auf der 4 Meilen langen Strecke zwischen MGM Grand und Sahara Ave. (Einzelfahrt 5 $, Tagespass 12 $, www.lvmonorail.com). Zwischen Mirage und Treasure Island, Bellagio, CityCenter und Monte Carlo sowie zwischen Excalibur, Luxor und Mandalay Bay gibt es kostenlose Casinobahnen. Für kurze Fahrten lohnt sich Monorail nicht, weil man häufig relativ lange Wege zurücklegen muss, um die einzelnen Monorailstationen zu erreichen.

Tipp

MUSICAL- UND THEATERKARTEN

Karten für Musicals und Shows am gleichen Tag erhält man oft mit großem Preisnachlass bei: TIX4TONIGHT, Tel. 1-877-849-4868, Planet Hollywood, in der Fashion Show Mall oder Fremont St., Four Queens Hotel, tgl. 11–20 Uhr. In der kostenlosen Broschüre What's on Las Vegas Guide findet man viele nützliche Adressen und Coupons für verbilligte Shows und Hotels (www.smartervegas.com).

Goldgräber- und Geisterstädte

Viele pittoreske Geisterstädte scheinen im Westen Amerikas dem Untergang geweiht. Unbarmherzig holt sich die Natur zurück, was ihr Goldschürfer, Abenteurer und Pioniere im 19. Jh. mühsam abtrotzten. Den Rest erledigen Souvenirsammler und Siedler auf der Suche nach Baumaterial. Doch mittlerweile gibt es Initiativen, um der Nachwelt historische Relikte als Schaufenster in die Vergangenheit zu erhalten.

Rhyolite ▶H 10

4 Meilen westlich von Beatty am Hwy 374, www.ghosttowns.com/states/nv/rhyolite.html

Heute ist kaum mehr vorstellbar, dass der eine Autostunde nördlich von Las Vegas liegende Ort einmal über 10 000 Einwohner besaß, von drei Eisenbahnlinien frequentiert wurde, über ein eigenes Elektrizitätswerk, drei Zeitungen, vier Dutzend Bergwerke, ein Opernhaus, mehrere Krankenhäuser, ein öffentliches Schwimmbad, zwei Schulen, viele Hotels und zahlreiche Geschäfte und Märkte verfügte. Die Anfänge von **Rhyolite** gehen auf die beiden Prospektoren Frank ›Shorty‹ Harris und Ernest L. Cross zurück, die 1904 an einer Hügelflanke auf eine Edelmetallader gestoßen waren. Der Goldrausch hielt aber nur drei Jahre an. Dann machte sich bereits Katerstimmung breit, weil finanzielle Engpässe die Schließung erster Geschäfte nach sich zogen. 1916 verlöschten die letzten Lichter in der Stadt. Erst Jahrzehnte später tauchte der Ort wieder als Touristenziel auf den Landkarten auf, weil sich gelegentlich Besucher des nahe gelegenen Tals des Todes in die Geisterstadt mit dem 1906 aus über 50 000 Bier- und Whiskyflaschen gebauten **Bottle House** oder dem ehemaligen **Bahnhof** der Tonopah-Rhyolite Railroad ›verirrten‹. Außer den beiden Gebäuden hat der Zahn der Zeit nur Ruinen wie etwa die Fassade der **Cooks Bank** mit ihren blinden Fensteröffnungen übrig gelassen. In den 1980er-Jahren machte eine Gruppe belgischer Künstler den Wüstenflecken mit einigen modernen Skulpturen zum Freilichtmuseum, darunter die weißen, mit Acryl überzogenen Gipsfiguren von Albert Szukalski, die Leonardo Da Vincis »Letztes Abendmahl« darstellen sollen.

Goldfield ▶G 9

www.ghosttowns.com/states/nv/goldfield. html

Zu Beginn des 20. Jh. gegründet, erreichte der Bergbauboom in **Goldfield** schon drei Jahre später seinen Höhepunkt, als in der Gemeinde ca. 30 000 Menschen lebten und kein Geringerer als die Westernlegende Virgil Earp für Recht und Ordnung sorgte. Sein noch berühmterer Bruder Wyatt arbeitete in einem Spielcasino mit einem riesigen, von 80 Barkeepern bedienten Tresen. 1908 stampften Bautrupps mit dem Goldfield Hotel eine Nobelunterkunft aus dem Boden, die sich mit jeder anderen Luxusherberge zwischen San Francisco und Chicago messen konnte. Fenster und Türen des viergeschossigen Stein- und Ziegelbaus sind seit Langem verriegelt und verrammelt. Fingerdick liegt in der Lobby Staub auf Kristallleuchtern und Golddekor an Wänden und Decken. Goldfield war der strahlendste Stern unter den Bergbaustädten Nevadas und holte sich deshalb 1905 mit der Boxweltmeisterschaft im Leichtgewicht ein sportliches Megaereignis in die Stadt. Dafür wurde eigens eine 8000 Plätze große Arena errichtet. Der Wettkampf machte Geschichte. Er dauerte 42 Runden und war damit einer der längsten der Boxgeschichte. Schon um 1918 zeichnete sich der Niedergang des lokalen Bergbaus ab. Fünf Jahre später läuteten der ehemaligen Königin der Bergbaustädte die Totenglocken, als gegenüber vom Goldfield Hotel eine Schnapsbrennerei explodierte, sich das Feuer 13 Stunden lang durch die Häuserzeilen fraß und 27 Straßenblocks in Schutt und Asche legte.

In jüngerer Vergangenheit erwachte der Ort nur einmal aus seiner ›Totenstarre‹, als dort mit den »Goldfield Files« eine Folge der TV-Serie »Akte X« spielte, in der es zwei ehemalige FBI-Agenten mit mysteriösen Vorkommnissen zu tun bekamen. Goldfield bot sich für den Thriller an, weil es nicht weit entfernt vom geheimnisumwitterten Sperrgebiet Area 51 liegt, wo US-Militärs angeblich experimentelle Waffen und Flugzeuge testen und – so wollen es hartnäckige Gerüchte – Flugobjekte von Außerirdischen untersucht haben sollen (www.ufomind.com/area51).

Abends & Nachts

Wildwest-Tresen – **Santa Fe Saloon:** Fifth Ave., Tel. 1-775-485-3431. Ältester von 1905 stammender Saloon im Ort, der jedem Western als Kulisse Ehre gemacht hätte. Zu den ersten Wirten gehörten die Westernlegende Virgil Earp und der Boxer Jack Dempsey. Die originale Bar aus Eichenholz war aus dem Bundesstaat Maine herangeschafft worden.

Gold Point ▶ G 9

Der gelernte Tapezierer Herb Robbins kam zu Beginn der 1980er-Jahre durch Zufall nach **Gold Point,** erwarb nach und nach einige halb verfallene Hütten samt Grundstücken und begann, die ca. 40 Bauten unter Verwendung alter Materialien herzurichten. Von der Sammelleidenschaft beseelt, trug er im Umland alles an Gerätschaften zusammen, was nach Ende des Bergbaubooms zurückgelassen worden war. Herb schwebte eine Geisterstadt vor, die Originalität bewahrt und dennoch als Touristenziel dient, zumindest für jene Besucher, die einige Tage lang Nähe zum Goldgräberleben suchen – einfach, ein bisschen unbequem und romantisch, auf jeden Fall ohne Schnickschnack. Mittlerweile hat der *ghost-town*-Liebhaber seinen Traum erfüllt. Gold Point, das früher den Namen Hornsilver trug, ist zu einer stattlichen Geisterstadt mit von Wind und Wetter ausgebleichten Hütten, benzinloser Oldtimertankstelle, Postbüro und Hütten zum Übernachten herangewachsen. Jedes letzte Maiwochenende findet ein großes Volksfest mt einem Chilikochwettbewerb, Musik und Preisverleihung statt (www.goldpointghosttown.com).

Übernachten

Bett in der Geisterstadt – **Radkie House:** goldpointghosttown@gmail.com, www.goldpointghosttown.com > Reservations. Cabin mit fließendem Wasser, Badewanne, Küche und Klimaanlage, 160 $.

Rustikaler geht es nicht – **House of Payne:** Adresse wie Radkie House, sehr rustikale Unterkunft, für 2 Pers. 120 $ inkl. All-You-Can-Eat-Frühstück (in den Cabins ist Rauchen nicht erlaubt).

Tonopah ▶ G 8

110 Burro St., www.tonopahhistoricmining park.com, Erw. 5 $, Sen. 3 $, Kin. 8–17 J. 4 $

In weitem Umkreis ist der 2600 Einwohner zählende Ort **Tonopah** die größte Gemeinde im dünn besiedelten zentralen Süden von Nevada. Zu Beginn des 20. Jh. stieß ein Prospektor hier auf Silberlagerstätten, die bis nach dem Zweiten Weltkrieg das Bergbaugeschäft am Leben erhielten.

An der Peripherie von Tonopah ragen heute noch mehrere Fördertürme in den Himmel, die ebenso wie der Tonopah Historic Mining Park an die profitable Ära erinnern. Im Park können Besucher einen Blick in den sogenannten Burro Tunnel werfen, einen tiefen Bergbaustollen. Bergbaugerätschaften, Maschinen, Gebäude und eine Videopräsentation im Besucherzentrum erinnern an längst vergangene Zeiten.

Übernachten

Charme des Gestrigen – **Tonopah Station Hotel:** 1137 Erie St., Tel. 1-775-482-9777, www.tonopahstation.com. Im geradezu musealen Hotel werden Gäste von einem riesigen, auf den Hinterbeinen stehenden Bären empfangen. Wer an der Rezeption mit drei Würfeln die gleichen Zahlen wirft, übernachtet gratis. Zum Hotel gehört eine Bar, ein Coffeshop, ein Casino und ein RV-Stellplatz. Die Zimmer sind okay. DZ ca. 80 $.

Einfacher Komfort – **Jim Butler Inn & Suites:** 100 S. Main St., Tel. 1-775-482-3577, www.jimbutlerinn.com. Die Unterkunft ist zwar ebenso wie die Einrichtungen der 24 Zimmer in die Jahre gekommen, aber man übernachtet in einem ordentlichen Ambiente. Einige Zimmer mit Mikrowelle und Kühlschrank. DZ ab 77 $.

Berlin ►G 7

Berlin-Ichthyosaur State Park, 23 Meilen östlich von Gabbs, Route 844, HC 61 Box 61200, Austin, NV 89310, Tel. 1-775-964-2440, http://parks.nv.gov/parks/berlin-ichthyosaur, 40-minütige Führungen tgl. Ende Mai–Anfang Sept., Mitte März–Ende Mai nur Sa–So, sonst nur nach Reservierung, Rangerführungen durch die Ausgrabungsstätten 7 $, Parkeintritt inkl. Besichtigung des Bergbaucamps 7 $

Überbleibsel aus der im Jahr 1863 begonnenen Bergbauära wie eine noch intakte Goldmühle für die Zerkleinerung von Gestein, Bergwerksstollen, Pulvermagazin und ein ehemaliger Maschinenraum haben in der Geisterstadt **Berlin** einer viel älteren historischen Sehenswürdigkeit den Rang abgelaufen. Der **Ichthyosaur State Park** präsentiert die seit 1954 ausgegrabenen, zum Teil hervorragend erhaltenen fossilen Überreste von 40 gigantischen Meeresbewohnern mit dem Namen Ichthyosaurus, die bis vor ca. 60 Mio. Jahren wahrscheinlich einmal zu den größten Meeresechsen der Welt zählten. Einige der fast 20 m langen ›ungemütlich‹ aussehenden Meeresräuber sind in einem festen Unterstand ausgestellt, der die freigelegten Knochen vor Wind und Wetter schützt. Wie man sich die Urviecher zu Lebzeiten vorzustellen hat, zeigt am Eingang zum Ichthyosaur Fossil Shelter eine in eine Betonwand eingelassene Nachbildung.

Rund um Berlin dehnt sich in der Toiyabe-Gebirgskette von Horizont zu Horizont eine endlose Landschaft aus Beifußbüschen aus, die von nur wenigen Autopisten zerschnitten wird. Die Szenerie könnte zu einem unbewohnten Stern passen, hörte man nicht gelegentlich ein entferntes ›Blob-Blob‹ aus der südlich gelegenen Nellis Air Force Range, wo das amerikanische Militär in fast totaler Abgeschiedenheit Kriegswaffen testet.

Übernachten

Camping – Anlage mit 14 großen Stellplätzen für Wohnmobile mit offenem Grill, überdachten Picknicktischen, Toiletten und Entsorgungsstation sowie Trinkwasser (nur Mitte April–Okt., 17 $ pro Fahrzeug).

Bodie ►E 8

Nördlich vom Mono Lake an der Grenze zu Kalifornien und Nevada, Tel. 1-760-647-6445, www.parks.ca.gov/?page_id=509, Mitte März–Ende Okt. 9–18, sonst bis 16 Uhr, Erw. 8 $, Kin. 4–17 J. 5 $

Die Schriftzüge auf der braunen Bretterfassade sind verblichen. Ein von Eisenrohren gestütztes Vordach wirft seinen Schatten auf blindes Fensterglas. Auf einem Regalbrett hat der Zeitenwechsel Flaschen und Dosen mit Staub überzogen. Neben dem windschiefen Laden reckt sich ein rissiger Telegrafenmast mit durchhängenden Drähten in den Himmel. »Das von Gott vergessene Land« nannten die früheren Einwohner das gut 2500 m hoch gelegene, gewellte Plateau mit struppigen Beifußbüschen, auf dem sich die Geisterstadt **Bodie** wie ein Symbol der Vergänglichkeit ausdehnt.

Einen Steinwurf von der Bretterkirche mit ihrem Minitürmchen entfernt liegt eine umgekippte Schubkarre im Gras. Als die ersten Goldgräber in den 1850er-Jahren in diese gottverlassene Gegend zogen, mussten sie das Bauholz für die Häuser und zum Abstüt-

Malerischer als Bodie zeigt keine Geisterstadt Nevadas Vergangenheit

zen der Stollen aus der einzigen Sägemühle im 35 km entfernten Bridgeport holen. 1881 ließen die Bergwerksgesellschaften sogar eine Schmalspurbahn verlegen, um den Nachschub zu gewährleisten.

Nachdem 1857 Mormonen den Boden auf der Suche nach Gold aufgerissen hatten, entdeckte man zwei Jahre später so reiche Vorkommen, dass sich zwischen 1863 und 1868 die ersten beiden Großkonzerne vor Ort niederließen. Aber erst in den 1870er-Jahren stieg Bodie zum neuen Minenstar des Westens auf. In einem einzigen Monat förderte die Bodie Company Gold und Silber im Wert von 600 000 Dollar. Natürlich profitierte auch die Siedlung vom Boom und bestand schon bald aus 2000 Gebäuden, 65 rund um die Uhr geöffneten Saloons und einer 10 000-köpfigen Bevölkerung aus Goldschürfern, Spielern, Abenteurern, Prostituierten, Spekulanten und Wucherern.

Schon in den 1880er-Jahren begann die Reputation von Bodie in dem Maße zu schwinden, wie der Minenertrag nachließ. Dennoch schrieb das Gold- und Silberkaff 1892 nochmals Geschichte. Erstmals in den USA ließ sich mit der Standard Company eine Industrieanlage über eine Fernleitung mit am 20 km entfernten Wasserkraftwerk Green Creek produzierten elektrischen Strom versorgen.

Die bergbaulichen Aktivitäten endeten in den 1950er-Jahren, als die Standard Company ihre letzte Mine schloss und die abgelegene Ortschaft sich auf den Weg in die Bedeutungslosigkeit begab. 1962 übernahm der Staat Kalifornien die Aufsicht und begann die Überreste als State Park vor Souvenirjägern und Vandalen zu schützen, die den Gebäuden bis dahin schon zugesetzt hatten. Im Unterschied zu anderen Bergbausiedlungen wurde Bodie aber nicht restauriert, sondern im damaligen Zustand belassen.

Virginia City ▶D 6

Während es in Bodie bislang weder Hamburgerbuden noch T-Shirt-Läden gibt, sind andere ehemalige Minencamps längst vollständig kommerzialisiert und in Touristenspektakel umgewandelt worden, z. B. **Virginia City** südlich von Reno in Nevada. Kalifornien war nach dem Goldrausch von 1849 bei den meisten Schürfern bereits abgeschrieben, als drei von ihnen doch noch ihr Glück am Ostrand der Sierra Nevada ver-

Wo noch ein Hauch Wild-West-Feeling aufkommt: in den Cafés und Saloons von Virginia City

suchten und 1859 auf Edelmetall stießen. Nach einem von ihnen, Henry Comstock, bekam die Gegend den Namen Comstock Lode und Virginia City wurde die bedeutendste Silberfundstätte Amerikas im 19. Jh. Innerhalb von wenigen Jahren verwandelte sich das Bergbaucamp in die mit 30 000 Einwohnern damals größte Stadt zwischen San Francisco und Denver. Insgesamt wurden Erze im Wert von mehr als einer Milliarde Dollar abgebaut.

Fourth Ward School Cultural Center

537 S. C St., Tel. 1-775-847-0975, http://fourthwardschool.org, Mai–Okt. tgl. 10–17 Uhr, Erw. 6 $

Entlang der C Street reihen sich Cafés, Restaurants, Saloons und Souvenirläden aneinander, die fast alle in Ziegelbauten aus dem 19. Jh. mit reizvollen Fassaden untergebracht sind. Die Gehsteige bestehen aus groben Holzplanken, wie sie im Wilden Westen üblich waren. Einen Eindruck von der blühenden Stadt in den letzten Jahrzehnten des 20. Jh. geben die Ausstellungen im **Fourth Ward School Cultural Center.**

Mackay Mansion Museum

291 S. D St., Tel. 775-847-0373, www.uniquitiesmackaymansion.com, tgl. 10–18 Uhr, 3 $

Das Museum in der ehemaligen Residenz des Bergbaubarons John Mackay zeigt Bergbauexponate, originales Mobiliar und Tiffany-Silber.

The Way It Was Museum

113 N. C St., Tel. 1-775-847-0766, tgl. 10.30–16.30 Uhr, 2,50 $

Um nostalgische Erinnerungen an die ruhmreiche Bergbauära geht es auch im **The Way It Was Museum** mit historischen Dokumenten und zahlreichen Gegenständen des alltäglichen Lebens.

Historische Gebäude

Gebäude wie das 1876/77 im viktorianischen Stil erbaute **Storey Court House** mit einer seltenen Justitia-Skulptur ohne verbundene Augen und das gut erhaltene **Piper's Opera House** von 1885 lassen den Lebensstandard erahnen, den die früheren Einwohner pflegten. Statt vom Bergbau lebt das Städtchen heute vom Tourismus.

Virginia & Truckee Railroad (V&T)

Tel. 1-775-847-0380, www.virginiatruckee.com, Ende Mai–Ende Okt. tgl. 10–16 Uhr, 35-minütige Fahrten tgl. Ende Mai–Ende Okt. bis nach Gold Hill per Diesel- 10 $ oder Dampflok 12,50 $

Die 1869 gebaute **Virginia & Truckee Railroad (V&T),** die in vielen Filmen neben Stars wie Clark Gable, Randolph Scott, Glenn Ford und Gary Cooper eine Rolle spielte, nimmt Besucher heute zwischen Virginia City und Gold Hill bzw. Carson City zu einer Reise durch Comstock Lode mit. Bis 1938 beförderte die Bahn Gold- und Silbererz ins 21 Meilen entfernte Carson City. Danach verfiel die Schienenstrecke, auf der die Züge einen Höhenunterschied von über 500 m überwinden und fünf Tunnels durchfahren mussten.

Mark Twain Museum

53 S. C St., Tel. 1-775-847-0525, tgl. 10–17 Uhr, 4 $

Am nördlichen Stadtausgang liegt auf einem Hügel ein alter Friedhof mit interessanten Grabsteinen. Besucher können aber auch einer Vergangenheit aus Fleisch und Blut begegnen. Samuel Clemens alias Mark Twain begann seine literarische Karriere in Virginia City in der Redaktionsstube des Territorial Enterprise. Das **Mark Twain Museum** erinnert an die beiden Jahre, in denen er in Virginia City arbeitete.

Infos

Virginia City Visitor Center: 86 S. C St., P. O. Box 920, Virginia City, NV 89440, Tel. 775-847-7500 oder 1-800-718-7587, www.visitvirginiacitynv.com.

Übernachten

Wohnliche Eleganz – **Cobb Mansion B & B:** 18 S. A St., Tel. 1-775-847-9006, www.cobbmansion.com. Viktorianisches Haus von 1876 mit sechs komfortablen Nichtraucherzimmern. In den Gemeinschaftsräumen Mahagonibalustraden, Marmorfußböden und handgewebte Teppiche aus Kurdistan. Das reichhaltige, warme Frühstück wird an einem Tisch aus Walnussholz unter einem Kronleuchter serviert. DZ 99–199 $.

Plüschige Nostalgie – **Edith Palmers Country Inn:** 416 S. B St., Tel. 1-775-847-7070, www.edithpalmers.com. B & B mit freundlich dekorierten Gästezimmern in drei viktorianischen Häusern. DZ ab 99 $.

Aktiv

Trolleybustouren – **Virginia City Trolley:** 20-minütige kommentierte Trolleytour, Tel. 1-775-847-44386, Erw. 5 $, Kin. unter 12 J. 3 $.

Aktiv

ALLE AN BORD!

Tour-Infos

Start: Virginia City (F St. Depot, 165 F St.) – Carson City (4650 Eastgate Siding Rd.), www.virginiatruckee.com
Länge: 4 oder 24 Meilen (6,4 km/38,4 km)
Dauer: 1 Std. bzw. 1 Tag
Wichtige Hinweise: In Gold Hill können Passagiere eine Pause einlegen und mit einem der nächsten Züge nach Virginia City zurückfahren.

Passionierten Eisenbahnfans bieten sich zwischen Virginia City und Carson City zwei Schienenausflüge mit der Virginia & Truckee Railroad an, die früher Gold- und Silbererz transportierte. Auf der **Gold Hill Route** absolvieren die Dampf- oder Diesselloks eine 35-minütige Rundtour nach Gold Hill, wo 1859 die Bonanza-Ära begann (Tel. 775-847-0380, Ende Mai–Anfang Okt. tgl. 7 Züge, Erw. 10–12,50 $, Kin. 5–12 J. 5–6 $). Auf der **Sisters In History Route** fährt der Zug von Carson City in eineinhalb Stunden durch historische Bergbaugebiete nach Virginia City, wo vor der Rückfahrt ein dreistündiger Stopp eingelegt wird (Tel. 1-877-724-5007, Mai–Okt. Sa–So, Juli–Aug. Fr, 23 $).

Wüstenhighways im Great Basin

Zwischen der Sierra Nevada im Westen und den Wasatch Mountains im Osten dehnt sich mit dem Great Basin Nordamerikas größte zusammenhängende Wüste aus. Namenlose Täler, bewaldete Gebirgsinseln, Dünen und trügerische Salzsümpfe verleihen der unwirtlichen Region einen seltsamen Reiz. Endlose Highways garantieren Wüstenfans und Einsamkeitsliebhabern ein besonderes Reiseabenteuer.

Interstate 80

Karte: S. 268
Mitte des 19. Jh. quälten sich im Zuge der großen Westwärtsbewegung endlose Planwagentrecks der mythisch verklärten Pazifikküste entgegen. Später folgte die erste transkontinentale Eisenbahnlinie dem Trail, ehe in der zweiten Hälfte des 20. Jh. die Interstate 80 auf derselben Route gebaut wurde und heute die schnellste Ost-West-Autoverbindung durch das Große Becken bildet.

Reno ▶D 6

Westlicher Ausgangspunkt der I-80 ist die Stadt **Reno** **1**. Mitten im Zentrum überspannt ein Lichterbogen die Virginia Street, der Auskunft über das Selbstverständnis der Glücksspielhochburg gibt. Abends preisen rote, von Lichterketten umrahmte Neonlettern die nach Las Vegas zweitgrößte Metropole Nevadas als ›Größte Kleinstadt der Welt‹. Tatsächlich besitzt der zusammen mit dem benachbarten Sparks gut 200 000 Einwohner große Ballungsraum nicht annähernd das mondäne Flair von Las Vegas, sondern mutet eher wie eine Provinzgemeinde an, der Casinohochhäuser im Sinne des Wortes über den Kopf wuchsen.

National Automobile Museum

10 S. Lake St., Tel. 1-775-333-9300, www.automuseum.org, Mo–Sa 9.30–17.30, So 10–16 Uhr, Erw. 12 $, Kin. 6–18 Jahre 6 $

Im **National Automobile Museum** bestaunt man über 220 Fahrzeuge aus den vergangenen 100 Jahren Automobilgeschichte in einer der jeweiligen Zeit entsprechenden Kulisse. Unter den auf Hochglanz polierten Stars befinden sich ein 1949er Mercury, der von James Dean 1955 in dem Film »Denn sie wissen nicht, was sie tun« gefahren wurde, und die 1953er Chevrolet Corvette von John Wayne.

Infos

Reno-Sparks Convention Center: 4590 S. Virginia St., Reno, NV 89501, Tel. 1-775-827-7620, www.visitrenotahoe.com.

Übernachten

Ein Hauch Italien – **Renaissance Reno Downtown:** 1 S. Lake St. am Ufer des Truckee River, Tel. 1-775-682-3900, www.marriott.de/Reno. Von den im italienischen Design gehaltenen Gästezimmern blickt man entweder auf die Sierra Nevada oder den Truckee River. Die himmlisch bequemen Betten möchte man am liebsten gar nicht verlassen. Auf dem Dach befindet sich ein Pool. DZ ab 140 $.

Gambling-Palast – **Peppermill Hotel & Casino:** 2707 S. Virginia St., Tel. 775-826-2121, www.peppermillreno.com. Der Casino-Komplex mit Hotel und dem Oceano-Restaurant (s. Essen & Trinken) befindet sich südlich von Downtown Reno. DZ ab 60 $.

Rustikales Camping – **Davis Creek Regional Park:** 20 Meilen südlich der Stadt an der US

Aktiv

WILDWASSERTOUREN IM ZENTRUM VON RENO

Tour-Infos

Länge: 800 m
Infos und Ausrüstung: Sierra Adventures, beim Silver Legacy Resort Casino, 407 N. Virginia St., Reno, NV 89501, Tel. 1-866-323-8928, www.wildsierra.com/adventureshop.htm.Alle Arten von Wassersportgeräten und Ausrüstung, auch geführte Touren. Eine detaillierte Beschreibung des Wasserparks ist auf folgender Internetseite zu finden: http://renoriver.org/kayak-park.
Veranstaltungen: Ein besonderes Datum bildet das alljährlich im Mai veranstaltete dreitägige Reno River Festival, bei dem der Whitewater Park mit Slalom- und Freestyle-Wettbewerben, Konzerten und Partys im Mittelpunkt steht (www.renoriverfestival.com).

Mitten durch die Casinometropole Reno zieht sich der in der Sierra Nevada entspringende Truckee River. Ein Abschnitt des Flusses wurde schon vor Jahren unter dem Namen **Truckee River Whitewater Park** als feuchter Abenteuerpark angelegt – mit elf Pools, zahlreichen Stromschnellen, Schikanen und 7000 t abgerundeten Felsblöcken als Uferbefestigungen. Für Wassersportler in Kajak, Kanu und Gummifloß ist der Fluss auf 800 m Länge ganzjährig als spezieller, reizvoll angelegter Parcours ausgewiesen. Mehrere Brücken überspannen den Wasserlauf, von denen Zuschauer die zum Teil artistischen Fahrkünste der Sportler beobachten können.
Die Profis von Sierra Adventures bieten für Anfänger Kajakkurse in vier Lernabschnitten von Sicherheitsmaßnahmen und Grundkenntnissen über professionelle Paddeltechniken bis zu Steuerung durch seitliche Gewichtsverlagerung und Eskimorollen (199 $).

395, Tel. 1-775-849-0684. Zur Verfügung stehen 63 Stellplätze auf einem bewaldeten Gelände mit einem Weiher, Picknickstellen und heißen Duschen.

Essen & Trinken

Speisen in einem Neonmeer – **Oceano:** Im Peppermill Hotel & Casino (s. Übernachten S. 264), tgl. Lunch und Dinner. Das Ambiente des Seafoodlokals besteht aus einer fantastischen Orgie aus Neon, die den Eindruck vermittelt, man säße auf dem Meeresboden, über sich Schildkröten, Delfine und Haie aus blaugrünen Leuchtstoffröhren und Lampen geformt wie Tintenfische. 30–50 $.

Imlay ▶ F 4

In **Imlay** **2** liegt direkt neben der Interstate 80 eine schräge Sehenswürdigkeit: der **Thunder Mountain Park.** Aus Beton, Schrott und anderen Wegwerfteilen baute ein gewisser Frank Van Zant auf seinem Grundstück einen ausgeflippten Fantasiepalast, den er mit Indianerskulpturen sowie religiösen Symbolen dekorierte und der von einem baufälligen Zaun aus Brettern, Autoteilen und Tanksäulen umgeben ist. Der versponnene Künstler, der sich mit seinem versponnenen Park einen Traum erfüllte, setzte 1989 seinem Leben selbst ein Ende.

Winnemuccas kleinstädtische Hauptverkehrsstraße führt auf die beeindruckenden Grashügel im Norden der Stadt zu

Winnemucca ▶F 4

Unter den meist kleinen Ortschaften entlang der Interstate 80 ist das am Humboldt River gelegene **Winnemucca** 3 mit 7400 Einwohnern eine vergleichsweise ansehnliche Stadt. Sie blühte schon im 19. Jh. auf, weil sie eine Verbindungsstelle zwischen zwei bedeutenden Überlandtrails markierte, dem California Trail im Humboldttal und dem weiter nördlich verlaufenden Oregon Trail. Außerdem profitierte sie von der 1869 fertiggestellten transkontinentalen Eisenbahn, für die man in Winnemucca einen Bahnhof einrichtete. Wenig später war aus Winnemucca ein regionales Handelszentrum geworden. Heute lebt der Ort überwiegend von der Landwirtschaft und dem Bergbau. In den umliegenden Bergen wird Silber, Gold, Wolfram und Quecksilber gefördert. In manchen Minen schürft man nach Opalen und Türkisen.

Buckaroo Hall of Fame

30 W. Winnemucca Blvd., Tel. 775-623-5071, www.buckaroohalloffame.com, tgl. 8–12 und 13– 17 Uhr, Eintritt auf Spendenbasis

Die **Buckaroo Hall of Fame** beschäftigt sich mit der Rolle der Cowboys in der Geschichte der Region und gibt mit Arbeitsgeräten, Skulpturen, Gemälden und Skizzen Einblick in Arbeit und Alltag der Viehtreiber.

Nicht Rinder-, sondern Schafzucht machten Einwanderer aus Nordspanien im frühen 20. Jh. zum großen Geschäft und ließen in Winnemucca gleichzeitig die größte Baskengemeinde der USA entstehen.

Infos

Winnemucca Convention and Visitors Authority: 50 W. Winnemucca Blvd., Winnemucca, NV 89445, Tel. 1-775-623-5071, www.winnemucca.com.

Übernachten

Gambling-Tempel mit Betten – **Winnemucca Inn & Casino:** 741 W. Winnemucca Blvd., Tel. 1-775-623-2565, www.winnemuccainn.com. Gästezimmer und Suiten mit Jacuzzi im Ortszentrum. Für den Zeitvertreib oder (mit viel Glück) eine Aufstockung der Reisekasse sorgt das hauseigene Casino. DZ ab 130 $.

Ländliche Idylle – **Stonehouse Country Inn:** Paradise Valley, 35 Meilen nördlich der Stadt am Hwy 290, Tel. 1-775-578-3530, www.stonehouse.freeservers.com. B & B auf einer Viehranch. Abseits jeder Hektik sorgen die 8 Zimmer und das Restaurant für Entspannung inmitten der Berge. DZ ab 70 $.

Termine

Winnemucca Rodeo (März): Das älteste und größte Rodeo in Nevada dauert vier Tage. Es wird von einer Messe und unterschiedlichen Veranstaltungen begleitet und gibt Cowboys Gelegenheit, ihre Professionalität und ihr Können unter Beweis zu stellen.

Winnemucca Basque Festival (Juni): Jedes Jahr erinnern die Nachfahren der baskischen Pioniere mit diesem Festival an ihre kulturellen Wurzeln.

Elko ▶ J 4

Inmitten der Rinderweiden des nordöstlichen Nevada bildet das fast 18 000 Einwohner große **Elko** 4 ein Kleinstadtzentrum in einer gottverlassenen Wüsten- und Steppenlandschaft. Von der Rolle der Ortschaft als Versorgungsbasis lokaler Farmer und Rancher zeugen nicht nur die Ausstellungen im Northeastern Nevada Museum (www.museumelko.org) und im Western Folklife Center (www.

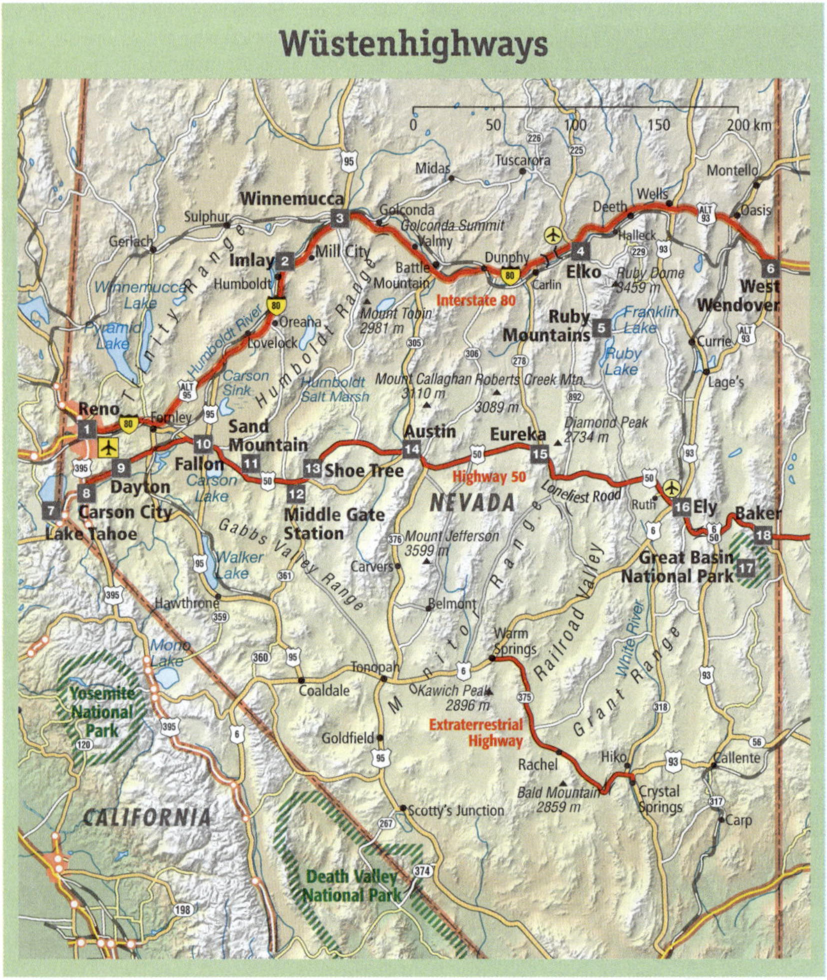

westernfolklife.org). Der Cowboykultur ist alljährlich auch das Cowboy Poetry Gathering gewidmet, bei dem Dichter Geschichten über das Leben im Sattel erzählen (www.nationalcowboypoetrygathering.org).

Ruby Mountains ► J 4

Die **Ruby Mountains** **5** südlich der Stadt stehen mit ihren Seen und Wanderpfaden bei den Einheimischen als Naherholungsziel hoch im Kurs. In der kalten Jahreszeit transportieren Hubschrauber Wintersportler auf bis zu 3400 m hohe Gipfel, von denen man Abfahrten im unberührten Schnee genießen kann. Eine 12 Meilen lange Asphaltstraße führt durch den Lamoille Canyon an über 600 m aufragenden Felswänden in die Bergwildnis. Ein bekannter Wanderpfad durch Nevadas ›Schweizer Alpen‹, wie das Gebiet auch genannt wird, ist der 42 Meilen lange in Nord-Süd-Richtung verlaufende Ruby Crest Trail.

Infos

Elko Area Chamber of Commerce: 1405 Idaho St., Elko, NV 89801, Tel. 1-775-738-7135, www.elkonevada.com.

Ruby Mountains: www.rubymountains.net. Mit praktischen Informationen und Karte.

Übernachten

Tadellose Bleibe – **Americas Best Value Gold Country Inn:** 2050 Idaho St., Tel. 1-775-738-8421, www.goldcountryinnelko.com (> Elko). Größere Motelanlage mit Casino, Restaurant, Bar, Außenpool und Business Center. Geräumige Zimmer und netter Service machen den Aufenthalt angenehm. DZ ab 86 $.

Preis und Leistung stimmen – **Scottish Inns:** 650 W. Idaho St., Tel. 1-775-738-8081. Gut in Schuss gehaltenes Motel mit ordentlichen, gut ausgestatteten Zimmern – alles in allem ein faires Preis-Leistungs-Verhältnis. DZ ab ca. 60 $.

Termine

National Basque Festival (Juli): Das Fest erinnert an die frühen Siedler, die aus dem Gebiet der spanischen und französischen Pyrenäen hierherkamen.

West Wendover ▶ L 4

Über die Ortschaften Wells und Oasis erreicht man auf dem Weg nach Osten die letzte Glücksspielhochburg auf dem Staatsgebiet von Nevada. Mitten in einer wüstenhaften Landschaft, an deren östlichem Horizont sich der gleißend helle Salzrand des Großen Salzsees abzeichnet, ragen in **West Wendover** 6 von Neonreklamen illuminierte Casinopaläste, vielstöckige Hotelburgen, Werbetransparente und die riesige Cowboyfigur von Wendover Will in den Himmel, bevor sich Reisende für die Fahrt durch die große Salzwüste nach Salt Lake City rüsten können. Ein Schild an der Staatsgrenze erinnert daran, dass man in die Mountain Time Zone kommt und in Utah eine Stunde ›verliert‹. Etwa drei Meilen außerhalb liegt der Rennkurs Bonneville Salt Flats (s. S. 298), eine legendäre Strecke für Hochgeschwindigkeitsversuche.

Highway 50

Karte: S. 268

Ein gelbes Verkehrsschild mit schwarzer Kuh mahnt zur Vorsicht vor freilaufendem Vieh. Freizeitschützen haben das Blech in ein wahres Sieb verwandelt. Befürchtungen, in der bleihaltigen Luft hätte jemand zu Schaden kommen können, sind unbegründet, denn die nächste menschliche Behausung liegt ca. 30 Meilen entfernt – im Great Basin nichts Ungewöhnliches. Vom Fuß der Sierra Nevada bis zur Grenze des Bundesstaates Utah verläuft quer durch die Wüste eine ungewöhnliche Fernverbindung – 400 Meilen einsamer Asphalt, amerikanischer Westen, wie man ihn aus Filmen, Bilderbüchern und Fernwehträumen kennt, unberührte Naturlandschaften mit Salzflächen, faszinierend monotone Bergketten und nur selten Gegenverkehr, der aus Tagträumen hochschrecken lässt.

Highway 50 – »The Loneliest Road in America«. Amerikas einsamste Landstraße führte ein Dasein im Verborgenen, bis ihr ein Journalist unbeabsichtigt zu nationaler Popularität verhalf. 1986 druckte das amerikanische Life-Magazin eine Reportage über nationale Superlative ab. Darin reagierte ein Redakteur seinen Frust über Highway 50 in einem lapidaren Kommentar ab. Die betroffenen Tourismusämter und Rathäuser reagierten prompt und clever. Es schien, als hätten sie nur auf eine günstige Gelegenheit gewartet, Highway 50 ins Gespräch zu bringen. Schon bald nach dem verbalen Verriss stellten Bauarbeiter entlang der geschmähten Straße Schilder mit dem weithin sichtbaren Prädikat ›Einsamste Straße Amerikas‹ auf und lösten damit einen Medienrummel samt Tourismusboom aus. Mit sogenannten Überlebenssets aus Straßenkarten, Touristeninformationen, Highway 50-Aufklebern und einem Gutschein für eine Portion Speiseeis setzten die Verantwortlichen der Negativwerbung die Krone auf.

Lässt man sich ein nicht ganz ernst gemeintes Zertifikat in fünf Hauptorten entlang des Highway 50 abstempeln, hat man am Ende Anspruch auf eine vom Gouverneur unter-

Tipp

LAKE TAHOE, DAS BLAUE JUWEL DER SIERRA

Nur eine halbe Autostunde südlich von Reno gilt der berühmte **Lake Tahoe** 7 mitten in der Sierra Nevada schon lange als Lieblingsziel vieler Amerikaner. An Sommerwochenenden steigt die Besucherzahl um die Seeufer nicht selten auf 200 000 Menschen, wodurch hauptsächlich das touristische Epizentrum **South Lake Tahoe** zum Rummelplatz wird.

Als Mark Twain den See 1862 zum ersten Mal zu Gesicht bekam, war das für ihn »das lieblichste Bild, das die Erde von sich geben kann«. Auf einer Bootsfahrt lernte er neben

Idyllische Uferzonen wie im Sand Harbor State Park machen den Lake Tahoe zu einem populären Urlauberparadies

der idyllischen Szenerie später noch ein anderes Merkmal des Gewässers kennen: »So einzigartig klar erwies sich das Wasser, dass man dort, wo es nur 20 oder 30 Fuß tief war, den Seeboden ganz deutlich erkennen konnte, als treibe das Boot in der Luft darüber«. Tatsächlich enthält das nach dem Crater Lake (Oregon) mit 500 m zweittiefste Gewässer der USA nur wenige Schwebstoffe, sodass eindringendes Sonnenlicht erst in großer Tiefe reflektiert wird und das Wasser intensiv blau erscheinen lässt. Trotz der Lage auf 1900 m Höhe friert der Lake Tahoe wegen des aus der Tiefe aufsteigenden 7 bis 8 °C warmen Wassers nie zu.

Die Grenze zwischen Nevada und Kalifornien verläuft mitten durch den See und macht die 72 Meilen lange Fahrt um das Ufer herum oder die 165 Meilen lange Wanderung auf dem Rim Trail (www.tahoerimtrail.org) zu einer Zwei-Staaten-Tour. Der Nevada-Abschnitt beginnt im Spielcasinomekka **Stateline** im Süden. Weiter nördlich machen in **Zephyr Cove** die ›Mississippidampfer‹ M.S. Dixie II und Tahoe Queen auf Fahrten in die malerische **Emerald Bay** am kalifornischen Ufer Station (www.zephyrcove.com). Im benachbarten **Cave Rock** fanden im 19. Jh. Kämpfe zwischen Washoe- und Paiute-Indianern um Fisch- und Jagdrechte statt. Mit malerischen Buchten und aus dem Wasser ragenden abgerundeten Granitblöcken prägt sich **Sand Harbor State Park** bei Naturfotografen ein. Individuelle, informative Kajaktouren organisiert die Tahoe Adventure Company (Tel. 1-530-913-9212, www.tahoeadventurecompany.com). In eher ungewöhnlichem Rahmen findet im Hochsommer im State Park das Shakespeare Festival statt, zu dem das Publikum wie zum Massenpicknick anreist (Tel. 1-775-832-1616, www.laketahoeshakespeare.com).

Wer nach »Othello« Lust auf profanere Genüsse hat, kann sich in **Tahoe City** für 25 $ bei der Truckee River Raft Company mit einem aufgepumptem Lkw-Reifen oder einem Schlauchboot ausrüsten, sich mit vielen anderen wie bei einer gemütlichen Wasserparty flussabwärts treiben lassen und die mitgebrachte Verpflegung konsumieren (185 River Rd., Tel. 1-530-583-0123, www.truckeeriverraft.com).

Viele in den See mündende Gebirgsflüsse sorgen dafür, dass die Badetemperaturen an den zahlreichen Uferstränden selbst im Hochsommer kaum über 20 °C steigen. Trotzdem herrscht in der warmen Jahreszeit hauptsächlich am kalifornischen Ufer Hochbetrieb, wo neben reizvollen Badestellen wie etwa dem **Baker Beach** vor allem die malerische Emerald Bay viele Besucher anzieht. Diese Region war vor 20 000 Jahren von mehreren Hundert Meter mächtigen Eisschichten bedeckt. Mit der zu Ende gehenden Eiszeit flossen die Gletscher durch bereits vorhandene Flusstäler ab und ließen als Resultat ihrer Schürfarbeit diese lang gezogene Bucht mit bewaldeten Ufern zurück. Ein 1,5 km langer Wanderweg führt vom Parkplatz an der Hauptstraße nach **Vikingsholm,** einem 38 Zimmer großen Prachtbau aus Granit und handbearbeitetem Holz im Stil eines skandinavischen Schlosses. Die aus Norwegen stammende Millionärin Lora J. Knight, die zu großen Teilen den Transatlantikflug von Charles Lindberg finanzierte, ließ sich diese Residenz 1929 an einer Stelle bauen, die sie offenbar an eine skandinavische Fjordlandschaft erinnerte. Nach ihrem Tod kam das Anwesen 1953 in den Besitz des State Park Service, der es der Öffentlichkeit zugänglich machte (Tel. 1-530-583-9911, Führungen tgl. 10.30–16.30 Uhr, Ende Mai–Ende Sept., www.vikingsholm.com, Erw. 10 $, Kin. 7–17 J. 8 $).

In **South Lake Tahoe** am kalifornischen Südufer könnte das Angebot an Hotels, Motels und B-&-B-Unterkünften, aber auch an Freizeitvergnügungen jedweder Art größer kaum sein (www.tahoesbest.com). Das gilt ebenso für die kalte Jahreszeit, in der die Region um den See zum Wintersportparadies wird. Die Heavenly-Valley-Seilbahn bringt Wintersportler vom Ufer in ein 650 m über dem Ort liegendes Skigebiet, das im Pulverschnee regelmäßig zu ›ertrinken‹ scheint (www.skiheavenly.com).

zeichnete Urkunde, die dem Inhaber außergewöhnliche Überlebensfähigkeiten bescheinigt.

Carson City ▶D 6

Die Frage nach dem Namen der Hauptstadt des Bundesstaates Nevada wäre für viele Quiz-Teilnehmer eine harte Nuss. **Carson City** 8 mit einem Kapitol aus dem Jahr 1875 steht hinsichtlich Bekanntheitsgrad und Größe mit 54 000 Einwohnern weit hinter Las Vegas und Reno zurück. Westlich der Durchgangsstraße bilden mehrere viktorianische Bauten aus dem 19. Jh. das historische Zentrum, das man auf dem 4 km langen, mit einer blauen Linie und bronzenen Medaillons markierten Kit Carson Trail erkunden kann.

Nevada State Railroad Museum

2180 S. Carson St., Tel. 1-775-687-6953, www.nsrm-friends.org, Do–Mo 9–16 Uhr, Erw. 6 $, Kin. bis 18 J. frei

Ein Besichtigungspunkt unter vielen ist das **Nevada State Railroad Museum,** für Dampfloks und Waggons der ehemaligen Virginia & Truckee Railroad die allerletzte Haltestelle. Im Mai werden die Eisernen Pferde aus den Schuppen geholt und stehen Eisenbahnliebhabern bis Dezember für Ausflugsfahrten zur Verfügung.

Nevada State Museum

600 N. Carson St., Tel. 775-687-4810, http://nvculture.org (> Museums/Nevada State/Museum/Carson City), Di–So 8.30–16.30 Uhr, Erw. 8 $

In einer ehemaligen US-Münze zeigt das **Nevada State Museum** Ausstellungen zur Geschichte, Geologie und Kultur Nevadas. Neben der Nachbildung einer kompletten Geisterstadt bekommen Besucher einen Bergwerksstollen zu sehen und können sich über die Münzproduktion in der früheren Prägeanstalt informieren.

Infos

Carson City Visitors Bureau: 716 N. Carson St., Carson City, NV 89701, Tel. 1-775-687-7410, www.visitcarsoncity.com.

Übernachten

Gediegen – **Courtyard Carson City:** 3870 S. Carson St., Tel. 1-775-887-9900, www.marriott.de/Carson_City. Stadthotel mit Gratis-WLAN, Pool und Fitnessraum. DZ ab ca. 119 $.

Praktisches Motel – **Rodeway Inn:** 1300 N. Carson St., Tel. 1-775-883-7300, www.choicehotels.com, Stichworte ›Rodeway Inn‹ und ›Carson City‹. Motel mit 67 Zimmern, überwiegend für Nichtraucher; ein beheizter Pool, Föhn und Bügeleisen gehören zur Ausstattung. DZ ab 50 $.

Naturnahes Campen – **Washoe Lake State Park:** 4855 E. Lake Blvd., Tel. 1-775-687-4319, http://parks.nv.gov (> Parks/Washoe Lake State Park). Von der Anlage mit 50 Campingparzellen blickt man auf die berückende Bergszenerie der Umgebung.

Essen & Trinken

Dinieren im Dschungeldekor – **Casino Fandango:** 3800 S. Carson St., Carson City, NV 89701, Tel. 1-775-885-7000, www.casinofandango.com, Lunch Mi–Fr 11–14, Sa–So 9–14 (Brunch), Dinner Mi–So 16.30–21 Uhr. Spielhalle im tropisch-exotischen Stil. Das Rhum Jungle Buffet zählt zu den besten der Stadt und bietet eine Riesenauswahl an ausgezeichneten Speisen in einem edlen Ambiente in den Farben Grün und Violett mit künstlichem Blumendekor und verspiegelten Decken. Brunch Mi–Fr 11–14 Uhr, Dinnerbuffet Fr–Sa 20 $, sonst 12 $.

Dayton ▶D 6

Nördlich von Highway 50 liegt in **Dayton** 9 ein kleiner historischer Ortsteil. Wegen seiner roten Fassadenfarbe ist der repräsentative **Odeon Hall & Saloon** von 1863 nicht zu übersehen. Wo schon Mark Twain übernachtete, war im Jahr 1879 auch der berühmte General Ulysses Grant zu Gast, damals in seiner Funktion als Präsident der USA. Eine Zeit lang war im Gebäude ein mittlerweile geschlossenes Restaurant untergebracht. Das verschlafene Dayton bildete 1960 die Kulisse für den Film »Nicht gesellschaftsfähig«, für den Marilyn Monroe und

Clark Gable zum letzten Mal gemeinsam vor der Kamera standen.

Essen & Trinken

Mehr oder weniger feurig – **Compadres Mexican Restaurant:** 165 Pike St., Tel. 1-775-246-8226. Lunch und Dinner tgl. 11.30–21 Uhr außer So und Mo. Wer Hunger verspürt, kann sich typisch mexikanische Gerichte servieren lassen. Sowohl vor als auch hinter dem weiß getünchten Holzhäuschen können Gäste im Freien sitzen.

Fallon ▶ E 6

Das 7500 Einwohner große Städtchen **Fallon** 10 trägt den Beinamen Brotkorb Nevadas nicht, weil sich nach Osten Reisende dort für die folgenden 300 Meilen letztmals in einem Supermarkt verpflegen können, sondern weil das Wasser hinter dem 1914 erbauten Lahontan-Staudamm die Wüste um die Stadt in saftige Wiesen, grüne Weideflächen, Äcker, Getreidefelder und Viehfarmen verwandelte.

Beim **Octane Fest** Mitte Juni auf den Churchill County Fairgrounds dreht sich alles um Motorsport, und zwar von Traktorrennen über Monstertruck-Wettbewerbe bis zu Drag-Racing-Veranstaltungen. Die Festtage werden von Kulturprogrammen begleitet (http://octanefest.com).

Mit Mode aus viktorianischen Zeiten, Hüten, Hochzeitsschuhen, hübsch dekoriertem Geschirr, Memorabilien an das Bergbauzeitalter und Artefakten der Paiute-Indianer wirbt das **Churchill County Museum** für sich (1050 S. Maine St., Tel. 1-775-423-3677, www.ccmuseum.org, Di–Sa 10–17, So 10–15 Uhr, Mo Ruhetag).

Sand Mountain Recreation Park ▶ F 6

Östlich von Fallon beginnt die Einsamkeit des Highway 50. Salzflächen, unter denen zäher Schlamm lauert, dehnen sich zu beiden Seiten der Straße bis an den Fuß grauer Bergketten aus. Eine kurze Nebenstrecke biegt zum **Sand Mountain Recreation Park** 11 ab. Im Park rasen Offroadbegeisterte mit Quads, vierrädrigen Fahrzeugen mit breiten Reifen, durch eine 3 km lange und bis zu 200 m hohe Dünenlandschaft. Hauptsächlich am Labor Day (1. Wochenende im Sept.) verwandeln mehrere Tausend Motorsportler den Freizeitpark in ein riesiges Fahrerlager. Verpflegungsmöglichkeiten gibt es nicht. Was Mensch und Maschine brauchen, muss selbst mitgebracht werden.

Middle Gate Station ▶ F 6

Alte Dokumente erwähnen **Middle Gate** 12 1861 als Station des Pony Express. Der im Stil einer Reiterstafette organisierte Postdienst transportierte 1860/61 pro Reiter ca. 10 kg schwere Satteltaschen mit Eilpost auf der 3200 km langen Strecke zwischen St. Joseph in Missouri und Sacramento in Kalifornien. »In der Mitte von nirgendwo« steht neben der Tür der heutigen Bar, in der die Wirtin über eine seit damals vermutlich nur unwesentlich veränderte Gastronomie-Oase herrscht: an die Balkendecke geheftete Dollarnoten mit persönlichen Widmungen, Batterien von Ketchupflaschen und Senfspender um den Tresen, eine mit militärischen Abzeichen und Fliegerfotos dekorierte Wand als Erinnerung an die nahe gelegene Naval Air Station, verstaubtes Zaumzeug, Cowboyhüte und Highway-50-Insignien um zwei Gästetische mit pflegeleichtem Wachstuch in Blümchenmuster.

Vom Tresen blicken die Gäste durch ein großes Fenster mit hübschem Glasschliff an den Rändern über die Uraltzapfsäulen einer Tankstelle auf die Wüstenlandschaft, in der einige Meilen weiter mit dem **Shoe Tree** 13 eine Berühmtheit neben der Straße steht. Aus der Entfernung sieht die Amerikanische Pappel aus wie das Übernachtungsquartier von Fledermäusen. Aus der Nähe entpuppen sich die dunklen Flecken in der Baumkrone jedoch als in den Ästen hängendes Schuhwerk von Cowboystiefeln über Tennisschuhe, Sandalen, bis hin zu Ballettschuhen, Pumps und Rollerblades in allen erdenklichen Farben und Größen.

2011 fällte ein gehörnter Mann vor lauter Liebeskummer den ersten Baum, unter dem sich sein Nebenbuhler mit seiner Angebeteten zu treffen pflegte. Mittlerweile gibt es Shoe Tree No. 2.

Austin ▶ G 6

Über den 1960 m hohen Railroad Pass erreicht Highway 50 mit **Austin** 14 den ersten richtigen Ort seit Fallon mit einer Ansammlung von Ziegelgebäuden aus der zweiten Hälfte des 19. Jh. entlang der Main Street und dem aus Granitblöcken errichteten Lander County Courthouse. Vieles in der Ortschaft erinnert an die turbulente Bergbaugeschichte des 19. Jh., wie die **Little Bluebird Mine,** hinter deren mit Wagenrädern, Rinderschädeln und Bergwerksgerät dekorierter Fassade Silber- und Türkisschmuck ausliegt. Das ehemalige Minenzentrum Austin entstand nach den ersten Silberfunden 1862. Heute leben dort nur noch ca. 300 Einwohner.

Eureka ▶ J 6

Von den einst Dutzenden Spielhöllen, Bars, Hotels und drei Opernhäusern ist im früher einmal als ›Pittsburgh des Westens‹ apostrophierten **Eureka** 15 nicht mehr viel zu sehen. Von stattlichen 11 000 zu Boomzeiten schrumpfte die Bevölkerung auf wenige Hundert zusammen, nachdem ein Silber- bzw. Bleibergwerk nach dem anderen von ursprünglich 50 Bergbaubetrieben schließen musste. Lediglich das von 1880 stammende, im Innern vor einigen Jahren nach Originalplänen komplett renovierte **Eureka Opera House** an der Durchgangsstraße und einige wenige andere Gebäude lassen noch den Glanz ehemaliger Zeiten erahnen. Lediglich bei Festen wie regelmäßig wiederkehrenden Rodeos erwacht die Winzlingsgemeinde zum Leben, wenn sich Farmer und Rancher aus der Umgebung einfinden.

Eureka Sentinel Museum

www.co.eureka.nv.us (> Tourism/Museum)
Kein einziges öffentliches Telefon stellt die Verbindung zur Außenwelt her, und der Handybetrieb ist ebenfalls Glückssache. Das **Eureka Sentinel Museum** im 1879 aus Ziegeln erbauten ehemaligen Zeitungsgebäude inspiriert Besucher mit seinen Ausstellungen über das ehemalige Minengeschäft, die örtliche Zeitungsdruckerei und das Alltagsleben in der damaligen Zeit zu einer Reise in Eurekas Vergangenheit.

Übernachten

Rastplatz in der Wüste – **Eureka Gold Country Inn:** 251 N. Main St., am Highway 50, Tel. 1-775-237-5247, www.eurekagoldcountryinn.com. Gut ausgestattetes Haus mit 39 Zimmern und 3 Suiten, Kabel-TV, Kaffeemaschine inklusive, es gibt auch einen Swimmingpool. DZ im Sommer 140 $.

Preiswert – **Sundown Lodge:** 60 N. Main St., Tel. 1-775-237-5334, keine Website. Alle 27 bescheidenen Zimmer sind mit Telefon, TV, Klimaanlage sowie Bad bzw. Dusche/WC ausgestattet. DZ ab 55 $.

Essen & Trinken

Eher Imbiss als Restaurant – **Owl Club:** 61 N. Main St., Tel. 1-775-237-5280, tgl. 7–21.30 Uhr. Sehr einfaches Lokal mit typisch amerikanischer Speisekarte. Zum Restaurant gehört ein Minicasino mit Spielautomaten. Ab 6 $.

Frisch aus dem Ofen – **Pony Espresso Deli:** 101 Bullion St., Tel. 1-775-237-7665, Mo–Sa ab 7 Uhr. Frische Backwaren wie Cinnamon Rolls (Zimtschnecken), verschiedene Sandwiches, Salate und Suppen. Ab 5 $.

Ely ▶ K 6

Die 4200-Seelen-Gemeinde **Ely** 16 erlebt gegenwärtig eine Renaissance. Nachdem die Kennecott Copper Mines 1978 schlossen und 400 Beschäftigte entließen, machte sich Ghost-town-Stimmung im White-Pine-Landkreis breit. Der Bau eines Hochsicherheitsgefängnisses 1989 brachte auch keinen wirtschaftlichen Aufschwung. Erst als 2004 im benachbarten **Ruth** ein wieder in Betrieb genommener Kupfertagebau über 400 Beschäftigten neue Jobs anbot, kam für Ely die Wende. Seither registriert die örtliche

Handelskammer ein zunehmendes Interesse von Menschen aus anderen Landesteilen am provinziellen Lebensstil im Großen Becken, wo Kriminalität so gut wie keine Rolle spielt, gesunde Lebensbedingungen herrschen und Immobilien noch bezahlbar sind. Neue Hotels und in den vergangenen Jahren entstandene Wandmalereien polierten das ramponierte Image von Ely sichtbar auf. Die einzige Sorge, welche die Einwohner gegenwärtig umtreibt, ist die Angst, dass Las Vegas seinen politischen Einfluss geltend machen könnte, um das Grundwasser von Ely anzuzapfen.

In den 1940er-Jahren war das **Hotel Nevada,** in dem schon Leinwandstars wie Ingrid Bergman, James Stewart und Gary Cooper nächtigten, mit sechs Stockwerken das höchste Gebäude in Nevada. Heute gibt es im Ort mehrere auch moderne Unterkunftsmöglichkeiten. Wer aber auf Geschichtsträchtigkeit Wert legt, ist im altehrwürdigen Hotel Nevada gut aufgehoben.

Nevada Northern Railway Museum

1100 Ave. A, Tel. 1-866-407-8326, www.nnry.com, April–Nov. tgl. 8–17 Uhr, Informationen über Strecken, Züge und Tagespreise auf der Internetseite

Zur populärsten lokalen Touristenattraktion wurde ein Relikt aus der Vergangenheit. Das aus einem halben Hundert historischer Gebäude bestehende **Nevada Northern Railway Museum** ist auf dem alten Bahnhofsgelände der Nevada Northern Railway eingerichtet, mit der man das ganze Jahr über (außer Feb. und März) knapp zweistündige Ausflüge auf zwei Routen unternehmen kann. Zu bestimmten Anlässen werden Sonderzüge eingesetzt.

Infos

White Pine County Chamber of Commerce: 636 Aultman St., Ely, NV 89301, Tel. 1-775-289-8877, www.whitepinechamber.com.

In der Lokalzeitung **Ely Times** kann man sich über alle Aspekte des Orts informieren (www.elynews.com).

Übernachten

In Richtung Baker liegen am Highway 50 mehrere Motels, Supermärkte und Tankstellen.

Zimmer im ehemaligen Kittchen – **Jailhouse Motel:** 211 Fifth St., Tel. 775-289-3033, www.jailhousecasino.com. Ehemaliges Gefängnis mit Spielcasino, in dem man komfortabel logiert und hinter Gitterstäben dinieren kann. DZ ab 70 $.

Historische Herberge – **Hotel Nevada:** 501 Aultman St., Tel. 775-289-6665, www.hotelnevada.com. Der Charme des Gestrigen prägt die fast museal eingerichteten Zimmer. Am bequemsten kommen Gäste in der Kennecott Suite mit zwei Schlafzimmern und drei TVs für 89 $ unter. Motorradfahrern gewährt das Haus einen Rabatt von 10 %. Normale DZ ab ca. 45 $.

Komfortables Camping – **Ely KOA Kampground:** 15396 US-93, Tel. 1-775-289-3413, http://koa.com/campgrounds/ely, ganzjährig. Der Platz liegt zum Teil im Schatten von Bäumen und bietet für Zelte einen Rasen. Es gibt auch Cabins.

Essen & Trinken

Viel besser als im Knast – **Cellblock Steak House:** im Jailhouse Motel s. o., tgl. 17–21 Uhr. Kenner schwören auf die sehr guten Steaks. Ab 16 $.

Great Basin National Park ▶ L 6/7

60 Meilen östlich von Ely erhebt sich in der Wüste mit dem auf einer Berginsel gelegenen **Great Basin National Park** 17 ein ganz besonderes Naturschutzgebiet. Vom 25-Seelen-Dorf **Baker** 18 führt eine Zugangsstraße zum Besucherzentrum (tgl. 8–16.30 Uhr) und zum **Wheeler Peak Scenic Drive,** der sich 12 Meilen weit durch Wälder aus Wacholderbäumen, Kiefern und Espen bergan windet. Alle 500 Fuß (150 m) wird auf kleinen Tafeln die Höhe angezeigt, bis die Serpentinenstraße schließlich auf einem Parkplatz bei ca. 10 000 Fuß (2990 m) endet. An dieser Stelle machen sich Wanderer vorbei an Seen und Gletschern auf den Weg zum 3981 m hohen

Aktiv

BERGTOUR ZU DEN HÖLZERNEN METHUSALEMS IM GREAT BASIN NATIONAL PARK

Tour-Infos

Start: Parkplatz auf 2990 m Höhe am Ende des Wheeler Peak Scenic Drive

Länge: 7,4 km – hin und zurück ca. 4–5 Std.

Höhendifferenz: 340 m

Wandersaison: Juni bis September

Mitten in der größten, zusammenhängenden Wüste der USA erhebt sich mit dem knapp 4000 m hohen **Wheeler Peak** eine in dieser Trockenlandschaft geradezu bizarre Gebirgsinsel. Was man im Great Basin am wenigsten erwartet, sind wohl die malerischen Bergwiesen mit zahlreichen Wildblumen und dichte Kiefernwälder.

Eine ganz besondere Rarität in der hochalpinen Szenerie sind jedoch Grannenkiefern (Bristlecone Pines – *Pinus aristata var. Longaeva*), die bis zu 4700 Jahre alt werden und damit zu den ältesten Lebewesen auf der Erde zählen.

Mit dem **Bristlecone Pine Trail** führt ein hin und zurück 4,6 km langer und moderat steiler Pfad die zum Teil bewaldeten Flanken des Mount Wheeler hinauf bis in ein von groben Gesteinsbrocken übersätes Gebiet, in dem Grannenkiefern Jahrhunderte bzw. Jahrtausende in Wind und Wetter überlebt haben. Ein kurzer Naturpfad mit informativen Schautafeln windet sich durch diese Bergoase, in der zahlreiche unglaublich zerzauste Methusalems mit häufig nackten Ästen

und zerschundenen Stämmen wie hölzerne Skulpturen stehen. Manche von ihnen reckten sich schon in den Himmel, als Tutanchamun vor 3330 Jahren in Ägypten regierte.
Hat einem die Höhenlage noch nicht die Puste geraubt, kann man die Wanderung auf dem **Glacier Trail** fortsetzen. Ziel ist der ca. 100 m breite und 130 m lange **Wheeler Peak Glacier** am Fuß des Wheeler Peak, der einzige Gletscher auf dem Staatsgebiet von Nevada und einer der südlichsten der USA. Die Pfade sind markiert und gut zu begehen, sofern man mit passenden Wanderstiefeln ausgestattet ist. Die Höhenlage verlangt auch wärmende Kleidung.

Wheeler Peak, dessen Gipfel nur 400 m niedriger ist als der höchste Berg auf dem zusammenhängenden Staatsgebiet der USA.

Lehman Caves

Tel. 1-775-234-7331, www.nps.gov/grba/planyourvisit/lehman-caves-tours.htm, tgl. 8–17 Uhr, 60- bzw. 90-minütigen Führungen, Erw. 8 bzw. 10 $, Kin. 5–15 J. 4 bzw. 5 $

Der Nationalpark bietet nicht nur in luftiger Höhe, sondern auch unter der Erde Attraktives zum Betrachten. Die **Lehman Caves** sind ein ausgedehntes System von Tropfsteinhöhlen mit einer ständigen Temperatur von nur 10 °C.

Sobald man das unterirdische Märchenreich durch einen künstlichen Tunnel betreten hat und sich die Augen an die Dunkelheit gewöhnt haben, tauchen aus Ecken und Winkeln die Konturen von tropfsteinverzierten Wänden auf. Verschnörkelte Pfeiler und ziselierte Kolonnaden, gesprenkelte Simse und mehrfach übereinandergeschichtete Wälle verwandeln die Gänge der Höhle in ein Märchenreich. Farbabstufungen zwischen Ocker und Beige machen hin und wieder glauben, in einem unterirdischen Schlaraffenland seien Crèmetorten zerlaufen, Töpfe mit Schokoladenglasuren übergekocht und Vanille-Eisbecher umgestürzt und in der Kälte erstarrt.

Infos

Superintendent Great Basin National Park: 100 Great Basin National Park, Tel. 1-775-234-7331, www.nps.gov/grba und www.greatbasinpark.com, Eintritt frei.

Übernachten

Im Nationalpark liegen vier Campgrounds, die man vorab nicht reservieren kann.

Wüstenoase – **Stargazer Inn & Kerouac's:** 115 South Baker Ave., Baker, Tel. 1-775-234-7323, www.stargazernevada.com. Neun einfache, aber ordentliche Zimmer in drei Gebäuden. Eigenes Restaurant. DZ ab 72 $.

Für passionierte Camper – **Whispering Elms Trailerpark:** Hwy 487, Baker, Tel. 1-775-234-9900, http://camptheelms.wixsite.com/the-elms. Motel mit karg eingerichteten Zimmern, DZ ab 62 $. Zum Anwesen gehören eine Bar und ein Campground bzw. Stellplatz für Wohnmobile.

An der Nevada-Utah-Grenze – **Border Inn Motel:** Hwy 50, an der Nevada-Utah-Staatsgrenze 13 Meilen östlich von Baker, Tel. 1-775-234-7300, www.greatbasinpark.com/borderinn.htm. 29 klimatisierte, spartanisch eingerichtete Motelzimmer mit TV, eigenes Restaurant (6–22 Uhr), Spielautomaten, Tankstelle und Platz für Wohnmobile. DZ ca. 50 $.

Essen & Trinken

Viel touristische Infrastruktur oder eine gehobene Gastronomie darf man sich vom 65-Seelen-Kaff Baker nicht erwarten. Umso packender ist die Abgeschiedenheit.

Für bescheidene Ansprüche – **T & D's Country Store & Restaurant:** in Baker, Tel. 1-775-234-7264, www.greatbasinpark.com/td.htm, ganzjährig geöffnet. Der größte Supermarkt in der Gegend bildet die beste Basis für Selbstversorger. Im angeschlossenen Restaurant wird Mittag- und Abendessen serviert. Ab ca. 7 $.

Für kleine Pausen – **Lehman Caves Café:** bei den Lehman Caves, Tel. 1-775-234-7221, www.greatbasinpark.com/lehmangifts.htm, April–Okt. Kleineres Lokal zum Frühstücken und Lunch. Ab ca. 7 $.

Salt Lake City
Provo

Kapitel 3

Das nördliche Utah

Schon ein flüchtiger Blick auf die Landkarte gibt im nördlichen Utah zwei dominierende Landschaftsformen zu erkennen: den Großen Salzsee und das Bergland zwischen Salt Lake City und der Grenze von Utah und Colorado. Tatsächlich bedeckt der riesige Great Salt Lake nahezu den gesamten Nordwesten des Landes und macht aus dieser Region eine weiße Wüste.

Die weiter östlich liegenden Gebirgszüge der Wasatch Range und Uinta Mountains sind Teil der Rocky Mountains. Wegen der guten Wintersportverhältnisse in der Wasatch Range propagiert Utah auf Autokennzeichen nicht erst seit den Olympischen Winterspielen 2002 das nicht gerade unbescheidene Motto »Greatest snow on Earth«. Im Osten an der Grenze zu Colorado könnte man das Städtchen Vernal wegen seiner Saurierskulpturen für eine Open-Air-Kulisse von »Jurassic Park« halten. In Wahrheit sind die Urkreaturen unübersehbare Hinweise auf die weltweit größte Ansammlung von fossilen Saurierskeletten, die im Dinosaur National Monument seit Jahrzehnten freigelegt werden.

Zwischen Salzsee und Gebirge verläuft in Nord-Süd-Richtung mit dem Salt Lake Valley das urbane Nervensystem des Mormonenstaates mit der Hauptstadt Salt Lake City. Zwar darf sich die Metropole als größten Ballungsraum zwischen der kanadischen Grenze, Phoenix, Denver und San Francisco bezeichnen. Mit nur 190 000 Einwohnern rangiert sie aber unter den urbanen Zentren des Landes auf hinteren Plätzen. Ein anderes Bild ergibt sich bei der Fahrt auf der Interstate 15 durch das Salt Lake Valley zwischen Ogden im Norden und Provo im Süden, wo Städte und Ortschaften fast ansatzlos ineinander übergehen. In diesem Korridor leben mit 2 Mio. Menschen ca. 80 % der Einwohner von Utah. Dort schlägt auch das wirtschaftliche Herz des Staates mit Firmen und Instituten der Genforschung und Computertechnologie.

Durch dünn besiedelte Landschaften führt die Interstate 15, die sechs Bundesstaaten miteinander verbindet

Auf einen Blick: Das nördliche Utah

Sehenswert

Salt Lake City: Die Metropole des Bundesstaates Utah strahlt einen etwas spröden Charme aus, weil sie nachhaltig durch die Mormonenkirche geprägt ist (s. S. 282).

Wasatch Mountains: Eine typische Westernlandschaft wie aus dem Bilderbuch erwartet Besucher in diesem Teil Utahs. Besonders malerisch sieht die Gegend im Herbst aus, wenn das Laub der Bäume und Sträucher in warmen Rottönen strahlt (s. S. 293).

Great Salt Lake: Neben dem Toten Meer ist der Große Salzsee das salzigste Gewässer der Erde – eine Landschaft von bizarrem Charakter, die vor allem auf dem Rennkurs Bonneville Salt Flats und auf Antelope Island ihren Reiz entfaltet (s. S. 299).

Schöne Routen

Rundreise durch die Wasatch Mountains: Utahs Hauptstadt Salt Lake City liegt in Sichtweite der imponierenden Wasatch Range, die mit Städtchen wie Park City, Heber City, Sundance und Provo stadtnahe Ausflugsziele bildet (s. S. 293).

Von Salt Lake City zur Flaming Gorge: Von Salt Lake City führt die Route über den Bear Lake und das südliche Wyoming zum tiefblauen Stausee Flaming Gorge, wo besonders Angler und Wassersportler auf ihre Kosten kommen. Der Sheep Creek Canyon hingegen ist ein Dorado für Hobbygeologen (s. S. 301).

Meine Tipps

Salt Lake City günstig besichtigen: Mit dem Visit Salt Lake Connect Pass kann man 13 Sehenswürdigkeiten in bis zu drei Tagen zu erheblich reduzierten Preisen besichtigen (s. S. 288)

Outdoor-Paradies Bear Lake: Hippes Urlaubsentertainment darf man von der ländlichen Gegend an der Idaho-Grenze nicht erwarten, beschaulichen Wasserspaß unter freiem Himmel schon (s. S. 303).

Vernal: Die Gegend um dieses Städtchen im östlichen Utah verdankt ihr Renommee nicht dem Steven-Spielberg-Actionfilm »Jurassic Park«, sondern realen, spektakulären Funden von Saurierfossilien (s. S. 304).

Aktiv

Entdeckungen im frommen Temple Square: Dreh- und Angelpunkt von Salt Lake City ist mit dem Temple Square das historische Herzstück der Mormonenkirche (s. S. 283).

Timpanogos Cave – zu Fuß durch ein Märchenreich aus Stein: In drei Räumen bilden die Tropfsteinformationen dieser Höhle eine prächtige Kulisse für einen Besuch in der Unterwelt (s. S. 294)

Gipfelsturm‹ auf Antelope Island: Eine Wandertour zum höchsten Punkt der größten Insel im Salzsee verschafft ein nicht alltägliches Naturerlebnis (s. S. 300).

Flaming Gorge – Wandern, Reiten, Biken, Rafting: Der aufgestaute Green River im äußersten Nordosten von Utah hat sich zu einem populären Freizeitparadies für Besucher entwickelt, die sich gerne unter freiem Himmel bewegen (s. S. 305).

Salt Lake City und seine Region

▶ N 4

Mit Salt Lake City ist das politische und kulturelle Zentrum des Mormonenstaates gleichzeitig dessen religiöse Zitadelle. In der Stadt um den Temple Square ist der übergreifende Einfluss der »Heiligen der letzten Tage« allenthalben spürbar – etwa bei den strikten Alkoholgesetzen, dem sonntags lahmgelegten Leben und den im öffentlichen Raum platzierten Skulpturen – hier sind sogar unverhüllte Schaufensterpuppen tabu.

Salt Lake City

Cityplan: S. 287

Vom Temple Square einmal abgesehen, besteht das Stadtzentrum aus einer Mischung von hoch aufgeschossenen Banken und Bürohäusern, Hotels, Einkaufszentren und Kultureinrichtungen. Straßen sind im Schachbrettmuster angeordnet und sollen, schenkt man Erzählungen der Mormonen Glauben, so breit angelegt sein, dass ein Ochsenkarren mühelos wenden konnte.

Downtown

Salt Palace und Utah Museum of Contemporary Art

Ein günstiger Ausgangspunkt für eine Stadttour ist der **Salt Palace** 1 mit einem Kongresszentrum (Salt Palace Convention Center, 90 S. West Temple, Tel. 1-801-534-4900, www.saltpalace.com) und der gut sortierten städtischen Besucherinformation mit Prospekten über die Stadt und alle Reiseregionen des Staates (s. u.).

Teil des Komplexes ist das **Utah Museum of Contemporary Art** 2 mit wechselnden Ausstellungen etwa von Gemälden oder Fotografien (20 S. West Temple, Tel. 1-801-328-4201, www.utahmoca.org, Di–Do, Sa 11–18, Fr 11–21 Uhr, 5 $).

Maurice Abravanel Hall 3

123 W. South Temple, Tel. 801-533-6683, www.utahsymphony.org

Wegen ihrer hervorragenden Akustik ist die **Maurice Abravanel Hall** weit über die Grenzen der Stadt hinaus bekannt. Das große Renommee hat seinen Grund aber auch in den Operndarbietungen und zahlreichen Konzerten der Utah Symphony & Opera, die hier ihre Aufführungen veranstaltet.

Vivint Smart Home Arena 4

301 W. South Temple, www.vivintarena.com, Infos und Tickets für Basketballspiele Tel. 801-325-2500, www.nba.com/jazz

Während der Olympischen Winterspiele wetteiferten in der **Vivint Smart Home Arena** Eiskunstläuferinnen und -läufer um Medaillen. Heute ist die Sportarena Heimstadion der in der Nationalliga spielenden Basketballmannschaft Utah Jazz, zu deren Begegnungen die 20 000 Sitzplätze nicht selten komplett ausgebucht sind. Von sportlichen Ereignissen abgesehen, dient die Riesenhalle Großkonzerten, Kongressen und Banketts als Bühne.

The Gateway 5

90 S. 400 West St., www.shopthegateway.com, Mo–Sa 10–21, So 12–18 Uhr

Eine neue Ära dämmerte 2002 mit dem Bau von **The Gateway** herauf. Der zweigeschossige, reizvoll angelegte Riesenkomplex mit

Aktiv

ENTDECKUNGEN IM FROMMEN TEMPLE SQUARE

Tour-Infos

Start: Südeingang zum Temple Square an der South Temple St.
Länge: ca. 1,1 km
Dauer: ca. 1–2 Std. Öffnungszeiten tgl. 9–21 Uhr.
s. Cityplan: S. 287

Wichtige Hinweise: Der Eintritt zum Temple Square bzw. zu den einzelnen Gebäuden ist kostenlos. Der Zutritt zum Mormonentempel ist nur Mitgliedern der Mormonenkirche gestattet (Tel. 1-801-531-1000, www.templesquare.com).

Mittelpunkt der Mormonenmetropole Salt Lake City ist der vier Hektar große **Temple Square** 6 , im geografischen wie übertragenen Sinn. An der südöstlichen Ecke des von einer Mauer umgebenen Platzes markiert ein Stein den Punkt, von dem aus die Stadt und ihre Straßen von den Pionieren vermessen wurden. Hinter dem Südeingang bietet das **South Visitors' Center** informative Ausstellungen über den Bau des benachbarten großen Tempels. Östlich davon erinnert die Architektur der 1882 fertiggestellten **Assembly Hall** an alte College-Gebäude auf einem englischen Universitätscampus. Im 2000 Menschen fassenden Bau finden kirchliche und gesellschaftliche Veranstaltungen statt. Gleich daneben ist ein Monument den Pionieren gewidmet, die ihr Hab und Gut zum Teil auf einfachen Handkarren in ihre neue Heimat brachten..Herzstück des Temple Square bildet der 1853 aus grauem Granit begonnene **Salt Lake Tempel** mit sechs Türmen, der erst 40 Jahre später eingeweiht werden konnte. Auf dem 68 m hohen Hauptturm fixiert ein ins Innere reichender Pendel die über 4 m hohe, mit 22 Karat Gold überzogene Statue des Engels Moroni. Der auf Sandsteinfundamenten ruhende **Tabernakel** mit gewölbtem Dach sieht aus wie ein gekenterter Schiffsrumpf und dient als ovales, 8000 Plätze fassendes Auditorium. Jeden Sonntagvormittag beginnen um 9.30 Uhr vom Rundfunk übertragene Konzerte des berühmten Tabernacle-Chors, des bekanntesten musikalischen Ensembles in Utah. Fast jedes Jahr unternimmt der Chor internationale Tourneen, die schon nach Russland, Australien und Japan führten. Schaustück der Halle ist eine gewaltige Orgel mit 11 000 Pfeifen (Chorproben jeweils Do 19.30–21.30 Uhr, Eintritt frei). Im **North Visitors' Center** steht in einer Kuppelhalle mit gemaltem Firmament die Kopie einer überdimensionalen Christusstatue des dänischen Bildhauers Bertel Thorvaldsen.

Außerhalb des Temple Square schließt sich im Norden das riesige **LDS-Konferenzzentrum** 7 an, das 21 000 Menschen Platz bietet. An der Fassade stürzt ein Wasserfall über mehrere Etagen 20 m in die Tiefe. Das Dach mit Blick auf die Stadt besteht aus einer reizvollen Gartenlandschaft (www.templesquare.com > Explore/Conference Center). An der Westflanke Square widmet sich das **Church History Museum** 8 der Geschichte der Mormonen. Ein Planwagen symbolisiert ihre beschwerliche Reise der ersten Pioniere in den Westen (Mo–Fr 9–21, Sa 10–17 Uhr, Eintritt frei). Das 1847 erbaute **Blockhaus von Osmyn Deuel** neben dem Museum gibt Einblicke in das einfache Leben der ersten Mormonen in Utah.

Hier bestimmen die Mormonen fast alles: Utahs Hauptstadt, Salt Lake City, ist das bedeutende Zentrum einer weltweiten, nicht unumstrittenen Glaubensgemeinschaft

über 100 Geschäften, Imbissständen, Restaurants, Brücken und Fußgängerpromenaden wirkt wie ein eigener Stadtteil, in dessen Mittelpunkt ein Brunnen zu Musik Wasserfontänen ›tanzen‹ lässt. Teil von The Gateway ist das Kinozentrum **Megaplex 12,** in dem Tag für Tag neue und ältere Filme gezeigt werden (165 S. Rio Grande St., Tel. 1-801-325-7500, www.megaplextheatres.com/thegateway).

Hungrige Gäste können sich außer in zahlreichen Restaurants auch in einem zentralen Food Court schnell und preisgünstig verpflegen – über ein halbes Dutzend Schnellküchen mit einem breiten Angebot.

Im Süden schließt sich an The Gateway das 1908 erbaute **Union Pacific Depot** an, das bis in die 1970er-Jahre als Passagierbahnhof diente. Stilvoll umgestaltet, dient die ehemalige Wartehalle mittlerweile für große Empfänge und Hochzeiten.

Clark Planetarium 9

110 S. 400 West St., Tel. 1-385-468-7827, https://slco.org/clark-planetarium, tgl. 10.30 bis ca. 20 Uhr, IMAX-Kino unterschiedliche Preise

Packende, auf eine Großleinwand projizierte Filme sowie Sternen- und Lasershows zu mitreißender Musik machen das **Clark Planetarium** zu einem populären Freizeitziel.

Discovery Gateway 10

444 W. 100 South St., Tel. 1-801-456-5437, www. discoverygateway.org, Mo–Do 10–18, Fr–Sa 10–19, So 12–18 Uhr, 9,50 $

Das Kindermuseum **Discovery Gateway** bildet mit vielen interaktiven Einrichtungen und täglich angebotenen Workshops zu verschiedenen Themen für junge Besucher ein abwechslungsreiches Ziel.

Joseph Smith Memorial Building 11

15 E. South Temple, Tel. 1-801-539-3130, www.templesquare.com (> Explore/Joseph Smith Memorial Building), Mo–Fr 9–21, Sa 9–17 Uhr

Stuckverzierungen an Decken und Wänden statteten schon das 1911 erbaute Utah Hotel mit geradezu herrschaftlichem Flair aus. Seit die Hotelära endete und das Gebäude als **Joseph Smith Memorial Building** an den gleichnamigen Mormonenpropheten erinnert, hat sich daran nichts geändert. Die zwölf Säulen in der großen Eingangshalle, die nach wie vor einer Hotellobby ähnelt, sind nicht nur dekorative Elemente, sondern verkleidete Stahlträger mit Ananas-Symbolen als traditionelle Zeichen der Gastfreundschaft. An einer Seite steht die überlebensgroße, im italienischen Carraramarmor vollendete Statue des Religionsgründers Joseph Smith, die bis 1993 ein Mormonenzentrum in Independence in Missouri schmückte. Die aus Buntglas bestehende Decke der Eingangshalle lässt Tageslicht ins Innere fallen. Lichtquelle ist neben dem Glasdach ein 400 kg schwerer Lüster mit 144 elektrischen Lämpchen. Auf der obersten Etage bietet sich eine Pause in einem der beiden Restaurants mit Blick auf die Stadt an. Im Legacy Theater läuft ein 70-minütiger Film über den Religionsstifter Joseph Smith.

Lion House 12

63 E. South Temple, Tel. 801-539-3257, Restaurant Mo–Sa 11–20 Uhr

Unter den historischen Kronjuwelen von Salt Lake City sind den Mormonen zwei nebeneinanderliegende Gebäude von besonderem Wert, weniger aus Gründen ihrer Architektur, sondern wegen ihrer historischen Bedeutung. Das **Lion House** von 1855, dessen Name sich von einem Löwenrelief an der Fassade ableitet, diente dem Mormonenführer Brigham Young und seiner aus 27 Frauen und 56 Kindern bestehenden Familie als private Residenz. Man kann das Haus nicht besichtigen, sondern sich nur im Restaurant The Pantry einfache Gerichte wie Hähnchen oder Forelle schmecken lassen.

Beehive House 13

67 E. South Temple, Tel. 1-801-240-2671, Mo–Sa 9–21 Uhr

Als Brigham Young Präsident der Church of Jesus Christ of Latter-day Saints, wie die Mormonenkirche heißt, und gleichzeitig Gouverneur von Utah war, residierte er im benachbarten **Beehive House,** das seinen Namen einem stilisierten Bienenkorb auf dem Dach als Symbol für den Bienenfleiß der Mormonen verdankt. Bei halbstündigen kostenlosen Führungen

bekommen Besucher die mit Mobiliar des 19. Jh. ausgestatteten Privat- und Amtsräume zu sehen, in denen seinerzeit Berühmtheiten wie Mark Twain und General William T. Sherman zu Gast waren.

Nebenan überspannt das mehrfach umgebaute patinagrüne **Eagle Gate** die State Street, nachdem es früher den Eingang zum Besitz von Brigham Young geschmückt hatte.

City Creek Center 14

50 S. Main St., www.shopcitycreekcenter.com, Mo–Do 10–21, Fr–Sa 10–22 Uhr

Modern, attraktiv angelegt und gepflegt präsentiert sich das Einkaufszentrum City Creek Center nur einen Katzensprung vom Temple Square entfernt mit Geschäften vieler Kategorien auf mehreren Ebenen, einem künstlich angelegten Flüsschen, einem Springbrunnen auf Straßenebene und Parkmöglichkeiten in einer Tiefgarage. Das Einkaufsparadies ist seit Fertigstellung der größte Einkaufs- und Restaurantkomplex im gesamten Bundesstaat Utah. Im Center sind unterschiedliche Ladengeschäfte, Boutiquen, Büroräume, Restaurants, Imbisse, eine offene Fußgängerzone und Apartmentwohnungen untergebracht.

LDS Church Office Building 15

50 E. North Temple, Tel. 1-801-531-1000, www.templesquare.com (> Explore/Church Office Building), Observation Deck Mo–Fr 9–11 und 13–16 Uhr

Nördlich von Lion und Beehive House reckt sich das nüchterne **LDS Church Office Building** in den Himmel, das Verwaltungszentrum der Mormonenkirche. Interessenten wird eine kostenlose Führung durch den Komplex oder durch die Parkanlagen vor dem Gebäude angeboten, wo sich der Tem-

Salt Lake City

Sehenswert
1 Salt Palace
2 Utah Museum of Contemporary Art
3 Maurice Abravanel Hall
4 Vivint Smart Home Arena
5 The Gateway
6 Temple Square
7 LDS Konferenzzentrum
8 Church History Museum
9 Clark Planetarium
10 Discovery Gateway
11 Joseph Smith Memorial Building
12 Lion House
13 Beehive House
14 City Creek Center
15 LDS Church Office Building
16 Pioneer Memorial Museum
17 Utah State Capitol
18 Governor's Mansion
19 City Library
20 Leonardo
21 Gallivan Center

Übernachten
1 Kimpton Hotel Monaco
2 Homewood Suites by Hilton
3 Inn On The Hill
4 Haxton Manor B & B
5 Metropolitan Inn
6 Motel 6 Downtown

Essen & Trinken
1 Bambara
2 Takashi
3 Benihana
4 Melting Pot
5 Squatter's Pub Brewery

Einkaufen
1 Gourmandise Bakery
2 Trolley Square
3 Ken Sanders Rare Books

Abends & Nachts
1 The Depot
2 BTG Wine Bar
3 Capitol Theatre
4 Rose Wagner Performing Arts Center

Aktiv
1 Family History Library

---

pel in einem Pool spiegelt und Beete im Blumenschmuck fast untergehen. An zahlreichen Skulpturen wird deutlich, was die Heiligen der letzten Tage unter Kunst verstehen. Von den Aussichtsterrassen im 26. Stock des Verwaltungsgebäudes blickt man über die ganze Stadt.

Pioneer Memorial Museum 16
300 N. Main St., Tel. 1-801-532-6479, www.dupinternational.org, Mo–Sa 9–17 Uhr, Eintritt frei
Auf vier Etagen mit einer kaum zu überblickenden Anzahl von Memorabilien feiern die Mormonen im **Pioneer Memorial Museum** sich selbst und ihre Pioniergeschichte. Mobiliar, selbst gefertigte Kleidung, Quilts, Bücher, Musikinstrumente, Flaggen und Waffen lassen die Geschichte der 143 Männer, drei Frauen und zwei Kinder aufleben, die Brigham Young auf einer 1300-Meilen-Reise 1847 von den östlichen USA nach Utah führte, um dort eine neue Heimat zu gründen. Dieser Voraustrupp bereitete den Boden für den Aufbau sowohl von Salt Lake City als auch des Mormonenstaates, der 1894 von US-Präsident Cleveland zum 45. Mitglied der Union proklamiert wurde.

Utah State Capitol 17
Nördliches Ende der State St., Tel. 1-801-538-3000, www.utahstatecapitol.utah.gov, Mo–Fr 7–20, Sa–So 8–18 Uhr, kostenlose Führungen Mo–Fr 9–17 Uhr
Äußerlich dem Vorbild in Washington D.C. nachempfunden, entstand das **Utah State Capitol** zwischen 1912 und 1915. Unter der 87 m hohen kupfergedeckten Kuppel liegen zu beiden Seiten der gewaltigen Marmorlobby zwei für das Repräsentantenhaus, den Senat und das Oberste Gericht reservierte Flügel. Manche natürlichen Gesteinsmaserungen an den Wänden sehen wie verblasste Gemälde aus und tragen inoffiziell Namen wie Persischer Teppich, Schmetterling und Gähnende Löwen. Unterhalb der Kuppel stellen vier Deckengemälde Szenen aus der Geschichte Utahs dar: die Dominguez-Escalante-Expedition von 1776 als erster spanischer Vorstoß nach Utah, den 1825 nach Utah gekommenen Pionier Peter Skene Ogden, den Entdecker John

Tipp

SALT LAKE CITY GÜNSTIG BESICHTIGEN

Der **Visit Salt Lake Connect Pass** ist bei der Visitor Information erhältlich. Er wird für einen bis drei aufeinanderfolgende Tage ausgestellt und kostet 32, 48 oder 60 $. Er gewährt verbilligten Eintritt in insgesamt 13 Sehenswürdigkeiten, darunter das Clark Planetarium, das Museum of Fine Arts, das Heritage Village und der Hogle Zoo (www.visitsaltlake.com > Things to do/Connect Pass).

C. Fremont und den Mormonenführer Brigham Young. In der Kuppel hängt ein 3000 kg schwerer Leuchter an einer noch schwereren 30 m langen Kette. Im barock eingerichteten Golden Room finden Empfänge für Staatsgäste statt. Ein beliebtes Fotomotiv ist die rechts vom Kapitol aufgestellte Statue des Indianerhäuptlings Massasoit, der ein Freund der im 17. Jh. in Plymouth (Massachusetts) gelandeten Pilgerväter war. Die Skulptur fertigte der aus Utah stammende Bildhauer Cyrus Dallin.

Governor's Mansion 18

603 E. South Temple, Tel. 1-801-538-1005, www.utah.gov (> Governor/Mansion), kostenlose Führungen Juni–Aug., Dez. Do 13–16 Uhr

Mit dem **Governor's Mansion** ließ sich der Kupfermagnat und spätere Senator Thomas Kearns im Jahre 1902 eine noble, von Türmchen und Balkonen geschmückte Residenz bauen, die an ein französisches Schlösschen erinnert. 1937 übereignete die Familie den Besitz dem Staat als offiziellen Amtssitz des jeweiligen Gouverneurs. Ein Brand verursachte 1993 zwar große Schäden, aber das 36 Zimmer große viktorianische Anwesen ist längst wieder instand gesetzt und kann besichtigt werden. Besonders reizvoll zeigt sich das Gebäude am Ende des Jahres, wenn es in weihnachtlichem Lichterschmuck erstrahlt.

City Library 19

210 E. 400 South St., Tel. 1-801-524-8200, http://www.slcpl.org, Mo–Do 9–21, Fr–Sa 9–18, So 13–17 Uhr

Mit ihrer sechsstöckigen gebogenen Glasfassade gehört die **Main Library** auf dem **Library Square** zu den auffälligsten neueren Bauwerken der Stadt. Ein Pool und Brunnen schaffen auf der Piazza eine einladende Atmosphäre, zu der auch zahlreiche Geschäfte und ein Café im Erdgeschoss des Gebäudes beitragen. Darüber liegen die Bibliotheksetagen mit Lesesälen und einem Dachgarten auf dem obersten Stockwerk. An mehreren Computern haben Besucher kostenlosen Zugang zum Internet.

Leonardo 20

209 E. 500 South St., Tel. 1-801-531-9800, www.theleonardo.org, tgl. 10–17 Uhr, Erw. 12,95 $, Kin. 3–12 J. 8,95 $

Zur Attraktivität des Library Square trägt mit Leonardo ein Kunst-, Kultur- und Wissenschaftsmuseum bei, in dessen Ausstellungen es im Wesentlichen um die Themen Kunst, Musik, Technologie, Naturwissenschaften und menschliche Interaktion geht. Etwa die Hälfte der Exponate sind interaktiv und auch für jüngere Besucher geeignet.

Gallivan Center 21

239 S. Main St., www.thegallivancenter.com

Im Mittelpunkt des **Gallivan Center** dehnt sich ein Weiher aus, auf dem im Sommer Kinder Spielzeugboote auf große Fahrt gehen lassen, während frostige Temperaturen den Pool im Winter in eine Eislauffläche verwandeln. Gartenanlagen, Aviarium, Schachspielanlage für jedermann und mehrere Kunstwerke wie etwa »Asteroid nach sanfter Landung« von Kazuo Mazabayashi machen den Platz zu einem populären Stadtpark, in dem während der warmen Jahreszeit häufig Konzerte und kulturelle Veranstaltungen stattfinden.

Im konservativen Salt Lake City stößt profane Kunst nicht überall auf Gegenliebe

Außerhalb von Downtown

Östlich des Stadtzentrums liegen am Fuß der Wasatch Mountains im engeren und weiteren Umkreis der University of Utah einige Sehenswürdigkeiten, die einen Besuch lohnen.

»This is the place« State Park

www.thisistheplace.org, Eintritt frei

Am Eingang des Emigration Canyon setzten die Einwohner von Salt Lake City ihren Gründervätern im **»This is the place« State Park** ein Denkmal, wo die ersten Mormonen 1847 das Salt Lake Valley erreichten.

Brigham Young, der den Trupp anführte, soll einen Blick auf die wüstenähnliche Landschaft geworfen und den legendären Satz »This is the place« ausgesprochen haben, mit dem er den Standort des zu gründenden Gottesreiches Deseret bestimmte, aus dem sich später der Bundesstaat Utah entwickelte. Ein Denkmal markiert die Stelle.

Heritage Village

2601 Sunnyside Ave., Tel. 801-582-1847, www.thisistheplace.org, Mo–Sa 9–17, So 10–17 Uhr, Erw. 7 $, Kin. 3–11 J. 4 $

Im über die Jahre ständig erweiterten **Heritage Village,** das mittlerweile über drei Dutzend Gebäude umfasst, stellen kostümierte Laiendarsteller in historischen Häusern und Blockhütten das Leben der ersten Pioniere während der 1850er-Jahre anschaulich dar. Mit einem Minizug kann man durch das Gelände fahren.

Natural History Museum

301 Wakara Way, Tel. 1-801-581-4303, www.nhmu.utah.edu, tgl. 10–17, Mi bis 21 Uhr, Erw. 15 $

Der moderne Komplex widmet sich mit vielen Ausstellungen und zum Teil interaktiven Einrichtungen naturgeschichtlichen Themen. Zu sehen sind neben Saurierknochen u. a. prähistorische Töpfer- und Korbflechtarbeiten, über 100 Jahre alte Pflanzen aus Utah, Mineralien und seltene Insekten.

Hogle Zoo

2600 E. Sunnyside Ave., Tel. 1-801-584-1700, www.hoglezoo.org, März–Okt. 9–18, sonst bis 17 Uhr, Erw. 17 $, Kin. 3–12 J. 13 $

Der Tierpark gibt Gästen nicht nur die Möglichkeit, Arten aus aller Welt wie Schneeleoparden, Lemuren, Giraffen und Trompeterschwäne zu sehen, sondern sich auch über Aufzucht und Pflege bedrohter Tiere zu informieren. Bei Shows wie »World of Flight« machen Besucher z. B. Bekanntschaft mit abgerichteten Greifvögeln, die mutigen Zuschauern einen Dollarschein aus der Hand nehmen. Mit einem Minizug lernt man u. a. die Painted Desert mit ihren Präriehunden kennen.

Utah Museum of Fine Arts

410 Campus Center Dr., Tel. 1-801-581-7332, www.umfa.utah.edu, Di–So 10–17, Mi 10–21, Erw. 13, Senioren und Kin. 6–18 J. 10 $

Künstlerische Artefakte aus 5000 Jahren zeigt das einzige allgemeine Kunstmuseum von Utah; zu sehen sind über 15 000 Objekte aus vielen Teilen der Welt, von der Kunst des antiken Ägypten über indianische Webarbeiten, afrikanische Masken und europäische Malerei bis zu chinesischem Porzellan. Daneben zeigt die zur Universität gehörende Einrichtung wechselnde Ausstellungen.

Infos

Visit Salt Lake: 90 S. West Temple, Salt Lake City, UT 84101, Tel. 1-801-534-4900, www.visitsaltlake.com.

Tipp

ALKOHOLGENUSS IN UTAH

In Utah herrschen spezielle Alkoholgesetze. Bier- und Weintrinker müssen mindestens 21 Jahre alt sein. Bier mit maximal 3,2 % wird in normalen Geschäften verkauft, stärkeres bekommt man nur in den staatlichen Liquor Stores. In Privatklubs gibt es für 5 $ Trinklizenzen, die 14 Tage gültig sind. Restaurants dürfen an ihre Gäste zum Essen alkoholische Getränke ausschenken.

Übernachten

An der North Temple Road zum Flughafen reihen sich Hotels und Motels unterschiedlicher Kategorien aneinander. Seit den Olympischen Winterspielen 2002 hat sich die Bettenkapazität der Stadt vervielfacht.

Tolles Hotel in guter Lage – **Kimpton Hotel Monaco** 1: 15 W. 200 South St., Tel. 1-801-595-0000, www.monaco-saltlakecity.com. Luxuriöses, stilsicher und farbenfroh eingerichtetes Haus mit gutem Restaurant (s. u.), Fitnesscenter und WLAN. Die gediegene Einrichtung gefiel schon den Backstreet Boys. Gäste mit Gardemaß wählen Zimmer mit übergroßen Betten und hohen Türen. Wer des Alleinseins müde ist, leiht einen Goldfisch aus. DZ ab 250 $.

Gutes Innenstadthotel – **Homewood Suites by Hilton** 2: 423 W. 300 South St., Tel. 1-801-363-6700, http://homewoodsuites3.hilton.com. Hotel in der Nähe der Gateway Mall mit Pool, 124 Suiten mit Schlaf- und Wohnzimmer, kostenlosem Internet, voll eingerichteter Küche mit Geschirrspüler, Kühl- und Gefrierschrank, Toaster, Mikrowelle. DZ ab 160 $ (an Wochenenden teurer, Frühstück inkl.).

Hoch gelobt – **Inn On The Hill** 3: 225 N. State St., Tel. 1-801-328-1466, http://inn-on- thehill.com. Das Haus liegt nicht nur fabelhaft, sondern ist im Innern auch mit opulentem Charme gestaltet. DZ ab 160 $.

Wie in Good Old England – **Haxton Manor B & B** 4: 943 E. South Temple, Tel. 1-801-363-4646, http://www.haxtonmanor.com. 1906 erbautes, denkmalgeschütztes Haus im englischen Stil mit antiker, museal anmutender, aber dennoch komfortabler Einrichtung. DZ 99–199 $.

Gute Adresse – **Metropolitan Inn** 5: 524 S. West Temple, Tel. 1-801-531-7100, http://metropolitaninn.com. Jedes der 60 Zimmer ist modern mit Kabel-TV, Klimaanlage, WLAN-Highspeed-Internet, Kaffeemaschine und Bügeleisen eingerichtet. DZ ab 75 $.

Zentral und preiswert – **Motel 6 Downtown** 6: 176 W. 600 South St., Tel. 1-801-531-1252, www.motel6.com. Bewährtes Motel mit Standardzimmern für Anspruchslose. DZ ab 45 $.

Essen & Trinken

Empfehlenswert – **Bambara 1:** 202 S. Main St., Tel. 1-801-363-5454, www.bambara-slc.com, Mo–Fr 7–22, Sa–So 8–14, 17.30–22 Uhr. Bistro neben dem Hotel Monaco. In Erdtönen und mit Marmor durchgestylte Einrichtung. Der Gast schaut zu, wie in der offenen Küche amerikanische Speisen zubereitet werden. Zum *people watching* ist die Bar ideal. Lunch ab 15 $, Dinner ab 31 $.

Für Sushi-Liebhaber – **Takashi 2:** 18 W. Market St., Tel. 1-801-519-9595, www.yelp.com/menu/takashi-salt-lake-city, Mo–Fr 11.30–14, Mo–Sa 17.30–22 Uhr. Edel-Japaner mit kunstvollen frischen Sushi-Spezialitäten. 25–50 $.

Service manchmal schleppend – **Benihana 3:** 165 S. West Temple, Tel. 1-801-322-2421, www.benihana.com/locations/saltlakecity-ut-sl, Mo–Fr 11.30–14 und 17–22, Sa 12–22, So 15–21 Uhr. Sushi oder Sashimi, Hibachi-Spezialitäten werden vor den Gästen zubereitet. Lunch Specials ab 7 $, Dinner-Menü ab 23 $.

Für Fondue-Liebhaber – **Melting Pot 4:** 340 S. Main St., Tel. 1-801-521-6358, www.meltingpot.com/salt-lake-city, tgl. Dinner. Appetit auf ein Käsefondue (ab 9 $)? Hier gibt's Gerichte, die in den USA nicht alltäglich sind. Dinner ab 16 $.

Burgers und Bier – **Squatter's Pub Brewery 5:** 147 W. Broadway, Tel. 1-801-363-2739, www.squatters.com/salt-lake-city/location.aspx, tgl. 11–24 Uhr. Frisch gebrautes Bier drinnen oder im Patio, einfache Gerichte wie Buffalo Wings (scharf gewürzte Hähnchenflügel) und Burger aus Bio-Fleisch. Ab 12 $.

Einkaufen

Einsame Spitze – **Gourmandise Bakery 1:** 250 S. 300 East St., Tel. 1-801-328-3330, www.gourmandisethebakery.com, Mo–Do 7–22, Fr–Sa 7–23 Uhr. Konditoreiprodukte der Spitzenklasse, die man auch im Café vor Ort genießen kann. Die Preise sind allerdings ziemlich deftig.

Shoppen als Erlebnis – **Trolley Square 2:** 602 E. 500 South St., www.trolleysquare.com. Ehemaliges Straßenbahndepot von 1908 mit zahlreichen Shopping-Möglichkeiten unterschiedlicher Branchen und mehreren Imbissen, Cafés bzw. Restaurants. Im Supermarkt **Whole Foods Market** kann man biologisch angebaute Nahrungsmittel einkaufen.

Für Leseratten – **Ken Sanders Rare Books 3:** 268 S. 200 East, Tel. 1-801-521-3819, www.kensandersbooks.com, Mo–Sa 10–18 Uhr. Bücher über den amerikanischen Westen.

Abends & Nachts

Livemusik – **The Depot 1:** 400 W. South Temple, Tel. 1-801-355-5522, www.depotslc.com. Hier finden Livekonzerte am laufenden Band statt.

Weinmekka – **BTG Wine Bar 2:** 63 W. 100 S., Tel. 1-801-359-2814, btgwinebar.com, tgl. ab 17 Uhr. Für Weinliebhaber.

Oper, Musical und Ballett – **Capitol Theatre 3:** Das 1800 Zuschauer fassende Theater mit reizvoller Beaux-Arts-Fassade wurde im Jahr 1913 erbaut und bietet Broadwaymusicals und Aufführungen der Utah Opera (50 W. 200 South St., Tel. 1-801-355-2787, www.utahopera.org).

Bühnenkunst – **Rose Wagner Performing Arts Center 4:** Drei Theater unter einem Dach, die von Gruppen wie dem Tanztheater Ririe-Woodbury, dem Repertory Dance Theatre und dem Gina Bachauer International Piano Festival genutzt werden (138 W. 300 South St., Tel. 1-801-355-2787, https://artsaltlake.org > Venues/Rose Wagner Center).

Aktiv

Ahnenforschung – **Family History Library 1:** 35 N. W. Temple, Tel. 1-801-240-6996. Computer helfen bei der weltweiten Suche nach Familienmitgliedern.

Termine

Feste/Veranstaltungen: Utah Arts Festival (letzte Juniwoche): Kunst- und Kulturfest mit einem Riesenangebot an verschiedenen Programmen (www.uaf.org).

Utah State Fair (Sept.): Jährlich, große Landwirtschaftsmesse (www.utahstatefair.com).

Salt Lake Valley und Wasatch Mountains

Verkehr

Flugzeug: Salt Lake City International Airport, 776 N. Terminal Dr., Tel. 1-801-575-2400, www.slcairport.com. Der Flughafen liegt ca. 10 Autominuten westlich der Innenstadt. Über ein Dutzend US-Fluglinien bedienen ca. 70 US-Städte. Eine Straßenbahn verbindet den Airport mit Downtown (Mo–Sa 6–23, So

9.45–22 Uhr, 2,50 $). Taxis: City Cab (Tel. 1-801-363-5550, nach Downtown ca. 20 $).

Bahn: Amtrak-Station, 340 S. 600 West St., Tel. 1-800-872-7245, www.amtrak.com. Der California Zephyr fährt von der San Francisco Bay über Salt Lake City, Denver und Omaha nach Chicago (Gesamtfahrzeit 43 Std.).

Bus: Utah Trailways Terminal, 3091 S. Main St., Tel. 1-801-466-5001, www.utahtrailways.com. Verbindungen im Salt Lake Valley und nach West Wendover in Nevada.

Nahverkehr: Die Utah Transit Authority (Tel. 801-743-3882, www.rideuta.com) betreibt ein Bus- und Straßenbahnsystem in und um die Stadt. Im eigentlichen Stadtkern kann man umsonst fahren. Weiter außerhalb kostet jede Fahrt 2,50 $. Für kurze Strecken innerhalb des Stadtzentrums kann man die Green Bikes nutzen, die man an einem knappen Dutzend Stellen ausleihen kann (Tagesmitgliedschaft 7 $, erste 30 Min. frei, zweite 30 Min. 5 $, https://greenbikeslc.org).

Wasatch Mountains

▶ O 3/4

Karte: S. 292

Jahr für Jahr schinden sich beim Wasatch 100 Mile Race (www.wasatch100.com) zwischen Layton und Midway die härtesten, vielleicht auch die verrücktesten Sportler Amerikas bei einem 20-Stunden-Marathon durch die Szenerie der Wasatch Mountains. Bequemer ist der Ausflug in die Berge mit dem Auto.

Park City 1

Der auf edelmetallhaltigen Quarzschichten stehende Bergbauort **Park City** entwickelte sich in der zweiten Hälfte des 19. Jh. rasch, ehe um die Jahrhundertwende der Verfall des Silberpreises und ein Großbrand den Niedergang der Kleinstadt einleiteten. Erst in den 1950er-Jahren entdeckten clevere Geschäftsleute mit dem Wintersport eine neue Geldquelle. Dabei hatte das Skilaufen vor Ort bereits eine lange Tradition, befanden sich doch unter den früheren Bergleuten Einwanderer aus Skandinavien, die mit Skiern bestens vertraut waren. 1928 entstand die erste Skisprungschanze am Ecker Hill, und Präsident Roosevelts Arbeitsbeschaffungsprogramme während der Weltwirtschaftskrise sahen den Aufbau eines Wintersportzentrums in Park City vor. Diese Entwicklung verschob sich aber um Jahrzehnte, da damals etwa Sun Valley in Idaho eine übermächtige Konkurrenz bildete. Als Austragungsort von Disziplinen wie Bobfahren, Rodeln und Skispringen bei den Olympischen Winterspielen feierte der 7500 Einwohner große Ort im Jahr 2002 seinen bislang größten Publikums- und Geschäftserfolg.

Utah Olympic Park

3419 Olympic Pkwy, Tel. 1-435-658-4200, http://utaholympiclegacy.org/park, Museen tgl. 9–18 Uhr, 45-minütige Führungen tgl. zur vollen Stunde 11–15 Uhr, 12 $

Seit den Olympischen Winterspielen 2002 finden im **Utah Olympic Park**, wo das ganze Jahr hindurch US-Athleten trainieren, nationale wie internationale Wettbewerbe statt. Freizeitsportler haben u. a. Gelegenheit sowohl im Sommer wie im Winter Bob- und Rodelbahnen zu testen. Das auf dem Gelände befindliche **Alf Engen Ski Museum** und das **2002 Eccles Olympic Winter Games Museum** dokumentieren den weißen Sport und seine Höhepunkte.

Termine

Sundance Fim Festival (Jan.): Jedes Jahr strömen Kinoenthusiasten, Produzenten und Schauspieler nach Park City zum Sundance Film Festival, das hauptsächlich jungen, unabhängigen Regisseuren und Filmemachern Gelegenheit bietet, ihre neuen Produktionen vorzustellen (www.sundance.org/festival).

Heber City 2

Nur eine Autostunde von Salt Lake City entfernt kommt das Heber Valley dem Bild einer Postkartenlandschaft ziemlich nahe. Kleines, ländliches Zentrum ist das nur 11 700 Einwoh-

Aktiv

TIMPANOGOS CAVE – ZU FUSS DURCH EIN MÄRCHENREICH AUS STEIN

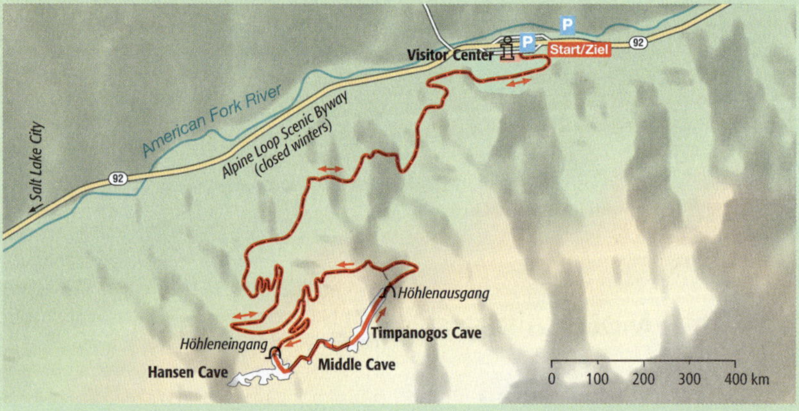

Tour-Infos

Start: Timpanogos Cave National Monument **5**, Visitor Center, R.R. 3 Box 200, American Fork, am Hwy 92 ca. 10 Meilen östlich der I-15, Tel. 1-801-756-5239, www.nps.gov/tica, Mitte Mai–Mitte Okt. 7–17.30 Uhr, American Fork Canyon frei, Höhlentouren Erw. ab 16 J. 8 $, Kin. 6–15 J. 6 $.

Dauer: 2,4 km Wanderung vor Beginn der Führung. Führung (max. 20 Pers.) 45–60 Min.
Höhendifferenz: 300 m
Wichtige Hinweise: Um die Ausbreitung einer für Fledermäuse gefährlichen Krankheit zu verhindern, ist bei der Besichtigung keine Ausrüstung erlaubt, mit der jemals andere Höhle/Minen betreten wurden. Trinkwasser mitnehmen!

Bevor man die am **Mount Timpanogos** liegende Timpanogos-Höhle erreicht, muss man eine Wanderung auf einem 2,4 km langen befestigten Pfad absolvieren, der um ca. 300 Höhenmeter ansteigt. Die Höhle selbst besteht aus drei durch künstliche Tunnels miteinander verbundenen Räumen, in denen eine Temperatur von ca. 11 °C herrscht.
Nach dem Eingang kommt man zunächst in die **Hansen Cave,** in der viele Tropfsteinformationen dem früher sorglosen Umgang mit den Naturschätzen zum Opfer fielen. In der anschließenden **Middle Cave** bekommen Besucher Formationen zu sehen, die wie steinerne Vorhänge von den Höhlendecken hängen. Die letzte Höhle im unterirdischen Trio ist die **Timpanogos Cave,** die mit ihren vielfältigen Sinterformationen zu den schönsten Teilen gehört. Aus mehreren einzelnen

Stalaktiten hat sich über lange Zeiträume hinweg eine besondere Struktur gebildet, die als ›das Herz von Timpanogos‹ bezeichnet wird.
Das prächtige unterirdische Märchenreich aus elfenbein- und alabasterfarbenen Tropfsteinformationen bildete sich über die vergangenen 30 Mio. Jahre und setzt sich heute immer noch fort. Eine Besonderheit sind sogenannte *Helictites,* innen hohle, unregelmäßig in alle Richtungen wachsende Tropfsteinformationen, die aussehen wie kleine, blattlose Büsche und offensichtlich zur Schwerkraft im Widerspruch stehen. Wie die seltsamen Kalkgebilde entstehen, ist wissenschaftlich bislang noch ein Rätsel.

ner zählende **Heber City.** Der Winter macht in der reizvollen Gegend die gesamte Palette wintersportlicher Aktivitäten möglich, da vom Tal mehrere bekannte Ski Resorts wie Deer Valley mit dem Charme eines österreichischen Bergdorfs und Canyons Resort leicht erreichbar sind. Dort redet man nicht von Pulverschnee, sondern von *champagne powder*. In der warmen Jahreszeit bieten sich Ausritte, Campingurlaub, Mountainbiking oder Hiking an.

Heber Valley Railroad

450 S. 600 West St., Tel. 435-654-5601, www.hebervalleyrr.org, Preise s. Website
Die historische Heber Valley Railroad verkehrt auf der 16 Meilen langen Schienenstrecke zwischen dem Valley und Vivian Park im Provo Canyon mit Diesel- oder Dampfloks und aus den 1920er-Jahren stammenden Waggons. Im November und Dezember verwandelt sich der Zug in den weihnachtlich dekorierten North Pole Christmas Express.

Provo Canyon 3

Zwischen dem Heber Valley und Provo folgt die Straße 189 auf 32 Meilen dem mäandernden Provo River, der in den Utah Lake mündet.

Deer Creek Reservoir State Park

Midway, UT 84049, www.utah.com/stateparks/deer_creek.htm, 10 $/Pkw
Am oberen Ende des Provo Canyon liegt im **Deer Creek Reservoir State Park** ein Stausee, auf dem man u. a. Boot fahren, windsurfen und am Ufer campen kann. Ein Fotostopp sind die ca. 200 m hohen Bridal-Veil-Wasserfälle wert, die in zwei Stufen in den Provo River stürzen. An ihrer Basis hat sich über die Zeiten ein Becken gebildet, in dessen kaltes Wasser sich nur Abgehärtete trauen. Bis zu einem Erdrutsch 1997 fuhr eine Seilbahn auf den Berg. An einem Eisfall können sich im Winter Eiskletterer beweisen.

Sundance 4

Mitten im Provo Canyon biegt der Highway 92 nach Norden ab, der Einheimischen als **Alpine Scenic Loop** bekannt ist. Er führt in den vom Schauspieler Robert Redford gegründeten Urlaubsort **Sundance,** den er nach seiner Rolle im Kultwestern »Butch Cassidy and the Sundance Kid« (dt. »Zwei Banditen«) benannte und wo er ein rustikales Hotel bauen ließ. Redford hatte vor Ort Ende der 1960er-Jahre eine Blockhütte gekauft und bot sein Anwesen Sydney Pollack als Kulisse für dessen Western »Jeremiah Johnson« an.

Timpanogos Cave 5

s. Aktiv S. 294

Südliches Salt Lake Valley ▶ N/O 4/5

Karte: S. 292
Im Osten flankieren die bewaldeten Höhenzüge der Wasatch Range das Salt Lake Valley, das sich im Westen in die flachen, von Bergrücken durchzogenen Wüstenebenen des **Great Basin** öffnet. So ländlich sich die Flanken des Valley auch präsentieren: Im Bal-

Abenteuer Bergbau

Wie unglaublich reich Utah an Bodenschätzen ist, demonstriert nordwestlich von Provo ein wahrhaft gigantisches Unternehmen. Dort klafft in der wüstenhaften Landschaft mit der Rio Tinto Kennecott-Mine die weltgrößte Tagebaukupfermine in der Erde; sie ist so groß, dass sie nach Bekunden amerikanischer Astronauten von der Internationalen Raumstation ISS aus mit bloßem Auge zu sehen ist.

Das vermutlich größte je von Menschenhand geschaffene Loch auf dem Planeten besitzt einen Durchmesser von 4 km und eine Tiefe von weit über 1 km. Die gigantische Kupfermine wird vom Kennecott-Konzern betrieben, der sich im Besitz der international operierenden Rio Tinto Group befindet.

Der Riesentrichter kommt einem trotz seiner gewaltigen Dimensionen vor wie die Miniaturlandschaft einer Modelleisenbahn, in der unglaublich große Superbagger, die aus der Entfernung betrachtet zu Spielzeugautos schrumpfen, täglich 500 000 t Material bewegen, davon 50 % erzhaltiges und 50 % taubes Gestein. In Spiralen winden sich Straßen über die terrassierten Hänge bis zu einem giftgrünen See am tiefsten Punkt. Fachleute gehen davon aus, dass der Tagebau noch über 200 m tiefer in den Erdmantel getrieben werden und selbst dann noch trotz erheblich höherer Schürfkosten profitabel wirtschaften kann. Bis 1988 wurde das Erz per Eisenbahn aus dem Bergwerk transportiert. Heute wird es noch an Ort und Stelle von speziellen Maschinen zerkleinert und über ein 8 km langes unterirdisches Transportband aus der Mine geschafft. Die Aufbereitung des Erzes erfolgt in einer Anlage in Magna.

Erz wurde vor Ort in der zweiten Hälfte des 19. Jh. durch Zufall entdeckt. Als der Bergbaubetrieb 1906 schließlich aufgenommen wurde, ernteten die Unternehmer nur Spott und Hohn. Niemand konnte sich vorstellen, dass die Förderung von Erz mit einem Gehalt von damals nur 2 % jemals lohnend sein könnte. Die moderne Technik hat das Gegenteil bewiesen. Mittlerweile ist der durchschnittliche Kupfergehalt des Erzes sogar auf 0,7 % zurückgegangen.

In den vergangenen gut 110 Jahren ließ der Minenbetrieb einen früher dort befindlichen Berg vollkommen verschwinden. Seit Anbeginn produzierte Bingham über 17 Mio. t Kupfer und als willkommene Nebenprodukte 23 Mio. Unzen Gold, 190 Mio. Unzen Silber und 440 000 t Molybdän, das heute bei der Herstellung von Edelstahl Verwendung findet, nachdem es lange als Abfallprodukt erachtet wurde. Durch eine geplante, 170 Mio. $ teure Erweiterung der Mine samt Anschaffung von neuem Material soll der Tagebau vor Ort auch zukünftig fortgeführt werden.

Seit einem Bergrutsch ist die Tagebaumine für Besucher geschlossen. Die Wiedereröffnung ist noch nicht absehbar (Hwy 48, New Bingham Hwy, die Mine ist am westlichen Ende der Straße ausgeschildert, Tel. 1-801-204-2000, www.kennecott.com/visitors-center).

lungszentrum von Spanish Fork und Springville im Süden bis nach Salt Lake City dehnt sich das Bevölkerungs- und Wirtschaftszentrum von Utah aus.

Provo 6

Seit den 1990er-Jahren ist **Provo** im Unterschied etwa zum demografisch fast stagnierenden Salt Lake City mit 117 000 Einwohnern rasch zur drittgrößten Stadt in Utah herangewachsen – mit einer jungen Bevölkerung, von der sich ein Drittel im Studentenalter befindet. Viele davon sind an der renommierten, 1875 gegründeten **Brigham Young University** eingeschrieben. Ursprünglich eine Ausbildungsstätte für Lehrer, gibt es an dieser Hochschule heute ca. 27 000 Studenten, davon 98 % Mormonen, die nicht nur aus den USA, sondern aus 120 Ländern der Erde hierher kommen.

Auf dem Campus liegen vier Museen, darunter das **Museum of Peoples and Cultures** (http://mpc.byu.edu) mit indianischen Artefakten aus allen Teilen des amerikanischen Doppelkontinents und das **Museum of Art** (http://moa.byu.edu) mit über 12 000 Kunstwerken, darunter Meisterwerke von Rembrandt und Dürer.

Einen Besuch lohnt auch das **Museum of Paleontology** mit einer bestechenden Saurierausstellung, die zwar auf zeitgemäße Präsentation keinen Wert legt, dafür aber wissenschaftlichen Ansprüchen genügt (1683 North Canyon Rd., Tel. 1-801-422-3680, http://geology.byu.edu/museum, Mo–Fr 9–17 Uhr, Eintritt frei).

Rio Tinto Kennecott-Mine 7

Von Provo aus erreicht man über die I-15 und den New Bingham Highway die riesige **Rio Tinto Kennecott-Mine** (s. Thema S. 296).

Infos

Utah Valley Convention and Visitors Bureau: 220 W. Center St., Provo, UT 84601, Tel. 1-800-222-UTAH, www.utahvalley.com.

Übernachten

Schlafen wie im 19. Jh. – **Hines Mansion B & B:** 383 W. 100 South St., Tel. 1-801-374-8400, www.hinesmansion.com. Viktorianischer Ziegelbau vom Ende des 19. Jh. mit 9 geschmackvollen Zimmern. Ein warmes Gourmetfrühstück macht fit für den Tag. DZ ab 160 $.

Typischer Motelstandard – **Days Inn:** 1675 N. Freedom Blvd, Tel. 1-801-375-8600, www.daysinn.com. Alle Zimmer sind klimatisiert und mit Kabel-TV ausgestattet. Im Motel gibt es einen Pool. Kleines Frühstück ist inkl. DZ 60–85 $.

Campen in Seenähe – **American Campground:** 418 E. 620 South St., in American Fork, Tel. 1-801-756-5502. 50 Stellplätze für Wohnmobile und Zelte.

Essen & Trinken

Einfallsreiche italienische Küche – **Brick Oven Restaurant:** 111 E. 800 North, Tel. 1-801-374-8800, www.brickovenprovo.net, Mo–Do 11–22, Fr–Sa bis 23 Uhr. Neben einer erklecklichen Auswahl an Pizzen mit Belägen nach eigener Wahl und unterschiedlichen Pastagerichten schätzen Gäste die reichhaltige Salatbar und das köstliche Knoblauch-Käse-Brot. Ab ca. 9 $.

Aktiv

Radverleih – **Hangar 15 Bicycles:** 187 W. Center St., Tel. 1-801-374-9890, www.hangar15bicycles.com. Dem Provo River folgt vom Provo Canyon bis zur Mündung in den Utah Lake ein reizvoller Radweg.

Freizeit im Naturschutzgebiet – **Utah Lake State Park:** 4400 W. Center St., Tel. 1-801-375-0731, http://stateparks.utah.gov (> Parks/ Utah Lake). Gebiet mit Camping, Picknickstellen und Badeplatz am Süßwassersee, der im Winter zu einer Eislauffläche zufriert. 10 $.

Nasses Vergnügen – **Seven Peaks Water Park:** 1330 E. 300 N., Tel. 1-801-377-4386, www.sevenpeaks.com, Mai–Sept., Mo–Sa 11–20 Uhr. Wasserpark mit Becken und Rutschen für Groß und Klein, Erw. 25 $, Kin. 4–11 J. 20 $.

Termine

America's Freedom Festival (4. Juli): In Provo feiert man alljährlich eines der größten Feste zum amerikanischen Unabhängigkeitstag.

Treffpunkt heißer Öfen: Die Bonneville Salt Flats

Man braucht weder Autofreak noch Rennfahrergroupie zu sein, um bei der alljährlich im August stattfindenden Bonneville Speed Week seinen Spaß zu haben. Hinter Gitterzäunen eingesperrtes Publikum? Von Sicherheitspersonal abgeschirmte Fahrer? Am Great Salt Lake geht es lockerer zu als bei der Formel 1.

Das ist keine Tempohatz wie jede andere. Auf dem Salzsee hat jeder Pilot nur einen Gegner: die Uhr. Alle Fahrzeuge starten in bestimmten Kategorien. Einziges Ziel ist es, auf der nur im Hochsommer brettharten Salzpiste eine abgesteckte Distanz mit der höchstmöglichen Geschwindigkeit zu durchfahren, und zwar zweimal innerhalb von 24 Stunden. Das Durchschnittstempo der meist im Eigenbau hergestellten und nicht selten mit exotischem Design ausgestatteten Höllenmaschinen bestimmt, ob das Tempo für einen neuen Rekord reicht oder nicht. Geschwindigkeiten von 400 km/h und mehr sind keine Ausnahme. Und das, obwohl der Untergrund keineswegs glatt wie eine Glasplatte ist, sondern Rillen und Schrunden aufweist, die hohe Geschwindigkeiten zum Lotteriespiel machen.

Drei Bereiche sind für das Publikum interessant. Am attraktivsten und fotogensten geht es am Start zu. Superheiße Öfen warten in langen Reihen, bis der offizielle Starter bei Meile 0 die Flagge hebt und sich die Boliden unter ohrenbetäubendem Krach auf die Reise ins Guiness-Buch der Rekorde machen. Zuschauer mischen sich zum Fachsimpeln zwanglos unter Fahrer und Techniktüftler, die bereitwillig über Turbolader, Kompressoren, Treibstoffgemische, vorgeschriebene Sicherheitsauflagen wie Überrollkäfige, Feuerlöschsysteme, verlegte Benzintanks und Bremsfallschirme Auskunft geben. Zweiter Publikumsbereich ist die sogenannte Pit, wo Teams superschnelle ›Zigarren‹, getunte Oldtimer und harmlos aussehende PS-Protze einem letzten Test unterziehen. Ungefähr 5 Meilen entfernt liegt hinter einem undurchsichtigen Schleier diesiger Heißluft der Zielbereich versteckt. Dort halten sich die Fahrer in der Regel nicht allzu lange auf, weil die Fahrzeuge nach der Tempohatz für eventuelle weitere Starts überprüft und aufgetankt werden müssen – und zwar in der Kilometer entfernten Pit. Bereits 1914 fuhr Teddy Tetzleff auf dem Salzsee mit 226 km/h die höchste bis dahin inoffiziell gemessene Geschwindigkeit. Mit der technischen Entwicklung im Automobilbau wurde das Tempo immer höher. Im Jahr 2006 raste wieder ein Pilot aufs oberste Treppchen. Der Brite Andy Green, mit 1229 km/h ohnehin Weltrekordler und erster Pilot, der es mit einem Bodenfahrzeug auf Überschall brachte, stellte bei der Speed Week einen neuen Rekord für Landfahrzeuge mit Dieselmotor auf, indem er seinem zigarrenförmigen Streamliner Dieselmax 526 km/h entlockte. Obwohl vermutlich auch dieser jüngste Ruhm vergänglich sein wird, reizt es viele Teams immer wieder aufs Neue, die Bonneville-Geschichte mit neuen Höchstleistungen weiterzuschreiben – und sei es auch nur für ein paar Stunden oder Tage. Der Abenteuerfilm »Mit Herz und Hand« (engl. : »The World's Fastest Indian«) des Regisseurs Roger Donaldson mit Hauptdarsteller Anthony Hopkins thematisiert den Traum von Temporekorden auf dem Salzsee auf spannende Weise.

Great Salt Lake ▸ M/N 2–4

Karte: S. 292
Unter den rund 3000 Seen in Utah spielt einer eine besondere Rolle: der Große Salzsee. Mythen und Legenden, Geschichten und Anekdoten in Hülle und Fülle ranken sich um das Gewässer, das wegen seiner Einzigartigkeit und seiner geheimnisumwitterten Natur selbst unter den Bewohnern Utahs als etwas Besonderes gilt. In seiner heutigen Form ist der See nur noch die etwa 170 km lange und 80 km breite ›Restpfütze‹ des alten Bonneville-Sees, der vor 50 000 Jahren Teile des Großen Beckens zu füllen begann. Vor 18 000 Jahren erreichte dieses historische, bis zu 300 m tiefe Gewässer seine größte Ausdehnung und bedeckte weite Gebiete des westlichen Utah wie auch Teile von Nevada und Idaho. Klimaveränderungen ließen es seither schrumpfen und verwandelten es in einen Salzsee mit Zuflüssen, aber ohne Abflüsse, sodass das Wasser durch Verdunstung heute einen Gehalt von 20 bis 25 % Salz aufweist.

Saltair 8

www.thesaltair.com
Schon 1893 hatte am Seeufer eine Eisenbahngesellschaft einen vornehmen Bade- und Amüsierbetrieb aufgebaut, der 1925 einem Großfeuer zum Opfer fiel. In den folgenden Jahrzehnten war das **Saltair** genannte Ufergelände von einem permanenten Auf und Ab gekennzeichnet, bis der seit den 1990er-Jahren wieder einmal steigende Seepegel die Anlage fast verwaisen ließ. Ein ehemaliger Vergnügungspavillon mit Zwiebeltürmchen steht zwar noch, doch macht das in die Jahre gekommene und teils verfallene Gelände keinen sehr einladenden Eindruck.

Hin und wieder finden in dem ehemaligen Palast große Konzerte statt, die aber alle darunter leiden, dass Saltair 20 Meilen von Salt Lake City und damit vom größten Ballungsraum in Utah entfernt liegt. Was dem in der Vergangenheit arg gebeutelten Komplex die Zukunft bescheren wird, ist heutzutage noch nicht abzusehen.

Bonneville Salt Flats 9

Schilder warnen an der Interstate 80 Autofahrer vor dem Einnicken am Steuer. Denn der größte Teil der Strecke bis an die Nevadagrenze verläuft schnurgerade durch die Landschaft. Zu sehen gibt es außer flirrender Hitze wenig – hin und wieder eine Industrieanlage, in der Salzberge auf die Weiterverarbeitung warten. Schätzungen zufolge sind im See 8 Mrd. Tonnen Salz gelöst, aus denen Magnesium, Lithium und Pottasche gewonnen werden. Kurz vor der Staatsgrenze von Nevada biegt bei Exit 4 eine Stichstraße zu den **Bonneville Salt Flats** ab, wo sich jedes Jahr im August bei der Bonneville Speed Week Hunderte vor PS strotzende Oldtimer und futuristische Boliden zu Rennen treffen. Die Szenerie auf der strahlend weißen Bahn schlägt auch Rennmuffel in ihren Bann (s. Thema S. 298).

Golden Spike National Historic Site 11

Exit 365 von der I-15 bei Brigham City, Richtung Westen auf Hwy 83, Golden Spike NHS, Visitor Information Center, Tel. 1-435-471-2209, Anschluss 29, www.nps.gov/gosp, tgl. 9–17 Uhr, 7 $/ Pkw im Sommer, 5 $ im Winter
John C. Fremont (1813–1890) führte im Auftrag der Regierung fünf bedeutende Expeditionen des 19. Jh. zur Erforschung des amerikanischen Westens mit dem Ziel durch, Routen für die Westwärtsbewegung zu finden. 1843 und 1845 vermaß er den Großen Salzsee und erkannte das Hindernis, das er für die Planwagen darstellte. Auch die Erbauer der ersten transkontinentalen Eisenbahnlinie bekamen es mit dieser Barriere zu tun und mussten einen Bogen um das Gewässer schlagen. Die von Osten wie von Westen verlegten Schienen der Union Pacific und der Central Pacific trafen sich in Promontory Summit am Nordufer des Sees und wurden am 10. Mai 1869 feierlich miteinander verbunden. Fotos zeigen Eisenbahnarbeiter und Honoratioren in Frack und Zylinder, wie sie sich vor zwei dekorativ positionierten Dampflokomotiven mit Sektflaschen zuprosteten.

Heute erinnert mit der **Golden Spike National Historic Site** ein im Niemandsland gelegener Flecken an das bahnbrechende Ereignis, bei dem nach knapp vier Jahren Bauzeit mit einem vergoldeten Nagel die Fertigstellung der Schienenverbindung zwischen Atlantik und Pazifik vollzogen wurde. Von den Trassen der Eisenbahn ist am damaligen Schauplatz kaum mehr etwas zu sehen. Zwei Autorundtouren (2 und 14 Meilen lang) führen durch das Gelände mit Überbleibseln des damaligen Eisenbahnbaus. Hauptattraktion sind zwei detailgetreue Nachbauten der »119« und der »Jupiter«. Mit feuerroten Rädern, putzigen Schornsteinen, Laternen und Glocken sehen die beiden attraktiven Oldtimer aus wie zu groß geratenes Spielzeug. Der echte goldene Nagel ist als Symbol des geschichtlichen Ereignisses im Kunstmuseum der Stanford University im kalifornischen Palo Alto ausgestellt.

Aktiv

›GIPFELSTURM‹ AUF ANTELOPE ISLAND

Tour-Infos

Start: Vom Exit 332 bei Layton von der nach Norden führenden I-15 erreicht man nach 7 Meilen den Davis County Causeway. Nach dem Damm links halten auf der Straße Richtung Fielding Garr Ranch. Nach 5 Meilen ist der Beginn des Trails angezeigt (http://stateparks.utah.gov > Parks/Antelope Island State Park, tgl. 9–18 Uhr, 10 $/Pkw).

Traillänge: 6,6 Meilen (10,5 km) hin u. zurück

Dauer: ca. 5 Std.

Wichtige Hinweise: Im Sommer ist Schutzmittel gegen Moskitos zu empfehlen. Salzwasserfliegen sind lästig, stechen aber nicht. Wegen der Plagegeister sollte man die Wanderung nicht im Juli/Aug. unternehmen. Im Frühjahr ist der Trail einen Monat gesperrt, wenn die Dickhornschafe ihre Jungen bekommen.

Auf den ersten Blick präsentiert sich das im Großen Salzsee liegende 120 km lange und 45 km breite **Antelope Island** 10 als baumlose Prärie, in der sich Wind und Wetter mit tiefen Schrunden und abgerundeten Kuppen verewigt haben. Gut befahrbare asphaltierte Straßen und zahlreiche Wander- und Reitwege erschließen den State Park. Der **Frary Peak Trail** führt zum höchsten Punkt, von dem aus das gesamte Eiland zu überblicken ist. Der steinige Pfad wird von Gras und Beifußbüschen gesäumt. Schattenplätze gibt es so gut wie keine. Mit etwas Glück entdeckt man unterwegs Pronghorn-Antilopen, die der Insel ihren Namen verliehen, Hirsche, Dickhornschafe oder Bisons, von denen über 600 im Park leben. Zuschauermassen bringt das jährliche Bison Roundup im November auf die Insel, bei dem Cowboys Bisons in Korrals treiben, wo die Tiere medizinisch untersucht und geimpft werden. Um die Herden nicht zu groß werden zu lassen, werden jedes Jahr etwa 200 Exemplare verkauft.

Wer die Insel lieber im Pferdesattel erkundet, kann bei R & G Horse and Wagon Ausritte buchen (Fielding Garr Ranch, Tel. 1-801-726-9514, www.randghorseandwagon.com). Die einzigen Übernachtungsmöglichkeiten auf der Insel sind Campingplätze. Campern stehen der Bridger Bay Campground und der White Rock Bay Campground zur Verfügung. Die Ausstattung ist sehr rustikal: Plumpsklo, kein Wasser.

Der Nordosten von Utah

Der Ballungsraum um Salt Lake City hat sich entlang der Interstate 15 über Ogden hinaus bis nach Brigham City ausgebreitet. Danach prägen im südlichen Wyoming Provinzlandschaften eine insgesamt 540 Meilen lange Rundtour. Um Vernal locken Knochenfunde von Dinosauriern zahlreiche Touristen in die Region. Auf dem Rückweg in die Hauptstadt bieten sich Abstecher in die unwegsame Bergwildnis der Uinta Mountains an.

Ogden ▸N 3

Nördlich von Salt Lake City wird das **Salt Lake Valley** zwischen den Bergen und dem Salzsee so schmal, dass eben genug Platz für die 84 000 Einwohner von **Ogden** bleibt. Die Stadt verdankte ihre Entwicklung in der zweiten Hälfte des 19. Jh. ihrer Rolle als Eisenbahnkreuzung. Heute ist sie auf dem Schienenweg nicht mehr erreichbar.

Union Station

2501 Wall Ave., Tel. 1-801-393-9890, www.theunionstation.org, Mo–Sa 10–18, im Winter bis 17 Uhr, Erw. 5 $, Kin. 3 $

Obwohl fast 20 Jahre vergangen sind, seit der letzte Fernzug in der Union Station in Ogden einen Halt einlegte, bildet der historische Bahnhof von 1924 immer noch das Herzstück des Stadtzentrums. Der Grund: Der Terminal wurde bereits vor Jahren in ein interessantes Museumszentrum verwandelt. Das **Utah State Railroad Museum** blieb seinem Standort treu und widmet sich mit zahlreichen Ausstellungen, Oldtimer-Lokomotiven und Waggons der amerikanischen Eisenbahngeschichte. Über 100 Modelle des genialen Flintenmachers John M. Browning machen das **Browning Firearms Museum** zu einer Attraktion nicht nur für Waffennarren, während das **Utah Cowboy Museum** u.a. in seiner Ruhmeshalle populäre Rodeogrößen präsentiert. Edle Oldtimer aus Lack und Blech wie ein Packard-Cabrio von 1929 oder ein weiß-rot lackierter 1929 Graham Paige sind die Stars im **Browning-Kimball Classic Car Museum.**

George S. Eccles Dinosaur Park

1544 E. Park Blvd., Tel. 801-393-3466, Anschluss 56, www.dinosaurpark.org, Mo–Sa 10–18, So bis 17 Uhr, Erw. 7 $, Kin. 2–12 J. 5 $

Der **George S. Eccles Dinosaur Park** macht seinen Besuchern eine Reise in längst vergangene Saurierzeitalter möglich. Ungefähr 100 aus unterschiedlichen Materialien rekonstruierte Exemplare vom 10 m hohen, mit einem fürchterlichen Gebiss ausgestatteten Tyrannosaurus Rex bis zum Minisaurier in Gänsegröße säumen die Wege durch das Gelände. In einem Laboratorium kann man Technikern bei der Arbeit an Fossilien zuschauen.

Übernachten

Rustikaler Komfort – **The Alaskan Inn:** 435 Ogden Canyon Rd., Tel. 1-801-621-8600, www.alaskaninn.com. Ca. 4 Meilen außerhalb. Luxuriöses B&B im Blockhausstil. Alle Suiten mit Whirlpool. Thema der Einrichtung ist Alaska – mit Bären und Huskies aus Plüsch. Urgemütliche 11 Cabins mit Jacuzzi. Warmes Frühstück inkl., Suiten ab 160 $, Cabins ab 170 $.

Mitten in der Innenstadt – **Hampton Inn & Suites:** 2401 Washington Blvd., Tel. 1-801-394-9400, www.hamptoninnogden.com. Klassisch gestyltes Hotel in der Stadtmitte, Zimmer mit Kaffeemaschine und Bügeleisen, Suiten mit Kühlschrank und Mikrowelle. Münzwäscherei, Convenience Store, Whirlpool, Fitnessraum, Restaurant und Bar im Haus, WLAN in der Lobby. DZ ab 139 $, inkl. Frühstück.

Essen & Trinken

Cowboy-Kost – **Prairie Schooner Steakhouse:** 445 Park Blvd., Tel. 1-801-392-2712, www.prairieschoonerrestaurant.com, Mo–Fr 11–22, Sa 15–22 Uhr. Hier kommt typisch Amerikanisches auf den Tisch. Ab ca. 14 $.

Western-Ambiente – **Ruby River Steak House:** 4286 Riverdale Rd., Tel. 1-801-622-2320, www.rubyriver.com, Mo–Fr 11–23, Sa 15–23, So 15–21 Uhr. Herzhafte Steaks, saftige Rippchen und knackige Salate in üppigen Portionen, diverse Biersorten. Ab 12 $.

Abends & Nachts

Hier geht die Post ab – **Kamikazes:** 2404 Adams Ave., Tel. 1-202-555-1212, http://kamikazesogden.com. Klub in einer früheren Kirche mit regelmäßigen Konzerten und jeden Freitag Karaokenacht.

Logan und Logan Canyon ►N 2

Spätestens in dem Richtung Bear Lake führenden Canyon entlang dem Logan River wird zur Gewissheit, dass Utahs Nordosten keine überlaufene Touristenregion ist.

American West Heritage Center

4025 South St. U. S. 89 & 91, Wellsville (6 Meilen südwestlich von Logan), Tel. 1-435- 245-6050, www.awhc.org, Di–Sa 8–17, im Winter 10–16 Uhr, Erw. 6 $, Kin. 3–11 J. 4 $

Studenten der landwirtschaftlichen Fakultät der Utah State University betreiben im **American West Heritage Center** die **R. V. Jensen Living Historical Farm** im Stil des beginnenden 20. Jh., scheren Schafe, beschlagen Pferde und bestellen die Felder wie zu Urgroßvaters Zeiten.

Essen & Trinken

Ordentlicher Standard – **Angie's Restaurant:** 690 N. Main St., Tel. 1-435-752-9252, www.angiesrest.com, So–Do 6–22, Fr–Sa 6–23 Uhr. Großzügige Portionen, gute Qualität. Ab 8 $.

Feuriges aus Mexiko – **Café Sabor:** 600 W. Center St., Tel. 1-435-752-8088, www.cafesabor.com, Mo–Do 11–22, Fr, Sa 11–23 Uhr. In einem ehemaligen Bahnhof eingerichtetes Lokal mit ausgezeichneten mexikanischen Gerichten nach Originalrezepten. Ab 7,50 $.

Bear Lake ►O 1/2

Trockenes und warmes Wetter machen den 30 km langen und 13 km breiten **Bear Lake** auf der Grenze von Utah und Idaho im Sommer zu einem bei einheimischen Familien beliebten Urlaubsflecken. Mehrere Sandstrände laden zum Baden, Sonnen und Bootfahren ein. Mit Garden City und Laketown bieten zwei verschlafene Dörfer am Ufer des türkisgrünen Bear Lake wenige Unterkunftsmöglichkeiten und Restaurants.

Übernachten

Für sportliche Gäste – **Beaver Creek Lodge:** 13 Meilen westlich von Garden City, 11808 N. Hwy 89, Tel. 1-435-753-1076, www.beavercreeklodge.com. Kleine gemütliche Lodge für Sportler. Im Winter kann man Snowmobile mieten und Skilaufen, im Sommer reiten. DZ ab 120 $.

Am See – **Bear Lake Lodging:** 48 W. Logan Rd., Garden City, Tel. 1-435-946-3300, www.bearlakelodging.com. Zimmer in Cabins und Ferienhäusern. DZ ab 110 $.

Camping – **Bear Lake KOA:** 485 N. Bear Lake Rd., Tel. 1-435-946-3454, koa.com/campgrounds/bear-lake, April–Okt. Platz mit Pool für Zeltcamper und Wohnmobile.

Essen & Trinken

Amüsante Show – **Pickleville Playhouse:** S. Bear Lake Blvd., 3 Meilen südlich von Garden City, Tel. 1-435-946-2918, www.picklevilleplayhouse.com, jeweils in den Sommermonaten Mo–Sa. Populäres, in Familienbesitz befindliches Musik-, Tanz- und Bühnentheater mit unterhaltsamen, spritzigen Volkstheaterstücken.

Tipp

OUTDOOR-PARADIES BEAR LAKE

Wer sich einen Urlaub ohne Wassersport nicht vorstellen kann, ist am **Bear Lake** auf der Staatsgrenze Utah/Idaho nördlich der Stadt Logan bestens aufgehoben, von Tourismusstrategen unbescheiden »Karibik der Rocky Mountains« genannt. Als Ferienbasis eignet sich das am Ufer liegende Städtchen **Garden City** mit seinen Marinas, Unterkünften, Restaurants und Campingplätzen.

Nördlich von Garden City versorgt im **Bear Lake State Park** der Konzessionär Bear Lake Fun Time Kunden u. a. mit Booten, Waverunners und Wakeskates. Der Park selbst bietet vier Campingplätze, Picknickstellen, Grillrestaurant, moderne Sanitärgebäude und sandige Seeufer zum Baden. Wer Forellen angeln will, braucht eine Lizenz (1 Tag 8 $, 7 Tage 16 $, Utah Division of Wildlife Resources, im Bear Lake State Park, Tel. 1-435-946-3343).

Quad- und ATV-Piloten können ihre Fahrkünste auf Pisten wie dem Shoshone ATV Trail System und in den umgebenden Canyons testen (Miete: Bear Lake Funtime, 1217 S. Bear Lake Blvd., Garden City, Tel. 435-946-3200, http://bearlakefun.com). Pferdefreunde schwingen sich bei der Beaver Creek Lodge in den Sattel (s. S. 302). Mountainbiker toben sich auf dem Bear Lake Scenic Bike Trail oder auf dem 55 Meilen langen Highline Trail aus (Radausleihe: Bear Lake KOA Kampground, s. S. 302). Golfer können auf dem Bear Lake Golf Course ihr Handicap verbessern (98 Clubhouse Dr., Garden City, Tel. 1-435-946-8742), Naturfreunde können sich im Besucherzentrum (s.u.) über Möglichkeiten zur Vogel- und Wildbeobachtung informieren.

Informationen: Bear Lake Convention and Visitors Bureau, 69 N. Paradise Parkway Blvd. A, Garden City, Tel. 1-435-946-2197, www.bearlake.org. **Wassersportbasis:** Bear Lake State Park, 1030 N. Bear Lake Blvd., Tel. 1-435-946-3343, https://stateparks.utah.gov (> Parks/Bear Lake, tgl. 8–22 Uhr, 8 $/Pkw.

Burgers und Shakes – **Quick-N-Tasty:** 28 N. Bear Lake Blvd., Tel. 1-435-946-2875, Garden City, tgl. ab 10 Uhr. Schnellimbiss in einem Blockhaus, bekannt für Himbeershakes. 2–6 $.

Fort Bridger (WY) ▶P 3

Fort Bridger State Historic Site, Tel. 1-307-782-3842, www.nps.gov/mopi/planyourvisit/site9.htm, tgl. ab 8 Uhr, 4 $

Wo im südwestlichen Winkel von Wyoming die Interstate 80 eine Ost-West-Verbindung herstellt, verliefen in den 1840er-Jahren die beiden Einwandererrouten Oregon Trail und Mormon Trail, auf denen Zehntausende Menschen über Jahre mit Hab und Gut Richtung Pazifikküste unterwegs waren. In der heutigen Ortschaft **Fort Bridger** bilden zahlreiche Gebäude ein kleines Dorf, in das im Hochsommer Leben in Gestalt von Freiwilligen zurückkehrt, die den seinerzeit üblichen Alltag nachspielen. Der Handelsposten von Jim Bridger wurde nach Originalplänen wiederaufgebaut. Außer einem historischen Schulhaus, viktorianischen Wohnhäusern und Baracken gehört ein Offiziersquartier von 1888 samt Museum zur Anlage.

Flaming Gorge ▶ Q 2/3

Die Ortschaft Manila an der Grenze zu Wyoming liegt in einem grenzenlos anmutenden grünen Tal, das zu beiden Seiten auf benachbarte Hügel ansteigt. Weiter südlich führt der Highway 44 in die **Flaming Gorge National Recreation Area,** die der aufgestaute Green River in eine berückende Canyon- und Seenlandschaft verwandelt (s. Aktiv S. 305).

Bereits 6 Meilen südlich von Manila kann man auf einer 11 Meilen langen Schleife in den **Sheep Creek Canyon** abbiegen, in dem Lachse laichen und durch Erdhebungen bzw. Erosion unterschiedlichste Gesteinsformationen wie in einem geologischen Freilichtmuseum offen liegen.

Zentrum des Flaming-Gorge-Gebietes ist der Green-River-Damm mit einem Besucherzentrum am Highway 191. Die 153 m hohe Betonbarriere staut das Wasser des Green River zu einem 145 km langen See, der sich in der knapp 2000 m hoch gelegenen Bergwelt ausbreitet. Ein Wasserkraftwerk produziert Strom selbst für weit entfernt gelegene Städte.

Vernal ▶ Q 4

Saurier spielen nicht nur in Steven Spielbergs Kinohit »Jurassic Park« die Hauptrolle. Die vor 70 Mio. Jahren ausgestorbenen Urkreaturen geben auch im 7500 Einwohner großen Städtchen **Vernal** und seiner Umgebung den Ton an. Mehr oder weniger gelungene Nachbildungen sitzen pinkfarben und grinsend an der Straße, halten Motelreklamen in globigen Pfoten oder werben mit einer Schürze um die massigen Lenden für einen Waschsalon. Sie weisen Ortsunkundigen den Weg zum Campingplatz oder lauern Besuchern als Dreiergruppe vor dem örtlichen Utah Field House of Natural History State Park Museum auf.

Eine Attraktion in Vernal fällt aus dem Rahmen, weil sie nichts mit Sauriern, sondern mit einer sehr extravaganten Baustofflieferung zu tun hat. Als der Präsident der örtlichen Bank 1916 ein neues Gebäude aus Ziegelsteinen plante, brachte ihn eine Kostenkalkulation auf die Idee, die notwendigen 80 000 Steine in Siebenerpaketen verpackt per Post schicken zu lassen, weil er auf diese Weise Frachtkosten sparen konnte. Das im Volksmund treffend ›Postpäckchenbank‹ genannte Geldinstitut Zion National Bank steht an der Ecke Vernal Avenue und Main Street.

Utah Field House of Natural History State Park Museum

496 E. Main St., Tel. 435-789-3799, http://stateparks.utah.gov (> Parks/Utah Field House), Ende Mai–Anfang Sept. tgl. 9–17 Uhr, Erw. 7 $, Kin. 6–12 Jahre 3,50 $

Das Museum beschäftigt sich nicht nur mit Naturgeschichte, sondern auch mit Archäologie, Anthropologie, Indianerkulturen und Malerei. Hauptattraktion ist der Sauriergarten, in dem lebensgroße Riesenreptilien aus Fiberglas und Kunstharz stehen – allesamt Schöpfungen des aus Utah stammenden Bildhauers Elbert Porter. Die naturgetreuen Kopien reichen vom 26 m langen und 30 t schweren Pflanzenfresser Diplodocus bis zum Fleisch fressenden Tyrannosaurus Rex.

Infos

Vernal Area Chamber of Commerce: 134 W. Main, Vernal, UT 84078, Tel. 1-435-789-1352, www.dinoland.com.

Übernachten

Geräumige Zimmer – **Dinosaur Inn & Suites:** 251 E. Main St., Tel. 1-435-315-0123, http://dinoinn.com. Nur einen Katzensprung entfernt vom Dinosauriermuseum; Außenpool, freundliche Zimmer mit Internetanschluss und Kaffeemaschine. DZ ab 115 $.

Sauber und praktisch – **Ledgestone Hotel:** 679 W. Main St., Tel. 1-435-789-4200, ledgestonehotel.com/vernal. Große, saubere Zimmer mit eigenem Bad. Waschmaschine und Trockner kostenlos.

Essen & Trinken

Reizendes Ambiente – **Plaza Mexicana:** 55 E. Main St., Tel. 1-435-781-2931, tgl. 10–22 Uhr.

Aktiv

FLAMING GORGE – WANDERN, REITEN, BIKEN, RAFTING

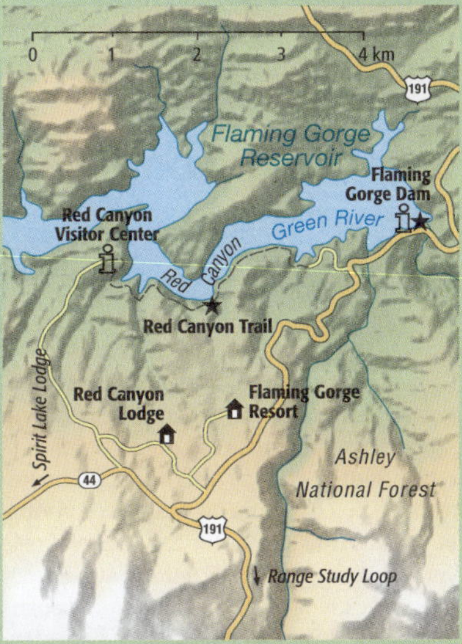

Tour-Infos

Start: Visitor Center am Flaming-Gorge-Damm oder im Red Canyon.
Reisezeit: Mai–Sept. Auch im Winter werden Aktivitäten angeboten.
Eintritt: kostenlos
Übernachten: im Flaming Gorge Resort (1100 E. Flaming Gorge Resort, Dutch John, UT 84023, Tel. 1-435-889-3773, www.flaminggorgeresort.com, DZ im Sommer ab 115 $), in der Red Canyon Lodge (2450 W. Red Canyon Lodge, Tel. 1-435-889-3759, www.redcanyonlodge.com, Cabins ab 159 $) oder auf mehreren Campingplätzen (U.S. Forest Service, Tel. 1-877-444-6777, www.recreation.gov).

Die auf der Utah-Wyoming-Grenze liegende **Flaming Gorge National Recreation Area** (NRA) (s. auch S. 304) um die Ufer des aufgestauten Green River ist nicht nur eine weit abseits städtischer Hektik gelegene Naturlandschaft, sondern auch ein von Kennern geschätztes Freizeitparadies für sportlich ambitionierte Besucher. Vielerlei Aktivitäten bieten sich an wie Wandern, Mountainbiking, Reiten, Angeln und verschiedene wassersportliche Disziplinen. Wer wandern will, hat die Möglichkeit, unter mehreren Pfaden auszuwählen.
Lohnend ist der bei der **Red Canyon Lodge** beginnende **Red Canyon Trail,** auf dem man zwischen 3 bis 15 km weit an den roten Steilabbrüchen der Schlucht entlang hiken und den Farbkontrast zwischen roten Felsen und blaugrünem Wasser genießen kann. Bei der Lodge gibt es auch einen kurzen Naturpfad, der zu einem Aussichtspunkt hoch über dem Canyon führt.
Auch Freunde des Mountainbiking kommen auf ihre Kosten. Bis auf einen steilen Anstieg nicht allzu anstrengend ist der ca. 16 km lange **Range Study Loop,** der durch Espenwälder und Wildblumenwiesen führt (Radverleih in der Red Canyon Lodge). In dieser Unterkunft können Pferdefreunde auch längere oder kürzere Reitausflüge buchen. In den Sommermonaten kann man sich sogenannten Wilderness Pack Trips unter professioneller Führung in die Uinta Mountains anschließen. Zwecks Übernachtung und Wassersport kommt auch das **Dutch John Resort** in Dutch John infrage (Tel. 1-435-885-3191, https://dutchjohnresort.com).

Wer als passionierter Wassersportler schon immer einmal einen **Wildwasser-Raftingtrip** in einem Gummifloß absolvieren wollte, hat auf einem 11 km langen Abschnitt des Green River mit vielen Stromschnellen Gelegenheit. Für Ausrüstung und Transport zurück zum Ausgangspunkt sorgen die Profis des Flaming Gorge Resort (s.o.). Dort bekommt man auch die Ausrüstung für gemütliche Boot- oder Kajaktouren bzw. Angelausflüge.

Prima mexikanische Gerichte, die Margaritas sind auch nicht zu verachten. Ab ca. 10 $.

Klein und gemütlich – **Betty's Cafe:** 416 W. Main St., Tel. 435-781-2728, Mo–Fr 6–14, Sa–So 6–12 Uhr. Idealer Ort für ein Frühstück oder einen guten Burger mit Beilagen. Ab 6 $.

Dinosaur National Monument ▶ Q/R 3/4

Hwy 149 östlich von Vernal, Tel. 1-435-781-7700, www.nps.gov/dino, Visitor Center im Sommer tgl. 8–18 Uhr, Pkw 20 $, Fußgänger 10 $

Östlich von Vernal liegt mit dem **Dinosaur National Monument** eine der bedeutendsten Ausgrabungsstätten für Saurier auf amerikanischem Boden. Schon zu Beginn des 20. Jh. interessierte sich das Carnegie Museum von Pittsburgh in Pennsylvania für fossile Skeletteile von Sauriern. 1909 stieß der im Auftrag des Museums tätige Paläontologe Earl Douglass östlich von Vernal auf einen ersten bedeutenden und zugleich bahnbrechenden Fund: acht fossile Schwanzknochen eines Apatosaurus (Brontosaurier). In den folgenden Jahren legten Wissenschaftler um die Fundstelle eine 200 m lange Sandbank, die sich wie ein offenes Lehrbuch des Saurierzeitalters präsentierte, bis zu 24 m tief frei. Nirgends auf der Welt gibt es eine reichere Fundstätte von fossilen Skeletteilen der Riesentiere als hier, ca. 18 Meilen östlich von Vernal auf der Grenze zwischen Utah und Colorado.

Die von Earl Douglass entdeckte Stelle namens Douglass Quarry wurde 1958 in eine Halle des Park Visitor Center integriert, um sie vor Witterungseinflüssen zu schützen. Auf einer Aussichtsplattform haben Besucher diesen uralten ›Friedhof‹ mit ca. 2000 Fossilien direkt vor Augen und können Wissenschaftler bei der akribischen Freilegung von Skeletteilen bzw. der Präparierung von Knochen beobachten. Manche der Millionen Jahre alten Skeletteile dürfen Besucher sogar anfassen. Wer sich mit dem Thema Saurier eingehender beschäftigen will, findet in diesem Ausstellungsraum Modelle, Zeittafeln und vielfältiges Informationsmaterial. Auf einer kurzen Wanderung kann man unterschiedliche Fossilien sehen.

Uinta Mountains ▶ O–Q 3/4

Infos unter http://utah.com/uinta-mountains

In einem Bogen führen die Highways 40 bzw. 35 am Fuß der mächtigen **Uinta Mountains** von Vernal Richtung Salt Lake City. Die ca. 160 km lange Bergkette um den mit 4123 m höchsten Gipfel Kings Peak ist das einzige größere Gebirge des amerikanischen Westens, das nicht in Nord-Süd-, sondern in Ost-West-Richtung verläuft. Gehören die westlichsten Ausläufer zusammen mit der benachbarten Wasatch Range noch zu den populären Wintersportgebieten in Utah, so handelt es sich bei der High Uintas Wilderness Area um eine alpine Wildnis weit abseits menschlicher Zivilisation, in der bis Mitte Juli große Schneefelder liegen. In einem von Gletschern geschürften Becken bilden Hunderte kleiner Seen eine malerische Szenerie, in der Elche, Hirsche, Schwarzbären, Füchse und Luchse ungestört leben.

Wer in den Uinta Mountains wandern will, muss sich unbedingt vergegenwärtigen, dass es sich um eine völlig unerschlossene Wildnis handelt.

Wenn es Abend wird am Red Canyon …

Cedar City
Grand Canyon
Colorado
Monument Valley
Plateau

Kapitel 4

Südutah und Nordarizona

Grand Canyon, Bryce Canyon, Zion, Arches, Monument Valley ... Mutter Natur tritt in der Region um die Staatsgrenze zwischen Utah und Arizona zu einer grandiosen Starparade an. Längst gelten die landschaftlichen Fixsterne des amerikanischen Südwestens als Synonyme für Erosionslandschaften von seltener Pracht und Dimension. Amerika hat einen Narren gefressen an Höchstleistungen, und selbst Naturwunder mischen bei Superlativen kräftig mit.

Nirgendwo schlagen rote Sandsteinkulissen so spektakuläre Kapriolen wie auf dem größenmäßig mit Deutschland vergleichbaren Colorado-Plateau, das sich über den Südwesten Utahs, das nördliche Arizona und über Teile von New Mexico und Colorado erstreckt. Seinen Namen leitet das riesige Gebiet vom Colorado River ab, der mit seinen Nebenflüssen für das Erscheinungsbild vieler majestätischer Schluchten wie z. B. auch des Grand Canyon und der atemberaubenden Felslandschaften verantwortlich ist. Von Märchenlandschaften abgesehen bietet das Plateau noch andere Attraktionen, die es zu einem der sehenswertesten Teile des Südwestens machen. Der dort befindliche Vier-Staaten-Schnittpunkt Four Corners bildet gewissermaßen den Kristallisationspunkt der dichtesten Indianerbevölkerung der USA, um den u. a. mit ca. 220 000 Navajos die größte Indianernation des Landes lebt.

Im Indian Country prägt die jahrhundertealte Kultur der Native Americans Land und Leute und bietet Besuchern Gelegenheit, auf den drei Hopi Mesas, bei den Klippenwohnungen der alten Anasazi im märchenhaften Canyon de Chelly oder in Window Rock in die faszinierende Welt der Indianer einzutauchen. Wer im Urlaub auf einige erholsame Tage am Wasser Wert legt, ist am Lake Powell auf einem Hausboot oder am Colorado an der Westgrenze von Arizona bestens aufgehoben, wo man in geradezu tropischer Landschaft Wassersport betreiben und gelegentlich einen Abstecher in ein Spielcasino machen kann.

Horseshoe Bend, Colorado River

Auf einen Blick: Südutah und Nordarizona

Sehenswert

Bryce Canyon National Park: Ein roter Zauberwald aus Steinformationen macht den Park zu einem der außergewöhnlichsten in den USA (s. S. 315).

Arches National Park: Auf relativ kleinem Gebiet steht die größte Ansammlung an natürlich entstandenen Felsbögen (s. S. 320).

Monument Valley: Keine Landschaft Amerikas weckt so sehr Assoziationen mit dem Wilden Westen – sie spielte in vielen Filmen eine Hauptrolle (s. S. 325).

Grand Canyon: Amerikas Naturwunder Nr. 1 ist für viele USA-Reisende der herausragende Höhepunkt auf ihrem Tourenplan (s. S. 331).

Schöne Routen

Durch die berühmtesten Nationalparks: Wer das Colorado-Plateau von seiner schönsten Seite kennenlernen will, fährt vom Zion N. P. zum Bryce Canyon N. P., dann über den Capitol Reef N. P. und den Arches N. P. weiter zum Monument Valley und von dort über den Lake Powell zum Grand Canyon (s. S. 312).

Abstecher ins Indianerland: Kein Gebiet im amerikanischen Südwesten ist so nachhaltig indianisch geprägt wie die Region im Dreieck zwischen Tuba City, Chinle und Window Rock, in der heute ca. 220 000 Navajos und Hopi leben (s. S. 343).

Meine Tipps

Wanderhighlight Vermilion Cliffs: Die Sandsteinformation The Wave zählt zu den größten Naturwundern Südutahs (s. S. 315).

Atemberaubende Landschaften um Moab: Das Städtchen hat sich zu einem Eldorado für Naturliebhaber entwickelt (s. S. 322).

Partymeile am unteren Colorado River: Sowohl der Ort Lake Havasu City als auch der Parker Strip zwischen Parker-Staudamm und der Ortschaft Parker zählen zu den attraktivsten und lebhaftesten Partymeilen am unteren Colorado River (s. S. 340).

Canyon de Chelly: Auf dem Talboden der Schlucht hat man den Eindruck, als sei die Zeit auf diesem Flecken Indianerland schon vor langer Zeit stehen geblieben (s. S. 349).

Aktiv

Hikingtouren durch die Narrows: Der schmalste Teil der Schlucht des Virgin River im Zion N. P. ist nur bei Niedrigwasser zu durchqueren (s. S. 313).

Wandern im Goblin Valley State Park: Tausende von Wind und Wetter modellierte Steinskulpturen machen das Tal der Kobolde zu einem außergewöhnlichen Wanderziel (s. S. 319).

Auf den Spuren der Navajo – von Window Rock zum Canyon de Chelly: Auf dieser Tour gewinnt man einen lebhaften Eindruck vom kargen Leben der Native Americans (s. S. 350).

Delicate Arch – Audienz bei einem ›Rock-Star‹: Der Delicate Arch Trail im Arches National Park führt zu dem wohl berühmtesten Naturbogen der Welt (s. S. 321).

Die berühmtesten Nationalparks

Keine Großregion Amerikas präsentiert ihre Naturwunder auf so bizarre, ungezähmte und fantastische Weise wie das riesige, von Flüssen und Canyons zerfurchte Colorado-Plateau. Acht der schönsten und berühmtesten Nationalparks der Vereinigten Staaten machen diesen provinziellen Teil des südlichen Utah und nördlichen Arizona zu einer unvergleichlichen Schatztruhe landschaftlicher Kostbarkeiten und zu einem Abenteuerspielplatz für Aktivitäten unter freiem Himmel.

Zion National Park

▶ M/N 9

Von Las Vegas erreicht die Interstate 15 über das Casinostädtchen **Mesquite** und die Schlucht des Virgin River nach St. George den Highway 9 und damit die Zugangsstraße zum ersten, weltbekannten Naturschutzgebiet auf der Tour. Herzstück des knapp 600 km^2 großen **Zion National Park** ist der vom Virgin River gegrabene Zion Canyon mit schroffen, über 900 m aufragenden Felswänden. Vermutlich schon vor 13 Mio. Jahren begann der Fluss sich durch den 120 Mio. Jahre alten Carmel-Kalkstein zu fräsen.

Durch den Canyon zieht sich eine 6 Meilen lange, von Mitte März bis November ausschließlich den Bussen der Nationalparkverwaltung vorbehaltene Straße, nachdem sich Besucher früher im Hochsommer regelmäßig nur im Stop-and-go-Rhythmus vorwärtsbewegen konnten. Beim Visitor Center in **Springdale** fahren vom Parkplatz Pendelbusse ab, die Passagiere an acht Haltestellen aus- bzw. einsteigen lassen.

Zion Human History Museum

März–Nov. tgl. 10–17 Uhr

Das **Zion Human History Museum** dokumentiert mit Film und Ausstellungen das Leben prähistorischer Indianer und gibt Aufschluss über spanische Padres und anglophone Pelztierjäger, die Zion erkundeten. Isaac Behunin baute als erster Mormone in der Nähe der heutigen Zion Lodge 1862 eine Farm auf, kultivierte Mais und Gemüse und gab dem Canyon seinen heutigen Namen. David Flanigan konstruierte im Jahr 1900 aus 16 km Telegrafendraht eine Seilbahn, die vom 1980 m hohen Cable Mountain hoch über Weeping Rock bis zum Virgin River reichte und über die der clevere Geschäftsmann fast 30 Jahre lang Baumstämme von der Hochfläche ins Tal abseilte, um sie auf dem Fluss weiterzutransportieren. Das Kabel wurde 1930 abmontiert, Teile der oberen Aufhängevorrichtung sind jedoch noch zu sehen.

Im inneren Canyon

Die zentrale Bushaltestelle im Canyon liegt vor der **Zion Lodge.** Nach einem Brand 1966 entstand sie innerhalb von 100 Tagen neu. 28 Western Cabins, 6 Suiten und 75 Doppelzimmer im Motelstil (ab 210 $) sind die einzigen Übernachtungsmöglichkeiten innerhalb des Parks. Wer im Red Rock Grill speisen will, sollte in der Hochsaison rechtzeitig reservieren (Tel. 1-435-772-7760, www.zionlodge.com >dining/red-rock-grill).

Über **Weeping Rock,** dem durch Felsen sickerndes Wasser den Namen Weinender Fels verlieh, erreicht die Straße am Ende das gewachsene Felsmonument **Temple of Sinawava.** Ein Wanderweg führt in den immer

Aktiv

HIKINGTOUREN DURCH DIE NARROWS

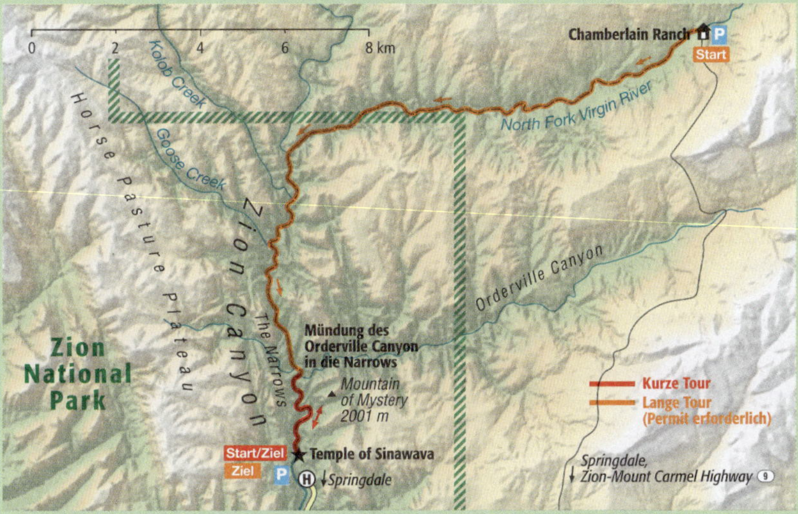

Tour-Infos

Start: Platz am Temple of Sinawava (Kurztour) oder Chamberlain Ranch (lange Tour).

Beste Saison: Mitte Juni–Mitte Sep.

Permits: Kein Permit für kurze Touren. Für lange Touren: 5 $ im Visitor Center; max. 80 Permits pro Tag; 40 Vorabreservierungen Tel. 435-772-0170 oder www.nps.gov > zion/planyourvisit/narrowspermits.htm.

Für eine Hikingtour durch die Schlucht des Virgin River im **Zion National Park** braucht man feste Wanderstiefel, weil der Weg im steinigen, meist überschwemmten Flussbett verläuft. Bei Regen oder drohenden Gewittern muss man auf den Freizeitspaß unbedingt verzichten, weil Wassermassen im schmalen Canyon lebensgefährlich anschwellen können.

Zweierlei Touren bieten sich an. Eine mehrstündige Tageswanderung (1–5 Std.) führt ab dem Ende des ausgebauten Wanderpfades im **Zion Canyon** flussaufwärts. Die Schlucht wird immer enger, bis nur noch weniger Meter die schieren Felswände voneinander trennen. Zu den spektakulärsten Abschnitten zählt die Stelle, wo der **Orderville Canyon** in die Narrows mündet (er befindet sich rund 2 Std. vom Startpunkt entfernt). Für diese Wanderung braucht man keine Erlaubnis.

Obligatorisch ist ein Permit für Ganz- oder Mehrtagestouren. Für die 26 km Strecke sollte man ca. 12 Std. veranschlagen. Wer sich mehr Zeit lassen will, kann im Canyon auf 12 über der Hochwasserlinie liegenden Campsites übernachten.
Um zum Beginn/Ende des Hiking Trails auf der 1,5 Autostunden entfernt gelegenen **Chamberlain Ranch** zu kommen, benötigt man entweder zwei Autos oder einen Shuttleservice (Zion Adventure Company, Tel. 1-435-772-1001, www.zionadventures.com; Red Rock Shuttles, Tel. 435-635-9104, https://redrockshuttle.com). Die Tour ist nicht zu unterschätzen: Sie ist beschwerlich und verlangt Kondition. Häufig bewegt man sich im Wasser.

enger werdenden hinteren Teil des Canyons. Um in die sogenannten **Narrows** zu kommen, muss man im steinigen Bett des Virgin River gehen. Nach Regenfällen bzw. Gewittern wäre die Tour lebensgefährlich. Die Felswände rücken an der schmalsten Stelle so eng zusammen, dass man sie fast mit ausgestreckten Armen berühren kann.

Kolob Section

Außer dem eigentlichen Canyon besteht Zion aus zwei weiteren Teilen. Von der I-15 führt südlich von Cedar City die Kolob Canyon Road 5 Meilen weit in die nordwestliche **Kolob Section** des Naturreservats, eine hochwüstenartige, von Canyons zerfurchte Szenerie, die mit Zion Canyon wenig gemein hat. Ein 21 km langer Trail führt von der Parkstraße durch eine abgelegene, kaum besuchte Parkregion zum **Kolob Arch,** einem gigantischen Naturbogen.

Entlang dem Highway 9

Mitten durch den dritten Parkteil führt der **Highway 9.** Am Ende eines 1700 m langen Tunnels beginnt auf einem kleinen Parkplatz der 1,6 km lange **Canyon Overlook Trail.** Ein Aussichtspunkt mit grandiosem Blick über Zion liegt am Ende des Weges an einem Steilabbruch. Entlang dem Highway zeigt der Park ein durch Wind und Wetter geprägtes Gesicht. Felstürmchen, Pfeiler und wie Pfannkuchen übereinandergeschichtete Steinplatten machen aus der Naturlandschaft einen Abenteuerspielplatz. Manchen Felsflächen hat der Windschliff seltsame Muster verliehen, z. B. bei der berühmten **Checkerboard Mesa,** einer versteinerten Sanddüne mit einem gut erkennbaren Schachbrettmuster aus horizontalen und vertikalen Rissen und Spalten.

Infos

Zion National Park: 1 Zion Park Blvd., State Route 9, Springdale, UT 84767, Tel. 1-435-772-3256, www.nps.gov/zion, private Pkw 30 $, Motorräder 25 $, Fußgänger 15 $.

Übernachten

Tolle Lodge – **Majestic View Lodge:** 2400 Zion- Mt. Carmel Hwy, Tel. 1-435-772-0665, www.majesticviewlodge.com. Rustikale Lodge im Blockhausstil mit fabelhaftem Blick auf die Zion-Berge. 69 Zimmer und Suiten. DZ ab 186 $.

Wunderbare Lage – **Zion Mountain Ranch:** Hwy 9, am östlichen Parkeingang, Tel. 1-435-648-2555, www.zmr.com. Hotel- und Ferienanlage für Gäste, die reiten, die Natur beobachten, im Indianerdorf die Kultur der Native Americans kennenlernen oder den Umgang mit dem Lasso üben möchten. Unterschiedlich große Blockhäuschen liegen am Rand eines großen Büffel-Schutzgebiets. Cabins im Sommer ab 186 $.

Mitten im Ort – **Zion Pioneer Lodge:** 838 Zion Park Blvd., Tel. 1-435-772-3233, www.zionpioneerlodge.com. Zimmer und Suiten für bis zu 3 Pers., z. T. mit Küche, beheizter Außenpool. DZ im Sommer ab 170 $.

Praktischer Platz – **Zion Canyon Campground:** 479 Zion Park Blvd., Springdale, Tel. 1-435-772-3237, www.zioncamp.com. Anlage für 220 Campmobile und Zelte am Virgin River mit Pool, Münzwäscherei und Kinderspielplatz.

Essen & Trinken

Lokal mit Atmosphäre – **Spotted Dog Café:** 450 Zion Park Blvd., Tel. 1-435-772-0700, www.flanigans.com/dining, tgl. 7–11.30 und 17–22 Uhr. Zu Flanigan's Inn gehörendes Lokal im Bistrostil mit saisonalen Speisen, auf der häufig Forelle, Lachs, Geflügel und hausgemachte Pizzen auftauchen. Dinner ab 15 $.

Gesund gekocht – **Cafe Oscars:** 948 Zion Park Blvd., Tel. 1-435-772-3232, www.cafeoscars.com, tgl. 7–20 Uhr. Der Küchenchef legt bei Steaks, Seafood und Geflügel Wert auf Herkunft von Öko-Betrieben. Ab ca. 10 $.

Aktiv

Radverleih – **Zion Cycles Bike Shop:** 868 Zion Park Blvd., Tel. 1-435-772-0400, www.zioncycles.com. Tourenräder, Tandems, Mountainbikes auf Stundenbasis oder länger. Ab 15 $/halber Tag.

Kanab ▶ N 9

Bei Mount Carmel Junction lohnt sich ein Abstecher in südlicher Richtung vorbei am Dünenparadies **Coral Pink Sand Dunes** in das 3500 Einwohner große **Kanab.** Regisseure und Schauspieler machten das Städtchen zu einem Klein-Hollywood, als die Produktionskosten in den Filmstudios von Los Angeles nach 1945 dramatisch stiegen. Mit seiner grandiosen Umgebung machte der Ort damals eine Blitzkarriere als erstklassige Westernkulisse. **Parry Lodge** existiert nach wie vor, ein stilvolles Hotel, in dem sich damals Hollywoodgrößen wie John Wayne und Frank Sinatra, Ava Gardner und Clint Eastwood wohlfühlten (89 E. Center St., Tel. 1-435-644-2601, www.parrylodge.com, DZ ab ca. 89 $).

Aktiv

Unter freiem Himmel – **Kane County Information Center:** 78 S. 100 E., Kanab, UT 84741, Tel. 1-435-644-5033, www.visitsouthernutah.com. Im Besucherzentrum kann man sich über die vielfältigen Möglichkeiten für Outdooraktivitäten informieren.

Tipp

WANDERHIGHLIGHT VERMILION CLIFFS

Die Sandsteinformation **The Wave** in den Vermilion Cliffs zählt zu den größten Naturwundern in Südutah. Vom Highway 89 östlich von Kanab biegt bei Meile 25.6 die House Rock Valley Road zur Wirepass Parking Area ab. Die dort beginnende Hikingtour (hin und zurück 10 km, 7 $) ist nur mit Permit erlaubt (Infos dazu unter www.blm.gov, Stichwort ›Coyote Buttes Permit Area‹). Die Region, in der The Wave liegt, ist auch unter dem Namen Coyote Buttes bekannt.

✿ Bryce Canyon N. P.

▶ N/O 8/9

In einem sind sich viele USA-Kenner einig: **Bryce Canyon** ist eines der außergewöhnlichsten Naturwunder Amerikas. Im Zentrum des Parks, dem **Amphitheater,** breitet sich in einem fast runden Becken eine von Wind und Wetter gezeichnete Zauberlandschaft aus mit Tausenden Felsnadeln, Steintürmen und grotesk anmutenden Naturskulpturen, die einem versteinerten Theaterensemble auf einer gewaltigen Open-Air-Bühne ähneln. Bryce ist trotz des Namens kein Canyon, sondern die verwitternde Kante der Pink Cliffs, einer 50 bis 60 Mio. Jahre alten rosa gefärbten Formation des Colorado-Plateaus. Das Gestein besteht aus feinkörnigen, weichen Sedimenten, die von härterem Kalkstein und dünnen Lagen von erosionsresistenterem Schiefer bzw. Sandstein durchsetzt sind. Folge der inhomogenen Zusammensetzung ist die unterschiedlich schnelle Verwitterung, wodurch die für Bryce typischen *hoodoos* zustande kommen – seltsam geformte Felszinnen, Türme und Felsnadeln, die das Amphitheater in einen Irrgarten von überwältigender Schönheit verwandeln. Neben bizarren Formen faszinieren unterschiedliche Farben des Gesteins. Am häufigsten kommen durch Eisenoxide verursachte Rotabstufungen vor. Wo das Gestein helle Töne aufweist, ist das Eisen meist nur ausgewaschen. Purpurne und lila Färbungen entstehen durch Mangan.

Jahrtausendelang haben die selbstzerstörerischen Kräfte der Natur Bryce zu einem Wanderparadies gemacht. Traumhafte Wege wie **Queen's Garden Trail, Peekaboo Loop Trail** und **Navajo Trail** winden sich durch das rote Amphitheater, in das man von mehreren Punkten an der Canyonkante ca. 150 m tief absteigen kann. Vom einzigen Eingang am Nordende des Parks führt eine für den Autoverkehr freigegebene, für Campmobile gesperrte 35 Meilen lange Panoramastraße zu verschiedenen Aussichtspunkten sowie zum Endpunkt der Straße bei **Rainbow Point** auf 2776 m Höhe.

Infos

Bryce Canyon National Park: Hwy 63, P. O. Box 640201, Bryce Canyon, UT 84764-0201, Tel. 1-435-834-5322, www.nps.gov/brca. Im Besucherzentrum wird ein 22-minütiger Film gezeigt. 30 $/Pkw.

Übernachten

Mehrere Motels liegen am Highway 12 westlich von Bryce Canyon.

Im Herzen des Nationalparks – **Bryce Canyon Lodge:** Bryce Canyon (s. o.), Tel. 1-877-386-4383, www.brycecanyonforever.com. Außer Campingplätzen einzige Übernachtungsmöglichkeit im Park mit kleinen Häuschen zwischen den Ponderosakiefern (213 $) und Motelzimmern (DZ ab 193 $).

Direkt am Parkeingang – **Best Western Plus Ruby's Inn and Campground:** 1000 S. Hwy 63, Tel. 1-435-834-5341, www.rubysinn.com. Blockhaushotel mit über 360 klimatisierten Zimmern, Restaurant, Swimmingpool, Satelliten-TV und großem Campingplatz. DZ Mai–Sept. ab 150 $, sonst günstiger.

Beim Amphitheater – **North Campground und Sunset Campground:** beide Campingplätze verfügen über Sanitäranlagen und fließendes Wasser (www.nps.gov/brca/planyourvisit/campgrounds.htm).

Verkehr

Bryce Canyon Shuttle: Der kostenlose Pendelbus fährt von Parkplätzen außerhalb des Parks zahlreiche Stopps im Gebiet um das

Das sogenannte Amphitheater ist der spektakulärste Teil des Bryce Canyon National Park

Amphitheater an (Mitte Mai–Mitte Okt. tgl. 9–18 Uhr alle 12 Min.).

Highway 12 ►O 7–9

Mit Fug und Recht kann man die östlich von Bryce liegende Region als tiefste Provinz bezeichnen. Viel später als das übrige Utah hielt in dieser Gegend das 20. Jh. Einzug. Der den wildromantischen Landstrich entwässernde Escalante River wurde als letzter Fluss auf dem zusammenhängenden Staatsgebiet der USA 1872 entdeckt und erkundet. Die wenigen Siedler, die sich dort im ausgehenden 19. Jh. als Viehzüchter und Farmer niederließen, waren notgedrungen Selbstversorger, weil ihnen die Autarkie durch fehlende Verkehrsverbindungen aufgezwungen war. Was sie zum Leben brauchten, mussten sie selbst herstellen, von der Wolle für Kleidung bis zur Hefe fürs Brot. **Highway 12** (www.scenicbyway12.com), die einzige Asphaltstraße im Gebiet, wurde erst 1971 für den Kraftfahrzeugverkehr ausgebaut und gilt als einer der schönsten Scenic Highways in Utah. Über Tropic, Escalante und Boulder führt er in einem Bogen nordwärts Richtung Capitol Reef National Park. In den drei genannten Dörfern hat in den letzten Jahren ein wachsender Tourismus Motels, Restaurants und Läden entstehen lassen, was die Fahrt über die ›12‹ einfacher gemacht hat. Geblieben ist das Gefühl, sich weit abseits der Zivilisation in einer noch heilen Welt zu befinden.

Grand Staircase Escalante National Monument

Escalante Interagency Center, 755 W. Main St., Escalante, Tel. 1-435-826-5499, www.nps.gov/glca/planyourvisit/escalante.htm#EIVC

Das heute knapp 1000 Einwohner zählende, 1875 von Mormonen gegründete **Escalante** liegt am nördlichen Rand des **Grand Staircase Escalante National Monument,** einer wilden, menschenleeren Canyonlandschaft, die sich Richtung Südosten bis an den Colorado River und den Lake Powell erstreckt. Treppenartig fällt diese Gegend von knapp 3000 m Höhe um Bryce bis auf 730 m auf der Talsohle des Grand Canyon ab. Neben Schluchten wie etwa dem fantastischen Paria Canyon nordwestlich von Page kennzeichnen viele Tafelberge die leicht nach Süden geneigte Region.

Escalante Petrified Forest State Park

710 N. Reservoir Rd., Escalante, Tel. 1-435-826-4466, https://utah.com/escalante-state-park, im Sommer 7–22 Uhr, sonst kürzer, Tagesticket 6 $, Camping 16 $

Außerhalb des Ortes führt eine ausgeschilderte Straße in den **Escalante Petrified Forest State Park,** in dem Besucher auf zwei Wanderpfaden Fundstellen von versteinertem Holz aufsuchen können. Vor allem am **Trail of the Sleeping Rainbows** liegen bis zu 5 m lange und 1,5 m mächtige Exemplare.

Boulder und Anasazi State Park

Tel. 1-435-335-7308, http://stateparks.utah.gov/ parks/anasazi, im Sommer tgl. 8–18 Uhr, 5 $

Die Ortschaft **Boulder** verdankt ihren Namen den dunklen vulkanischen Felsbrocken *(boulders)* auf den Abhängen des Boulder Mountain. Der Ort erhielt als letzte Ortschaft auf US-Boden die Post noch per Maultier. Wo zwischen 1050 und 1200 eine der größten Siedlungen der alten Anasazi-Indianer westlich des Colorado River stand, sind im heutigen **Anasazi State Park** rekonstruierte Hütten zu sehen. Das echte historische Indianerdorf Coombs Site wurde 1958/59 von Archäologen der Universität Utah ausgegraben, dann aber wieder zugeschüttet, um die Strukturen zu erhalten. 20 Jahre später entschied man sich, das alte Dorf originalgetreu nachzubauen. Im Museum sind viele originale Exponate aus der Anasazizeit ausgestellt.

Boulder Mountain

Auf seinem nördlichsten, erst 1985 asphaltierten Teilstück klettert Highway 12 durch Weideflächen und im Herbst zitronengelbe Espenwälder die Flanken des **Boulder Mountain** bis auf fast 3000 m Höhe hinauf. Von einigen Aussichtspunkten wie dem **Homestead Overlook** reicht der fantastische Blick bis auf die Gebirgszüge im südöstlichen Utah. Im mit Motels gut versorgten Torrey mündet Highway 12 in die Ost-West-Verbindung 24.

Capitol Reef National Park ▸O/P 7/8

Capitol Reef National Park, HC 70 Box 15, Torrey, UT 84775, Visitor Center, Tel. 1-435-425-3791, www.nps.gov/care. 10 $/Pkw

Im Vergleich mit Stars wie Bryce und Zion ist der 1971 gegründete **Capitol Reef National Park** weniger bekannt und besucht. Das ist umso erstaunlicher, als das Schutzgebiet nicht nur für Wanderer und Hobbygeologen attraktive Überraschungen bietet. Ein echtes Riff, wie der Name vermuten lässt, ist Capitol Reef nicht. Vielmehr handelt es sich um ein den europäischen Alpen ähnliches, vor 60 Mio. Jahren entstandenes Faltengebirge

Aktiv

WANDERN IM GOBLIN VALLEY STATE PARK

Tour-Infos

Start: 21 Meilen nördlich von Hanksville am Highway 12 östlich des Capitol Reef N. P. biegt der Zugang zum noch 12 Meilen entfernten Goblin Valley State Park vom Highway 24 ab.
Dauer: 1–3 Std.
Eintritt : 13 $/Pkw
Info: http://stateparks.utah.gov/parks/goblin-valley
Öffnungszeit: tgl. 6–22 Uhr
Schwierigkeitsgrad: leichte Tour in flachem Gelände.

Viele Landschaften auf der Nationalparktour bieten der Fantasie jede Menge Anreize. Doch der zauberhafte, kaum besuchte **Goblin Valley State Park** provoziert die Erfindungsgabe des Menschen geradezu. Klein und gedrungen kommen die aus uralten Ablagerungen bestehenden Kobolde (engl.: *goblins)* daher, nach denen das Tal benannt ist. Manche schmücken sich mit Knubbelnasen, andere tragen breitkrempige Hüte oder Ballonmützen. Hier und da bevölkern seltsam gestaltete Zombies die Ebene, als seien Generationen von Bildhauern damit beschäftigt gewesen, aus dem weichen Entrada-Sandstein Heerscharen von grotesken Figuren zu modellieren. Am frühen Morgen oder im späten Licht des Tages entfaltet das Goblin Valley seinen unvergleichlichen Zauber. Nach Sonnenuntergang legt sich eine unheimliche Atmosphäre über den Park. Man könnte glauben, eine Armee verwegener Gestalten habe sich in der Einöde zu einem mysteriösen Treffen verabredet.

mit dem Namen **Waterpocket Fold.** Seine in den Himmel ragenden, abgerundeten Gipfel erinnern aus der Entfernung an Kuppelbauten ähnlich dem Kapitol in Washington D. C.

In den 1880er-Jahren gründeten Mormonenpioniere an Ort und Stelle die Siedlung Fruita und legten heute noch existierende Obstgärten an. Im Herbst können Besucher in der grünen Oase für wenig Geld Aprikosen und Pfirsiche selbst pflücken. Kurz vor der Jahrhundertwende fanden mit einer noch erhaltenen Blockhausschule auch Bildung und Erziehung den Weg in die Provinz. Der schindelgedeckte Bau soll so aussehen, wie ihn die Kinder der 49 Dorfbewohner in den 1930er-Jahren kannten.

Neben dem Fremont River Canyon schneiden zwei weitere größere Schluchten durch die 100 Meilen lange Waterpocket Fold. Der **Grand Wash** bildet einen von schieren Klippen eingerahmten Einschnitt. Schmaler und nur über einen Wanderpfad erreichbar, zieht sich **Capitol Gorge** durch die Gebirgskette. Auf den vom Wasser geglätteten Wänden hinterließen vor über 100 Jahren nach Goldadern suchende Prospektoren ihre Namenszüge.

Arches National Park ▶ Q/R 6/7

Arches National Park, P. O. Box 907, Moab, UT 84532-0907, Tel. 1-435-719-2299, www.nps.gov/arch, Besucherzentrum am Hwy 191 nördlich von Moab, 25 $/Pkw

Unter den Nationalparks des Südwestens, die ein unverwechselbares Profil aufweisen, steht Arches mit an vorderster Stelle. Nirgendwo in der Welt kommen durch Naturkräfte entstandene Gesteinsbögen und Felsbrücken so zahlreich, auf so relativ engem Raum und in so fantastischen Formen vor wie hier.

Die meisten Wunderbögen verteilen sich in dem zwischen 1500 und 1700 m hoch gelegenen Nationalpark auf vier Sektionen. Der Balanced Rock neben der Parkstraße ist ein nicht zu übersehender Wegweiser in die **Windows Section.** Ein 3000 Tonnen schwerer Steinblock, der jeden Augenblick von seinem Sockel zu kippen scheint, balanciert seit Menschengedenken in luftiger Höhe. In der Windows Section führen kurze Trails zu imposanten Felsbögen (s. Aktiv S. 321).

Der Parkteil **Fiery Furnace** besteht aus einem Labyrinth schmaler Passagen zwischen hoch aufragenden Felswänden, in dem sich Besucher durch Ranger führen lassen müssen. In den tief eingeschnittenen Spalten, zwischen denen sich wundersame Formationen verbergen, verliert man allzu leicht die Orientierung. Ein anderer Grund für die Rangeraufsicht ist der Naturschutz. Speziell in Fiery Furnace soll die verkrustete Erdoberfläche, die sich aus einer Vielzahl lebender Organismen wie Algen, Flechten, Pilzen und Bakterien zusammensetzt, vor irreparablen Schäden bewahrt werden. Die Parkstraße endet nach 22 Meilen in **Devil's Garden.** Mehrere Wanderwege führen zu etwa einem Dutzend Naturwundern, unter denen der Landscape Arch herausragende Eigenschaften besitzt. Mit einer Spannweite von etwa 100 m zählt das zerbrechlich wirkende Gebilde zu den größten Naturbögen der Welt. Nur am frühen Morgen liegt es in gutem Fotolicht.

Canyonlands National Park ▶ Q/R 7/8

Dead Horse Point State Park

SR 313 ca. 18 Meilen vom Hwy 191 entfernt, Tel. 1-435-259-2614, https://stateparks.utah.gov/parks/dead-horse, tgl. 6–22 Uhr, 15 $/Pkw

Nur wenige Meilen trennen Arches vom **Dead Horse Point State Park,** dem spektakulären ›Vorprogramm‹ zum wunderschönen, entlegenen Nationalpark. Zu seinen Füßen breiten sich die zerrissenen und zerfurchten Wüstenränder des **Canyonlands National Park** mit tiefen Schluchten, Felszinnen und Tafelbergen aus – ein faszinierender Anblick. Direkt unterhalb des Pano-

Aktiv

DELICATE ARCH – AUDIENZ BEI EINEM ›ROCK STAR‹

Tour-Infos

Start: Arches National Park, Parkplatz bei der Wolfe Ranch
Länge: hin und zurück 4,8 km
Höhendifferenz: 146 m
Dauer: ca. 2–3 Std.
Wichtige Hinweise: Im Sommer sollte man wegen der Hitze morgens oder spätnachmittags wandern und Trinkbares bei sich haben. Es gibt nirgends Schatten.

Im **Arches National Park** wurden bis heute mehr als 200 Sandsteinfenster und Felsbögen mit einer lichten Weite von mindestens einem Meter vermessen. Die Geschichte des Skulpturengartens begann vor 300 Mio. Jahren, als sich in der Region ein Binnenmeer bildete. Im Laufe von Jahrmillionen langsam verdunstet, ließ der ausgetrocknete Ozean mehrere 1000 m mächtige Salzlager zurück, über die sich 1500 m mächtige Gesteinsschichten legten. Für deren Gewicht war das Salz eine äußerst instabile Basis. Die tieferen Gesteinsschichten verschoben sich und dünnere Lagen begannen sich unter dem Auflagedruck zu verformen. In späteren Erdzeitaltern legten Erosionskräfte die Felsenschichten frei und Wind und Wetter taten das Ihrige.

Das Nonplusultra unter den »Rock Stars« ist der **Delicate Arch.** Ebenmäßig wie ein altes Felstor steht der 20 m hohe und 11 m weite Bogen auf einer Felskuppe, als habe man ihn eigens für film- und fotobesessene Touristen an diese Stelle platziert. Zum Arch führt 4 km nach der Abzweigung zur **Windows Section** eine Schotterstraße über den halb verfallenen Überresten der **Wolfe Ranch,** auf der nach 1888 ein Veteran des US-Bürgerkrieges siedelte. Ein 45-minütiger Aufstieg über eine glatte Steinflanke bringt den Wanderer zum unverwechselbaren Wahrzeichen von Arches.

Die ersten 500 m des **Delicate Arch Trail** bestehen aus einem gut sichtbaren Pfad. Sobald die aus griffigem Sandstein bestehende Bergflanke beginnt, ist der relativ einfach zu gehende Weg durch Steinmännchen markiert und steigt stetig, aber nicht sehr steil an.

Die letzten ca. 70 m führen um einen Felsvorsprung herum. Danach wird plötzlich der Blick auf den ›König aller Felsbögen‹ frei, der sich in einer breiten Felskuhle vor dem Hintergrund der La Sal Mountains wie ein uralter Triumphbogen erhebt. Kein Wunder, dass ihn frühe Expeditionsreisende für die Architekturruine einer längst untergegangenen Kultur hielten.

Im schönsten Fotolicht zeigt sich der Star kurz vor Sonnenuntergang. Wer die Wanderung spät unternimmt, sollte für den Rückweg eine Taschenlampe bei sich haben.

ramapunktes beschreibt der Colorado River in einem von grauem Schotter flankierten Flussbett eine hufeisenförmige Schleife. Der Name Dead Horse Point geht auf das 19. Jh. zurück, als in der Gegend noch Wildpferde lebten. Cowboys trieben die Tiere in diesen Winkel des Plateaus, von wo sie nicht mehr entkommen konnten. Einer Legende zufolge sollen einige Mustangs ebendort aus unbekannten Gründen verdurstet sein.

Canyonlands/Island in the Sky

2282 SW Resource Blvd., Moab, UT 84532, Tel. 1-435-719-2313, www.nps.gov/cany, Island in the Sky Visitor Center, Rte 313, tgl. 9–16.30 Uhr, 25 $/ Pkw

Am Dead Horse Point vorbei führt der Weg in den **Island in the Sky** genannten nördlichen Teil des Nationalparks. Die Himmelsinsel liegt in einem Dreieck zwischen Colorado und Green River und gibt von mehreren Aussichtspunkten einen Blick frei wie vom Dead Horse Point. Im äußersten Süden liegt der Grand View Point dem Zusammenfluss der beiden Ströme am nächsten – mitten in einer atemberaubenden Landschaft aus Schluchten, Tälern, Klippen, zerbröckelnden Plateaus und steinernen Türmen.

Needles District

An der Ostflanke von Canyonlands führt der Highway 163/191 nach Süden und bietet zwei Gelegenheiten zu Abstechern in den sogenannten **Needles District** des Nationalparks. Die erste Stichstraße biegt wenige Meilen hinter dem **Wilson Arch** ab, die zweite (Hwy 211) ca. 32 Meilen südlich von Moab. Der Abstecher lohnt sich nicht nur wegen der Canyonlandschaft am Endpunkt, sondern weil die gesamte Strecke durch eine typische Westernlandschaft führt. Auf etwa halbem Weg versteckt sich unter einer überhängenden Felswand ein prähistorisches ›Zeitungsarchiv‹. Auf dem **Newspaper Rock** hinterließen in den vergangenen 2000 Jahren Indianer und nach Ackerland suchende Pioniere Zeichen und Schriftzüge auf einer in Wind und Wetter nachgedunkelten Felsoberfläche. Bei vielen Einheimischen gilt die Stelle als magischer, für Hochzeiten geeigneter Ort.

Moab und Umgebung

▶R 7

Moab

Wie eine grüne Oase liegt **Moab** inmitten der roten Sandsteinlandschaft. Dank der beiden benachbarten Nationalparks Canyonlands und Arches und des am nördlichen Ortsrand vorbeifließenden Colorado River hat es sich als Urlaubszentrum etabliert und bietet mehr Freizeitaktivitäten an als jede andere Stadt in Utah: Allradtouren durch unwegsames Canyongelände, nächtliche Shows auf dem Colorado, Rafting, Reitausflüge, Mountainbikefahren, Wandern, Golfspielen, Angeln, Fallschirmspringen und Wintersport.

Red Cliff Lodge

Wer nach Drehorten bekannter Western sucht, von denen um Moab Hunderte liegen (s. Thema S. 323), folgt auf der Straße 128 dem Colorado River bis zu Meile 14. In einer Flussschleife liegt die **Red Cliff Lodge,** auf deren Grund und Boden John Ford 1950 ein Militärfort für den Film »Rio Grande« mit John Wayne und Maureen O'Hara bauen ließ. Zur Lodge gehört ein Museum, das an die damaligen Westernzeiten erinnert (https://redcliffslodge.com).

Castle Valley und Fisher Towers

Nach der Red Cliff Adventure Lodge biegt eine Asphaltstraße ins **Castle Valley** ab, dessen Naturszenerie manchem Kinofilm eine dramatische Kulisse verlieh. Über die Manti-La-Salle-Berge führt die Tour nach Moab zurück. Folgt man von der Red Cliff Lodge dem malerischen Tal des Colorado, liegen 10 Meilen weiter die **Fisher Towers.** Die tiefroten Steintürme aus Resten uralter Sedimente kann man auf einem Wanderpfad in zweieinhalb Stunden umrunden.

Infos

Moab Information Center: Center & Main St., Moab, UT 84532, Tel. 1-435-259-8825, www.discovermoab.com/visitorcenter.htm.

Übernachten

Eine Liste mit Unterkünften findet sich unter www.discovermoab.com/lodging.htm.

Gute Wahl – **Best Western Plus Canyonlands Inn:** 16 S. Main St., Tel. 1-435-259-2300, www.canyonlandsinn.com. Familienfreundliches Haus mit Pool, Picknickecke, Spielplatz, Internet, kl. Frühstück. DZ ab 240 $.

Filmkulisse Colorado-Plateau

Man muss kein Amerikakenner sein, um mit den Landschaften im Südwesten vertraut zu sein. Die Region beschert auch Erstbesuchern Déjà-vu-Erlebnisse am laufenden Band: Viele spektakuläre Naturwunder dienen seit Jahrzehnten Spielfilmen, Videoclips und Werbespots als Naturkulissen und sind durch Kino und Fernsehen weltbekannt geworden.

In den 1950er- und 1960er-Jahren waren spannende Western ohne den Schauplatz Monument Valley fast nicht denkbar. 1938 wählte der berühmte Hollywood-Regisseur John Ford für seinen ersten Leinwandhit »Höllenfahrt nach Santa Fe« die traumhafte Sandsteinszenerie mit bizarren Felstürmen als Drehort. Klassiker wie »My Darling Clementine« (1946) und »Fort Apache« (1948) folgten und machten Monument Valley quasi zum Außenstudio von Hollywood. Auch jüngere Produktionen wollten auf den magischen Reiz des Tales nicht verzichten. Regisseur Robert Zemeckis ließ für »Zurück in die Zukunft« zwischen zwei Mesas einen Schnellimbiss aufbauen, in dem Hauptdarsteller Michael J. Fox ins Jahr 1885 zurückversetzt wurde. Tom Hanks stand in der Schlussszene von »Forrest Gump« 1994 dort vor der Kamera. Auch die Zigarettenwerbung trug jahrelang ihren Teil dazu bei, dass Monument Valley unter Kinogängern heute als Wallfahrtsort gehandelt wird. Eine ebenso von John Ford entdeckte Filmkulisse liegt in der Nähe von Moab im südöstlichen Utah. Ende der 1940er-Jahre drehte der Starregisseur in der roten Sandsteingegend den Western »Wagon-Master«. Zwischen 1949 und 1975 folgten 21 Kinofilme, darunter »Die Schlacht am Apachenpass«, »Rio Grande«, »Warlock« und »Cheyenne«. Vor den bizarren Felsbögen im Arches National Park wurde 1953 der Film »Taza, Sohn des Cochise« in Szene gesetzt, in dem Jeff Chandler den Apachenhäuptling Cochise und Rock Hudson seinen Sohn Taza spielte. Neueren Datums waren Steven Spielbergs »Indiana Jones und der letzte Kreuzzug« (1988) mit Harrison Ford und Sean Connery und die von Walter Hill verfilmte Lebensgeschichte des großen Apachenhäuptlings »Geronimo» (1993) mit Gene Hackman und Robert Duvall.

Der am Rand des Canyonlands National Park liegende Dead Horse Point State Park bildet eine so beeindruckende Felsinsel im Himmel, dass auch Filmregisseure nicht an ihr vorbeikamen. An diesem fantastischen Ausguck auf die zerfurchte Canyonlandschaft stand Henry Fonda in »Warlock« 1958 vor der Kamera, Tom Cruise drehte dort 1999 die Eröffnungssequenz von »Mission Impossible II«, während im berühmten Roadmovie »Thelma & Louise« das Finale von der grandiosen Kulisse profitierte. Am Weg zum Zion National Park biegt am Ortseingang von Rockville die Old Bridge Road ab und führt am Virgin River entlang in die 4 Meilen entfernte Geisterstadt Grafton. Regisseur George Roy Hill wählte den idyllischen Ort für den 1968 in die Kinos gekommenen Kultwestern »Zwei Banditen«, in dem Paul Newman und Robert Redford in die Rollen von Butch Cassidy und Sundance Kid schlüpften. Für die Zugüberfälle der beiden Edelräuber musste die historische Cumbres and Toltec Scenic Railroad in Chama (New Mexico) herhalten.

Ordentliche Ausstattung – **Expedition Lodge:** 168 N. Main St., Tel. 1-435-259-6147, http://expeditionlodge.com. Zentrales Motel mit Pool und Münzwäscherei, alle Räume mit Kühlschrank, Mikrowelle, Bügeleisen. Preisgünstige DZ ab 115 $.

Einfach, sauber, geräumig – **Apache Motel:** 166 S. 400 East St., Tel. 1-435-259-5727, www.apachemotelinmoab.com. Ruhig gelegenes älteres Motel, in dem sich einst John Wayne von anstrengenden Dreharbeiten ausruhte. Außer der John Wayne Suite gibt es Standardzimmer mit Mikrowelle und Kühlschrank. DZ ab 45 $.

Camping in günstiger Lage – **Canyonlands Campground:** 555 S. Main St., Tel. 1-435-259-6848, https://utah.com/canyonlands-rv-resort-and-campground. Im Ortszentrum gelegener Platz für Wohnmobile und Zelte, mit Laden, Pool, Münzwäscherei, Cabins und Spielplatz.

Hübsche Blockhaus-Cabins – **Moab KOA:** 3225 S. Hwy 191, Tel. 1-435-241-7890, www.moabkoa.com. Südlich der Stadt gelegener, gut ausgestatteter Platz, u. a. mit 23 Cabins.

Essen & Trinken

Preisgünstig und gut – **Moab Brewery:** 686 S. Main St., Tel. 1-435-259-6333, www.themoabbrewery.com, tgl. 11.30–22.30 Uhr. Kleinbrauerei mit mehreren Biersorten aus eigener Produktion. Außer Sandwiches, Burgers und Salaten werden reichliche Geflügel- sowie Fischgerichte serviert. Ab ca. 12 $.

Gute Adresse – **Jail House Cafe:** 101 N. Main St., Tel. 1-435-259-3900, Mi–Mo 7–12 Uhr. Im ehemaligen winzigen Gefängnis wird drinnen wie draußen gutes Frühstück serviert. Spezialität sind Ingwerpfannkuchen mit Apfelbutter für 7,65 $.

Super Frühstück – **Eklecticafe:** 352 N. Main St., Tel. 1-435-259-6896, tgl. 7.30–13.30 Uhr. Empfehlenswerte Adresse nicht nur für ein opulentes, ausgezeichnetes Frühstück. Man kann auch draußen speisen. Ab ca. 7 $.

Indianische Felsritzzeichnungen auf dem Newspaper Rock in Canyonlands

Aktiv

Informationen über alle Freizeitaktivitäten unter www.discovermoab.com.

Allradtouren – **Canyonlands Jeep and Car Rental:** 225 S. Main St., Suite B, Tel. 1-435-259-4413, https://canyonlandsjeep.com. Allradfahrzeuge für Selbstfahrer.

Mountainbike-Touren – **Poison Spider Bicycles:** 497 N. Main St., Moab, Tel. 1-800-635-1792, http://poisonspiderbicycles.com. Räder ab 50 $/ Tag, Kin. ab 22 $.

Raftingabenteuer – **World Wide River Expeditions:** 625 N. Riversands Dr., Moab, Tel. 1-435-259-7515, www.worldwideriver.com. Rafting-Touren mit Gummiflößen auf dem Colorado, Tagestour inkl. Lunch Erw. 60 $, Kin. bis 17 J. 50 $.

Mexican Hat und Umgebung ▶ Q 8/9

Eine außerhalb des kleinen Ortes gelegene kuriose Felsformation, die einem Mexikaner mit riesigem Sombrero ähnelt, verlieh der Gemeinde ihren Namen.

Goosenecks State Park

State Road 316, http://stateparks.utah.gov (>Parks/Goosenecks), Eintritt 5 $, Camping 10 $

Im **Goosenecks State Park** grub sich der San Juan River über lange Zeit tief in ein trockenes Plateau und bildet eine sehenswerte Schleife, welche die State-Park-Täufer offensichtlich an die Form eines Gänsehalses erinnerte.

Valley of the Gods

Im 17. Jh. markierte der Fluss die nördliche Grenze der spanischen Kolonisation. Heute beginnt am Ufer die riesige Navajo Reservation. Nördlich von Mexican Hat breitet sich das wie ein kleines Vorprogramm des Monument Valley aus. In einer wüstenhaften Landschaft ragen vereinzelte Felsfinger und Überreste abgetragener Plateaus in den Himmel, die von Weitem wie verlassene Burgruinen aussehen. Nur bei trockenem Wetter ist die 17 Meilen lange Piste durch das Tal befahrbar.

✿ Monument Valley

▶ Q 9

Keinen anderen Landstrich in den USA machten Film- und Werbeindustrie so sehr zum Sinnbild von Freiheit und Abenteuer wie das legendäre **Monument Valley.** Die Navajo errichteten dort 1959 den Navajo Tribal Park, um die unverwechselbare Naturlandschaft zu erhalten. Eine kräftig sprudelnde Einnahmequelle für die Indianer ist seit Jahren Hollywood, das seit den Tagen des berühmten Westernregisseurs John Ford Dutzende Filme in dieser majestätischen Landschaft drehte. Zu den großen Produktionen gehörte 1970 Sergio Leones Kultwestern »Spiel mir das Lied vom Tod«. Der einfachste Zugang zum Valley führt über Kayenta und den Highway 163.

Die Landschaft von Tse'Bii'Ndzisgaii, wie die Navajo das Valley nennen, ist von erhabener Schönheit und vermittelt den Eindruck, als erlebe man die Schöpfungsgeschichte des Planeten Erde hautnah mit. Unermessliche Weite breitet sich zwischen den Sandsteinruinen einer Hochfläche aus, die während der vergangenen 25 Mio. Jahre von den Kräften der Natur aus den Sedimenten eines früheren Meeres ausgegraben wurden. Monument Valley ist kein durch die Auswaschungen eines Flusses entstandenes Tal, wie der Name vermuten lässt, sondern ein durch Wind und Regen geschaffenes Naturwunder. Wenn spätnachmittags Schlagschatten anfangen, die rote Landschaft einzuschwärzen, scheinen bröckelnde Skelette einer schon vor Urzeiten verlassenen Wolkenkratzerlandschaft von einer verblichenen Zivilisation zu zeugen.

Dank ihrer Abgelegenheit ist die Gegend nicht so überlaufen wie manche Nationalparks. Auf der 17 Meilen langen Rundtour durch das Monument Valley ist man selbst während der Hauptsaison häufig ungestört, weil sich viele Autofahrer durch die im ersten Teil steile, kurvige und von badewannengroßen Löchern übersäte Piste abschrecken lassen. Der Rest ist bei gutem Wetter staubig, aber meist problemlos befahrbar.

Legendäre Filmkulisse und einst Wohnort der Anasazi-Indianer: das Monument Valley

Indianer bieten mit Kleinbussen geführte Touren auch über Strecken an, die für Selbstfahrer gesperrt sind.

Infos

Monument Valley Navajo Tribal Park Visitor Center: Monument Valley, Utah 84536, Tel. 1-435-727-5870, https://utah.com/monument-valley, Mai–Sept. tgl. 6–20 Uhr, sonst kürzer, 20 $/Pkw.

Übernachten

Im Valley – **View Hotel:** P. O. Box 360457, Monument Valley, UT 84536, Tel. 1-435-727-5555, www.monumentvalleyview.com. Einziges Hotel im Valley. Alle Zimmer mit Balkon und tollem Panoramablick. DZ ab 200 $.

Traditionshotel – **Goulding's Lodge:** 1000 Main St., Tel. 1-435-727-3231, www.gouldings.com. Die Zimmer bieten einen Blick auf das Monument Valley und sind mit Kabel-TV, Klimaanlage und Kaffeemaschine ausgestattet. DZ ab 135 $, Mai–Okt. teurer.

Aktiv

Valley Tours: Hwy 163, Tel. 1-435-727-3313, www.blacksmonumentvalleytours.net. Die angebotenen Touren mit Jeeps, die geführten Wanderungen und Ausritte sind auch mit Übernachtung möglich.

Lake Powell ▸ O–Q 8/9

Karte: S. 333

Page 1

Den meisten Amerikanern war die wüstenhafte Landschaft an der nordöstlichen Utah-Arizona-Grenze vor 50 Jahren so fremd wie ein x-beliebiger Flecken auf dem Mond. Heute leben 7400 Einwohner im 1956 gegründeten **Page,** und der **Lake Powell** am Stadtrand staute sich zum zweitgrößten künstlichen See Amerikas, zu einem der reizvollsten Wassersportparadiese im Südwesten außerdem. Den Wandel leitete mit dem zwischen 1957 und 1964 erbauten Glen-Canyon-Staudamm am Colorado ein wahrhaftiges Jahrhundertereignis ein, weil sich die gesamte Großregion in den folgenden Jahrzehnten völlig veränderte. Wie Polypenarme greifen die 96 größeren Seitencanyons des Sees in die umliegenden Trockenzonen hinein und statten ihn mit einer 3000 km langen Uferlinie aus, die länger ist als die amerikanische Pazifikküste.

Lake Powell mit dem berühmten Naturbogen Rainbow Bridge am Südufer liegt im Zentrum eines Einzugsgebietes von ca. 30 Mio. Menschen, die das Hausbootmekka innerhalb eines Tages per Auto erreichen können. In den 1990er-Jahren schien es noch so, dass der See durch die Wassersport treibenden Menschenmassen ökologisch aus dem Gleichgewicht geraten könnte. Mittlerweile treiben den zuständigen National Park Service andere Sorgen um, weil der Seepegel seit damals um mehrere Meter absank – nicht nur wegen zunehmender Trockenheit in der Region, sondern auch weil die Anrainerstaaten aus dem Colorado zu viel Wasser abzweigen.

Wahweap Marina

Die **Wahweap Marina** in der Nähe des Glen-Canyon-Damms ist die größte Bootsanlegestelle am See, wo Urlauber auf Jetboats oder Hausbooten Freizeitkapitän spielen und den Lake Powell unter den Kiel nehmen können. Das nur einen Katzensprung entfernte Page entstand in den 1950er-Jahren als Arbeitercamp für die Beschäftigten der Talsperre am Glen Canyon und spielt heute eine wichtige Rolle als Versorgungsbasis am Lake Powell.

John Wesley Powell Museum

6 N. Lake Powell Blvd., Tel. 1-928-645-9496, www.powellmuseum.org, tgl. 10–15 Uhr, Eintritt frei, Spende erbeten

Über die Geschichte der Region und deren indianische Urbevölkerung informiert das **John Wesley Powell Museum,** das nach dem ersten, mit wissenschaftlichem Anspruch arbeitenden Entdecker des Colorado River benannt ist. In den Ausstellungen wird Powells Durchquerung des Grand Canyon von 1869 und 1871 thematisiert.

Wahweap Overlook und Lone Rock Beach

Fährt man vom Glen Canyon-Damm auf Hwy 89 Richtung Nordosten, kommt man an eine Abbiegung zum **Wahweap Overlook.** Der Aussichtspunkt liegt auf einem Hügel und gibt den Blick frei auf große Teile des westlichen Lake Powell und Umgebung. Ein Stück weiter auf dem Hwy 89 biegt eine weitere Nebenstraße zum **Lone Rock Beach Campground** direkt am Seeufer ab. Der Sand ist meist fest und die Gefahr des Einsinkens ist nur in den Randgebieten gegeben. Keine Parzellierung, Toiletten und Duschen, pro Nacht 14 $.

Infos

Powell Museum & Visitor Center: 6 N. Lake Powell Blvd., Page, AZ 86040, Tel. 1-928-645-9496, http://visitpagelakepowell.com. **Carl Hayden Visitor Center (Glen-Canyon-Damm):** Tel. 928-608-6200, www.nps.gov/glca/planyourvisit/visitorcenters.htm.

Übernachten

Nah am Lake Powell – **Best Western View of Lake Powell:** 716 Rim View Dr., Tel. 1-928-645-8868, www.bestwestern.com. Zimmer mit Blick auf den See oder den Canyon-Damm, mit beheiztem Pool, Fitnessstudio und Frühstück. DZ ab 230 $.

Angenehmer Aufenthalt – **Canyon Colors B&B:** 225 S. Navajo Dr., Tel. 1-928-640-0647, www.canyoncolorsbandb.com. Drei Gästezimmer, warmes Frühstück inkl. Wer will, kann auf der Terrasse grillen. DZ ab 130 $.

Einfach – **Motel 6:** 637 S. Lake Powell Blvd., Tel. 1-928-645-5888, 1-800-466-8356, www.motel6.com. Typisches Budget-Motel mit einfachen, aber ordentlichen Zimmern. Das Haus hat einen Außenpool. DZ ab ca. 60 $.

Aktiv

Wassersport – **Lake Powell Resorts & Marinas:** 100 Lakeshore Dr., Tel. 1-928-645-2433, www.lakepowell.com. Ob Jet-, Haus- oder Fischerboot, Wasserski, Angler- oder Tauchausrüstung: Der Konzessionär in Wahweap Marina vermietet alles, was der Mensch zum entspannten Wasserurlaub braucht.

Upper Antelope Canyon 2

Nur mit einer organisierten Tour zugänglich, Anbieter z. B. Antelope Canyon Tours, 22 S. Lake Powell Blvd., Tel. 928-645-9102, www.antelopecanyon.com, Touren ab 13 J. je nach Tageszeit 40–50 $ plus 8 $ Parkgebühr

Wenige Autominuten von Page entfernt ist der **Upper Antelope Canyon** eine Hauptattraktion, deren Besichtigung sich die Indianer fürstlich bezahlen lassen. Die im Lake Powell Navajo Tribal Park liegende Schlucht ist zwar nur 400 m lang und 20 m tief und macht von außen einen unattraktiven Eindruck. Im Innern aber wusch reißendes Wasser eine einzigartige Märchenwelt aus den nur wenige Meter voneinander entfernt liegenden Sandsteinwänden. Je höher die Sonne steht und je direkter Licht in den schmalen Canyon fällt, desto hinreißender wird das Farbenspiel. Am teuersten und schönsten: die Mittagszeit. Reservierungen empfehlenswert.

Horseshoe Bend 3

Ca. 5 Meilen südlich von Page biegt beim Highway Marker 545 vom Highway 89 eine Piste ab, die am Fuß eines Hügels zu einem Parkplatz führt, auf dem man sein Fahrzeug abstellen kann. Der hin und zurück 2,4 km lange Wanderweg führt zu dem berühmten hufeisenförmigen **Horseshoe Bend.** Der Colorado River macht an dieser Stelle 300 m tiefer als das Plateau eine spektakuläre 270-Grad-Schleife, auf die man von der Canyonkante hinuntersieht.

Lee's Ferry 4

Im 19. Jh. gab es nur eine einzige Möglichkeit, den Colorado River im **Marble Canyon** zu überqueren. Der sogenannte Honeymoon Trail, auf dem viele Mormonenpaare aus Arizona zu ihrer Hochzeit in den Tempel nach St. George in Utah reisten, überquerte bei **Lee's Ferry** den Fluss. Noch heute ist das breite, flache Ufer eine wichtige Stelle, die sich für Vorbereitungen zu einer Floßfahrt durch den Grand Canyon bestens eignet.

Im Sommer kann man dort häufig Teams beobachten, die ihre Gummiboote an dieser Stelle präparieren und natürlich auch mit allem beladen, was man auf einem mehrtägigen oder sogar mehrwöchigen und unter Umständen sehr feuchten Canyonabenteuer braucht. Von der **Navajo Bridge** führt eine Asphaltstraße in Flussnähe durch eine abwechslungsreiche Talsohle bis nach Lee's Ferry.

Grand Canyon N. P.

▶ M–O 10/11

Karte: S. 333

Wenn es im Westen der USA touristische Pflichtziele gibt, rangiert der bis zu 1800 m tiefe **Grand Canyon,** die mit Abstand spektakulärste Schlucht auf amerikanischem Boden, auf dem Spitzenplatz. Vom Canyonrand auf ca. 2300 m Meereshöhe blickt man über ein Ehrfurcht einflößendes Reich aus erodierten Gesteinsstufen, Plateaus, Klippen und Canyons auf das weit entfernte, silbrig glänzende Band des Colorado River, der sich mit Ausdauer immer tiefer in die Erdkruste gräbt. Während tagsüber meist Dunst das zeitlose Panorama in milchiges Licht taucht, treten am frühen Morgen und vor Sonnenuntergang Konturen und Farbschattierungen klarer zutage.

Dass es sich beim Grand Canyon nicht lediglich um ein Naturphänomen, sondern um ein Weltwunder handelt, gilt für jeden Amerikaner über alle ethnischen, rassischen und regionalen Gegensätze bzw. Rivalitäten hinweg als sicher. Deshalb scheinen auch alle den inneren Antrieb zu verspüren, wenigstens einmal in ihrem Leben nach Nordarizona zu pilgern, um im Angesicht des eindeutigsten Beweises amerikanischer Größe den tieferen Sinn des gängigen Slogans »America First« in vollen Zügen zu genießen.

Ein spektakulärer Platz für eine Rast: hoch über dem rund 450 km langen Grand Canyon

Desert View 5

Die nationale Begeisterung der Einheimischen ist nachvollziehbar, wenn man von Nordosten kommend bei **Desert View** an der **South Rim** erstmals Bekanntschaft mit dem Volksliebling Nr. 1 macht. Der Punkt ist schon von Weitem an einem gemauerten, Anfang der 1930er-Jahre errichteten Aussichtsturm zu erkennen. Die Wandmalereien im Innern stammen u. a. vom Hopi-Künstler Fred Kabotie und stellen mythologische Szenen und Zeremonien der Hopi dar. Vor allem bei professionellen Fotografen ist der Desert View Campground ein beliebter Übernachtungsplatz, weil die South Rim bei Sonnenaufgang hier im schönsten Licht liegt.

Grand Canyon Village 6

Von Desert View führt Highway 64 an der Südkante des Canyons mit mehreren lohnenden Aussichtspunkten wie Yaki, Moran und Grandview Point vorbei und erreicht nach 25 Meilen mit dem **Grand Canyon Village** das touristische Zentrum der South Rim. 2100 m hoch zwischen Ponderosakiefern und Wacholderbüschen gelegen, verfügt es über Unterkünfte, Campingplätze, Restaurants, Tankstelle, Bank und Supermarkt. Wie sehr sich Armeeleutnant Joseph Ives auf der ersten Coloradoexpedition 1857 mit der Einschätzung täuschte, er und seine Begleiter seien mit Sicherheit die letzten Weißen gewesen, die sich in diese völlig wertlose Gegend vorwagten, zeigt heute der sommerliche Hochbetrieb im aus allen Nähten platzenden Village. Doch zunächst schien es so, als sollte Ives recht behalten. Auch zwei wissenschaftliche Expeditionen unter der Leitung von John Wesley Powell in den 1860er- und 1870er-Jahren vermochten den Grand Canyon nicht aus seiner Anonymität zu wecken. Erst nachdem Mitglieder von Powells zweiter Expedition 1871 Goldstaub gefunden und Zeitungen die Nachricht im Land verbreitet hatten, brachen über die bislang unberührte Naturlandschaft mit Hacken und Schaufeln bewehrte Prospektorenmassen herein.

Eine andere Entwicklung im ausgehenden 19. Jh. sollte sich am Ende aber als viel lukrativer erweisen als der Bergbau: das Geschäft mit Urlaubern. Künstler wie Thomas Moran und Geologen wie Clarence Dutton schärften das öffentliche Bewusstsein für die Schönheit der Natur. Am 17. September 1901 erreichte der erste Eisenbahnwaggon über eine Nebenstrecke von Williams den Südrand des Grand Canyon. Damit waren die Weichen für das heranbrechende Touristenzeitalter gestellt. Die Bright Angel Lodge existierte damals bereits. Das luxuriösere El Tovar, heute Flaggschiff der Gastronomie und Hotellerie an der South Rim, öffnete 1905 seine Pforten. Nachdem die Bahnlinie aufgrund des zunehmenden Autoverkehrs 1968 stillgelegt worden war, nahm sie genau aus demselben Grund 1989 ihren Betrieb mit historischen Oldtimerloks wieder auf, da die Parkverwaltung der anhaltenden Blechlawine nicht mehr Herr wurde.

Infos

Grand Canyon National Park: P. O. Box 129, Grand Canyon, AZ 86023, Tel. 1-928-638-7888, www.nps.gov/grca, 30 $/ Pkw. Es gibt zwei Besucherzentren: Grand Canyon Visitor Center am South Rim bei Mather Point und das Verkamp's Visitor Center beim El Tovar Hotel.

Übernachten

Im Grand Canyon Village gibt es zahlreiche Unterkünfte, die man im Sommer wegen des Besucherandrangs mehrere Wochen im Voraus buchen sollte. Die meisten Reservierungen auch an der North Rim werden vom Konzessionär Xanterra Parks & Resorts abgewickelt (Tel. 1-303-297-2757, www.grandcanyonlodges.com). Zusätzliche Hotels findet man in Tusayan am südlichen Parkeingang.

Nobelherberge – **El Tovar Hotel:** Grand Canyon Village. Alle 78 Zimmer und Suiten im Nichtraucherhotel sind mit Kabel-TV, Telefon, Bad und Klimaanlage ausgestattet. Auch wer nicht im El Tovar logiert, sollte einen Blick in die mit Jagdtrophäen dekorierte Lobby im Blockhüttenstil werfen. DZ ab 197 $, Suiten ab 401 $.

Moderne Zimmer – **Yavapai Lodge:** bei der Market Plaza im Village, Tel. 1-801-449-4139, www.visitgrandcanyon.com/yavapai-lodge. Größte Unterkunft im Park mit Zweibettzimmern inkl. Telefon und TV. DZ ab 142 $.

Rustikaler Charme – **Bright Angel Lodge:** Grand Canyon Village. Populärste Unterkunft in der Nähe des Bright Angel Trail. Manche Zimmer ohne eigenes Bad, alle Cabins sind mit TV und eigenem Bad ausgestattet, hauseigenes Familienrestaurant. DZ ab 89 $, Cabin ab 128 $.

Hiker-Refugium – **Phantom Ranch:** einzige Unterkunft auf dem Canyonboden am Colorado-Ufer. Die Ranch ist nur per Maultier oder zu Fuß zu erreichen. Aus Stein und Holz bestehendes Hauptgebäude mit Betten im Schlafsaal und einfach ausgestattete Cabins. Mahlzeiten müssen bestellt werden. Schlafsaal 51 $/Pers., Cabins nur für Reittouristen 149 $. Reservierung obligatorisch.

Camping – **Mather Campground:** im Grand Canyon Village, Tel. 1-877-444-6777, http://recreation.gov. Platz für Zelte und Wohnmobile ohne Versorgungsanschlüsse, von April–Nov. ist eine Reservierung empfehlenswert. Im Sommer 18 $/Platz.

Für Wohnmobile – **Trailer Village:** gleich neben Mather Campground, Tel. 1-877-404-4611, www.visitgrandcanyon.com/trailer-village-rv-park. Wohnmobilanlage mit Versorgungsanschlüssen. Ab 36 $ für 2 Pers.

Essen & Trinken

Alle genannten Unterkünfte im Park besitzen ein Restaurant bzw. eine Cafeteria. Am elegantesten speist man im aus lokalem Stein und Kiefernholz gebauten **El Tovar Dining Room,** in dem ein legerer Dresscode gilt (tgl. 6.30–22 Uhr, 10–32 $).

Aktiv

Für längere Wanderungen und Campen im Canyon muss man sich eine Genehmigung des Backcountry Information Center besorgen (www.nps.gov/grca/planyourvisit/backcountry-permit.htm, max. 4 Monate vor Aufenthalt, 10 $).

Abstieg in den Canyon – **Bright Angel Trail:** Der populärste Wanderweg, als Tagestour

Grand Canyon National Park

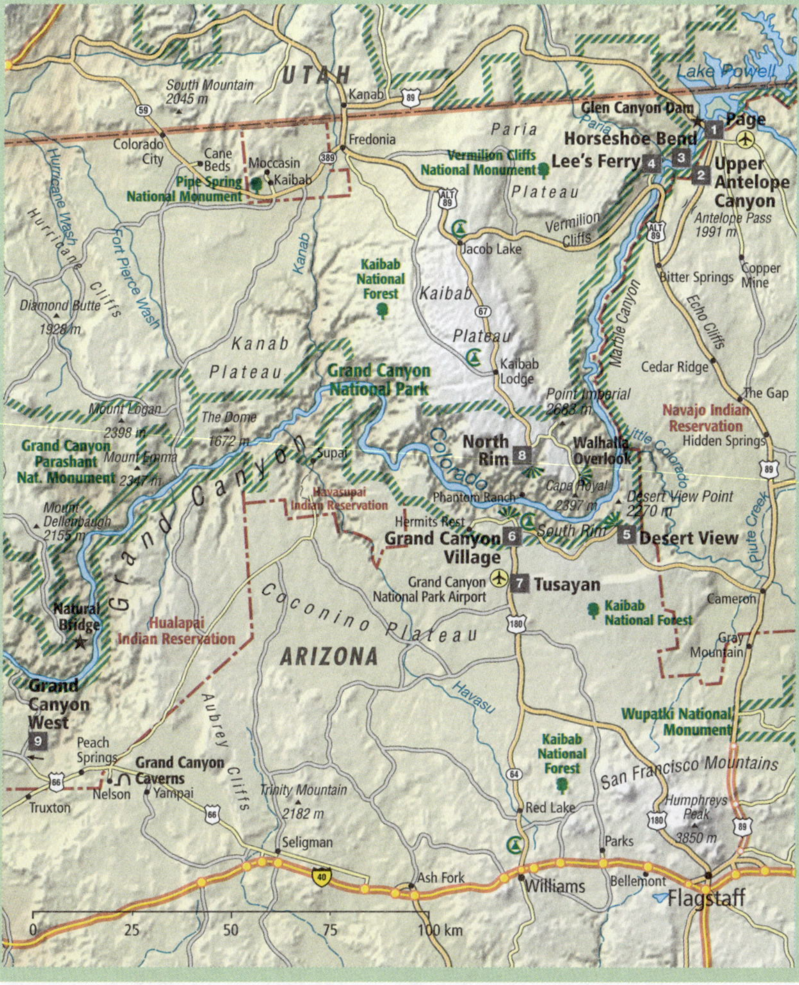

nicht empfehlenswert, führt vom Startpunkt bei der Bright Angel Lodge 1680 m tief an den Colorado River. Für den Wiederaufstieg muss man mindestens die doppelte Zeit wie für den Abstieg einkalkulieren.

Rafting-Trips – **Grand Canyon Whitewater:** 1000 N. Humphreys, Suite 202, Flagstaff, Tel. 1-928-779-2979, www.grandcanyonwhitewater.com. Canyontouren unterschiedlicher Länge. Weitere Anbieter unter www.nps.gov/grca/planyourvisit/whitewater-rafting. htm.

Maultiertouren – **Xanterra Parks & Resorts:** Tel. 1-303-297-2757. 7-stündiger Ritt zum Plateau Point oder 2-Tages-Tour mit Übernachtung auf der Phantom Ranch (www.nps.gov/grca/planyourvisit/mule_trips.htm).

Verkehr

Flugzeug: Grand Canyon National Park Airport, Tusayan, Tel. 1-928-638-2446, tgl. von und nach Las Vegas, Phoenix und Flagstaff.
Bahn: Grand Canyon Railway, 233 N. Grand Canyon Blvd., Williams, AZ 86046, Tel. 1-800-843-8724, www.thetrain.com. Ende Mai–Anfang Sept. tgl. 1 Zug ab Williams 9.30, zurück 17.45 Uhr, Erw. je nach Klasse ab 67 $. Die Bahn bietet unterschiedliche Packages inkl. Übernachtung an.
Bus: Das Busunternehmen Open Road Tours bietet u.a. von Flagstaff Touren mit unterschiedlichen Schwerpunkten zum Grand Canyon an (Tel. 1-602-997-6474 oder 1-855-563-8830, http://openroadtoursusa.com). – Kostenlose Pendelbusse verkehren im Grand Canyon Village, auf der Kaibab Trail Route und der Canyon View/Mather Point Route.
Auto: Die Straße zum Aussichtspunkt Hermits Rest an der westlichen South Rim ist für private Pkw lediglich von Anfang Dezember bis Ende Februar geöffnet. Zwischen März und November stehen Besuchern dann die kostenlosen Pendelbusse auf dieser Strecke zur Verfügung.

Tusayan 7

Da das Grand Canyon Village für die Jahr für Jahr anreisenden 5 Mio. Besucher längst zu klein geworden ist, entstand mit **Tusayan** am südlichen Parkeingang ein Ort mit zu-

Auf Maultierpfaden unterwegs: Kaibab Trail im Grand Canyon

sätzlichen Hotels bzw. Motels, Restaurants, Imbissketten und Läden. Mit großem Erfolg laufen im örtlichen IMAX Theater seit Jahren unterschiedliche spektakuläre Naturstreifen (im National Geographic Visitor Center, Hwy 64, Tel. 1-928-638-2468, http://explorethecan yon.com).

North Rim 8

Im Gegensatz zur South Rim führte **North Rim,** die Nordkante des Grand Canyon, schon immer ein Schattendasein, weil sie schwerer zu erreichen und durch Verkehrswege weniger gut erschlossen ist. Wer mit dem Auto vom Grand Canyon Village zum per Luftlinie nicht einmal 20 km entfernten Besucherzentrum an der North Rim fahren will, braucht für den 344 km langen Umweg über die Navajo Bridge südlich von Page gut 5 Stunden.

1928 entstand als erstes Hotel die nach wie vor existierende Grand Canyon Lodge. Im Winter ist die ca. 300 m höher gelegene Nordkante in der Regel wegen ausgiebiger Schneefälle von November bis Mai geschlossen. Auf dem 23 km langen North Kaibab Trail sind der knapp 1800 m tiefer gelegene Colorado River und die Phanton Ranch erreichbar, von der man über den Bright Angel Trail zum Grand Canyon Village aufsteigen kann (Gästezimmer im Motelstil oder Cabins, nur Nichtraucher, Restaurant, Café, Saloon und Souvenirladen. DZ im Durchschnitt 126 $).

Grand Canyon West

▶ M 11

Karte: S. 333

Das Reservat des 1500 Mitglieder zählenden Hualapai-Stammes am westlichen Grand Canyon war lange Zeit nur Eingeweihten als Naturparadies bekannt. Mit dem Jahr 2007 änderte sich das. Die Indianer ließen in **Grand Canyon West** 9 am Eagle Point mit dem sogenannten Skywalk eine riesige, hufeisenförmige Glasplattform 20 m über den Canyonrand hinaus bauen, die von Statikern auf eine maximale Belastung von 35 000 Tonnen berechnet wurde. An den Schuhen vorbei können Besucher durch den durchsichtigen Boden 1200 m tief auf die Talsohle des Grand Canyon blicken – für nicht Schwindelfreie eine Horrorvorstellung, für andere ein echter Nervenkitzel und für wieder andere ein schlüssiger Beweis dafür, dass die Sucht nach Superlativen im 200 km entfernten Las Vegas nun auch schon auf Naturwunder abfärbt.

Den Skywalk erreicht man am besten, indem man bei Dolan Springs von der US 93 zwischen Kingman und Hoover-Damm abbiegt, dann der Pierce Ferry Road folgt und nach 30 Meilen nach rechts in die Diamond Bar Road einschwenkt. Nach weiteren 20 Meilen (9 davon Schotterstraße) ist Grand Canyon West erreicht. Zum Skywalk kommt man schließlich nur per Shuttlebus. Man wird allerdings den Eindruck nicht los, dass es sich bei der Hightech-Attraktion um eine 83 $ teure Touristenabzocke handelt.

Hoover Dam ▶ K 11

Hoover Dam Visitor Center, tgl. 9–17 Uhr, Powerplant Tour Erw. 15 $, Kin. 4–16 J. 12 $, Parkplatz 10 $

Der Anlass zum Bau des 221 m hohen und 380 m langen Hoover-Staudamms zwischen 1931 und 1935 war nicht der Strombedarf von Las Vegas, denn zu Baubeginn war die Glitzermetropole noch ein uninteressantes Kaff. 1905 hatte eine riesige Überschwemmung große Teile des nordamerikanischen Südwestens unter Wasser gesetzt. Um solche Katastrophen in Zukunft auszuschließen, wurde beschlossen, dem Colorado River in Form eines Staudamms eine Zwangsjacke anzulegen, was gleichzeitig die Möglichkeit bot, Elektrizität für die ganze Region zu produzieren.

Innerhalb von nur vier Jahren gossen die Bautrupps aus 2,5 Mio. Kubikmetern Beton den gewaltigen Damm, der heute den 185 km langen und bis zu 170 m tiefen Lake Mead staut. Besucher können das monumentale Bauwerk besichtigen. Nachts darf er zu Fuß nicht betreten werden.

Der untere Colorado River

Zwischen Mojavewüste im Westen und Sonorawüste im Osten markiert der untere Colorado River die Grenze zwischen Kalifornien bzw. Nevada und Arizona. Der Fluss hat sich südlich vom Hoover-Damm auf einem subtropisch anmutenden Abschnitt zu einem vom internationalen Tourismus bislang noch nicht entdeckten Wassersportparadies mit einem breiten Freizeitangebot für Aktivitäten auf dem Wasser ebenso wie an Land verwandelt.

Lake Mohave ►K 11–L 12

Karte: S. 338

Vom Hoover-Staudamm bei Las Vegas bis zum Davis-Damm bei Bullhead City zieht sich der 108 km lange und bis zu 6 km breite **Lake Mohave** wie ein blaues Band durch eine nur schwer zugängliche Wüstenlandschaft aus dunklen, zerklüfteten Bergen, in die auf dem Landweg nur selten ein Mensch vordringt. Zu Wasser schippern Freizeitkapitäne auf der Suche nach versteckten Stränden und Picknickbuchten über den merkwürdigen See, der im Sommer bei tropischen Temperaturen einerseits einladend, andererseits mit seinem abweisenden Wüstencharakter seltsam unnahbar wirkt.

Cottonwood Cove Resort und Katherine's Landing

Nur eine Handvoll Zufahrtsstraßen führen ans Ufer, etwa zum **Cottonwood Cove Resort** 1 14 Meilen östlich von Searchlight sowie nach **Katherine's Landing** 2 nördlich von Bullhead City, ein populärer, mit Restaurants und Resort ausgestatteter Urlaubsflecken, wo man Boote und Wasserskier ausleihen und campen kann (Tel. 1-928-754-3245).

Populärer, weil leichter zu erreichen, ist das Colorado-Tal südlich des 1953 fertiggestellten Davis-Dammes. Auf einigen Uferabschnitten reihen sich zwischen dekorativen Palmen und blühenden Bougainvillea-Büschen kleine Ferienhäuschen und respektable Zweitwohnsitze aneinander. Um Bootsstege und Landeplätze käme am glitzernden Wasser Südseeatmosphäre auf, wären da nicht Wüstenberge mit schroffen Flanken, die bei Sonnenauf- bzw. untergang in magisches Licht getaucht werden.

Nicht nur landschaftliche Reize machen das Tal des Colorado River zu einer lang gezogenen, attraktiven Oase. Das Klima könnte in einer Ferienregion günstiger kaum sein. Selbst im tiefsten Winter tummeln sich Wasserskiläufer und Scooterfahrer bei frühlingshaften Temperaturen auf dem Fluss. Und wenn zwischen Juni und September die Backofenhitze auf landesweite Spitzenwerte steigt, wertschätzen die Anrainer den Colorado als kollektives ›Kühlsystem‹ umso mehr. Von überspanntem Beachlife und Schickimickiszene ist wenig zu spüren. An Kaliforniens Ost- und Arizonas Westküste herrscht unaufgeregte, provinzielle Partystimmung.

Laughlin 3

Karte: S. 338

Vor einigen Jahrzehnten noch auf keiner Straßenkarte verzeichnet, entwickelte sich **Laughlin** am Colorado River zu einer kleinen Glücksspielhochburg. Bis Mitte der 1980er-Jahre ein verschlafenes Nest, betonierten seit damals Investoren ein Dutzend Casinohotels in den Himmel und verhalfen dem südlichsten Zipfel von Nevada quasi aus dem Nichts zu einer typisch amerikanischen Blitzkarriere. 1987 entstand mit

Colorado Belle direkt am Flussufer ein Gambling-Tempel in Gestalt eines Mississippidampfers, auf dessen Terrasse man sich vorkommt wie auf einem Schiffsdeck. Verglichen mit den Hightech-Attraktionen in Las Vegas wirkt das Flaggschiff der lokalen Casinoszene allerdings wie ein Fundstück aus der Mottenkiste – für viele Besucher kein Manko. Denn wer in Laughlin ein Spielchen wagt oder am südlichen Colorado Urlaub macht, zieht den gemächlichen Lauf der Dinge ohnehin dem hektischen Großstadtbetrieb vor. Außerdem gelten im Ort noch Preise, wie es sie in der großen Schwesterstadt zuletzt vor 20 Jahren gab. An Wochenenden sind die Casinohotels nicht selten ausgebucht. Viele weichen dann in Quartiere in Bullhead City am gegenüberliegenden, über eine Brücke zu erreichenden Arizona-Ufer aus. Kürzer und vergnüglicher ist der Weg mit einem der zahlreichen Wassertaxis zwischen den beiden Orten.

Übernachten

Stattlicher Gambling-Tempel – **Harrah's Casino Hotel:** 2900 S. Casino Dr., Tel. 1-702-298-4600, www.harrahslaughlin.com. Über 1500 Zimmer großes Hotel mit mexikanisch geprägter Ausstattung am Flussufer mit eigenem Badestrand, Spa, Einkaufsgelegenheiten und Unterhaltungsprogrammen. DZ So–Do ab 35 $, Fr–Sa 90 $.

Am Colorado-Ufer – **Colorado Belle Hotel & Casino:** 2100 S. Casino Dr., Tel. 1-702-298-4000, www.coloradobelle.com. Das traditionell ausgestattete Casino liegt wie ein Mississippidampfer am Flussufer und gibt vom Arizona-Ufer aus ein dekoratives Bild ab. DZ unter der Woche ab 28 $, am Wochenende bis 72 $.

Essen & Trinken

Für Fleischliebhaber – **Hickory Pit Steakhouse:** im Edgewater Hotel & Casino, 2020 S. Casino Dr., Tel. 1-702-298-2453, tgl. ab 17 Uhr. Außer exzellenten Steaks werden Gerichte wie Seafoodpasta, Hummerschwänze, Kalb und BBQs serviert. Vor 18 Uhr wird Gästen eine Art Happy-Hour-Tarif gewährt. Hauptgerichte nach 18 Uhr ab 19 $.

Leckere Barbecues – **Loading Dock Bar & Grille:** Im Colorado Belle Casino, 2100 S. Casino Dr., Tel. 702-298-4000, Fr–Di 16–21 Uhr. Gutes Restaurant, dessen Angebot Sa und So (7–14 Uhr) einen Brunch (15 bzw. 20 $) und So bis Fr (16 bzw. 25 $) ein Buffet einschließt.

Bullhead City 4

Bullhead City ist das, was Laughlin nicht ist: eine richtige Stadt mit knapp 40 000 Einwohnern. Obwohl sie an Sehenswürdigkeiten nichts Besonderes zu bieten hat, taucht ihr Name fast jeden Tag in den Medien auf. Sie ist im Sinne des Wortes heißester Anwärter auf einen vorderen Platz in den von überregionalen Zeitungen veröffentlichten nationalen Klimatabellen. Im August 1983 machte sie ihrem Ruf, die heißeste Stadt der USA zu sein, mit einer im Schatten gemessenen Rekordtemperatur von 55 °C alle Ehre. Bullhead City ist ein typisches Versorgungszentrum für das nordwestliche Arizona mit den größten Einkaufszentren der Region. Außerdem eignet es sich als Etappenziel, wenn Laughlin etwa an Feiertagen oder Wochenenden ausgebucht ist.

Oatman ▶ L 13

Karte: S. 338

Von Kingman bis nach Topock am Colorado River verläuft im wüstenhaften Bergland von Arizona die historische Route 66, an der mit **Oatman** 5 ein ehemaliger Bergbauort und ein mittlerweile sehenswertes Wildwestnest liegt. Ehe der letzte Stollen in den umliegenden Ute Mountains 1942 geschlossen wurde, hatten Prospektoren in jahrzehntelanger Knochenarbeit rund 2 Mio. Unzen Gold aus den umliegenden Bergen gegraben. Anfang der 1940er-Jahre noch 12 000 Einwohner groß, erlebte die Stadt einen rapiden, unerwarteten Niedergang, als der Kongress angesichts der Kriegslage die Förderung von nichtstrategischen Bodenschätzen untersagte.

Und heute? Geisterstadt? Touristenfalle? Nostalgiewinkel mit Bergbauvergangenheit? Oatman mit seinen windschiefen Fassaden

im Westernstil hat mittlerweile von allem etwas. Souvenirläden und T-Shirt-Stände sind ein untrüglicher Beweis dafür, dass der Ort sein wirtschaftliches Heil im Fremdenverkehr sucht. Wilde Esel streunen durch das Dorf und betteln bei Touristen um einen Kanten Brot oder Süßigkeiten. Sobald am späteren Nachmittag die Gäste verschwunden sind, kehrt auf der Hauptstraße die Stille einer *ghost town* ein und niemand würde vermuten, dass der abgelegene Flecken ein einziges Mal in seiner Geschichte eine richtige Schlagzeile produzierte. Nachdem sie 1939 in Kingman geheiratet hatten, verbrachten der »Vom Winde verweht«-Hauptdarsteller Clark Gable und Carole Lombard am 19. März 1939 im **Oatman Hotel** in der Honeymoon Suite die Hochzeitsnacht. Clark Gable kehrte in den Jahren danach öfters in die Einsamkeit des Mojave County zurück, um in Oatman mit Goldschürfern und anderen harten Jungs den Pokertisch zu teilen. 1961 drehte John Ford vor Ort den 160 Minuten langen Spielfilm »Das war der Wilde Westen« mit einem erlesenen Staraufgebot, darunter James Stewart, Gregory Peck, Karl Malden, Henry Fonda, Spencer Tracy, Eli Wallach, John Wayne, Richard Widmark und Debbie Reynolds.

Die Flitterwochensuite im Obergeschoss des Oatman Hotel wurde seit Clark Gables Zeiten zwar einige Male in neue Farbe getaucht. Aber die romantische Bleibe im nostalgisch-romantischen Großmutterstil ist ebenso wie die übrigen Zimmer auf dem mit Clark-Gable-Fotos dekorierten Flur ein hübsches Beispiel für den damals üblichen Hotelstandard (181 N. Main St., Tel. 1-928-768-4408, Besichtigung gratis).

Wie man Besucher zu Stippvisiten in die alte Goldgräbersiedlung animiert, haben die Einwohner von Oatman längst gelernt und veranstalten das Jahr über eine Reihe publikumswirksamer Feste, über deren tieferen Sinn nachzudenken nicht lohnt. Der Reigen beginnt am zweiten Sonntag im Januar mit einem ziemlich ausgefallenen Event. Aus jeweils fünf Teilnehmern bestehende Teams rasen bei einem Wettrennen die abschüssige Hauptstraße des Ortes hinunter – und zwar in festlich dekorierten Betten. In der Hauptsaison feiert der Ort seine bleihaltige Wildwestvergangenheit, wenn die Oatman Ghost Rider Gunfighters täglich bei öffentlichen Shootouts in Aktion treten. Und am 4. Juli geht es anlässlich des amerikanischen Unabhängigkeitstages beim traditionellen Side-walk Egg Fry darum, wer am Straßenrand mit erlaubten Hilfsmitteln nur mit Sonnenhitze das beste Spiegelei brät.

Die legendäre Route 66 bei Oatman scheint direkt in den Wilden Westen zu führen

Fort Mohave Indian Reservation ▶ L 13

Karte: S. 338
Zwischen dem Davis-Damm und der Ortschaft Needles fließt der Colorado River auf 17 Meilen durch die **Fort Mohave Indian Reservation** **6**, deren Territorium größtenteils in Arizona liegt, aber auch nach Nevada und Kalifornien reicht. Jahrelang verfochten die 1100 dort lebenden Indianer vor Gericht ihr Recht auf den Einstieg ins Glücksspiel und konnten sich in den 1990er-Jahren damit schließlich durchsetzen. Mit dem 455 Zimmer großen **Avi Resort & Casino** unterhalten sie heute eine mitten in der Flusslandschaft liegende Urlaubsoase mit einem Badestrand an einer Lagune, einem Platz für Wohnmobile und dem malerischen Mojave Resort Golf Club mit vom Wind geriffelten Sanddünen auf dem Grün.

Galten die Mohave-Indianer früher als einer der ärmsten Stämme des Westens, so erschlossen sie sich mit dem Einstieg in Glücksspiel und Hotellerie neue Verdienstquellen, aus denen Arbeitsplätze schaffende Infrastrukturmaßnahmen finanziert werden. Teile der Reservation wurden an weiße und aus Mexiko stammende Farmer verpachtet, die auf dem indianischen Grund und Boden Baumwolle, Mais und Soja anbauen (10000 Aha Macav Pkwy, Tel. 1-702-535-5555, www.avicasino.com).

Needles ▶ L 13

Karte: S. 338
Im Süden von **Needles** **7** ragen einige Bergzacken in den Himmel, die dem am kalifornischen Colorado-Ufer liegenden 5000-Seelen-Ort seinen Namen verliehen. Der Ort entstand im 19. Jh. als Bahnstation, und noch heute verdankt er seine Existenz der Lage an der Amtrak-Bahnlinie zwischen Chicago und Los Angeles. Außerdem kreuzen sich dort mit der Interstate 40 bzw. der historischen Route 66 und dem Highway 95 zwischen der kanadischen und der mexikanischen Grenze zwei wichtige Fernverbindungen. Ähnlich wie Bullhead City macht im Hochsommer auch Needles hin und wieder mit Spitzentemperaturen von sich reden. Aber nicht nur klimatisch ist der Ort eine Ausnahmeerscheinung. Wer dort ohne Sprit strandet, wird sich an einer der zahlreichen Tankstellen verwundert die Au-

gen reiben. Kaum irgendwo in der gesamten Region sind die Benzinpreise so extrem hoch. Man tankt viel günstiger in Arizona.

Havasu National Wildlife Refuge ►L 13

Karte: S. 338
www.fws.gov/refuge/Havasu
Wer den Colorado River abseits von Menschenmassen kennenlernen will, findet im **Havasu National Wildlife Refuge** 8 auf einem 30 Meilen langen Flussabschnitt zwischen Needles und Lake Havasu City ein ideales Revier. Sowohl zu Wasser wie an Land, wo man ausschließlich zu Fuß unterwegs sein darf, stößt man in eine Wildnis vor, in der es nicht einmal ausgewiesene Wanderpfade gibt und in der Tiere wie Reptilien, Füchse, Kojoten, Waschbären, Hasen, Wildschweine und Esel noch größtenteils unter sich sind. Für Ausflüge auf dem Wasser kann man sich geführten Touren anschließen oder für ›Expeditionen‹ auf eigene Faust Kanus bzw. Kajaks mieten (Jerkwater Canoe & Kayak Co., P. O. Box 800, Topock, AZ 86436, 13003 Powell Lake Rd., Tel. 1-928-768-7753 oder 1-800-421-7803, www.jerkwatercanoe.com).

Lake Havasu ►L 13/14

Karte: S. 338

Lake Havasu City 9

Hätte vor Jahrzehnten nicht ein Industrieller der Ortschaft mit einer raffinierten Werbeshow einen festen Platz auf der Landkarte eingeräumt, wäre **Lake Havasu City** wahrscheinlich heute noch ein vor Hitze glühender, anonymer Wüstenflecken. Als in London eine zum Abbruch vorgesehene Themse-Brücke zum Verkauf angeboten wurde, erwarb der Kettensägenhersteller Robert McCulloch das Bauwerk, ließ es Stein für Stein nummeriert nach Übersee schicken und in der Nähe seines Testgeländes wieder aufbauen. Mit der ›London Bridge‹ hoffte er, das Urlauberinteresse auf den zwischen Davis-Damm und Parker-Damm aufgestauten Lake Havasu zu lenken, nachdem er 1963 auf die Idee gekommen war, im Niemandsland neben seinem Firmengelände eine Ferienkolonie zu gründen. Nach zweijähriger Bauzeit konnte das aus der Alten Welt importierte Stückchen England 1971 eingeweiht werden und schlägt heute einen Bogen vom Festland auf eine im Lake Havasu liegende Insel mit Badestränden, Hotels und Campingplätzen im Lake Havasu State Park.

Seit den Gründerzeiten entwickelte sich Lake Havasu City zu einer respektablen Stadt mit 56 000 Einwohnern. Die London Bridge sollte nicht die einzige PR-Aktion bleiben, die Lake Havasu City bei der Selbstvermarktung

Bei Wassersportlern sehr beliebt: der Colorado River südlich des Parker-Stausees

half. Die der Stadt vorgelagerte Insel entstand von Menschenhand durch den ca. eine Meile langen, künstlich angelegten Bridgewater Channel, der die frühere Halbinsel vom Festland trennte. Heute sind der Kanal und der umliegende Stadtteil mit einer Bootsmarina, Hotels, Restaurants und Geschäften das populärste Partyrevier am Unterlauf des Colorado. An Wochenenden treffen sich dort Bootsbesitzer aus dem ganzen Land, die mit gut gefüllten Kühlboxen an Bord auf dem Wasserweg ›cruisen‹ und zusammen mit Hunderten Gleichgesinnter ihre Freizeit auf dem Wasser oder an Land um in Duftwolken von gebratenen Steaks und Würstchen gehüllte Grillstellen verbringen. Wettbewerbe für Segel- und Moorboote locken vor allem im Januar, März und Dezember Besucher in das Wassersportparadies. Hierzu reisen Wassersportverrückte aus sämtlichen Teilen der USA in die Stadt am Colorado River.

Infos

Lake Havasu City Convention and Visitors Bureau: 314 London Bridge Rd., Lake Havasu City, AZ 86403, Tel. 1-928-453-3444 oder 1-800-242-8278, www.golakehavasu.com.

Übernachten

Angenehme Unterkunft – **Hampton Inn:** 245 London Bridge Rd., Tel. 1-928-855-4071, http://hamptoninn3.hilton.com. Großes Hotel mit Pool, alle Räume mit Kühlschrank, Mikrowelle, Kaffeemaschine und Bügeleisen. DZ ab 120 $, Frühstück inkl.

Direkt am Wasser – **Heat Hotel:** 1420 McCulloch Blvd. N., Tel. 1-928-854-2833, http://heathotel.com. Partyhotel neben der London Bridge mit moderner Ausstattung. DZ ab ca. 100 $.

Essen & Trinken

Rundum gut – **Krystal's Steakhouse:** 460 El Camino Way, Tel. 928-453-2999, tgl. 16–22 Uhr. Steaks, Rippchen-Hähnchen-Kombination (19,95 $), Seafood und Geflügelgerichte wie gebratene Hähnchenleber mit Zwiebeln und Knoblauch (12,95 $).

Gute Gerichte, kaltes Bier – **Mudshark Brewing Company:** 210 Swanson Ave., Tel. 1-928-453-2981, www.mudsharkbeer.com, So–Do 11–22, Fr–Sa bis 23 Uhr. In der lebhaften Brauerei mit Biergarten serviert man typisch amerikanische Kost wie Burger, Pasta, Pizza, Steak und Sandwiches. Ab 10 $.

Mexikanische Klassiker – **Javelina Cantina:** 1420 McCulloch Blvd., Tel. 1-928-855-8226, www.javelinacantina.com, tgl. 11–21 Uhr. Scharfe mexikanische Tacos, Rellenos, Burritos, Tortillas und kühle Margaritas an der London Bridge. Ab 8 $.

Parker Dam 10

Fünf bis sechs Mio. Jahre lang folgte der Colorado seinem Weg von den schneebedeckten Höhen der Rocky Mountains bis zum Golf von Kalifornien in Mexiko, ehe der Mensch damit anfing, ihn mit Dammbauten zu regulieren. Diese künstlichen Hürden verfolgen den Zweck, Elektrizität zu erzeugen und Wasser für künstliche Bewässerung und die Trinkwasserversorgung der schnell wachsenden Städte parat zu halten. Denn ohne die Versorgung durch den Colorado River wäre das Leben im Südwesten in seiner heutigen Form gar nicht möglich. Über die Verteilung kam es in der Vergangenheit zu teils schweren Auseinandersetzungen. 1934 ließ der Gouverneur von Arizona an der Grenze zu Kalifornien sogar die Nationalgarde aufmarschieren.

Zu den wichtigsten Talsperren am unteren Colorado zählt der über 60 Jahre alte **Parker Dam.** Von ihm zweigen zwei Wasserleitungen ab, von denen eine Los Angeles und das südliche Kalifornien mit Trinkwasser versorgt, über die andere das Leben spendende Nass in den Großraum Phoenix in Arizona gepumpt wird. Neben Lake Havasu City gehört der Abschnitt zwischen Parker-Damm und Parker zu den quirligsten Partymeilen am Fluss – und landschaftlich zu den reizvollsten, weil dunkle, vegetationslose Wüstenberge bis unmittelbar an den Colorado reichen. Sowohl am kalifornischen wie am Arizona-Ufer folgt ein River Drive dem sogenannten Parker Strip mit Resorts, Kneipen, Golfanlagen, Campingplätzen und Wassersportzentren (http://parkerareatourism.com).

Parker 11

Die gut 3000 Einwohner große Ortschaft **Parker** hat sich mit Haut und Haaren dem Tourismus verschrieben. Zwar kultivieren im Umland Farmer Weizen, Gerste, Melonen, Salat, Baumwolle und Alfalfaklee. Am lukrativsten hat sich für die Gemeinde aber der Fremdenverkehr herausgestellt, weil die Gegend das ganze Jahr vom Klima verwöhnt wird und der Colorado River von März bis November zu den bevorzugten Wassersportzielen im Südwesten gehört. Im Mittelpunkt steht dabei der traumhaft gelegene **Buckskin Mountain State Park** 11 Meilen nördlich von Parker am Arizona-Ufer: In der grünen Oase ist neben Camping jede Art von Wassersport angesagt. Mehrere Wanderwege führen am Fluss entlang bzw. in die Berge (www.stateparks.com/buckskin_mountain.html).

Infos

Parker Area Chamber of Commerce: 1217 California Ave., Parker, AZ 85344, Tel. 1-928-669-2174, www.parkeraz.org.

Übernachten

Im Indianergebiet – **Blue Water Resort & Casino:** 11300 Resort Dr., Tel. 1-888-243-3360, www.bluewaterfun.com. Indianisches Hotelcasino mit einigen Restaurants und Cafés, Marina, und komfortablen Gästezimmern bzw. Suiten mit Balkon oder Patio. DZ ab ca. 90 $.

Das Land der Hopi und Navajo

Mit ca. 50 000 km² etwas größer als die Schweiz, erstreckt sich die Navajo-Reservation mit den Hopi Mesas vom nordöstlichen Arizona in die Nachbarstaaten Utah und New Mexico. Grandiose Landschaften wie der Canyon de Chelly, historische Stätten und nicht zuletzt 220 000 Native Americans mit ihrer jahrhundertealten Indianerkultur machen das gewaltige Territorium zu einer touristischen Ausnahmeerscheinung im Südwesten der USA.

Flagstaff ▶ O 12

Karte: S. 346

Sehr gerne lässt sich **Flagstaff** **1** inoffizielle Hauptstadt des nördlichen Arizona nennen, weil es mit 69 000 Einwohner größter Ballungsraum der Region und Sitz der Landkreisverwaltung ist. Ein weiteres entscheidendes Merkmal kommt noch hinzu: Am Fuß der San Francisco Mountains auf 2140 m gelegen, belegt die Stadt einen der vorderen Plätze unter den höchsten Städten Amerikas. Klimatisch kommt das in vier unterscheidbaren Jahreszeiten u. a. mit relativ gemäßigten Sommertemperaturen und schneereichen Wintermonaten zum Ausdruck. An den Flanken des Humphreys Peak, mit 3854 m die höchste Erhebung in Arizona, findet in der kalten Jahreszeit ein bunter Schneezirkus statt.

Seit auf der legendären Route 66, in Arizona über weite Strecken identisch mit der Interstate 40, Kolonnen Arbeit suchender Menschen aus dem Südosten der USA Richtung Kalifornien zogen, hat sich Flagstaff zu einer Verkehrsdrehscheibe und mit dem Grand Canyon und der Navajo-Reservation in der Umgebung zu einem touristischen Etappenziel gewandelt. Downtown liegt um die Heritage Plaza, wo Bänke zum Ausruhen nicht auf Beinen, sondern als Reminiszenz an den 1881 erfolgten Anschluss an die Eisenbahn auf Waggonrädern stehen. Dieser optischen Erinnerung hätte es nicht bedurft, weil sich die heutigen Züge bei der Fahrt mitten durch die Stadt mit einem Höllenlärm bemerkbar machen. Architektonisches Wahrzeichen im Zentrum ist das dreistöckige Hotel Weatherford vom Ende des 19. Jh. mit einem hübschen umlaufenden Balkon. Auf Plätzen und Straßen prägen meist junge Leute das Ortsbild, und auch die Kneipenszene lässt auf die Präsenz der Studenten der Northern Arizona University schließen. Um den historischen Kern hat sich ein Gürtel aus Motels, Restaurants, Tankstellen und Supermärkten gelegt, womit die Stadt ihrer modernen Rolle als Verkehrsknotenpunkt gerecht wird.

Museum of Northern Arizona

3101 N. Fort Valley Rd., Rte 4, Tel. 1-928-774-5213, http://musnaz.org, Mo–Sa 10–17, So 12–17 Uhr, Erw. 12 $, Kin. 10–17 J. 8 $

Um zwei der Hauptsehenswürdigkeiten zu besuchen, muss man an den Stadtrand von Flagstaff fahren. Das ca. 3 Meilen nördlich von Downtown gelegene **Museum of Northern Arizona** führt seine Besucher mit Ausstellungen über Geologie, Biologie, Archäologie, Ethnologie und Kunst durch die wechselvolle Geschichte des Colorado-Plateaus, in der Saurier ebenso eine Rolle spielten wie feuerspeiende Vulkane und prähistorische Menschen.

Lowell Observatory

1400 W. Mars Hill Rd., Tel. 1-928-774-3358, www.lowell.edu, fachkundige Führungen durch professionelles Personal inkl. Multimediashows

Der gewaltige Sunset Crater geht auf einen Vulkanausbruch im 11. Jh. zurück

Mo–Sa 10–22, So 10–17 Uhr, Erw. 15 $, Kin. 5–17 J. 8 $

Westlich des Stadtzentrums errichtete Dr. Percival Lowell auf dem Mars Hill 1894 ein Observatorium zur Beobachtung des Sonnensystems. Durch das Teleskop machte er in der klaren Luft während seiner nächtlichen Sitzungen ›Kanäle‹ auf dem Mars aus, von denen er irrtümlich auf die Existenz von Leben auf dem Roten Planeten schloss. Verifiziert wurde im **Lowell Observatory** 1930 die Hypothese, die von der Existenz eines bislang verborgenen Planeten im Sonnensystem ausging: Pluto war entdeckt. In jüngerer Vergangenheit spielte das Observatorium beim Voyagerprojekt der NASA eine Rolle.

Infos

Flagstaff Visitor Center: 1 E. Route 66, Flagstaff, AZ 86001, Tel. 1-928-213-2951, 1-800-379-0065, www.flagstaffarizona.org.

Flagstaff Chamber of Commerce: 101 W. Route 66, Flagstaff, AZ 86001-5598, Tel. 928-774-4505, www.flagstaffchamber.com.

Übernachten

Für Romantiker – **Starlight Pines B & B:** 3380 E. Lockett Rd., Tel. 1-928-527-1912, http://starlightpinesbb.com. Am Stadtrand gelegenes viktorianisches Anwesen mit vier individuell eingerichteten Gästezimmern samt TV, Internetanschluss und freistehenden Badewannen auf Löwenfüßen. DZ ab 169 $.

Sehr komfortabel – **Comfi Cottages:** 3365 N. Antler Crossing, Tel. 1-928-774-0731, www.comficottages.com. In einem Wohnviertel gelegene hübsche Häuschen nicht weit von Downtown entfernt mit bester Ausstattung vom TV bis zum Grill im Freien und vom Fahrrad bis zum Kühlschrank. Ab 150 $.

Historisches Ambiente – **Hotel Weatherford:** 23 N. Leroux St., Tel. 1-928-779-1919, www.weatherfordhotel.com. Seit der berühmte Landschaftsmaler Thomas Moran hier abzusteigen pflegte, hat das Traditionshaus viel von seiner Reputation eingebüßt. Die Zimmer sind klein, die Badezimmer noch kleiner. Aber das Hotel mit drei Kneipen und dem guten Pub Charly's hat Atmosphäre. DZ ab ca. 105 $.

Essen & Trinken

Exzellentes Café – **Macy's European Coffeehouse:** 14 S. Beaver St., Tel. 1-928-774-2243, http://macyscoffee.net, tgl. Frühstück, Lunch und Dinner bis 18 Uhr. Populäres Café mit Selbstgebackenem und vegetarischen Gerichten. Unter 10 $.

Winzig und exotisch – **Little Thai Kitchen:** 1051 S. Milton Rd., Tel. 928-226-9422, Mo–Sa 11–21 Uhr. Das kleine, in einer Einkaufspassage liegende Lokal mag auf den ersten Blick nicht überzeugen, doch äußerst schmackhafte exotische Gerichte wie Rindfleisch-Limonen-Salat und viele vegetarische Speisen beweisen die hohe Qualität der Küche. 5–12 $.

Aktiv

Freizeit-Mekka – **Arizona Snowbowl:** Hwy 180 und Snowbowl Rd., Tel. 1-928-779-1951, Schneebericht www.onthesnow.com/arizona/arizona-snowbowl/skireport.html. Das Gebiet in den San Francisco Mountains ist ein ganzjähriger Freizeitrenner. Im Winter können Skifahrer unter zahlreichen Pisten und Abfahrten wählen, im Sommer wird die Gegend zur Wanderoase. Der hin und zurück 14 km lange Humphreys Peak Trail führt durch Kiefern- und Espenwälder und auf dem letzten Teilstück oberhalb der Baumgrenze zum höchsten Gipfel Arizonas mit spektakulärer Aussicht.

Verkehr

Bahn: An der Amtrak-Linie Southwest Chief zwischen Chicago und Los Angeles ist Flagstaff eine wichtige Haltestelle für Destinationen im nördlichen Arizona (Bahnhof: 1 E. Route 66, Tel. 928-774-8679, www.amtrak.com).

Sunset Crater ► P 12

Karte: S. 346

Sunset Crater- Wupatki Loop Rd., Tel. 928-526-0502, www.nps.gov/sucr, Mai–Okt. 8–17, sonst 9–17 Uhr, 20 $/Pers. (inkl. Wupatki N.M.)

12 Meilen nördlich von Flagstaff biegt eine Nebenstrecke vom Highway 89 Richtung Osten zum **Sunset Crater** 2 ab. Zwischen Nadelwäldern und Sonnenblumenwiese zeugt eine Landschaft aus schwarzer Lava und Geröllschutt von einem gewaltigen, von Wissenschaftlern auf die Jahre 1064/65 datierten Vulkanausbruch. Die damaligen Eruptionen stießen gigantische Mengen von flüssigem Gestein und Aschepartikeln aus, die schließlich eine Fläche von 2200 km² bedeckten und die dort siedelnden Sinagua-Indianer aus ihren Dörfern vertrieben. In den folgenden zwei Jahrhunderten kam es immer wieder zu kleineren Ausbrüchen, doch sind seit dem 14. Jh. keine Nachweise über Vulkanaktivitäten mehr vorhanden. Vom Besucherzentrum führt ein 1,5 km langer Pfad durch die zerborstene Lavalandschaft.

Wupatki National Monument ► P 12

Karte: S. 346

Am Hwy 89, Tel. 928-679-2365, www.nps.gov/wupa, tgl. 9–17 Uhr, 20 $/Pers. inkl. Sunset Crater

Sobald die nach Norden abbiegende Loop Road das Vulkangebiet am Sunset Crater verlassen hat, öffnet sich das Grasland zu einer weiten, vom Little Colorado durchflossenen Ebene. Im Graugrün der kargen Landschaft entdeckt man hie und da rotbraune Flecken, die sich als Ruinenanlagen zu erkennen geben. Ein halbes Dutzend Pueblo-Überreste der alten Anasazi- und Sinagua-Indianer bilden das 145 km² große **Wupatki National Monument** 3 **,** das erst in den 1980er-Jahren von Archäologen gründlich unter die Lupe genommen wurde. Am Ende dokumentierten die Wissenschaftler Funde wie bis zu 11 000 Jahre alte Speerspitzen und Felszeichnungen aus verschiedenen Epochen. Größte Pueblo-Ruine ist **Wupatki Pueblo,** der ebenso wie etwa **Lomaki Pueblo** isoliert steht und dessen Mauerwerk die handwerklichen Fähigkeiten der alten Baumeister erkennen lässt. Im Besucherzentrum bieten Ranger Führungen zu Ruinenanlagen an, die Besucher auf eigene Faust nicht erreichen können.

Land der Hopi und Navajo

Tuba City ►P 11

Karte: S. 346

Nördlich von Wupatki markiert der 1921 m hohe Gray Mountain den Beginn der riesigen Navajo- und Hopi-Reservation, deren erster größerer Ort **Tuba City** 4 ist. Auf indianischem Boden stehend, wurde er 1875 von Mormonen gegründet, die ihr Baumaterial zum Teil in noch existierenden prähistorischen Ruinenanlagen beschafften. Die 8600 lokalen Einwohner sind fast ausschließlich Indianer. Hinter dem Chapter House findet jeden Freitag ein Flohmarkt statt, auf dem allerlei Tand, aber auch indianisches Kunsthandwerk und Schmuck sowie nach indianischen Rezepten gekochte Gerichte angeboten werden.

Explore Navajo Interactive Museum

Tel. 928-283-5441, www.explorenavajo.com (> Explore/Explore Navajo Interactive Museum), Mo–Fr 8–19, Sa 8–17 Uhr, Erw. 4,50 $
Aufschlussreiche Ausstellungen über das Leben und die Kultur der Navajo findet man im Explore Navajo Interactive Museum.

Infos

Zeit: Im Unterschied zum restlichen Arizona gilt in der Navajo-Reservation die Sommerzeit.

Raststation – **TUUVI Travel Center:** Hwy 160 & SR 264, Tel. 1-928-283-3601, http://experiencehopi.com/tuuvi-travel-center. Reisezentrum mit Tankstelle, Imbiss, Laden und mehreren Souvenirgeschäften.

Übernachten

Zu Gast bei den Hopi – **Moenkopi Legacy Inn:** 1 Legacy Lane, www.experiencehopi.com. Hopi-Hotel mit modern ausgestatteten Zimmern. Konferenzzentrum. DZ ab 135 $.

Die Hopi Mesas ▶Q 11

Karte: S. 346
Östlich von Tuba City breitet sich entlang Highway 264 die Welt der Hopi aus, die zur Gruppe der westlichen Pueblo-Indianer gehören. Wahrscheinlich wählten die Vorfahren der heute dort lebenden ca. 10 000 Native Americans die sogenannten drei **Hopi Mesas** **5** als Lebensraum aus, um sich auf den isolierten Hochflächen besser gegen feindliche Stämme schützen zu können. An zahlreichen Stellen lassen Felsritzzeichnungen jedenfalls darauf schließen, dass dieser Teil Arizonas schon Jahrhunderte vor der Ankunft der ersten Weißen besiedelt war.

Das Hopi-Land macht nicht den Eindruck einer Region, in der Milch und Honig fließen. Im Gegenteil: Man fragt sich bei der Fahrt über die ausgedörrten, fahlgelben Hochebenen, wie die abgeschieden lebenden Menschen dem kargen Boden überhaupt etwas abringen können.

Tipp

DIE NAVAJO NATION LITERARISCH

Dass im deutschsprachigen Raum in jüngerer Vergangenheit die Kenntnis über Geschichte und Lebensweise der Navajos zugenommen hat, ist nicht Karl May, sondern dem Krimischriftsteller Tony Hillerman zuzuschreiben. Seine Geschichten über Massenmörder und Entführungen bzw. die Aufklärungsarbeit der beiden Navajo-Polizisten Jim Chee und Joe Leaphorn spielen an tatsächlich existierenden Orten innerhalb der Reservatsgrenzen. Das Hauptquartier von Joe Leaphorn etwa befindet sich in Tuba City. Was aber von noch größerer Bedeutung ist: Die ca. 20 Hillerman-Bücher (s. auch S. 104) sind gewissermaßen spannende Schnellkurse über Mythen, Riten und Lebensweise der Indianer. Wer den einen oder anderen Roman kennt, wird sich auf einer Reise durch die Navajo Nation an viele Örtlichkeiten erinnern. Wer die Wege und Örtlichkeiten der Hillerman-Krimis nachverfolgen will, ist mit dem Tony Hillerman Portal im Internet gut beraten (http://ehillerman.unm.edu > Maps). Auf mehreren Karten lassen sich die Spuren der Ermittler detailliert nachvollziehen.

Oraibi

Auf den 2500 m hohen Mesas liegt ein Dutzend Dörfer mit einfachen Häusern aus Stein oder Adobe. **Oraibi** auf der Third Mesa gilt als eine der ältesten ständig bewohnten Siedlungen auf dem Boden der USA, die bereits im 11. Jh. existiert haben soll. Besonders idyllisch sieht das Dorf nicht aus. Viele der Steinhäuser machen einen sehr ärmlichen und provisorischen Eindruck und lassen Rückschlüsse auf die Lebensqualität der dort lebenden Menschen zu, von denen viele auf Fürsorgeprogramme angewiesen sind.

Wer sich ein Bild von der Lebensweise der Hopi machen will, schließt sich einer indianischen Führung an (s. unten, Aktiv). Besichtigungen auf eigene Faust sind in den meisten Dörfern tabu. Ein rigider Verhaltenskodex verbietet grundsätzlich das Fotografieren, Filmen und Tonaufnahmen. Selbst Zeichnungen und Notizen sind nicht erlaubt. Die Hopi schotten sich von der weißen Zivilisation ab, mit der sie in der Vergangenheit keine allzu guten Erfahrungen machten. Als Käufer von Kunsthandwerk sind nichtindianische Besucher hingegen höchst willkommen.

Hopi Museum and Cultural Center

Hwy 264, Second Mesa, Tel. 1-928-734-2401, www.hopiculturalcenter.com, tgl. 9–17 Uhr

Touristisches Zentrum der Hopi ist die zweite Mesa, wo bei **Shungopavi** das **Hopi Museum and Cultural Center** den zentralen Anlaufpunkt für Besucher bildet. In den Ausstellungen sieht man typisches Hopi-Kunsthandwerk wie geflochtene Körbe, Töpfer- und Webarbeiten, Kachina-Puppen und Silberschmuck, aber auch Artefakte aus der Geschichte.

Infos

Tribal Government: The Hopi Tribe, P. O. Box 123, Kykotsmovi, AZ 86039, Tel. 928-734-3000, www.hopi-nsn.gov.

Übernachten

Übernachten im Kulturzentrum – **Hopi Cultural Center:** P. O. Box 67, Second Mesa, Arizona 86043, Tel. 1-928-734-2401, www.hopiculturalcenter.com. Das im Adobe-Stil erbaute Zentrum bietet Standardgästezimmer an. DZ März–Okt. So–Do 101 $, Fr–Sa 135 $, Okt.–

Die Powwow-Tracht sollte nicht täuschen – diese Indianer leben im 21. Jh.

März 81 bzw. 85 $. Zu dem Anwesen gehört außerdem ein Restaurant (im Winter 7–20, in der übrigen Zeit 7–21 Uhr geöffnet).

Aktiv

Indianertouren – **Village of Walpi Tour:** Walpi, First Mesa Consolidated Village Office. Einstündige Führungen unter indianischer Leitung, Tel. 1-928-737-2670, www.experiencehopi.com/walpi-village, im Sommer tgl. 8–16.30 Uhr, sonst kürzer, 20 $.

Kulturelle Einblicke – **Hopi Arts Trail:** Moenkopi Legacy Inn (s. Tuba City, Übernachten S. 347), http://hopiartstrail.com. Bei diesem Trail handelt es sich um keinen ausgewiesenen Weg, sondern um ein Programm mit Führung, bei der Besucher die Menschen und ihr Kunsthandwerk kennenlernen können.

Canyon de Chelly

▶ R/S 10/11

Karte: S. 346

Indianerkinder bauen im Bett des seichten Rio de Chelly Sandburgen. Im Schatten mächtiger Baumkronen ziehen zwei Mädchen in knöchellangen Kleidern gefärbte Nüsse auf Schnüre und basteln hübsche Halsketten daraus. Gescheckte Indianerpferde weiden am Fuß der über 300 m hohen Sandsteinklippen, in die der Zeitenwechsel tiefe Schrunden eingravierte. Man könnte vermuten, die moderne Zivilisation sei spurlos an dieser entrückten Naturszenerie vorbeigegangen, wenn es im Frühjahr aus den Cottonwood-Bäumen weiße Wattebäusche schneit und die Blüten der Ölweiden ihren unnachahmlichen Duft verströmen. Es fällt schwer, sich angesichts der Postkartenidylle die blutige und brutale Geschichte des **Canyon de Chelly** 6 zu vergegenwärtigen.

Chelly wird »schee-i« ausgesprochen, weil es sich um eine spanische Verballhornung der Bezeichnung *tsegi* (Navajo: Felsenschlucht) handelt. Der malerische Hauptcanyon teilt sich mit Canyon de Chelly, Black Rock Canyon und Canyon del Muerto in drei Seitenarme. Alle Verzweigungen mitgerechnet, kommt das rote Labyrinth auf eine Länge von 170 km. Die Wasserläufe auf dem Talboden entspringen im nordöstlichen Arizona in den Chuska Mountains, in denen Hillermans literarische Figur Jim Chee zur Welt kam. Jahrmillionen vergingen, ehe der Canyon in den tiefroten Sandstein des Colorado-Plateaus gefräst war. In Offroadfahrzeugen führt die von Indianern veranstaltete Canyontour (s. Aktiv S. 350) Besuchern nicht nur eine atemberaubende Naturszenerie vor Augen, sondern streift auch Felszeichnungen (Petroglyphen), Bilderschriften (Piktografien) und längst verlassene Klippenhäuser.

Zwischen 1250 und 1300 setzte im Canyon de Chelly wie auch in anderen Gegenden des Südwestens der bis heute rätselhafte Exodus der Anasazi ein. Mehr als 400 Jahre vergingen danach, ehe mit den aus dem Norden zuwandernden Navajos eine neue permanente Besiedlung des Canyon de Chelly begann. Die Hopi, von deren Anwesenheit ebenfalls Wandbilder zeugen, hielten sich hier wahrscheinlich nur temporär auf.

Infos

Canyon de Chelly National Monument: P. O. Box 588, Chinle, AZ 86503, Tel. 1-928-674-5500, www.nps.gov/cach.

Übernachten

Komfortables Haus – **Best Western Canyon de Chelly:** 100 Main St., Chinle, AZ 86503, Tel. 928-674-5875, www.canyondechelly.com. Hotel mit 73 Gästezimmern und Innenpool. Die Rezeption kann Jeeptouren und Reitausflüge arrangieren. DZ ab 120 $.

Indianisches Hotel – **Thunderbird Lodge:** am Eingang zum Canyon, Tel. 1-928-674-5842, thunderbirdlodge.com. Alle Zimmer mit Klimaanlage, eigenem Bad und TV. Man kann im hauseigenen Restaurant essen, das in einem 1896 erbauten Trading Post eingerichtet wurde. DZ ab 70 $.

Campen auf Indianisch – **Spider Rock Campground:** 10 Meilen östlich des Visitor Center, Route 7, Tel. 1-928-781-2016, www.spiderrockcampground.com. Man kann auch in traditionellen Navajo-Hogans nächtigen.

Aktiv

AUF DEN SPUREN DER NAVAJO – VON WINDOW ROCK ZUM CANYON DE CHELLY

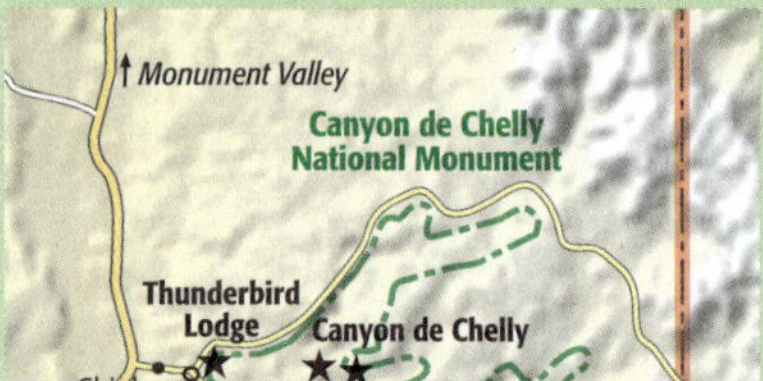

Tour-Infos

Start: Window Rock
Länge: 84 Meilen
Dauer: reine Fahrzeit knapp 2 Std.
Infos: Canyon de Chelly National Monument: P. O. Box 588, Chinle, AZ 86503, Tel. 928-674-5500, www.nps.gov/cach
Übernachten: Thunderbird, Chinle (s. S. 349); Best Western Canyon de Chelly, Chinle (s. S. 349), und Quality Inn, Window Rock (s. S. 352)
Öffnungszeiten: Navajo Museum, Loop Rd., Window Rock, Tel. 1-928-871-7941, www.navajonationmuseum.org, Mo–Fr 8–17, Mi bis 20, Sa 9–17 Uhr, So geschl., Eintritt frei; Hubbell Trading Post, Tel. 928-755-3475, www.nps.gov/hutr, im Sommer tgl. 8–18, sonst bis 17 Uhr, Führungen 5 $

Window Rock 8 (s. auch S. 352) ist die Hauptstadt der 220 000 Einwohner zählenden und 67 000 km² großen Navajo-Reservation, das größte Indianerreservat der USA. Im **Tribal Park** mit dem Felsenfenster in einer roten Sandsteinformation das dem Ort den Namen gab, erinnert ein Denkmal an die legendären Navajo Code Talkers aus dem Zweiten Weltkrieg (s. S. 52). Im **Navajo Nation Museum** sind außer einem authentischen *hogan* (Navajo-Rundhütte) archäologische Fundstücke, historische Dokumente, Kunst und Gebrauchsgegenstände zu sehen.
Nächster Halt ist im **Hubbell Trading Post** 7 bei der Ortschaft **Ganado** (s. S. 351), wo die Handelsstation im Indianerland des 19. Jh. als historische Stätte zu besichtigen ist und gleichzeitig als Souvenirgeschäft dient.
Zwischen Ganado und Chinle verläuft der Highway 191 durch einen Teil der Reservation, der einen lebhaften Eindruck vom kargen Leben der Native Americans gibt. Nur vereinzelt tauchen in der aus grasigen Ebenen und felsigen Bergketten bestehenden Panoramalandschaft kleine Gehöfte oder Wohncontainer auf, die meist weder an die Strom- noch an die Wasser-

versorgung angeschlossen sind. **Chinle** mit 8600 Einwohnern ist neben Tuba City die größte Stadt in der Navajo Reservation und hat sich aus einem einzigen Grund zu einem respektablen Touristenzentrum entwickelt. Am Ortsrand liegt mit dem **Canyon de Chelly National Monument** 6 eine der Hauptsehenswürdigkeiten Arizonas (s. S. 349). Beim Anblick dieser atemberaubenden Naturszenerie mag man kaum glauben, dass dies der Schauplatz einer blutigen und brutalen Deportation war. 1864 beschloss die US-Kavallerie, die letzten 8000 frei lebenden Navajos auf den Langen Marsch in ein Internierungscamp in New Mexico zu schicken. Diese menschenverachtende Deportation, die 1500 Navajos nicht überlebten, ist Thema auf von Indianern geführten Jeeptouren u. a. zum **Navajo Fortress Rock,** auf dem sich im Winter 1864 die Navajos vor Kit Carson und seinen Truppen vergeblich verschanzten. Auch längst verlassene, unter überhängenden Felswänden ›klebende‹ **Klippenhäuser** *(cliff dwellings)* zählen zu den Sehenswürdigkeiten. Die ersten Bewohner waren halbnomadische Anasazi-Indianer, die sich seit dem 1. Jh. dort niederließen. Seit der um 1100 beginnenden klassischen Pueblo-Phase zogen die Anasazi wahrscheinlich aus Sicherheitsgründen in auf Kanten und Absätzen senkrechter Felswände errichtete *cliff dwellings,* die meist nur über Steigpfähle bzw. in den Stein geschlagene Grifflöcher erreichbar waren. **First Ruin, Junction House Ruin, Ledge Ruin, Antelope House Ruin** und **White House Ruin** sind die bekanntesten Klippenhäuser unter den mehreren Hundert halb verfallenen Wohnanlagen. Mehrere private Unternehmen bieten Führungen per Jeep von unterschiedlicher Länge und Zeitdauer an. (Informationen im Visitor Center, 3 Meilen östlich von Hwy 191 an der Route 7).

Am südlichen Canyonrand führt mit der Route 7 eine asphaltierte Autostraße entlang, von der man an mehreren Aussichtspunkten ins Innere des Canyons blickt. Hillerman-Lesern mag eine Szene im Roman »Tod am heiligen Berg« in den Sinn kommen, in welcher der Romanheld Joe Leaphorn, ehemaliger Polizist der Navajo Tribal Police, an der Südkante des Canyons sitzt und über die Schönheit der Landschaft sinniert. Der beste Aussichtspunkt liegt hoch über dem **Spider Rock**, einem 240 m hohen, gespaltenen Felsturm, auf dem der Mythologie der Navajos zufolge die sogenannte Spinnenfrau lebt, die den Menschen einst das Spinnen beibrachte und bei den Indianern aus diesem Grund hohes Ansehen genießt.

Hubbell Trading Post

▶ R 11

Karte: S. 346

An der Kreuzung der Hwys. 191 und 264 bei Ganado, Details s. S. 350, Tel. 928-755-3475, www.nps.gov/hutr, im Sommer tgl. 8–18, sonst bis 17 Uhr, Führungen 5 $

Hätte es im 19. Jh. im Indian Country einen Supermarkt gegeben, wäre ganz zweifellos **Hubbell Trading Post** 7 bei der Ortschaft **Ganado** ein solcher gewesen. Der aus New Mexico stammende John Lorenzo Hubbell gründete die Handelsstation 1876 und lebte in den folgenden Jahrzehnten aufs Engste mit den Navajos zusammen, mit denen er ein freundschaftliches Verhältnis pflegte. Außer als Händler machte er sich als Lehrer, Rechtsberater, Streitschlichter und Kreditgeber verdient. Als 1886 eine Pockenepidemie im Indianergebiet wütete, kümmerte sich Hubbell aufopferungsvoll um die Kranken und richtete in seinem Haus ein Hospital ein. In seinem Trading Post, der heute noch dem historischen Vorbild ähnelt, tauschte er von den Indianern gelieferte Wolle, Teppiche, Decken, Silber, Schmuck und Vieh gegen Lebensmittel etc. Der National Park Service betreibt die pittoreske, aus Sandsteinplatten gemauerte Handelsstation heute als historische Stätte, in der man auch die Wohnräume besichtigen kann. Der Laden dient zwar als Souvenirgeschäft und verkauft Postkarten, Bücher und Katchina-Puppen, ist aber auch dekorativ mit Waren aus der alten Zeit bestückt.

Window Rock ►S 11

Karte: S. 346

Exakt auf der Staatsgrenze zwischen Arizona und New Mexico liegt mit dem gut 3000 Einwohner großen **Window Rock** 8 die Hauptstadt der Navajo-Reservation.

Navajo Nation Council Chamber

Navajo Tourism Department, Tel. 1-928-810-8501, www.navajonationcouncil.org

In der einem überdimensionalen *hogan* (traditionelle 6- oder 8-eckige Navajo-Behausung) nachempfundenen **Navajo Nation Council Chamber** trifft sich der aus 88 Delegierten bestehende gewählte Stammesrat jedes Jahr mehrere Male zu Beratungen. Wenn keine Sitzungen stattfinden, können Besucher das mit Wandmalereien geschmückte Innere des Sandsteingebäudes besichtigen.

Tribal Park und Navajo Nation Museum

Window Rock leitet seinen Namen von einem natürlichen, in einer roten Sandsteinformation klaffenden Felsfenster ab. Es gehört zum **Tribal Park** in der Nähe des Navajo Nation Administration Center. In der mit zahlreichen indianischen Symbolen ausgestatteten Anlage steht auch ein Memorial für die im Vietnamkrieg gefallenen Navajos und ein Denkmal für die legendären Navajo Code Talkers (s. S. 52). Das **Navajo Nation Museum** lohnt ebenfalls einen Besuch (s. Aktiv S. 350).

Übernachten

Einfaches Motel – **Quality Inn:** 48 W. Hwy 264, Tel. 1-928-871-4108, www.choicehotels.com. Das Motel mit 56 Zimmern dient u. a. der Ausbildung von indianischem Gastronomienachwuchs, was nicht zuletzt auch dem Service zugutekommt. DZ ca. 89 $.

Termine

Navajo Nation Fair (2. Septemberhälfte): Auf den Navajo Nation Fairgrounds findet die größte Indianermesse der USA mit Powwows, Tänzen, Musik, Rodeos, Kunsthandwerk und Paraden statt (http://navajopeop le.org/blog/navajo-nation-fair).

Petrified Forest National Park ►R 12

Karte: S. 346

Vor Urzeiten waren große Teile von Arizona von dichten Wäldern bedeckt. Umgestürzte Bäume wurden im Erdreich zum Teil in Sandbänken so luftdicht zugeschüttet, dass die Stämme nicht verrotteten, sondern über Millionen von Jahren durch Einlagerung von Silikaten in den Zellen einem Versteinerungsprozess ausgesetzt waren. Die Verfärbungen ergaben sich dabei durch unterschiedliche Mineralien im umgebenden Gestein. Im **Petrified Forest National Park** 9 sind ganze Stämme, zerbrochene Blöcke und kleinste Teilchen über die Parkfläche verteilt wie auf einem prähistorischen Waldfriedhof. Die nördliche Hälfte des Naturschutzgebiets besteht größtenteils aus den östlichen Ausläufern der Painted Desert mit vielfarbigen Streifenmustern auf den Resten abgetragener Hügel und Berge. Südlich der Interstate 40 dehnt sich ein wahrer Paradiesgarten von versteinertem Holz aus, das von Rangern gehütet wird, als handle es sich um persönliches Hab und Gut. An der 27 Meilen langen Parkstraße liegen zahlreiche Parkplätze, von denen Wege zu Fundstellen von versteinertem Holz abzweigen. Es gibt innerhalb des Parks aber auch Spuren von Menschen, die diese Gegend schon vor 2000 Jahren bewohnten. Ruinenanlagen wie die **Puerco Indian Ruin** und die Felsmalereien am **Newspaper Rock** zeugen davon. Am südlichen Ende des Parks am Highway 180 strahlen im **Rainbow Forest Museum** die ausgestellten Stücke von versteinertem Holz tatsächlich in allen Regenbogenfarben.

Infos

Petrified Forest National Park: 1 Park Rd., P. O. Box 2217, Petrified Forest, AZ 86028, Tel. 1-928-524-6228, www.nps.gov/pefo, im Sommer 7–18 Uhr, sonst kürzer. Keine Übernachtungsmöglichkeit im Park. 20 $/Pkw.

Übernachten

Die etwas andere Unterkunft – **Wigwam Village Motel:** 811 W. Hopi Dr., Holbrook, Tel. 1-928-524-3048, http://sleepinawigwam.com. Unübersehbar steht an der Straße eine Reihe betonierter Indianer-›Zelte‹. Die Unterkünfte sind wie Motelzimmer ausgestattet, von den Betten aus groben Fichtenstämmen abgesehen. Vor jeder Tür steht ein Oldtimer. DZ 62 $.

Winslow ▶Q 12

Karte: S. 346

Die Eisenbahn machte die 10 000 Einwohner zählende Gemeinde **Winslow** 10 zu einem Transportzentrum, schon bevor auf der historischen Route 66 der Menschenstrom Richtung Kalifornien einsetzte. Damals machte die Architektin Mary Coulter ihren Berufstraum wahr und baute 1930 mit dem **Posada Hotel** Amerikas letztes Eisenbahnhotel, das in jüngster Zeit renoviert wieder anspruchsvolle Gäste beherbergt. Auch wer nicht im Posada nächtigt (s. unten), kann sich die gediegene, gemütliche Lobby anschauen oder im Turquoise Room die fabelhafte Küche probieren.

Nicht weit vom Hotel entfernt steht ein anderes Denkmal. In den 1970er-Jahren landeten die Eagles mit »Take it easy« einen Hit, in dem die Textzeile »Well, I was standing on a corner in Winslow, Arizona ...« vorkommt. Die Stadtväter reagierten prompt und ließen in Downtown die Bronzestatue eines Gitarrenspielers aufstellen, die längst zum Wallfahrtsort vieler Eagles-Fans wurde.

Übernachten

Nostalgiehotel – **Posada Hotel:** 303 E. Second St., Tel. 1-928-289-4366, www.laposada.org, DZ ab 119 $.

Termine

Standin' On The Corner Park Festival (Sept.): mit Livebands, Kunst- und Kunstgewerbeständen und kulinarischen Angeboten (http://standinonthecorner.com).

Meteor Crater ▶P 12

Karte: S. 346

I-40, Exit 233, Tel. 928-289-5898, http://meteorcrater.com, Ende Mai–Mitte Sept. 7–19, sonst 8–17 Uhr, Erw. 18 $, Kin. 6–17 J. 9 $

Durch Meteoriteneinschläge verursachte Narben gibt es auf der Erde oft, aber nur wenige sind so gut erhalten wie der **Meteor Crater** 11, dem das trockene Klima Arizonas zugutekam. Wissenschaftler fanden heraus, dass vor ca. 50 000 Jahren ein rund 300 000 Tonnen schwerer Meteorit mit einer Geschwindigkeit von über 60 000 km/h auf der Erdoberfläche aufschlug und einen Krater mit einem Durchmesser von 1,6 km und einer Tiefe von 170 m schuf. Wer gutes Schuhwerk besitzt, kann sich an Führungen am Kraterrand beteiligen. Die Mondlandschaft ist seit Langem Trainingsareal für die NASA. Das Besucherzentrum informiert interaktiv über das Sonnensystem, Meteoriten und Asteroiden. Im Theater läuft 2 x stündlich der packende Film »IMPACT, The Mystery of Meteor Crater«.

Walnut Canyon National Monument ▶P 12

Karte: S. 346

Exit 204 von der Interstate 40, Tel. 1-928-526-3367, www.nps.gov/waca, Mai–Okt. 8–17, sonst 9–17 Uhr, Erw. 10 $, Kin. unter 16 J. frei

Im **Walnut Canyon National Monument** 12 sind über 300 teilweise gut erhaltene Wohnstätten der Sinagua-Indianer in steilen Kalksteinklippen einer Schlucht versteckt. Etwa zwei Dutzend der Ruinen kann man auf dem 1,6 km langen befestigten **Island Trail** besichtigen. Allerdings muss man dafür etwa 60 m tief ab- und wieder aufsteigen. Die Wohnstätten vermitteln einen Eindruck vom fast hundert Jahre währenden Leben der Indianer in diesem Canyon zwischen 1120 und 1250. Im Sommer muss man mit hohen Temperaturen und dem ein oder anderen Gewitter am Nachmittag rechnen.

Sedona
Phoenix
Tucson

Kapitel 5

Zentral- und Südarizona

Endlose Kakteenwälder im Saguaro National Park, geheimnisumwitterte Gebirge wie die Superstition Mountains, um die sich alte Geschichten von legendären Goldfunden ranken, historische Stätten von spanischen Missionsstationen bis zu Wildwestfriedhöfen, auf denen man heute noch den Pulverdampf längst vergangener Zeiten zu riechen glaubt, wüstenhafte Landstriche, in die teils noch kein Mensch den Fuß gesetzt hat, und über allem ein zum Greifen naher Nachthimmel, in dem schon John Steinbeck glaubte, mit den Fingern nach den Sternen tasten zu können: Im zentralen und südlichen Arizona erstreckt sich in einem zauberhaften Ozean aus Stacheln und Dornen eine äußerst facettenreiche Landschaft, die dem Reisenden grandiose Naturerlebnisse bietet.

Alte Zeugnisse längst untergegangener Kulturen wie etwa die Casa Grande Ruins der Hohokam-Indianer existieren in der Nachbarschaft modernster Hightech-Schmieden, die sich in Phoenix in Glas- und Stahlpalästen in den Himmel recken. Zwischen den Wolkenkratzern spielt sich um trendige Restaurants und luxuriöse Hotels ein dynamisches Citylife ab, das keine Vergleiche mit anderen Metropolen des Landes zu scheuen braucht. Dichte Ballungsräume mit vibrierendem Großstadtleben wie das Valley of the Sun oder der Großraum Tucson gehen in fast menschenleere, urwüchsige Naturlandschaften über, in denen Stauseen wie vergossenes Himmelblau aus staubtrockenen Einöden glitzern und heißer Wüstenwind z. B. an der mexikanischen Grenze durch Dattelplantagen und jene Landstriche fegt, die im 19. Jh. noch zu den Jagdgründen der berühmten Indianerhäuptlinge Geronimo und Cochise gehörten. Verbissener als anderswo wehrten sich dort die Indianer gegen die Weißen, die ihre Jagdgründe mit Stacheldraht einzäunten und auf der Suche nach Bodenschätzen Löcher in mythisch verehrte Berge bohrten.

In den Superstition Mountains

Auf einen Blick: Zentral- und Südarizona

Sehenswert

Sedona: Freizeitaktivitäten, stimmungsvolle Hotels, gepflegte Restaurants, eine quirlige Kunstszene und eine atemberaubende Naturkulisse um das Städtchen herum machen die 10 000 Einwohner kleine Ortschaft zu einem verlockenden Ziel (s. S. 371).

Tucson: Die größte Stadt im südlichen Arizona spiegelt in Anbetracht ihrer Geschichte und ihrer Nähe zur mexikanischen Grenze auf charmante Weise ihr hispanisches Kulturerbe wider (s. S. 382).

Saguaro National Park: Das Naturschutzgebiet zeigt sich besonders schön im frühen bzw. späten Licht des Tages. Selbst nach Sonnenuntergang liefert die Gegend mit ihrer faszinierenden Kakteenlandschaft fantastische Naturerlebnisse (s. S. 385, 386).

Schöne Routen

Von Sedona nach Prescott: Eine landschaftlich attraktive Nebenstrecke führt von Sedona über die Beinahe-Geisterstadt Jerome nach Prescott, Arizonas alte Rodeo-Hochburg (s. S. 375).

Von Yuma nach Tucson: Kakteenliebhaber kommen auf diesem Streckenabschnitt in den stachligen Wäldern entlang der mexikanischen Grenze voll auf ihre Kosten (s. S. 379).

Rundreise durch Südostarizona: Unverkennbar mexikanisch ist das Flair entlang der Strecke von Tucson über Nogales, Tombstone, Bisbee und Douglas zurück zum Ausgangspunkt (s. S. 390).

Meine Tipps

Auf Naturrutschen im Oak Creek Canyon: Bei Sedona bietet der Slide Rock State Park mit seinen natürlichen Felsrutschen Freizeitaktivisten ein nicht alltägliches Vergnügen (s. S. 371).

San Xavier del Bac: Die südlich von Tucson liegende historische Mission wirft mit ihrem faszinierenden Ambiente ein Licht auf die Geschichte Arizonas im 18. und 19. Jh. (s. S. 390).

Tombstone: Nirgends in Arizona lebt der Wilde Westen auf so authentische Weise weiter wie in diesem Städtchen. Niemand kommt dort um die Spuren von Wyatt Earp und Doc Holiday herum (s. S. 392).

Aktiv

Mit Pferdestärken über den Indianertrail: Echte Westernatmosphäre schnuppern Autofahrer auf einer Rundtour auf dem Apache Trail – Indianergeschichte übrigens auch (s. S. 368).

Sedonas magische Kraftzentren: Für Esoteriker ist Sedona ein Ort mit magischen Kraftzentren, andere sehen in diesem Teil Arizonas ein Paradies für Naturfreunde und Fotografen (s. S. 372).

Zu Fuß oder per Tram in den Sabino Canyon: Am Stadtrand bietet der Canyon eine reizvolle Chance, die Naturszenerie in den Ausläufern der Catalina Mountains kennenzulernen (s. S. 388).

Höhlenerkundung in den Kartchner Caverns: Besucher der Kartchner Caverns lernen eine fantastische ›Unterwelt‹ aus bizarren Tropfsteinformationen kennen (s. S. 396).

Phoenix und der Südwesten von Arizona

Phoenix ist mit Abstand die größte nicht an der Küste gelegene Stadt im amerikanischen Westen und bildet mit einer Handvoll Nachbarstädten das Valley of the Sun, einen im Sommer in brütender Hitze geradezu glühenden Ballungsraum. Eine Autostunde entfernt zeigt Arizona sein provinzielles Gesicht mit grandiosen Landschaften wie etwa um Sedona und fast menschenleeren Wüstenregionen wie im äußersten Südwesten des Bundesstaates.

Phoenix ▸O 15

Cityplan: S. 361

Im Valley of the Sun, gleichbedeutend mit dem Großraum Phoenix, hat es eine Juxpostkarte zu Kultstatus gebracht. Sie zeigt zwei in der unbarmherzigen Sonne von Zentralarizona schmorende menschliche Skelette in Liegestühlen, wobei das eine Skelett mit seinem Nachbarn die Erkenntnis teilt, es handle sich zumindest um trockene Hitze. Tatsächlich hat das Klima um die Hauptstadt einen legendären Ruf und lässt vermuten, dass der heutige Ballungsraum mit ca. 4 Mio. Einwohnern wahrscheinlich noch ein anonymes Provinzdasein fristen würde, wäre nicht die Klimaanlage erfunden worden. Im Januar, dem kältesten Monat im Jahr, kühlt es gerade einmal auf 17 °C ab, was die Stadt zu einem bevorzugten Winterziel macht.

Um Phoenix selbst gruppieren sich kleinere Orte wie Goodyear, Avondale und Litchfield Park, aber auch Städte wie Mesa, Tempe, Scottsdale, Chandler und Glendale, die alle längst über die 150 000 Einwohner zählen. Die Stadtgrenzen sind fließend. Wer das Valley of the Sun etwa in Ost-West-Richtung durchquert, ist auf einer Distanz von ca. 40 Meilen nur in urbaner Umgebung unterwegs, von zahlreichen grünen Oasen wie Parks und Golfanlagen einmal abgesehen.

Dabei fing Phoenix nach Ende des Bürgerkrieges 1865 bescheiden als Armeeposten Camp McDowell an. Die Soldaten hatten die Aufgabe, das Tal des Salt River vor den häufigen Angriffen der Pinal- und Tonto-Apachen zu schützen. Viehzüchter und Farmer zogen nach, sobald die Gegend als sicher galt. 1870 rückten Landvermesser an und teilten den Standort der künftigen Stadt in Parzellen auf, was heute noch den Straßenplan im Schachbrettmuster bestimmt. Da Holz ein knapper Baustoff war, entstanden mit Adobe-Gebäuden hauptsächlich Häuser nach dem Prinzip der alten Hohokam-Indianer. Phoenix, nach dem Vogel aus der ägyptischen Mythologie benannt, erhob sich nicht aus der Asche, sondern aus den Überbleibseln dieser Indianerkultur, die 400 Jahre zuvor aus unerklärlichen Gründen verschwunden war.

Downtown

Befand sich das ursprüngliche Stadtzentrum um den Schnittpunkt von Central Avenue und Washington Street, so liegt um diese Koordinaten heute noch Downtown Phoenix.

Old State Capitol 1

1700 W. Washington St., Tel. 1-602-926-3620, www.lib.az.us/museum, Mo–Fr 9–16, Winter auch Sa 10–14 Uhr, Eintritt frei

Östlich von Downtown Phoenix ist das **Old State Capitol** an einer 15 Tonnen schweren Kupferkuppel erkennbar, über der sich eine weiße Figur mit Flügeln erhebt, die sich im Wind dreht. Für Bürokraten und Aktenberge längst zu eng geworden, wurde der 1901 errichtete Bau schon vor Jahren in das historische **Arizona Capitol Museum** umfunktioniert. Die recht konventionell aufgebauten Ausstellungen beschäftigen sich mit regionalen Themen wie z. B. mit der Arbeit der Highway-Polizei, Fragen der Landwirtschaft oder dem Kunsthandwerk der Hopi.

Wesley Bolin Memorial Plaza

Vor dem Kapitol erstreckt sich mit der **Wesley Bolin Memorial Plaza** 2 eine Parkanlage, deren Gestaltung in nachdrücklichster Weise patriotisch ausgerichtet ist, gibt es dort doch zwei Dutzend Memorials und Gedenkstätten. Unter den Denkmälern fällt in erster Linie das patinagrüne **Navajo Code Talker Memorial** 3 auf, das an den Einsatz einer Gruppe von Navajo-Indianern im Zweiten Weltkrieg als Nachrichtenspezialisten erinnert. Eine Stätte ist 9/11 geweiht, dem Anschlag auf das World Trade Center in New York City.

Heard Museum 4

2301 N. Central Ave., Tel. 1-602-252-8840, www.heard.org, Mo–Sa 9.30–17, So 11–17 Uhr, Erw. 18 $, Kin. 6–12 J. 7,50 $

Als Flaggschiff der örtlichen Museumsszene gehört das renommierte **Heard Museum** zu den faszinierenden Attraktionen im Stadtzentrum. Seit seiner Gründung 1929 zogen die Ausstellungen über Geschichte, Lebensweise, Kunst und Kultur hauptsächlich der im Südwesten lebenden Indianer Generationen von Besuchern in ihren Bann. Über Jahre hinweg vergrößerte der Komplex seine Ausstellungsflächen um ein Vielfaches, sodass auf den mittlerweile über 10 000 m² auch Wechselausstellungen über andere Ureinwohner wie etwa die Inuit oder Präsentationen mit speziellen Schwerpunkten wie z. B. indianische Fußbekleidungen oder Schmuckdesign aus den Pueblos in New Mexico gezeigt werden können.

Phoenix Art Museum 5

1625 N. Central Ave., Tel. 1-602-257-1880, www.phxart.org, Mi 10–21, Do–Sa 10–17, So 12–17, 1. Fr im Monat 18–22 Uhr, Erw. 18 $, Kin. 6–17 J. 9 $

Mit über 16 000 Kunstwerken aus Nord- und Südamerika, Europa und Asien und Exponaten, die bis ins 14. Jh. zurückführen, gehört das seit 1959 bestehende **Phoenix Art Museum** zu den größten Kunstmuseen im Südwesten der USA. Neben den Werken großer Meister ist die Fashion Design Gallery mit Abendkleidern aus den vergangenen 100 Jahren ein Besuchermagnet. Eine weitere Sonderausstellung zeigt Skulpturen und Gemälde sogenannter Westernkünstler.

Heritage and Science Park

113 N. Sixth St., heritagesquarephx.org

Mitten im großstädtischen Zentrum der Megacity Phoenix existieren Vergangenheit und Moderne in Eintracht nebeneinander – und zwar im **Heritage and Science Park.**

Mit dem **Rosson House** 6 feiert Phoenix die viktorianische Baugeschichte des 19. Jh. Das mit Türmchen geschmückte Anwesen gehörte einem Arzt, der gleichzeitig das Amt des Bürgermeisters bekleidete (113 N. 6th St., Tel. 1-602-262-5070, Führungen Mi–Sa 10–15, So 12–15 Uhr, Erw. 9 $, Kin. 4 $).

Das historische eingeschossige **Stevens House** 7 wurde kurz nach der Wende vom 19. zum 20. Jh. von der Witwe eines lokalen Geschäftsmannes in Auftrag gegeben. Der rote Ziegelbungalow mit Säulenterrasse lässt erkennen, dass um die damalige Zeit die zuvor praktizierte Bauweise aus Adobe-Ziegeln bereits der Vergangenheit angehörte. In Anbetracht der hohen Temperaturen im Valley of the Sun wurde das Dach des Bungalowgebäudes speziell so konstruiert, dass es zwecks Kühlung der Innenräume eine gute Luftzirkulation erlaubte.

Die am meisten besuchte Einrichtung auf dem Parkgelände ist mit dem **Arizona Science Center** 8 eine mittlerweile populäre Attraktion, die mit über 300 interaktiven Einrichtungen vor allem jüngere Besucher anspricht. Im IMAX-Kino auf Großleinwand

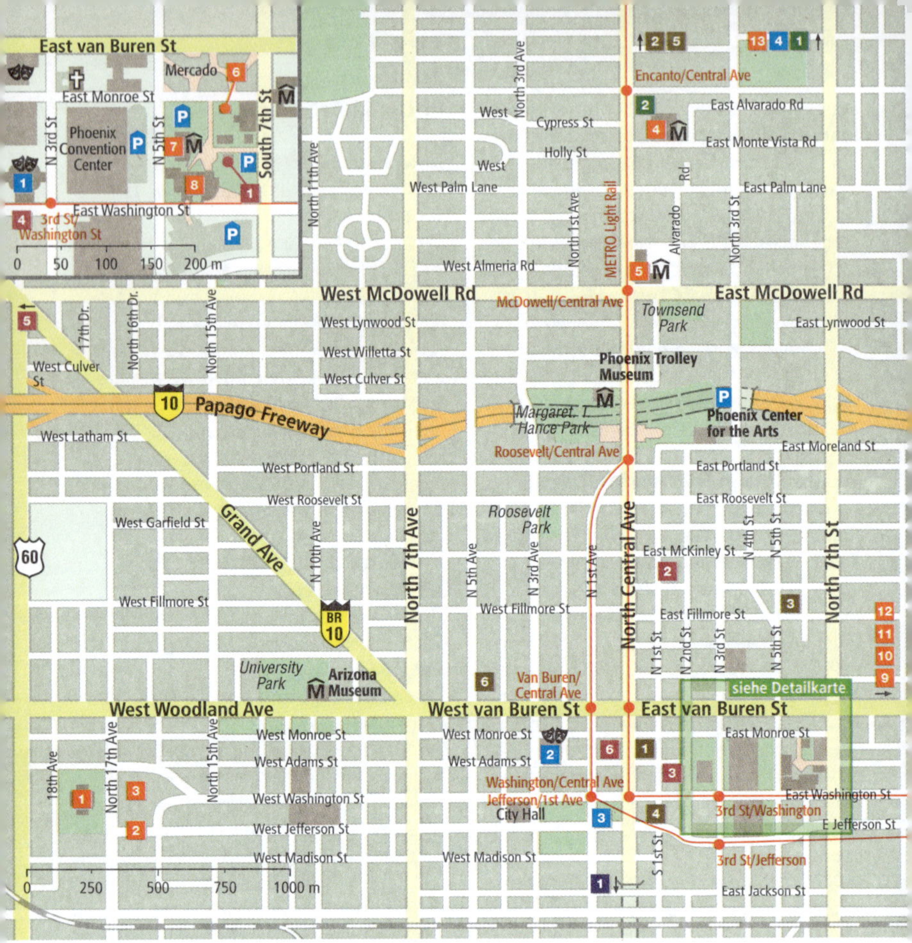

werden Filme beispielsweise über die Galapagos-Inseln gezeigt. Außerdem gibt es in einem Planetarium Weltallshows. Das Atomic Café bietet sich für eine Besichtigungspause an (600 E. Washington St., Tel. 1-602-716-2000, www.azscience.org, tgl. 9–17 Uhr, Museum Erw. 18 $, Kin. 3–17 J. 13 $, IMAX-Kino 9 bzw. 8 $, Planetarium 9 bzw. 8 $).

Sehenswertes außerhalb des Zentrums

Pueblo Grande Museum and Archaeological Park 9

4619 E. Washington St., Tel. 1-602-495-0901, http://pueblogrande.org, Mo–Sa 9–16.45, Okt.–April auch So 13–16.45 Uhr, Erw. 6 $, Kin. 6–17 J. 3 $

Das heutige Salt River Valley war von der Zeitenwende bis zur Mitte des 15. Jh. von Hohokam-Indianern besiedelt. Zwischen 50 000 und 100 000 Menschen sollen dort einmal gelebt haben. Ihrer Kultur und Wirtschaftsweise widmet sich das **Pueblo Grande Museum** auf einem 1500 Jahre alten originalen Siedlungsplatz. Überreste eines alten Bewässerungssystems zeugen von erstaunlichen landwirtschaftlichen Fähigkeiten. Schon vor mehr als 2000 Jahren waren weit verzweigte Wasserkanäle die Voraussetzung für eine intensive Feldwirtschaft; neben den klassischen indianischen Feldfrüchten Boh-

Phoenix

Sehenswert
1 Old State Capitol
2 Wesley Bolin Memorial Plaza
3 Navajo Code Talker Memorial
4 Heard Museum
5 Phoenix Art Museum
6 Rosson House
7 Stevens House
8 Arizona Science Center
9 Pueblo Grande Museum
10 Hall of Flame
11 Desert Botanical Garden
12 Phoenix Zoo
13 Musical Instrument Museum

Übernachten
1 Renaissance Phoenix Downtown
2 Maricopa Manor B & B
3 Holiday Inn Express
4 Palomar Phoenix
5 Fairfield Inn
6 Americas Best Value Inn

Essen & Trinken
1 Pizzeria Bianco
2 Pomo Pizzeria Napoletana
3 Steve's Greenhouse Grill
4 Crazy Jim's
5 Rita's Mexican Food
6 Downtown Deli

Einkaufen
1 Biltmore Fashion Park
2 Heard Museum Shop and Bookstore

Abends & Nachts
1 Symphony Hall
2 Orpheum Theatre
3 Gypsy Bar
4 Char's Has The Blues

Aktiv
1 Ponderosa Stables

---

nen, Mais und Kürbis kultivierten die Indianer auch Baumwolle.

Hall of Flame 10

6101 E. Van Buren St., Tel. 1-602-275-3473, www.hallofflame.org, Mo–Sa 9–17, So 12–16 Uhr, Erw. 7 $, Senioren ab 62 J. 6 $

Von uralten Löschsystemen für Handbetrieb bis zu chromglänzenden Löschzügen der jüngeren Vergangenheit, von Schlauchaufrollsystemen bis zur umfangreichen Sammlung an Feuerwehrhelmen und von Feuerwehruniformen aus unterschiedlichen Zeiten bis zu Lithografien, Gemälden und Plänen zeigt die **Hall of Flame** alles um das Thema Feuerbekämpfung. Dabei geht es bei den Exponaten nicht nur um Gerätschaften aus den USA, sondern auch aus England, Frankreich, Österreich und Japan.

Desert Botanical Garden 11

1201 N. Galvin Pkwy, Tel. 1-480-941-1225, www.dbg.org, Okt.–April 8–20, Mai–Sept. 7–20 Uhr, Erw. 25 $, Kin. 3–17 J. 13 $

Was in den Wüsten Amerikas gedeiht und auch in den Trockenregionen anderer Teile der Welt vorkommt, versammelt sich im **Desert Botanical Garden** im **Papago Park.** Die mehr als 50 000 meist stachligen Schönheiten sind zum Teil im Kakteen- und Sukkulentenhaus der Anlage untergebracht, aber auch im Freigelände zu sehen, durch das sich fünf Pfade winden. Jeder von ihnen widmet sich einem bestimmten Thema wie etwa den Wildblumen der Wüste oder der Frage, wie der Mensch am besten in einem heißen, trockenen Wüstenklima lebt.

Die Anlage ist auch nach Sonnenuntergang ein reizvolles Ziel, weil viele Kakteen abends durch versteckte Lichtstrahler illuminiert werden.

Phoenix Zoo 12

455 N. Galvin Pkwy, Tel. 602-273-1341, www.phoenixzoo.org, tgl. 9–17, Juni–Aug. nur bis 14 Uhr, Erw. 25 $, Kin. 3–13 J. 15 $

In der Nachbarschaft des Wüstengartens setzt sich der **Phoenix Zoo** aus unterschiedlichen Themenbereichen zusammen und präsentiert Säugetiere, Fische, Vögel, Reptilien und wirbellose Tiere in den passenden Lebensräumen. Auf drei Trails können

Die Vegetation macht unmissverständlich klar, wo Phoenix liegt: im Valley of the Sun

sich Besucher der afrikanischen, der tropischen oder der Tierwelt in Arizona widmen. Dass sich der Tierpark auch erfolgreich um die Aufzucht gefährdeter Tierarten bemüht, zeigte 2018 die Geburt der Mhorr-Gazelle Emma. Seit dem Jahr 1971 galt diese seltene Tierart in freier Wildbahn offiziell als ausgestorben.

Musical Instrument Museum 13

4725 E. Mayo Blvd., Tel. 1-480-478-6000, www.mim.org, tgl. 9–17 Uhr, Erw. 20 $, Kin. 13–19 J. 15 $, Kin. 4–12 J. 10 $

Ein Highlight für Musikfreunde ist ein Besuch im **Musical Instrument Museum,** das rund 6000 Instrumente aus nahezu der ganzen Welt zeigt. Über kabellose Bluetooth-

Kopfhörer bekommt man automatisch die jeweiligen Exponate erklärt. Dazu gehören auch die Musikinstrumente von Stars wie John Lennon und Elvis Presley. In der Experience Gallery können Besucher selbst ihr musikalisches Talent beweisen, indem sie im wahrsten Sinne des Wortes auf die Pauke hauen oder Harfen klingen lassen. Da vormittags oft Schülergruppen anwesend sind, ist ein Nachmittagsbesuch anzuraten.

Infos

Downtown Phoenix Visitor Information Center: 125 N. Second St., Suite 120, Phoenix, AZ 85004, Tel. 1-602-254-6500, www.visitphoenix.com.

Übernachten

Über **Arizona Trails B&B,** Tel. 480-837-8665, www.arizonatrails.com findet man auch B-&-B-Adressen außerhalb von Downtown.

Komfortables Geschäftshotel – **Renaissance Phoenix Downtown 1:** 100 N. 1st St., Tel. 1-602-333-0000, www.marriott.com. Das 19 Stockwerke hohe Hotel hat über 500 komfortable Zimmer, Außenpool, Fitness-Studio und Business-Center. DZ 169-299 $.

Top-B & B – **Maricopa Manor 2:** 15 W. Pasadena Ave., Tel. 1-602-264-9200, www.maricopamanor.com. Ruhig gelegene, geschmackvoll ausgestattete Suiten mit viel Platz, Kitchenette und komfortablen Betten sind in separaten Gebäuden auf dem Gartengelände mit Pool untergebracht. DZ 169–239 $.

Praktische Ausstattung – **Holiday Inn Express 3:** 620 N. 6th St., Tel. 1-602-452-2020, www.hiexpress.com. 90 Zimmer großes, neueres Hotel mit Swimmingpool, Whirlpool und Fitnessstudio. Kabel-TV, Kaffeemaschine und Bügeleisen sind Standard. DZ ab 150 $.

Stylishes Boutiquehotel – **Palomar Phoenix 4:** 2 E. Jefferson St., Tel. 1-602-253-6633, www.hotelpalomar-phoenix.com. Schickes Haus der Kimpton-Kette mit modernen Zimmern. Morgenkaffee und Wine Reception (17–18 Uhr) im Preis inbegriffen. Dachpool mit Bar und Pub, Mo–Fr 15–18 Uhr Happy Hour. Ab 148 $.

Gutes Stadthotel – **Fairfield Inn 5:** 2520 N. Central Ave., Tel. 1-602-716-9900, https://bit.ly/2Iwi5Fe. Klimatisierte Zimmer, Restaurant im Haus, Pool im Freien, Fitnesseinrichtungen, Highspeed-Internetzugang im Preis inbegriffen, kostenloser Shuttle vom und zum Flughafen. DZ ab 109 $.

Preis-Leistungs-Verhältnis stimmt – **Americas Best Value Inn 6:** 424 W. Van Buren St., Tel. 1-602-257-8331, www.americasbestvalue

inn.com. Gut gelegenes Motel mit kostenlosem Parkplatz, Zimmern mit Mikrowelle, Kühlschrank, Föhn und Bügelbrett. Preis inkl. kleinem Frühstück, WLAN. DZ ab 75 $.

Essen & Trinken

Guter Italiener – **Pizzeria Bianco** 1 **:** 623 E. Adams St., Tel. 1-602-258-8300, www.pizzeria bianco.com, Mo 11–21, Di–Sa 11–22 Uhr. Um den häufig wartenden Gästen die Zeit zu vertreiben, hat der Besitzer nebenan eine Bier- und Weinbar eröffnet. Die Pizzen haben einen legendären Ruf. Die Speisekarte ändert sich häufig. 13–18 $.

Schmackhaftes aus Italien – **Pomo Pizzeria Napoletana** 2 **:** 705 N. First St., Tel. 1-602-795-2555, www.pomopizzeria.com. Di–So 11–14 und 17–22 Uhr. Lokal für unverfälschte italienische Spezialitäten, zur hervorragenden Pizza Margherita für 12 $ gibt es leider nur Softdrinks. Pizza 12–17 $.

Schnelle Mahlzeit – **Steve's Greenhouse Grill** 3 **:** 139 E. Adams St., Tel. 1-602-252-2742, www.stevesgreenhousegrill.com, Mo–Mi 6.30–22, Do–Sa 6.30–23, So 6.30–21 Uhr. Auf der Speisekarte stehen gebratener Lachs, Thunfisch, aber auch Burger aus magerem Straußenfleisch. Do–Sa Abend Livemusik (Rock oder Jazz). Ab 9 $.

Überhaupt nicht verrückt – **Crazy Jim's Restaurant** 4 **:** 305 W. Washington St., Tel. 1-602-254-6550, www.crazyjimsaz.com, Mo–Fr 6.30–14.30 Uhr. Überwiegend griechisch bzw. mediterran angehauchte Gerichte, die aber alle schmackhaft nach Originalrezepten zubereitet sind – von Saganaki Chicken Salad über Top Sirloin Steaks und Feta Omeletts bis zu Gyros Picado Pita. Die Portionen reichen auch für den großen Hunger. Günstige Parkmöglichkeiten sind in der Nachbarschaft gegeben. Ab ca. 8 $.

Mexiko ruft – **Rita's Mexican Food** 5 **:** 1402 N. 35th Ave., Tel. 1-602-278-7376, www.tasaz.com, So–Do 9–21, Fr–Sa 9–22 Uhr. Hier werden authentische Klassiker der mexikanischen Küche ab 15 $ serviert, die Guacamole kann sich der Gast frisch am Tisch zubereiten lassen für 10 $. Die Bar mixt köstliche Margaritas für 7–9 $.

Top-Sandwiches – **Downtown Deli** 6 **:** 130 N. Central Ave., Tel. 1-602-258-3069, www.thedowntowndeliphoenix.com, Mo–Fr 7–15 Uhr. Populärer, seit einem halben Jahrhundert bestehender Familienbetrieb mit großem Angebot an Sandwiches, heißen Würstchen, Salaten, Suppen und vor allem Frühstücksspezialitäten, auch für Gäste, die morgens schon mexikanische Klassiker vertragen. Ab ca. 7 $.

Einkaufen

Schicke Open-Air-Mall – **Biltmore Fashion Park** 1 **:** 2502 E. Camelback Rd., Tel. 1-602-955-8400, www.shopbiltmore.com, Mo–Sa 10–20, So 12–18 Uhr. Escada, Cartier und Sak's Fifth Avenue gehören zu den rund 70 Shops der Open-Air-Mall.

Für Kunstliebhaber – **Heard Museum Shop & Bookstore** 2 **:** 2301 N. Central Ave., Tel. 1-602-252-8840, www.heardmuseumshop.com, Mo–Sa 9.30–17, So 11–17 Uhr. Große Auswahl an authentischer indianischer Kunst. Der Erlös geht direkt an die Künstler.

Abends & Nachts

Die Internetseite www.azcentral.com/thingstodo ist eine wertvolle Quelle für Informationen über kulturelle Veranstaltungen, Events und Museen.

Nicht nur klassische Musik – **Symphony Hall** 1 **:** 75 N. Second St., Tel. 1-602-262-6225, www.phoenixsymphony.org. Das 2400 Zuschauer fassende, 1972 eingeweihte Auditorium ist die Spielstätte der Phoenix Symphony, die unter der Leitung von Tito Muñoz das Jahr hindurch zahlreiche Konzerte (oft mit renommierten Solisten) gibt, die keineswegs nur im Klassikbereich angesiedelt sind (Spielzeit Sept.–Juni).

Für Theaterfreunde – **Orpheum Theatre** 2 **:** 203 W. Adams St., Tel. 1-602-534-5600. Das von 1929 stammende ehemalige Kino und Varietétheater im spanischen Neobarock dient nach einer Komplettrenovierung hauptsächlich als Bühne für Theateraufführungen und Broadwaymusicals.

Nightlife in Downtown – **Gypsy Bar** 3 **:** 50 W. Jefferson St., Tel. 1-602-732-5490, www.gypsybarphoenix.com, So–Do 15–24, Fr, Sa

Modernes Verkehrsmittel in einer modernen Stadt: Phoenix Metro

15–2 Uhr. Spielplatz für junge Erwachsene mit Dance Klub und Bar.

Für Bluesliebhaber – **Char's Has The Blues 4:** 4631 N. 7th Ave., Tel. 1-602-230-0205, www.charshastheblues.com, So–Do 20–1, Fr–Sa 19.30–1 Uhr. Seit Jahren gehört der in einem alten Haus in Downtown eingerichtete Klub zu den besten Blueslokalen der Stadt, in dem Gruppen und Interpreten aus Arizona auftreten. Mo–Mi Eintritt frei.

Aktiv

Sattelabenteuer – **Ponderosa Stables 1:** 10215 S. Central Ave., Tel. 1-602-268-1261, www.arizona-horses.com. Am Fuß des South Mountain Park gelegener Reitstall mit vielen Ausreitmöglichkeiten. Wer sich im Sattel unsicher fühlt, kann zuerst Reitkurse buchen.

Termine

Arizona Strong Beer Festival (Mitte Feb.): Bierliebhaber können im Indian School Park über 100 Sorten Craft-Biere probieren.

Arizona State Fair (Okt.): Messe mit Ausstellungen, Konzerten, Rodeos, Rennen und großem kulinarischen Angebot (https://azstatefair.com).

Verkehr

Flugzeug: Phoenix Sky Harbor International Airport, 3 Meilen östlich von Downtown, Tel. 1-602-273-3300, http://skyharbor.com. Einer der am stärksten frequentierten Airports in den USA. Zwischen den 3 Terminals verkehrt der kostenlose PHX Sky Train. Von den mit »City Bus Stop«-Schildern markierten Haltestellen fahren öffentliche Busse in die Stadt. Mit dem Super Shuttle (Tel. 1-602-244-9000) kostet die Fahrt nach Downtown ca. 15 $. Taxis: AAA Cab (Tel. 1-480-888-8888), nach Downtown ca. 23 $.

Bahn: Nächste Amtrak Station ist in Maricopa.

Bus: Die kostenlosen Downtown Area Shuttles (DASH) fahren Mo–Fr 6.30–23 Uhr. An der Strecke liegen das State Capitol und der Heritage and Science Park.

Metro Light Rail: Die Straßenbahnlinie führt auf der Central Avenue und der Washington St. mitten durch Downtown und stellt eine Verbindung nach Tempe und Mesa her (www.valleymetro.org, Tagespass 4 $).

Scottsdale ▶ O/P 15

Die Nachbarstadt von Phoenix ist die bekannteste Touristenadresse im Valley of the Sun. In erster Linie liegt das an einer Reihe von Luxusresorts und Superhotels mit Golfplätzen und Sportanlagen am Stadtrand, die zum Exklusivsten gehören, was die Arizona-Hotellerie zu bieten hat. Der eigentliche Kern von Scottsdale zwischen 68th Street und Bronson Avenue, Second Street und Indian School Road überrascht nicht mit einem himmelstürmenden Wolkenkratzerzentrum, sondern mit Straßenzügen voller niedriger Häuser, hin und wieder im Westernstil.

Einkaufszentren

Mo–Sa 10–21, So 12–18 Uhr

Das Einkaufszentrum **The Borgata** im Stil eines italienischen Dorfes mit Springbrunnen und Arkaden wird in den heißen Sommermonaten zur angenehmen Fluchtburg der Einwohner (6166 N. Scottsdale Rd., borgata.com). Schick ist der **Fashion Square** mit 250 Shops (7014 E. Camelback Rd., www.fashionsquare.com). An heißen Nachmittagen herrscht in den klimatisierten Malls Hochbetrieb.

Taliesin West

Cactus Rd. & Frank Lloyd Wright Blvd., Tel. 480-627-5340, franklloydwright.org/taliesin-west, diverse Touren von 1,5–3 Std. können online gebucht werden, 34–75 $

Mitten in der Sonorawüste ließ Architekturpapst Frank Lloyd Wright (1867–1959) seit 1937 in **Taliesin West** aus in Arizona vorhandenen Materialien neben seinem Wohnhaus u. a. eine Schule für Architektur bauen. Die Einrichtungen dienen heute noch als Wohn- und Arbeitsstätten und vermitteln einen faszinierenden Einblick in die Philosophie und Architektur des berühmten Baumeisters.

Infos

Scottsdale Convention & Visitors Bureau: Galleria Corporate Center, 4343 N. Scottsdale Rd., Suite 170, Scottsdale, AZ 85251, Tel. 1-480-421-1004, www.scottsdalecvb.com.

Übernachten

Wunderbares Top-Hotel – **Hyatt Regency Scottsdale at Gainey Ranch:** 7500 E. Doubletree Ranch Rd., Tel. 1-480-444-1234, www.scottsdale.hyatt.com. Luxusresort mit 10 Swimmingpools, großer Gartenanlage zum Relaxen, Spa und diversen Restaurants. DZ 160–450 $, Resort Fee 25 $.

Einfach und ordentlich – **Motel 6:** 6848 E. Camelback Rd., Tel. 1-480-946-2280, www.motel6.com. Einfaches Standardmotel. DZ 66–76 $.

Essen & Trinken

Extrem romantisch – **Café Monarch:** 6939 E. 1st Ave., Tel. 1-480- 970-7682, www.cafemonarch.com, Di–Sa ab 17 Uhr. Die sich häufig ändernden, in der Regel französisch inspirierten Menüs für ab 75 $ werden auch auf der herrlich beleuchteten, gemütlichen Terrasse serviert.

Locker, aber mit Stil – **Citizen Public House:** 7111 E. 5th Ave., Tel. 1-480-398-4208, www.citizenpublichouse.com, tgl. 16–23, Fr–Sa bis 24 Uhr. Beliebter ›Hot Spot‹ mit modernen Küchenkreationen. Unterhaltsam ist die Happy Hour auf der Terrasse (tgl. 15–18 Uhr mit kleinen Speisen für 6 $, Wein 5 $, Bier ca. 3 $). Schwertfisch, Filet Mignon mit Shiitake-Pilzen und neuseeländisches Lammfleisch sind die Klassiker auf der Speisekarte. Hauptgerichte 20–36 $.

Mexikanische Spezialitäten – **Los Sombreros:** 2534 N. Scottsdale Rd., Tel. 1-480-

Geronimos Enkel werden Hoteliers

Im Südwesten zeichnet sich ein neuer Trend ab. Mit Gewinnen aus Spielcasinos steigen Indianer in den bislang von Weißen beherrschten Hotelmarkt ein und bauen noble Resorts, die als Schaufenster indianischer Kultur und Geschichte dienen und nicht zuletzt als eine ausgesprochen profitable Einnahmequelle.

Zu den Indianerresorts gehört das Sheraton Wild Horse Pass Resort in der Gila River Indian Reservation südlich von Phoenix. Zwecks Management schlossen die beiden Stämme der Akimel O'Odham und Pee Posh (die Spanier nannten sie Pima und Maricopa) mit einer international operierenden Hotelgruppe einen Kooperationsvertrag, nach dessen Beendigung die Indianer selbst für den Betrieb verantwortlich sein werden.

Indianische Elemente dominieren allerorts. Authentizität offenbart sich auch als Lieblingsthema von Ginger Sunbird Martin. Die Akimel O'Odham-Indianerin ist als »Cultural Concierge« für den Brückenschlag zwischen indianischer und nichtindianischer Welt zuständig. Und natürlich für das indianische Ambiente ihrer Arbeitsstätte. Wie bei einer traditionellen indianischen Rundbehausung öffnet sich der Hoteleingang nach Osten. In der mit Wasserfall ausgestatteten Lobby stellt ein rundes Kuppelgemälde Szenen aus Leben, Kultur und Vorstellungswelt der Native Americans dar (5594 W. Wild Horse Pass Blvd., Tel. 1-602-225-0100, www.wildhorsepassresort.com).

Nach ähnlichem Muster bauten Native Americans in Arizona und New Mexiko Luxusresorts wie das Hyatt Regency Tamaya im Santa Ana Pueblo in New Mexico. Im umbauten Innenhof empfängt ein Brunnen mit indianischen Skulpturen die Gäste, während die Lobby mit indianischen Malereien und Kunsthandwerk wie ein kleines Museum wirkt (1300 Tuyuna Trail, Tel. 1-505-867-1234, https://tamaya.regency.hyatt.com). In der Reservation der Mescalero-Apachen in New Mexico liegt das Inn of the Mountain Gods. Von der Lobby blicken die Gäste durch eine Glasfassade auf den künstlich aufgestauten Lake Mescalero und den fast 4000 m hohen vergletscherten Sierra Blanca Peak. Ein zwischen den beiden Läufen einer Freitreppe aufgestellter überdimensionaler Medizinkorb, wie ihn Apachen bei Zeremonien verwenden, deutet an, dass es sich um kein übliches Luxusresort handelt. Letzte Zweifel räumen bronzene Skulpturen von Apache Crown Dancers aus, die vor dem Haupteingang um einen Brunnen tanzen (287 Carrizo Canyon Rd., Mescalero, NM 88340, Tel. 1-575-464-7777, www.innofthemountaingods.com).

Auch nichtindianische Luxusherbergen lassen sich von indianischem Design inspirieren. Im Skulpturengarten des Hyatt Regency in Scottsdale stehen neben Feigenkakteen und stachligen Schwiegermuttersitzen bronzene und marmorne Werke des Apachen-Künstlers Craig Dan Goseyun. Ein Hopi-Indianer engagiert sich als »Cultural Interpreter« und demonstriert Gästen im Learning and Environmental Center z. B. die traditionelle Schmuckherstellung (7500 E. Doubletree Ranch Rd., Tel. 1-480-444-1234, https://scottsdale.regency.hyatt.com).

Aktiv

MIT PFERDESTÄRKEN ÜBER DEN INDIANERTRAIL

Tour-Infos

Start: Apache Junction an der Gabelung von E. Old West Hwy mit Hwy 88
Länge: 130 Meilen (208 km)

Dauer: 1 Tag
Wichtige Hinweise: Vorsicht auf der kurvigen Straße zw. Tortilla Flat und Roosevelt Lake.
Karte: oben und ▶ P/Q 15

Eine erlebnisreiche Rundtour führt östlich des Großraumes Phoenix an Westernrelikten, Stauseen und alten Indianerruinen vorbei um die geheimnisvollen Superstition Mountains herum, in denen seit über 100 Jahren das Goldfieber grassiert. Angefangen hat die ›Epidemie‹ mit einem gewissen Jakob Waltz, der in den 1870er-Jahren mit einem Goldfund helle Aufregung auslöste. Wo sich die legendäre Mine des Dutchman, wie Waltz genannt wurde, befand, verriet der Deutsche nie. Er nahm sein Geheimnis 1891 mit ins Grab. Bis heute fesselt die Legende der Lost Dutchman Mine Goldsucher und Schatzjäger gleichermaßen. Dass Geologen im Gestein des wildromantischen Gebirges keine einzige Goldader vermuten, hat der Jagd nach dem sagenumwobenen Schatz keinen Abbruch getan.

In **Apache Junction** 1 zweigt Highway 88 in nordöstlicher Richtung von der Durchgangsstraße 60 ab und markiert den Anfang des Apache Trail. Vermutlich schon vor über 600 Jahren war die Route durch das zerklüftete Bergland von Zentral-Arizona ein häufig benutzter Weg der Salado-Indianer ins Tal des Salt River, um mit den dortigen Hohokam-Indianern Waren auszutauschen. Später attackierten die Apachen über diese Route die Pima- und Papago-Indianer, die an den Ufern des Salt River ihre Felder bewirtschafteten. Nach dem Ende der Indianerkriege um 1890 benutzten weiße Siedler 1905–1911 den zu einer Straße umgebauten Trail für den Materialtransport zum Bau des Roosevelt-Staudamms. Die Schotterstraße machte nicht nur Schlagzeilen wegen ihrer spektakulären Trasse durch schwieriges Terrain, sondern hauptsächlich wegen der damals immensen Kosten in Höhe von 500 000 Dollar. Baumaschinen waren noch unbekannt, sodass die gesamte Strecke von Hand hergestellt wurde, von echten Pferdestärken und Dynamitexplosionen einmal abgesehen. Von 20 Mauleseln gezogene Karren brachten das Material auf geradezu abenteuerliche Weise an den abgelegenen Damm, hinter dem mit dem aufgestauten Salt River ein Trinkwasserdepot für den Großraum Phoenix entstand.
Für einen ersten Stopp empfiehlt sich **Goldfield** 2 fünf Meilen von Apache Junction entfernt. Ende des vergangenen Jahrhunderts für kurze Zeit ein Goldschürfercamp, verwandelten Investoren die ehemalige Geisterstadt in ein Freilichtmuseum für altes Bergbaugerät und rostige Oldtimer und machten aus ihr eine sehenswerte Touristenattraktion mit windschiefer Westernarchitektur, Schmalspurbahn, Saloon und filmreifen Schießereien kostümierter Revolverhelden (4650 N. Mammoth Mine Rd., www.goldfieldghosttown.com, tgl. ab 10 Uhr, Eintritt frei). Am Canyon Lake entlang, auf dem das Dolly Steamboat (https://dollysteamboat.com) kommentierte Ausflüge und Dinnerfahrten anbietet, führt der Trail nach **Tortilla Flat** 3. Der Ort besteht aus einer Handvoll Brettergebäuden mit dem einfachen Superstition Saloon, einem sehenswerten Laden mit Snackbar, an deren Tresen die Gäste auf echten Sätteln Platz nehmen. Fünf Meilen nach Tortilla Flat macht die Asphaltstraße einer staubigen Schotterpiste mit engen Kurven Platz, die zum **Roosevelt Lake** 4 führt. Die 1911 von US-Präsident Theodore Roosevelt eingeweihte 86 m hohe Talsperre ist einer der größten gemauerten Dämme überhaupt. Dahinter breitet sich mit dem Roosevelt Lake der mit 7000 ha größte See am Salt River aus. An den Ufern liegen Campingplätze und eine Marina, wo man Boote ausleihen kann.
Ab dem Damm ist die Straße wieder asphaltiert und erreicht nach 3 Meilen die Abzweigung zum **Tonto National Monument** 5. In den ockerfarbenen Klippen über den von Kakteen bestandenen Bergflanken verstecken sich Überreste von Klippendörfern der Salado-Indianer, die um 900 von Norden in das Tonto Basin einwanderten und dort bis um 1400 lebten. Sowohl die Lower Ruin, eine Wohnanlage mit ca. 19 Räumen in einer natürlichen Höhle und einem angrenzenden Komplex mit 13 Räumen, als auch die noch größere Upper Ruin sind nur auf einem steilen Wanderweg zu erreichen (Besucherzentrum Tel. 1-928-467-2241, www.nps.gov/tont, tgl. 8–17 Uhr, Erw. 5 $, Kin. unter 15 J. gratis).
Das rund 7400 Einwohner große Städtchen **Globe** 6 entstand in den 1870er-Jahren im Zuge eines kurzen Silberbooms. Auch dort hinterließen die alten Salado-Indianer ihre Spuren in Gestalt eines 700 Jahre alten rekonstruierten Pueblos, der heute im Besh-Ba-Gowah Archaeological Park besichtigt werden kann (1324 S Jesse Hayes Rd., www.globeaz.gov/visitors/besh-ba-gowah, tgl. 9–16.30 Uhr, Erw. 5 $, Senioren 4 $, Kinder bis 12 J. frei). Letzter Stopp auf der Rundtour ist der Bergbauort **Superior** 7 mit dem Boyce Thompson Arboretum, in dem Pflanzenliebhaber Spezies aus vielen Wüsten und Trockengebieten der Erde zu sehen bekommen (37615 U.S. Hwy 60, Tel. 1-520-689-2811, https://cals.arizona.edu/bta, im Sommer 6–15, sonst 8–16 Uhr, Erw. 12,50 $, Kin. 5–12 J. 5 $). Von Superior kehrt man auf dem Hwy 60 nach Apache Junction zurück.

994-1799, tgl. 11.30–21, Fr–Sa bis 22 Uhr. Gute Auswahl frischer und original mexikanischer Gerichte. Hervorragend ist das Schweinefleischgericht Puerco en chipotle. Ab 15 $.

Hier wird jeder satt – **Cowboy Ciao:** 7133 E. Stetson Dr., Tel. 1-480-946-3111, www.cowboyciao.com, Lunch tgl. 11.30–14.30, Dinner 17–22, Fr–Sa bis 23 Uhr. Leckere italienische und typische amerikanische Gerichte werden in lockerer Atmosphäre serviert. Die Weinauswahl kann sich sehen lassen. Hauptgerichte ab ca. 25 $.

Einkaufen

Scottsdale ist ein Einkaufsparadies. Zahllose Spezialgeschäfte und Malls verlocken zu ausgedehntem Shoppen.

Frischekick – **Farmers Market:** 3806 N. Brown Ave., Tel. 1-623-848-1234, Sa 8–13 Uhr. Hier kommt alles direkt vom Erzeuger, vom Arizona-Wein bis hin zur Marmelade oder der Bio-Tomate.

Westernmode – **Saba's:** 7254 Main St., Tel. 1-480-949-7404, www.sabas.com, Mo–Sa 10–18, So 11–17 Uhr. Hier gibt es von Boots bis zum Hut alles zum Thema Cowboykleidung.

Mode aus zweiter Hand – **My Sister's Closet:** 6204 N. Scottsdale Rd., Tel. 1-480-443-4575, www.mysisterscloset.com, Mo–Fr 9–19, Sa 9–18, So 10–18 Uhr. Seconhandladen mit Designerlabels.

Abends & Nachts

Rustikal – **Rusty Spur Saloon:** 7245 E. Main St., Tel. 1-480- 425-7787, www.rustyspursaloon.com, tgl. live Country Music 13–23 Uhr. Besonders am Freitagabend geht im Saloon die Post ab, es darf auch getanzt werden.

Casa Grande Ruins

▶ P 16

1100 Ruins Dr., am Hwy 87, ca. 1 Meile nördlich von Coolidge, Tel. 1-520-723-3172, www.nps.gov/cagr, tgl. 9–17 Uhr, 5 $, Kin. bis 15 J. gratis

Im Jahr 1694 entdeckte der Jesuitenmissionar Eusebio Francisco Kino neben einigen anderen Ruinen südöstlich vom heutigen Phoenix ein seltsames Gebäude, dessen Funktion ihm rätselhaft war. Damit hätte er sich noch Jahrhunderte später in guter Gesellschaft von Wissenschaftlern unterschiedlicher Disziplinen befunden, in deren Kreisen bis heute Unklarheit darüber herrscht, welchem Zweck die sogenannte **Casa Grande Ruins** diente.

Zweifellos handelt es sich um ein viergeschossiges, aus der Zeit um 1350 stammendes Gebäude im Pueblostil, das auf Baumeister aus den Reihen der alten Hohokam-Indianer zurückgeht. Dennoch unterscheidet sich die aus einem Gemisch von Sand, Tonerde und Kalk errichtete Ruine nicht nur in ihrer Größe, sondern auch in ihrer Konzeption deutlich von anderen bekannten Hohokam-Bauten. Der quadratische Grundriss ist akkurat nach den Himmelsrichtungen angelegt, was kaum ein Zufall sein kann. Einige runde Öffnungen in den Wänden der Obergeschosse scheinen mit Sonnen- und Sternbewegungen in Beziehung zu stehen, sodass die Forscher davon ausgehen, dass es sich um eine Art Observatorium handelte, mit dessen Hilfe eventuell bestimmte jährlich wiederkehrende Zeitpunkte etwa für die Aussaat, die Ernte bestimmter Feldfrüchte sowie religiöse Feste festgelegt wurden. Um die Anlage vor dem Verfall zu schützen, wurde sie schon in den 1930er-Jahren mit einer Metallkonstruktion überdacht.

Camp Verde ▶ O 13

Auf halber Strecke zwischen Phoenix und Flagstaff geht das 11 000 Einwohner große Städtchen **Camp Verde** auf eine Befestigung zurück, die in den 1860er-Jahren von einer Art Bürgermiliz zum Schutz von Pionieren gegen die Apachen errichtet wurde. Dass die Gegend allerdings schon Jahrhunderte zuvor besiedelt war, beweisen die Ruinen einer fünfgeschossigen Klippenwohnung im Montezuma Castle National Monument.

Tipp

AUF NATURRUTSCHEN IM OAK CREEK CANYON

Eigentlich handelt es sich beim **Slide Rock State Park** sieben Meilen nördlich von Sedona um eine historische Obstfarm aus dem Jahr 1910. Zum Publikumsmagneten wurde der idyllische Flecken im **Oak Creek Canyon** (▶ O 12) aber wegen der außergewöhnlichen Naturrutschen für Wasserratten.

Der Oak Creek hat sich in die roten Sandsteinfelsen ein schmales Bett mit Seitenarmen gegraben, in denen man sich von der kühlen Strömung talwärts schwemmen lassen kann. Flache, rutschige Stromschnellen machen das ›Rock-Sliden‹ zu einem Riesenspaß, der jede künstliche Badelandschaft vergessen lässt. Der Park ist auch landschaftlich so attraktiv, dass Hollywood dort mit Leinwandgrößen wie beispielsweise James Stewart, Charles Bronson sowie John Wayne Filme drehte.

Wer zwischen seinen Wasser-Rutschaktionen Wanderungen unternehmen möchte, begibt sich am besten auf den 400 m langen **Clifftop Nature Trail,** der an der Apple Barn beginnt und zu einem Aussichtspunkt mit Blick auf das Badeparadies führt.

Infos: Slide Rock State Park, 6871 N. Hwy 89A, Tel. 1-928-282-3034, https://azstateparks.com/slide-rock, Mai–Anfang Sept. 8–19 Uhr, sonst kürzer, 20 (10) $/Pkw (bis zu 4 Pers., jede zusätzliche Pers. 3 $).

Montezuma Castle National Monument

Exit 289 von der I-17, Montezuma Castle Hwy, Tel. 928-567-3322, Anschluss 221, www.nps.gov/moca, tgl. 8–17 Uhr, 10 $ – im Besucherzentrum gibt es eine Ausstellung

Der 30 m über dem Beaver Creek in einen senkrechten Felsabbruch gebaute Komplex soll im 12. und 13. Jh. durch Sinagua-Indianer errichtet und mit ca. 20 Räumen ausgestattet worden sein, die z. T. durch Leitern miteinander verbunden waren. Die Ruinen selbst sind zwar nicht zugänglich, aber man kann die Anlage von einem Wanderweg aus gut sehen.

Out of Africa Wildlife Park

3505 W. Hwy 260, Tel. 1-928-567-2840, www.outofafricapark.com, tgl. 9.30–17 Uhr, Erw. 33,95 $, Kin. 3–12 J. 18,95 $

Am Fuß des Mingus Mountain nordwestlich von Camp Verde wurde die Trockenlandschaft von Arizona in ein Stückchen afrikanische Savanne verwandelt. Im **Out of Africa Wildlife Park** leben Pumas, Panther, Bengalische und Sibirische Tiger, Löwen, Zebras, Giraffen, Gnus, Bären und Wölfe einträchtig mit- und nebeneinander. Die 45-minütige Serengeti Safari führt per Unimog mitten durch das Tiergehege, in dem man nach Herzenslust fotografieren und manche Tiere füttern kann.

Sedona ▶ O 13

Jahr für Jahr statten rund 4 Mio. Reisende der nur 10 000 Einwohner zählenden Kleinstadt einen Besuch ab und beweisen damit nicht nur das Marketinggeschick der örtlichen Tourismusstrategen, sondern die geradezu magische Anziehungskraft der Gemeinde und ihrer grandiosen Umgebung. Lernt man die rote Bergwelt um den Ort kennen, wun-

Aktiv

SEDONAS MAGISCHE KRAFTZENTREN

Tour-Infos

Start: Sedona Chamber of Commerce, 331 Forest Rd.
Länge: ca. 63 km
Dauer: halber Tag

Mächtige, mystische Energie sollen sie ausstrahlen, die Energiezentren. In **Sedona** nennt man solche Plätze *vortex,* was eigentlich so viel wie Strudel oder Wirbel bedeutet, im lokalen Jargon aber bestimmte Stellen mit scheinbar ungewöhnlichen, paranormalen Eigenschaften bezeichnet. Einigen dieser Orte muss man keine übersinnlichen Phänomene beimessen, um ihrem magischen Reiz zu erliegen. Landschaftlich gehören sie zum attraktivsten, was Sedona zu bieten hat.

Vom örtlichen **Informationszentrum** fährt man über den Highway 89 Richtung Flughafen, vor dem man nach einem Straßenanstieg den Parkplatz der **Airport Mesa** mit berückendem Blick über ganz Sedona und die Umgebung erreicht. Hauptsächlich bei Sonnenuntergang treffen sich dort New-Age-Jünger, um das prächtige Farbenspiel über der Stadt zu genießen und den Tag mit Meditationen zu verabschieden.

Im Nordwesten der Stadt verehrten schon die alten Yavapai-Indianer den roten **Boynton Canyon** als heiligen Platz, weil sie sich durch die beiden Felsformationen Kachina Man und Kachina Woman an ihre eigenen religiösen Symbole erinnert fühlten. Ab dem Parkplatz in der Nähe des **Enchantment Resort** führen die hin und zurück ca. 1,5 km langen Fußwege **Boynton Canyon Trail** und **Vista Trail** zum **Boynton Canyon Vortex** in der Nähe der zwei bizarren Felsen.

Der **Red Rock State Park** südwestlich der Stadt zählt zu den wirklich beeindruckenden Plätzen. Der fotogene **Cathedral Rock** mit seinen vier Felstürmen spiegelt sich dort im Wasser des Oak Creek. Esoteriker treffen sich an dieser Stelle gerne zu Hochzeitszeremonien. Längst ist die beeindruckende Felskathedrale zum Sedona-Symbol geworden, das Poster und Kalenderblätter ziert und Fotografen in Begeisterung versetzt (7 $).

Nördlich des Dorfes Oak Creek am Highway 179 markiert ein glockenförmiger Berg den **Bell Rock Vortex,** dem New Age-Anhänger mächtige Energiefelder zuschreiben. Richtung Stadtmitte könnte man meinen, die Betonwände der **Chapel of the Holy Cross** seien auf geheimnisvolle Weise einer 700 m hohen Felswand entwachsen. Obwohl es sich um ein römisch-katholisches Gotteshaus handelt, gilt die Kapelle als eines der stärksten Kraftzentren in Sedona (780 Chapel Rd.).

dert man sich nicht, warum gerade **Sedona** als mystisches und spirituelles Zentrum Karriere machte und schon vor Jahren von einer Welle von Wunderheilern, Naturheilpraktikern, Wahrsagern, Medizinmännern, Hellsehern, Psychoanalytikern, New-Age-Jüngern und Therapeuten überschwemmt wurde. Viele von ihnen glauben an die spirituellen Kräfte mancher Stätten – oder sind selbst als Kartenleger, Hypnotiseure und Reinkarnationsexperten am Vermarktungskarussell der irdischen und kosmischen Energiezentren beteiligt.

Tuzigoot National Monument

Bei Cottonwood, Tel. 1-928-634-5564, www.nps.gov/tuzi, tgl. 8–17 Uhr, ab 16 J. 10 $

Die auf einem Hügel liegenden Ruinen einer aus über 110 Räumen bestehenden Wohnanlage der alten Sinagua-Indianer steht im **Tuzigoot National Monument** außerhalb der Stadt unter Denkmalschutz. Nach wissenschaftlichen Erkenntnissen war die Siedlung der Ackerbau treibenden Menschen von 1100 bis 1425 bewohnt, wovon Töpfereien, Reste von Textilien, Muscheln, Werkzeuge und Schmuckstücke zeugen.

Infos

Sedona-Oak Creek Chamber of Commerce: 331 Forest Rd., Sedona, AZ 86336, Tel. 1-928-282-7722, www.visitsedona.com. Gute Karten, Coupons.

Übernachten

Stilvoll und komfortabel – **Casa Sedona B & B:** 55 Hozoni Drive, Tel. 1-928-282-2938, www.casasedona.com. Ruhig gelegenes, romantisches Nichtraucher-B&B mit schöner Gartenanlage. Alle Räume im Südwestdekor mit Badewanne für 2 Pers., Kamin, Kühlschrank, Terrasse oder Balkon und Blick auf die Felslandschaft. Üppiges Frühstück und Kaffee tagsüber. DZ ab 229 $.

Stylish – **Amara Resort and Spa:** 100 Amara Lane, Tel. 928-282-4828, www.amararesort.com. Modernes Resort mit Aussicht auf die Felsen, Pool, Spa, Fitnessraum und Restaurant mit lauschiger Terrasse. DZ 220–379 $.

Schöne Zimmer, super Aussicht – **Sky Ranch Lodge:** 1105 Airport Rd., Tel. 1-928-282-6400, www.skyranchlodge.com. Lodge mit schönem Garten zu vernünftigen Preisen. DZ mit Standardausstattung 129 $, mit Kamin, Terrasse und Kitchenette ab 169 $.

Essen & Trinken

Von Pasta bis Seafood – **Cucina Rustica:** 7000 State Rte 179, Tel. 1-928-284-3010, cucinarustica.com, Lunch Do–So 12–15, Dinner tgl. ab 17 Uhr. Fabelhafter Italiener, bei dem man in einem lauschigen Patio oder drinnen in einem edel-rustikalen Ambiente italienische Klassiker genießen kann. Ab ca. 30 $.

Top-Mexikaner – **Elote Café:** 771 State Route 179, Tel. 1-928-203-0105, www.elotecafe.com, Di–Sa 17–21 Uhr, Reservieren nicht möglich. Chefkoch Jeff Smedsta ist Spezialist im Verfeinern mexikanischer Gerichte. Tequila-Liebhaber ordern eine Tequila-Probe (Flight) für 12 $. Hauptgerichte ca. 18–26 $.

Bio-Küche – **Picazzos:** 1855 W. Hwy 89A, Tel. 1-928-282-4140, http://picazzos.com, So–Do 11–21, Fr–Sa 11–22 Uhr. Gesunde italienische Gerichte unter Verwendung von ökologisch erzeugten Zutaten. 15–18 Uhr Happy Hour. 11–30 $.

Omelette-Mekka – **Coffee Pot:** 2050 W. Hwy 89A, Tel. 1-928-282-6626, http://coffeepotsedona.com, tgl. 6-14 Uhr. *Der* Ort für gutes Frühstück. 101 Omelettevarianten machen die Auswahl schwer. Ab 8 $.

Einkaufen

Esoterik-Tempel – **Crystal Magic:** 2978 Hwy 89A, Tel. 1-928-282-1622, www.crystalmagic.com. Bücher, Kristalle, Öle – alles, was New-Age-Jünger brauchen.

Ausrüstung – **Canyon Outfitters:** 2701 W. Hwy 89A, sedonacanyonoutfitters.com, Mo–Sa 9–17, So 11–16 Uhr. Angeboten werden Kleidung, Schuhe, Rucksäcke etc. für sportliche Leute.

New Age – **Center for the New Age:** 341 SR 179, Tel. 1-928-282-2085, http://sedonanewagestore.com, tgl. 8.30–20 Uhr. Alles, was New-Age-Jünger so brauchen. Touren für UFO-Gläubige.

Aktiv

Offroadtouren – **Pink Jeep Tours:** 204 N. Hwy 89A, Tel. 1-928-282-5000; www.pinkjeeptours.com. Die traumhafte Westernlandschaft ›erfährt‹ man am besten bei einer 2-stündigen Tour in pinkfarbenen Jeeps.

Wildbeobachtung – **Arizona Safari Jeep Tours:** Jordan Rd., Tel. 1-928-282-3012, www.safarijeeptours.com. Safaritouren in der Umgebung von Sedona.

Radverleih – **Sedona Bike & Bean:** 30 Bell Rock Plaza, Tel. 1-928-284-0210, www.bike-bean.com. Professionelle Ausrüstung für Pedaltreter.

Trolleybustouren – **Sedona Trolley Tours:** Tel. 1-928-282-4211, www.sedonatrolley.com. Die ca. 1-stündigen Touren bieten eine gute Gelegenheit für einen Überblick über Sedona. Abfahrt ab Canyon Breeze Restaurant, 276 N. Hwy 89A. Erw. 15 $, Kin. bis 12 Jahre 10 $.

Wellnessoase – **A Spa for You:** 30 Kayenta Court, Tel. 1-928-282-3895, www.aspaforyou.com. Das tolle Massageprogramm beginnt mit 105 $ für 1 Stunde.

Termine

Fiesta del Tlaquepaque (Sept.): Fest zum mexikanischen Unabhängigkeitstag mit großem Kulturprogramm.

Unter den ›Kraftzentren‹ von Sedona messen viele dem Cathedral Rock besondere Eigenschaften zu

Jerome ►O 13

Der wie ein Schwalbennest an einer Bergflanke hängende 400-Seelen-Ort war schon lange vor Ankunft der ersten Europäer in Arizona wegen seiner Bodenschätze den Indianern bekannt, die Gold, Silber und Kupfer aus den reichen Adern der benachbarten Anhöhen buddelten. Der New Yorker Geschäftsmann Eugene Jerome investierte 1882 fast eine Viertelmillion Dollar in die lokale United Verde Mine und begründete damit den Ruf der Ortschaft als gefeierte Stadt des Bergbaus mit schon bald über 15 000 Einwohnern und war in den 1920er-Jahren fünftgrößte Stadt Arizonas. Der Boom dauerte jedoch nur bis zur Weltwirtschaftskrise 1929. Vor allem nach Schließung der letzten örtlichen Kupferminen in den 1950er-Jahren erlebte **Jerome** einen rasanten Abstieg zur Beinahe-Geisterstadt. 1600 m hoch über dem Verde Valley gelegen, ist es in den engen Straßenzügen längst still geworden, wenngleich hin und wieder Touristen durch das ehemalige Bergbaumekka stromern.

Gold King Mine

1 Meile nördlich von Jerome, www.goldkingmineghosttown.com, tgl. 10–17 Uhr, 5 $

In der **Gold King Mine** lebt die Vergangenheit in einer Mischung aus Bergwerk, Museum und Schrottplatz weiter.

Verde Canyon Railroad

300 N. Broadway, Clarkdale, Tel. 1-800-582-7245, www.verdecanyonrr.com, ab 65 $

Auf den Schienen, auf denen früher metallhaltige Erze abtransportiert wurden, unternimmt heute die Panoramabahn **Verde Canyon Railroad** im benachbarten Clarkdale 4-stündige Ausflugsfahrten entlang dem Verde River vorbei an alten Indianerruinen durch eine Landschaft von betörendem Reiz.

Prescott ►O 13

Wegen ihrer Lage in einem 1600 m hohen, im Sommer angenehm kühlen Becken nennen die Einheimischen ihre 40 000 Einwohner große Heimatstadt The Mile-High Town. Das provinzielle Leben in Arizonas ehemaliger Hauptstadt schlägt nur einmal im Jahr in Hektik um, wenn Amerika am 4. Juli den Unabhängigkeitstag und Prescott die Frontier Days feiert. Das fünftägige Fest ist einem historischen Ereignis gewidmet, welches das Städtchen im ganzen Land als Austragungsort des ersten nach sportlichen Regeln veranstalteten Rodeos der Welt bekannt machte. Die Verbundenheit der Bürger mit dem Pferd wird mitten in der Stadt auf der zentralen Plaza deutlich. Zwischen hohen Ulmen erinnert vor dem aus viktorianischer Zeit stammenden **Courthouse** ein Reiterdenkmal des berühmten Bildhauers Solon Borglum an den legendären Bürgermeister, Abenteurer und Journalisten William ›Buckey‹ O'Neill, der im Spanisch-Amerikanischen Krieg 1898 starb.

Sharlot Hall Museum

415 W. Gurley St., Tel. 1-928-445-3122, www.sharlot.org, Mo–Sa 10–17, So 12–16 Uhr, Erw. 9 $, Kin. 13–17 J. 5 $

Borglums Werke bereichern die Sammlungen im **Sharlot Hall Museum.** Mehrere Skulpturen zeigen typische Reiter- und Westernmotive, die der Künstler 1899 während seiner Flitterwochen in der Crow Creek Sioux Reservation in South Dakota kennengelernt hatte. Das nach Prescotts bekanntester Dichterin und Historikerin benannte Museum besteht aus mehreren historischen Gebäuden und Exponaten aus der Vergangenheit der Stadt. So dokumentieren alte Fotos ein verheerendes Großfeuer im Jahre 1900, das ein gesamtes Geschäftsviertel um die sogenannte **Whiskey Row** in der Nachbarschaft des Gerichtsgebäudes vernichtete. Die überwiegend aus Kneipen bestehende Straße wurde 1901 wieder aufgebaut und gilt heute noch als längster Tresen der Stadt. Das aus Prescotts Gründerzeit stammende Governor's Mansion, ein zweigeschossiges Blockhaus auf dem Museumsgelände, diente der ersten gesetzgebenden Versammlung auf dem Territorium von Arizona als Sitzungsort. Im 1875 erbauten Fremont House wohnte der Entdecker John C. Fremont von 1878 bis

1881, als er das Amt des Gouverneurs von Arizona innehatte.

Smoki Museum

147 N. Arizona St., Tel. 1-928-445-1230, www.smokimseum.org, Mo–Sa 10–16, So 13–16 Uhr, Erw. 7 $, Kin. unter 12 J. Eintritt frei

Das einzige Indianermuseum in Prescott, das **Smoki Museum,** ist eine Einrichtung mit einer äußerst bemerkenswerten Entstehungsgeschichte. Zu Beginn der 1920er-Jahre gründeten weiße Geschäftsleute mit dem Smoki-Stamm eine weiße ›Indianergruppe‹,

Saguaro-Kakteen sorgen im südlichen Arizona für eine malerische Wildwestkulisse

die alljährlich in selbst kreierten Kostümen zu einem großen Zeremoniell mit Schlangentänzen auftrat, um das provinzielle Stadtleben um eine Attraktion reicher zu machen. Schon in den 1980er-Jahren regte sich Widerstand gegen die Smokis seitens echter Native Americans, welche die Folklorisierung und Kommerzialisierung des religiösen Schlangentanzes der Hopi-Indianer als einen Affront erachteten. Nachdem es beim letzten öffentlichen Smoki-Zeremoniell 1990 zu Protesten vieler Indianer kam, schaffte der weiße Stamm unter dem Druck der öffentlichen Meinung das umstrittene Schlangenspektakel ab und betreibt jetzt nur noch das Smoki Museum – allerdings mit echten Indianerexponaten.

Infos

Prescott Chamber of Commerce: 117 W. Goodwin St., Prescott, AZ 86303, Tel. 1-928-445-2000, www.visit-prescott.com.

Übernachten

Angenehmes Wohnen – **Pleasant Street Inn:** 142 S. Pleasant St., Tel. 1-928-445-4774, www.

pleasantbandb.com. Elegantes B&B im historischen Stadtkern mit Zimmern und Suiten. DZ 135–195 $.

Oase der Ruhe – **Gurley Street Lodge Bed & Breakfast:** 909 W. Gurley St., Tel. 1-928-442-0200, www.gurleystreetlodge.com. Im Haupthaus und einem Bungalow mischen sich rustikaler Blockhauscharme und gemütliche Wohnlichkeit, offene Kamine und moderner Komfort. Das Stadtzentrum ist nach einem reichlichen Frühstück in 15 Minuten zu Fuß zu erreichen. DZ 129–179 $ je nach Saison.

Viktorianisches Ambiente – **Prescott Pines Inn:** 901 White Spar Rd., Tel. 1-928-445-7270, www.prescottpinesinn.com. Viktorianisches B&B auf einem bewaldeten Gelände mit 11 Gästezimmern (DZ 129–169 $) und einem 3-Bett-Chalet (ab 310 $).

Traditionshotel – **Hassayampa Inn:** 122 E. Gurley St., Tel. 1-928-778-9434, www.hassayampainn.com. Historisches Hotel von 1927 mit 67 geschmackvoll eingerichteten Zimmern, Restaurant, Bar bei der Whiskey Row. DZ ab 109 $, WLAN, Parken inkl.

Essen & Trinken

Deftige Kost – **Lone Spur Café:** 106 W. Gurley St., Tel. 1-928-445-8202, www.thelonespur.com, tgl. 6.30–14.30 Uhr. Frühstück wie einst im Wilden Westen, danach muss niemand hungrig auf den Trail. Außer Burgers und Salaten gibt es mexikanische Gerichte.

Aromen der Welt – **Prescott Station Grill & Bar:** 200 E. Gurley St., Tel. 1-928-778-0133, www.prescottstation.com, tgl. 11–15 und 16–21 Uhr. Delikate Gerichte wie Pad Thai, marokkanisches Hühnchen, Seafood und Steaks, hier findet aber auch der vegetarische Gaumen Auswahl. Hauptgericht ab 18 $.

Einkaufen

Konsumparadies – **Prescott Gateway Mall:** 280 Gateway Blvd., www.theprescottgatewaymall.com, Mo–Do 10–20, Fr–Sa 10–21, So 11–18 Uhr. Mall mit 80 Geschäften, u. a. Sears, Dillards, JC Penney.

Kreatives von Indianerhand – **Black Arrow Jewelry & Art:** 124 W. Gurley St., Tel. 928-776-4092, www.blackarrowgallery.com, Mo–Sa 10–17.30, So 10–15 Uhr. Angeboten wird Indianerkunsthandwerk wie Masken und Schmuck.

Abends & Nachts

Spielhölle – **Bucky's Casino:** Hwy 96 und Heather Heights, Tel. 1-800-756-8744, www.buckyscasino.com. Auf einem Hügel gelegenes Casinohotel mit typischem Spielbetrieb. Bucky's Café serviert von 7 bis 22 Uhr preiswerte Gerichte.

Wickenburg ▶ N 14

In **Wickenburg** ist von städtischer Hektik nichts zu spüren. Aus der Bergbaugeschichte des 19. Jh. sind im Umland des 5000 Einwohner großen Städtchens einige Minencamps übrig geblieben, wie südlich von Wickenburg die **Vulture Mine** mit windschiefen Schuppen und rostigen Zahnrädern (Vulture Mine Rd., www.vultureminetours.com, 15 $).

Desert Caballeros Western Museum

21 N. Frontier St., Tel. 1-928-684-2272, www.westernmuseum.org, Mo–Sa 10–17, So 12–16 Uhr, im Sommer Mo geschl., Erw. 12 $, Kinder unter 17 J. frei

Das **Desert Caballeros Western Museum** informiert Besucher mit einem rekonstruierten historischen Straßenzug, Mineralien und indianischen Artefakten über die Geschichte der Stadt. Außerdem sind Werke berühmter Westernkünstler wie George Catlin, Thomas Moran, Albert Bierstadt, Frederic Remington und Charles M. Russell zu sehen. Glanzstück ist eine umfangreiche Sammlung von über 600 Ausrüstungsgegenständen wie Sporen, Sättel, Zaumzeug und Waffen, wie sie von Cowboys zwischen 1870 und 1960 bei ihrer tagtäglichen Arbeit benutzt wurden.

Nur Schritte vom Museum entfernt liegt eine jedem Schulkind bekannte Sehenswürdigkeit: das kuriose Freilichtgefängnis von Wickenburg. Es besteht aus einem etwa 200 Jahre alten Mesquite-Baum, an dem Verbrecher und Desperados in Ermangelung entsprechender Räumlichkeiten angekettet wurden.

Robson's Ranch & Mining Camp

Rte 60 westlich Richtung Aguila, dann rechts abbiegen auf die Rte 71, Tel. 1-602-717-3321, www.westerndestinations.com (> Overview/ Lodging), Okt.–April Di–So 10–17 Uhr, 15 $

Westlich von Wickenburg liegt abseits des Highway 71 **Robson's Ranch & Mining Camp** mit historischen Holzhäusern und Bergen von Bergbaugerät. In einem typischen Krämerladen des 19. Jh. verstauben Schachteln, Flaschen und Büchsen in den Regalen. Im Friseursalon halten zwei lederbezogene Sessel und ein Spucknapf alte Erinnerungen aufrecht, während die Dorfstraßen von zahlreichen Überbleibseln alter Gerätschaften und Maschinen gesäumt werden.

Quartzsite ▸ L 15

Das 3600-Seelen-Dorf besitzt zwei sehr unterschiedliche Gesichter. Im Sommer brüten die Mineraliengeschäfte, die den Ort zu einem Mekka für Mineraliensammler machten, in unbarmherziger Hitze vor sich hin. Im Winter verwandelt sich der Flecken in eine aus Wohnmobilen bestehende Riesenstadt mit einer in die Million gehenden temporären Bevölkerung. Die sogenannten Snowbirds kehren in der kalten Jahreszeit ihrer Heimat in den nördlichen Bundesstaaten den Rücken, um im warmen **Quartzsite** die Rückkehr des Frühlings abzuwarten.

Auf dem alten Friedhof erinnert ein pyramidenförmiger Grabstein an eine Episode der US-Geschichte. In den 1850er-Jahren bemühte sich die US-Armee um effektivere Transportmittel in den Wüstenregionen des Südwestens und importierte aus dem Mittleren Osten 80 Kamele nebst Kameltreibern. Unter ihnen befand sich ein gewisser Hadji Ali, aus dessen Namen die Soldaten Hi Jolly machten. Während des Sezessionskrieges verlor der Kameltransport seinen Reiz, und Hi Jolly versuchte wie viele andere sein Glück im Bergbau – mit bescheidenem Erfolg. Als er unter einer kleinen Pyramide zur letzten Ruhe gebettet wurde, belief sich sein Vermögen auf magere 60 Cents.

Von Yuma nach Tucson

Yuma ▸ L 16

Am Zusammenfluss von Gila und Colorado River und an der Grenze zu Kalifornien und Mexiko gelegen, ist **Yuma** ein von der Sonne verwöhntes Handels- und Agrarzentrum von 91 000 Einwohnern.

Yuma Territorial Prison und Yuma State Historic Park

220 N. 1 Prison Hill Rd., Tel. 1-928-783-4771, www.yumaprison.org, tgl. 9–17 Uhr, Sommer Di, Mi geschl., Erw. 8 $, Kin. bis 13 J. 4 $

Einen Blick auf den Colorado hat man vom historischen **Yuma Territorial Prison**, 1876 gebaut und bis 1909 Verwahranstalt für 3040 männliche und 29 weibliche Gesetzesbrecher. Die zum Teil an schwere Eisenringe geketteten Insassen büßten nicht selten bei über 40 °C für ihre Verfehlungen. Heute stehen die Zellentüren Besuchern offen. Ein kleines Museum präsentiert neben der ehemaligen ›Gästeliste‹ viele zum Teil kuriose Gefängnisdokumente. Beim Gefängnis dehnt sich der **Yuma Crossing State Historic Park** mit Gebäuden aus der lokalen Vergangenheit wie dem **Yuma Quartermaster Depot** aus, einem 1864 am Colorado-Ufer erbauten Versorgungszentrum für die in Arizona im Einsatz befindlichen US-Truppen (http://azstateparks.com/Parks/YUQU).

Fort Yuma Indian Reservation

Nur durch den Fluss und zwei Brücken vom Territorial Prison getrennt, liegt auf kalifornischem Staatsgebiet die Fort Yuma Indian Reservation mit der **Missionskirche St. Thomas** von 1922 und einem davor stehenden religiösen Denkmal. In der Nachbarschaft geht es profaner zu. Im **Paradise Casino** betreibt der Stamm über 500 Spielautomaten, Poker- und Blackjacktische sowie das Seahorse Restaurant (450 Quechan Dr., www.paradise-casinos.com). Rund 7 Meilen weiter westlich liegt das größere **Quechan Casino & Resort** mit 166 Zimmern (www.playqcr.com).

Yuma Palms
Direkt an der Interstate 8 entstand im Stadtzentrum von Yuma mit **Yuma Palms** ein neues, modern gestaltetes Stadtviertel aus Kaufhäusern, Modeboutiquen, Hotels, Restaurants und Kinos, das sich zu einem beliebten Treffpunkt entwickelt hat.

Infos
Yuma Visitor Information Center: 201 N. Fourth Ave., Yuma, AZ 85364, Tel. 1-928-783-0071, www.visityuma.com.

Übernachten
An der S. Fourth Avenue liegen zahlreiche Hotels und Motels unterschiedlicher Preiskategorien.

Oase in der Wüste – **La Fuente Inn:** 1513 E. 16th St., Tel. 1-928-329-1814, www.lafuenteinn.com. Angenehme Unterkunft mit begrüntem Innenhof und Pool, WLAN, Frühstück und tägliche Happy Hour mit Snack sind inklusive. DZ ab 75 $.

Schönes Hotel, freundliches Personal – **Shilo Inn:** 1550 S. Castle Dome Ave., Tel. 1-928-782-9511, www.shiloinns.com. 134 Zimmer in der Nähe von Yuma Palms mit WLAN, Kaffeemaschine, Kühlschrank und Mikrowelle. Angenehme Gartenanlage mit Pool und Jacuzzi, Restaurant und Sportsbar. DZ ab 69 $, inkl. Frühstück.

Essen & Trinken
Speisen im Freien – **Garden Café:** 250 Madison Ave., Tel. 1-928-783-1491, www.gardencafeyuma.com, Okt.–Mai Di–Fr 9–14.30, Sa–So ab 8 Uhr. Hübscher Platz zum Frühstücken oder Lunchen unter Bäumen mitten in einem Garten. Ab 9 $.

Burgerhimmel – **Lute's Casino:** 221 S. Main Street, Tel. 1-928-782-2192, www.lutescasino.com, Mo–Do 9–20, Fr–Sa bis 21, So 10–18 Uhr. Wilde Ausstattung mit viel Neon in einem alten Billard-Saloon, ein Muss nicht nur für Hamburger-Fans! Hausspezialität ist der Cheeseburger mit Hot Dog und Salsa. Ab 6 $.

Ajo ▶ N 17

Offensichtlich hat die Stadt ihre besten Zeiten hinter sich. In den vergangenen Jahren verschwanden immer mehr Geschäfte aus dem Zentrum um die von Arkaden umgebene Plaza mit Rasenflächen, schlanken Palmen und Blumenrabatten. In der Nachbarschaft zieht die schneeweiß getünchte Kirche der Unbefleckten Empfängnis Blicke auf sich. Ohne die jährlich in der kalten Jahreszeit einströmenden ›Winterflüchtlinge‹ hätte der Ort wahrscheinlich schon längst den Weg in die Vergessenheit angetreten. Denn die Zeiten als Bergbauzentrum sind vorbei. Ein an der Esplanade Avenue gelegener Aussichtspunkt gibt den Blick frei auf eine gewaltige, 1985 stillgelegte Tagebaumine, die Ajo jahrzehntelang am Leben erhalten hatte.

Organ Pipe Cactus National Monument ▶ N 17

Hwy 85, Tel. 520-387-6849, www.nps.gov/orpi, Kris Eggle Visitor Center tgl. 8–17 Uhr, 12 $

Der 1320 km^2 große Wüstenpark erstreckt sich 22 Meilen südlich der Straßenkreuzung Why bis an die mexikanische Grenze. Temperaturen zwischen 35 und 40 °C sind im Hochsommer keine Ausnahme. Erträglicher ist ein Aufenthalt zwischen Oktober und April. Am schönsten schmückt sich die Vegetation im Frühjahr während der Kakteenblüte. Die im Naturreservat häufig vorkommenden, bis zu 6 m hohen Orgelpfeifenkakteen zeigen sich ebenso wie die Saguaros im Mai und Juni von ihrer schönsten Seite. Auch Kreosotebüsche, Mesquitebäume und viele Opuntienarten machen das Parkterrain zu einer sehenswerten Trockenlandschaft.

Tohono O'Odham Indian Reservation ▶ O/P 17

Zwischen Why und der Straßenkreuzung Three Points westlich von Tucson durchquert

Das eindrucksvoll auf dem Kitt Peak thronende Mayall-Teleskop

der Highway 86 eine nur dünn besiedelte, reizvolle Westernlandschaft mit bis an den Horizont reichenden Saguaro-Wäldern. Der gesamte Streckenabschnitt verläuft durch die riesige **Tohono O'Odham Indian Reservation,** nach der Navajo-Reservation das größte Indianerterritorium in Arizona. Seit der Zeit der Spanier nannten sich die Stammesmitglieder Papago, was auf Spanisch Bohnenmenschen bedeutete und ein Hinweis auf die bevorzugte Ernährung dieser Menschen war. Später nahm der zur uto-aztekischen Sprachgruppe gehörende Stamm seinen traditionellen Namen Tohono O'Odham an. Entlang Highway 86 liegen verschiedene Indianersiedlungen, u. a. Sells als Verwaltungssitz der Reservation. In manchen Läden werden schöne Korbflechtarbeiten angeboten.

Kitt Peak National Observatory ▶ P 17

Kitt Peak National Observatory Visitor Center, Tel. 520-318-8000, www.noao.edu/kpno, tgl. 9–15.45 Uhr, Führungen möglich, Eintritt zum Observatorium frei, Touren sind kostenpflichtig, Ausweise mitnehmen!

Am östlichen Rand der Reservation führt eine 12 Meilen lange asphaltierte Nebenstrecke zum 2100 m hoch gelegenen **Kitt Peak National Observatory,** das schon von Weitem an der weißen Kuppel erkennbar ist. Nirgendwo auf dem zusammenhängenden Staatsgebiet der USA ist der Nachthimmel so klar und für astronomische Beobachtungen so geeignet wie über den Quinlan Mountains, wo die Wissenschaftler mit über 20 Teleskopen tief in den Orbit hineinblicken, ohne durch künstliches Licht oder Luftverschmutzung beeinträchtigt zu werden. Sogar das 50 Meilen entfernte Tucson verzichtet auf große nächtliche Beleuchtung mit Rücksicht auf die Sternengucker auf dem Kitt Peak.

Ein wertvolles Instrument ist allen Astronomiebegeisterten das **Mayall-Teleskop** mit einem Durchmesser von knapp 4 m, mit dem selbst Himmelskörper erkannt werden können, deren Licht bis zur Erde etwa 10 Mrd. Jahre benötigt. Fachleute führen Besucher auf einstündigen Touren durch die Anlagen.

Tucson und der Südosten

Mit 526 000 Einwohnern rangiert in Arizona Tucson als Ballungsraum auf dem zweiten Platz hinter Phoenix und wirkt trotzdem nicht großstädtisch unnahbar. Wahrscheinlich liegt das auch an der Lage in einer attraktiven Kakteenlandschaft, die eine reizvolle Alternative zum Stadtleben bildet. Ansonsten erinnert der Südosten von Arizona an spanische Missionare, feiert vergangene Wildwestzeiten und lässt die Nähe zu Mexiko deutlich spüren.

Tucson und Umgebung

▶ Q 17

Cityplan: S. 385

Im Zentrum der Stadt schrauben sich Hochhäuser aus Glas, Stahl und Beton als Zeitzeugen der Moderne in den Himmel. Und natürlich sind die Stadtväter stolz auf die Entwicklung von **Tucson** zu einer modernen und aufstrebenden Metropole. Aber wichtig scheint ihnen auch zu sein, das historische und kulturelle Erbe weder zu verlieren noch zu verfälschen. Der charmante Retrolook vergangener Tage blieb hier und da erhalten und mischt sich heute mit modernen Elementen zu einem abwechslungsreichen Ganzen, das den hispanischen Einfluss in der nur ca. 100 km von der mexikanischen Grenze entfernt gelegenen Stadt weder verbergen will noch kann. Das hat auch damit zu tun, dass ca. 36 % der Bevölkerung aus Lateinamerika stammen. Außerdem lebt im stark latinisierten Charakter der Stadt ihre Geschichte fort.

Downtown

Tucson Convention Center 1

260 S. Church Ave., tucsonconventioncenter.com

Als praktischer Ausgangspunkt für eine Downtown-Tour ohne fahrbaren Untersatz ist das Tucson Convention Center wegen seiner zentralen Lage und der zahlreichen Parkmöglichkeiten keine schlechte Wahl.

Sosa-Carrillo-Fremont House 2

151 S. Granada Ave., Tel. 1-520-882-8607, www.arizonahistoricalsociety.org, Do–Sa 11–15 Uhr, Erw. 3 $ als Spende erwünscht

Teil des benachbarten Tucson Convention Center ist mit dem **Sosa-Carrillo-Fremont House** ein Adobe-Gebäude aus den 1870er-Jahren, das sich mit seinen Ausstellungen dem Leben der ersten hispanischen Pionierfamilien widmet.

St. Augustine Church 3

192 S. Stone Ave.

1896 erbaut, gehört die katholische **St. Augustine Church** zu den reizvollen architektonischen Zeugnissen aus dem 19. Jh. Die ursprüngliche Ziegelkonstruktion der Fassade wurde 1928 im mexikanischen Stil aus Betonwerkstein nach dem Vorbild der Kathedrale in der mexikanischen Stadt Querétaro mit Motiven der regionalen Wüstenvegetation wie Yucca- und Saguaro-Blüten gestaltet. Außer der Fassade und den beiden Türmen wurde der restliche Bau zwischen 1966 und 1968 komplett neu errichtet.

Pima County Courthouse 4

An seiner Mosaikkuppel leicht erkennbar, bildet das 1928 errichtete **Pima County Courthouse** ein Beispiel für maurisch, spanisch und mexikanisch beeinflusste Architektur. Im Obergeschoss des Südflügels ist hinter Glas ein Stück der originalen Presidiomauer aus der Gründerzeit der Stadt ausgestellt. Zur

Adobe-Bauten haben in Arizona bis heute nichts von ihrem Reiz eingebüßt

Exotik des Ensembles tragen Grünflächen und Palmen des angrenzenden **El Presidio Park** bei, in dem am 20. August 1775 der Grundstein für den Bau einer Militäranlage gelegt und gleichzeitig die Stadt Tucson gegründet wurde. Ein Brunnen und mehrere öffentliche Kunstwerke wie etwa eine J.-F.-Kennedy-Büste tragen zum Flair der Parkanlage bei.

Tucson Museum of Art 5

140 N. Main Ave., Tel. 1-520-624-2333, www.TucsonMuseumofArt.org, Di, Mi und Fr–Sa 10–17, Do 10–20, So 12–17 Uhr, Erw. 12 $, Kin. unter 12 Jahre gratis

Neben häufig wechselnden Ausstellungen konzentriert sich das **Tucson Museum of Art** in erster Linie auf nord- und südamerikanische Kunst, wobei die Ausstellungen einen Bogen schlagen von Artefakten präkolumbischer Indianer über Relikte der spanischen Kolonialzeit bis zu Malereien, Zeichnungen und Fotografien des Grand Canyon.

Owl's Club Mansion 6

378 N. Main Ave., nur von außen zu besichtigen

Weiter nördlich steht mit dem **Owl's Club Mansion** ein 1902 erbautes Anwesen, dem ein Entwurf des berühmten Chicagoer Architekten Louis Sullivan als Bauplan gedient haben soll. Früher die Residenz einer Bruderschaft, ist das Gebäude mit einer steinernen Eule in einer Fassadennische heute eine Privatwohnung.

Museum of Contemporary Art 7

265 S. Church Ave., Tel. 1-520-624-5019, www.moca-tucson.org, Mi–So 12–17 Uhr, 10 $

Die in Tucsons **Museum of Contemporary Art** präsenten Künstler tragen noch keine berühmten Namen. Trotzdem sind die in einem umgebauten Lagerhaus eingerichteten Ausstellungen sehr interessant, weil sie junge Kunst abseits der etablierten Szene zeigen. Die permanente Sammlung fällt ziemlich klein aus. Im Großen und Ganzen lohnen sich

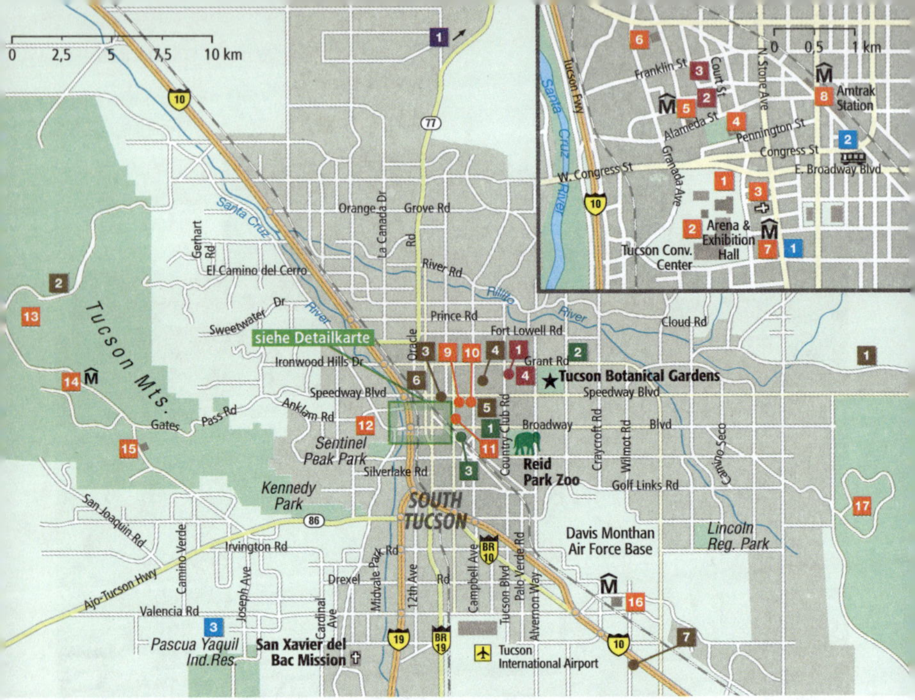

am ehesten die häufig wechselnden temporären Ausstellungen für einen Besuch.

Southern Arizona Transportation Museum 8

414 N. Toole Ave., Tel. 1-520-623-2223, www.TucsonHistoricDepot.org, Di–Do und So 11–15, Fr–Sa 10–16 Uhr, Parkplätze vor dem Museum, Eintritt frei

Das **Southern Arizona Transportation Museum** hat die Transportgeschichte des südlichen Arizona zum Thema und hebt dabei die Veränderungen hervor, die der Anschluss der Stadt 1880 ans Schienennetz bewirkte. Zu den Paradestücken gehört eine 1900 gebaute Dampflokomotive.

University of Arizona

Außerhalb von Downtown lohnt sich ein Besuch hauptsächlich der drei Museen auf dem Campus der **University of Arizona.** An dieser einzigen, renommierten Universität im Bundesstaat Arizona sind regelmäßig ca. 40 000 Studenten eingeschrieben.

University of Arizona Museum of Art 9

1031 N. Olive Rd., Tel. 1-520-621-7567, http://artmuseum.arizona.edu, Di–Fr 9–17, Sa 9–17, So 12–17 Uhr, 8 $

Das **University of Arizona Museum of Art** spannt den Bogen von Gemälden spanischer Meister aus dem 14. Jh. bis zu Kunstwerken von Edward Hopper, Emil Nolde und Jackson Pollock. Zum Museum gehört ein Geschäft, in dem authentische regionale Kunst und Kunsthandwerk hauptsächlich aus Arizona und dem benachbarten New Mexico zum Kauf angeboten wird.

Center for Creative Photography 10

1030 N. Olive Rd., Tel. 1-520-621-7968, https://ccp.arizona.edu, Di–Fr 9–16, Sa 13–16 Uhr, Eintritt frei

Ein riesiger Bestand an Fotografien steht dem **Center for Creative Photography** zur Verfügung, das in wechselnden Präsentationen nicht nur Bilder ausstellt, sondern primär als Forschungseinrichtung der Universität dient.

Tucson

Sehenswert

- 1 Tucson Convention Center
- 2 Sosa-Carrillo-Fremont House
- 3 St. Augustine Church
- 4 Pima County Courthouse
- 5 Tucson Museum of Art
- 6 Owl's Club Mansion
- 7 Museum of Contemporary Art
- 8 Southern Arizona Transportation Museum
- 9 University of Arizona Museum of Art
- 10 Center for Creative Photography
- 11 Arizona State Museum
- 12 Sentinel Peak
- 13 Saguaro National Park West
- 14 Arizona-Sonora Desert Museum
- 15 Old Tucson
- 16 Pima Air and Space Museum
- 17 Saguaro National Park East

Übernachten

- 1 Tanque Verde Ranch
- 2 White Stallion Ranch
- 3 Catalina Park Inn
- 4 Arizona Inn
- 5 Adobe Rose Inn
- 6 Siesta Motel
- 7 Voyager RV Resort

Essen & Trinken

- 1 Dante's Fire
- 2 La Cocina
- 3 El Charro
- 4 Las Margaritas

Einkaufen

- 1 Barrio Bread
- 2 Dark Star Leather
- 3 Colonial Frontiers

Abends & Nachts

- 1 Arizona Theatre Company
- 2 Club Congress
- 3 Casino del Sol

Aktiv

- 1 Roy P. Drachman Park

Arizona State Museum 11

1013 E. University Blvd., Tel. 1-520-621-6302, www.statemuseum.arizona.edu, Mo–Sa 10–17, Eintritt 5 $

Bereits 1893 wurde mit dem **Arizona State Museum** das heute größte und älteste anthropologische Museum im Südwesten der USA eingerichtet, dessen besonderer Stolz eine beeindruckende Sammlung von teilweise sehr alten indianischen Töpfereien aus der Region ist.

Außerhalb des Zentrums

Sentinel Peak 12

Der **Sentinel Peak** ist schon von Weitem an einem überdimensionalen Buchstaben A zu erkennen. Schon vor 1000 Jahren hielten Indianer vom Berg Ausschau nach möglichen Feinden. Heute ist der Hügel eine Aussichtsstelle für Besucher, die sich aus der Vogelschau einen Eindruck von Lage und Umgebung der Großstadt Tuscon verschaffen wollen. Jedes Jahr rücken die Studenten der lokalen Universität mit Pinsel und Farbe aus, um das A mit frischer Farbe zu versehen. 1915 feierte eine örtliche Fußballmannschaft mit diesem ›Kunstwerk‹ einen Sieg, und seit damals hat sich das jährliche Prozedere eingebürgert.

Saguaro National Park West 13

Kinney Rd., Tel. 1-520-733-5158, www.nps.gov/sagu, tgl. 7 Uhr bis Sonnenuntergang, 15 $/Pkw

In der Verlängerung des Speedway Boulevard führt die Gates Pass Road über den Kamm der Tucson Mountains in den westlichen Teil des **Saguaro National Park West** – ein wahrhaft paradiesischer Flecken der Sonorawüste nicht nur mit den namengebenden Saguaro-Kakteen, sondern einer sehr vielfältigen, meist stachligen Vegetation. Die bis über 12 m hohen Saguaros beginnen erst im Alter von etwa 70 Jahren erste Arme auszubilden. Im Juni schmücken sie sich mit weißen Blüten, die in manchen Indianerreservaten zu einem Getränk vergoren werden. Vor allem bei Sonnenuntergang präsentiert sich der Park, in dem es ein Besucherzentrum gibt, im besten Fotolicht und bietet Motive von berückender Schönheit.

Arizona-Sonora Desert Museum 14

2021 N. Kinney Rd., Tel. 520-883-2702, www.desertmuseum.org, tgl. 7.30–17 Uhr, Juni–Aug. Sa bis 22 Uhr, Erw. 22 $, Kin. 3–12 J. 9 $

An der südlichen Zufahrt zum Nationalpark befinden sich zwei der bekanntesten Attraktionen von Tucson. Im **Arizona-Sonora Desert Museum** geht es gar nicht museal zu. Im Gegenteil, statt lebloser Exponate erwarten Besucher ca. 300 quicklebendige, für Arizona typische Tier- und 1200 Pflanzenarten in einer Kombination von Zoo und Botanischem Garten. Dort sprießt, kreucht und fleucht so ziemlich alles, was außerhalb der Museumsmauern in natürlicher Umgebung vorkommt, vom Teddybär-Kaktus bis zum Palo-Verde-Baum und vom Gila Monster bis zum Puma. Dozenten bieten hautnahen Anschauungsunterricht mit lebenden Taranteln, Schlangen oder Vögeln.

Old Tucson 15

201 S. Kinney Rd., Tel. 1-520-883-0100, www.oldtucson.com, unterschiedliche Öffnungszeiten, in der Regel 10–17 Uhr, Erw. 20 $, Kin. 4–11 J. 11 $

1939 ließen Columbia Pictures als Drehort für den Western »Arizona« eine Kulissenstadt bauen. In den folgenden Jahrzehnten entstanden in der malerischen Open-Air-Kulisse mehr als hundert Kinofilme und Dutzende von Fernsehproduktionen mit den bekanntesten Hollywoodstars. Im Jahr 1995 legte ein Großfeuer die Touristenattraktion in Schutt und Asche. Im neu entstandenen Westerndorf herrscht jedoch wieder Wildwest-Atmosphäre mit Stunt Shows.

Pima Air and Space Museum 16

6000 E. Valencia Rd., Tel. 1-520-574-0462, www.pimaair.org, tgl. 9–17 Uhr, Erw. 16,50 $, Sen. 13,75 $, Kin. 10 $

Über 250 unterschiedliche Flugzeugtypen dokumentieren im **Pima Air and Space Museum** die Epochen der Fliegerei in Amerika. Das größte Luft- und Raumfahrtmuseum westlich der Rocky Mountains beginnt seine Geschichte mit der Zeit vor den ersten erfolgreichen

Flugversuchen der Gebrüder Wright und lässt sie mit den neuesten Forschungsergebnissen über die Marsmissionen enden. Sogar echtes Mondgestein ist zu sehen. Die Exponate sind in fünf Hangars und auf einem Freigelände zu sehen.

Saguaro National Park East 17

3693 S. Old Spanish Trail, Tel. 1-520-733-5153, www.nps.gov/sagu, Zeiten und Eintritt s. S. 385

Ähnlich wie der westliche Teil (s. S. 385) erstreckt sich auch der **Saguaro National Park**

Die acht Meilen lange Strecke durch den Saguaro National Park East eignet sich hervorragend zum Radfahren

East über eine attraktive, gewellte Kakteenlandschaft an den Flanken der Rincon Mountains. Durch den Park führt der 8 Meilen lange Cactus Forest Drive, für die sportlichen Einwohner von Tucson eine der schönsten Radstrecken im Umkreis. Man kann die asphaltierte Straße auch mit dem Auto fahren.

Infos

Tucson Visitor Center: 811 N. Euclid Ave., Tucson, AZ 85719, Tel. 1-520-624-1817 oder kostenlos 1-800-638-8350, www.visittucson.org. Arizona zählt zu jenen amerikanischen Bundesstaaten, die nicht auf Sommerzeit umstellen. Eine Ausnahme bildet die Navajo Nation im Nordosten des Landes.

Übernachten

Am Exit 258 von der Interstate 10 liegen mehrere Motels ganz unterschiedlicher Kategorien.

Wie im wilden Westen – **Tanque Verde Ranch 1:** 14301 E. Speedway Blvd., Tel. 1-520-296-6275, www.tanqueverderanch.com. 1868 gegründete, noch im Betrieb befindliche Edelranch mit vielen Freizeitmög-

Aktiv

ZU FUSS ODER PER TRAM IN DEN SABINO CANYON

Tour-Infos

Start: Sabino Canyon Recreation Area Visitor Center, 5700 N. Sabino Canyon Rd., ca. 12 Meilen nordöstlich des Stadtzentrums von Tucson
Länge: 7,6 Meilen (12,1 km) hin und zurück
Dauer: 3–4 Std.
Wichtige Hinweise: Die Tram verkehrt alle 30 Min.

Die asphaltierte Straße durch den Sabino Canyon überquert 9 Brücken und führt an von Felsen eingerahmten Wassertümpeln, dekorativen ›Mickeymaus-Kakteen‹, Teddybärchollas, Kerzensträuchern, Saguarokakteen und Palo-Verde-Bäumen vorbei bis auf eine Wendeplattform, wo mehrere Wanderpfade wie der Blackett's Ridge Trail, der Telephone Line Trail oder der Pfad zu den Hutch's Pools unter die Füße genommen werden können. Die Canyontour kann man mit einer Tram mit offenen Waggons unternehmen und an 9 Haltestellen ein- und aussteigen. Wer es bequem mag, legt die Strecke bergan mit der Tram zurück und genießt auf dem Fußweg zurück die reizvolle Landschaft (Sabino Canyon Tours, 5700 N. Sabino Canyon Rd., Tel. 1-520-749-2861, www.sabinocanyon.com, Juli–Dez. 9–16 Uhr, Erw. 10 $, Kin. 3–12 J. 5 $).

lichkeiten, Swimmingpools, Sportanlagen, Sauna und Vollpension inklusive. DZ ab 310 $.

Für Hobby-Cowboys – **White Stallion Ranch 2:** 9251 W. Twin Peaks Rd., Tel. 1-520-297-0252, www.whitestallion.com. 45 Zimmer und Suiten, beheizter Pool und Landleben pur inmitten einer von Kakteen geprägten Landschaft. DZ inkl. Mahlzeiten, Ausritte und Wanderungen ab 168 $ pro Person und Nacht, Reitstunde 20 $.

Super B&B – **Catalina Park Inn 3:** 309 E. 1st St., Tel. 1-520-792-4541, www.catalinaparkinn.com. Das aus den 1920er-Jahren stammende Haus in Universitätsnähe ähnelt einer mediterranen Villa. Die 6 Gästezimmer sind individuell im Stil der damaligen Zeit eingerichtet. DZ ab 145 $.

Perfekte Oase – **Arizona Inn 4:** 2200 Elm St., Tel. 1-520-325-1541, www.arizonainn.com. Denkmalgeschütztes historisches Hotel von 1930 mit wunderschöner Ausstattung im Stil des Südwestens, Schwimmbad, Tennisplätze, eigenes Restaurant. DZ ab 139 $.

Ohne Fehl und Tadel – **Adobe Rose Inn 5:** 940 N. Olsen Ave., Tel. 1-520-318-4644, www.aroseinn.com. Bei der Universität in einem ruhigen Wohnviertel gelegenes B&B in einem gepflegten Adobe-Anwesen mit Außenpool. Zimmer mit offenem Kamin, eigenem Bad und WLAN. Die gastfreundlichen Wirtsleute bieten ein Top-Frühstück in stilvoller Atmosphäre an. DZ 120–220 $.

So lala – **La Siesta Motel 6:** 1602 N. Oracle Rd., Tel. 1-520-624-1192, http://lasiestamoteltucson.com. Allzu viel dürfen Gäste von dieser Unterkunft nicht erwarten. Sie ist eher etwas für Reisende mit schmalem Budget. DZ ab ca. 50 $.

Schöne Anlage – **Voyager RV Resort 7:** 8701 S. Kolb Rd., Tel. 520-574-5000, www.VoyagerRV.com. Mehrfach preisgekrönter riesiger Platz mit 9-Loch-Golfanlage, Restaurant, Supermarkt, Spa, Sportgelegenheiten und WLAN im eigenen Wohnmobil.

Essen & Trinken

Längst gibt es auch in Tucson in Mode gekommene **Food-Truck-Treffen,** bei denen mobile Küchentrucks ihre Spezialitäten anbieten. Ein häufiger Treffpunkt ist der Himmel Park (2653 E. 1st St.).

Gute Drinks – **Dante's Fire 1:** 2526 E. Grant Rd., Tel. 1-520-382-925, www.dantesfireaz.com, tgl. 16–2 Uhr. Wer vor oder nach dem Essen auf ausgezeichnete Cocktails schwört, ist

in diesem Restaurant an der richtigen Stelle. Hauptgerichte 15–22 $.
Romantisches Gartenlokal – **La Cocina** 2**:** 201 N. Court Ave., Tel. 1-520-622-0351, http://lacocinatucson.com, Mo, So 11–15, Di 11–22, sonst 11–2 Uhr. Besonders stimmungsvoll speist man im verwinkelten Garten unter schattigen Bäumen. Ca. 13 $.
Lockere Atmosphäre – **El Charro** 3**:** 311 N. Court Ave., Tel. 520-622-1922, www.elcharrocafe.com, tgl. ab 11 Uhr. Sehr bunt im mexikanischen Stil eingerichteter Familienbetrieb, in dem Margaritas in stiefelförmigen Gläsern serviert werden. Großen Zuspruch finden die Gerichte mit getrocknetem Fleisch. Dinner 12–25 $.
Mexiko lässt grüßen – **Las Margaritas** 4**:** 3602 E. Grant Rd., Tel. 520-323-9880, www.lasmargaritasinc.com, So–Do 11–21, Fr–Sa 11–22 Uhr. Mexikanische Spezialitäten vom Appetizer bis zum vollen Menü, gute Margaritas. Ab 9 $.

Einkaufen

Brotparadies – **Barrio Bread** 1**:** 18. S. Eastbourne Ave., Tel. 1-520-327-1292, www.barriobread.com, Di–Fr 9–17, Sa 9–14 Uhr. Für auf höhere Brotqualität geeichte Europäer eine Offenbarung. Geschmacklich, aber auch optisch unterscheiden sich Brote und Brötchen der außerhalb des Stadtzentrums gelegenen Bäckerei vom amerikanischen Fabrikbrot.
Aus Naturmaterial – **Dark Star Leather** 2**:** 2940 N. Swan Rd., Tel. 1-520-881-4700, www.darkstarleather.com. Lederwaren wie Jacken, Gürtel und Taschen.
Globale Schatztruhe – **Colonial Frontiers** 3**:** 244 S. Park Ave., Tel. 1-520-622-7400, www.colonialfrontiers.com. Töpfereien, Textilien, Volkskunst und Antiquitäten aus aller Welt.

Abends & Nachts

Theatertempel – **Arizona Theatre Company** 1**:** Temple of Music And Art, 330 S. Scott Ave., Tel. 1-520-622-2823, www.arizonatheatre.org. Saison Sept.–Mai.
Heiße Rhythmen – **Club Congress** 2**:** 311 E. Congress St., Tel. 1-520-622-8848, www.hotelcongress.com, tgl. 21–1.30 Uhr. DJ-Musik zum Tanzen, hin und wieder gastieren Rock-Bands.
Spielen, Essen, Schlafen – **Casino del Sol** 3**:** 5655 W. Valencia Rd., Tel. 1-855-765-7829, www.casinodelsolresort.com. Großes Casino mit ausgezeichnetem Hotel samt Pool und Spa, Buffet, Restaurants und Bars (Do–Sa Livemusik).

Aktiv

Picknickplatz – **Roy P. Drachman Agua Caliente Regional Park** 1**:** 12325 E. Roger Rd. Einladender Stadtpark östlich des Zentrums mit Palmenwäldchen und drei großen Warmwasserteichen, der sich für ein Picknick oder eine Ruhestunde bestens eignet (es gibt Spazierwege, Trinkwasser und Toiletten).

Termine

Tucson Gem & Mineral Show (Anfang–Mitte Feb.): Eine der größten Mineralienausstellungen in den USA (www.tgms.org).
La Fiesta de los Vaqueros (Feb./März): Rodeowoche (www.tucsonrodeo.com).
Downtown Saturday Night: Jeden 2. Sa im Monat, 18–22 Uhr. Musik- und Kulturprogramme auf den Straßen in Downtown (www.2ndsaturdaysdowntown.com).

Verkehr

Flugzeug: Tucson International Airport, www.flytucsonairport.com. Der Flughafen (9 Meilen südlich) wird von einem Dutzend vor allem amerikanischer Linien angeflogen. Öffentliche Busse fahren in die Stadt (1,75 $).
Bahn: Amtrak Station, 400 E. Toole Ave., Tel. 520-623-4442, www.amtrak.com. Der Fernzug Sunset Limited verkehrt 3-mal wöchentlich zwischen Los Angeles und New Orleans.
Bus: Gray Line Tours, 3594 E. Lincoln St., Tel. 1-520-622-8811, www.graylinearizona.com. Lokale Sightseeingtouren und Fernverbindungen.
Nahverkehr: Die 4 Meilen lange Straßenbahnlinie SunLink stellt vom westlich der I-10 liegenden Mercado-Viertel quer durch Downtown eine Verbindung mit dem Universitätsviertel im Nordosten her (Fahrt 1,75 $, www.sunlinkstreetcar.com).

Rundreise durch Südostarizona

Karte: S. 392

San Xavier del Bac ▶Q 17

1950 W. San Xavier Rd., Tel. 1-520-294-2624, www.sanxaviermission.org, tgl. 7–17 Uhr, Höhe des Eintritts nach eigenem Ermessen auf Spendenbasis

Weiße Taube der Wüste nennen die Einwohner von Tucson die Mission **San Xavier del Bac** **1**, die 1700 von Pater Kino gegründet wurde. Im Zuge eines Indianeraufstandes 1751 zerstört, machten sich 32 Jahre später Franziskanerpatres an den Wiederaufbau im byzantinisch-maurischen Stil. Wer die Pläne für den reizenden, auf dem Territorium der Tohono O'Odham Indian Reservation gelegenen Bau anfertigte, ist nicht bekannt. Warum der rechte, östliche Turm des Gotteshauses nicht vollendet wurde, ist ebenfalls ein Rätsel. Jahrelang waren Fachleute damit beschäftigt, die zum Teil schwer beschädigten, zum Teil sehr bunten Wandmalereien und Skulpturen im Innern der Kirche zu restaurieren.

Tubac ▶Q 18

Auf dem Weg nach Süden führt die Interstate 19 an **Tubac** **2** vorbei, das im 20. Jh. als Farmgemeinde ein provinzielles Dasein führte, bis nach 1945 mit einer Kunstschule eine neue Ära heraufdämmerte. Immer mehr Künstler zogen nach Tubac und verwandelten den Ort in eine Kolonie von Kreativen. Heute ist das Dorf durch und durch kommerzialisiert und macht mit mehreren Dutzend Läden und Galerien den Eindruck eines großen Souvenirgeschäftes. Das Warenangebot reicht von Töpfereien, Schnitzereien und kunstgewerblichen Gegenständen bis hin zu Malereien und aus Blech hergestellten Figuren, alles auf den Touristengeschmack ausgerichtet. Trotzdem lohnt sich ein Besuch, weil im Riesenangebot das eine oder andere hübsche Mitbringsel zu finden ist und das mit Chili-Girlanden, kleinen Gärten und schmiedeeisernen Zäunen geschmückte Dorf ein hübsches Bild abgibt.

Tubac Presidio State Historic Park

1 Burruel St., Tel. 1-520-398-2252, azstateparks.com/tubac, tgl. 9–17 Uhr, Erw. 5 $, 7–12 J. 2 $

Der **Tubac Presidio State Historic Park** erinnert daran, dass die Spanier an Ort und Stelle 1752 ein Fort errichteten. Heute sind auf dem Gelände neben diversen Ausstellungen mit Artefakten aus unterschiedlichen Zeitabschnitten von Tubacs Geschichte originale Fundamente und andere bauliche Überreste etwa aus der Mitte des 18. Jh. zu bestaunen.

Tumacacori National Historic Park ▶Q 18

Tumacacori Exit von der I-19, Tel. 1-520-377-5060, www.nps.gov/tuma, tgl. 9–17 Uhr, ab 16 J. 5 $

Um die Wende vom 18. zum 19. Jh. errichteten spanische Franziskaner eine heute im **Tumacacori National Historic Park** **3** unter Denkmalschutz stehende Mission. Die leider nie ganz fertiggestellte Anlage besteht aus einer beeindruckenden Ruine aus Adobe-Ziegeln, der die meisterliche architektonische Feinarbeit trotz schwerer Schäden und Verwüstungen dennoch deutlich anzusehen ist. Ungeschmückt umfängt der Kirchenraum Besucher. Es riecht nach altem Mauerwerk und Staub, und der unebene, gestampfte Boden im Mittelgang ähnelt eher einem holprigen Feldweg. Im von mächtigen Mauern umgebenen Garten blühen im Frühjahr für die Sonorawüste typische Bäume und Büsche um alte Wasserzisternen, aus denen umliegende Felder bewässert wurden. Häufige Apachenangriffe und fehlende Finanzen zwangen die Franziskanerbrüder 1848, die Mission aufzugeben.

Nogales ▶Q 18

Größte und bedeutendste amerikanisch-mexikanische Grenzstadt in Arizona ist **Nogales** **4**. Wer das Städtchen besucht, kommt, um bei einem Spaziergang über die Grenze mexikanisches Flair zu schnuppern. Nogales-USA ist mit 20 000 Einwohnern verglichen mit 180 000 Menschen in Nogales-Mexiko ein Winzling. US-Bürger und Touristen kaufen ›drüben‹ gerne ein oder lassen sich in einem der zahlreichen Restaurants echt mexikanisch verköstigen. Die Geschäfte entlang der Hauptstraße gehen in ihrem Sortiment an Textilien, Töpferwaren, Silberschmuck, Kosmetika, handgefertigten Glaswaren, Antiquitäten und bunten Teppichen fast unter. In Grenznähe kann man das Auto auf Parkplätzen für ca. 6 $ pro Tag abstellen (Einreise mit PKW nur mit spezieller Versicherung) und Waren in einem der Duty Free Shops erstehen, bevor man Mexiko betritt. Mit US-Dollar kann man in Mexiko problemlos bezahlen. Unbedingt Pässe mitnehmen!

Infos

Nogales Chamber of Commerce: 123 W. Kino Park Way, Nogales, AZ 85621, Tel. 1-520-287-3685, www.thenogaleschamber.com.

Übernachten

Angenehm – **Best Western Sonora Inn & Suites:** 750 W. Shell Dr., Tel. 1-520-375-6500, www.bestwestern.com. Nur 1 Meile von der Grenze entfernt. Außenpool, Internet, Kaffeemaschine, Mikrowelle, Bügeleisen. Schnellrestaurants IHOP und Carl's Jr nebenan. Ab ca. 100 $, inkl. Frühstück.

Ordentliche Zimmer – **Holiday Inn:** 850 W. Shell Rd., Tel. 520-281-0123, www.ichotelsgroup.com. Großes gepflegtes Haus mit Whirlpool und Fitnessraum, Zimmer mit Mikrowelle und Kaffeemaschine. DZ inkl. Frühstück ab ca. 86 $.

San Xavier del Bac ist mit bedeutenden Malereien und Skulpturen ausgestattet

Tucson und Südarizona

Essen & Trinken

Nogales in Mexiko – **La Roca:** Calle Elias 91, Tel. 520-313-6313, Mo, Di, So 11–18, sonst bis 24 Uhr. Sehr schönes Restaurant gleich hinter der Grenze. Spezialität des Hauses u. a. Chicken Mole, Seafood. Fr–So Livemusik. Ab 16 $.

Tombstone ▶ R 17

Auf den ersten Blick scheint sich in den vergangenen 100 Jahren nicht viel verändert zu haben: Scheinfassaden, die Häuser und Geschäfte größer und repräsentativer erscheinen lassen, als sie wirklich sind, verblichene Schriftzüge im Westernstil, ausgetretene Gehsteige aus dicken Holzdielen … **Tombstone** 5 tut so, als habe sich der legendäre Gesetzeshüter Wyatt Earp eben in einem Gemischtwarenladen mit einem Karton Munition eingedeckt. An allen Ecken und Enden setzt die Westernhochburg ihrer in Pulverdampf gehüllten Geschichte Denkmäler. Bürger, ob alt oder jung, sind sich ihrer Abhängigkeit von der Westernvergangenheit durchaus bewusst und engagieren sich auf erstaunliche Art und Weise.

An Sommerwochenenden lassen sie zur großen Freude ihrer Besucher die Ära der ›blauen Bohnen‹ bei dramaturgisch inszenierten Schießereien mit Platzpatronen wieder aufleben. Und zweimal im Jahr, bei den ›Wyatt Earp Days‹ im Mai und den ›Helldorado Days‹ im Herbst, tritt die Bevölkerung der 1338 Einwohner großen Stadt zu zwei Westernfestivals an, die sich längst zu zugkräftigen Marketingmaßnahmen ausgewachsen haben. Wer etwas auf sich und die Geschichte seiner Heimat hält, kleidet sich stilecht und historisch korrekt, was die Veranstaltungen zu reizvollen Kostümfesten macht.

Boothill Grave Yard

Hwy 80 am nördlichen Stadtrand, http://tombstoneboothillgiftshop.com, 3 $

Selbst dort, wo Traditionspflege Verpflichtung und Geschäft gleichermaßen bedeutet, hinterlässt das heutige Amerika seine Spuren. Vor Jahren war der örtliche Prominentenfriedhof **Boothill Grave Yard** noch eine Ansammlung ungepflegter Gräber mit schiefen Lattenkreuzen und Inschriften wie »Unbekannt«, »Erschossen«, »Gelyncht«, »Versehentlich umgebracht« und »Gehenkt«. Mittlerweile flanieren Touristen wie auf einem Geschichtslehrpfad durch die aufpolierten Gräberreihen, wo als berühmteste Tote Billy Clanton und seine Mitstreiter Frank und Tom McLaury ihre letzte Ruhestätte fanden.

O. K. Corral

Allen St. zwischen 3rd und 4th St., www.ok-corral.com, 10 $

Am 26. Oktober 1881 war Billy Clanton gemeinsam mit Frank und Tom McLaury im **O. K. Corral** gegen das Quartett Wyatt, Virgil und Morgan Earp und Doc Holiday angetreten. Das örtliche Mitteilungsblatt »Tombstone Epitaph« fasste die damaligen Ereignisse gerafft zusammen: »32 Schüsse in 27 Sekunden – drei Tote«. Der legendäre Schusswechsel (siehe www.bignosekates.info/history3.html) stattete Tombstone mit einem geradezu epochalen Ereignis aus, das zum Symbol des Wilden Westens schlechthin avancierte und von dem die Stadt heute noch zehrt. Vielen Westernfilmen diente das Kräftemessen im O. K. Corral als Vorlage für typische Recht-und-Ordnung-Streifen. Der sozioökonomische Hintergrund des Shootout blieb dabei meist ausgeblendet. Die Earps standen für eine neue, in Tombstone aufblühende Wirtschaft, den Bergbau. Die Mitglieder der Clanton-Bande hingegen waren Cowboys und vertraten die Interessen der Land besitzenden Viehrancher, die sich in ihren Weideprivilegien nicht beschneiden lassen wollten.

Bird Cage Theater

6th & Allen St., Tel. 1-520-457-3421, http://tombstonebirdcage.com, tgl. 9–18 Uhr, 12 $

Dem Bergbau verdankt Tombstone seine Existenz. Trotz drohender Apachengefahr begann ein Prospektor namens Ed Schieffelin mitten im Indianergebiet nach Bodenschätzen zu suchen. 1877 stieß er auf eine der reichsten Silberadern des Westens. Bereits vier Jahre später stand an Ort und Stelle ein Bergbaucamp namens Tombstone (engl. Grabstein) mit 14 Tanzsälen, zahllosen Spielhallen und über 100 Saloons, in denen die Schürfer ihre mühselig erwirtschafteten Gewinne unters Volk brachten. Damals war das **Bird Cage Theater** ein Hotspot der Abendunterhaltung. Hauptattraktion waren 14 überdimensionale, von der Decke hängende Vogelkäfige, in denen sich Damen des horizontalen Gewerbes anboten. Heute steht das Etablissement Besuchern offen. Das dort eingerichtete Museum ähnelt eher einer Gerümpelkammer und erstickt fast im Staub vergangener Zeiten.

Tombstone Courthouse State Historic Park

223 Toughnut St., Tel. 520-457-3311, azstateparks.com/tombstone, tgl. 9–17 Uhr, 7 $

Um das 1882 fertiggestellte Gerichtsgebäude dehnt sich seit den 1950er-Jahren der **Tombstone Courthouse State Historic Park** aus. Die Räumlichkeiten präsentieren sich zum Teil wie zur damaligen Zeit. In einigen erinnern Memorabilien und historische Fotos an Bergleute, Rinderzüchter und Siedler, die in der Geschichte des Ortes eine wichtige Rolle spielten, aber auch an die schießfreudige Prominenz. Vor dem Gerichtsgebäude baumeln Stricke von einem nachgebauten Galgen, dessen Original 1912 abbrannte und der der Nachwelt zeigt, dass der Wilde Westen auch noch im Arizona des 20. Jh. präsent war.

Infos

Tombstone Chamber of Commerce: 105 S. 4th St., Tombstone, AZ 85638, Tel. 1-520-457-9317, Tel. 1-888-457-3929, www.tombstonechamber.com.

Übernachten

Nettes Motel – **Lookout Lodge:** 781 N. Hwy 80, Tel. 1-520-457-2223. www.lookoutlodgeaz.com. Gute Unterkunft mit Pool, Außenanlage mit Feuerstellen und gutem Steak-Restaurant. DZ ab 89 $.

Tadellose Zimmer – **Larian Motel:** 410 E. Fremont St., Tel. 1-520-457-2272, www.tombsto

nemotels.com. Geräumige, ordentliche Zimmer, alle im Erdgeschoss. DZ ca. 79 $.

Essen & Trinken

Treff der Einheimischen – **Longhorn Restaurant:** 501 E. Allen, Tel. 1-520-457-3405, tgl. 8–20 Uhr. Gute amerikanische und mexikanische Gerichte in Wildwestatmosphäre. Ab 9 $.

Populärster Tresen der Stadt – **Big Nose Kate's Saloon:** 417 E. Allen, Tel. 1-520-457-3107, www.bignosekates.info, tgl. ab 10 Uhr. Saloon von 1880 und ›der‹ Treffpunkt nach den Shootouts. Ab 6 $.

Termine

Tombstone Vigilantes: www.tombstonevigilantes.com. Shootouts und gespielte Hinrichtungen durch den Strang an jedem 2., 4. und 5. So im Monat 11.45–14.30 Uhr.

Bisbee ▶ R 18

Die Ära des Bergbaus hinterließ ihre Spuren seit den 1870er-Jahren im südlichen Arizona nirgends deutlicher sichtbar als in **Bisbee** **6**. Erst mit der zwischen 1917 und 1929 in Betrieb befindlichen Tagebaumine Sacramento

Bisbee Downtown – charmantes Kleinstadtflair

Pit verwandelte sich der Ort in eine bedeutende Bergbaustadt mit 25 000 Einwohnern, gepflasterten Straßen und respektablen Häusern. Brewery Gulch, ein Seitental, bestand damals aus einer geballten Ansammlung von Kneipen, Hotels, Bordellen und Spielsalons. Das noch existierende **Copper Queen Hotel** mitten in der Stadt galt schon damals als bauliches Kleinod und eine der teuersten Nobelherbergen zwischen El Paso und Los Angeles (11 Howell Ave., Tel. 1-520-432-2216, www.copperqueen.com, im Sommer DZ ab 122 $, Internettarife preiswerter).

Auf der **Queen Mine Tour** lernen Besucher hautnah die Knochenarbeit der Kumpels im 19. Jh. bei ständig nur 4 °C kennen (Queen Mine Tour Driveway, Tel. 1-520-432-2071, www.queenminetour.com, tgl. ab 9 Uhr fünf 75-minütige Touren, Erw. 13 $, Kin. 5–15 J. 5,50 $).

Zahlreiche Ausstellungen halten im **Bisbee Mining & Historical Museum** die Erinnerung an die Bergbauära wach (Copper Queen Plaza, Tel. 1-520-432-7071, www.bisbeemuseum.org, tgl. 10–16 Uhr, Erw. 8 $).

Am östlichen Ortsausgang liegt mit **Lavender Pit** ein gigantisches Tagebaubergwerk, das von 1951 bis 1974 in Betrieb war. Bisbee wurde in den Jahren danach von Alternativen und Aussteigern entdeckt und verwandelte sich über die Jahre in eine Künstler- und Aussteigerkolonie, die Cafés und Kleinbrauereien, Restaurants und Galerien betreibt.

Douglas ▶ S 18

Unmittelbar an der mexikanischen Grenze ließ die Phelps Dodge Company im Jahr 1900 in **Douglas** 7 eine Anlage zur Kupferverhüttung bauen. Gleichzeitig entstand die heutige Ortschaft. Jahre später wurde mit dem **Gadsden Hotel** eine Nobelherberge errichtet, in der Kupferbosse und Viehbarone abstiegen. Besonders prächtig ist die Lobby mit Tiffanyglas und Blattgoldeinlagen ausgestaltet. Ins Obergeschoss führt eine breite Freitreppe aus weißem Marmor, die der mexikanische Revolutionär Pancho Villa bei einer Stippvisite hinaufgeritten sein soll (thegadsdenhotel.com).

Chiricahua National Monument ▶ S 17

Östlich von Hwy 186 & 181, Tel. 1-520-824-3560, www.nps.gov/chir, Visitor Center tgl. 8–16.30 Uhr, Eintritt frei

Chiricahua National Monument 8 liegt wie eine Insel in der Weite der Sonora- und Chiricahuawüste und bildet eine kühle, feuchte und bewaldete Oase mit außergewöhnli-

Aktiv

HÖHLENERKUNDUNG IN DEN KARTCHNER CAVERNS

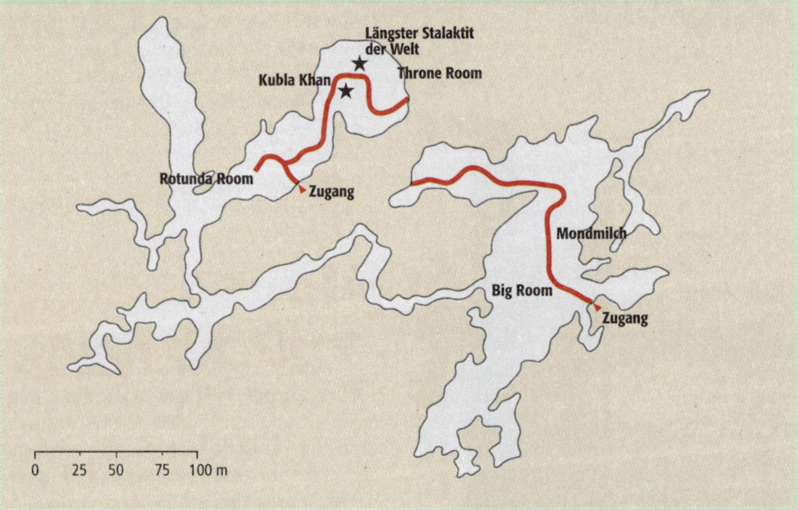

Tour-Infos

Start: Kartchner Caverns, 9 Meilen südlich von Benson am Hwy 90, Tel. 1-520-586-4100, https://azstateparks.com/kartchner, Park ohne Tour 7 $, Touren muss man vorab buchen!

Länge: Pro Tour ca. 600 m

Dauer: Pro Tour ca. 90–100 Min.

Eintritt: Erw. 23 $, Kin. 7–13 J. 13 $. Mindestalter für Big Room Tour 7 J.

Jahrelang hielten zwei junge Amateurhöhlenforscher ihre bereits 1974 gemachte Entdeckung geheim. Erst in den 1980er-Jahren informierten sie den Gouverneur des Bundesstaates Arizona über ihren sensationellen Fund: ein gewaltiges Höhlensystem, das Fachleute mittlerweile zu den zehn schönsten auf dem Planeten Erde zählen.

Heute sind Teile der **Kartchner Caverns** 10 das ganze Jahr zugänglich. Der **Big Room** bleibt im Sommer geschlossen. Um die feuchte unterirdische Märchenwelt vor der trockenen Außenatmosphäre zu schützen, baute die Parkverwaltung mit Luftschleusen ausgestattete Tunnel, die Besuchern als **Zugänge** dienen.

Das verborgene Fabelreich lässt sich auf zwei Touren erkunden. Die Führung in den **Rotunda Room** bzw. den **Throne Room** wird ganzjährig angeboten. Man bekommt neben dem mit 18 m

längsten Tropfsteinpfeiler in Arizona namens **Kubla Khan** und dem dünnsten und **längsten Stalaktiten der Welt** viele andere wunderbare Formationen zu sehen.
Die Tour durch den **Big Room** findet nur von Mitte Oktober bis Mitte April statt, weil im Großen Saal in den restlichen Monaten des Jahres ca. 1000 Fledermäuse nisten. Bekannt ist dieser gewaltige Höhlenraum auch für seine besonders umfangreichen, porösen Calcit-Ablagerung von weißer bis milchigweißer Färbung, auch **Mondmilch** genannt.

chen Felsformationen. Vor ca. 25 Mio. Jahren legten sich nach Vulkanausbrüchen mehrere Hundert Meter dicke Ascheschichten über das Land, die sich zu Gestein verdichteten. Durch Erdhebungen zerbrachen die Schichten und wurden von der natürlichen Erosion nach und nach zu seltsamen Felstürmen und Steinsäulen ausgewaschen.

Mit dem **Bonita Canyon Drive** führt eine 11,3 Meilen lange, für große Campmobile ungeeignete Straße mit mehreren Aussichtspunkten zum 2100 m hoch gelegenen Massai Point, wo mehrere Hiking Trails beginnen.

Benson ▶ R 17

Günstiges Etappenziel für einen Besuch der ca. 10 Meilen entfernten Kartchner Caverns ist das 5000 Einwohner zählende **Benson** 9 an der Interstate 10 mit einigen Hotels, Restaurants, Einkaufsmöglichkeiten und einer Amtrak-Bahnstation.

Infos

Visitor Center: 249 E. 4th St., Benson, AZ 85602, Tel. 1-520-586-4293, www.bensonvisitorcenter.com.

Übernachten

Gutes Kettenmotel – **Best Western Quail Hollow Inn:** 699 N. Ocotillo Rd., Tel. 1-520-586-3646, www.bestwestern.com. Pool, Wi-Fi, Frühstücksbuffet. In der Nähe liegen einige Restaurants. DZ ab 90 $.

Empfehlenswert – **Comfort Inn:** 630 S. Village Loop, Tel. 1-520-586-8800, www.comfortinn.com (> Search: Benson, AZ, US). 8 Meilen von den Kartchner Caverns entfernt. Pool, Fitnessgeräte, Frühstücksraum, geräumige Zimmer. DZ 80–139 $.

Camping – **Benson KOA:** 180 Four Feathers Lane, Benson, Tel. 1-520-586-3977, ganzjährig, www.koa.com. Platz mit Cabins, Pool, WLAN und Minigolf.

Essen & Trinken

Preiswerte mexikanische Gerichte – **Mi Casa:** 723 W. 4th St., Tel. 1-520-245-0343, Mo–Fr 11–19 Uhr. Kleines, einfaches und stets gut besuchtes Lokal mit köstlichen Gerichten (auch für Vegetarier). Ab 10 $.

Oldie-Atmosphäre – **Horseshoe Café:** 154 E. 4th St., Tel. 1-520- 586-2872, tgl. ab 6 Uhr. Deftiges Frühstück, zum Lunch/Dinner Hackbraten, Leber, Sandwiches. Ab 8 $.

Colossal Cave ▶ Q 17

Exit 279 von der I-10 nach Vail, Tel. 1-520-647-7275, www.colossalcave.com, Park Eintritt 5 $/ Pkw, Höhlentour tgl. 8–17 Uhr, Erw. 18 $

Verglichen mit den Kartchner Caverns (s. Aktiv S. 396) besitzt die bereits im Jahr 1879 entdeckte und 1923 für die ersten Besuchertouren geöffnete **Colossal Cave** 11 eine viel ältere touristische Geschichte. Ein weiterer Unterschied ist die Tatsache, dass die ständig 20 °C warme Colossal Cave schon vor Jahrtausenden austrocknete, die Tropfsteinformationen deshalb nicht mehr wachsen und außerdem ihre glitzernde ›Patina‹ verloren haben. Im Jahr 1905 wurde ein Tunnel in die Höhle getrieben, um den Fledermaus-Guano zu fördern, ein Unternehmen, das sich jedoch bald als unrentabel herausstellte. Die unterirdischen Touren führen über einen ca. 800 m langen Weg und 363 Stufen. Auf dem Gelände der Höhle gibt es unter freiem Himmel für Kinder einen Streichelzoo mit Ziegen, Schafen und Enten.

Taos
Pueblo
Santa Fe
Albuquerque
Rocky Mountains

Kapitel 6

New Mexico

So multikulturell wie New Mexico zeigt sich kein anderer US-Bundesstaat. Mit insgesamt 315 000 km^2 etwa so groß wie Deutschland ohne Niedersachsen, aber von nicht einmal 2 Mio. Menschen bewohnt, ist das Land eine schillernde Schatztruhe voller landschaftlicher und kultureller Kostbarkeiten: jahrhundertealte Ruinen aus indianischer Zeit, bewohnte Pueblos, schneeweiße Gipswüsten, Provinzkäffer wie Westernkulissen, Route-66-Reminiszenzen mitten im Großstadtbetrieb, unübersehbar mexikanisch geprägte Gastronomie, wohin das Auge blickt …

Vor diesem Hintergrund wird verständlich, warum sich der Staat den Beinamen Land der Verzauberung (Land of Enchantment) gegeben hat und sich die narzisstische Hauptstadt Santa Fe gerne The City Different nennen lässt, die etwas andere Stadt. Nicht nur wegen ihrer erdbraunen Adobe-Architektur sieht die kleinstädtische Metropole so ›unamerikanisch‹ aus. Selbst vielen Einwohnern sieht man an ihrem von eleganter Westernmode und Türkis- bzw. Silberschmuck geprägten Erscheinungsbild Traditionsverbundenheit und kulturelles Selbstverständnis an.

Natürlich resultiert die besondere Rolle von New Mexico auch aus der Geschichte des Landes. 1540 fuhr der spanische Eroberer Francisco Coronado den Rio Grande hinauf und bereitete der 1598 beginnenden Kolonisierung den Boden. Von knapp zwei Jahrzehnten abgesehen, blieb die spanische Herrschaft bis 1821 bestehen, als Mexiko die Unabhängigkeit erlangte und das Gebiet bis zur Annektierung durch die USA 1846 verwaltete. 1912 wurde New Mexico als 47. Bundesstaat in die amerikanische Union aufgenommen, blieb aber durch die gemeinsame Grenze mit Mexiko und die vielen aus Mexiko stammenden Siedler bis heute stark mit dem Nachbarland verbunden. Spanisch ist in New Mexico zweite offizielle Sprache.

Farbenfrohes Powwow bei den Indianern des Jemez Pueblo in New Mexico

Auf einen Blick: New Mexico

Sehenswert

Santa Fe: Die Hauptstadt von New Mexico ist sowohl das unumstrittene kulturelle Zentrum des Landes als auch eines der Hauptreiseziele im Südwesten (s. S. 402).

Taos Pueblo: Seit dem 12. Jh. ständig bewohnt, gehört der Pueblo zu den ältesten und ursprünglichsten Indianersiedlungen in der Region (s. S. 411).

Chaco Canyon: Von Mesa Verde abgesehen, existieren im Südwesten nirgends imposantere Ruinenanlagen der alten Anasazi-Indianer als in diesem weit abseits jeglicher Zivilisation gelegenen Canyon (s. S. 426).

Carlsbad Caverns: Die grandiosen Tropfsteinformationen dieses Höhlensystems halten Vergleichen mit den spektakulärsten Höhlen der Welt stand (s. S. 439).

Schöne Routen

Attraktive Nebenstrecke zwischen Gallup und Grants: Von Gallup nach Grants bildet die Interstate 40 eine direkte Straßenverbindung. Südlich der Schnellstraße verläuft über die Highways 602 und 53 eine Nebenstrecke, die nicht nur mit landschaftlichen Reizen, sondern auch mit dem El Morro National Monument aufwartet (s. S. 427).

Durch das Apachenland in die Heimat von Billy the Kid: Von White Sands erreicht man über Alamogordo den Ort Cloudcroft, von wo man durch eine abwechslungsreiche Berglandschaft in das Gebiet der Mescalero-Apachen, das Pferderennsportzentrum Ruidoso und nach Lincoln, Heimat der Westernlegende Billy the Kid, weiterfahren kann (s. S. 435).

Meine Tipps

Albuquerque: Die größte Stadt in New Mexico bietet in ihrem Zentrum ebenso wie in ihrer Umgebung interessante Sehenswürdigkeiten (s. S. 416).

El Rancho Hotel in Gallup: Die Unterkunft ist nicht nur eine Traditionsherberge mit einer sehenswerten Lobby, sondern als ehemaliger Außenposten der Filmfabrik Hollywood auch eine Art Museum der großen Westernstars (s. S. 427).

Rails to Trails: Ein ca. 16 km langer Abschnitt der ehemaligen Alamogordo & Sacramento Mountain Railroad wurde in einen Wanderweg umgewandelt, auf dem man unterschiedliche Landschaftsformen kennenlernen kann (s. S. 437).

Aktiv

Zipfelmützenpfad durch die Tent Rocks: Beim Cochiti Pueblo liegt ein verstecktes Juwel für Hiking-Fans – eine Landschaft, die vor Millionen Jahren durch vulkanische Aktivitäten entstand (s. S. 409).

Mit dem Dampfross durch die Rocky Mountains: Zwischen Chama in New Mexico und Antonito in Colorado verkehrt die Cumbres & Toltec Scenic Railroad mit uralten Dampflokomotiven (s. S. 412).

Hiking durch eine prähistorische Galerie: Das Petroglyph National Monument bietet eine der größten Ansammlungen indianischer Felsbilder in Nordamerika (s. S. 420).

International Balloon Fiesta: Das weltweit größte Treffen von Heißluftballonfahrern findet jedes Jahr im Oktober in Albuquerque statt. Am reizvollsten sind die Ballons, die in allen erdenklichen Formen und Farben leuchten (s. S. 422).

Geschichtsträchtige Wanderung am El Morro: Historische »Graffiti« säumen einen Trail im El Morro National Monument (s. S. 428).

Santa Fe und der Nordosten

New Mexico wird seinem Ruf als landschaftlich besonders abwechslungsreicher Bundesstaat auch im Nordosten seines Territoriums gerecht. Zwischen der Künstlerhochburg Santa Fe und der Colorado-Grenze liegen die südlichsten Ausläufer der Rocky Mountains, durch die eine 550 km lange Rundtour über Indianerpueblos, Wintersportorte und Stationen einer historischen Handelsroute führt. Die Verbindung zwischen Santa Fe und Albuquerque stellt der Pfad der Türkise her.

Santa Fe ▸W 10/11

Cityplan: S. 405
Märchenhafte Adobe-Bauten, indianische Schmuckmärkte, Hunderte Kunstgalerien, reizende Hotels und eine erlesene Gastronomie machen **Santa Fe,** die Hauptstadt von New Mexico, zu einem besonderen Stadtabenteuer. Selbst mitten im Zentrum hat sich der reizvolle Adobe-Baustil durchgesetzt, und mit Argusaugen wacht die Stadtverwaltung über die Einhaltung von Bauvorschriften. Adobe ist nicht nur ein aus zerkleinertem Stroh, Wasser und Lehm bestehendes uraltes Baumaterial, sondern eine Architektur-›Ideologie‹. Fast der gesamte historische Stadtkern besteht aus Bauten in diesem traditionellen Stil der alten Pueblo-Indianer, der sich durch abgerundete Ecken, Kanten und aus Wänden ragendem tragendem Gebälk auszeichnet.

Zentrum

Die Plaza 1

Als Ausgangspunkt für einen Rundgang bietet sich mit der **Plaza** das historische, kulturelle und ›spirituelle‹ Stadtzentrum an. Ein Denkmal aus Granit markiert an der südwestlichen Ecke den Endpunkt des historischen Santa Fe Trail (s. S. 414). An Sommerwochenenden verwandeln Mariachi-Kapellen den von Bäumen bestandenen Platz in eine Freilichtbühne, sodass man sich in einer mexikanischen Kleinstadt wähnt. An Ort und Stelle gründete 1610 der spanische Gouverneur Don Diego de Peralta die Hauptstadt des Territoriums New Mexico.

Palace of the Governors 2

105 W. Palace Ave., Tel. 505-476-5100, www.palaceofthegovernors.org, Sommer tgl. 10–17 Uhr, sonst Mo geschl., 12 $

An der Nordseite der Plaza ließ Peralta im selben Jahr mit dem **Palace of the Governors** eines der heute ältesten öffentlichen Gebäude der USA errichten. 1878 bis 1881 schrieb Gouverneur Lew Wallace dort seinen berühmten Roman »Ben Hur«, eines der meistgelesenen Bücher seiner Zeit.

Seit 1909 beherbergt das Gebäude ein historisches **Museum** mit Mobiliar aus der Pionierzeit, Kleidern, Haushaltsgegenständen, Büchern, historischen Fotos, Zeitungen und Landkarten. Im Innenhof findet jeweils im August das sogenannte **Mountain Man Rendezvous** statt, das an die früheren Treffen von Händlern, Jägern und Fallenstellern erinnert. Auf dem überdachten Gehsteig vor dem Gebäude verkaufen Pueblo-Indianer selbst hergestellten Schmuck.

Museum of Arts 3

107 W. Palace Ave., Tel. 505-476-5072, www.nmartmuseum.org, Di–So 10–17, 12 $, Fr 17–20 Uhr Eintritt frei

Nur ein paar Schritte vom Gouverneurspalast entfernt ist in einem der schönsten, 1917 erbauten Adobe-Gebäude der Stadt das **Museum of Arts** untergebracht. Zwei gedrungene Türme flankieren den Haupteingang. Neben einer bedeutenden Sammlung von Georgia-O'Keeffe-Werken konzentriert sich das Haus mit Zeichnungen, Gemälden, Skulpturen und Fotografien auf die regionale Kunst des Südwestens.

Georgia O'Keeffe Museum 4

217 Johnson St., Tel. 1-505-946-1000, www.okeeffemuseum.org, tgl. 10–17, Fr bis 19 Uhr, Erw. 13 $, Kin. bis 17 J. gratis

Mit Georgia O'Keeffe lebte lange Zeit eine der bedeutendsten amerikanischen Künstlerinnen des 20. Jh. auf der Ghost Ranch bei Abiquiu nordwestlich von Santa Fe. Ihre Werke sind u. a. im **Georgia O'Keeffe Museum** zu sehen, das zu den weltweit größten Sammlungen des Amerikanischen Modernismus von 1890 bis in die Gegenwart gehört.

Museum of Contemporary Native Arts 5

108 Cathedral Pl., Tel. 1-505-983-8900, www.iaia.edu/museum, Mi–Sa 10–17, So 12–17 Uhr, Erw. 12 $, Kin. unter 16 J. gratis

Ebenfalls im Zentrum gelegen, umfassen die Sammlungen des **Museum of Contemporary Native Arts** ungefähr 7000 Werke zeitgenössischer indianischer Künstler, darunter Gemälde, Töpfereien, Skulpturen und Schmuck sowie Korbflechtarbeiten unterschiedlicher Gruppen von Native Americans.

La Fonda Inn 6

Flaggschiff der lokalen Hotellerie ist das 1922 erbaute **La Fonda Inn.** Ehemals Endpunkt des zwischen Missouri und New Mexico verlaufenden Santa Fe Trail, besticht der Adobe-Bau mit einer Lobby, in deren Mitte das mit einem Natursteinboden ausgelegte und mit Töpfereien geschmückte Plazuela Restaurant durch Wände mit kleinflächig unterteilten, bunt bemalten Glasfenstern abgetrennt ist. Viele hübsche Details wie indianisches Kunsthandwerk, hübsche Lampen, bequeme Sitzgruppen und ein historischer Briefkasten machen die Eingangshalle zu einem gemütlichen Empfangsraum und Museum gleichermaßen (s. S. 407).

St. Francis Cathedral 7

Im Pueblo-Ambiente des Zentrums wirkt der neoromanische Baustil der **St. Francis Cathedral** wie ein Fremdkörper. In der dem hl. Franz von Assisi geweihten Kirche von 1869 steht die älteste, 1675 nach New Mexico gebrachte Madonnenstatue der USA (131 Cathedral Pl., Tel. 1-505-982-5619, tgl. 8–17.45 Uhr außer während Gottesdiensten).

Loretto Chapel 8

207 Old Santa Fe Trail, Tel. 1-505-982-0092, www.lorettochapel.com, im Sommer Mo–Sa 9–17, So 10.30–17 Uhr, im Winter kürzer, Erw. 2,50 $, Kin. 7–12 J., 3 $

Den Nonnen des Ordens Sisters of Loretto ist am Old Santa Fe Trail die 1873 errichtete, heute als Museum dienende **Loretto Chapel** geweiht. Eine Legende besagt, dass die Wendeltreppe im Innern aus Holz angefertigt wurde, das es nirgends in Amerika gibt, und dass der unbekannte Erbauer der freitragenden Konstruktion aus Santa Fe verschwand, bevor er den Lohn für seine Arbeit bekam.

Oldest House 9

215 E. De Vargas St., Tel. 505-988-4127, Mo–Fr 9–17 Uhr, Eintritt frei

Einige Schritte südlich des Santa Fe River steht mit dem **Oldest House** das vermutlich älteste Anwesen in Santa Fe, dessen Alter allerdings nicht genau bestimmbar ist. Die Fundamente des heutigen Souvenirshops sollen im 13. Jh. von den Einwohnern des Ogapoge-Pueblos gelegt worden sein. Baumringanalysen haben die hölzerne Dachkonstruktion des Adobe-Hauses auf die Mitte des 18. Jh. datiert.

San Miguel Chapel 10

401 Old Santa Fe Trail, Tel. 1-505-983-3974, sanmiguelchapel.org, Mo–Sa 9–17, So 10–16 Uhr, 1 $, Kinder unter 6 J. gratis

Die dritte Kirche im Stadtzentrum ist die im Jahr 610 von Tlaxcala-Indianern erbau-

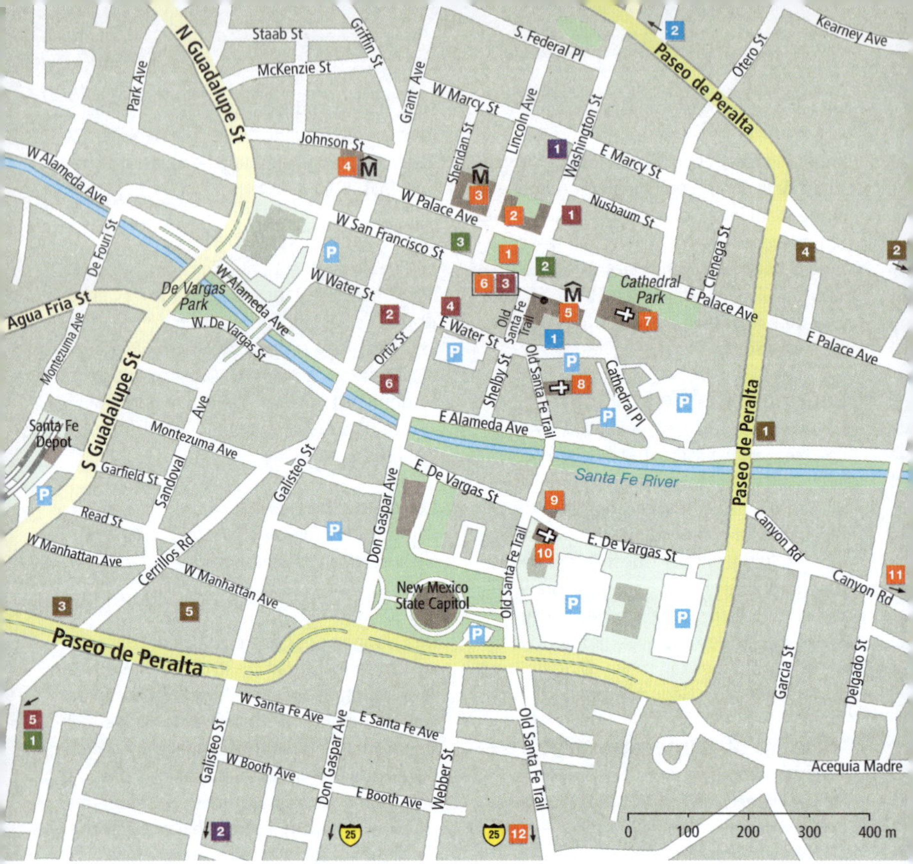

te Missionskirche **San Miguel,** die manche für das älteste Gotteshaus in den USA halten. Durch den Indianeraufstand von 1680 erlitt der mit einer sehenswerten Balkendecke ausgestattete Bau so starke Beschädigungen, dass er 30 Jahre später in großen Teilen erneuert werden musste. Die Glocke der Kirche stammt von 1356 und wurde in Spanien gegossen.

Canyon Road 11

Vor Jahrhunderten ein von Indianern benutzter Pfad in die im östlichen Bergland liegenden Pecos-Pueblos, ist die schmale **Canyon Road** im 20. Jh. zum Epizentrum der lokalen Kunstszene geworden. Spanische Siedler bauten seit Anfang des 18. Jh. in der bewaldeten Schlucht entlang dem Santa Fe River Adobe-Wohnungen um Innenhöfe und legten damit ein architektonisches Muster an, dem heute noch zahlreiche Anwesen folgen. Immer schneller verdrängt die voranschreitende Kommerzialisierung das einstige Flair des Bohemiens-Viertels an der Canyon Road, wo längst nicht mehr nur die besten Künstler, sondern vor allem die erfolgreichsten Kunsthändler ihre Niederlassungen haben.

Bereits 1916 ließen sich die ersten Kunstschaffenden in Santa Fe nieder, denen Schriftsteller, Poeten und Maler wie die Cinco Pintores folgten. Fünf Maler gründeten 1921 mit einem Künstlerkreis die Keimzelle der heutigen Kunstszene in Santa Fe. Längst drängen sich Galerien und Ateliers, Antiquitätengeschäfte und Schmuckstudios, Töpferwerkstätten und Fotogalerien in der Canyon Road aneinander und bilden die größte Künstlerkolonie im Westen der USA.

Santa Fe

Sehenswert
1 Plaza
2 Palace of the Governors
3 Museum of Arts
4 Georgia O'Keeffe Museum
5 Museum of Contemporary Native Arts
6 La Fonda Inn
7 St. Francis Cathedral
8 Loretto Chapel
9 Oldest House
10 San Miguel Chapel
11 Canyon Road
12 Museum Hill

Übernachten
1 Inn on the Alameda
2 Alexander's Inn
3 Hotel Santa Fe
4 Hacienda Nicolas
5 El Paradero B & B Inn

Essen & Trinken
1 Anasazi Restaurant
2 Coyote Café
3 Plazuela Restaurant
4 Café Pasqual's
5 La Choza
6 Del Charro Saloon

Einkaufen
1 Jackalope
2 Lucchese
3 Ortega's

Abends & Nachts
1 La Fiesta Lounge
2 Santa Fe Opera

Aktiv
1 Mellow Velo
2 Body

Museum Hill 12

Santa Fes **Museum Hill** trägt seinen Namen aus gutem Grund: Gleich vier Museen haben dort ihren Standort.

Museum of Spanish Colonial Art

750 Camino Lejo, Tel. 1-505-982-2226, www.spanishcolonial.org, tgl. 10–17 Uhr, 10 $, Kin. unter 16 J. gratis

Um Kunstwerke aus vier Jahrhunderten und fünf Kontinenten geht es im **Museum of Spanish Colonial Art**. Die Exponate aus dem spanischen Kolonialzeitalter bestehen zu einem großen Teil aus religiöser Kunst von Malereien auf Holz bis zu Skulpturen, aber auch aus Mobiliar, Textilien und einem außerhalb stehenden Holzhaus aus dem 18. Jh.

Museum of Indian Arts and Culture

710 Camino Lejo, Tel. 1-505-476-1250, www.indianartsandculture.org, Mai–Sept. tgl., Okt.–April Di–So 10–17 Uhr, 12 $, Kin. unter 16 J. gratis

Mit etwas Glück fällt ein Besuch im hervorragenden **Museum of Indian Arts and Culture** auf einen Tag, an dem Töpfer, Trommelbauer, Maler oder Korbflechter ihre Kunst demonstrieren. Aber auch an anderen Tagen faszinieren die Ausstellungen mit Kunst von Native Americans und interessanten Aspekten des indianischen Alltagslebens wie etwa einem Besuch in einer traditionellen Navajo-Behausung.

Museum of International Folk Art

706 Camino Lejo, Tel. 1-505-476-1200, www.internationalfolkart.org, Mai–Sept. tgl., Okt.–April Di–So 10–17 Uhr, 12 $, Kin. unter 16 J. gratis

Häufig wechselnde Präsentationen zeigen im **Museum of International Folk Art** etwa Bronzeminiaturen aus Indien, Dolche aus Indonesien, Masken aus Nepal oder repräsentative Kleidung bzw. Accessoires von Honoratioren in Schwarzafrika.

Wheelwright Museum of the American Indian

704 Camino Lejo, Tel. 1-505-982-4636, www.wheelwright.org, tgl. 10–17 Uhr, Eintritt frei

Das **Wheelwright Museum of the American Indian** beschränkt sich auf ältere und zeitgenössische indianische Kunst aus dem Südwesten der USA wie Silber- oder Webarbeiten der Navajo und Schmuck aus neumexikanischen Pueblos.

Adobe – Philosophie aus Lehm, Stroh und Wasser

Ganz besonders in New Mexico fällt im Straßenbild vieler Orte die typische Pueblobauweise auf. Das Baumaterial, genannt Adobe, ist ein Gemisch aus Lehm, zerkleinertem Stroh, Sand und Wasser, charakteristisch sind abgerundete Kanten und Ecken sowie tragende Holzbalken, die über die Außenwände hinausragen.

Taos Pueblo

Keine andere Stadt im Südwesten pflegt den traditionellen Pueblostil so konsequent wie Santa Fe. Die erdbraunen Gebäude verleihen der Hauptstadt von New Mexico einen unnachahmlichen Reiz, besonders am Morgen und Abend, wenn die tief stehende Sonne Mauern und Fassaden zum Leuchten bringt. Neben dem Baumaterial bezeichnet der Begriff Adobe, den die Spanier offenbar aus dem Arabischen entlehnten, auch ganze Gebäude, die aus Adobe-Ziegeln errichtet wurden. Diese Bauweise prägt den Südwesten schon seit Jahrhunderten, obwohl der einfach herzustellende und billige Baustoff statisch bzw. hinsichtlich der Haltbarkeit nicht mit Beton konkurrieren kann. Häuserwände aus Adobe müssen für einen eingeschossigen Bau etwa einen halben Meter dick sein, um die Last eines Daches tragen zu können. Starke Regengüsse können den Lehm auswaschen und die Mauern brüchig machen. Aber Adobe hat gerade unter den klimatischen Bedingungen des Südwestens auch große Vorteile, die kein anderes Material aufweist. Wissenschaftliche Messungen haben ergeben, dass sich aus Lehm, zerkleinertem Stroh, Sand und Wasser gefertigte Wände unter Sonneneinstrahlung günstig verhalten. Bei großer Hitze schützen sie vor Wärme und vermögen Innenräume besser kühl zu halten als etwa Betonwände. Nachts, wenn die Außentemperaturen sinken, bzw. in der kalten Jahreszeit geben tagsüber aufgeheizte Adobe-Gebäude ihre Wärme ab und halten ein relativ konstantes Raumklima. Die Archäologie lieferte den Nachweis, dass die Anasazi-Indianer schon zur Blütezeit ihrer Kultur im 12. Jh. mit Adobe bauten. Die rund 400 Jahre später eintreffenden Spanier übernahmen dieses Material, veränderten aber das Konstruktionsprinzip. Während die Indianer die teils mit Tierhaaren vermengte Lehmmischung einfach aufeinanderschichteten, begannen die Spanier Adobe-Ziegel in Holzformen herzustellen, die sich exakter verbauen ließen. Diese Bauweise wurde bei zahlreichen historischen Gebäuden sowohl in New Mexico als auch in anderen Bundesstaaten des Südwestens festgestellt.

Die wirtschaftliche Entwicklung New Mexicos nach dem Anschluss ans transkontinentale Bahnnetz im Jahre 1880 blieb nicht ohne Auswirkung auf die traditionelle Architektur. Moderne Baustoffe wie gebrannte Ziegel und Beton erfuhren einen Boom, u. a. weil Adobe nun als etwas Minderwertiges betrachtet wurde. Seit einigen Jahrzehnten erleben Lehmgebäude aber eine wahre Renaissance, woran die Psychologie nicht ganz unschuldig war. Sie will festgestellt haben, dass die runderen Bauformen der Adobe-Architektur, die keinen rechten Winkel kennt, mehr Wohn- und Lebensqualität vermitteln als die moderne Bauweise mit chemischen Zusätzen im Material. Heute werden Adobe-Ziegel industriell gefertigt und durch Zusätze so präpariert, dass sie Feuchtigkeit abweisen und relativ resistent gegen Regen sind.

Infos

Santa Fe Convention & Visitors Bureau: 201 W. Marcy St., Santa Fe, NM 87501, Tel. 1-505-955-6200, www.santafe.org.

Übernachten

Hotels und Motels aller Kategorien liegen an der nach Süden führenden Cerrillos Road.

Luxus und Komfort mit Flair – **La Fonda Inn** 6 **:** 100 E. San Francisco St., Tel. 1-505-982-5511, www.lafondasantafe.com. 2013 wurde das im Zentrum liegende Luxushotel renoviert. Ganz exklusiv sind die Räume der Terrace mit Whirlpool auf dem Dach. Immer Betrieb ist in der Lounge und den Restaurants. DZ ab 269 $, es gibt auch günstige B-&-B-Pauschalen, Parken 20 $.

Unterkunft mit Charme – **Inn on the Alameda** 1 **:** 303 E. Alameda Ave., Tel. 1-505-984-2121, www.innonthealameda.com. Dem Charme des Anwesens kann man sich nicht entziehen. Alle Zimmer mit gefliesten Bädern, Patio bzw. Balkon. DZ mit Frühstück ab 259 $, Suiten 259–609 $.

Reizendes B & B – **Alexander's Inn** 2 **:** 529 E. Palace Ave., Tel. 1-505-986-1431, www.alexanders-inn.com. Gäste nächtigen in einem kleinen romantischen Häuschen *(casita)* mit Mikrowelle und Kühlschrank oder einem Cottage mit Küche, beides im Santa-Fe-Stil, zweistöckig und mit Kamin. Zwei Blocks weiter besitzt das Inn noch weitere Casitas für längere Aufenthalte. DZ im Sommer ab 215 $.

Indianische Oase – **Hotel Santa Fe** 3 **:** 1501 Paseo de Peralta, Tel. 1-505-982-1200, www.hotelsantafe.com. Das Haus im Adobe-Stil gehört dem Picuris-Pueblo und ist geschmackvoll mit Indianerkunst ausgestattet. Das Restaurant serviert einen modernen Mix indianisch-amerikanischer Küche. Auf dem gleichen Gelände liegt die Hacienda, ein 4-Sterne-Haus mit Suiten im Südweststil und offenen Kaminen. DZ ab 199 $, Hacienda ab 249 $.

Top-B & B – **Hacienda Nicholas** 4 **:** 320 E. Marcy Ave., Tel. 1-505-986-1431, www.haciendanicholas.com. B & B vom Feinsten mit Südwestcharme, einige Räume mit Kamin. Schöner Garten, grandioses Frühstück, auf Wunsch auch vegetarisch, perfekter Service. DZ ab 155 $.

Ruhig und komfortabel – **El Paradero B & B Inn** 5 **:** 220 W. Manhattan Ave., Tel. 1-505-988-1177, www.elparadero.com. In einer ruhigen Nebenstraße in der historischen Altstadt, 14 farbenfrohe Zimmer und 2 Suiten. Gäste können im Garten frühstücken. DZ 155–180 $.

Tipp

CULTUREPASS

30 $ kostet der Culturepass, mit dem man Zutritt in 15 staatliche Museen und historische Stätten von New Mexico erhält. In Santa Fe gehören dazu das Museum of Art, das Museum of Natural History & Science, International Folk Art, Indian Arts & Culture. Einige Museen bieten freitags freien Eintritt an, meist 17–20 Uhr. Im Winter sind Museen montags oft geschlossen (www.newmexicoculture.org/visit/culturepass).

Essen & Trinken

Kulinarische Hochburg – **Anasazi Restaurant** 1 **:** 113 Washington Ave., Tel. 1-505-988-3236, www.innoftheanasazi.com, Frühstück 6.30–10.30, Lunch 11.30–14.30, Dinner 17.30–22 Uhr. In diesem elegant-rustikalen Lokal schmeckt die innovative, sowohl französisch wie asiatisch beeinflusste Südwestküche. Ab 35 $.

Gut, wenn auch nicht preisgünstig – **Coyote Café** 2 **:** 132 W. Water St., Tel. 1-505-983-1615, www.coyotecafe.com, Mo–Sa 17.30–23, So ab 11 Uhr. Raffinierte Kreationen und bewährte klassische Gerichte, serviert in gestyltem Ambiente. Ab 28 $.

Restaurant mit Atmosphäre – **Plazuela Restaurant** 3 **:** Im La Fonda Inn (s. S. 407). Wunderschön im typisch südwestlichen Stil hergerichtetes Lokal. Eine Hausspezialität sind Rellenos de La Fonda, zwei große, mit Käse gefüllte, gebratene Chilis, serviert mit Guacamole und schwarzen Bohnen (19 $).

Beliebtes Traditionslokal – **Café Pasqual's 4: **121 Don Gaspar Ave., Tel. 1-505-983-9340, https://pasquals.com, tgl. ab 8 Uhr Frühstück, danach Lunch und Dinner. Die Küchencrew legt großen Wert auf frische, saisonale Bio-Produkte. Der Chefkoch konnte sich schon mit dem begehrten James Beard Award schmücken. Ab ca. 15 $.

Gut und günstig – **La Choza 5:** 905 Alarid St., Tel. 505-982-0909, www.lachozasf.com, tgl. außer So 11–21 Uhr. Außerhalb des touristischen Zentrums, deswegen aber auch preisgünstigeres Lokal mit guten neumexikanischen Gerichten. Ab ca. 11 $.

Gut fürs People Watching – **Del Charro Saloon 6:** 101 W. Alameda Ave., Tel. 1-505-954-0320, www.innofthegovernors.com, 11.30–24 Uhr. Das gemütlich eingerichtete Lokal mit überdachter Terrasse um einen offenen Kamin. Ab 6 $.

Einkaufen

Toller Laden – **Jackalope 1:** 2820 Cerrillos Rd., Tel. 1-505-471-8539, www.jackalope.com. Exzellentes Shopping-Paradies für Reiseandenken im typischen Stil des Südwestens: bemalte Keramik, dekoratives indianisches Kunsthandwerk, Gewürze, Textilien. In einem Glasbläserstudio kann man dem Meister bei der Arbeit zusehen.

Modische Lederwaren – **Lucchese 2:** 57 Old Santa Fe Trail, Tel. 1-505-820-1883, www.lucchese.com. Handgefertigte Stiefel, Gürtel und andere hübsche Accessoires.

Schatztruhe für Schmuck – **Ortega's 3:** 101 W. San Francisco St., Tel. 1-505-988-1866. Wunderschöner Schmuck aus Silber, Türkisen und polierten Steinen von mehr als 40 überwiegend lokalen Künstlern.

Abends & Nachts

Santa Fe ist kein Paradies für Nachtschwärmer. Unterhaltung bietet das 15 Meilen nördlich liegende **Buffalo Thunder Casino.**

Unterhaltsam – **La Fiesta Lounge und Belltower Bar 1:** im La Fonda 6 (s. S. 407). In der Lounge gibt es tgl. Livemusik und gute Margaritas. Sundowner nimmt man in der Bar mit Ausblick auf Santa Fe zu sich.

Operngenuss – **Santa Fe Opera 2:** 7 Meilen nördlich der Stadt abseits Hwy 84, Tel. 505-986-5900, www.santafeopera.org. Die Spielsaison dauert von Ende Juni bis Ende August.

Aktiv

Radverleih – **Mellow Velo 1:** 132 E. Marcy St., Tel. 1-505-995-VELO, http://mellowvelo.com.

Im Wellnesshimmel – **Body 2:** 333 Cordova Rd., Tel. 1-505-986-0362, www.bodyofsantafe.com. Spa, Yoga- und Bewegungsstudio mit einem Cafe – nicht nur – für Veganer und Vegetarier sowie einer Boutique.

Termine

Santa Fe Indian Market (Aug.): Ca. 1200 indianische Künstler und Kunsthandwerker verkaufen ihre Produkte auf diesem populären Markt (www.swaia.org).

La Fiesta de Santa Fe (Sept.): Seit 1720 veranstaltetes religiöses Fest mit Paraden, Konzerten und einem abwechslungsreichen kulinarischen Angebot (www.santafefiesta.org).

Verkehr

Flugzeug: Der Santa Fe Municipal Airport liegt südwestlich des Stadtzentrums und wird nur von kleineren Regionallinien angeflogen (Airport Road, www.santafenm.gov, Tel. 1-505-955-2900). Internationale Fluglinien nutzen den Flughafen in Albuquerque (s. S. 422).

Bahn: Santa Fe besitzt keinen Anschluss an das Amtrak-Bahnnetz. – Mit dem New Mexico Rail Runner Express (NMRX) kann man vom Santa Fe Depot durch das Rio Grande-Tal über 14 Haltestellen (u. a. Bernalillo und Albuquerque) bis in das 160 km entfernte Belen südlich von Isleta Pueblo fahren.

Bus: Öffentliche Busse von Santa Fe Trails (Tel. 505-955-2001, www.santafenm.gov, Erw. 1,50 $, Kin. bis 17 J. gratis).

Northern Pueblos

▶ V/W 10

Karte: S. 411

Alle Gruppen im Südwesten zusammengenommen, gibt es heute ca. 33 000 Pueblo-Indianer, von denen viele am oberen und mittleren Rio Grande leben. Der Besuch traditioneller Pueblos erfordert überall eine strikt einzuhaltende Etikette.

Pojoaque Pueblo 2

Ebenfalls ein Winzling ist **Pojoaque Pueblo,** der schon vor Jahren das Cities of Gold Casino samt Restaurant, Bar, Einkaufsläden und Hotel eröffnete (Tel. 1-505-455-4500, http://pojoaque.org) und sein Kunsthandwerk professionell vermarktet.

Nambé Pueblo 3

Insbesondere mit einer attraktiven Naturszenerie und den schönen Nambé-Wasserfällen in den Ausläufern der Sangre de Cristo Mountains lockt der von Bergketten umgebene **Nambé Pueblo.** Jeden 4. Juli findet vor vielen Besuchern das Nambé Falls Ceremonial mit Tänzen und einer Kunstmesse statt.

San Ildefonso Pueblo 4

Visitor Center, Tel. 505-455-3549, dort kann man eine Genehmigung zum Fotografieren erwerben

Dass der **San Ildefonso Pueblo** mit seinen 1500 Einwohnern über die Grenzen von New Mexico hinaus bekannt ist, liegt hauptsächlich am dort hergestellten Kunsthandwerk. In den 1920er-Jahren begannen die Künstlerin Maria Martinez und ihr Mann, die fast in Vergessenheit geratene und heute ebenso berühmte wie kostspielige schwarze Keramik herzustellen, als deren Kennzeichen die Black-on-Black-Kreationen gelten, mattschwarze Muster auf poliertem schwarzem Untergrund formschöner Gefäße. Den Pueblo kann man besichtigen.

Aktiv

ZIPFELMÜTZENPFAD DURCH DIE TENT ROCKS

Tour-Infos

Start: Fünf Meilen auf der Tribal Road 92 bei Cochiti Pueblo bis Parkplatz Tent Rocks.
Länge: 4 Meilen (6,4 km) hin und zurück
Dauer: 3 Std.
Wichtige Hinweise: Von den beiden Trails ist der Canyon Trail im National Monument der attraktivere.

Ca. 30 km südwestlich von Santa Fe liegt der **Cochiti Pueblo 1**, dessen 1000 Einwohner von einem 1975 fertiggestellten Stausee profitieren, der nicht nur der Landwirtschaft dient, sondern auch vielfältige Freizeitaktivitäten erlaubt (www.indianpueblo.org/19-pueblos/pueblos). Außerhalb des Dorfes gibt es mit dem Kasha-Katuwe Tent Rocks National Monument ein außergewöhnliches Wandergebiet. In einer Art Talkessel versammeln sich Felsen aus hellem Ocker, die wie Zipfelmützen aussehen und auf vulkanische Aktivitäten zurückgehen. Ihren Reiz entdeckt man am besten auf dem Canyon Trail. Spannend wird es nach einem knappen Kilometer im engen Slot Canyon, der an manchen Stellen nur so breit ist, dass man zwischen den Felswänden links und rechts gerade hindurch passt. Über Stufen und Serpentinen geht es danach steil eine ca. 200 m hohe Flanke hinauf mit tollen Ausblicken auf die Zipfelmützenlandschaft. Der Pfad führt an schroffen Abbrüchen entlang und endet an einem Aussichtspunkt, von dem der Panoramablick über die ganze Umgebung reicht. Man geht denselben Pfad zum Parkplatz zurück.

Santa Clara Pueblo 5

Ebenfalls mit Töpfereien macht der gut 10 000 Einwohner große **Santa Clara Pueblo** Geschäfte. Seine Hauptattraktion ist aber der reizvolle, von Bergen eingerahmte Santa Clara Canyon mit mehreren kleinen Seen, Teichen und Campingplätzen. Die Vorfahren der heutigen Indianer lebten in den historischen **Puye Cliff Dwellings** am Canyoneingang, die bereits zu Beginn des 13. Jh. bewohnt waren. Archäologische Ausgrabungen ergaben, dass die damaligen Menschen rote Keramik töpferten, die heute noch hergestellt und mit farbigen Mustern versehen wird.

Bandelier National Monument 6

Von White Rock aus fahren Shuttles zwischen 9 und 15 Uhr die beliebtesten Teile des Parks an, private Pkw dürfen nur außerhalb dieser Zeiten genutzt werden, 20 $/Pkw, www.nps.gov/band

Ähnliche Klippenwohnungen wie in Puye liegen im **Bandelier National Monument** südlich von Los Alamos. Der Schweizer Anthropologe Adolph F. A. Bandelier beschäftigte sich als erster Völkerkundler bereits zwischen 1880 und 1886 mit den Spuren prähistorischer Indianer im Südwesten und stieß auf die Cliff Dwellings in dem nach ihm benannten National Monument. Vorfahren der heutigen Pueblo-Indianer besiedelten dieses Gebiet in der Zeit von etwa 1200 bis 1550, wobei sich die ältesten Wohnungen in natürlichen Felshöhlen der Tuffsteinfelsen befanden und erst in späterer Zeit zusätzlicher Raum durch Vorbauten geschaffen wurde. Wissenschaftler gehen davon aus, dass die Indianer um die Mitte des 16. Jh. das Gebiet von Bandelier verließen, um sich im Tal des Rio Grande niederzulassen.

Chimayo 7

Legenden über wundersame Heilungen und ein alter Glaube an die Heilkraft des Lehmbodens machten **Chimayo** schon vor langer Zeit zum Lourdes des Südwestens.

Santuario de Chimayo

NM 76, Tel. 1-505-351-9961, www.elsantuario dechimayo.us, Okt.–April 9–17, sonst bis 18 Uhr

Der aus dem heute 3200 Einwohner großen Städtchen stammende Don Bernardo Abeyta, so erzählt man sich, wurde von einer lebensbedrohenden Krankheit geheilt, als er niederkniete und den Boden berührte. Aus Dankbarkeit ließ er zwischen 1813 und 1816 die Wallfahrtskirche **Santuario de Chimayo** bauen. Im Steinboden des Gotteshauses blieb eine Öffnung frei, damit Gläubige auch fortan die heilsame Erde berühren konnten. Die Kapelle wird alljährlich von Zehntausenden besucht, von denen manche den Ort offensichtlich ohne Krücken und Rollstühle verließen.

Taos 8

Nur wenige Ortschaften besitzen eine so schillernde Vergangenheit wie das 5700 Einwohner große **Taos,** in dem sich indianische und spanische, mexikanische und amerikanische Spuren überdecken. Die ersten ständigen Bewohner der Gegend ließen sich wahrscheinlich schon um 1000 n. Chr. an der Westflanke der Sangre-de-Cristo-Berge, im heutigen Taos Pueblo, nieder. Nach der ersten spanischen Erkundung 1540 dauerte es bis 1617, ehe die Kolonisten von der Iberischen Halbinsel erste Niederlassungen gründeten. 1826 kam der später berühmt gewordene Scout Kit Carson (1809–1868) nach Taos und wurde 1843 Bürger der Stadt.

Blumenschein Home and Museum

222 Ledoux St., Tel. 1-505-758-0505, http://taos historicmuseums.org, Mi/Do geschl., Erw. 8 $

Ein weiterer prominenter Einwohner der Stadt war der seit 1919 dort lebende amerikanische Maler Ernest Blumenschein (1874–1960). Das **Blumenschein Home & Museum** soll so wie zu seinen Lebzeiten ausgestattet sein. Bereits 1915 hatte Blumenschein zusammen mit vier anderen Künstlern die bis zum Jahr 1927 bestehende Taos Society of Artists gegründet.

Santa Fe und New Mexicos Nordosten

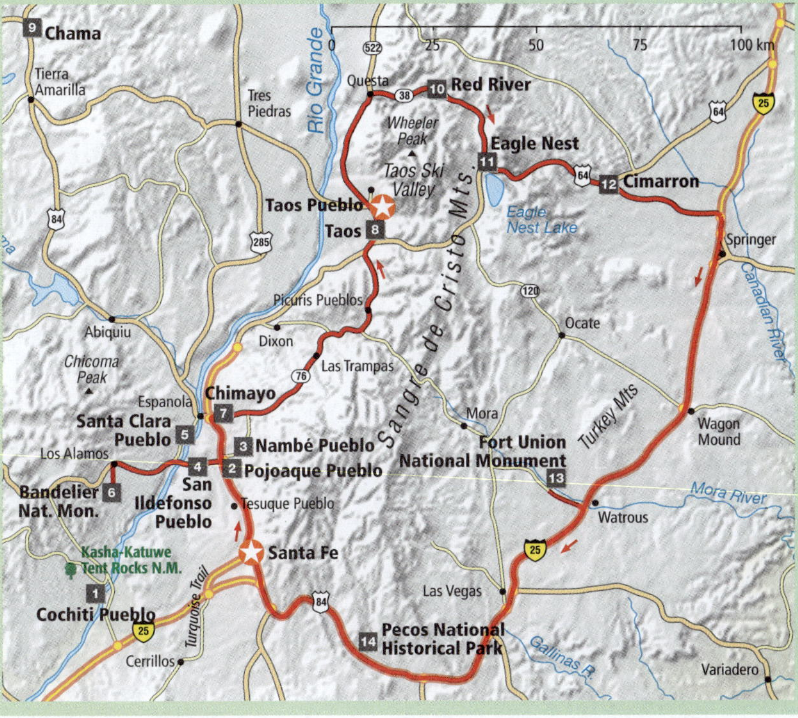

Taos Art Museum

227 Paseo del Pueblo Norte, Tel. 505-758-2690, www.taosartmuseum.org, Di–So 10–16 Uhr, 10 $

Unter den Gründern der Taos Society of Artists war auch der russische Maler Nicholai Fechin, dessen ehemaliges Haus in das **Taos Art Museum** umgewandelt wurde. In den Räumlichkeiten sind zahlreiche von Fechin selbst mit Holzschnitzereien versehene Möbelstücke sowie Malereien von etwa 50 lokalen Künstlern zu sehen.

Taos Pueblo

3 Meilen nördl. von Taos, Tel. 1-575-758-1028, www.taospueblo.com, tgl. 8–16.30 Uhr außer bei Zeremonien, Erw. 16 $ inkl. Kamera, Kin. ab 11 J. 14 $

Die nördlichste Indianersiedlung New Mexicos ist auch der am besten erhaltene und sehenswerteste Pueblo. Er ist eine seit Jahrhunderten bewohnte Siedlung. Zusammen mit Acoma und Old Oraibi auf der Hopi Mesa in Arizona rivalisiert er um die Reputation als älteste ständig besiedelte Gemeinde auf US-Boden. Um eine vom schmalen Taos Pueblo River zweigeteilte Plaza stehen mehrstöckige und eingeschossige Adobe-Bauten, zwei Kirchen, diverse Gestelle, die dazu dienen, Früchte zu trocknen oder Brennholz zu lagern, und mehrere erdfarbene Brotbacköfen, sogenannte *hornos*. Obwohl die Einwohner des Taos Pueblo als besonders traditionsbewusst und religiös gelten und bis heute auf Strom verzichten, erlauben sie Fremden, das Dorf zu besichtigen und nach dem Er-

Aktiv

MIT DEM DAMPFROSS DURCH DIE ROCKY MOUNTAINS

Tour-Infos

Start: Chama Depot in Chama, Tel. 1-888-286 -2737, www.cumbrestoltec.com.
Länge: hin und zurück ca. 100 Meilen
Dauer: ca. 6–7 Std. (mit Lunchrast in Osier)
Preis: Chama – Antonito und zurück je nach Klasse Erw. 100–196 $, Kin. 50–80 $ (inklusive All-you-can-eat-Lunch)

Seit Jahren ist die historische **Cumbres & Toltec Scenic Railroad** zwischen **Chama** 9 (New Mexico) und **Antonito** (Colorado) eine beliebte Touristenattraktion. Einem breiteren Publikum wurde die durch eine dramatische Bergszenerie führende Schmalspureisenbahn durch zahlreiche Kinofilme wie »Indiana Jones und der letzte Kreuzzug« bekannt.
Mit Kohle gefütterte Dampfloks schleppen geschlossene Passagierwaggons, deren offene Aussichtsplattformen zum Gucken einladen, auf der höchsten Schmalspurstrecke der USA über den 3053 m hohen **Cumbres Pass** in den Rocky Mountains. Auf halbem Weg zwischen Chama und Antonito legen alle Züge eine Lunchrast in **Osier** ein.

Der Fahrplan bietet mehrere Kombinationsmöglichkeiten von Zug und Bus, um die reizvolle Bergstrecke bequem vom Waggon aus kennenzulernen. Legt man die Distanz zwischen Chama und Antonito per Zug zurück, kann man die Rückfahrt mit dem Bus antreten. Man kann die Schienenstrecke zwischen den beiden Orten aber auch hin und zurück per Eisenbahn zurücklegen. Außerdem verkehren zu bestimmten Zeiten Sonderzüge etwa mit abendlichem Dinnertheater an Bord. Im Herbst ist die Fahrt beliebt, um die sich prachtvoll verfärbenden Laubwälder anzusehen.

werb einer entsprechenden Genehmigung sogar zu fotografieren und zu filmen, was in vielen anderen Pueblos verboten ist. Als UNESCO-Welterbe steht Taos Pueblo unter einem besonderen Schutz.

Infos

Visitor Center: 1139 Paseo del Pueblo Sur, Taos, NM 87571, Tel. 1-575-758-3873, www.taos.org, tgl. 9–17 Uhr.

Übernachten

Adobe-Hotel – **The Historic Taos Inn:** 125 Paseo del Pueblo Norte, Tel. 1-575-758-2233, www.taosinn.com. Historisches Adobe-Anwesen mit 44 Zimmern und Suiten im Stil des Südwestens zum Teil mit Kamin. Im Sommer Außenpool. Die hauseigene Adobe Bar gilt als lokaler Treffpunkt. DZ 89–275 $.

Gute Ausstattung – **Adobe Sun God Lodge:** 919 Paseo del Pueblo Sur, Tel. 1-575-758-3162, www.sungodlodge.com. Das Boutiquehotel im Adobe-Stil ist um einen großen Hof errichtet. Alle Zimmer mit Kaffeemaschine, einige der Räume oder Suiten mit kleiner Küche. DZ 82–144 $.

Essen & Trinken

Einfach und gut – **La Cueva:** 135 Paseo del Pueblo Sur, Tel. 1-575-758-7001, www.lacuevacafe.com, tgl. 10–21 Uhr. Liebhaber mexikanischer Spezialitäten finden in dem kleinen Lokal eine gute Auswahl, ab 11 $.

Freundlicher Service – **Michael's Kitchen:** 304 Paseo Del Pueblo Norte, Tel. 1-575-758-4178, www.michaelskitchen.com, Mo–Do 7–14.30, Fr–So 7–20 Uhr. Von den vegetarischen Frühstücksomelettes bis zu den gefüllten Sopapillas zum Abendessen exzellente Gerichte mit mexikanischem Einschlag. Ab ca. 10 $.

Termine

Taos Pueblo Powwow (Juli): Großes Indianertreffen mit Musik, Gesang und Tänzen im Taos Pueblo (www.taospueblopowwow.com).
Taos Fall Arts Festival (Sept.): Kulturfest mit vielen Veranstaltungen (www.taosfallarts.com).

Enchanted Circle

▶ W/X 9

Karte: S. 411
Enchanted Circle – ›verzauberter Kreis‹ – nennen die Einheimischen die Route durch die Bergwelt des nördlichen New Mexico.

Red River 10

In Questa verlässt die Route 38 das Tal des Rio Grande und windet sich stetig ansteigend durch dichten Hochwald zum Wintersportort **Red River** hinauf, in dem die Sonne selbst Anfang Mai noch nicht alle Schneeflecken aufgetrocknet hat. Vor einem guten Jahrhundert noch ein Bergbaucamp, hat sich der nicht einmal 500 Einwohner große Ort an der Nordostflanke des Mount Wheeler zum Skiparadies entwickelt, das auch im Sommer viele Freizeitmöglichkeiten bietet (www.redriver.org).

Eagle Nest 11

Noch kleiner als Red River ist das in einem knapp 2600 m hohen Tal am Ufer des gleichnamigen Sees gelegene **Eagle Nest.** Wer Stille und ungestörten Kontakt mit der Natur sucht, ist in dieser Gegend an der richtigen Stelle. In den umliegenden Bergen suchten Prospektoren im 19. Jh. nach Gold. Heute sieht die kleine Gemeinde aus, als sei sie von der modernen Zeit vergessen worden.

Cimarron 12

Durch den Cimarron Canyon mit 200 m hohen Granitwänden führt der Highway 64 in das 23 Meilen weiter östlich liegende **Cimarron** in die westlichen Ausläufer der Great Plains, die sich über Texas bis nach Oklahoma ausbreiten. Der ehemals bedeutsame Handelsposten entwickelte sich aus einer 1848 eingerichteten Postkutschenstation an einer Gabelung des historischen **Santa Fe Trail.** Zwischen 1821 und 1879 war diese Route die wichtigste Handelsverbindung zwischen dem US-Bundesstaat Missouri und dem Südwesten. Im Zuge der großen Westwärtsbewegung zogen Händler und Missionare, Abenteurer und Indianer, Soldaten und Entdecker über diesen Trail.

St. James Hotel

In der bewegten Vergangenheit von Cimarron spielte das **St. James Hotel** eine Hauptrolle. Der Franzose Henri Lambert, unter den Präsidenten Ulysses S. Grant und Abraham Lincoln Chefkoch des Weißen Hauses, ließ die Herberge in den 1870er-Jahren errichten. In seinem Etablissement verkehrte eine illustre Gesellschaft vom Schlage eines Pat Garrett, Buffalo Bill und Wyatt Earp. In Zimmer 3, wo einst Sheriff Bat Masterson nächtigte, dient ein Pumafell als Bettvorleger. In Nr. 5 pflegte der Desperado Jesse James abzusteigen, der 1882 von einem seiner eigenen Leute erschossen wurde. Löcher in der Decke zeugen in der Hotelbar von Meinungsverschiedenheiten, die 26 Männer das Leben kosteten.

Übernachten

Alte Westernherrlichkeit – **St. James Hotel:** 17th & Collinson St., Tel. 505-376-2035, www.exstjames.com. Stilecht kommt man im alten Hotel zwischen Blümchentapeten, gerafften Vorhängen und viel Plüsch unter. Zum Anwesen gehört ein modernerer Moteltrakt mit 10 Standardzimmern. DZ 85–135 $.

Fort Union National Monument 13

Exit 366 bei Watrous von der I-25, 8 Meilen nördlich auf der NM 161, Tel. 1-505-425-8025, www.nps.gov/foun, tgl. im Sommer 8–17, im Winter 8–16 Uhr, Eintritt frei

Die Hauptaufgabe der in **Fort Union** stationierten Soldaten war es, den Santa Fe Trail während des Bürgerkrieges (1861–1865) vor den Konföderierten in Texas sowie vor Jicarilla-Apachen und Ute-Indianern zu schützen. Außerdem diente die 1851 erbaute und bis 1891 besetzte Anlage als Nachschubbasis für Truppen in kleineren Forts der Region. Was Wind und Wetter von der Befestigung übrig gelassen haben, wird heute vom National Park Service als National Monument verwaltet. Spätnachmittags beginnen die verstreuten Gebäuderuinen in der schräg stehenden Sonne zu leuchten. Von den meist aus Holz erbauten Kasernen gibt es fast nur noch aus rotbraunen Ziegeln gemauerte Kamine.

Pecos National Historical Park 14

Exit 299 von der I-25, Tel. 1-505-757-7241, www.nps.gov/peco, im Sommer tgl. 8–18, im Winter 8–17 Uhr, Eintritt frei. Im Besucherzentrum wird ein kurzer Film gezeigt

Hernando de Alvarado, ein Mitglied der spanischen Coronado-Expedition, stattete dem Pueblo 1540 einen Besuch ab und zeigte sich von den Gebäuden sehr beeindruckt. Der Wohlstand ergab sich aus der günstigen Lage zwischen den Rio-Grande-Pueblos im Westen und den Plains-Indianern, die weiter im Osten in den bis in den Bundesstaat Arkansas reichenden riesigen Präriegebieten lebten. Im frühen 17. Jh. errichteten Franziskanerpatres hier eine Missionsstation mit mehreren Wirtschaftsgebäuden. Heute stehen die Ruinen der imposanten, mehrgeschossigen Bauten im **Pecos National Historical Park** unter Schutz. Ein rund 2 km langer Pfad führt durch die erhalten gebliebenen Reste.

Typisch amerikanisch: Briefkästen in Madrid auf dem Turquoise Trail

Turquoise Trail ► V/W 11

www.turquoisetrail.org
Als alternative Straßenverbindung zur Interstate 25 zwischen Santa Fe und Albuquerque bietet sich der 52 Meilen lange, auch Pfad der Türkise genannte Highway 14 an. Wo früher Indianer Türkise aus Bergwerksstollen brachen und später spanische Missionare nach Gold, Silber und kultivierbarem Boden suchten, liegen heute verschlafene Ortschaften.

Cerrillos ► V/W 11

Die ehemalige Türkishochburg **Cerrillos** wirkt heute fast wie eine Geisterstadt. Um die St. Joseph Church scharen sich nur noch wenige Häuserzeilen aus der Vergangenheit auf der staubigen Straße. In dieses Bild passt **Mary's Bar,** die in John Carpenters Film »Vampire« eine Rolle spielte. Bergwerksgeräte und Mineralien erinnern im **Turquoise Mining Museum** an Cerrillos bessere Zeiten (17 Waldo St., Tel. 505-438-3008, www.casagrandetradingpost.com, tgl. 9–17 Uhr).

Madrid ► V 11

www.turquoisetrail.org/madrid.htm

Wie Cerrillos war auch **Madrid** nach Ende der Minenära eine Existenz als Geisterstadt beschieden, ehe sich Anfang der 1970er-Jahre Großstadtflüchtlinge und Hippies in den leer stehenden Häusern einquartierten. Heute strömen Ausflügler in den bunten Ort, um in Trödelläden zu stöbern und in Esoterik-Shops die von Duftkerzen und Räucherstäbchen geschwängerte Atmosphäre zu genießen.

Sandia Peak ► V 11

Exit 167 von der I-40, Tramway Blvd., Tel. 1-505-856-7325, www.sandiapeak.com, im Sommer 9–21, sonst 9–20, Di 17–20 Uhr, Erw. hin und zurück 25 $, Kin. 5–12 J. 15 $
Von San Antonito windet sich eine Nebenstrecke zum höchsten Gipfel der Sandia Mountains hinauf. Zwischen Dezember und Februar fällt auf der 3255 m hohen **Sandia Crest** reichlich Schnee, sodass die Zufahrt hin und wieder gesperrt ist. Eine Alternative ist dann die vom Stadtrand von Albuquerque auf den 3157 m hohen **Sandia Peak** führende Sandia Peak Tramway, die längste Seilbahn der Welt, von deren Bergstation man einen wunderbaren Blick auf Albuquerque und seine Umgebung hat.

Albuquerque und der Nordwesten

Auf über 1500 m im Tal des Rio Grande gelegen, hat Albuquerque, mit 563 000 Einwohnern New Mexicos größte Stadt, eine erstaunliche Entwicklung durchlaufen. Ihr städtisches Gewicht kommt in der Region umso mehr zur Geltung, als der restliche Nordwesten aus wenigen Kleinstädten und menschenleeren, wüstenhaften Landstrichen besteht, in denen vereinzelt Ruinenstätten präkolumbischer Indianer liegen.

Albuquerque ▶V 11/12

Cityplan: S. 419
Auf den ersten Blick weicht das Stadtbild um keinen Deut von der amerikanischen Norm ab – meilenlange, im Schachbrettmuster angelegte Straßenzüge, ein hoch aufgeschossenes Banken- und Büroviertel, Wälder von Reklameschildern, Autokarawanen auf dem durchs Zentrum führenden Coronado Freeway ... Erst in Old Town zeigt die Stadt ihr neumexikanisches Gesicht.

Old Town 1

Um die kleine **Don Luis Plaza** liegen niedrige Bauten im Pueblostil mit Galerien und Andenkenläden, Kunsthandlungen und Restaurants. Gassen und Passagen führen in hübsche Innenhöfe, denen nicht einmal das durch und durch touristische Warenangebot etwas von ihrer Atmosphäre nehmen kann. Auf Schnüre gezogene, getrocknete Chilischoten, Schaufenster voller Silber- und Türkisschmuck, indianische Skulpturen, kleine Restaurants hinter erdbraunen Adobe-Mauern scharen sich um die Kirche San Felipe de Neri, deren älteste Teile aus dem Jahr 1793 stammen.

Turquoise Museum 2

2107 Central Ave. N. W., Tel. 1-505-247-8650, www.turquoisemuseum.com, Mo–Sa Tour 11 u. 13 Uhr, 10 $

Das **Turquoise Museum** erzählt mit Türkisen aus vier Kontinenten und dem Nachbau einer Mine spannende Geschichten über dieses Mineral, das in der Geschichte von New Mexico eine große Rolle spielte.

Albuquerque Aquarium 3

2601 Central Ave. N. W., Tel. 1-505-768-2000, www.cabq.gov/culturalservices/biopark/aquarium, tgl. 9–17 Uhr, Kombiticket Erw. 14,50 $, Kin. 3–12 Jahre 6 $

Neben dem Botanischen Garten von Albuquerque befindet sich das kleine **Albuquerque Aquarium.** Hier kann man Bewohner nicht nur des Rio Grande, sondern der Weltmeere bestaunen.

American International Rattlesnake Museum 4

202 San Felipe N. W., Tel. 1-505-242-6569, www.rattlesnakes.com, Mo–Sa 10–18, So 13–17 Uhr, Erw. 6 $, Kin. 4 $

Die weltweit größte Sammlung von Klapperschlangen wartet im **American International Rattlesnake Museum** auf Besucher.

Albuquerque Museum 5

2000 Mountain Rd. N. W., Tel. 1-505-243-7255, www.cabq.gov/culturalservices/albuquerque-museum, Di–So 9–17 Uhr, Erw. 4 $, Kin. 4–12 J. 1 $

Gegenstände aus der spanischen Kolonialzeit von Waffen über Mobiliar bis zu einem Haus aus dem 18. Jh. werden im **Albuquerque Museum** ergänzt durch Ausstellungen über die lange Geschichte der Stadt, etwa mit Ausrüstungen der ersten spanischen Cowboys in Amerika, und durch Gemälde und Skulpturen von Künstlern des Südwestens.

National Museum of Nuclear Science & History 6

601 Eubank Blvd. S. E., Tel. 1-505-245-2137, www.nuclearmuseum.org, tgl. 9–17 Uhr, Erw. 12 $, ab 60 J. und Jugendl. 6–17 J. 10 $

Elf teils interaktive Ausstellungen zur Welt der Atome gibt es im **National Museum of Nuclear Science & History** mit Einblick in die Entwicklung der ersten Atombombe im Rahmen des sogenannten Manhattan-Projekts von Robert Oppenheimer und die erste Nukleardetonation in White Sands im südlichen New Mexico.

New Mexico Museum of Natural History & Science 7

1801 Mountain Rd. N. W., Tel. 1-505-841-2800, www.nmnaturalhistory.org, tgl. 9–17 Uhr, Erw. 8 $, Kin. 3–12 Jahre 5 $, zzgl. DynaTheater, Planetarium-Shows und Virtual Voyages

Milliarden Jahre gehen die Ausstellungen im **New Mexico Museum of Natural History & Science** in die Geschichte der Entstehung der Erde zurück und verfolgen die Entwicklung des Planeten über unterschiedliche Zeitalter hinweg. Virtuelle Zeitreisen macht das Planetarium möglich, während im DynaTheater auf fünf Stockwerke großen 4K-Leinwänden die Zuschauer von digitalen Abenteuern in Bann gezogen werden.

Explora! 8

1701 Mountain Rd. N. W., Tel. 1-505-224-8300, www.explora.us, Mo–Sa 10–18, So 12–18 Uhr, Erw. 8 $, Kin. bis 11 J. 4 $

Das Wissenschafts- und Kindermuseum **Explora!** lädt mit über 250 interaktiven Einrichtungen zum Mitmachen ein.

Indian Pueblo Cultural Center 9

2401 12th St. N. W., Tel. 1-505-843-7270, www.indianpueblo.org, tgl. 9–17 Uhr, Erw. 8,40 $, Kin. 5–17 J. 5,40 $

Einen Einblick in die Indianerkultur von New Mexico verschafft ein Besuch im **Indian Pueblo Cultural Center,** das zu den großen Besuchermagneten in Albuquerque zählt. Der Komplex dient als kulturelle Vertretung der 19 auf neumexikanischem Boden existierenden Pueblos. An Wochenenden wechseln sich die Pueblos mit Tanz- und Folklorevorführungen in traditionellen Kostümen im umbauten Innenhof des Zentrums ab.

Rio Grande Nature Center 10

2901 Candelaria Rd. N. E., Tel. 1-505-344-7240, www.rgnc.org, Mo–So 8–17 Uhr, 3 $/Pkw

Um den Erhalt des ökologischen Gleichgewichts des Rio-Grande-Tals kümmert sich in Albuquerque eine gemeinnützige Organisation, die nördlich von Downtown das **Rio Grande Nature Center** unterhält. Durch das von 100-jährigen Cottonwood-Bäumen bestandene Ufergebiet führen Lehr- und Wanderpfade, auf denen man Vögel, Biber, Kojoten, Schildkröten und Eidechsen zu sehen bekommt.

Petroglyph National Monument 11

Außerhalb des Zentrums, im **Petroglyph National Monument,** finden sich auf Lavagestein angebracht ca. 20 000 Felsritzzeichnungen (s. S. 420).

Cliff's Amusement Park 12

Beach Waterpark, 4800 Osuna Rd. N. E., Tel. 1-505-881-9373, www.cliffsamusementpark.com, Mai–Okt., 74 $

Familien mit Kindern kommen in zwei benachbarten Vergnügungsparks auf ihre Kosten. Im **Cliff's Amusement Park** laden Achterbahnen wie etwa Galaxy oder Rock-O-Plane kleine und große Gäste zu haarsträubenden Fahrten ein. Wer im Hochsommer nach Abkühlung lechzt, kann im zugehörigen **Water Mania** Fahrbetriebe in Anspruch nehmen, die in jedem Fall feucht-fröhlichen Spaß bieten.

University of New Mexico 13

Die ca. 24 000 an der **University of New Mexico** immatrikulierten Studenten genießen den mitten in der Stadt gelegenen Campus,

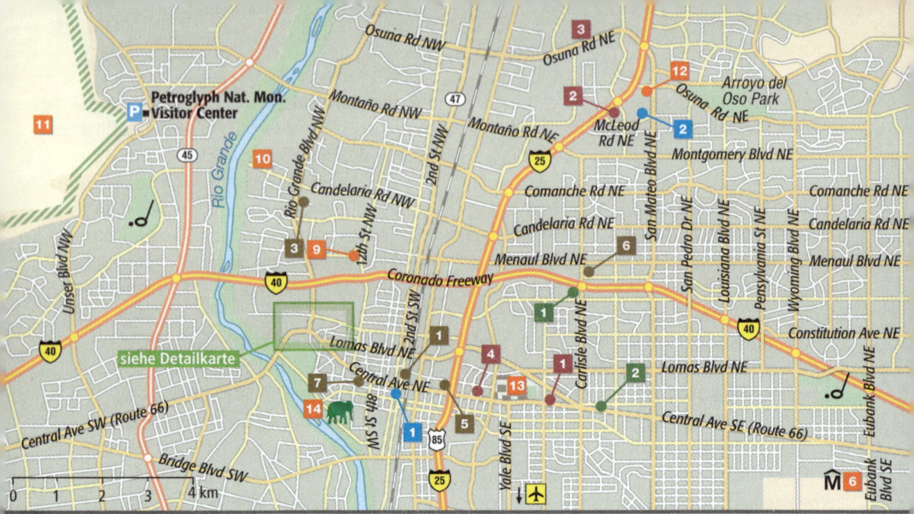

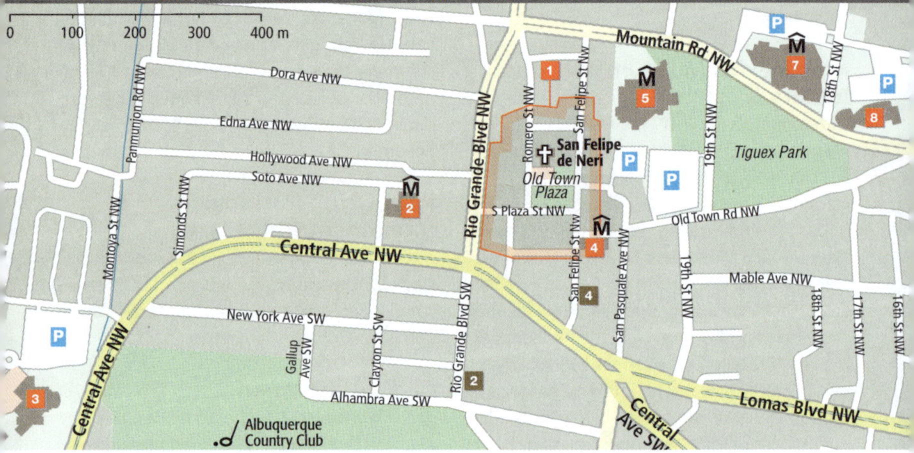

der sich mit seinen typischen Pueblogebäuden als in den USA einzigartig präsentiert. Auf dem Universitätsgelände gibt es fünf Museen – alle kostenlos – zu besichtigen.

Im **Maxwell Museum of Anthropology** demonstriert neben vielen Ausstellungen zur Prähistorie des Südwestens eine rekonstruierte archäologische Grabungsstelle, wie Völkerkundler und Archäologen empirisch arbeiten (1 University of New Mexico, Tel. 1-505-277-4405, maxwellmuseum.unm.edu, Di–Sa 10–16 Uhr, Eintritt frei).

In der Northrup Hall warten das **Silver Family Geology Museum** und das **Meteorite Museum** mit Mineralien aus allen Teilen der Erde bzw. einer der größten Meteoritensammlungen der USA auf (200 Yale Blvd. S. E. http://meteorite.unm.edu/meteorites/meteorite-museum, beide Mo–Fr 8–12, 13–16 Uhr, Eintritt frei).

Zu den Beständen des **University of New Mexico Art Museum** gehören neben den Gemälden und Skulpturen alter Meister seit dem 15. Jh. auch Werke aus der spanischen Kolonialzeit und eine Sammlung von ca. 10 000 Fotografien aus der Pionierzeit der Fotografie bis ins digitale Zeitalter. Allein ca. 600 Gemälde des amerikanischen Malers Raymond Jonson (1891–1982) und Werke anderer zeitgenössischer Künstler sind in der **Raymond Jonson**

Albuquerque

Sehenswert

1 Old Town
2 Turquoise Museum
3 Albuquerque Aquarium
4 American International Rattlesnake Museum
5 Albuquerque Museum
6 National Museum of Nuclear Science & History
7 New Mexico Museum of Natural History & Science
8 Explora!
9 Indian Pueblo Cultural Center
10 Rio Grande Nature Center
11 Petroglyph National Monument
12 Cliff's Amusement Park
13 University of New Mexico
14 Rio Grande Zoo

Übernachten

1 Hotel Andaluz
2 Casas de Suenos Old Town Historic Inn
3 Cinnamon Morning B & B
4 Bottger Mansion
5 Econo Lodge Downtown
6 Econo Lodge Midtown
7 Route 66 Hostel

Essen & Trinken

1 Zinc Wine Bar & Bistro
2 Outback Steakhouse
3 Vic's Daily Café
4 66 Diner

Einkaufen

1 Whole Foods Market
2 Cowboys & Indians Antiques
3 Buffalo Exchange

Abends & Nachts

1 Lotus Nightclub
2 Sandia Resort & Casino

Gallery im University of New Mexico Art Museum ausgestellt (1 University of New Mexico, Tel. 1-505-277-4001, http://artmuseum.unm.edu, Di–Fr 10–16, Sa 10–20 Uhr, Eintritt frei).

Rio Grande Zoo 14

903 10th St. S. W., Tel. 1-505-764-6200, www.cabq.gov/biopark/zoo, tgl. 9–17 Uhr, Erw. 14,50 $, Kin. 3–12 J. 6 $, Kombiticket 22/8 $

Eisbären, Giraffen, Elefanten, Seelöwen, exotische Vögel, Reptilien und Koalas gehören zu den Einwohnern des 1927 gegründeten **Rio Grande Zoo,** den man auf gut 3 km langen Wegen kennenlernt. Zwischen dem Tierpark und dem benachbarten Aquarium verkehrt ein Minizug auf der sogenannten Rio Line. Bis 12 Uhr werden Kombitickets für den Besuch beider Sehenswürdigkeiten verkauft.

Infos

Visitor Center: Old Town, P. O. Box 26866, Albuquerque, NM 87125, Tel. 1-505-842-9918, www.visitalbuquerque.org.

Übernachten

Fabelhaftes Stadthotel – **Hotel Andaluz 1:** 125 Second St. N. W., Tel. 1-505-242-9090, www.hotelandaluz.com. Umgebautes und renoviertes Traditionshotel mit allen modernen Annehmlichkeiten und charmanter Atmosphäre. DZ ab 169 $.

Neumexikanische Behaglichkeit – **Casas de Suenos Old Town Historic Inn 2:** 310 Rio Grande Blvd. S. W., Tel. 1-505-247-4560, www.casasdesuenos.com. In überbordenden Gartenanlagen gelegene Unterkunft im Adobe-Stil mit 21 individuell eingerichteten Häuschen mit offenem Kamin, teilweise Küche. 139–199 $.

Rundum lohnend – **Cinnamon Morning B & B 3:** 2700 Rio Grande Blvd. NW., Tel. 1-505-345-3541, www.cinnamonmorning.com. Die Zimmer und das ganze Ambiente der Unterkunft sind ein Augenschmaus. Hinzu kommt die Freundlichkeit und Hilfsbereitschaft der charmanten Wirtin. DZ ab ca. 130 $.

Komfortables B & B – **Bottger Mansion 4:** 110 San Felipe St. N. W., Tel. 1-505-243-3639, www.bottger.com. Von 1912 stammendes viktorianisches Anwesen in Old Town mit 8 Gästezimmern und verglaster Veranda. DZ 130–179 $.

Gut und zentral – **Econo Lodge Downtown 5:** 817 Central Ave. N. E., Tel. 1-505-243-1321, www.choicehotels.com. Gut geführtes Motel, Zimmer mit Balkon, Mikrowelle und Kaffeemaschine. Parken, Außenpool, Internet und Frühstück inklusive. DZ ab ca. 65 $.

Aktiv

HIKING DURCH EINE PRÄHISTORISCHE GALERIE

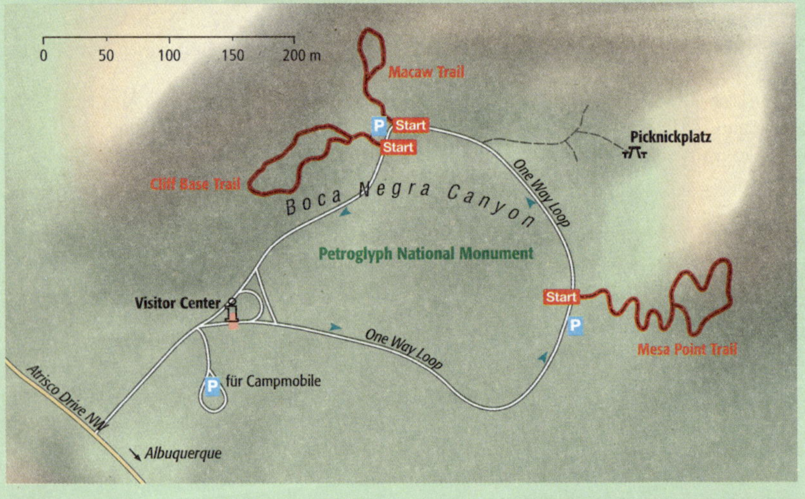

Tour-Infos

Start: Visitor Center im Petroglyph National Monument , 6001 Unser Blvd. N.W., Tel. 505-899-0205, Anschluss 335, www.nps.gov/petr, tgl. 8–17 Uhr, Parken im Boca Negra Canyon wochentags 1 $, am Wochenende 2 $.

Dauer: 1 Std. (Mesa Point Trail 35 Min., Macaw Trail 5 Min., Cliff Base Trail 15 Min.)

Wichtige Hinweise: Die Petroglyphen sollten nicht berührt werden, weil Hautfett sie beschädigen kann.

Im **Petroglyph National Monument** 11 in Albuquerque befindet sich eine der größten Ansammlungen indianischer Felsritzzeichnungen in Nordamerika. Das gilt speziell für den **Boca Negra Canyon,** in dem die drei Wanderpfade **Mesa Point Trail, Macaw Trail** und **Cliff Base Trail** so angelegt wurden, dass Hiker den bis zu 3000 Jahre alten Steinritzungen möglichst nahe kommen. Die Petroglyphen stammen von den Vorfahren der heutigen Pueblo-Indianer und sind Symbole der komplexen Gesellschaften und Religionen der jeweiligen Stammesverbände.

Am Beginn des Canyons, durch den sich eine Autostraße zieht, kann man sich über die Geologie der Region und die Geschichte der Petroglyphen informieren. Das Lavagestein dieser Gegend rührt von einer Vulkaneruption vor rund 1 Mio. Jahren her.

Gegen den Uhrzeigersinn führt der Weg zum ersten Parkplatz. Von dort wandert man zunächst um den **Mesa Point,** wo sich der staubige, zum Teil ansteigende Pfad über eine halbwüstenhafte, von dunklen Felsen übersäte Bergflanke windet. Häufig sind auf glatten Felsflächen menschliche oder pflanzliche Zeichnungen oder Symbole zu sehen. Ein weiterer Parkplatz (Toiletten!) ist Startpunkt für zwei Touren. Der kurze und flache **Macaw Trail** ist zum Teil mit Informationstafeln ausgestattet. Der nur wenig anstrengendere **Cliff Base Trail** ist in ca. 15 Min. zu bewältigen.

Für spartanische Gäste – **Econo Lodge Midtown** 6 **:** 2412 Carlisle Blvd. N. E., Tel. 1-505-880-0080, www.choicehotels.com. Kettenmotel mit 38 klimatisierten Standardzimmern, Kabel-TV. DZ 55–60 $.
Für Rucksackreisende – **Route 66 Hostel** 7 **:** 1012 Central Ave. S. W., Tel. 1-505-247-1813, http://route66hostel.com. Mit Schlafplätzen im Schlafsaal (20 $) und Zimmern (ab 35 $).

Essen & Trinken

Cooler Treff – **Zinc Wine Bar & Bistro** 1 **:** 3009 Central Ave. N. E., Tel. 1-505-254-9462, zincabq.com, Sa, So Brunch 11–14.30, tgl. Dinner ab 17 Uhr, Happy Hour tgl. 16–17 Uhr. Schickes Lokal auf zwei Ebenen mit antiken Spiegeln und Dielenfußboden. Man isst an kleinen Tischen oder an der Bar mit Blick auf die Show-Küche. 3-gängiges Menü 34 $.
Australische Oase – **Outback Steakhouse** 2 **:** 4921 Jefferson St. N. E., Tel. 1-505-884-8760, https://bit.ly/2IMfRRc, tgl. ab 11 Uhr. Diese australische Insel mitten in Albuquerque hat noch kein Gast hungrig verlassen. Die Portionen sind üppig, auch die Qualität der Steaks, Shrimps oder Hähnchengerichte überzeugt. 15–25 $.
Lokaler Favorit – **Vic's Daily Café** 3 **:** 3600 Osuna Rd. N. E., Tel. 1-505-341-9710, www.vicsdailycafe.com, Mo–Fr 6.30–14.30, Sa–So 7.30–14 Uhr. Die Qualität der einfachen Gerichte hat das etwas abseits gelegene Lokal zu einem Favoriten in der Stadt gemacht. Unter 10 $.
Für Nostalgiker – **66 Diner** 4 **:** 1405 Central Ave. N. E., Tel. 1-505-247-1421, www.66diner.com. Mo–Fr 11–23, Sa 8–23, So 8–22 Uhr. Einer der letzten echten Route-66-Diner im Stil der 1950er-Jahre. Alles was die amerikanische Küche bietet. 8–12 $.

Einkaufen

Biowaren – **Whole Foods Market** 1 **:** 2103 Carlisle Blvd. N. E., Tel. 1-505-260-1366, www.wholefoodsmarket.com, tgl. 7–22 Uhr. Supermarkt mit frischen Bioprodukten und einem Imbiss.
Hübsche Souvenirs – **Cowboys & Indians Antiques** 2 **:** 4000 Central Ave. S. E., Tel. 1-505-255-4054, tgl. 10–18 Uhr. Perlenarbeiten, Navajo-Textilien, Töpfereien, Korbflechtereien und Schmuck aus den neumexikanischen Pueblos, Westernmode und Filmmemorabilien.
Für Schnäppchenjäger – **Buffalo Exchange** 3 **:** 3005 Central Ave. N. E., Tel. 1-505-262-0098, www.buffaloexchange.com. Wer sich mit Secondhand-Mode in Top-Zustand anfreunden kann, hat im Geschäft eine gute Gelegenheit, sich mit ansonsten teurer Markenware preisgünstig einzudecken.

Abends & Nachts

Für Nachtschwärmer – **Lotus Nightclub & VIP Ultralounge** 1 **:** 211 Gold Ave. S. W., Tel. 1-505-243-0955, Do–Sa ab 22 Uhr. Nachtklub mit asiatisch angehauchtem Dekor, verschiedene Musikrichtungen und Tanzstile.
Gambling auf Indianisch – **Sandia Resort & Casino** 2 **:** 30 Rainbow Rd. N. E., Tel. 1-505-796-7500, www.sandiacasino.com, So–Mi 8–4 Uhr, Do–Sa 24 Std. geöffnet. 10 Meilen nördlich der Stadt an der I-25. Großes, indianisches Resortcasino im Pueblostil mit 1800 Spielautomaten, Poker Room, Roulette, Black Jack und drei Restaurants.

Termine

Rio Grande Arts and Crafts Festival (2. Märzwoche): Kunst- und Kunsthandwerkausstellung (www.riograndefestivals.com).

Tipp

INTERNATIONAL BALLOON FIESTA

Start: Balloon Fiesta Park in Albuquerque, 5000 Balloon Fiesta Parkway N. E.
Dauer: 9 Tage, Anfang Oktober.
Eintritt: ab 12 J. 10 $, Park & Ride 15 $, www.balloonfiesta.com

Im Oktober sieht der Himmel über Albuquerque tagelang seltsam aus. Kühe mit prallen Eutern hängen am Firmament, Wolkenkratzer steigen in die Lüfte, und selbst Mickey Mouse hat das Fliegen gelernt. Jahr für Jahr lockt die International Balloon Fiesta über 1000 Heißluftballonfahrer aus ca. 40 Ländern nach New Mexico. Die verrücktesten Ballonfiguren beweisen, dass dem Erfindungsreichtum der Konstrukteure keine Grenzen gesetzt sind. Für viele Piloten ist ein Start bei diesem weltgrößten Event, zu dem regelmäßig fast 1 Mio. Schaulustige anreisen, ein Lebenstraum.

Die Fiesta ist ein Event für Frühaufsteher. Lange vor Sonnenaufgang herrscht auf dem Parkgelände emsiges Treiben. Piloten machen ihre Ballone vor dem staunenden Publikum startbereit, während an umliegenden Ständen Memorabilien, Getränke und leibliche Stärkungen angeboten werden.

Die Organisatoren der Fiesta achten aus Sicherheitsgründen peinlich darauf, dass ausschließlich bei idealen Wetterbedingungen gestartet wird. Wenig Wind und klare Sichtverhältnisse sind unverzichtbar. Sind diese Bedingungen nicht gegeben, fallen sämtliche Starts aus (vorab bezahlte Ticketpreise werden nicht rückerstattet, aber die Eintrittskarten können für den folgenden Starttag verwendet werden).

Zuschauer können Ballonfahrten beim einzigen offiziellen Konzessionär Rainbow Ryders buchen (5601 Eagle Rock Ave., Tel.1-800-725-2477 oder 1-505-823-1111, www.rainbowryders.com). Ein ähnliches Ballonfest wie in Albuquerque findet jedes Jahr im September in der Gipswüste White Sands statt.

Gathering of Nations (April): Großes Powwow mit ca. 3000 Tänzern, Kunsthandwerkern und Wahl der Miss Indian World (www.gatheringofnations.com).

Heights Summerfest (Juni): Kultur- und Gastronomiefest im North Domingo Baca Park.

New Mexico State Fair (Sept.): Große Messe mit kulturellem Begleitprogramm (www.exponm.com).

Verkehr

Flugzeug: Albuquerque International Sunport, 2200 Sunport Blvd. S. E., Tel. 1-505-244-7700, https://abqsunport.com. Der an das öffentliche Busnetz angebundene Flughafen wird von nationalen wie internationalen Fluglinien angeflogen. CLS Transportation (Tel. 1-877-311-2257, charterluxuryservices.com).

Bahn: Amtrak Station, 214 First St. S. W., Tel. 1-800-872-7245, www.amtrak.com. Station des Southwest Chief auf der Strecke Los Angeles–Chicago. Der Rail Runner Express fährt nach Santa Fe.

Bus: Albuquerque Bus Transportation Center, 320 First St. S. W., Tel. 1-505-243-4435, www.greyhound.com. Terminal der Greyhound/Trailways-Busse.

Ausflug in die Jemez Mountains ▸V 10/11

Sandia Pueblo

12 Meilen nördlich von Albuquerque macht der **Sandia Pueblo** mit einem von Weitem erkennbaren Casinoresort auf sich aufmerksam, das neben Spielautomaten komfortabel eingerichtete Gästezimmer und einen 18-Loch-Golfplatz bietet (s. S. 421). Vor der Pueblo-Revolte (1680–1692) litt die Siedlung so schwer unter der von den Spaniern erzwungenen Fronarbeit, dass die meisten Einwohner bei den Hopi in Arizona Zuflucht suchten. Erst 1748 wurde das Dorf von Heimkehrern neu gegründet. Sandia gehört wahrscheinlich zu den von der spanischen Coronado-Expedition 1540–42 besuchten Pueblos. Francisco Vasquez de Coronado stieß als einer der ersten bedeutenden Entdecker ins heutige New Mexico vor und sicherte sich einen Platz in den Annalen auch deshalb, weil er das Pferd in die Neue Welt brachte.

Bernalillo

In **Bernalillo** erinnert das am Rio-Grande-Ufer gelegene **Coronado State Monument** an das aus ca. 300 Soldaten aus mehreren europäischen Ländern bestehende Expeditionskorps, das die Sieben goldenen Städte von Cibola zu entdecken hoffte. Nach zweijähriger vergeblicher Suche nach den legendären Indianerschätzen kehrte Coronado mit seinen Männern nach Mexiko zurück. Den Winter 1540/41 verbrachte er im damals bei Bernalillo liegenden, heute zum Teil rekonstruierten **Kuaua Pueblo** (485 Kuaua Rd., Tel. 1-505-867-5351, nmhistoricsites.org/coronado, tgl. außer Di 8.30–17 Uhr, 5 $).

Beim Powwow der Jemez-Indianer in New Mexico

San Felipe und Kewa

Die drei nördlich von Bernalillo im Tal des Rio Grande liegenden Pueblos unterscheiden sich von allen anderen neumexikanischen Pueblos durch ihre Keresan-Sprache. Während **San Felipe** zu den konservativsten Dörfern zählt und nur Teile des Pueblos besichtigt werden können, öffnet sich **Kewa** (früher Santo Domingo) eher der Außenwelt, weil die Bewohner schon vor Jahrhunderten Handelsbeziehungen etwa mit Mesa Verde (Colorado) und Chaco Canyon (s. S. 426) pflegten und jedes 1. Wochenende im September den Santo Domingo Arts and Crafts Market mit Verkaufsständen für Kunsthandwerk, indianischem Essen und traditionellen Tänzen veranstaltet. Auffälligstes Gebäude ist die bunt bemalte Kirche mit einer Galerie über dem Haupteingang und einem stufenförmigen Glockenturm (Tel. 1-505-465-2214, santodomingotribe.org).

Cochiti

Tel. 1-505-465-2244, www.pueblodecochiti.org

In **Cochiti** sind Tradition und Moderne längst vermischt. Aus dem Pueblo stammen die populären Storyteller-Puppen aus Ton, die 1964 von Helen Cordero erfunden wurden und meist eine sitzende Mutter mit Kindern auf dem Schoß darstellen. Am 14. Juli feiert der Pueblo das San-Buenaventura-Fest.

Kasha-Katuwe Tent Rocks National Monument

Im Sommer 7–18 Uhr, 5 $/Pkw

Ein Abstecher führt von Cochiti über die Service Route 92 zum **Kasha-Katuwe Tent Rocks National Monument.** Das Gebiet ist wegen seiner hütchenförmigen geologischen Formationen, die auf vulkanische Aktivitäten zurückgehen, ein Hingucker (s. S. 409).

Santa Ana

Die Pueblos Santa Ana, Zia und Jemez liegen an der von Bernalillo in die Jemez Mountains führenden Route 550 bzw. 4.

Santa Ana betreibt mit dem Santa Ana Star Casino (www.santaanastar.com) und dem luxuriösen Hyatt Regency Tamaya Resort & Spa inklusive einer Golfanlage (Tel. 1-505-867-1234, http://tamaya.hyatt.com und http://mynewmexicogolf.com) zwei moderne Einrichtungen, welche die Finanzsituation des Pueblos in den letzten Jahren erheblich verbesserten. Der historische Kern von Santa Ana ist ein ausschließlich zeremonielles Zentrum und Besuchern nur bei Festen wie dem Feiertag der Namenspatronin am 26. Juli zugänglich (Tel. 1-505-771-6700, www.santaana.org).

Zia Pueblo

Das alte Sonnensymbol des **Zia Pueblo,** das auf vielen kunsthandwerklichen Produkten zu finden ist, ziert als offizielles Staatssymbol auch die Flagge New Mexicos. Besucher können sich tagsüber im Dorf umschauen. Größte Veranstaltung des Jahres ist das Fest Our Lady of the Assumption am 15. August (Tel. 1-505-867-3304, zia.com/index.html).

Jemez Pueblo

Der etwa 2000 Einwohner große, konservative **Jemez Pueblo** liegt in einer Umgebung aus roten, braunen und ockerfarbenen Steilabbrüchen über dem Jemez River Valley und sieht malerischer aus als die meisten anderen Indianerdörfer in New Mexico.

Das Hauptdorf **Walatowa** steht Besuchern nur an Festtagen offen. Erwartet wird eine strikte Einhaltung der Besucheretikette, u.a. keine Fotos, Videos oder Tonaufnahmen. Beim Walatowa Visitor Center kann man aber ein rekonstruiertes traditionelles Bauernhaus besichtigen (7413 Rte 4, Tel. 1-575-834-7235, www.jemezpueblo.com).

Valle Grande Caldera

Mitten in den Jemez Mountains bildet die **Valle Grande Caldera** mit einem knapp 30 km langen und 20 km breiten Becken einen der größten Vulkankrater der Erde. Vor Hunderttausenden Jahren erhob sich an dieser Stelle der weit und breit höchste Berg, dessen dynamisches Innenleben eines Tages zu einer gewaltigen Eruption führte. Durch den Schlot ausgeblasene Vulkanasche breitete sich bis in die Bundesstaaten Oklahoma und Kansas aus. Das nördliche New Mexico versank unter einer etwa 500 m mächtigen Schicht aus

»Get your kicks on Route 66«

Zu den legendären Fernstraßen Amerikas gehört die historische Route 66, die von Chicago über 3500 km nach Los Angeles und dabei quer durch den Südwesten führt. Nachdem diese Ost-West-Verbindung 1932 auf der gesamten Länge asphaltiert worden war, avancierte sie zu einer der meistbefahrenen Überlandstraßen der USA. Das lag nicht an ihrem guten Zustand allein, sondern hatte auch wirtschaftliche und soziokulturelle Gründe.

Route 66 in Williams

Die Weltwirtschaftskrise 1929/30 erschütterte Wirtschaft und Gesellschaft in den USA in ihren Grundfesten. Die Arbeitslosenzahlen explodierten von 1928 bis 1933 von 2 auf über 15 Mio. und stürzten vor allem den mittleren Westen in Hunger und Elend. Für Heerscharen arbeitsloser Bürger wurde die Route 66 zum Fluchtweg und Hoffnungsträger gleichermaßen. Hunderttausende machten sich auf den Weg Richtung Westen, wo man noch am ehesten als Erntehelfer, Fabrik- oder Wanderarbeiter eine Beschäftigung erwarten konnte. John Steinbeck beschäftigte sich in seinem 1939 erschienenen Roman »Die Früchte des Zorns« mit der sozialen Misere und setzte der Route 66 gleichzeitig ein literarisches Denkmal als Schicksalsstraße Amerikas: »Wagen am Straßenrand, Motorblöcke abmontiert, Reifen geflickt, Wagen, die gleich verwundeten Tieren über die Route 66 humpeln, mühsam und keuchend.« Karrten in den 1930er-Jahren die Armen und Arbeitslosen, Unterprivilegierten und Glücklosen auf der Route 66 ihre Sorgen und Nöte nach Westen, so waren es in der Umbauzeit des amerikanischen Straßensystems in den 1950er- und 1960er-Jahren die jungen Wilden Amerikas, die auf dem Highway zwischen Ost- und Westküste pendelten, um irgendwo das eigene Ich zu treffen. Sie, die Generation vom Schlage eines Jack Kerouac, waren die Unruhigen und die Suchenden. Straßen wie die Route 66 waren für sie Mittel zum Zweck, Rennbahnen in eine durch Sex und Drogen verklärte Freiheit jenseits der saturierten Bürgerwelt. »Get your kicks on Route 66« hieß bezeichnenderweise ein Song von Bobby Troup, der von den Rolling Stones zum Hit gemacht wurde.

Heute liegen weite Strecken der ehemaligen Main Street of America unter vier- oder sechsspurigen Betonbelägen moderner Interstates begraben, die seit den 1950er-Jahren entstanden. Im Südwesten existieren aber noch einige Abschnitte der historischen Route 66, die mittlerweile als Kultobjekt verehrt und von Nostalgikern als museales Attribut gehegt und gepflegt werden. Mitten durch Albuquerque in New Mexico führt mit der Central Avenue noch die alte »66«, wie an manchen Reklameschildern von Kneipen und Motels erkennbar ist. Weiter westlich dokumentiert an der Richtung Arizona führenden Interstate 40 das Route 66 Casino die Verbundenheit mit Amerikas Highway-Geschichte mit alten Zapfsäulen, historischen Straßenschildern und einem Johnny Rocket's Restaurant im Stil der 1950er-Jahre (Exit 140 von der I-40, www.rt66casino.com). Gleich in der Nachbarschaft des Casinos hat mit der stählernen Rio Puerco Bridge von 1933 ein originaler Teil den Zeitenwechsel überdauert.

Das historische El Rancho Hotel in Gallup war einst beliebter Spot von Filmstars

schwarzen Aschepartikeln. Nach dem Ausbruch brach die leere, unterirdische Magmakammer in sich zusammen, sodass eine riesige Caldera mit einem beim **Redondo Peak** 3430 m hohen Kraterrand entstand. Wiesen und Wälder bedecken wie ein grüner Teppich die längst zu Fels verhärtete Vulkanasche.

Chaco Canyon ▶T 10

Tel. 1-505-786-7014, www.nps.gov/chcu, Besucherzentrum tgl. 8–17 Uhr, 20 $

Über eine von Beifußbüschen bewachsene Hochwüste führt die bei trockenem Wetter gut befahrbare Schotterpiste 7900 bzw. 7950 wenige Meilen vor dem Nageezi Trading Post am Highway 550 Richtung Südwesten zum **Chaco Culture National Historic Park,** gewissermaßen der Heilige Gral der archäologischen Pueblostätten auf dem Boden von New Mexico. Seit über 100 Jahren sind die im zerklüfteten Chaco Canyon liegenden Ruinenanlagen der präkolumbischen Anasazi-Indianer bekannt. Zwischen 900 und 1115 entstand vor Ort eine offenbar hoch entwickelte, in neun Großhäusern lebende Gemeinschaft. Die aus vielen Hundert Räumen bestehenden Bauten sind bis zu fünf Stockwerke hoch und machten Zwischendecken notwendig, für deren tragende Elemente nach Schätzung der Forscher mindestens 210 000 Bäume mit einfachen Steinäxten gefällt, aus den bis zu 80 km entfernten Wäldern in den Canyon transportiert und dort zugehauen werden mussten. Präzise Planung und sorgfältige Bauweise lassen auf die Arbeit sachkundiger Architekten und Baumeister schließen.

Das berühmteste und am besten erforschte Großhaus ist der aus etwa 800 Räumen und über 50 Kivas (runde Zeremonialräume) bestehende **Pueblo Bonito** (Schönes Haus). Die Mauern bestehen aus kunstvoll eingepassten Sandsteinplatten, die sich aus statischen Gründen nach oben verjüngen. Der seit etwa 1020 erbaute Komplex **Chetro Ketl** in der Nachbarschaft ist mit ca. 500 Räumen und 16 Kivas die zweitgrößte Anlage.

Lange stellten Forscher Mutmaßungen über die Funktion von Chaco Canyon an. Nach und nach bestätigte sich die Hypothese eines rituellen und ökonomischen Zentrums im Schnittpunkt eines sternförmigen Wegesystems in bis zu 160 km entfernte Gemeinden. Fundstücke wie Türkise, Muscheln und Federn exotischer Vögel ließen darauf schließen, dass die Anazasi Handelskontakte mit den Bewohnern weit entfernter Siedlungen pflegten.

Farmington und Umgebung ►T 9

An der nordöstlichen Grenze der Navajo Indian Reservation gelegen, hat sich die 37 000 Einwohner große Landgemeinde **Farmington** in ihrem Kern eine Reihe von Geschäften und Kinos erhalten, an deren Fassaden sich seit den 1950er-Jahren nicht viel verändert hat. Dass das Städtchen in einer ländlichen Region liegt, beweist die alljährlich im August veranstaltete San Juan County Fair im McGhee Park mit Bullenprämierungen und Viehauktionen.

Aztec Ruins National Monument

Ruins Rd., Tel. 1-505-334-6174, www.nps.gov/azru, im Sommer 8–18 Uhr, sonst bis 17 Uhr, Erw. 5 $

Dieser Teil von New Mexico ist historischer Boden. Die alten Wohnanlagen im **Aztec Ruins National Monument** in der Ortschaft Aztec gehören zu den am besten erhaltenen Anasazi-Pueblos im Südwesten. Die akkurat gemauerten Gebäude entstanden um das Jahr 1100 zur Zeit der beginnenden Hochkultur der Anasazi. Eine Große Kiva mit Flachdach wurde im Originalstil restauriert.

Salmon Ruins

Tel. 505-632-2013, www.salmonruins.com, Mo–Fr 8–17, Sa–So 9–17 Uhr, Erw. 4 $, Kin. 6–16 J. 1 $

Aus ungefähr derselben Zeit wie die in Aztec stammen die **Salmon Ruins** bei Bloomfield, ein halbrunder Komplex als Überreste einer Pueblo-Anlage, die ehemals 750 einzelne Räume, eine Große Kiva und eine Plaza umfasste. Archäologen zählen diesen Pueblo hinsichtlich Architektur, Landwirtschaft und Astronomie zu den am weitesten entwickelten im präkolumbischen Nordamerika.

Shiprock

Westlich von Farmington überquert der Highway 64 die Grenze der Navajo Indian Reservation und erreicht **Shiprock.** Die Ortschaft erhielt ihren Namen vom weiter südlich liegenden, 560 m aus der Hochwüste ragenden Shiprock Peak, dem heiligen Berg der Navajo. Sie nennen den Vulkanschlot auch gefiederter Berg, weil ihre Vorfahren der Mythologie zufolge auf dem Rücken eines Riesenvogels in die Region kamen.

Gallup ►S 11

Auf einer Länge von 10 Meilen erstreckt sich die 22 000 Einwohner zählende Gemeinde entlang der parallel zur Bahnlinie verlaufenden Route 66 und gibt sich mit einem Riesenangebot an Unterkünften als ›Schlafstadt‹ an der Interstate 40 zu erkennen. Berühmteste Herberge ist das 1937 erbaute **El Rancho Hotel** (s. Übernachten, S. 428), das sich wie ein Filmmuseum präsentiert. Die Wände der Lobby und die Flure sind mit Fotos von Stars wie James Stewart, Kirk Douglas, Henry Fonda, William Holden, Lee Marvin und James Cagney ›tapeziert‹. In den 1950er- und 1960er-Jahren war das El Rancho eine Art Hauptquartier für Dutzende von Western-Produktionen. Heute nippen in der wunderschönen Blockhauslobby samt umlaufender Empore Touristen an Drinks und bestaunen das Dekor aus Jagdtrophäen und gewebten Navajo-Teppichen.

Gallup liegt günstig für eine indianische Großveranstaltung wie das **Inter-Tribal Indian Ceremonial** (s. Termine, S. 429), denn die Stadt ist auf drei Seiten von der Navajo Indian Reservation umgeben und bildet für den Zuni Pueblo ein wichtiges Versorgungszentrum. Mitglieder dieses Pueblos zeigen von Mai bis September bei Sonnenuntergang vor dem Court House tgl. 19–20 Uhr traditionelle Tänze.

Aktiv

GESCHICHTSTRÄCHTIGE WANDERUNG AM EL MORRO

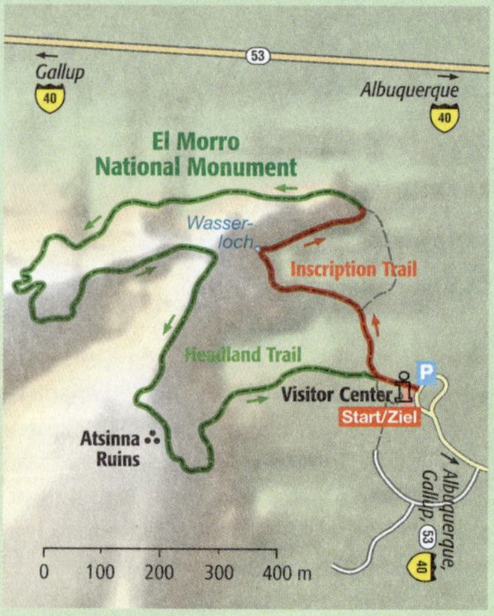

Tour-Infos

Start: El Morro National Monument, HC 61 Box 43, Ramah, NM 87321, Visitor Center, Tel. 1-505-783-4226, www.nps.gov/elmo, im Sommer tgl. 9–18 Uhr, sonst kürzer, kostenlos.
Länge: Inscription Trail, ca. 800 m (1 Std.); Headland Trail, ca. 3,4 km inkl. Inscription Trail

El Morro (▶ T 12, span. der Felsvorsprung) ist ein Riesenfelsen, der weithin sichtbar aus der Landschaft herausragt und schon vor Jahrhunderten Indianern als Orientierungspunkt diente. Vom Besucherzentrum gelangt man auf den befestigten **Inscription Trail,** der sich an einer steilen Felswand entlangzieht. Nach etwa 400 m erreicht man ein **Wasserloch,** das für frühe Entdecker, Pioniere und Missionare der Hauptgrund war, dort eine Rast einzulegen.

Über 2000 Ritzzeichnungen und Felsgravuren zeugen von den Reisenden, unter ihnen 1605 der Gouverneur von Neu-Spanien, Juan de Oñate. Andere ›Graffiti‹ besteht aus Symbolen früherer Pueblo-Indianer, aber auch aus Anwesenheitsbeweisen durchziehender Farmer und Abenteurer. Nach einem knappen Kilometer kann man die Wanderung auf dem **Headland Trail** fortsetzen und erreicht nach einem Anstieg von ca. 80 Höhenmetern die Hochfläche des Felsens, von der man auf die Zuni Mountains und das Vulkangebiet El Malpais blickt. Nur noch Ruinen sind vom vermutlich zwischen 1275 und 1350 von 1500 Zuni-Indianern bewohnten **Pueblo Atsinna** übrig. Der Rundweg endet nach dem Abstieg vom Felsen beim Visitor Center.

Infos

Gallup Chamber of Commerce: 106 W. Hwy 66, Gallup, NM 87301, Tel. 1-505-722-2228, www.thegallupchamber.com.

Übernachten

Traditionshotel mit Flair – **El Rancho Hotel:** 1000 E. Hwy 66, Tel. 1-505-863-9311, www.elranchohotel.com (s. o.). Westernhotel voller Memorabilien von berühmten Filmstars. DZ 102–160 $.

Praktische Unterkunft – **Comfort Inn:** 1440 W. Maloney Ave., Tel. 1-505-726-2700, www.comfortinn.com. In der Nähe eines Einkaufszentrums gelegen, mit Innenpool und Münzwaschmaschinen, alle Zimmer mit Kühlschrank, Kaffeemaschine und Highspeed-Internetzugang. DZ 90–120 $.

Günstig – **Red Roof Inn:** 3304 W. Hwy 66, Tel. 1-505-722-7765, www.redroof.com. Ordentliches Kettenmotel, beheizter Außenpool. DZ 55–61 $, kleines Frühstück inkl.

Essen & Trinken

Familienrestaurant – **Earl's:** 1400 E. Hwy 66, Tel. 1-505-863-4201, Sa–Do 6–21, Fr bis 21.30 Uhr, So Ruhetag. Populärstes Lokal in Gallup mit Fast-Food-Ambiente, aber guten und preiswerten Gerichten mit unverkennbar mexikanischer Note. 10–15 $.

Einkaufen

Indianisches Kunsthandwerk – **Southwest Indian Foundation:** 100 W. Coal Ave., Tel. 1-877-788-9962, www.southwestindian.com. Töpfereien, Mode, Inlay-Arbeiten, Navajo-Teppiche und Schmuck aus umliegenden Indianergebieten und Pueblos.

Termine

Inter-Tribal Indian Ceremonial (Aug.): Fünf Tage lang treffen sich Indianergruppen aus ganz Nordamerika im Red Rock State Park, um mit Tänzen, Musik, Rodeos, Wettbewerben und Paraden zu feiern.

Pueblos im Westen

Zuni Pueblo ▶ S 12

Tel. 1-505-782-7238, www.zunitourism.com

35 Meilen südlich von Gallup führt der 6000 Einwohner große **Zuni Pueblo** eine von den übrigen Pueblos in New Mexico isolierte Existenz, die sich nicht nur in Traditionen und Brauchtum, sondern auch im Erscheinungsbild des Dorfes niederschlägt. Längst haben typisch amerikanische Zweckbauten die traditionelle Architektur weitgehend verdrängt, und nur noch einzelne *hornos* (Backöfen) erinnern daran, dass man sich in einem Pueblo befindet. Eine Ausnahme bildet auch die 1629 erbaute Missionskirche Our Lady of Guadalupe mit Katchina-Wandgemälden im Innern.

Acoma Pueblo ▶ U 12

Sky City Visitor Center and Museum, am Fuß der Mesa, Tel. 1-505-470-4966 oder 1-800-747-0181, www.acomaskycity.org, Sky-City-Touren 8.30–15.30 Uhr, Erw. 25 $, Kin. 17 $, Familie 66 $, Kamera-Permit 15 $

Nur noch ca. 50 Menschen des 4000 Einwohner großen **Acoma Pueblo** führen auf einem 110 m hohen Tafelberg mit dem Namen Sky City (Himmelsstadt) inmitten einer dünn besiedelten Landschaft eine weltentrückte Existenz. Heute verkehren Pendelbusse zwischen dem Sky City Cultural Center & Haak'u Museum in der Ebene und der Hochfläche, wo meist dreigeschossige Adobe-Häuser die nüchtern ausgestaltete Missionskirche San Esteban del Rey von 1629 umgeben. Einige Familien stellen Töpferware mit hauchdünnen Wänden und geometrischen Mustern in rötlicher Farbe oder Vogel-, Feder- und Pflanzendekor in Rot, Orange und Schwarz her.

Laguna Pueblo ▶ U 12

Tel. 1-505-552-6654, www.lagunapueblo.org

Laguna Pueblo leitet seinen Namen von einem Mitte des 16. Jh. noch existierenden, mittlerweile verlandeten See ab. Um den historischen Kern Old Laguna Village gruppieren sich neuere Siedlungen wie Paguate, Mesita, Paraje, Encinal und Seama.

El Malpais National Monument ▶ T 12

El Malpais Information Center, 123 E. Roosevelt Ave., Grants, Tel. 1-505-876-2783, www.nps.gov/elma, tgl. 8.30–16.30 Uhr, Eintritt frei

Südlich von Grants an der Interstate 40 dehnt sich mit **El Malpais National Monument** ein 150 000 ha großes Gebiet mit schwarzen, vulkanischen Lavafeldern und unterirdischen Höhlensystemen aus, um welche die vor 2000–3000 Jahren flüssige Magma herumfloss. Petroglyphen und Ruinenreste lassen darauf schließen, dass Indianer in dieser unwirtlichen Gegend siedelten und religiöse Zeremonien abhielten.

Das südliche New Mexico

Von Albuquerque bis zur mexikanischen bzw. texanischen Grenze erstreckt sich die südliche Hälfte von New Mexico mit meist nur kleineren Städten und außergewöhnlichen Landschaften. In White Sands riffelt der Wüstenwind Gipsdünen wie ein Waschbrett. Weiter östlich ragen über 3000 m hohe Vulkangipfel in den Himmel, und die Carlsbad Caverns führen Besucher in ein unterirdisches Märchenreich von seltener Schönheit.

Im Rio-Grande-Tal

Isleta Pueblo ▸V 12

Die südlichste noch bewohnte Indianersiedlung von New Mexico, bessert ihre Kassen seit einigen Jahren mit einem großen Casinoresort, einer Golfanlage und dem Isleta Lakes Recreational Complex mit Campingplätzen auf (Tel. 505-724-3800, www.isleta.com). Das kann aber nicht über die Tatsache hinwegtäuschen, dass Isleta einer der ältesten Pueblos im Land ist. Zu Beginn des 17. Jh. gründeten die Spanier eine Mission, nachdem die india-

Das Naturschutzgebiet Bosque del Apache wird zum Winterquartier für unzählige Schneegänse

nischen Bewohner sich schon Jahrzehnte zuvor zum Christentum bekehrt hatten.

Als sich 1680 im Norden die Pueblo-Revolte an der spanischen Intoleranz gegenüber den religiösen Glaubensvorstellungen der Indianer entzündete, flohen viele konvertierte Pueblo-Bewohner zusammen mit den Spaniern auch aus Isleta und brachten sich in Mexiko in Sicherheit. Die Kirche **San Agustín de Isleta** am nördlichen Ende der Plaza ruht auf 1612 errichteten Fundamenten und ist im Innern mit Wandmalereien ausgestattet.

Socorro ▶V 13

Auf dem Weg von Neu-Spanien im Rio-Grande-Tal nach Norden sollen die Bewohner eines Indianerdorfes dem spanischen Entdecker Juan de Oñate (ca. 1550–1626) ihre Unterstützung angeboten haben. Daraufhin habe der Spanier dem Flecken den Namen Socorro (span. Hilfe) gegeben. Das heute gut 8000 Einwohner zählende Städtchen **Socorro** besitzt um die zentrale Plaza bzw. an der Fisher Avenue hübsche viktorianische Bauten. Wenige Straßenblocks nördlich der Plaza steht die renovierte **San Miguel Mission,** deren Fundamente von einem Vorgängerbau aus dem 17. Jh. stammen. Zwei von Kuppeln gedeckte Türme flankieren die ebenmäßige Fassade mit einem fast gotisch anmutenden Portal. Die Mauern dieses schönen Beispiels spanischer Kolonialarchitektur sind fast 2 m dick und fallen besonders dort auf, wo sie die Basis der beiden Türme seitlich abstützen.

Bosque del Apache National Wildlife Refuge ▶V 14

Visitor Center, tgl. 8–16 Uhr, Loops 1 Std. vor Sonnenaufgang und nach Sonnenuntergang, Tel. 505-835-1828, www.fws.gov/refuge/Bosque_del_Apache, 5 $/Pkw

Zwischen der Interstate 25 und dem Rio Grande-Ufer liegt mit dem **Bosque del Apache National Wildlife Refuge** ein lohnendes Gebiet, um eine Autoreise für eine Weile zu unterbrechen. Das Naturschutzgebiet wurde 1939 als Refugium für unterschiedliche, hauptsächlich aus nördlichen Bundesstaaten stammende Zugvogelarten wie Schneegänse und Wasserhühner eingerichtet, die dort die Wintermonate verbringen.

Insgesamt zählen die Ranger in diesem von Wasserkanälen durchzogenen Feuchtgebiet über 300 verschiedene gefiederte Arten, daneben auch Wasserschildkröten, Reptilien, Rehwild und Stachelschweine. Mit dem Auto kann man eine 12 oder 7 Meilen lange Tour durch das Reservat fahren, an der mehrere Aussichtspunkte liegen. Besonders stolz sind die Parkranger auf ihre Erfolge bei der Aufzucht von bedrohten Vogelarten. In den 1940er-Jahren existierten in den USA offiziellen Zählungen zufolge nicht einmal mehr zwei Dutzend Exemplare des Riesenkranichs. Im Jahr 1975 begann in Bosque del Apache ein bislang erfolgreiches Rettungsprogramm.

El Camino Real Historic Trail Site ▶V 14

35 Meilen südl. Socorro, Exit 115 von der I-25, dann noch 5 Meilen, Tel. 1-505-854-3600, nmhistoricsites.org/el-camino-real, Mi–So 8.30–17 Uhr, Erw. 5 $, Kin. bis 16 J. gratis

Die im Tal des Rio Grande nach Süden verlaufende Interstate 25 erweist sich als eher langweilig. Grob dieser Route folgte **El Camino Real,** eine der ältesten und wichtigsten Überlandrouten in Nordamerika, zur Zeit der spanischen Herrschaft der bedeutendste Zugang von Mexiko auf das Gebiet der heutigen USA. Den Namen Königspfad trugen in den spanischen Kolonien mehrere für Menschen und den Warentransport wichtige Regierungsstraßen, so z. B. auch die Verbindung unter den kalifornischen Missionen zwischen San Diego und San Francisco. Der Camino Real im Tal des Rio Grande verschwand im Eisenbahnzeitalter im letzten Viertel des 19. Jh. von den Landkarten. Im Zuge der 500-Jahr-Feiern der Entdeckung Amerikas durch Kolumbus im Jahre 1992 begannen amerikanische Archäologen, den exakten Verlauf der alten Trasse ausfindig zu machen, sie zu markieren und damit ins öffentliche Bewusstsein zu rücken.

Im **El Camino Real Historic Trail Site** erinnern mitten im Niemandsland Ausstellungen mit aufschlussreichen Exponaten an die große historische Bedeutung der Verkehrsverbindung, die zwischen 1598 und 1885 von spanischen Expeditionstrupps, Siedlern und Kolonisten aus Mexiko benutzt worden war.

Jornada del Muerto ▶V 14

Auf der Ostseite des **Elephant Butte Lake** dehnt sich mit der **Jornada del Muerto** eine sonnendurchglühte Wüstenlandschaft aus, in der es keinen Tropfen Wasser gibt. Dennoch spielte sie in der Geschichte von New Mexico eine Rolle. Als 1680 in den nördlichen Indianersiedlungen die Pueblo-Revolte ausbrach, versuchten sich die Spanier durch eine Flucht quer durch diesen menschenleeren, lebensbedrohenden Landstrich in Sicherheit zu bringen. Auch im 19. Jh. drangen manche Planwagenkolonnen auf der Suche nach einer Abkürzung in den Westen in dieses Gebiet vor, nur um in der unwirtlichen Mondlandschaft häufig ein grausames Ende zu finden. Im äußersten Norden dieser Wüste signalisierte am 16. Juli 1945 die erste Atombombenexplosion eine neue Ära.

Truth or Consequences ▶V 15

T or C, wie die Einheimischen ihre 6200 Einwohner große Heimatstadt nennen, hieß bis Anfang der 1950er-Jahre wegen der dort vorkommenden heißen Quellen Hot Springs und wurde hauptsächlich von unter Arthritis leidenden Menschen aufgesucht, die im heißen Wasser Linderung ihrer Leiden suchten. Im Jahre 1950 bot Ralph Edwards, Moderator der populären Radio Show Truth or Consequences (Sag die Wahrheit) jeder x-beliebigen amerikanischen Stadt, die ihren Ortsnamen auf den seiner Show ändern würde, ein jährliches Festival mit Medienrummel an. Die Stadtväter von Hot Springs führten eine Abstimmung durch, bei der sich die Bürger mehrheitlich für den Namenswechsel entschieden. Ralph Edwards hielt sein Versprechen. Alljährlich findet Anfang Mai eine Fiesta statt, bei der seit 1950 die Namensänderung der Stadt gefeiert wird.

Heiße Bäder und Spas gibt es in der Stadt immer noch. Größere Anziehungskraft sollte der Gemeinde eigentlich ein futuristisches Projekt bringen. Auf Betreiben des britischen Milliardärs Richard Branson entstand ca. 35 Meilen südöstlich von T or C mitten im wüstenhaften Niemandsland mit **Spaceport America** (https://spaceportamerica.com) der erste kommerzielle und privat finanzierte Weltraumbahnhof. Bransons Raumfahrtunternehmen Virgin Galactic machte sich zum Ziel, zahlungskräftigen Weltraumtouristen suborbitale Raumflüge anzubieten. Bei einem Testflug stürzte SpaceShipTwo jedoch – vermutlich aufgrund eines Pilotenfehlers – im Oktober 2014 ab, wobei der Copilot ums Leben kam. Das Unglück und technische Probleme haben den Ausbau von Spaceport America und damit die Ausflüge mutiger und zahlungskräftiger Hobbyastronauten bis heute verzögert. Wer sich für das Spaceport-Gelände interessiert, kann sich in T or C angebotenen vierstündigen Besichtigungstouren anschließen. Allzu viel zu sehen gibt es dabei allerdings nicht.

Übernachten

Äußerst entspannend – **Riverbend Hot Springs Hostel:** 100 Austin St., Tel. 575-894-7625, www.riverbendhotsprings.com. Bescheidene Unterkunft, aber mit heißen Quellen. Man kann in mehreren, unterschiedlich temperierten Pools entspannen oder im Rio Grande baden. DZ ab 90 $ (Kin. ab 12 J.).

Las Cruces und Umgebung ▶V 16

Am historischen Camino Real (Königsweg) von Mexiko City nach Santa Fe gelegen, entwickelte sich **Las Cruces** im 19. Jh. zu einem wichtigen Versorgungszentrum für unterschiedliche Militärposten des südlichen Landesteils, die für Sicherheit auf den Handelsrouten sorgten. Im 20. Jh. trat im Umland immer mehr die Landwirtschaft in den Vordergrund, obwohl die mit 100 000 Einwohnern zweitgrößte Stadt von New Mexico in einem regenarmen Gebiet liegt. Wasser aus dem Rio Grande lässt heute hauptsächlich im Mesilla Valley Alfalfaklee, Chilis, Baumwolle und Pecannüsse gedeihen, und südlich von Las Cruces liegen entlang der Interstate 10 die größten Vieh- und Milchfarmen des Landes.

New Mexico Farm and Ranch Heritage Museum

4100 Dripping Springs Rd., Tel. 1-575-522-4100, www.nmfarmandranchmuseum.org, Mo–Sa 9–17, So 12–17 Uhr, Erw. 5 $, Kin. 5–17 J. 3 $

Der Agrarsektor beschäftigt aber nicht nur Landwirte, sondern auch Wissenschaftler. Die New Mexico State University in Las Cruces gehört zu den bekanntesten Lehr- und Forschungsanstalten des Westens auf dem Gebiet von Ackerbau und Viehzucht. Einen Überblick über die 3000-jährige Agrargeschichte der Region gibt das **New Mexico Farm and Ranch Heritage Museum.**

Mesilla

Drei Meilen westlich des Stadtzentrums führt das Dorf **Mesilla** ein sehr ländliches Dasein. Die Straßenzüge sind von Adobe-Häusern gesäumt, die mit Kakteen geschmückten Fassaden und niedlichen Vorgärten adrett wie Puppenstuben hergerichtet. Pilgerten im Sommer nicht Touristenscharen über die zentrale Plaza, könnte man auf die Idee kommen, im Dorf habe sich seit der Zeit der historischen Butterfield-Postlinie kaum etwas verändert. Damals stiegen die Passagiere in der Postkutschenstation ab, um sich an einem einfachen Brunnen den Straßenstaub vom Gesicht zu waschen und einen Happen zu essen. Heute warten Gäste im populären **La Posta Restaurant** geduldig, bis in einem der hübsch eingerichteten und dekorierten Speiseräume ein Tisch frei wird (s. u.).

Infos

Las Cruces Convention and Visitors Bureau: 211 N. Water St., Las Cruces, NM 88 001, Tel. 1-575-541-2444, www.lascrucescvb.org.

Übernachten

Komfortabel und kunstbeflissen – **Lundeen Inn of the Arts B&B:** 618 S. Alameda Blvd., Tel. 575-526-3326, www.innofthearts.com. Herrschaftliches Anwesen mit 20 Gästezimmern und einem zwei Etagen hohen, mit mexikanischem Mobiliar und zahlreichen Kunstwerken ausgestatteten Gemeinschaftsraum. DZ 82–125 $, Suiten 99–155 $.

Märchenhaft – **Casa De Rosie Josefina's Old Gate:** 2261 Calle de Guadalupe, Mesilla, Tel. 1-575-613-4820, http://josefinasgate.com. Unterkunft im hübschen Adobe-Stil mit toller Innenausstattung. Die Terrasse versinkt in Blumen. DZ ca. 80.

Preisgünstig – **Americas Best Value Inn:** 901 Av. De Mesilla, Tel. 1-575-524-8603, www.americasbestvalueinn.com. Kettenmotel mit

Pool und WLAN. Auch Raucherzimmer. DZ ab 50 $.

Essen & Trinken

Lokal für Fleischesser – **Double Eagle Restaurant:** 2355 Calle de Guadalupe, Mesilla, Tel. 1-575-523-6700, www.double-eagle-mesilla.com, tgl. 11–22 Uhr. Elegantes Lokal im ältesten Gebäude auf der Plaza mit exzellenter Küche. 21–45 $.

Sehr stimmungsvoll – **La Posta de Mesilla:** 2410 Calle de San Albino, Tel. 1-575-524-3524, www.laposta-de-mesilla.com, tgl. 11–21 Uhr. Das sehenswerte Restaurant besitzt eine große Lobby mit Vogelvolieren, Aquarien und Pflanzen. Die Küche verleugnet die Nähe zur mexikanischen Grenze nicht. Dinner 10–16 $.

Termine

Whole Enchilada Fiesta (Sept.): dreitägiges Kultur- und Gourmetfest.

Silver City und Umgebung

Silver City ▶T 15

Dem 10 500 Einwohner großen **Silver City** war ein ähnliches Schicksal beschieden wie anderen Bergbaucamps. Der seit den 1860er-Jahren mit Gold-, Silber- und Kupferbergbau reich und groß gewordene Ort verwaiste nach dem Ende des Booms und lässt an zwei Tagebauminen im weiteren Umkreis die ehemalige Bergbauproduktion erkennen.

Silver City Museum

312 W. Broadway, Tel. 1-575-538-5921, www.silvercitymuseum.org, Di–Fr 9–16.30, Sa–So 10–16 Uhr, 5 $

An die Zeit des Bergbaus erinnert auch das in der ehemaligen Residenz eines Silberbergwerksbesitzers eingerichtete **Silver City Museum,** das einen Eindruck vom Leben der ›besseren‹ Gesellschaft des 19. Jh. gibt. Zu den Exponaten gehören auch archäologische Funde der Mogollon-Indianer, die bis ca. 1500 im südwestlichen New Mexico lebten.

Gila Cliff Dwellings National Monument ▶T 15

Tel. 1-575-536-9461, www.nps.gov/gicl, Besucherzentrum im Sommer 8–18, sonst bis 16.30 Uhr, 5 $, Kin. unter 15 J. gratis

Wer sich ausführlicher über die Kultur der Mogollon-Indianer informieren möchte, hat ca. 44 Meilen nördlich von Silver City im **Gila Cliff Dwellings National Monument** Gelegenheit. Eine schmale, kurvige Straße führt durch das unerschlossene Bergland zu sehenswerten indianischen Ruinenanlagen. In fünf natürlichen Felshöhlen liegen am Rande eines Canyons die aus dem 13. und 14. Jh. stammenden Klippenwohnungen der Mogollon-Kultur.

City of Rocks State Park ▶U 16

P. O. Box 50, Faywood, Tel. 1-575-536-2800, www.emnrd.state.nm.us (> State Parks/City of Rocks State Park), Visitor Center 8.30–15.30, Park 6–21 Uhr, 5 $/Pkw. Auf dem Gelände gibt es einen Campingplatz mit Strom und Toiletten, auch für RV geeignet

Manche Besucher sollen sich im **City of Rocks State Park** an die aus der Jungsteinzeit stammende Kultstätte Stonehenge in England erinnert fühlen. Tatsächlich handelt es sich bei den bizarren Felsformationen abseits des nach Deming führenden Highway 180 nicht um Menschenwerk, sondern um ein seltsames Naturphänomen. Die unterschiedlich großen Felspfeiler bestehen aus Tuff, der sich nach einer vor ca. 33 Mio. Jahren erfolgten Vulkaneruption aus verhärteten Aschepartikeln bildete. Wind und Wetter betätigten sich über lange Zeiträume als Bildhauer und schufen die Naturskulpturen. Aufmerksame Besucher finden an manchen Stellen Vertiefungen in den Felsen, die von prähistorischen Mimbres-Indianern vor über 3000 Jahren zum Zerkleinern von Getreide benutzt wurden.

Wissenschaftler stießen außerdem auf Pfeilspitzen dieser Ureinwohner und auf in Felsen geritzte, von spanischen Konquistadoren stammende Kreuze.

Alamogordo und White Sands ▸W 15

Am Fuß der Sacramento Mountains gelegen ist Alamogordo mit 32 000 Einwohnern Hauptort des Wüstenbeckens Tularosa Basin und dient kleineren Gemeinden und den in der Nähe liegenden Militärstützpunkten als Versorgungszentrum.

New Mexico Museum of Space History

NM Hwy 2001, Tel. 1-575-437-2840, www.nmspacemuseum.org, tgl. 9–17 Uhr, Eintritt ab 13 J. 7 $, Kin. 5 $, IMAX-Kino 7 $

Schon von Weitem ist am nordöstlichen Stadtrand das **New Mexico Museum of Space History** am Fuß der Berge zu erkennen, das als Hommage an die Pioniere der Weltraumforschung verstanden wird. Der Komplex besteht aus zwei Teilen.

Die **International Space Hall of Fame** in einem fünf Stockwerke hohen gläsernen Würfel führt Besucher durch die unterschiedlichen NASA-Programme der vergangenen Jahrzehnte inklusive der Mondmissionen. Neben Robert Goddard, einem der Väter der Raketentechnologie, kommt etwa Wernher von Braun als Leiter der US-Weltraumprogramme nach dem Zweiten Weltkrieg zu Ehren. Im **New Horizons Dome Theater** werden Filme z. B. über den Mars oder Tornados auf eine kuppelförmige Leinwand projiziert. Auf dem Gelände ist ein Schimpanse namens Ham zur letzten Ruhe gebettet, der noch vor den ersten menschlichen Astronauten die Erde in einer Mercury-Kapsel umrundete und 1982 im Alter von 27 Jahren in einem Zoo in North Carolina starb. Besucher finden auch Informationen über die Astronautin Sally Ride, im Juni 1983 die erste Amerikanerin an Bord eines Space Shuttle.

White Sands National Monument

Hwy 70, Tel. 1-575-479-6124, www.nps.gov/whsa, Besucherzentrum 8–17, Park 7–18 Uhr, im Sommer länger, 5 $

Im **White Sands National Monument** 15 Meilen südwestlich von Alamogordo führt eine Nebenstrecke durch die größte Gipswüste der Welt, eine einzigartige, aus schneeweißen Dünen bestehende Landschaft, in der Yuccapalmen und Wüstengräser nur hier und da festen Untergrund finden, um ihre Wurzeln zu verankern. Auf 780 km² breiten sich die flachen Hügel aus puderzuckerfeinen Gipskristallen aus, die sich bei Sonnenauf- und -untergang zartrosa verfärben.

An der 10 km langen Stichstraße stellt der National Park Service an manchen Stellen überdachte Picknicktische auf: Die Temperaturen können im Sommer auf über 40 °C steigen. Die Dünen sind nur ein Teil des Tularosa Basin, das 1945 als Testgelände für die erste Nuklearbombe der Welt diente. Das Besucherzentrum zeigt interessante Exponate.

Infos

Alamogordo Chamber of Commerce: 1301 N. White Sands Blvd., Alamogordo, NM 88310, Tel. 1-575-437-6120, www.alamogordo.com.

Übernachten

Ordentliches Motel – **Super 8:** 3204 N. White Sands Blvd., Tel. 1-800-536-9326, wyndhamhotels.com/super-8. Kettenmotel. Alle Räume mit Mikrowelle und Kühlschrank. WLAN und Frühstück inkl. DZ ab 60 $, Kinder bis 17 J. frei.

Ohne großen Komfort – **White Sands Motel:** 1101 S. White Sands Blvd., Tel. 1-575-437-2922, www.thewhitesandsmotel.com. Kleines Motel auch mit Familienzimmern (3 Betten). Kühlschrank und Mikrowelle sowie WLAN. DZ 50–100 $.

Camping – **Road Runner Campground:** 412 24th St., Tel. 1-575-437-3003, www.roadrunnercampground.com. Zum Teil von Bäumen bestandene KOA-Anlage, manche Plätze sind mit WLAN ausgestattet. In Cabins kommen bis zu 4 Pers. unter. 35–37 $.

Essen & Trinken

Am South White Sands Boulevard liegen mehrere Fast-Food-Restaurants von Kentucky Fried Chicken bis Dairy Queen.

BBQ – **Can't stop smoking:** 900 E.10th St., Tel. 1-575-437-4227, www.cantstopsmokinbbq.com, Mo–Do 10–20, Fr, Sa bis 21 Uhr. Ribs ab 12 $, Sandwiches 6 $, Lunch-Special mit Drink 7 $.

Cloudcroft und das Mescalero-Land

▶ X 14/15

Cloudcroft

Liegt Alamogordo in einer von der Sonne ausgedörrten Wüstenlandschaft, so ändert sich die Szenerie schon wenige Meilen östlich in den Sacramento Mountains um das Skigebiet bei der 2640 m hoch gelegenen Ortschaft **Cloudcroft.** Pinienwälder mit lauschigen Wanderwegen und sattgrüne Golfplätze umgeben das 697-Seelen-Dorf, in dem die Temperaturunterschiede verglichen mit der Wüste im Sommer wie im Winter gewaltig sind.

Mescalero Apache Reservation

Zwischen Cloudcroft und Ruidoso im Norden dehnt sich um Wiesen und Wälder die **Mescalero Apache Reservation** mit ihrer kleinen Hauptstadt Mescalero aus. Dieses Gebiet ist Heimat von ca. 4000 Native Americans, die sich den drei Unterstämmen Mescalero-, Chiricahua- und Lipan-Apachen zugehörig fühlen. Seit Jahren gilt der Tourismus hier als eine Haupteinnahmequelle, wobei die Reservation von ihrer natürlichen Umgebung – Wäldern, Bergland und Seen – profitiert.

Übernachten

Indianische Gastlichkeit – **Inn of the Mountain Gods Resort & Casino:** 287 Carrizo Canyon Rd., Mescalero, Tel. 1-575-464-7059, www.innofthemountaingods.com. Neben einem guten Casinobuffet bietet der Komplex gepflegten Komfort in den Gästezimmern und Aktivitäten vom Fliegenfischen bis zur Hirschjagd. Die mit Indianerkunst ausgestattete Lobby gibt durch eine Glasfassade über den künstlich aufgestauten Lake Mescalero hinweg den Blick frei auf den selbst im Hochsommer vergletscherten Sierra Blanca Peak.

Traumhafte Dünenlandschaft in White Sands, der größten Gipswüste der Welt

Tipp

RAILS TO TRAILS

Ein ca. 16 km langer Abschnitt der ehemaligen **Alamogordo & Sacramento Mountain Railroad** wurde in einen Wanderweg umgewandelt, auf dem man fünf unterschiedliche Landschaftsformen von der Wüste bis zu subalpinen Zonen kennenlernen kann (www.nmrailstotrails.org).

Aktiv

Weißes Vergnügen – **Ski Apache:** 1286 Ski Run Rd., Alto, NM 88312, Tel. 1-575-464-3600, Schneebericht Tel. 505-257-9001, www.skiapache.com. In der Nähe von Ruidoso betreibt der Stamm dieses Wintersportzentrum um den Sierra Blanca Peak (3651 m), die höchste Erhebung in den südlichen Rocky Mountains. Rund 55 Abfahrten für Skifahrer und Snowboarder mit Höhenunterschieden bis zu 600 m locken in jeder Saison Wintersportler in dieses Gebiet.

Ruidoso und Lincoln County ▶ X 14

Ruidoso

Am Rand der Mescalero Apache Reservation führen die beiden Nachbarorte **Rui-**

doso und **Ruidoso Downs** mit zusammen knapp 10 000 Einwohnern die meiste Zeit des Jahres ein ruhiges Provinzdasein. Hektisch wird es in der kalten Jahreszeit, wenn sich die Einwohnerzahl durch Wintersportler auf 50 000 erhöht. Von Wäldern und Bergen umgeben zählt die Gegend zu den attraktivsten Urlaubszielen im südlichen New Mexico. Alljährlich im September findet sich Ruidoso Downs in den Schlagzeilen der amerikanischen Sportpresse wieder, wenn auf der lokalen Rennbahn mit dem All American Futurity eines der am höchsten dotierten Pferderennen der Welt für Quarter Horses (Rennpferde, die über eine Distanz von einer Viertelmeile gehen) stattfindet. Preisgelder von 2,5 Mio. $, wovon allein der Sieger etwa 1 Mio. gewinnt, sind nichts Außergewöhnliches.

Lincoln

Die Ortschaft **Lincoln** war von 1878 bis 1881 Schauplatz des berühmt-berüchtigten Lincoln-County-Krieges. In dieser blutigen Auseinandersetzung standen sich Geschäftsleute gegenüber, die in diesem noch weitgehend unerschlossenen Landkreis um möglichst große Marktanteile an der Versorgung der Viehrancher kämpften. Prominente Teilnehmer der Fehde waren die von der Geschichtsschreibung des Wilden Westens längst zu legendären Figuren verklärten Todfeinde Billy the Kid und Sheriff Pat Garrett. Im Bergtal des Rio Hondo gelegen, macht Lincoln heute den Eindruck einer verschlafenen Landgemeinde. Das **Lincoln County Courthouse,** aus dem Billy the Kid entkam und dabei zwei Hilfssheriffs erschoss, hält die Erinnerung an die alten Wildwestzeiten ebenso wach wie der als Museum dienende **Tunstall Store,** der im Rancherkrieg ein wichtiger Schauplatz war (Lincoln Historic Site, Tel. 1-575-653-4372, www.nmhistoricsites.org/lincoln, tgl. 9–17 Uhr, im Winter sind manche Einrichtungen geschlossen, 5 $).

Capitan

Die westliche Nachbargemeinde **Capitan** ist in den USA jedem Kind ein Begriff, weil dort mit Smokey Bear das nationale Maskottchen der Waldbrandverhütung zu Hause ist. Bei einem 1950 in den Capitan Mountains ausgebrochenen Buschfeuer fanden Löschtrupps ein Bärenbaby, das sich auf einem Baum vor lodernden Flammen in Sicherheit zu bringen versuchte. Der angesengte Meister Petz wurde gesund gepflegt und in Washington D.C. unter großem Medienrummel als Symbol für Waldbrandverhütung und Naturschutz vorgestellt. An der Durchgangsstraße widmet sich der **Smokey Bear Historical Park** dem Leben des Bären, der nach seinem Tod 1976 neben dem Museum beerdigt wurde (118 W. Smokey Bear Blvd., Tel. 1-575-354-2748, http://smokeybearpark.com, tgl. 9–16.30 Uhr, Erw. 2 $, Kin. 7–12 J. 1 $).

Roswell ►Y 14

Schon im ausgehenden 19. Jh. war die 48 000 Einwohner große Stadt am westlichen Rand der Great Plains ein wichtiges Viehzuchtzentrum, und noch heute spielt die Agrarwirtschaft eine bedeutende Rolle.

Roswell Museum & Art Center

100 W. 11th St., Tel. 1-575-624-6744, http://seeroswell.com (> Play/Museums-Attractions/Roswell Museum & Art Center), Mo–Sa 9–17, So u. Fei 13–17 Uhr, Eintritt frei

Das **Roswell Museum & Art Center** stellt historische Artefakte und moderne Kunst u. a. von Georgia O'Keeffe aus, zeigt im Planetarium interessante Sternenshows und widmet sich in einem speziellen Flügel dem Wissenschaftler Robert Goddard (1882–1945), der in Roswell von 1930 bis 1941 ein Forschungslaboratorium unterhielt und von Flüssigtreibstoff angetriebene Raketen testete.

International UFO Museum & Research Center

114 N. Main St., Tel. 1-505-625-9495, www.roswellufomuseum.com, tgl. 9–17 Uhr, Erw. 5 $, Kin. 5–15 J. 2 $

Weltweit bekannt wurde die Stadt im Jahr 1947 durch den sogenannten Roswell-Zwischenfall, als ein Rancher behauptete, Teile eines abgestürzten UFOs gefunden zu haben. Das Militär bestätigte den Fund zunächst, dementierte die Nachricht aber wenig später und gab bekannt, nur die Überreste eines abgestürzten Wetterballons geborgen zu haben. Seit damals brodelt die Gerüchteküche, was u.a. zur Gründung des **International UFO Museum & Research Center** führte, in dem es vor Aliens und Spekulationen nur so wimmelt.

Carlsbad Caverns N. P. ►Y/Z 16

727 Carlsbad Cavern Hwy, Tel. 1-575-785-2232, www.nps.gov/cave, Höhlenzugang in den Sommermonaten 8–17 Uhr, sonst kürzer, für die jeweiligen Höhlenabschnitte und Touren gelten unterschiedliche Eintrittspreise, Erw. 12 $

Südlich von Carlsbad macht sich um White's City Wüstenvegetation breit. Kreosotebüsche und Biberschwanzkakteen, Yuccapalmen, Agaven und Trockengräser prägen die Gegend, in der nichts darauf schließen lässt, dass diese Landschaft vor 200 Mio. Jahren ein unter dem Meeresspiegel liegendes, 400 Meilen langes Riff war. Über lange Zeit verschwand das Meer, die Region begann sich zu heben, wobei der durch Erdöl und Erdgas erhöhte Säuregehalt des Grundwassers den Kalkstein aufzulösen und unterirdische Gänge und Höhlen zu schaffen begann.

Die schon vor vielen Jahren zum Nationalpark erhobenen **Carlsbad Caverns** zählen heute zu den schönsten Höhlensystemen der USA. Moderne Aufzüge, die stündlich bis zu 1400 Personen befördern können, bringen Gäste in die feuchte, konstant 13 °C kühle Welt der Schatten in 250 m Tiefe. Dort verschlägt einem weniger die veränderte Temperatur als vielmehr die märchenhafte Pracht der Unterwelt den Atem. Die unterirdischen Touren kann man auf eigene Faust unternehmen oder sich Rangerführungen mit unterschiedlichen Schwerpunkten anschließen.

Die 2 km lange und etwa 1 Stunde dauernde Standardtour führt in die Hall of Giants (Halle der Riesen), die ihren Namen zwei 20 bzw. 13 m hohen Stalagmiten verdankt. Von dort öffnet sich mit Big Room (Großer Saal) das Auserlesenste, was die Carlsbad-Höhlen zu bieten haben. Die Dimensionen des riesigen Raumes sind erst fassbar, wenn man auf den befestigten und schwach beleuchteten Wegen eine Weile gegangen ist. Big Room ist 550 m lang, 335 m breit und 78 m hoch, sodass neben mehreren Fußballfeldern das Washingtoner Kapitol in voller Größe Platz fände.

Durch den Sonnentempel geht es zum Totempfahl, einer dünnen Kalksteinsäule, die sich in den schwarzen Himmel des Big Room reckt. Am Ende der Halle, am Top of the Cross, halten in einem offenen Auditorium Ranger Vorträge über die Entstehung der Höhle. Mirror Lake (Spiegelsee) ist ein kristallklarer Pool unweit des Bottomless Pit (Abgrund ohne Boden), eine unheimliche 43 m tiefe Riesenöffnung, die einen das Fürchten lehrt.

Die Fahrt mit dem Aufzug in die Tiefe der Höhlen ist zwar der einfachste, aber nicht der einzige Zugang in die Märchenwelt. Der natürliche Höhleneingang befindet sich einige Meter vom Besucherzentrum entfernt, und wer dort einsteigt und die normale Besichtigungstour absolviert, braucht 3 Stunden Zeit und sollte wegen der steilen und nassen Wege mit Schuhen mit Profilsohlen ausgerüstet sein. An sommerlichen Spätnachmittagen versammeln sich an diesem Eingang Neugierige zu einem Schauspiel der besonderen Art.

Einer schwarzen Wolke gleich dringen Schwärme von ca. 400 000 Fledermäusen wie auf ein geheimes Kommando hin aus der Höhle, um sich auf den Weg in ihre Jagdgründe zu machen, wo sie jede Nacht etwa drei Tonnen Insekten vertilgen.

Eine Höhlenexpedition stieß 1988 in dem Nationalpark mit den **Lechuguilla Caves** auf ein bis dahin noch unbekanntes Höhlensystem, das bezüglich Größe die Carlsbad Caverns in den Schatten stellt. Höhlenforscher entdeckten dort nach Grabungen ein fast 190 km langes und bis zu 431 m tiefes Höhlensystem mit riesigen Hallen. Im Unterschied zu Carlsbad ist Lechuguilla jedoch nicht zugänglich.

Denver
Aspen
Colorado
Springs

Kapitel 7

Colorado

Wie eine natürliche steinerne Barriere ziehen sich die Rocky Mountains durch den Westen der USA. Kein US-Bundesstaat wird so sehr mit diesem gewaltigen Gebirgszug in Verbindung gebracht wie Colorado, das mit durchschnittlich über 2000 m höher liegt als alle Nachbarn und mit dem Mount Elbert (4399 m) den höchsten Punkt der amerikanischen Rockies besitzt. Das populärste Gebirge Amerikas kommt am besten im gut erschlossenen Rocky Mountain National Park zur Geltung. Darüber hinaus liegen in Colorado mit dem Black Canyon of the Gunnison, Great Sand Dunes und Mesa Verde drei weitere Nationalparks, von denen die ersten beiden ebenfalls eine Hommage an Mutter Natur sind, während Mesa Verde auf spektakuläre Weise eine ca. 800 bis 1000 Jahre zurückliegende Epoche der indianischen Geschichte präsentiert.

Neben reizvollen Landschaften und historischen Schauplätzen kommt in Colorado das moderne Leben nicht zu kurz. Mit 693 000 Einwohnern (im Ballungsgebiet leben ca. 2,6 Mio. Menschen) bildet Denver das unumstrittene politische, kulturelle und kommerzielle Zentrum des Landes. Dass die Einwohnerzahl sowohl der Stadt als auch des Staates seit 1990 um gut 48 % zunahm, lässt Rückschlüsse auf die positive Einschätzung der Lebensverhältnisse auf dem ›Dach‹ Amerikas zu. Noch höher als Denver wird in Sachen Lebensqualität das 465 000 Einwohner große Colorado Springs eingeschätzt. Einer Erhebung des TV-Senders CNN im Jahr 2006 zufolge qualifizierte sich die Stadt südlich von Denver an mehreren Parametern gemessen als Gemeinwesen mit den besten Lebensverhältnissen in den USA. Wer zum Wintersport nach Colorado reist, wählt am besten den März, denn er ist der schneereichste Monat des Jahres. Ansonsten bieten sich die Sommer- und Herbstmonate mit idealem Wetter für alle Outdooraktivitäten an.

Bitte Abstand halten: bei Begegnungen mit Wapitihirschen, wie hier im Rocky Mountain National Park

Auf einen Blick: Colorado

Sehenswert

Denver: Wem vor oder nach einem Abstecher in Colorados herrliche Bergwelt der Sinn nach Kunst und Kultur steht, wird Gefallen finden an der bunten Museumslandschaft, den Theatern und dem Performing Arts Center von Denver (s. S. 444).

Rocky Mountain National Park: Reisende, die entspannende Tage in freier Natur verbringen möchten, finden im Park eine attraktive Hochgebirgsszenerie zum Wandern, Reiten, Mountainbiken oder zu Rundfahrten mit dem Auto (s. S. 452).

Mesa Verde National Park: Die ca. 900 Jahre alten, wie Schwalbennester in steilen Felsen hängenden Klippenwohnungen der längst verschwundenen Anasazi-Indianer machen den Park zu einem faszinierenden Schaufenster in die untergegangene Kultur dieser Native Americans (s. S. 473).

Schöne Routen

Auf dem ›Dach‹ Amerikas: Nach einer Fahrt durch den Rocky Mountain N. P. kann man die weiter südlich gelegenen Wintersportparadiese Aspen, Breckenridge und Vail in Augenschein nehmen, wo sich der Aufenthalt auch im Sommer lohnt (s. S. 456).

Von Colorado Springs zum Great Sand Dunes N. P.: Nach der Fahrt auf den Gipfel des 4300 m (!) hohen Pikes Peak führt die Route über Pueblo und Walsenburg in den Süden von Colorado. Nördlich von Highway 160 dehnt sich mit dem Great Sand Dunes N. P. ein seltsamer Flecken Sandwüste aus, der eigentlich nicht so recht in die Bergwelt des Bundesstaates passen will (s. S. 462).

Meine Tipps

Buckhorn Exchange in Denver: Das bekannte Steakhouse ist nicht nur das älteste Restaurant der Stadt, sondern wegen seines Interieurs auch eine Sehenswürdigkeit als solche (s. S. 449).

Historisches Flair in Leadville: Noch heute zeugen stattliche Häuser vom Bergbauboom des späten 19. Jh. Schon damals war der Silver Dollar Saloon eine populäre Einrichtung – und ist es bis heute geblieben (s. S. 461).

Skiparadies Revelation Bowl: Die Landschaft um Telluride macht den weißen Sport mit zahlreichen anspruchsvollen Pisten vor allem auch für erfahrene Skihasen zum unvergesslichen Erlebnis (s. S. 472).

Aktiv

Auf dem Pferderücken durch die Rockies: Einmal wie die Westernhelden durch die Bergwelt der Rocky Mountains reiten? In Estes Park beim Rocky Mountain National-Park werden Träume wahr (s. S. 454).

Ashcroft Ghost Town: Silberfunde ließen im ausgehenden 19. Jh. einen 2000 Einwohner großen Ort entstehen. Heute lebt in der malerischen Geisterstadt nur noch die Erinnerung (s. S. 458).

Auf den Pikes Peak: Der Pikes Peak (4300 m) gehört zu den wenigen mit dem Auto erreichbaren höheren Punkten der kontinentalen USA. Alternativen: der Aufstieg per Zahnradbahn oder zu Fuß (s. S. 464).

Mesa Verde – Kraxeltour in Cliff Dwellings: Nirgendwo im Südwesten präsentiert sich die Hochkultur der Anasazi-Indianer spektakulärer als in den Klippenwohnungen von Mesa Verde (s. S. 474).

Denver und die Rocky Mountains

Mit Haut und Haaren, so scheint es angesichts der Glas- und Betonriesen im Zentrum, hat sich Denver modernen Zeiten verschrieben und stellt seine Zukunftsperspektive u. a. mit der futuristischen Architektur des Flughafens und des Kunstmuseums unter Beweis. Colorados Metropole lässt sich aber auch gerne als Tor zu den Rockies feiern, weil das gebirgige Freizeitparadies nur eine gute Autostunde vom quirligen Stadtzentrum entfernt liegt.

Denver ▶W 4

Cityplan: S. 447

Mit rund 690 000 Einwohnern rangiert **Denver** unter den 50 größten Metropolen Amerikas auf Platz 21 und wird, wenn das Bevölkerungswachstum anhält, seinen Ranglistenplatz in den kommenden Jahren wohl ständig verbessern. Die Stadt lässt sich gerne Mile High City nennen und weist ihre Höhenlage exakt eine Meile (1609 m) über dem Meeresspiegel mit einer Plakette auf der 15. Stufe einer Außentreppe des State Capitol nach.

State Capitol 1

200 E. Colfax Ave., Tel. 1-303-866-2604, www.leg.colorado.gov/visit-learn, Mo–Fr 7.30–17 Uhr, von 10–15 Uhr Touren. Die 99 Stufen zum Dom sind 9–14.30 Uhr geöffnet (nur Touren)

Der Sitz des aus Senat und Repräsentantenhaus bestehenden Staatsparlaments aus dem Jahr 1908 mit einer von 24-karätigem Gold überzogenen Kuppel schlägt im Innern Besucher mit einer 50 m hohen Rotunde in den Bann, die u. a. mit 128 Wandpfeilern und 16 Buntglasfenstern ausgestattet ist, auf denen Persönlichkeiten aus der Historie von Colorado abgebildet sind.

Molly Brown House Museum 2

1340 Pennsylvania St., Tel. 1-303-832-4092, http://mollybrown.org, Führungen Di–Sa 10–15.30, So 12–15.30 Uhr, Erw. 11 $, Kin. 6–12 J. 5 $

Schräg hinter dem Kapitol erzählt das **Molly Brown House Museum** die spannende Lebensgeschichte der Molly Brown (1867–1932), deren Familie mit Goldgräberei zu einem beträchtlichen Vermögen gekommen

war und sich 1889 die 14 Zimmer große viktorianische Villa hatte bauen lassen. Weltbekannt wurde sie durch ihr beherztes Eingreifen beim Untergang der Titanic 1912, das nicht nur ihr selbst, sondern auch anderen Passagieren das Leben rettete.

History Colorado Center 3

1200 Broadway, www.coloradohistory.org, Tel. 303-447-8679, tgl. 10–17 Uhr, Erw. 12 $, Kin. 6–12 8 $

Um Indianerstämme und deren Lebensweise, Bergbau, Cowboys, Viehzucht und die Kultur der spanisch sprechenden Bevölkerung geht es im **History Colorado Center,** das die Geschichte des Bundesstaates thematisiert. Das Museum punktet hauptsächlich bei jüngeren Besuchern mit einem Riesenangebot an interaktiven Versuchseinrichtungen.

Denver Art Museum 4

100 W. 14th Ave, Tel. 1-720-865-5000, www.denverartmuseum.org, Di–So 10–17, Fr bis 20 Uhr, Erw. 13 $, bis 18 J. und 1. Sa frei

Nicht Historisches, sondern Futuristisches kommt einem beim Anblick des neuesten Erweiterungsflügels des **Denver Art Museum** in den Sinn. Stararchitekt Daniel Libeskind, einem Verfechter des Dekonstruktivismus (s. S. 58), schwebten bei seinem spektakulären Entwurf für das Hamilton Building nach eigenem Bekunden die am Horizont aufragenden Gipfel der Rockies vor. Andere vergleichen den außergewöhnlichen Bau mit einem in den Boden gerammten zerbrochenen Stern. Nicht nur das mit 9000 Titanplatten verkleidete Äußere taucht Betrachter in ein Wechselbad von Bewunderung und Ablehnung. Auch im Innern setzt sich die provokative Architektur in einem riesigen, 40 m

Denver Art Museum von Stararchitekt Daniel Libeskind

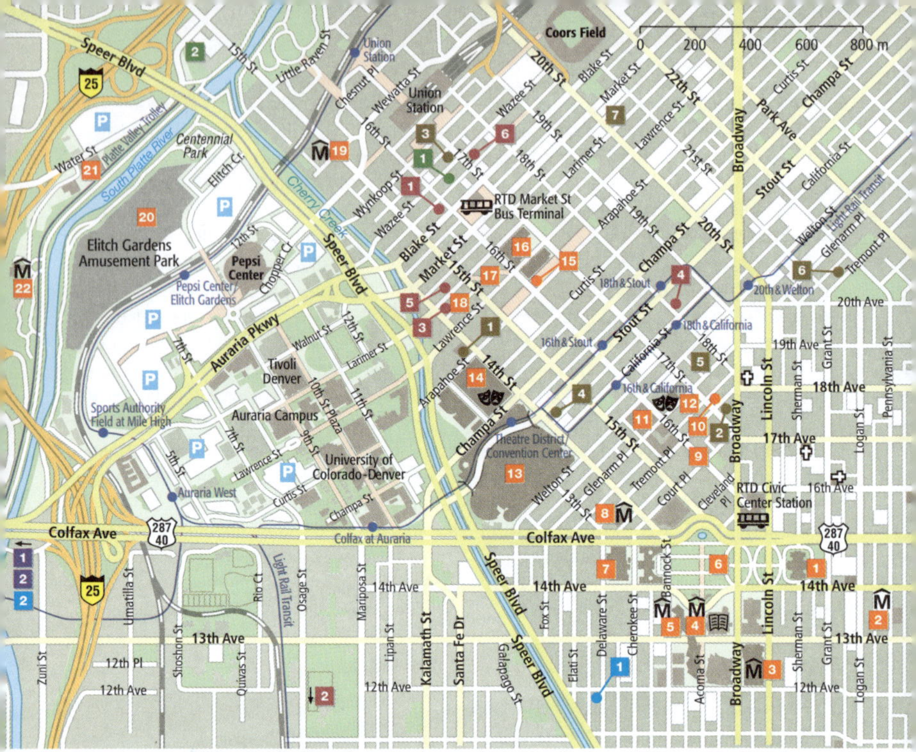

hohen Atrium fort. Der Neubau enthält Galerien für moderne und zeitgenössische, afrikanische und ozeanische Kunst sowie Exponate aus dem westlichen Amerika.

Byers-Evans House Museum 5

1310 Bannock St., Tel. 1-303-620-4933, www.coloradohistory.org, nur Touren Mo–Sa 10.30–14.30 Uhr, Erw. 6 $, Kin. 6–12 J. 4 $

In der Nachbarschaft des Denver Art Museum lässt das elegante, im Jahr 1883 errichtete **Byers-Evans House Museum** einen Blick in die High Society von Denver zu Beginn des 20. Jh. zu. Die Backsteinvilla war bis 1981 nacheinander von drei prominenten Familien bewohnt und ist heute als stadthistorisches Museum mit originalen Stilmöbeln, einer Bibliothek und Kunstwerken ausgestattet.

Civic Center Park 6

Richtung Downtown blickt man nicht nur auf die aus Glas-, Stahl- und Betonriesen bestehende Gegenwart der Stadt, sondern auch auf ihre Vergangenheit. Im **Civic Center Park,** der städtischen ›Bühne‹ für Feste und Veranstaltungen, halten Indianer- und Cowboyskulpturen die Erinnerung an historische Zeiten aufrecht, als sich vor Ort die Wege von Büffeljägern und Armeekundschaftern, federgeschmückten Plains-Indianern und Mountain Men kreuzten, was so lange noch gar nicht her ist. Denn Denver ist selbst für amerikanische Verhältnisse eine vergleichsweise junge Stadt.

Den Grundstein für die Siedlung legten Goldsucher, die 1858 am Zusammenfluss von Cherry Creek und South Platte River auf glänzendes Edelmetall gestoßen waren. Der Boom hielt nicht lange an, aber die Örtlichkeit bewies Vorteile als Handelsplatz, sodass sich das junge Denver spätestens 1866 mit seinem selbst finanzierten Anschluss an die transkontinentale Eisenbahn auf den Weg in eine erfolgversprechende Zukunft machen konnte.

Denver

Sehenswert

1 State Capitol
2 Molly Brown House Museum
3 History Colorado Center
4 Denver Art Museum
5 Byers-Evans House Museum
6 Civic Center Park
7 U.S. Mint
8 Denver Firefighters Museum
9 16th Street Mall
10 Brown Palace Hotel & Spa
11 Denver Pavilions
12 Paramount Theater
13 Colorado Convention Center
14 Denver Performing Arts Complex
15 Daniels & Fisher Tower
16 Tabor Center
17 Writer Square
18 Larimer Square
19 Museum of Contemporary Art
20 Elitch Gardens
21 Downtown Aquarium
22 Children's Museum

Übernachten

1 Hotel Teatro
2 The Brown Palace
3 Oxford Hotel
4 Embassy Suitesl
5 Holiday Inn Express
6 Queen Anne B & B
7 Hostel Fish

Essen & Trinken

1 ChoLon
2 Buckhorn Exchange
3 Tamayo
4 Guard and Grace
5 Rioja
6 Jax Fish House

Einkaufen

1 Rockmount Ranch Wear
2 REI

Abends & Nachts

1 Cuba Cuba Café & Bar
2 Red Rocks Amphitheatre

Aktiv

1 Denver Zoo
2 MillerCoors Brewery

U. S. Mint 7

320 W. Colfax Ave., www.usmint.gov/mint_tours, Mo–Do kostenlose Touren ab 8 Uhr, Tickets ab 7 Uhr erhältlich; die Mitnahme von Taschen, Feuerzeugen, Tabak, Messern etc. sowie Fotografieren ist nicht gestattet

Die **U. S. Mint** in Denver ist eine von insgesamt sechs staatlichen Prägeanstalten. Auf Führungen bekommt man nicht nur die Produktion zu sehen, sondern erfährt viele interessante Details etwa über das Design von Münzen. Sammler finden eine reiche Münzauswahl im Shop.

Denver Firefighters Museum 8

1326 Tremont Pl., Tel. 1-303-892-1436, www.denverfirefightersmuseum.org, Mo–Sa 10–16 Uhr, Erw. 7 $, Kin. 2–12 J. 5 $

Wie Brände von den 1860er-Jahren bis nach dem Zweiten Weltkrieg bekämpft wurden, erklärt das in einer ehemaligen Feuerwehrstation eingerichtete **Denver Firefighters Museum.** Gezeigt werden u. a. historische Uniformen, Spezialhelme sowie Löschgerät mit zum Teil geradezu vorsintflutlichen Apparaturen.

16th Street Mall 9

Rötlicher und grauer Granit bedeckt die 1982 angelegte **16th Street Mall,** das etwa 16 Häuserblocks lange, quirlige Einkaufs- und Geschäftszentrum von Denver mit Boutiquen, Bürohäusern, Hotels, Fachgeschäften und Kaufhäusern hinter verglasten Fassaden, vor denen Leute in hübsch hergerichteten Cafés in der Sonne sitzen und den improvisierten Konzerten von Straßenmusikern lauschen. Nur die im 90-Sekunden-Takt verkehrenden kostenlosen Shuttlebusse dürfen die von Bäumen gesäumte Fußgängerzone befahren.

Brown Palace Hotel & Spa 10

In den Parallelstraßen bzw. in der Umgebung der 16th Street Mall liegen zahlreiche Sehenswürdigkeiten wie etwa das altehrwürdige **Brown Palace Hotel & Spa** von 1892 mit einem sehenswerten Atrium und Arkaden, Galerien und einem riesigen Lüster (s. 415).

Denver Pavilions 11

500 16th St., www.denverpavilions.com, Mo–Sa 10–20, So 12–18 Uhr

Nur Schritte entfernt zeigt Downtown mit den **Denver Pavilions** sein modernes Gesicht. In dem Riesenkomplex kann man nicht nur nach Herzenslust einkaufen, sondern auch unter zahlreichen Restaurants auswählen, vom Hard Rock Café bis zum Coyote Ugly Saloon.

Paramount Theater 12

1621 Glenarm Pl., Tel. 1-303-623-0106, www.denverparamount.com

Im Art-déco-Stil 1929 erbaut, ist das **Paramount Theater** das letzte von einst 17 Kinopalästen in Denver. Mittlerweile dient es als Zentrum der darstellenden Kunst.

Colorado Convention Center 13

www.denverconvention.com

Mit modernster Technik ist das **Colorado Convention Center** ausgestattet, das südlich der 16th Street Mall mehrere Häuserblocks einnimmt und mit der Lecture Hall neben vielen anderen Auditorien einen auch für Konzerte genutzten Saal mit 5000 Plätzen besitzt.

Denver Performing Arts Complex 14

1245 Champa St., Tel. 1-720-865-4220, http://artscomplex.com

In der Nachbarschaft fällt das **Denver Performing Arts Complex** mit seiner Glas- und Betonarchitektur ins Auge. Der größte Kunstkomplex der Welt umfasst vier Straßenblöcke und beherbergt u.a. einen Skulpturenpark mit dem Werk ›Dancers‹ von Jonathan Borofsky, das Ellie Caulkins Opera House, das Temple Hoyne Buell Theatre und die Boettcher Concert Hall.

Daniels & Fisher Tower 15

16th St., Ecke Arapahoe St.

Der ehemalige Höhenrekord des **Daniels & Fisher Tower** mit 100 m wurde von modernen Gebäuden zwar längst überflügelt. Aber der an den Campanile in Venedig erinnernde Turm gehört nach wie vor zu den architektonischen Schmuckstücken im Zentrum, wenngleich Buffalo Bill beklagte, der Riese störe den Blick auf die nahen Rocky Mountains.

Tabor Center 16

1201 17th St., Mo–Sa 10–19 Uhr, So geschlossen

Einige Restaurants, Cafés, Imbisse und das Westin Hotel machen das **Tabor Center** zu einem Komplex, dessen gläserner, über dem Erdgeschoss liegender Aufbau am Abend wie ein großes Treibhaus im Licht erstrahlt.

Lower Downtown

Auf der Höhe der Arapahoe Street beginnt der historische Stadtteil **Lower Downtown** (LoDo, www.lodo.org), der eigentlich der Abrissbirne geopfert werden sollte, sich dann jedoch über die Jahre zum beliebten Szene- und Ausgehviertel entwickelte. Er erstreckt sich in nordwestlicher Richtung über die Union Station hinaus bis zum Platte River und wird im Süden vom Speer Boulevard und im Osten ungefähr von der 22nd Street begrenzt.

In zum Teil über 100 Jahre alten Ziegelgebäuden befinden sich über 90 Brauereikneipen, Musikklubs und Restaurants, in die vor allem nach großen Sportveranstaltungen, z. B. im Stadion Coors Field, die Besucher nur so strömen. Herz und Seele von LoDo sind der verwinkelte **Writer Square** 17 mit Geschäften und öffentlicher Kunst (1512 Larimer St.) und der **Larimer Square** 18 mit zwischen 1870 und 1890 errichteten viktorianischen Fassaden, hinter denen Geschäfte, Restaurants und Cafés Gäste bewirten (1430 Larimer St., www.larimersquare. com).

Museum of Contemporary Art 19

1485 Delgany St., Tel. 1-303-298-7554, www. mcadenver.org, Di–Fr 12–19, Sa–So 10–17 Uhr, Erw. 8 $, Di–Fr ab 17 Uhr 5 $

Das **Museum of Contemporary Art** befindet sich seit 2007 in einem neuen Gebäude. Der mit fünf separaten Galerien, einem Skulpturengarten auf dem Dach und lichtdurchlässigen Fassaden ausgestattete Neubau wurde von dem in Ghana geborenen Architekten David Adjaye entworfen und zählt zu den baulichen Akzenten in LoDo.

Tipp

KULINARISCHER WILDER WESTEN

Es muss ja nicht unbedingt gebratener Alligatorenschwanz oder ein Stückchen in Chili mit Limonensaft mariniertes Fleisch der Klapperschlange sein. Die im Restaurant **Buckhorn Exchange** 2 servierten Spezialitäten werfen sowohl ein Licht auf das Selbstverständnis des Küchenchefs als auch auf die Traditionsverbundenheit des Besitzers: In diesem Lokal hat der Wilde Westen allen modernen Anfechtungen standgehalten. Das macht auch das Interieur von Denvers ältestem Gourmettempel deutlich, das mit seinen Jagdtrophäen jedes kleinere Naturkundemuseum aussticht.

Schon vor über 100 Jahren schauten dem bedeutenden Indianerhäuptling Sitting Bull beim Büffelfleischessen Antilopen, Schneehasen und Elche über die Schulter. Den musealen Charakter des Restaurants unterstreichen zahllose Fotografien von Berühmtheiten, die sich dort verköstigen ließen, ein Gemälde von Buffalo Bill und Vitrinen mit Schusswaffen, die dem präparierten Wild an den Wänden zum Verhängnis wurden (1000 Osage St., Tel. 1-303-534-9505, www.buckhorn.com, Lunch Mo–Fr 11–14, Dinner Mo–Do und So 17.30–21, sonst bis 22 Uhr, Dinner 28–56 $).

Elitch Gardens 20

2000 Elitch Circle, Tel. 1-303-595-4386, www.elitchgardens.com, online Erw. 40 $, Kin. bis 121 cm und Gäste über 62 J. 35 $, Parken 15 $

Die **Elitch Gardens** sind der einzige in einer Innenstadt liegende Vergnügungspark Amerikas mit mehreren Dutzend Fahrbetrieben und einem Wasserpark.

Downtown Aquarium 21

700 Water St., Tel. 1-303-561-4450, www.downtownaquariumdenver.com, So–Do 10–21, Fr–Sa 10–21.30 Uhr, Erw. 21 $, Kin. 3–11 J. 15 $

Das **Downtown Aquarium** trägt einen missverständlichen Namen, weil es sich nicht nur den Lebewesen in Gewässern, sondern auch der Wüstenfauna im amerikanischen Westen sowie indonesischen Tigern widmet.

Children's Museum 22

2121 Children's Museum Dr., Tel. 1-303-433-7444, www.mychildsmuseum.org, Mo–Fr 9–16, Sa–So 10–17 Uhr, Kin. ab 2 und Erw. bis 59 J. 13 $

Die Vermittlung von Wissen verbindet das **Children's Museum** auf geradezu ideale Weise mit Spaß. Kinder bis ins Alter von ca. 8 Jahren können an etlichen Einrichtungen spielerisch lernen.

Infos

Denver Metro Convention and Visitors Bureau: 1555 California St., Suite 300, Denver, CO 80202, Tel. 1-303-892-1112, www.denver.org.

Übernachten

Zahlreiche Hotels liegen an der Interstate 70 im Nordosten von Downtown. Preisgünstige Unterkünfte findet man auch an der Colfax Avenue östlich vom Zentrum.

Tolles Hotel, prima Service – **Hotel Teatro** 1**:** 1100 14th St., Tel. 303-228-1100, www.hotelteatro.com. Mit über 100 Zimmern und Suiten großes, luxuriös ausgestattetes Boutiquehotel in zentraler Lage mit gutem Restaurant. Auch für Geschäftsreisende, die in der Stadt weilen, bieten die Zimmer alles Notwendige. DZ ab 263 $.

Noble Herberge für Nostalgiker – **The Brown Palace 2:** 321 17th St., Tel. 1-303-297-3111, www.brownpalace.com. Das Traditionshotel ist im Sinne des Wortes ein wahrer Palast, was schon allein die wunderschöne Lobby beweist. DZ ab 244 $, Valetparking 47 $.

Charme des Gestrigen – **Oxford Hotel 3:** 1600 17th Str., Tel. 1-303-628-5400, www.theoxfordhotel.com. Das historische Juwel im Stadtteil LoDo verbindet viktorianischen Charme mit dem Art-déco-Stil der 1930er-Jahre. 80 komfortable Zimmer, Spa und Fitnessklub. DZ ab 220 $.

Ideale Lage – **Embassy Suites 4:** 1420 Stout St., Tel. 1-303-592-1000, www.hilton.com. Hotel in Downtown mit reichhaltigem Frühstück, DZ ab 209 $, Valetparking 40 $.

Beste Lage – **Holiday Inn Express 5:** 401 17th St., Tel. 1-303-296-0400, www.hixdenver.com. Inkl. Frühstück. DZ ab 170 $, Parken 37 $.

Bezauberndes Haus – **Queen Anne B&B 6:** 2147 Tremont Pl., Tel. 1-303-296-6666, www.queenannebnb.com. Alle 14 Gästezimmer bieten ein eigenes Bad und einen Internetanschluss. Das gediegene B&B ist mit vielen Kunstwerken und Antiquitäten ausgestattet, DZ ab 155 $.

Für geringe Ansprüche – **Hostel Fish 7:** 1217 20th St., Tel. 1-303-954-0962, www.hostelfish.com. Farbenfrohes Hostel mit kostenlosem Internetzugang, Gemeinschaftsküche, Betten/Schlafsaal 47 $.

Essen & Trinken

Fernöstlich – **CholLon 1:** 1555 Blake St., Tel. 1-303-353-5223, www.cholon.com, Mo–Fr 11–14, Mo–So ab 17 Uhr. Starkoch Symensma nutzt seine in Europa und Shanghai erworbenen Kenntnisse, um Kreationen wie Lobster Shanghai (29 $) oder indisches Lamm mit Joghurt, Linsen, Rosinen und Oliven (37 $) zu servieren.

Kulinarischer Wilder Westen – **Buckhorn Exchange 2:** s. S. 449.

Mexikanisch mit Aussicht – **Tamayo 3:** 1400 Larimer St., Tel. 1-720-946-1433, www.richardsandoval.com/tamayo, tgl. Lunch und Dinner, Happy Hour 14–18 Uhr. Gegen Abend bietet sich vom Dachrestaurant ein fabelhafter Blick auf die Rockies. Die Küche ist auf mexikanische Köstlichkeiten spezialisiert, der Barkeeper mixt sagenumwobene Margaritas. Hauptgericht ca. 25 $.

Gut und ziemlich teuer – **Guard & Grace 4:** 1801 California St., Tel. 1-303-293-8500, www.guardandgrace.com. Mo–Fr Lunch 11–15 Uhr und Happy Hour mit kleinen Bissen 15–18 Uhr, Dinner Mo–Sa ab 17 Uhr. Erstklassiges modernes Steakhaus, trendy und chic. Steaks von 22 bis 79 $.

Fein, aber laut – **Rioja 5:** 1431 Larimer St., Tel. 1-303-820-2282, www.riojadenver.com, Lunch Mi–Fr 11.30–14.30, Brunch Sa–So 10–14.30, Dinner tgl. ab 17 Uhr. Kunstvoll arrangierte mediterrane Speisen wie der Picnic Appetizer, eine Kreation aus Schinken, Ziegenkäse und Gorgonzola sowie Oliven und Fenchelsalat für 17,50 $, Dinner 20–39 $.

Das Meer deckt den Tisch – **Jax Fish House 6:** 1539 17th St., Tel. 1-303-292-5767, www.jaxdenver.com, tgl. ab 16 Uhr, Happy Hour bis 18 Uhr. Austern, Krabben, Hummer und Fisch stehen auf der Karte des rustikalen, beliebten Lokals. Hauptgericht ca. 20–31 $.

Einkaufen

Wo sich Stars einkleiden – **Rockmount Ranch Wear 1:** 1626 Wazee St., Tel. 1-303-629-7777, www.rockmount.com, Mo–Fr 8–18, Sa 10–18, So 11–16 Uhr. Das auf elegante Westernmode spezialisierte Geschäft sorgte schon bei Stars wie Nicholas Cage, Eric Clapton und Bruce Springsteen für das entsprechende Outfit.

Guter Ausstatter – **REI 2:** 1416 Platte St., www.rei.com. Alles fürs Hiken, Biken, Campen, Klettern und mehr.

Abends & Nachts

Bühnenkunst – **Denver Performing Arts Complex 14:** 950 13th St., Tel. 1-720-865-4220, http://artscomplex.com. Zum Komplex aus 10 Theatern gehört ein 1908 erbautes, mit Kirschholz verkleidetes Auditorium mit einem spektakulären Kronleuchter in Gestalt einer Blume. Führungen Mi, Sa 10 Uhr, 10 $.

Hotspot im Zentrum von Denver ist der architektonisch reizvolle Larimer Square

Karibisches Flair – **Cuba Cuba Café & Bar 1:** 1173 Delaware St., Tel. 1-303-605-2822, www.cubacubacafe.com. Vom Patio zeigt sich Denver abends im letzten Licht des Tages. Die kubanischen Leckerbissen reichen von Kubanischem Sandwich (13 $) bis zur Paella mit Shrimps und Chorizo (26 $).

Rock- und Popkonzerte – **Red Rocks Amphitheatre 2:** 18300 W. Alameda Pwy, Morrison, CO 80465, Tel. 1-720-865-2494, www.redrocksonline.com, Visitor Center tgl. 8–19, im Winter 9–16 Uhr. Aus dem Felsen wurde ein 9000 Plätze großes Amphitheater herausgeschlagen, heute ein bekannter Ort für Rock- und Popkonzerte.

Aktiv

Refugium für Tierfreunde – **Denver Zoo 1:** 2300 Steele St., Tel. 1-720-337-1400, www.denverzoo.org, März–Okt. 9–17 Uhr, sonst kürzer, Erw. 17 $, Kin. 3–11 J. 12 $, im Winter 13 bzw. 9 $. Renommierter Tierpark.

Brauereibesichtigung – **MillerCoors Brewery 2:** 12th & Ford St., Golden, Tel. 1-303-277-2337, www.millercoors.com. Tour durch die größte Brauerei der Welt mit Bierprobe (Mo–Sa 10–16, So ab 12 Uhr, Eintritt frei).

Termine

National Western Stock Show and Rodeo (Jan.): Größte von Rodeos begleitete Viehauktion der Welt (www.nationalwestern.com).

Denver Powwow: (März): Traditionelles Treffen von mehreren Tausend Indianern verschiedener Stämme mit Tänzen, Trommlerwettbewerben und Paraden (www.denvermarchpowwow.org).

Great American Beer Festival (Sept.): Gästen stehen 2800 Biersorten von 680 amerikanischen Brauereien zum Probieren zur Verfügung (www.greatamericanbeerfestival.com).

Verkehr

Flugzeug: Denver International Airport, ca. 23 Meilen nordöstlich von Downtown, fertigt jedes Jahr fast 40 Mio. Passagiere ab und wird u. a. von Lufthansa angeflogen. Die Bahn University of Colorado A Line Commuter Rail fährt direkt vom Flughafen zur Union Station (www.rtd-denver.com/a-line.shtml, alle 15–30 Min., Einzelticket 9 $). Hotel-Shuttles gibt es am Level 5. Taxis ins Zentrum kosten ca. 56 $ (8500 Pena Blvd., Tel. 1-303-342-2000, www.flydenver.com).

Bahn: Amtrak-Bahnhof ist die Union Station, 17th & Wynkoop St., Tel. 1-303-825-2583, www.amtrak.com. Denver liegt an der Strecke des California Zephyr von San Francisco nach Chicago.

Bus: Greyhound Terminal, 1055 19th St., Tel. 1-800-231-2222, www.greyhound.com. Verbindungen in alle größeren Städte.

Nahverkehr: Straßenbahnen sowie Busse des RTD-Systems (Regional Transportation District, www.rtd-denver.com) verbinden die Vorstädte mit dem Zentrum Denvers (Ticket 2,60–4,50 $).

Golden ►V 4

Golden, der westliche Vorort von Denver, ist hauptsächlich durch zweierlei bekannt: die größte Brauerei der Welt (MillerCoors, s. S. 451) und das Buffalo Bill Memorial Museum & Grave, eine Erinnerungsstätte an eine der legendären Figuren des Wilden Westens.

Buffalo Bill Memorial Museum & Grave

Exit 256 von der I-70, 987-1/2 Lookout Mountain Rd., Tel. 303-526-0744, www.buffalobill.org, Mai–Okt. tgl. 9–17, sonst Di–So bis 16 Uhr, Erw. 5 $, Kin. 6–15 J. 1 $

Buffalo Bill alias William Frederick Cody (1846–1917) führte ein Leben wie ein Romanheld. Bereits als 14-Jähriger war er Postreiter beim berühmten Pony Express, ehe er sich im amerikanischen Bürgerkrieg als Scout verdingte und 1865 als Büffeljäger in die Dienste der Kansas Pacific Railroad trat, für die er zwecks Ernährung der Eisenbahnarbeiter über 4000 Büffel erlegte. Ein Journalist namens Ned Buntline war von Buffalo Bill so angetan, dass er ihn zum Helden eines Groschenromans machte. Als nach dieser Vorlage schließlich ein Theaterstück auf die Bühne kam, schlüpfte William Cody als Schauspieler elf Jahre lang in seine eigene Rolle. 1883 trat er mit einer eigenen Wild West Show an die Öffentlichkeit und unternahm in den folgenden 30 Jahren sogar Tourneen nach Europa. Buffalo Bill wurde nach seinem Tod auf eigenen Wunsch auf einer Anhöhe bei Golden zur letzten Ruhe gebettet. Im Museum bei seiner Grabstätte sind viele Memorabilien an den Westernhelden ausgestellt.

Rocky Mountain National Park ►V 3

Karte: S. 453

Drei gute Gründe haben den **Rocky Mountain National Park** zu einem populären Naturschutzgebiet gemacht. Die Bergszenerie präsentiert sich im Kalenderformat, der Park ist durch Autostraßen gut erschlossen und liegt nur 75 Meilen von Denver entfernt. Wer fantastische Aussichten genießen und aktiv werden will, ist hier richtig.

Von Ski alpin abgesehen bietet das Naturschutzgebiet die gesamte Palette von Freizeitaktivitäten wie Wandern auf fast 600 km eingerichteter Pfade, Felsklettern, Campen, Langlaufen auf bestens präparierten Loipen, Reiten, Angeln und Mountainbiking. Innerhalb der Grenzen des 1915 gegründeten, 1073 km^2 großen Nationalparks liegen mehr als 60 mindestens 3600 m hohe Gipfel. Der prominenteste unter ihnen ist Longs Peak mit 4346 m. Allerdings vermittelt der Blick von der zentralen Parkstraße, der in Ost-West-Richtung verlaufenden **Trail Ridge Road,** keine Aussichten auf Felsvertikalen wie etwa auf vergleichbaren Höhenlagen in den Alpen, weil die Gipfel hier über lange Zeiträume hinweg durch Erosion stark abgeflacht wurden.

Estes Park 1

Estes Park (6300 Einw.) ist ein Ferienzentrum, das das östliche Tor zum Nationalpark bildet. Mit Unterkünften, Restaurants und Geschäften ist es bestens vorbereitet auf die alljährlich anreisenden 2,6 Mio. Naturliebhaber.

Rocky Mountain National Park

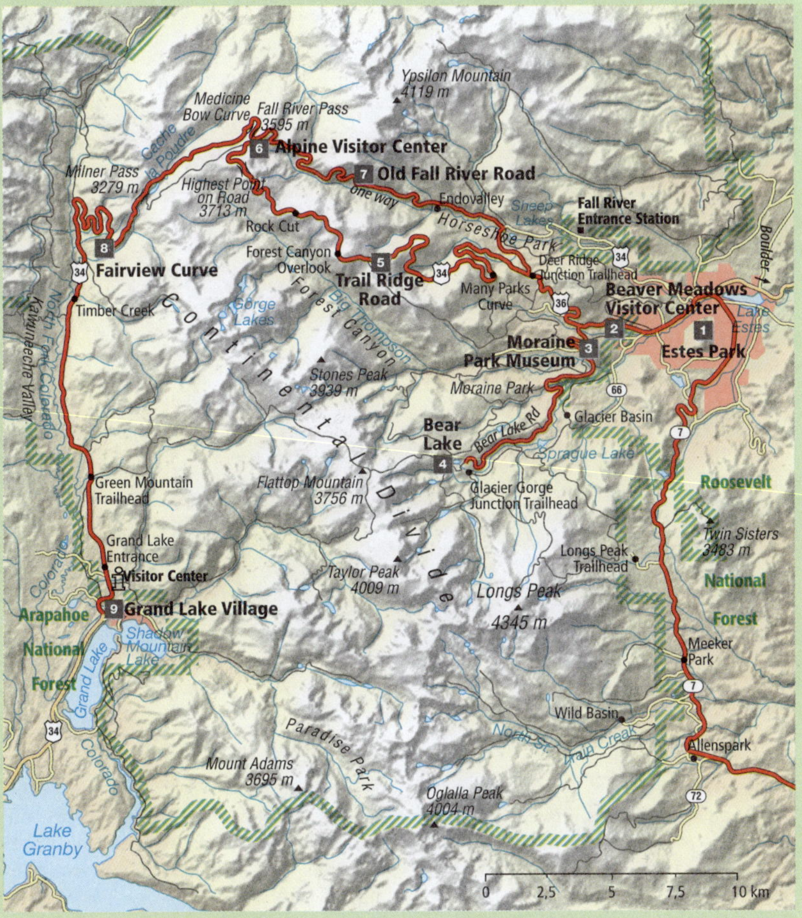

Infos

Estes Park Visitor Center: 500 Big Thompson Ave., Estes Park, CO 80517, Tel. 1-970-577-9900, www.visitestespark.com.

Übernachten

Betagte Schönheit – **Stanley Hotel:** 333 Wonderview Ave., Tel. 970-577-4000, www.stanleyhotel.com. Historisches Hotel, 138 elegante Zimmer, Suiten oder Villas, Tennis und Spa vor einer grandiosen Kulisse. DZ ab 300 $.

Romantisches Top-Hotel – **Castle Mountain Lodge:** 1520 Fall River Road, Tel. 1-970-586-3664, www.CastleMountainLodge.com. Rustikale Cabins und Cottages am Fluss in der Nähe des Nationalparks, ideal zur Wildbeobachtung. Ab 170 $.

Camping – **Spruce Lake RV Park:** 1050 Mary's Lake Rd., Tel. 1-970-586-2889, www.

Aktiv

AUF DEM PFERDERÜCKEN DURCH DIE ROCKIES

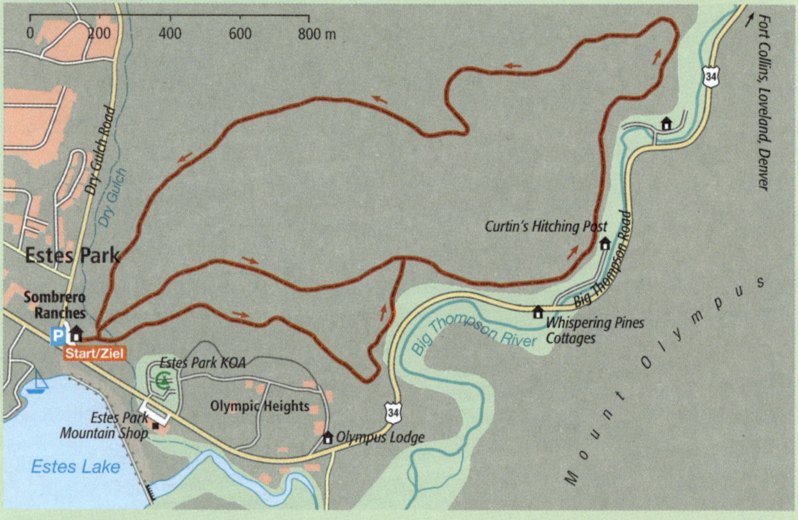

Tour-Infos

Start: Sombrero Ranches, Estes Park, 1895 Big Thompson Ave., Tel. 1-970-586-4577, www.sombrero.com (> Rides/Trail Rides/Estes Park Stable), tgl. ab 8 Uhr

Dauer: Ausritte 1, 2 oder 3 Std. – 48, 60, 80 $

Übernachtungsmöglichkeit: In Estes Park gibt es zahlreiche Hotels unterschiedlicher Qualitäts- und Preiskategorien (www.visitestespark.com).

In den Rocky Mountains können Pferdefreunde die beeindruckende Bergwelt in vollen Zügen genießen. Am östlichen Eingang des Rocky Mountain National Park in Estes Park bieten die Sombrero Ranches mehrere Ausritte an, auf denen Amateurcowboys und -cowgirls nicht nur die reizvolle Landschaft kennenlernen können, sondern auch eine Art Schnupperkurs in Sachen Cowboyleben bekommen. Bei einer einstündigen Tour reiten die Teilnehmer abseits von befahrenen Straßen. Bei der Zwei-Stunden-Tour geht es weitere 300 m in die Höhe mit Blick auf den Long's Peak und das Estes Valley. Auf dem dreistündigen Ritt über das Privatgelände des Reitstalls reitet man durch bewaldetes Gelände mit Blick auf den schönen Big Thompson Canyon und das Eagle Valley.

sprucelakerv.com, Mitte Mai–Ende Sept. Am Thompson River, mit Pool, 1 Meile vom Nationalparkeingang und 1,5 Meilen von Estes Park. **Estes Park KOA:** 2051 Big Thompson Ave., Tel. 1-800-562-1887, www.estesparkkoa.com, Mai–Mitte Okt. Bestens ausgestatteter Platz am Fluss, auch mit Cabins.

Essen & Trinken

Jeden Dollar wert – **Dunraven Inn:** 2470 Hwy 66, Tel. 1-970-586-6409, www.dunraveninn.com, tgl. 16–21 Uhr. Gemütliche Atmosphäre beim Italiener, hier gibt es für jeden Geschmack etwas: Pasta, Steaks, Seafood und feine Desserts wie Raspberry Cheese Cake, Cappuccino Chip Gelato oder Chocolate Avalanche Cake. Ab 16 $.

Deftig und rustikal – **Smokin' Dave's BBQ:** 220 Moraine Ave., Tel. 1-970-577-7427, www.smokindavesq.com, tgl. ab 11 Uhr. BBQ-Rippchen, Steaks und Bier vom Fass können auch auf der Terrasse genossen werden. Ribs ab 16 $, üppige ›Not-so-Teeny-Wahine‹-Platte für 2 Pers. 38 $.

Auch für späte Gäste – **Lonigans Saloon:** 110 W. Elkhorn Ave., Tel. 1-970-586-4346, www.lonigans.com, Mi–Mo 11–2 Uhr. Bar, Grill und Nachtklub mit Livemusik, Happy Hour, Karaoke. Burgers ab 8,95 $.

Aktiv

Klettern und Bergsteigen – **Colorado Mountain School and Boulder Rock Club:** 341 Moraine Ave., Tel. 1-970-586-4677, www.coloradomountainschool.com, Mo–Fr 8–17 Uhr. Touren und Kurse.

Beaver Meadows Visitor Center und Moraine Park Museum

Auf der Straße 36 gelangt man von Estes Park zum **Beaver Meadows Visitor Center** **2**, einem von insgesamt vier Besucherzentren innerhalb der Parkgrenzen, in dem ein 20-minütiger, einführender Film zu sehen ist (im Hochsommer 8–18 Uhr, sonst kürzer). Über die Entstehungsgeschichte des Parks und die natürlichen Einflüsse, die sein heutiges Gesicht prägten, informiert das **Moraine Park Museum** **3** (April–Okt. tgl. 9–16.30 Uhr).

Bear Lake 4

Auf der in südwestliche Richtung führenden Bear Lake Road gelangt man zum populärsten See im Nationalpark am Fuß von Hallett Peak und Flattop Mountain. Ein ca. 1 km langer Weg führt um das blaue, in eine reizvolle Bergwelt eingebettete Juwel.

Trail Ridge Road und Alpine Visitor Center

Der Park bleibt zwar das ganze Jahr hindurch geöffnet, doch ergiebige Schneefälle machen die **Trail Ridge Road** **5** von November bis Mai unpassierbar. Kein Wunder, denn die 48 Meilen lange Parkstraße gilt als höchste durchgehende Autostraße der USA. Sie windet sich in vielen Serpentinen zum **Alpine Visitor Center** **6** auf 3594 m hinauf (geöffnet Ende Mai bis ca. Mitte Okt. tgl. ab 9 Uhr, Straßenzustand Info Tel. 1-970-586-1222). Schon bei einem kurzen Spaziergang oberhalb der Baumgrenze auf dem Tundra Nature Trail zu einigen markanten Felsformationen wird der Atem knapp. Mit etwas Glück begegnet man Pfeifhasen (Pikas).

Old Fall River Road 7

Parallel zur Trail Ridge Road verläuft weiter nordöstlich mit der **Old Fall River Road** eine zweite, enge und kurvige Parkstraße. Sie beginnt in der Nähe der **Sheep Lakes** und führt 9 Meilen weit, wovon nur die ersten 3 Meilen asphaltiert sind, bis zum Alpine Visitor Center bzw. zur Einmündung in die Trail Ridge Road. Für größere Wohnmobile ist diese Alternativroute gesperrt.

Vom Alpine Vistor Center bis Grand Lake Village

Medicine Bow Curve, wo die Parkstraße eine scharfe Kurve macht, ist ein Punkt mit einem hinreißenden Blick auf das Panorama der Rocky Mountains. Am **Poudre Lake** vorbei steigt die Strecke über den 3279 m hohen Milner Pass und erreicht mit der **Fairview Curve** **8** einen Aussichtspunkt mit Blick über das Quellgebiet des Colorado River auf die Never Summer Mountains. Bei schlechtem Wetter sollte man die Straße besser meiden.

Die Parkstraße endet hinter dem Kawuneeche Visitor Center in **Grand Lake Village** 9. Der Ort besteht fast nur aus Souvenirläden, Schnellimbissen, Motels und anderen Einrichtungen.

Infos

Rocky Mountain National Park: 1000 Hwy 36, Estes Park, CO 80517-8397, Tel. 1-970-586-1206, www.nps.gov/romo.

Übernachten

Camping – Innerhalb der Parkgrenzen gibt es weder Hotels noch Motels, sondern nur fünf Campingplätze (Strom nur in Toiletten). Bei drei dieser Einrichtungen kann man über das Internet unter der Adresse www.recreation.gov einen Platz im Voraus buchen.

Verkehr

Kostenlose Pendelbusse verkehren im Sommer im 10- bis 15-Min.-Takt vom Moraine Park Museum zum Bear Lake und im 30-Min.-Takt Richtung Fern Lake und halten auf beiden Strecken an mehreren Stellen, an denen etwa Wanderwege beginnen.

Colorados Skigebiete

Wenn im Herbst der berühmte trockene Pulverschnee von Colorado die Hochlagen der Rocky Mountains zu pudern beginnt, macht sich das Fremdenverkehrsgewerbe bereit für die von Dezember bis März dauernde Hochsaison in Weiß.

Aspen und Umgebung

▶U 5

Mit 6500 Einwohnern ist **Aspen** zwar nur ein größeres Dorf, besitzt aber einen weit über die US-Grenzen hinaus bekannten Namen als Wintertreffpunkt der internationalen High Society und Schickeria. Das machen u. a. in der Umgebung liegende Villen und Luxuschalets deutlich wie etwa das private Peak House auf dem Gipfel des Red Mountain, das auf einen Wert von 25 Mio. $ geschätzt wird.

Die Anfänge des Ortes gehen auf das Ende der 1870er-Jahre zurück, als in den benachbarten Bergen Silber gefunden wurde. Längst hat sich Aspen als Traumziel des internationalen Wintersports etabliert. Auf 2400 m am oberen Ende des Roaring Fork River-Tales gelegen, wird der Ort mit seinen Ski- und Snowboardpisten selbst Anspruchsvollen gerecht.

Manche behaupten, Aspen erwache zum richtigen Leben, sobald die Skilifte den Betrieb eingestellt haben. Dann zieht die eingeschworene Gemeinde der Après-Ski-Jünger durch die Gourmettempel und absolviert das nächtliche Fitnessprogramm an den Tresen von Bars und Diskotheken. Das lokale Angebot an Edelrestaurants, exklusiven Nachtklubs und Designerboutiquen wie Fendi und Dior kann sich sehen lassen.

Nachdem im späten Frühjahr die Schneereste auf den Bergflanken getaut sind, verwandelt sich das Wintersportparadies innerhalb weniger Wochen in ein beliebtes Ziel für Sommerurlauber mit attraktiven Wanderpfaden und Mountainbike-Trails.

Neblige Stimmung auf den Höhenzügen des Rocky Mountain National Park

Skigebiete um Aspen

Im Umkreis von 12 Meilen liegen vier große Skigebiete. Über 7 m Schnee machen den **Aspen Mountain,** von den Einheimischen Ajax genannt, in der kalten Jahreszeit zum Traum jedes Wintersportlers. Expresslifte transportieren Skibegeisterte auf den 3417 m hohen Gipfel, von dem aus man Abfahrten über einen Höhenunterschied von knapp 1000 m genießen kann (www.aspensnow mass.com/aspen-highlands).

Das Skigebiet **Aspen Highlands** liegt zwischen 2451 und 3559 m Höhe, wird von fünf Lifts bedient und bietet wegen der vorherrschenden Schwierigkeiten meist nur wenig frequentierte Abfahrten für Könner.

Auf 3813 m gelegen, besitzt der **Snowmass Mountain** den höchsten Gipfelpunkt im Quartett der vier Skigebiete und zugleich die Abfahrten mit dem größten Höhenunterschied (insgesamt 1343 m, www.aspensnow mass.com/snowmass).

Buttermilk Mountain am Fuß des majestätischen Pyramid Peak hat eine ausgezeichnete Reputation als Skirevier für Anfänger, weil das Gelände weniger steile Abschnitte besitzt und vor Ort eine Ski-&-Snowboard-Schule Kurse gibt. Nach einem Song von Ozzy Osbourne benannt, bietet der Crazy Train Park eine Superpipe für Snowboarder (www. aspensnowmass.com/buttermilk).

Infos

Aspen Chamber Resort Association: 425 Rio Grande Pl., Aspen, CO 81611, Tel. 1-970-925-1940, www.aspenchamber.org.

Übernachten

Historisch, aber teuer – **Hotel Jerome:** 330 E. Main St., Tel. 1-970-920-1000, www.hoteljero me.com. Luxuriöses Traditionshotel von 1889 im Stadtzentrum mit 92 topmodern ausgestatteten Gästezimmern, 2 Restaurants sowie 2 Bars. DZ ab 600 $.

Komfortabel – **Hotel Aspen:** 10 W. Main St., Tel. 1-970-925-3441, www.hotelaspen.com. Gute Lage, Pool und Hot Tub. Gutes Frühstück, WLAN und Apres-Ski inkl. DZ mit Kühl-

Aktiv

ASHCROFT GHOST TOWN

Tour-Infos

Start: 11 Meilen südlich von Aspen an der Castle Creek Road
Länge: 1 Meile (1,6 km)
Dauer: 1 Std.
Wichtige Hinweise: Juni–Okt. tgl. 9–16 Uhr, 5 $, Kinder unter 12 J. frei, http://aspenhistory.org (> Tours & Sites/Ashcroft Ghost Town)

1883 löste der Silberboom einen kurzen Rausch aus. Heute flanieren Geisterstadtfans durch die malerischen, von Wind und Wetter gebeutelten Relikte, die der Zeitenwechsel im ehemaligen Bergbaucamp Ashcroft übrig gelassen hat. Man glaubt, das Klaviergeklimper aus einem Saloon zu hören. Dabei ist es nur der frische Wind, der durch die Fenster eines ehemaligen Hotels oder eines windschiefen Postamts säuselt. Aber auch Naturfreunde kommen mitten im reizvollen Nirgendwo der Rocky Mountains auf ihre Kosten.

schrank, Kaffeemaschine und Mikrowelle ab 250 $.
Einfach – **Tyrolean Lodge:** 200 W. Main St., Tel. 1-970-925-8455, www.tyroleanlodge.com. Für Aspen erstaunlich preiswerte kleine Lodge in guter Lage. Alle 16 einfach ausgestatteten Räume haben Bad, eine Kitchenette, zwei Queensize-Betten und ein Einzelbett zu bieten. Ab 105 $.

Essen & Trinken

Seafood und Sushi – **Matsuhisa:** 303 E. Main St., Tel. 970-544-6628, http://matsuhisaaspen.com, tgl. 18–22.30 Uhr. Lokal des japanischen Küchenchefs Nobuyuki Matsuhisa, der nicht nur in Aspen, sondern auch in Los Angeles und München z. B. Muscheln in scharfer Knoblauchsauce sowie eine große Auswahl von Sashimi-Varianten anbietet. Hauptgerichte ab 30 $.
Herzhaft – **Hickory House Ribs:** 730 W. Main St., Tel. 1-970-925-2313, www.hickoryhouseribs.com, tgl. 8–14.30, 17–21 Uhr, im Herbst kürzer. Rustikales Lokal mit deftigen Frühstücksspezialitäten ab 8 $, Ribs mit Kartoffeln und Bohnen kommen ab 19 $, Angussteaks ab 23 $ auf den Tisch.

Einkaufen

Hier gibt es alles – **Aspen Saturday Market:** E. Hyman Ave., S. Hunter St. & E. Hopkins Ave., 15. Juni–12. Okt. jeden Sa von 8.30–15 Uhr. Ziegenkäse, handgefertigte Glaswaren etc.

Abends & Nachts

Wer den Nachhauseweg stilvoll antreten will, nimmt mit dem Ultimate Taxi das verrückteste Taxi Amerikas, eine Disko auf vier Rädern (www.ultimatetaxi.com).
Cool – **Eric's Bar:** 315 E. Hyman Ave., Tel. 1-970-920-1488, www.ericsbaraspen.com. Stylisher Klub und mexikanisches Restaurant mit Patio sowie Smoker's Lounge in einem Komplex. Gerichte ab ca. 16 $.
Gegen den Durst – **Hops Culture:** 414 E. Hyman Ave., Tel. 1-970-925-4677, www.hopsculture.com, tgl. 11.30–22, Happy Hour 15–18 Uhr. 30 Biersorten vom Fass, rund 200 Sorten in Flaschen, auch im Biergarten. Sandwiches, Burger ca. 17 $.

Termine

Jazz Aspen Fest (1. Wochenende im Sept.): Jazz-Festival (www.jazzaspensnowmass.org).
Snowmass Rodeo (Juni–Aug.): Jeden Mi. 17–19 Uhr Rodeo mit allen Disziplinen und BBQ (www.snowmassrodeo.org).

Breckenridge ▶V 5

Die lokale Hotellerie verzeichnete in den letzten Jahren mehr als 1,6 Mio. Übernachtungen pro Saison und bestätigte damit das dem Erfolg zugrunde liegende Fremdenverkehrskonzept. Im Unterschied etwa zum berühmten Aspen betrachtet der 4896 Einwohner große Ort nicht Stars aus Film und Showbusiness und Schwerreiche aus Handel und Industrie als Hauptklientel, sondern ›normale‹ Wintersportler, die weniger das Nachtleben in schicken Discos, sondern eher das weiße Vergnügen in den umliegenden vier Skigebieten im Auge haben, auf denen Profis ebenso wie Anfänger passende Pisten finden und die majestätische Bergwelt genießen können.

Die neue Ära begann in **Breckenridge** 1961 mit der Eröffnung des ersten Skigebietes, mit dem der Ort eine bis in die Gegenwart anhaltende Entwicklung in Gang setzte, von der die lokale Geschäftswelt gut leben kann. Die natürlichen Voraussetzungen des über 2900 m hoch gelegenen Ortes mit 300 Sonnentagen im Jahr sind ebenso ausgezeichnet wie die von Menschenhand geschaffenen. Fast zwei Dutzend Highspeed-Lifte in den Skigebieten Peak 7 bis 10, Schneekanonen, Eislaufflächen, Skistationen mit Heizlampen auf den Terrassen, zwei Hallenschwimmbäder, Kletterwände, Tennisplätze und Fitnesscenter sorgen dafür, dass keine Langeweile aufkommt. Im Sommer locken lauschige Wander- und Radwege, Golfanlagen und ein umfangreiches Kulturprogramm.

Historisches Zentrum

Der Ort besitzt den größten historischen Distrikt in Colorado, der aus 250 meist viktorianischen Gebäuden mit farbenfrohen Fassaden besteht. Um diesen Kern hat sich mit elf Lodges und 100 Restaurants bzw. Bars eine moderne touristische Infrastruktur entwickelt. Nach ersten Goldfunden 1859 gegründet, erreichte man Breckenridge 1882 auch mit einer Schmalspurbahn, die bis 1937 in Betrieb war und deren Überbleibsel im **Denver, Leadville & Gunnison Railway Park,** wie die legendäre Schmalspurlokomotive Engine No. 9 im **Highline Railroad Museum,** ausgestellt sind (189 Boreas Pass Rd.). Drei Bergwerke, die man im Sommer auf geführten Touren besichtigen kann, erinnern an alte Zeiten: Lomax, Country Boy und Washington Mines.

Lomax Mine

301 Ski Hill Rd., Tel. 1-970-453-9022, www.breckheritage.com, Erw. 10 $, Kin. unter 12 Jahre 5 $

Aus einer Ansammlung von Blockhütten und Gerätschaften bestehend, demonstriert die **Lomax Mine,** wie an der Erdoberfläche nach aus dem Gestein geschwemmten Goldnuggets gesucht wurde.

Country Boy Mine

French Gulch Rd., Tel. 1-970-453-4405, www.countryboymine.com, Führungen im Sommer 10–16 Uhr, im Winter nach Reservierung, Erw. 32 $, Kin. 4–12 Jahre 26 $

Zwischen 1887 und 1945 war die **Country Boy Mine** in Betrieb, in der man die Suche nach Gold im Untertagebau gezeigt bekommt – 300 m unter der Erdoberfläche, wo das ganze Jahr eine Temperatur von 7 °C herrscht.

Washington Mine

465 Illinois Gulch Rd., Tel. 1-970-453-9022, Touren Juni–Aug. Di–So 11.30 und 13 Uhr, Erw. 15 $, Kin.10 $

Eine Reminiszenz an die Bergbauära ist auch die ca. 20 Autominuten vom Ort entfernt gelegene **Washington Mine.**

Infos

Breckenridge Welcome Center: 203 S. Main St., Breckenridge, CO 80424, Tel. 1-877-864-0868, www.gobreck.com, www.breckenridge.com.

Übernachten

Bequem – **Wedgewood Lodge:** 535 Four O'Clock Rd., Tel. 1-970-453-4680, www.tonti.com. Preiswerte Studios mit bis zu 3 Schlafzimmern, alle mit Küche, teilweise mit Kamin. Sehr günstig am Snowflake Skilift gelegen und in Laufnähe zum Zentrum. Im Sommer ab 150 $, sonst ab 180 $.

Privatzimmer oder Schlafsaal – **Fireside Inn:** 114 N. French St., Tel. 970-453-6456, www.firesideinn.com. Im historischen Distrikt gelegene Kombination von B & B und Herberge. DZ im Sommer ab 101 $, im Winter ab 140 $, Bett im Schlafsaal 41 $.

Essen & Trinken

Mahlzeiten für Biertrinker – **Breckenridge Brewery & Pub:** 600 S. Main St., Tel. 1-970-453-1550, www.breckbrewpub.com, tgl. 11–22 Uhr. Brauereigaststätte mit selbst gebrautem Bier und deftiger amerikanischer Kost. Burger, Sandwiches ab 10 $.

Abends & Nachts

Relikt aus der Goldgräberzeit – **Gold Pan Saloon:** 103 N. Main St., Tel. 1-970-453-5499. Älteste kontinuierlich in Betrieb befindliche Bar westlich des Mississippi.

Aktiv

Verleih von Skiausrüstung – **Black Tie Ski Rental Delivery:** 196 CR 450, Tel. 1-866-360-6433, www.blacktieskis.com. Sämtliche Skiausrüstung zum Ausleihen.

Für Pedaltreter – **Alpine Sports:** 435 N. Park Ave., Tel. 1-970-453-9623, www.alpinesportsrental.com. Radverleih etwa für Touren auf dem Mountain Biking Trail. Die Strecke von Frisco nach Copper Mountain ist der populärste Radweg. Er steigt durch den Ten Mile Canyon ca. 200 Höhenmeter an. Weitere Wege: Peaks Trail und Colorado Trail. Ca. 65 $/Tag.

Vail ▶ U 4/5

Schon seit Langem gibt sich das auf knapp 2500 m gelegene **Vail** als Wintersportmekka nach Tiroler Art mit Hotels im alpenländischen Stil. Seine Karriere als Skigebiet begann zwar erst in den 1960er-Jahren. Aber schon innerhalb kurzer Zeit entwickelte sich der mittlerweile 5300 Einwohner zählende Ort zum größten Skigebiet in Nordamerika, in dem bereits drei Mal die Alpinen Skiweltmeisterschaften stattfanden. Auf Besucher ist man in Vail mit Unterkünften von rustikalen Pensionen bis zu luxuriösen Resorts und mit Lokalen von Snackbars bis zu Haute-Cuisine-Restaurants und Aprés-Ski Klubs bestens eingestellt.

Mit Skiausrüstungen seit Urgroßvaters Zeiten und historischen Fotografien gibt das **Colorado Ski & Snowboard Museum** einen interessanten Überblick über 130 Jahre Skigeschichte in Vail (www.skimuseum.net).

Infos

Vail Valley Chamber & Tourism Bureau: 241 S. Frontage Rd. East, Suite 2, Vail, CO 81657, Tel. 1-970-477-0075, www.vailchamber.org.

Übernachten

Großzügige Zimmer – **Lion Square Lodge:** 660 W. Lionshead Pl., Tel. 1-970-476-2281, www.lionsquare.com. Großer Komplex an der Gondelseilbahn mit komfortabel ausgestatteten Zimmern und Ferienwohnungen mit 1 bis 3 Räumen. DZ ab 250 $.

Bezahlbar – **Evergreen Lodge:** 250 S. Frontage Road W., Tel. 1-970-476-7810, www.evergreenvail.com. Gutes Mittelklassehotel mit beheiztem Pool und Fitnessraum. Das Ortszentrum ist zu Fuß oder per Shuttle bequem zu erreichen. DZ ab 129 $ plus Resort Fee.

Essen & Trinken

Von Frühstück bis Abendessen – **Westside Cafe & Market:** 2211 N. Frontage Rd. W., Tel. 1-970-476-7890, www.westsidecafe.net, tgl. 7–15, Do–So bis 22 Uhr. Rustikales Ambiente, in dem Fassbier und amerikanische Klassiker auf den Tisch kommen. Frühstück ab 10 $, Dinner ab 20 $.

Für Pizza-Freunde – **Pazzo's Pizzeria:** 122 E. Meadow Dr., Tel. 970-476-9026, http://pazzospizza.com, tgl. ab 11 Uhr. Ein himmlischer Ort für Pizzaliebhaber. Hausspezialität ist eine griechische Pizza belegt mit Feta, schwarzen Oliven, Tomaten und frischem Basilikum. Pizza ab 12 $, sonst 10–18$.

Einkaufen

Sportausrüster – **Double Diamond Ski Shop:** 520 E. Lionshead Circle, Tel. 1-970-476-5500, www.doublediamondvail.com. Wer seine Ski-/Radausrüstung ergänzen will oder muss: Die Auswahl könnte größer kaum sein.

Aktiv

Unterricht im Schnee – **Vail Ski & Snowboard School:** Vail Ski Resort, Tel. 1-800-475-4543, www.vail.com, www.vail.snow.com. Wer sich auf Skiern bzw. auf dem Snowboard noch nicht sicher fühlt, kann in dieser Schule, an der über 300 Lehrer in mehr als 30 Sprachen unterrichten, an einem der vielen Kurse teilnehmen und bei dem reichhaltigen Angebot ganz individuell auswählen, was für ihn oder sie das Beste ist.

Leadville ▶U 5

Das 2700 Einwohner zählende **Leadville** verdankt seinen Bekanntheitsgrad nicht der Bergbaugeschichte, sondern der Höhenlage auf 3094 m, womit es sich als höchste Stadt der USA rühmen kann. Mit der Flaute nach der ersten Entdeckung von Gold 1860 blieben im Ort nur wenige Einwohner. 1880 stießen Glücksritter auf riesige Silbervorkommen. Der Boom endete bereits nach 13 Jahren – ein Niedergang, von dem sich die Stadt bis heute nicht erholt hat. Was immer noch an die stolzen Boomzeiten erinnert, als manche über Nacht zu Millionären wurden, sind 50 historische Gebäude mit dekorativen Fassaden wie das Delaware Hotel und die City Hall, die in einer bescheidenen Kleinstadt wie Leadville auf den ersten Blick allzu repräsentativ scheinen.

Tabor Opera House

An der Hauptstraße liegt der opulent ausgestattete Ziegelbau des **Tabor Opera House** von 1879, in dem zur Blütezeit Oscar Wilde Dichterlesungen veranstaltete und sowohl die New Yorker Metropolitan Opera als auch die Chicago Symphony gastierten.

Silver Dollar Saloon

315 Harrison Ave., Tel. 1-719-486-9914

Mit dem nahen **Silver Dollar Saloon** von 1879 gibt es ein weiteres Relikt aus der Vergangenheit. Nachdem das Anwesen anfänglich als Warenbörse gedient hatte, wurde schließlich eine stimmungsvolle Kneipe daraus, die im Innern heute noch aussieht wie zur Zeit des berühmten Gesetzlosen Doc Holliday, der zu den Stammgästen zählte.

National Mining Hall of Fame & Museum

120 W. 9th St., Tel. 1-719-486-1229, www.mininghalloffame.org, Mai–Okt. tgl. 9–17, Nov.–April nur Di–So 11–18 Uhr, Erw. 12 $, Kin. 10 $

Während sich die **Mining Hall of Fame** mit Personen beschäftigt, die sich um den Bergbau verdient machten, stellt das **Mining Museum** auf anschauliche Weise dar, wie früher sowohl über wie unter Tage nach Edelmetall gesucht wurde. Besonders eindrucksvoll sind die wunderbar fluoreszierenden Mineralien.

Leadville Colorado & Southern Railroad

326 E. 7th St., Tel. 1-866-386-3936, www.leadville-train.com, Ende Mai–Ende Sept., Erw. 37 $, Kin. 4–12 J. 20 $, Fahrtdauer 2,5 Std.

Vom örtlichen Eisenbahndepot kann man auf einer Schmalspurstrecke mit von Dieselloks gezogenen Waggons durch das Tal des Arkansas River in die ehemalige Bergbauregion bis zum 3380 m hoch gelegenen Fremont Pass fahren und die Aussichten auf Mount Elbert (4399 m) und Mount Massive (4396 m) genießen, die beiden höchsten Gipfel in Colorado.

Infos

Leadville/Lake County Area Chamber of Commerce: 809 Harrison Ave., P. O. Box 861, Leadville, CO 80461, Tel. 1-719-486-3900, www.visitleadvilleco.com.

Übernachten

Rustikal & modern – **Columbine Inn & Suites:** 2019 N. Poplar St., Tel. 1-719-486-5650, www.columbineinn.com. Gut gelegenes Inn ohne Schnörkel. Alle 41 Zimmer mit AC, die Suiten mit Whirlpool. WLAN und *continental breakfast* inkl. DZ ab 88, Suiten für bis zu 4 Pers. ab 125 $.

Romantikwinkel – **Grand West Village Resort:** 99 Grand West Dr., Tel. 1-719-486-0702, www.grandwest.com. Urgemütliche Holzcabins außerhalb der Stadt für 2–8 Pers., voll ausgestattete Küche, Gaskamin, Waschmaschine, Trockner, Internetzugang. Ab 185 $.

Essen & Trinken

Pizza! – **High Mountain Pies:** 115 W. 4th St., Tel. 1-719-486-5555, tgl. 11.30–22 Uhr. Herzhafte Gerichte wie Chicken Wings, BBQ-Rippchen, Sandwiches, Salate, Calzone und gut belegte Pizzen. Sandwich ab 9 $, Pizza ab 12 $.

Das südliche Colorado

In der Umgebung von Colorado Springs dokumentieren Naturwunder wie der Garden of the Gods und der Pikes Peak die landschaftlichen Reize von Colorados südlicher Hälfte. Tief eingeschnittene Canyons, Sanddünen, in den Bergen versteckte ehemalige Bergbaunester und jahrhundetealte Indianerruinen machen diesen Teil des Bundesstaates zum Höhepunkt einer Tour durch die Rocky Mountains.

Colorado Springs ▸W 5

Die grandiose Lage am Ostrand der Rocky Mountains brachte Investoren schon in den 1870er-Jahren auf die Idee, aus dem Flecken einen Luftkurort zu machen. Mittlerweile ist **Colorado Springs** mit 440 000 Einwohnern zur zweitgrößten Stadt von Colorado herangewachsen, wozu mehrere in der Nähe liegende militärische Einrichtungen schon vor Jahrzehnten beigetragen haben.

Garden of the Gods

Visitor Center, 1805 N. 30th. St., Tel. 719-634-6666, www.gardenofgods.com, im Sommer 8–19, im Winter 8–17 Uhr, Eintritt frei

Die bekannteste Sehenswürdigkeit der Stadt liegt außerhalb. Im **Garden of the Gods** an der westlichen Peripherie fühlt man sich angesichts der bizarren, rötlichen Felsformationen tatsächlich an einen Garten der Götter erinnert. Im Besucherzentrum wird ein 12-minütiger Film über die Entstehungsgeschichte der spektakulären Felsszenerie gezeigt. Die Millionen Jahre alten Sandsteinschichten wurden über lange Zeiträume aufgewölbt, kamen schließlich mehr oder weniger senkrecht zum Stehen und ragen heute als seltsame Felszacken bis zu 150 m hoch in den Himmel. Seither sind sie Wind und Wetter ausgesetzt und erodieren zu immer ungewöhnlicheren Formen. Durch das Gebiet führen Wanderwege von insgesamt 15 Meilen Länge. Vor allem an Wochenenden werden die Parkplätze knapp (s. dazu auch S. 463).

ProRodeo Hall of Fame

101 Pro Rodeo Dr., Tel. 1-719-528-4764, www.prorodeohalloffame.com, Mai–Aug. tgl. 9–17 Uhr, sonst nur Mi–So, Erw. 8 $, Kin. 6–12 J. 5 $

Als einziges Museum in den USA widmet sich das **ProRodeo Hall of Fame & Museum of the American Cowboy** dem in Amerika populären Rodeosport und seinen zwei- und vierbeinigen Stars.

Cheyenne Mountain Zoo

4250 Cheyenne Mountain Zoo Rd., Tel. 719-633-9925, www.cmzoo.org, tgl. ab 9 Uhr, Einlass immer bis 16 Uhr, Erw. 19,75 $, Kin. 3–11 J. 14,75 $

Ganzer Stolz des kleinen **Cheyenne Mountain Zoo** ist neben vielen Tieren wie Gorillas, Präriehunden, Nilpferden und Tigern eine Herde von Giraffen und Elefanten, die Besucher gegen ein Entgelt füttern dürfen.

Infos

Visitor Center: 515 S. Cascade Ave., Colorado Springs, CO 80903, Tel. 1-719-635-7506, www.visitcos.com, Mo–Fr 8.30–17 Uhr.

Übernachten

Fünf-Sterne-Palast – **The Broadmoor:** 19 Lake Ave., Tel. 1-719-577-5775, www.broadmoor.com. 5-Sterne-Luxushotel von 1918, geschmackvoll renoviert und an einem eigenen

Aktiv

PER SEGWAY DURCH DEN GARDEN OF THE GODS

Vermieter: Colorado Springs Segway Tours, 3920 Dublin Blvd., Tel. 1-719-548-9077, www.coloradospringssegwaytours.com, 2 Std. für 75 $ (inkl. Basistraining), die Touren beginnen beim Hyatt House Hotel, 5805 Delmonico Dr. Mindestalter 14 J.).

Die Beschreibung eines Segway Human Transporter als elektrisch angetriebenes Einpersonen-Transportmittel auf zwei Rädern ist technisch korrekt, blendet aber den Fahrspaß einer Tour durch den **Garden of the Gods** bei Colorado Springs völlig aus. Nicht nur die Millionen Jahre alten sandsteinernen Felszacken des Parks tragen zum Vergnügen bei.
Auf einem Segway fährt man nicht, sondern man gleitet über die asphaltierten, autofreien Wege des Parks. Jeder Anfänger muss einen kurzen Crashkurs über sich ergehen lassen, weil man lernen muss, mit dem futuristischen Fahrzeug umzugehen. Das Aufsteigen geht so einfach wie auf einen Küchenschemel. Bedienelemente zum Bremsen oder Beschleunigen sind überflüssig. Beugt man sich nach vorne, gibt man Gas. Will man anhalten oder rückwärtsfahren, lehnt man sich nach hinten. Lenken ist kinderleicht, indem man die Lenkstange nach links oder rechts bewegt bzw. sich in die entsprechende Richtung lehnt.

See gelegen, mit 15 Restaurants bzw. Cafés, 22 Boutiqen, Swimmingpools mit Wasserrutsche, Golfplatz, Sauna, Fitnesscenter und Spa. DZ ab 320 $ plus 32 $ Resort Fee und Steuern.
Elegant-rustikal – **Rocky Mountain Lodge & Cabins:** 4680 Hagerman Ave., in Cascade, Tel. 1-719-684-2521, www.rockymountainlodge.com. Das rustikale Anwesen im Blockhausstil bietet Cabins und Cottages mit gemütlicher Ausstattung inkl. Küchen, in den Sommermonaten ab 175 $, 2–4 Tage Mindestaufenthalt.

Essen & Trinken

Hotelrestaurant mit guten Weinen – **Summit:** im Hotel The Broadmoor, 19 Lake Circle, Tel. 1-719-577-5896, broadmoordining.com, Di–So Dinner 17–21.30 Uhr, Bar 16–23 Uhr. Das Interieur des Restaurants könnte etwas weniger betulich gestaltet sein, doch die umfangreiche Weinkarte lässt keinerlei Wünsche offen, behagliche Bar. Hauptgerichte ab 26 $.
Tolles Brot – **La Baguette French Bakery – Café:** 2417 W. Colorado Ave., Tel. 1-719-577-4818, www.labaguette-co.com, Mo–Sa 7–18, So 8–17 Uhr. Café und Weinbar mit französischen Croissants und Baguettes, beliebt sind belegte Baguettes für 7 $ und die französische Zwiebelsuppe für 6,25 $.
Bodenständiges Lokal – **Phantom Canyon Brewing Co:** 2 E. Pikes Peak Av., Tel. 719-635-2800, www.phantomcanyon.com, Mo–Do 11–24, Fr–Sa 11–2, So 9–22 Uhr. Gemütliche Brauereikneipe in der Altstadt. Serviert werden Rippchen, Lamm und Westernkost. Hauptgerichte 12–18 $.

Manitou Springs ▶ W 5

Die Heilkraft der beim 5000 Einwohner großen Städtchen **Manitou Springs** sprudelnden Mineralquellen war schon den India-

Aktiv

AUF DEN PIKES PEAK

Tour-Infos

Start: Ortschaft Cascade bei Colorado Springs, www.pikes-peak.com

Länge: hin und zurück 38 Meilen
Dauer: halber Tag
Maut: ab 16 J. 15 $/Pers., online günstiger

Über eine halbe Mio. Besucher erklimmen Jahr für Jahr den 4300 m hohen, im Tundraklima liegenden **Pikes Peak** – und zwar auf dreierlei Art. Am einfachsten ist der Gipfelsturm mit der höchsten **Zahnradbahn** der Erde, die für den 8,9 Meilen langen Schienenweg ab **Manitou Springs** hin und zurück gut 3 Stunden benötigt (inklusive 30 Minuten auf dem Gipfel). Auf der Fahrt bekommen Passagiere häufig die größte Herde von wilden Dickhornschafen in Colorado zu Gesicht (Manitou & Pikes Peak Cog Railway, 515 Ruxton Ave., Tel. 1-719-685-5401, www.cograilway.com, jedoch bis Ende 2020 wegen technischer Überholung außer Betrieb).

Zu **Fuß** besteigt man den aus rosafarbigen Granit bestehenden Riesen auf dem 19 km langen **Barr National Recreation Trail,** auf dem jeden August ein Marathonlauf veranstaltet wird.

Für Autos wurde eine nur teilweise befestigte **Mautstraße** angelegt, die durch vier Vegetationszonen bis auf den nach dem Entdecker Zebulon Pike (1779–1813) benannten Gipfel führt. In einem Restaurant kann man sich stärken. Bei der Talfahrt wird an einer Kontrollstelle über-

prüft, ob die Autobremsen nicht heiß gelaufen sind (d. h. bergab fährt man am besten im niedrigsten Gang).
Seit 1916 findet auf dieser Strecke jedes Jahr mit dem **International Hill Climb** ein Autorennen statt, das auf 2850 m Höhe beginnt und nach 20 km bzw. 156 Kurven und Kehren auf dem Gipfel endet. Seit 2013 hält der elsässische Rallyefahrer Sébastien Loeb auf der heute asphaltierten Rennstrecke mit 8:13,878 Minuten den Rekord.

nern bekannt, lange bevor die ersten Weißen in diese Gegend kamen. Heute lebt die Ortschaft vom Fremdenverkehr und präsentiert sich mit Pueblobauten, hübschen Geschäften und fantasievoll eingerichteten Galerien im Stil einer Künstlerkolonie.

Manitou Cliff Dwellings

Abseits der Route 24 nach Cascade, www.cliffdwellingsmuseum.com, im Sommer tgl. 9–18, im Winter 10–16 Uhr, Erw. 10 $, Kin. 7–11 J. 7,50 $

Wie man sich das Leben und die Kultur der zwischen 1100 und 1300 in dieser Gegend lebenden Indianer vorzustellen hat, zeigen die außerhalb gelegenen **Manitou Cliff Dwellings** mit typischen, in einer Felshöhle liegenden Klippenwohnungen der Anasazi und Ausstellungen, die zahlreiche historische Gegenstände präsentieren. Auf einem Naturlehrpfad lernen Besucher einheimische Blumen, Bäume und Kräuter kennen.

Cave of the Winds

Hwy 24, Tel. 1-719-685-5444, www.caveofthewinds.com, im Sommer tgl. 9–21, im Winter 10–17 Uhr, 45-minütige Führungen Erw. 21 $, Kin. 6–12 Jahre 15 $

Die **Cave of the Winds** mit ihren Tropfsteinformationen kann man auf drei unterschiedlichen Führungen erforschen (ab 21 $) – an heißen Sommertagen eine willkommene Erfrischung, weil in der Welt der Stalagmiten und Stalaktiten ständig eine Temperatur von nur 12 °C herrscht. Adrenalin-Freaks haben Spaß in einem bei der Höhle gelegenen Freizeitpark mit Nervenkitzeln wie dem Klettergerüst Cliffhanger Climbing Wall, der Zipline Bat-A-Pult oder einem atemberaubenden ›Sturzflug‹ mit der Seilbahn Terror-dactyl durch einen Canyon.

Great Sand Dunes

▶ W 7

Im **San Luis Valley** zwischen den San Juan Mountains im Westen und den Sangre de Cristo Mountains im Osten liegt die größte Dünenlandschaft der USA. Auf 100 km^2 breiten sich ca. 4,5 Mrd. m^3 Sand aus, der schon vor Jahrtausenden weiter südlich im Tal des Rio Grande aufgewirbelt und vom Wind in dieses Gebiet getragen wurde. Das braune Gemisch aus Rhyolit, Quarz und Feldspat hat sich vor Ort zu beeindruckenden Dünen aufgetürmt. Die höchsten von ihnen erreichen 230 m und sind damit in Nordamerika unübertroffen. Die Landschaft gibt ein grandioses Bild ab, wenn die hoch über den Sandbergen liegenden Gipfel der Sangre de Cristo Mountains Schneemützen tragen.

Auf der Ostseite des Nationalparks fließt der Medano Creek je nach Jahreszeit mit so viel Wasser vorbei, dass man mit Schlauchbooten sogar wellenreiten kann. An der Westflanke des Nationalparks breitet sich Grasland als idealer Weidegrund für eine große, 1000-köpfige Bisonherde aus. Das Gelände gehört zur **Medano-Zapata Ranch,** die zum Schutz von Tier- und Pflanzenwelt eingerichtet wurde und auf der interessierte Besucher Besichtigungstouren unternehmen können (5303 Hwy 150, Mosca, Tel. 1-719-378-2356, www.zranch.org, Touren Di, Fr, Sa 50 $).

Infos

Visitor Center: 11999 Hwy 150, Mosca, CO 81146, Tel. 719-378-6395, www.nps.gov/grsa/index.htm, tgl. 9–17 Uhr, im Winter kürzer. Die Dünen können jederzeit besichtigt werden. Eintritt 3 $.

Übernachten

Schön gelegener Platz – **Pinyon Flats Campground** wird vom NP Service unterhalten und und kann teilweise auch reserviert werden (20 $ pro Platz, kein Strom). Sogenanntes Backcountry Camping ist nur mit einer im Besucherzentrum erhältlichen kostenlosen Genehmigung gestattet.

Gut ausgestattet – **Great Sand Dunes Oasis Campground:** 5400 Hwy 150 N., Mosca, Tel. 1-719-378-2222, www.greatdunes.com. Kommerzieller Platz am Eingang zum Nationalpark mit Cabins, heißen Duschen und Versorgungseinrichtungen, Touren in den Nationalpark.

Alamosa ▸V 8

Südlich der Great Sand Dunes machte die Denver and Rio Grande Railroad schon in den 1870er-Jahren die Ortschaft **Alamosa** zu einem Eisenbahnzentrum. Heute knüpft das 9500 Einwohner große Städtchen an alte Zeiten an. Ungefähr parallel zum Highway 160 verläuft zwischen Alamosa und La Veta eine alte Eisenbahnstrecke, auf der 1953 der letzte Zug verkehrte. In jüngster Vergangenheit nahm zwischen den beiden Orten der San Luis Express wieder den Betrieb auf, der Touristen nach La Veta fährt und nach einer Pause zum Ausgangspunkt zurückkehrt. Auf einer zweiten Strecke bummelt der Toltec Gorge Limited von Alamosa nach Antonito, wo Passagiere auf die Cumbres & Toltec Scenic Railroad nach Chama in New Mexico umsteigen können (Fahrplan und Preise unter www.riograndescenicrailroad.com und www.cumbrestoltec.com).

Black Canyon of the Gunnison N. P. ▸T 6

South Rim Visitor Center, South Rim Rd., Tel. 1-970-641-2337, www.nps.gov/blca im Sommer 8–18, im Winter 8.30–16 Uhr, 15 $/Pkw

Der durch den Zusammenfluss von East River und Taylor River bei Almont entstehende Gunnison River gräbt sich seit über 2 Mio. Jahren in Schiefer und Gneis. Auf 53 Meilen Länge – zwölf Meilen davon innerhalb des 1999 gegründeten Nationalparks – hat er eine bis zu 800 m tiefe Schlucht entstehen lassen, die so eng ist, dass große Teile der Seitenwände die meiste Zeit des Tages im Schatten liegen, deshalb auch der Name Schwarzer Canyon. Eine Ausnahme bildet die sogenannte Painted Wall, eine 685 m hohe Klippe mit hellen Einschlüssen, die sich wie Fasern durch das graue Gestein ziehen. Kaum ein Fluss Amerikas eilt mit größerer Geschwindigkeit seinem Ziel entgegen: Der Gunnison River fällt pro Kilometer um 18 m, ehe er bei Grand Junction in den Colorado River mündet.

Verglichen mit anderen Nationalparks wird der Black Canyon of the Gunnison von Besuchermassen bislang verschont, weil er abseits der großen Touristenrouten liegt und weil es keine ausgebauten Wanderwege durch den inneren Canyon gibt. Wer sich in diese abgelegene Wildnis begibt (Genehmigung erforderlich), sollte in exzellenter körperlicher Verfassung und auf unvorhergesehene Schwierigkeiten vorbereitet sein. Die Straße entlang der Südkante der Schlucht ist von April bis Mitte November auf ihrer gesamten Länge geöffnet, sonst nur bis zum Gunnison Point. Die North Rim Road bleibt von Ende November bis Mitte April geschlossen.

Blue Mesa Reservoir ▸T/U 6

Tel. 970-641-2337, www.nps.gov/cure; www.thebluemesa.com, nur der Eingang am East Portal ist gebührenpflichtig, 15 $

Östlich des Nationalparks dehnt sich die gewaltige **Curecanti National Recreation Area** um den durch Dämme aufgestauten Gunnison River aus, der mit dem **Blue Mesa Reservoir** den größten See in Colorado bildet. Lachse und Forellen haben das Gewässer zu einem Anglerparadies gemacht. Die vielen fjordartigen Wasserarme lassen Bootsausflüge zu einem echten Abenteuer werden. Außerdem gibt es Möglichkeiten zum Schwimmen, Picknicken, Angeln, Bootfahren, Reiten und Hiken sowie Campen. Im Elk Creek Visitor Center (16 Meilen westlich von Gunnison am

Der Blue Mesa Lake hat sich seit der Stauung des Gunnison River zu einem beliebten Freizeit- und Wassersportgebiet entwickelt

Highway 50, ganzjährig geöffnet) und im Cimarron Visitor Center (35 Meilen westlich von Gunnison am Highway 50) erhält man alle Informationen.

Gunnison ▶U 6

Ein günstiger Ausgangsort für Ausflüge in den Nationalpark bzw. zum Blue Mesa Lake ist das 5800 Einwohner große **Gunnison.** Das Städtchen liegt in einem breiten, fruchtbaren Tal, das in der kalten Jahreszeit hin und wieder mit den tiefsten Temperaturen auf dem zusammenhängenden Staatsgebiet der USA aufwartet, weil sich der Frost im Tal wie in einer Kühlbox hält.

Im **Pioneer Museum** sind historische Gebäude, darunter eine Schule und ein Postamt, Druckerpressen und eine Schmalspurbahn sowie Eisenbahnwaggons von 1881 erhalten (803 E. Tomichi Ave., Tel. 1-970-641-4530, www.gunnisonpioneermuseum.com, Ende Mai–Anfang Sept. tgl. 9–17 Uhr, Erw. 10 $, Kin. 3 $).

Infos

Gunnison Country Chamber of Commerce: 500 E. Tomichi Ave., Gunnison, CO 81230, Tel. 1-970-641-1501, www.gunnison-co. com. **Black Canyon of the Gunnison National Park:** 102 Elk Creek, Tel. 1-970-641-2337, www.nps.gov/blca.

Übernachten

Hinweis für Camper im Black Canyon of the Gunnison National Park: Es gibt zwei Campgrounds im Park und einen am East Portal, nur der South Rim Campground (der einzige mit Strom, alle ohne Duschen) kann von Mai–Sept. vorab reserviert werden unter www.recreation.gov. Camper benötigen unbedingt geeignete Behältnisse, um Lebensmittel bärensicher wegpacken zu können.

Ruhig und einwandfrei – **The Inn at Tomichi Village:** 41883 Hwy 50 E., Tel. 1-970-641-1131, www.theinntv.com. Schöne Räume mit Kaffeemaschine, Mikrowelle, Kühlschrank, freiem Internet. Frühstück inkl. Kleiner Indoor-Pool und ein Grill-Restaurant (Di–So ab 16 Uhr) machen den Aufenthalt perfekt. DZ ab 150 $.
Tadellos – **Quality Inn:** 400 E. Tomichi Ave., Tel. 1-970-641-1237, www.choicehotels.com. Kettenmotel mit kleinem Fitnessraum, Jacuzzi, Frühstück und Internet. Einige Räume mit Küche, alle Zimmer mit King-Size-Betten haben eine Badewanne für 2 Pers. DZ ab 119 $.
Lohnender Aufenthalt – **Three Rivers Resort:** in Almont, 130 CR 742, Tel. 1-970-641-1303, www.3riversresort.com. Rustikales Resort am Taylor River mit Hotelzimmern oder Cabins bis zu 8 Personen, RV-Park und diversen Sportmöglichkeiten, u.a. Rafting, Kayaking oder Reiten. Cabins für 2 Pers. ab 79 $.
Es fehlt an nichts – **Gunnison KOA:** 105 County Rd. 50, Tel. 1-970-641-1358, www.gunnisonkoa.com, Mai–Sept. Für RV und Zelte, mit Cabins, kleinem Geschäft und Fischteich, auf dem man paddeln kann.

Essen & Trinken

Gute Wahl – **Twisted Fork:** 206 N. Main St., Tel. 1-970-641-1488, Mi–So 11–21 Uhr. Raffinierte Thai-Gerichte ab 12 $.
Italienischer Gaumenschmaus – **Garlic Mike's:** 2674 N. Hwy, Tel. 1-970-641-2493, www.garlicmikes.com, tgl. 17–21 Uhr. Gemütliche und familiäre Atmosphäre bei Pizza und Pasta. Im Sommer wird auf der Veranda serviert. Ab 14 $.

Termine

Cattlemen's Days (Juli): Rodeos im Fred R. Field Western Heritage Center (www.cattlemensdays.com).

Durango ►T 8

Im Tal des Animas River gelegen, hat sich das 17 500 Einwohner zählende **Durango** nach dem Ende des Gold- und Silberbooms einen Namen als Handelszentrum gemacht – und als Tor in die reizvolle Welt der San Juan Mountains. Die Berge sind ein wahres Paradies für Wanderer, Wildwassersportler, Mountainbiker, Offroadpiloten und Reiter, die sich für typische Westernlandschaften und ehemalige Bergbaucamps interessieren.

Stadtzentrum

Durango selbst hat sich ein historisches Ortsbild mit Häusern aus dem 19. Jh. erhalten. Bis zum Zusammenbruch des Silbermarktes 1893 profitierte die Gemeinde vom Bergbau, was sich in ihrer Architektur niederschlug. In den damaligen Boomzeiten entstand mit dem **Strater Hotel** (s. Übernachten S. 469) eine für damalige Verhältnisse außergewöhnlich luxuriöse Nobelherberge, die Durangos Beinamen Denver des Westens mit edlem viktorianischem Interieur alle Ehre machte. Heute bummeln Touristen auf der Suche nach modischen Accessoires oder Souvenirs durch die Straßenzüge mit Galerien, Boutiquen und Fachgeschäften, in denen zum Teil sündhaft teure Westernmode von erlesener Qualität verkauft wird.

Durango & Silverton Narrow Gauge Railroad

479 Main St., Tel. 1-970-247-2733, www.durangotrain.com, auf der Internetseite sind alle Zugkategorien, Abfahrtszeiten und Preise aufgelistet

Größter Besuchermagnet ist die **Durango & Silverton Narrow Gauge Railroad,** die über eine malerische Bergstrecke in die 45 Meilen entfernte ehemalige Bergbaustadt Silverton fährt. Auf der seit 1882 ständig benutzten Schmalspurstrecke im Tal des Animas River ziehen auf der hin und zurück 9-stündigen Fahrt (Aufenthalt in Silverton gute 2 Std.) historische Dampflokomotiven hübsch restaurierte Waggons über Brücken und an schieren Felswänden vorbei.

Infos

Durango Area Tourism Office: 802 Main Avenue, Durango, CO 81301, Tel. 1-970-247-3500, www.durango.org.

Übernachten

Ausgezeichnete Wahl – **Doubletree:** 501 Camino del Rio, Tel. 1-970-259-6580, www.doubletree.com. Modernes Haus im Westernstil nahe Downtown, mit Pool, Jacuzzi, kleinem Fitnessraum und Frühstück. DZ ab 224 $.

Gepflegte historische Bleibe – **Strater Hotel:** 699 Main Ave., Tel. 1-970-247-4431, www.strater.com. Prächtiges historisches Hotel von 1887 mit 93 original viktorianisch eingerichteten Zimmern. In den Wilden Westen versetzt fühlt man sich im Diamond Belle Saloon mit seinem kostümierten Personal. DZ mit modernem Bad ab 200 $.

Essen & Trinken

Abwechslungsreich – **Ken & Sue's:** 636 Main Ave., Tel. 1-970-259-2616, www.kenandsues.com, Mo–Fr 11–14.30, Dinner tgl. ab 17 Uhr. Stets gut besuchtes Restaurant mit nettem Patio. Zu den Hausspezialitäten gehört mit Ziegenkäse gefüllte Hühnchenbrust mit Knoblauch-Weinsoße und Kartoffelbrei für 18 $.

Lohnende Einkehr – **Steamworks Brewing Co.:** 801 E. Second Ave., Tel. 1-970-259-9200, www.steamworksbrewing.com, tgl. 11–24 Uhr. Lagerbier, scharfe Cajun-Küche und reiche Auswahl an Burgers, Burritos, Salaten, Sandwiches. Ab 12 $.

Einkaufen

Modische Kleidung im Westernstil findet man in der Main Avenue in vielen Boutiquen. Außerdem gibt es u. a. Souvenir- und Schmuckläden. Die Hauptöffnungszeiten variieren, meist Mo–Sa 10–18 Uhr.

Cowboystiefel, Hüte – **Kelly's:** 400 S Camino Del Rio, Tel. 1-970-247-1888. Alles für Cowboys und Cowgirls.

Design und Kunsthandwerk – **Artesanos:** 700 E. Second Ave., Tel. 1-970-259-5755, www.artesanosdesign.com. Das Geschäft bietet Kunst und Kunsthandwerk in großer Auswahl. Viele Stücke stammen aus Mexiko und anderen lateinamerikanischen Ländern.

Sportgeschäft für Kletterer – **Pine Needle Mountaineering:** 835 Main Ave., Tel. 1-970-247-8728, www.pineneedle.com. Große Auswahl von praktischen Ausrüstungen zum Klettern, Wandern, für den Skisport und das Campen.

Aktiv

Durango ist unter Radsportlern für seine atemberaubenden Mountainbiketouren bekannt. Im Jahr 1990 wurde in Durango die erste offizielle Mountainbike-Weltmeisterschaft ausgetragen. Einige Anbieter verleihen Räder oder bieten geführte Touren an.

Wildwassertouren – **Mountain Waters Rafting:** 303 W. College Dr., Tel. 1-970-259-4191, http://durangorafting.com. Wildwassertouren unterschiedlicher Schwierigkeit auf dem Animas River.

Für Radler und Skihasen – **Pedal the Peaks:** 598-B Main Ave., Tel. 1-970-259-6880, www.durangobikeshop.com, April–Dez. tgl. 9–17 Uhr, sonst nur Di–Sa. Verleiht Skiausrüstung, Tourenräder, Fat Tires und Full Suspension Mountainbikes für 45–100 $ pro Tag.

Termine

Durango Pro Rodeo (Juni/Juli): Bei diesem Rodeo auf den La Plata County Fairgrounds lebt der Wilde Westen auf (www.truewestrodeo.com).

San Juan Mountains

▶ U/V 8/9

Durango markiert den Beginn des **Million Dollar Highway,** dessen Name von seinem Baumaterial herrührt, in dem beträchtliche Anteile an Gold- und Silbergestein versteckt sein sollen. Die Straße ist identisch mit Highway 550 und verläuft als Abschnitt der Panoramastraße **San Juan Skyway** von Durango bis nach Ouray.

Purgatory

Die bei **Purgatory** liegenden Skigebiete locken Wintersportler, die sich auf Abfahrten mit Höhenunterschieden bis zu 600 m tummeln. In der warmen Jahreszeit kann man wandern, Rad fahren, klettern, golfen, angeln und raften. Über den 3243 m hohen Coalbank Pass erreicht man als erstes Etappenziel das 2836 m hoch gelegene Silverton.

Silverton

Die Minen um das Städtchen produzierten zwischen 1882 und 1918 Edelmetall im Wert von 65 Mio. $, was der Ortschaft zu einem gewaltigen Boom verhalf. Der Wohlstand schlug sich u. a. in der Architektur des 1882 erbauten **Grand Imperial Hotel** nieder, das mit seiner opulenten Fassade schon von Weitem ins Auge fällt (s. u.). Auch entlang der Blair Street stehen heute noch zahlreiche viktorianische Häuser mit dekorativen Fassaden.

Mayflower Mill

135 County Rd. 2, Tel. 1-970-387-0294, Mitte Juni–Anfang Sept. tgl. 10–16 Uhr, Erw. 8 $, Kin. bis 12 J. gratis

Als Produktionsstätte hauptsächlich von Gold, Blei, Zink sowie Kupfer war die **Mayflower Mill** zwischen 1929 und 1991 in Betrieb. Die komplett erhaltene Aufarbeitungsanlage für Erze demonstriert heute Besuchern frühere Arbeitsprozesse.

Old Hundred Gold Mine Tour

721 County Rd. 4-A, Tel. 1-970-387-5444, www.minetour.com, Mai–Mitte Okt. tgl. 10–16 Uhr, Erw. 19 $, Kin. 5–12 J. 10 $

Mit einem gelben Elektrozug fährt man auf der **Old Hundred Gold Mine Tour** in ein bis in die 1970er-Jahre in Betrieb befindliches Bergwerk im Galena Mountain und bekommt auf 50-minütigen Führungen gezeigt, wie Gold gewonnen wurde.

Infos

Silverton Chamber of Commerce & Visitors Center: 414 Greene St., CO 81433, Tel. 1-970-387-5654, www.silvertoncolorado.com.

Übernachten

Bequem nächtigen – **Inn of the Rockies:** 220 E. 10th St., Tel. 1-970-387-5336, www.innoftherockies.com. Historisches Anwesen vom Ende des 19. Jh. mit viktorianisch eingerichteten Gästezimmern und Suiten, kleiner warmer Pool. DZ ab 130 $, Frühstück inkl.

Liebenswertes Hotel – **Grand Imperial Hotel:** 1219 Greene St., Tel. 1-970-387-5527, www.grandimperialhotel.com. Aus dem Jahr 1882 stammendes Traditionshotel mit 40 im viktorianischen Stil eingerichteten Gästezimmern, die nicht nur Nostalgikerherzen höherschlagen lassen. Ein heißes Gemeinschaftsbecken im Freien rundet das Ganze ab. DZ ab 138 $.

Essen & Trinken

Populärer Frühstückstreff – **Brown Bear Café:** 1129 Greene St., Tel. 1-970-387-5630, tgl. 7–22 Uhr. Für Gäste, die Kraft tanken müs-

Ein Traum für passionierte Skiläufer: die verschneite einsame Bergwelt bei Silverton

sen, um Bäume zu fällen und Berge zu versetzen. 8–16 $.

Lokaler Klassiker – **Pickle Barrel:** 1304 Greene St., Tel. 1-970-387-5713, Di–So 11–21 Uhr. Spezialität des Familienrestaurants ist Prime Rib. Hauptgerichte 10–25 $.

Aktiv

Weißes Vergnügen – **Silverton Mountain:** Das Skigebiet ist von Nov. bis April geöffnet, Tel. 1-970-387-5706, www.silvertonmountain.com.

Helikopter-Skiing – **Helitrax:** P. O. Box 1560, Telluride, CO 81435, Tel. 1-970-728-8377, www.helitrax.com. Per Helikopter kommen Wintersportler in ein über 500 km² großes Skigebiet u.a. mit unberührten Tiefschneeabfahrten in einer bestechenden Berglandschaft.

Ouray ▸T 7

Vor den ersten Silberfunden in **Ouray** 1875 war die Berggegend schon wegen ihrer heißen Quellen bekannt. Eine speist das 1927 erbaute Freibad **Ouray Hot Springs Pool,** in dem man sich nach anstrengenden Wanderungen bestens erholen kann (tgl. geöffnet, www.ourayhotsprings.com, Erw. 18 $, Kin. 4–12 J. 12 $).

Tipp

SKIPARADIES REVELATION BOWL

Die Landschaft um **Telluride** macht den weißen Sport zum traumhaften Erlebnis für Skibegeisterte. 2008 wurde das Gebiet um die neue **Revelation Bowl** eröffnet. Dieses im Stil eines europäischen Wintersportparadieses ausgebaute Terrain oberhalb der Baumgrenze bietet mit seinen anspruchsvollen Pisten nicht zuletzt Skibegeisterten, die ein wenig Erfahrung mitbringen, Bedingungen, wie sie kaum besser sein könnten (http://revelationbowl.com).

Eher therapeutische Anwendungen bietet das **Wiesbaden Hot Springs Spa** mit heißem Pool, Massagen und älterem Hotel (625 5th St., Tel. 970-325-4347, www.wiesbadenhotsprings.com, DZ ab 189 $). Der gesamte historische Kern der Ortschaft, um die sich die sogenannte Schweiz Amerikas ausdehnt, steht unter Denkmalschutz.

Telluride ▶T 7

www.telluride.com

Das als Bergbaustadt gegründete **Telluride** machte 1889 Schlagzeilen mit einem Überfall von Butch Cassidy auf die San Miguel Valley Bank, womit der berühmte Outlaw eine bemerkenswerte und mehrfach verfilmte Karriere als Bank- und Eisenbahnräuber begann. Heute ist die Stadt eines der bekanntesten Wintersportzentren der USA, das auch im Sommer mit Musik- und Kulturveranstaltungen Besucher anzieht. Viele Bauten wie das **San Miguel County Courthouse** von 1885 oder das 10 Jahre jüngere **New Sheridan Hotel & Opera House,** in dem schon Sarah Bernhardt auftrat, zeugen von Zeiten, als die Stadt mit dem Gold- und Silberbergbau viel Geld verdiente.

Zwischen Telluride und dem Nachbarort **Mountain Village** verkehrten früher Busse. Heute dient eine kostenlose Gondelbahn als besseres, schnelleres und vor allem umweltfreundliches Transportmittel.

Cortez und Umgebung

▶S 8

Cortez

Im äußersten Südwesten von Colorado hat sich **Cortez** mit 8000 Einwohnern als Ausgangspunkt für Besuche im Mesa Verde National Park zu einem kleinen Zentrum entwickelt. Zahlreiche an der Durchgangsstraße aufgereihte Hotels und Motels lassen darauf schließen, dass die Gemeinde vor allem mit Touristendollars ihr Geld verdient, weil sie in Nationalparknähe und günstig an der Straßenverbindung nach Arizona und New Mexico liegt.

Canyons of the Ancients National Monument

Nordwestlich von Cortez dehnt sich bis zur Utah-Staatsgrenze mit dem **Canyons of the Ancients National Monument** ein unwegsames, nur durch wenige Pisten erschlossenes Gebiet aus, das zu den reichsten archäologischen Fundstätten auf amerikanischem Boden gehört. Wissenschaftler stießen auf über 6000 Wohnanlagen, Felsritzzeichnungen und andere Nachweise menschlicher Existenz, von denen zahlreiche im Anasazi Heritage Center ausgestellt sind.

Canyons of the Ancients Visitor Center & Museum

27501 Hwy 184, Dolores, Tel. 1-970-882-5600, www.blm.gov/learn/interpretive-centers/CANM-visitor-center-museum, März–Okt. tgl. 9–17 Uhr, 3 $, Nov.–Feb. 10–16 Uhr, kostenlos

Das interessante, am Ufer des McPhee Reservoir gelegene Museum bedient sich modernster Computer- und Holografietechnik, demonstriert aber auch eine uralte Mörsertechnik, mit der die Anasazi-Indianer ihr Korn zu Mehl zerrieben).

Infos

Colorado Welcome Center: 928 E. Main St., Cortez, CO 81321, Tel. 1-970-565-4048, www.cityofcortez.com/visiting.

Übernachten

Gutes Haus – **Holiday Inn Express:** 2121 E. Main St., Tel. 1-970-565-6000, www.coloradoholiday.com. 100 schöne Zimmer mit Kaffeemaschine, Mikrowelle, Kühlschrank. Indoor-Pool, Internet, üppiges Frühstück, Restaurant nebenan. DZ ab 150 $.

Saubere, geräumige Zimmer – **Best Western Turquoise Inn & Suites:** 535 E. Main St., Tel. 1-970-565-3778, www.bestwestern.com. Zentral gelegenes Hotel, Zimmer und Suiten mit praktischer Einrichtung wie Kaffeemaschine, Bügeleisen und Internet. Innen- und Außenpool. DZ ab 140 $, kleines Frühstück inkl.

Zentral gelegener Platz – **Sundance RV Park:** 815 E. Main St., Tel. 1-970-565-0997, http://sundancervpark.com. Zentral, aber ruhig gelegener RV-Park. Gegenüber liegen der City Park und das Schwimmbad.

Essen & Trinken

Farbenfrohe Thai-Speisen – **Thai Cortez:** 1430 E. Main St., Tel. 1-970-564-3151, @thaicortezcolorado.com, Mo–Sa 11.30–14.30 und 16.30–21 Uhr. Kleines einfaches thailändisches Lokal mit Spezialitäten wie Suppen und Salaten, Thai Curry, Pad Thai, Pho Combo von mild bis höllisch scharf. Lunch ca. 9 $, Dinner 12–14 $, auch zum Mitnehmen.

Mexikanische Happen – **La Casita:** 332 E. Main St., Tel. 1-970-565-0223, www.lacasitadecortez.com, tgl. 11–22 Uhr. In dem einfachen Restaurant gibt es günstige mexikanische Leckerbissen wie Nachos, Tacos, Quesadilla und Enchiladas, auch zum Mitnehmen. Ab 10 $.

Aktiv

Indianerkultur – **Cortez Cultural Center:** 25 N. Market St., Tel. 970-565-1151, www.cortezculturalcenter.org. In der gemeinnützigen Organisation gibt es von Mitte Mai–Ende Aug. Mo–Sa 19 Uhr kostenlose Vorführungen indianischer Tänze und kulturelle Programme der Native Americans.

Einkaufen

Töpferwaren und Kunsthandwerk – **Notah Dine Trading Co.:** 345 Main St., Tel. 800-444-2024, www.notahdineh.com. Den Käufern zeigt sich hier eine große Auswahl an Kunsthandwerk des Südwestens wie Navajo Sand Paintings, Töpfereien, Kachina-Puppen und Navajo-Teppiche.

Gute Colorado-Tropfen – **Sutcliffe Vineyards:** 12202 Rd. G, Tel. 970-565-0825, www.sutcliffewines.com, tgl. 11–17 Uhr. Die vor Ort angebauten Weine wie Merlot, Cabernet und Chardonnay kann man hier auch probieren.

Mesa Verde N. P.

▶ S 8/9

Unter den historischen Indianerstätten im Südwesten ist der **Mesa Verde National Park** mit seinen markanten Zeugnissen der Hochkultur der Anasazi das Glanzstück. Im späten 19. Jh. entdeckten zwei Cowboys auf einem über 2500 m hohen Plateau auf der Suche nach verloren gegangenem Vieh zufällig eine historische Wohnanlage in der Steilwand eines abgelegenen Canyons. In den folgenden Jahrzehnten stießen Archäologen auf Hunderte kleiner und großer Klippenwohnungen. Die imponierenden Cliff Dwellings entstanden zwischen 1100 und 1300 und zeugen von der hoch entwickelten Kultur der Anasazi-Indianer, die sich über mehrere Jahrhunderte und unterschiedliche Stadien herausgebildet hat. Andere archäologische Anlagen wie etwa Erdhäuser im Park stammen aus den Jahrhunderten vor der Hochphase der Anasazi.

Aktiv

MESA VERDE – KRAXELTOUR IN CLIFF DWELLINGS

Tour-Infos

Start: Far View Visitor Center, Mesa Verde National Park, Tel. 1-970-529-4465, www.nps.gov/meve, tgl. 8–17 Uhr, Pkw 15 $

Länge: 4 Meilen (6,4 km) hin und zurück

Dauer: 3 Std.

Unterkunft: Far View Lodge bei Mile Marker 15 an der zentralen Parkstraße, Tel. 1-970-529-4421, www.visitmesaverde.com (> Lodging & Camping/Far View Lodge), April–Okt., DZ ab 116 $.

Wichtige Hinweise: Cliff Palace und Balcony House sind nur im Rahmen von Rangerführungen zu besichtigen. Die Tickets, die man im Visitor Center (5 $/Pers.) bekommt, sind häufig rasch ausverkauft.

Klettern, kriechen, über Leitern balancieren: Wer die spektakulären Klippenwohnungen der alten Anasazi-Indianer besichtigen will, muss Sportsgeist mitbringen. Die zwischen 1100 und

1300 entstandenen Cliff Dwellings liegen in schwer zugänglichen Felsabbrüchen, in die man nur über Leitern und Treppen gelangt. Die historischen Relikte konzentrieren sich in zwei Parkteilen. Auf der nur Ende Mai bis Anfang September geöffneten **Weatherill Mesa** liegen Long House, Step House und Badger House, während die durch eine asphaltierte Parkstraße gut erschlossene **Chapin Mesa** die attraktivsten und am leichtesten erreichbaren Cliff Dwellings versammelt. Der Zugang zu dieser Hochfläche führt vom Far View Visitor Center gleich zu Anfang an Gebäuden wie dem Far View House vorbei, die um etwa 800/900 vor Beginn der kulturellen Hochphase auf der Hochfläche aus Steinblöcken errichtet wurden. Wer sich für die einzelnen Entwicklungsabschnitte der Anasazi-Kultur interessiert, sollte das **Chapin Mesa Archeological Museum** nicht auslassen, wo das Alltagsleben der Anasazi und archäologische Funde anschaulich dokumentiert sind. In Vitrinen finden sich u. a. aus Fasern hergestellte Sandalen, Decken aus den Federn domestizierter Truthähne, aus Muscheln gefertigter Schmuck, der auf Handelswege zum Ozean schließen lässt, geflochtene Körbe und formschöne Töpferwaren. Ein 25-minütiger Film erläutert die Geschichte der Indianer (April–Okt. tgl. 8–18.30 Uhr, sonst kürzer). Direkt unterhalb des Museums liegt in einem Canyon mit **Spruce Tree House** eine Ruinenanlage aus der klassischen Pueblo-Phase zwischen 1100 und 1300. Man braucht nicht viel Fantasie, um sich das alltägliche Leben der ehemaligen Bewohner auf den kleinen Flächen vor ihren Häusern vorzustellen, wie die Frauen Hausarbeiten erledigten und die Kinder beaufsichtigten, während die Männer aus Baumstämmen neue Zimmerdecken einzogen oder zu traditionellen Ritualen und Zeremonien in unterirdische Kivas stiegen.

Größte und spektakulärste Klippenwohnung im Park ist der **Cliff Palace,** dessen teilweise wieder aufgebaute Räume sich in einer 100 m langen, 27 m tiefen und 18 m hohen natürlichen Höhle in einer Felswand verstecken. Bei Rangerführungen kann man über 200 einzelne Wohn- und Speicherräume sowie 23 Kivas besichtigen, die schätzungsweise bis zu 250 Menschen Schutz und Unterkunft boten. Welche Funktion die quadratischen bzw. runden Türme hatten, ist bis heute ein Rätsel. Statt über Grifflöcher und Tritte, die die Bewohner in den Fels schlugen, gelangen heutige Besucher über schmale Treppen und steile Leitern in diese Anlage.

Noch abenteuerlicher ist der zum **Balcony House** führende Zugang. Die Wohnanlage liegt unterhalb des Parkplatzes so in einer Steilwand, dass sie von der Straße nicht zu sehen ist. Auch hier muss man sich einer Führung anschließen. Der Grund: Der Weg führt über eine fast 10 m hohe Holzleiter, die für nicht schwindelfreie Besucher zum Problem werden kann. Am Ende der Tour kriecht man auf allen Vieren durch einen engen, 4 m langen und ziemlich engen Stollen.

Ute Mountain Indian Reservation ▶S 8/9

Wer von Cortez Richtung Arizona oder New Mexico weiterreist, fährt im äußersten südwestlichen Winkel von Colorado durch die **Ute Mountain Indian Reservation.** Nur im Bett des dem San Juan River zustrebenden Mancos River finden Bäume und Büsche ausreichend Wasser zum Überleben. Verwaltungssitz der Reservation ist die Ortschaft **Towaoc,** in deren Nähe das **Ute Mountain Casino Hotel & Resort** mit Spielautomaten und Black-Jack-Tischen den Geschäftssinn der Indianer dokumentiert (Hwys 160/491, Tel. 1-970-565-8800, www.utemountaincasino.com). Vor dem Casino finden bei bestimmten Gelegenheiten auf einem eigens eingerichteten Platz Powwows mit Tänzen und Musik statt.

Im Ute Mountain Tribal Park (www.utemountaintribalpark.info) führen indianische Guides durch historische Pueblos mit zahlreichen interessanten Petroglyphen und Artefakten. Die Native Americans bieten in ihrem Gebiet Führungen von unterschiedlicher Länge und thematischer Gewichtung an. Ausflüge und Touren auf eigene Faust sind nicht gestattet.

Kulinarisches Lexikon

Im Restaurant

Bitte warten, bis ein Tisch zugewiesen wird.	*Please wait to be seated!*
Essen nach Belieben zum Einheitspreis	*all you can eat*
Die Speisekarte, bitte.	*The menu please.*
Bezahlen bitte	*my check please*
Wo bitte sind die Toiletten?	*Where are the restrooms, please?*
Vorspeise	*appetizer*
Frühstück	*breakfast*
Mittagessen	*lunch*
Abendessen	*dinner*
Hauptgang	*entrée*
Zum hier Essen oder zum Mitnehmen?	*For here or to go?*
Bedienen Sie sich selbst!	*Help yourself!*
Bestellung	*order*
Trinkgeld	*tip*
Kellner/Kellnerin	*waiter/waitress*

Zubereitung/Spezialitäten

rare, medium rare, well done	blutig, rot, rosa, durch
boiled egg	hartes Ei
broiled	gegrillt
deep fried	frittiert (meist paniert)
eggs, sunny side up	Spiegeleier (Eigelb nach oben)
eggs, over easy	Spiegeleier (beidseitig gebraten)
fried	in Fett gebacken,
stuffed	gefüllt
chef salad	Eissalat mit Schinken
cole slaw	Kohl-Karotten-Salat
onion rings	frittierte Zwiebelringe
scrambled eggs	Rühreier
burrito	mit Hack, Bohnen u. a. gefüllte Tortilla
chili relleno	mit Käse gefüllte Pfefferschoten
enchiladas	gerollte Tortillas mit Chili und Fleisch
guacamole	Avocadopaste
nachos	Tortilla-Chips
tacos	gefüllte Maistortillas
tamales	Chili und Hackfleisch in Maisblätter gehüllt
tortilla	dünne Maisfladen

Fisch und Meeresfrüchte

bass	Barsch
clam chowder	Venusmuschelsuppe
cod	Kabeljau
crabs	Krebse/Krabben
flounder	Flunder
haddock	Schellfisch
halibut	Heilbutt
gambas	Garnelen
lobster	Hummer
mussels	Miesmuscheln
oysters	Austern
prawns	Riesengarnelen
salmon	Lachs
scallops	Jakobsmuscheln
shellfish	Schalentiere
shrimps	Krabben
sole	Seezunge
swordfish	Schwertfisch
trout	Forelle
tuna	Thunfisch

Fleisch

bacon	Frühstücksspeck
beef	Rindfleisch
ham	Schinken
porc chops	Schweinekoteletts
prime rib	Rinderbratenscheibe
sausages	Würstchen
veal	Kalbfleisch
meatloaf	Hackbraten
ground beef	Hackfleisch vom Rind
spare ribs	Rippchen

Geflügel und Wild

duck	Ente
chicken	Hähnchen
drumstick	Hähnchenkeule

rabbit	Kaninchen
roast goose	Gänsebraten
turkey	Truthahn
venison	Reh bzw. Hirsch
wild boar	Wildschwein

Gemüse und Kräuter

french fries	Pommes frites
beans	Bohnen
cabbage	Kohl
carrot	Karotte
cauliflower	Blumenkohl
cole slaw	Krautsalat
cucumber	Gurke
eggplant	Aubergine
garlic	Knoblauch
lentils	Linsen
lettuce	Kopfsalat
mushrooms	Pilze
peppers	Paprika
peas	Erbsen
potatoes	Kartoffeln
hash browns	Bratkartoffeln
squash; pumpkin	Kürbis
sweet corn	Mais
onion	Zwiebel
pickles	Essiggurken

Obst

apples	Äpfel
apricots	Aprikosen
blackberries	Brombeeren
cantaloup	Zuckermelone
cherries	Kirschen
figs	Feigen
grapes	Weintrauben
lemon	Zitrone
melon	Honigmelone
oranges	Orangen
peaches	Pfirsiche
pears	Birnen
pineapple	Ananas
plums	Pflaumen
rasberries	Himbeeren
rhubarb	Rhabarber
strawberries	Erdbeeren

Käse

cheddar	kräftiger Käse
cottage cheese	Hüttenkäse
goat's cheese	Ziegenkäse
curd	Quark

Süßes, Gebäck, Nachspeisen

muffin	Rührteiggebäck
brownie	Schokoplätzchen
pastries	Gebäck
cinnamon roll	Zimtschnecke
french toast	Toast in Ei gebacken
maple sirup	Ahornsirup
muffin	Kleingebäck
oat meal	warmer Haferbrei
pancake	Pfannkuchen
sundae	Eisbecher mit unterschiedlichen Zutaten
sweetener	Süßstoff
waffle	Waffel mit Erdbeeren
whipped cream	Schlagsahne

Getränke

decaffeinated coffee (decaf)	entkoffeinierter Kaffee
tea (with lemon/ milk)	Tee (mit Zitrone/ Milch)
milk	Milch
lemonade	Limonade
root beer	dunkle Limonade
draught beer (on tap)	Bier vom Fass
icecube	Eiswürfel
iced tea	gekühlter Tee
juice	Saft
soda water	Selterswasser
light beer	alkoholarmes Bier
liquor	Spirituosen
mineral water	Mineralwasser
pitcher	Krug (Bier)
red/white wine	Rot-/Weißwein
sparkling wine	Sekt
brandy	Kognac
margarita	Cocktail mit Tequila

Sprachführer

Allgemeines

guten Morgen	good morning
guten Tag	good afternoon
guten Abend	good evening
auf Wiedersehen	good bye
Entschuldigung	excuse me/sorry
hallo/grüß dich	hello
bitte	you're welcome/ please
danke	thank you
ja/nein	yes/no
Wie bitte?	Pardon?
Wann?	When?
Wie?	How?

Unterwegs

Haltestelle	stop
Bus	bus
Auto	car
Ausfahrt/-gang	exit
Tankstelle	gas station
Benzin	gasoline
rechts	right
links	left
geradeaus	straight ahead/ straight on
Auskunft	information
Telefon	telephone
Postamt	post office
Bahnhof	railroad station
Flughafen	airport
Stadtplan	city map
alle Richtungen	all directions
Einbahnstraße	one-way street
Eingang	entrance
geöffnet	open
geschlossen	closed
Kirche	church
Museum	museum
Strand	beach
Brücke	bridge
Platz	place/square
Schnellstraße	expressway
Autobahn	highway/interstate
einspurige Straße	single track road

Zeit

3 Uhr (morgens)	3 a. m.
15 Uhr (nachmittags)	3 p. m.
Stunde	hour
Tag/Woche	day/week
Monat	month
Jahr	year
heute	today
gestern	yesterday
morgen	tomorrow
morgens	in the morning
mittags	at noon
abends	in the evening
früh	early
spät	late
Montag	Monday
Dienstag	Tuesday
Mittwoch	Wednesday
Donnerstag	Thursday
Freitag	Friday
Samstag	Saturday
Sonntag	Sunday
Feiertag	public holiday
Winter	winter
Frühling	spring
Sommer	summer
Herbst	fall

Notfall

Hilfe!	Help!
Polizei	police
Arzt	doctor
Zahnarzt	dentist
Apotheke	pharmacy
Krankenhaus	hospital
Unfall	accident
Schmerzen	pain
Panne	breakdown
Rettungswagen	ambulance
Notfall	emergency

Übernachten

Hotel	hotel
Pension	guesthouse
Einzelzimmer	single room

Doppelzimmer	double room
mit zwei Betten	with twin beds
mit/ohne Bad	with/without bathroom
mit WC	ensuite
Toilette	toilet/restroom
Dusche	shower
mit Frühstück	with breakfast
Halbpension	half board
Gepäck	baggage
Rechnung	bill

Einkaufen

Geschäft	shop
Markt	market
Kreditkarte	credit card
Geld	money
Geldautomat	cash machine/ATM
Bäckerei	bakery
Lebensmittel	food
teuer	expensive
billig	cheap
Größe	size
bezahlen	to pay

Zahlen

1	one
2	two
3	three
4	four
5	five
6	six
7	seven
8	eight
9	nine
10	ten
11	eleven
12	twelve
13	thirteen
14	fourteen
15	fifteen
16	sixteen
17	seventeen
18	eighteen
19	nineteen
20	twenty
21	twenty-one
30	thirty
40	fourty
50	fifty
60	sixty
70	seventy
80	eighty
90	ninety
100	one hundred
150	one hundred and fifty
1000	a thousand

Die wichtigsten Sätze

Allgemeines

Sprechen Sie Deutsch?	*Do you speak German?*
Ich verstehe nicht.	*I do not understand.*
Ich spreche kein Englisch.	*I do not speak English.*
Ich heiße …	*My name is …*
Wie heißt du/heißen Sie?	*What's your name?*
Wie geht's?	*How are you?*
Danke, gut.	*Thanks, fine.*
Wie viel Uhr ist es?	*What's the time?*
Bis bald (später).	*See you soon (later).*

Unterwegs

Wie komme ich zu/nach …?	*How do I get to …?*
Wo ist bitte …	*Sorry, where is …?*
Könnten Sie mir bitte … zeigen?	*Could you please show me …?*

Notfall

Können Sie mir bitte helfen?	*Could you please help me?*
Ich brauche einen Arzt.	*I need a doctor.*
Hier tut es weh.	*Here I feel pain.*

Übernachten

Haben Sie ein freies Zimmer?	*Do you have any vacancies?*
Wie viel kostet das Zimmer pro Nacht?	*How much is a room per night?*
Ich habe ein Zimmer bestellt.	*I have booked a room.*

Einkaufen

Wie viel kostet …?	*How much is …?*
Ich brauche …	*I need …*
Wann öffnet/schließt …?	*When does … open/… close?*

Register

Register

Register

Register

Abbildungsnachweis/Impressum

Abbildungsnachweis

Catch the Day, Manfred Braunger, Freiburg: Umschlagklappe vorn, S. 11, 17, 46/47, 62, 71 u., 87 o., 138, 152, 163, 166/167, 172, 176/177, 194/195, 231, 236, 244, 261, 266/267, 289, 298, 319, 323, 324, 340/341, 383, 386/387, 391, 398, 423, 426, 451, 456/457, 467

DuMont Bildarchiv, Ostfildern: S. 284/285, 348, 474 (Hackenberg)

Getty Images, München: Umschlagrückseite o. (Yeowell)

Glow Images, München: Umschlagrückseite u., S. 23 (All Canadas Photos); 217 (Blend RM); 102 u. (Cultura); 57, 71 M., 248, 415 (imagebroker RM); 89, 128 (Stock Connection/Stevenson); 27, 81 (SuperStock)

Huber-Images, Garmisch-Partenkirchen: S. 124 (Kremer); 141 (Serrano)

iStock.com, Calgary (Kanada): S. 211 (cliffwass); 362/363 (Davel5957); 198 (Giamou); 406 (McNall)

Jean-Claude Kuner, Berlin: S. 157

Laif, Köln: S. 13 (Azumendi); 111 (Aurora); 354 (HagePhoto/Aurora); 71 o., 308, 339, 425 (Heeb); 180/181 (hemis.fr/Bibikow); 68 (hemis.fr/Renault); 83, 188/189, 201, 326/327, 330 (Jaeger); 102 o. (Fautre/Le Figaro Magazine); 262 (Martin/Le Figaro Magazin); 91 (McBride/Aurora); 37, 246 (Modrow); 334 (Redux/NYT/Perry); 87 u. (Tophoven); 160/161 (Woods Wheatcroft/Aurora)

Look, München: S. 430/431 (age); 470/471 (Aurora); 307 (Feiner)

Mauritius Images, Mittenwald: S. 31, 75, 79 u., 367, 394/395 (age); 52, 55, 208/209, 256, 344, 365, 374 (Alamy); 79 o. (Fancy); 444/445 (Harding); 381 (imagebroker); 436 (Cultura)

Harald Mielke, Sachsenried: S. 42, 66, 232/233, 376/377

Ulf Müller-Moewes, Königswinter: S. 296

plainpicture, Hamburg: Titelbild (Rogel)

Reise- und Naturbilder Roland Gerth, Thal (CH): S. 150/151, 170/171, 253, 270, 316/317

Schapowalow, Hamburg: S. 112 (Canali); 126 (Croppi); 278 (Howarth); 222 (Kremer); 440 (Richard); 226 (Simeone)

Shutterstock.com, Amsterdam (NL): S. 58, Umschlagrückseite M. (f11photo)

Zitat

S. 110: Dennis Freischlad, Hymnus – die Suche nach Amerika, DuMont Reiseverlag 2015, S. 298

Kartografie

DuMont Reisekartografie, Fürstenfeldbruck

Umschlagfotos: Titelbild: Havasu River, Grand Canyon National Park (Arizona); Umschlagrückseite oben: Oldtimer im der Abenddämmerung vor einem Motel; Umschlagklappe vorn: Golden Gate Bridge in San Francisco

Hinweis: Autor und Verlag haben alle Informationen mit größtmöglicher Sorgfalt geprüft. Gleichwohl sind Fehler nicht vollständig auszuschließen. Alle Angaben erfolgen ohne Gewähr. Bitte schreiben Sie uns! Über Ihre Rückmeldung zum Buch und über Verbesserungsvorschläge freuen sich Autor und Verlag:

DuMont Reiseverlag, Postfach 3151, 73751 Ostfildern, E-Mail: info@dumontreise.de

5., aktualisierte Auflage 2019

Autor: Manfred Braunger
Lektorat: Petra Juling, Gudrun Raether-Klünker;
Bildredaktion: Susanne Troll
Grafisches Konzept: Groschwitz/Tempel, Hamburg
Printed in China